KB039002

State Property Law

국유재산법

김민호

박영사

머리말

2021년 기준으로 우리나라의 국유지는 25,239km²로서 전체 국토 면적 100,413km²의 1/4에 달합니다. 이러한 국유재산은 기본적으로 국가의 행정목적을 위해 사용되지만 활용 필요성이 없어지게 되면 민간에 매각하기도 하고 일부는 민간에서 사용할 수 있도록 빌려주기도 합니다. 우리가 평소에 인식하고 있지 못할 뿐 우리 주변 곳곳에는 다양한 국유재산이 존재하고, 그만큼 우리의 생활에 직간접적으로 많은 영향을 끼치고 있는 것입니다.

이러한 국유재산의 관리는 기본적으로 각 중앙행정기관이 담당하되 그 대상 지역이 방대하고 그에 따른 업무량이 적지 않으므로 구체적 세부 업무는 지방자치단체나 한국자산관리공사와 같은 공공기관에 위임·위탁되어 있는 경우가 많습니다.

그런데 국내에 국유재산법을 전문적으로 다룬 서적이 충분치 않다 보니 각 기관의 국유재산 담당자 대부분이 단순한 실무서나 업무편람 등에 의존하여 업무를 수행하는 실정입니다. 저 또한 실제 국방부에서 국유재산 관리 업무를 담당하면서 이러한 점에 대해 많은 아쉬움을 느끼던 중, 주변의 격려와 도움에 힘입어 그동안 제가 직접 공부하고 경험한 내용을 바탕으로 국유재산법에 대한 주요 내용을 종합·정리하여 이 책을 집필하게 되었습니다.

국유재산법은 100여 개가량의 조문으로 구성되어 있어 민법이나 형법 등과 같은 기본법에 비하면 그 양이 많다고는 볼 수 없지만, 결코 이해의 난이도가 낮은 법률은 아니라고 생각합니다.

대륙법계인 우리나라의 법률은 국가 또는 공공단체의 공권력에 관한 내용의 공법(公法)과 사인(私人) 상호간의 관계를 규율하는 사법(私法)으로 크게 나눌 수 있습니다. 헌법이나 형법, 각종 행정법 등이 전자에 속하고 민법이나 상법 등은 후자에 속하는바, 공법·사법 여부에 따라 해당 법률의 기본 법리가 달라지기 때문에 이러한 구분은 매우 중요합니다.

그런데 공법과 사법 중 어느 하나에만 속하는 대다수의 법률과는 달리 국유재산법은 공법과 사법의 성격을 함께 가지고 있습니다. 국유재산은 국가의 행정목적을 위해 사용되는 행정재산과 그 이외의 일반재산으로 구분되는데 기본적으로 행정재산의 경우에는 공법의 법리가, 일반재산의 경우에는 사법의 법리가 각각 적용되기 때문입니다.

따라서 국유재산법을 온전히 이해하기 위해서는 공법과 사법의 법리를 모두 알아야 하며, 어떠한 경우에 각각의 법리가 적용되는지 정확히 판단할 수 있어야 합니다. 즉 우리나라 법률 체계에 대한 전반적인 이해가 선행되지 않고서는 국유재산법을 제대로 해석하는 데에 어려움을 겪을 수 있고, 이러한 까닭에 이해의 난이도가 낮지 않다고 말씀드린 것입니다.

이 책을 집필하면서 제가 특히 주안점을 둔 점은 국유재산법에 대한 기본적인 개념 및 법리를 충분히 다루되, 그 내용이 실무와 괴리되지 않아야 한다는 것이었습니다. 국유재산법은 국유재산의 관리·운용이라는 현실적인 목적을 가진 법이므로, 복잡한 학설이나 학자간의 난해한 논쟁을 다룰 필요성은 크지 않다고 생각하였습니다. 이러한 이유로 지나치게 현학적인 내용은 최대한 배제하고 실무에서 많이 문제되는 부분 위주로 서술하였으며, 법원 판례와 법제처 해석례 등을 풍부하게 담아 법학 서적이자 한편으로는 국유재산 실무서의 성격 또한 가질 수 있도록 하였습니다. 이 책이 실제 일선 국유재산 담당자들의 업무 수행에 조금이나마 도움이 되었으면 하는 바람입니다.

2014년부터 국방부 법제과, 국유재산과에서 근무하면서 다양한 법제 업무와 국유재산 실무를 경험할 수 있었고 그러한 지식과 경험이 이 책을 집필하는 데 절대적인 영향을 주었습니다. 함께 근무하면서 많은 가르침을 주신 국장님, 과장님 및 선후배 동료들과의 소중한 인연이 없었다면 이 책은 결코 세상에 나올 수 없었을 것입니다. 부족한 저를 도와주시고 격려해주신 모든 분께 깊은 감사의 말씀을 드립니다.

또한 미흡한 원고임에도 선뜻 출간을 허락해 주신 박영사의 안상준 대표님, 임재무 상무님, 기획 및 편집에 많은 도움 주신 이후근 대리님, 심성보 편집위원님께도 감사의 인사를 드립니다.

끝으로 책을 집필할 수 있도록 항상 응원하고 격려해주신 어머니와 장인·장모님, 책을 쓰느라 많은 시간을 함께하지 못했음에도 넓은 마음으로 이해해 준 사랑하는 아내와 쌍둥이 유찬·유빈에게 깊은 고마움을 전합니다.

2022년 1월

저자 김민호

차 례

제1장 총 칙

제1절 국유재산법의 목적 ········· 3
Ⅰ. 국유재산의 적정한 보호 ········· 3
Ⅱ. 국유재산의 효율적인 관리·처분 ········· 4
제2절 국유재산법의 연혁 ········· 4
제3절 국유재산법의 법적 성격 ········· 13
Ⅰ. 행정재산 ········· 13
Ⅱ. 일반재산 ········· 13
Ⅲ. 검토 및 사견 ········· 14

제2장 국유재산 일반론

제1절 국유재산의 정의 및 구분 ········· 19
Ⅰ. 국유재산의 정의 ········· 19
Ⅱ. 국유재산의 기능 ········· 32
Ⅲ. 국유재산의 구분과 종류 ········· 33
제2절 국유재산의 일반적 특성 ········· 42
Ⅰ. 국유재산 관리·처분의 기본원칙 ········· 42
Ⅱ. 국유재산의 보호 ········· 44
Ⅲ. 사권(私權)설정의 제한 ········· 48

Ⅳ. 등기, 등록 및 증권의 보관·취급 ········ 50
Ⅴ. 영구시설물 축조 금지 ········ 51
Ⅵ. 국유재산에 관한 법령의 협의 ········ 63

제3절 국유재산 총괄청 ········ 63
Ⅰ. 국유재산 사무의 총괄·관리 ········ 63
Ⅱ. 국유재산 종합계획 ········ 67
Ⅲ. 국유재산정책심의위원회 ········ 71
Ⅳ. 국유재산 사무의 위임·위탁 ········ 75

제4절 국유재산 관리기금 ········ 80
Ⅰ. 국유재산 관리기금의 설치 ········ 80
Ⅱ. 국유재산 관리기금의 조성 ········ 80
Ⅲ. 국유재산 관리기금의 용도 ········ 81
Ⅳ. 국유재산 관리기금의 관리·운용 ········ 82

제3장 국유재산의 취득

제1절 국유재산 취득 일반론 ········ 87

제2절 매입 ········ 88
Ⅰ. 협의 매입 ········ 88
Ⅱ. 법령에 의한 매수청구권 행사에 따른 매입 ········ 91
Ⅲ. 정부조달계약에 의한 매입 ········ 94

제3절 수용 ········ 94
Ⅰ. 토지보상법에 따른 수용 ········ 95
Ⅱ. 기타 개별법령에 따른 수용 ········ 101
Ⅲ. 수용의 효과 ········ 103

제4절 기부채납 ········ 106
Ⅰ. 기부채납의 법적 성격 ········ 107

Ⅱ. 「국유재산법」상 기부채납의 절차 ··· 108

제5절 교환 ··· 116

Ⅰ. 행정재산의 교환 ··· 116

Ⅱ. 일반재산의 교환 ··· 117

제6절 소유자 없는 부동산의 취득 ··· 123

Ⅰ. 소유자 없는 부동산의 국유화 절차 ··· 125

Ⅱ. 소유자 없는 부동산의 국유화 시기 ··· 126

Ⅲ. 소유자 없는 부동산 신고자에 대한 보상 ··· 126

Ⅳ. 소유자 없는 부동산의 국유화 이후 처분 제한 ··· 129

제7절 은닉 국유재산의 취득 ··· 131

Ⅰ. 은닉 국유재산의 국유화 절차 ··· 132

Ⅱ. 은닉 국유재산 신고자에 대한 보상 ··· 133

Ⅲ. 은닉 국유재산의 자진반환자에 대한 특례 ··· 135

제8절 기타 취득 형태 ··· 139

Ⅰ. 공공시설의 무상귀속 ··· 139

Ⅱ. 대체 공공시설 설치 시 기존 공공시설의 무상귀속 ··· 144

Ⅲ. 사인 토지의 시효취득 ··· 146

Ⅳ. 공유수면 매립지의 취득 ··· 147

Ⅴ. 현물출자에 따른 지분증권의 취득 ··· 148

제4장 행정재산의 관리와 처분

제1절 행정재산 일반론 ··· 151

Ⅰ. 처분의 제한 ··· 151

Ⅱ. 관리사무의 위임·위탁 ··· 155

Ⅲ. 국유재산책임관의 임명 ··· 161

제2절 사용허가 ··· 162

Ⅰ. 사용허가의 법적 성격 ········ 162
Ⅱ. 사용허가의 범위 ········ 164
Ⅲ. 사용허가의 방법 ········ 168
Ⅳ. 사용허가의 기간 ········ 171
Ⅴ. 사용료 ········ 174
Ⅵ. 가산금 ········ 206
Ⅶ. 사용허가의 취소와 철회 ········ 206

제3절 관리전환 ········ 209
Ⅰ. 일반회계, 특별회계 및 기금 ········ 209
Ⅱ. 유상 관리전환과 무상 관리전환 ········ 210
Ⅲ. 관리전환의 방식 ········ 212
Ⅳ. 개별 법령의 규정에 따른 관리전환 ········ 214

제4절 용도폐지 ········ 216
Ⅰ. 행정재산의 용도폐지 ········ 216
Ⅱ. 용도폐지 재산의 총괄청 인계 ········ 218
Ⅲ. 우선사용예약 ········ 219

제5장 일반재산의 관리와 처분

제1절 일반재산 관리 · 처분 일반론 ········ 225
Ⅰ. 일반재산의 처분 ········ 225
Ⅱ. 일반재산 처분 계약의 방법 ········ 227
Ⅲ. 일반재산 처분 가격의 결정 ········ 237
Ⅳ. 일반재산 관리 · 처분 사무의 위임 · 위탁 ········ 243

제2절 대부 ········ 249
Ⅰ. 대부의 법적 성격 ········ 249
Ⅱ. 대부의 범위 ········ 250

Ⅲ. 대부의 방법 ······ 250
Ⅳ. 대부기간 ······ 253
Ⅴ. 대부료 ······ 256
Ⅵ. 대부의 해제와 해지 ······ 275

제3절 매각 ······ 279
Ⅰ. 매각의 제한 ······ 279
Ⅱ. 용도를 지정한 매각 ······ 282
Ⅲ. 매각대금의 납부 ······ 283
Ⅳ. 매각의 절차 ······ 290
Ⅴ. 소유권의 이전 ······ 291
Ⅵ. 매각계약의 해제 ······ 293

제4절 교환 ······ 294
Ⅰ. 일반재산 교환의 법적 성격 ······ 295
Ⅱ. 일반재산의 교환이 가능한 경우 ······ 295
Ⅲ. 교환 재산의 유사성 ······ 296
Ⅳ. 일반재산 교환의 제한 ······ 297
Ⅴ. 교환 재산의 가격 ······ 298
Ⅵ. 교환의 절차 ······ 298

제5절 양여 ······ 300
Ⅰ. 일반재산의 양여가 가능한 경우 ······ 301
Ⅱ. 일반재산 양여의 절차 ······ 307

제6절 용도폐지된 공공시설의 무상양도 ······ 308
Ⅰ. 무상양도의 입법 취지 및 법적 성격 ······ 309
Ⅱ. 무상양도의 대상 및 범위 ······ 310
Ⅲ. 무상양도의 시점 ······ 313

제7절 개발 ······ 314
Ⅰ. 신탁개발 ······ 316
Ⅱ. 위탁개발 ······ 318

Ⅲ. 민간참여개발 ········· 323

제8절 현물출자 ········· 329

Ⅰ. 현물출자의 사유 및 대상 ········· 330

Ⅱ. 현물출자의 절차 ········· 330

Ⅲ. 출자가액 산정 ········· 330

Ⅳ. 지분증권의 취득 ········· 331

Ⅴ. 「상법」의 적용 배제 ········· 332

제9절 정부배당 ········· 332

Ⅰ. 개요 ········· 332

Ⅱ. 정부배당 대상 기업 ········· 333

Ⅲ. 정부배당 결정의 원칙 ········· 335

Ⅳ. 정부배당의 절차 ········· 336

제10절 개척 · 매립 · 간척 · 조림을 위한 예약 ········· 339

Ⅰ. 예약을 위한 협의 ········· 339

Ⅱ. 예약의 기간 ········· 340

Ⅲ. 예약 재산의 매각대금 ········· 340

Ⅳ. 예약의 해제 · 해지 ········· 342

제6장 국유재산의 보호

제1절 변상금 ········· 347

Ⅰ. 변상금 제도의 위헌 여부 ········· 348

Ⅱ. 변상금의 법적 성격 ········· 351

Ⅲ. 변상금 부과 요건 ········· 354

Ⅳ. 변상금 부과 · 징수 대상 ········· 358

Ⅴ. 변상금의 산정 ········· 363

Ⅵ. 변상금의 부과 · 징수 절차 ········· 368

Ⅶ. 변상금의 징수유예 및 분할납부 ········· 371
Ⅷ. 변상금 납부의무의 상속 ········· 375
제2절 연체료 ········· 378
Ⅰ. 연체료의 법적 성격 ········· 378
Ⅱ. 연체료 부과 절차 ········· 379
제3절 사용료 · 대부료 · 변상금 등의 강제징수 ········· 381
Ⅰ. 사용료 등의 강제징수 ········· 381
Ⅱ. 과오납금의 반환 ········· 383
제4절 국가 권리의 소멸시효 ········· 385
Ⅰ. 소멸시효 기간 ········· 385
Ⅱ. 소멸시효의 중단 및 정지 ········· 386
Ⅲ. 「민법」 및 「국가재정법」의 보충 적용 ········· 389
제5절 불법시설물의철거(행정대집행) ········· 390
Ⅰ. 대집행의 정의 ········· 393
Ⅱ. 대집행의 주체 ········· 393
Ⅲ. 대집행의 요건 ········· 395
Ⅳ. 대집행의 절차 ········· 397
Ⅴ. 대집행에 대한 구제 ········· 403
Ⅵ. 대집행과 민사소송과의 관계 ········· 403
제6절 변상책임 ········· 404
Ⅰ. 변상책임의 법적 성격 ········· 405
Ⅱ. 변상책임의 요건 ········· 405
Ⅲ. 변상책임의 성립 절차 ········· 407
Ⅳ. 변상책임의 인적 범위 ········· 409
Ⅴ. 변상액의 결정 ········· 410
제7절 형사처벌 ········· 411
Ⅰ. 「국유재산법」에 따른 형사처벌 ········· 411
Ⅱ. 기타 개별 법률에 따른 형사처벌 ········· 414

제7장 지식재산 관리·처분의 특례

제1절 지식재산 관리 · 처분 특례의 도입 배경 ··· 419
제2절 지식재산의 사용허가 및 대부 ··· 420
　Ⅰ. 지식재산 사용허가·대부의 범위 ··· 420
　Ⅱ. 지식재산 사용허가·대부의 방법 ··· 422
　Ⅲ. 지식재산의 사용료·대부료 ··· 423
　Ⅳ. 지식재산 사용허가·대부의 기간 ··· 426
제3절 저작권의 귀속 ··· 427
　Ⅰ. 저작물 제작을 위한 계약 ··· 427
　Ⅱ. 공동으로 창작하기 위한 계약 ··· 427

제8장 대장과 보고

제1절 일반론 ··· 431
제2절 국유재산대장, 국유재산 총괄부 및 실태조사 ··· 432
　Ⅰ. 국유재산대장 ··· 432
　Ⅱ. 국유재산 총괄부 ··· 433
　Ⅲ. 실태조사 ··· 434
제3절 국유재산관리운용보고서, 국유재산관리운용총보고서 ··· 439
　Ⅰ. 국유재산관리운용보고서 ··· 439
　Ⅱ. 국유재산관리운용총보고서 ··· 439
제4절 국유재산의 멸실 · 철거 보고 ··· 440

제9장 기타 보칙

제1절 도시관리계획의 협의 …… 443
제2절 정보공개 …… 445
제3절 청산절차의 특례 …… 446
Ⅰ. 국가가 지분증권의 2분의 1 이상을 보유하는 회사의 청산절차 …… 446
Ⅱ. 군사분계선 이북지역에 있는 회사의 청산절차 …… 447
제4절 그 외의 보칙 …… 449
Ⅰ. 보험 가입 …… 449
Ⅱ. 예산성과금 및 포상금의 지급 …… 450
Ⅲ. 토지 등의 합필 및 분필 …… 450

제10장 국유재산특례제한법

제1절 국유재산특례제한법 제정 배경 …… 455
제2절 국유재산특례제한법의 주요 내용 …… 456
Ⅰ. 국유재산특례의 정의 …… 456
Ⅱ. 국유재산특례의 적용 범위 …… 456
Ⅲ. 국유재산특례의 제한 …… 457
Ⅳ. 국유재산특례의 요건 …… 458
Ⅴ. 국유재산특례에 대한 심사 및 평가 …… 459
Ⅵ. 국유재산특례종합계획 및 운용실적 보고 등 …… 461
Ⅶ. 국유재산의 양여 시 제한 …… 464

판례 색인 / 467
해석례 색인 / 470
표목차 / 474
참고문헌 / 480

제1장 / 총칙

제1장 / 총 칙

제1절 국유재산법의 목적

「국유재산법」은 국유재산에 관한 기본적인 사항을 정함으로써 국유재산의 적정한 보호와 효율적인 관리·처분을 그 목적으로 한다(국유재산법 제1조).

Ⅰ. 국유재산의 적정한 보호

국유재산은 국민생활과 밀접한 관계를 갖고 다양한 기능과 역할을 통해 국민경제에 큰 영향을 미치는바, 구체적으로 국가의 행정목적을 위해 직접 사용되어 양질의 행정서비스를 제공하는 한편 매각 등을 통해 국가 재정수입에도 기여한다. 따라서 강한 공공성을 지니고 있으며 특히 그 취득·운용 과정에서 국민의 세금이 사용된다는 점에서, 국유재산의 적정한 보호 필요성은 매우 크다고 하겠다.

이러한 국유재산의 보호를 위해 「국유재산법」에서는 다양한 규정을 두고 있는바, 누구든지 「국유재산법」 등에 따르지 아니하고는 국유재산을 사용·수익하지 못하게 한다거나 행정재산은 시효취득이 되지 않도록 하는 것 등이 그 예이다(국유재산법 제7조제1항, 제2항).

이외에도 국유재산 보호와 관련하여 변상금 · 연체료 부과, 불법시설물의 철거, 형사처벌 등의 제도를 두고 있으며, 이에 대해서는 제6장에서 자세히 후술하기로 한다.

Ⅱ. 국유재산의 효율적인 관리 · 처분

국유재산은 국가의 행정목적 수행을 위해 효율적으로 관리되어야 하고, 사용 필요성이 없는 재산은 국가 재정수입 확충을 위해 처분할 필요가 있다. 이러한 국유재산의 관리 · 처분 활동이 효율적으로 이루어지면 국유재산 본래의 가치 상승은 물론, 국가행정에 대한 국민의 신뢰 향상도 기대할 수 있다.

이를 위해 「국유재산법」에서는 국유재산 사무의 총괄과 관리 · 처분 권한을 원칙적으로 총괄청에 두되, 필요에 따라 중앙행정기관이나 한국자산관리공사와 같은 공공기관에 그 권한을 위임 · 위탁하도록 하고 있다(국유재산법 제25조, 제42조). 국유재산의 효율적인 관리 · 처분을 위한 컨트롤 타워로서의 역할을 총괄청에게 부여하되, 방대한 국유재산의 관리 · 처분에 따른 현실적인 업무 부담과 개별 사무에 있어 전문성의 확보 필요성을 함께 고려한 결과이다.

또한 국유재산을 행정재산과 일반재산으로 이원화하여 각각의 관리 방법을 다르게 정하고 있는 것도 같은 맥락이다. 즉 국가의 행정목적 수행에 직접적으로 필요한 행정재산은 엄격히 관리하는 한편 일반재산의 관리에는 상대적으로 재량을 부여함으로써, 효율적이고 융통성 있는 국유재산 운용이 가능하도록 하고 있다.

제2절 국유재산법의 연혁

「국유재산법」은 1950. 4. 8. 법률 제122호로 최초 제정되었다. 이후 1956. 11. 28. 종전의 「국유재산법」이 폐지되고 새로운 법이 제정되는 등 지금까지 총 40여 차례의 개정이 있었으며, 2009. 1. 30. 전부개정을 통해 현재 「국유재산법」의 틀을 갖추게 되었다.

「국유재산법」 제정 이후 주요한 개정 사례들을 살펴보면 다음과 같다.

1. 법률 제122호, 1950. 4. 제정

「국유재산법」은 1950. 4. 8. 최초로 제정·시행되었다. 제정 「국유재산법」은 총 32개 조문으로 구성되어 있었으며, '국유재산을 보호하며 그 취득유지·보존·운용과 그 처분의 적정을 기하기 위하여 국유재산의 범위, 구분과 종류·관리기관과 처분기관 등을 정하려는 것'을 제정 이유로 하였다.

제정 「국유재산법」의 주요 내용을 살펴보면 다음과 같다.

- 국유재산은 국유의 부동산과 대통령령으로 정하는 국유의 동산 및 권리로 하고, 행정재산과 보통재산으로 구분
- 국유재산은 재무부장관이 총괄하되 행정재산의 관리는 각부장관이, 보통재산의 관리·처분은 재무부장관이 관장
- 행정재산의 양도나 사권설정을 원칙적으로 금지하고 보통재산의 양도·출자의 목적·교환 등에 관한 요건 규정
- 국유재산의 경계사정에 필요한 사항 규정
- 국유재산의 대부기간·대부료등 사용·수익에 필요한 사항 규정

2. 법률 제405호, 1956. 11. 폐지·제정

법령을 전면적으로 개편하는 방법으로는 전부개정 방식과 폐지·제정 방식이 있다. 전자는 해당 법령의 전부를 개정하는 방식이고, 후자는 기존 법령을 대체하는 새로운 법령을 제정하면서 해당 법령의 부칙에서 기존 법령을 폐지하는 방식인바, 「국유재산법」은 1956. 11. 폐지·제정 방식을 통해 전면 개편되었다.

본 폐지·제정을 통해 「국유재산법」의 조문은 총 37개로 늘어났고, 국유재산의 분류가 종전의 행정재산과 보통재산에서 행정재산·보존재산 및 잡종재산으로 세분되었으며, 보존재산의 운용·처분은 행정재산에 준하도록 하는 한편 국유재산의 무단사용·수익행위 등에 대한 벌칙이 강화되었다.

다만 보통 기존 법령과 신 법령 간의 제도상 동질성이 강조될 때에는 전부개정 방식을 취하고, 제도 그 자체가 신구 양 법령 간에 전면적으로나 본질적으로 변

경될 때에는 폐지·제정 방식을 취하는바, 1956. 11.의 「국유재산법」 전면 개편이 기존 제정법과 비교하여 국유재산 제도 자체를 본질적으로 변경한 것이라고 보기는 어렵다. 따라서 폐지·제정보다는 전부개정 방식이 보다 적절하였을 것으로 생각된다.

3. 법률 제1731호, 1965. 12. 일부개정

국유재산의 처분에 관한 규정을 보완함으로써 합리적인 국유재산의 관리 및 처분을 기할 수 있도록 하기 위해 1965. 12. 「국유재산법」이 일부개정되었다.

본 개정에서 특이한 사항은 부칙 제7조를 통해 공유재산의 대부나 매각에 있어서도 이 법을 준용할 수 있게 한 것이다. 이러한 규정을 둔 이유는 당시에는 공유재산에 관한 별도의 법률이 없었기 때문으로, 당시 공유재산 관련 사항은 1963. 11. 제정된 「지방재정법」에 일부가 규정되어 있을 뿐이었다.

이 때의 주요 개정 내용은 다음과 같다.

- 국유재산의 관리·처분에 관하여 재무부장관과 그 소속기관의 장의 자문기관으로 국유재산심의회 설치
- 정부는 국유재산을 대부받은 자에게 당해 재산을 매수할 것을 요구할 수 있게 하는 한편 지방자치단체에 대하여는 5할 공제한 금액으로 매각할 수 있게 함
- 매각대금을 계약체결 후 5년간 분할납부케 할 수 있으며, 10억 원을 초과하거나 천재·지변 기타 재해 등의 경우에는 20년 내 연납할 수 있게 하는 한편, 일시에 전액 납부 시는 정부결정가격에서 3할을 공제하도록 함
- 공유재산의 대부나 매각에 있어서도 이 법을 준용할 수 있게 함

4. 법률 제2950호, 1976. 12. 전부개정

1956년 이후 20년 만의 「국유재산법」 전면개편으로, 국유재산의 관리개선 및 예산회계법에 맞춘 체계 정비를 위해 전부개정하였다. 이를 통해 「국유재산법」의 조문이 기존 37개에서 58개로 크게 증가하였으며, 전부개정의 주요 내용은 다음과 같다.

- 국유재산에 대한 연도별 관리처분계획제도 도입
- 국유재산의 매각에 따른 분납제·삼할공제제도를 도입하고 수의계약에 의한

연고권제도는 폐지
- 무단점유 및 불법시설에 대한 강제퇴거 명문화
- 무주재산의 국유화절차 및 보상제를 신설

5. 법률 제3881호, 1986. 12. 일부개정

은닉 국유재산의 반환이나 무단점유 국유재산의 정리를 촉진하기 위한 목적의 개정으로, 다음과 같은 내용이 포함되었다.

- 은닉된 국유재산을 자진하여 국가에 반환하는 자 등에게 동 재산을 매각하는 경우에는 그 매각대금을 이자없이 12년 이하의 기간에 걸쳐 분할 납부하게 하거나 8할 이하의 금액을 공제한 잔액을 그 매각대금으로 하여 일시에 납부하게 함
- 국유재산을 무단으로 점유 또는 사용하고 있는 자에게 동 재산을 일정한 기간 내에 매각 또는 대부 등을 하는 경우에는 무단점유 또는 사용에 따른 변상금을 징수하지 아니하도록 함

6. 법률 제4698호, 1994. 1. 일부개정

이전의 「국유재산법」은 행정재산과 일반재산의 구분 없이 '국유재산은 민법 제245조의 규정에 불구하고 시효취득의 대상이 되지 아니한다'고 규정하고 있었는데, 1991. 5. 헌법재판소가 상기 조항을 잡종재산에 대하여 적용하는 것은 평등의 원칙, 사유재산권 보장의 이념 및 과잉금지의 원칙에 반한다는 이유로 한정위헌 결정을 하였다.[1)]

이에 1994. 1. 「국유재산법」 일부개정을 통해 잡종재산의 경우 시효취득이 가능하도록 하는 한편, 유휴국유지의 활용을 촉진하기 위하여 국유지신탁제도를 도입하고 변상금 등의 분할납부제도를 확대하는 등의 내용을 추가하였다.

- 재산의 국가귀속·기부채납·용도폐지 및 국유재산 멸실의 경우에 관리청이 총괄청에 보고하도록 하던 제도를 폐지함으로써 국유재산의 관리절차 간소화
- 국유재산의 사용료·매각대금 및 변상금의 분할납부제도를 확대하여 국민의 경제적 부담 완화

---

1) 헌법재판소 1991. 5. 13. 89헌가97

- 잡종재산 중 토지와 그 정착물은 이를 관리청 등이 총괄청과 협의하여 20년이내의 기간 동안 신탁회사에 신탁할 수 있도록 하여 유휴국유지의 활용 촉진

7. 법률 제6072호, 1999. 12. 일부개정

1990년대 중반 이후 국유재산을 적극적으로 활용·관리하는 방향으로 국유재산 관리정책이 변경되었고, IMF 외환위기의 영향으로 공기업 민영화 등 국유재산의 매각을 촉진해야 할 유인이 발생하였다. 이에 1999. 12.「국유재산법」일부개정을 통해 국유재산의 매각방법을 다양화하고 국유지에 분양형 신탁제도를 도입하는 등의 조치를 취하였다.

- 국가에 재산을 기부한 자에게 그 재산의 사용·수익을 허가한 경우에는 예외적으로 허가를 받은 자가 당해 재산을 다른 사람에게 전대할 수 있도록 함
- 지방자치단체가 직접 비영리공익사업을 수행하기 위하여 국유재산을 사용하고자 하는 경우에는 무상으로 이를 사용할 수 있도록 함
- 국가가 소유하고 있는 주식의 매각을 금융기관 및 증권회사에 위탁할 수 있도록 하고, 매각방법도 다양화함으로써 공기업의 민영화를 원활하게 추진할 수 있도록 함
- 국유재산의 매각대금을 분할납부할 수 있는 기간을 현행 10년 이내에서 15년 이내로 연장함으로써 국민의 경제적 부담 완화
- 국유지 중 잡종재산을 신탁함에 있어서 신탁회사가 국유지에 건물 등을 축조하여 분양함으로써 얻는 수익을 국가에 교부하는 분양형 신탁제도 도입

8. 법률 제7325호, 2004. 12. 일부개정

국유재산의 사용허가·대부 등을 받은 자가 그 사용료 등을 제대로 납부하지 않는 문제가 발생함에 따라 국유재산 사용료 채권 확보의 필요성이 제기되었다. 이를 위해 보증금 예치 제도를 도입하고 관리청이 사용료를 직접 국세징수법에 따라 징수할 수 있도록 하는 등의 내용이 신설되었다.

- 교환받은 공유·사유재산을 국가에서 행정재산 또는 보존재산으로 관리하고자 하는 경우에는 교환을 허용하고, 지방자치단체가 공용·공공용으로 사용하기 위하여 필요로 하는 경우에는 양여를 허용

• 국유재산의 사용료 등을 분할하여 납부하는 경우로서 연간 사용료 또는 대부료가 일정한 금액 이상인 때에는 채무이행 보증금을 예치하거나 이행보증 조치를 하도록 함
• 관리청이 국유재산의 사용료 등을 직접 국세징수법에 따라 징수할 수 있도록 하여 국유재산 사용료 등에 관한 채권의 사후적인 관리 강화

9. 법률 제9401호, 2009. 1. 전부개정

국유재산의 효율적 관리를 위하여 분류체계를 정비하고 국가회계기준 도입에 맞추어 국유재산의 가격평가 및 결산기능을 보완하는 한편 법 문장을 알기 쉬운 용어로 바꾸기 위해 2009. 1. 「국유재산법」을 전부개정하였다. 본 전부개정을 통해 기존의 60여 개 조문이 82개로 늘어나는 등 현행 「국유재산법」의 틀이 갖춰지게 되었다. 주요 개정 사항은 다음과 같다.

• 잡종재산을 일반재산으로 명칭을 변경하고, 보존재산을 행정재산의 한 유형인 보존용재산으로 통합
• 관리청이 소관 유휴 행정재산의 현황을 매년 총괄청에 보고하도록 하고, 총괄청은 직권으로 용도폐지를 할 수 있도록 함으로써 유휴 행정재산의 관리 강화
• 수의의 방법으로 국유재산을 사용허가 또는 대부할 수 없는 경우에도 1회에 한하여 갱신을 허용함으로써 국민 편의 증대 및 국유재산의 활용도 제고
• 관리청 소관 재산의 위탁개발을 허용하는 등 국유재산 개발방식의 다양화
• 국가회계제도 도입에 따라 국유재산 평가 제도를 개선하고, 가격평가 등의 회계처리에 복식부기와 발생주의 반영

10. 법률 제10485호, 2011. 3. 일부개정

그동안 국유재산 관련 세입·세출을 일반회계로 운영함에 따라 국유재산의 수급조정 기능이 미흡하다는 문제가 제기되었는바, 2011. 3. 「국유재산법」 일부개정을 통해 총괄청 소관 일반재산 관리·처분 대금을 재원으로 하는 국유재산관리기금을 설치하였다. 또한 기존의 신탁개발·위탁개발에 더해 민간참여개발 제도를 신설함으로써 국유재산의 개발제도의 선택지를 확대하였다.

- 총괄청 소관 일반재산 관리·처분 대금을 재원으로 공용재산의 취득사업 등을 수행하는 국유재산관리기금을 설치
- 총괄청이 행정재산을 통합하여 관리하고, 각 중앙관서는 필요한 행정재산을 총괄청으로부터 승인받아 사용함으로써 전체 국유재산의 효율적 활용 도모
- 국유재산 중장기 정책방향, 국유재산의 연간 취득·운용·처분에 관한 총괄계획, 처분의 기준 등을 포함하는 국유재산종합계획 제도 도입
- 신탁개발과 위탁개발로 한정되어 있던 국유재산의 개발제도에 있어 국가와 민간사업자가 공동으로 국유재산을 개발할 수 있도록 민간참여개발 제도 도입

11. 법률 제10816호, 2011. 7. 일부개정

그동안 정부출자기업체의 정부배당에 관한 사항은 기획재정부 훈령인 「정부배당 업무처리에 관한 지침」을 통해 규정하여 왔는바, 일부 기관에서 이익을 과도하게 사내에 유보하거나 방만하게 자금을 운용하는 폐단이 나타났다. 이에 정부배당에 관한 주요한 사항을 법률인 「국유재산법」에 명확하게 규정함으로써 배당결정과정의 투명성을 높이고 국가 재정수입 확충을 도모하게 되었다.

- 총괄청은 배당가능이익이 발생한 정부배당대상기업에 대하여 각 정부배당대상기업의 배당대상이 되는 이익의 규모, 배당률 및 배당성향 등 여러 사항을 고려하여 적정하게 정부배당이 이루어지도록 함
- 총괄청과 소관 중앙관서의 장은 배당이 완료된 때에는 정부배당대상기업의 배당내역을 국회 소관 상임위원회·예산결산특별위원회에 보고하고 공표하도록 함

12. 법률 제11548호, 2012. 12. 일부개정

국가자산관리의 중요성이 점차 부각되면서, 국유재산관리정책에 있어서도 부동산뿐만 아니라 지식재산권 등 무체재산 관리의 필요성이 커지게 되었다. 그런데 「국유재산법」의 경우 전반적인 체계가 부동산 중심으로 기술되어 있어 이러한 지식재산의 효율적·체계적 관리에 한계가 있다는 지적이 제기되었다. 이에 지식재산의 특성을 반영한 관리·처분기준을 마련함으로써 지식재산의 자유로운 이용을 촉진하기 위해 '지식재산 관리·처분 특례'를 신설하였다.

- 중앙관서의 장등[2]이 지식재산의 사용허가 등을 하려는 경우에는 수의(隨意)의 방법으로 하되, 다수에게 일시에 또는 수회에 걸쳐 할 수 있도록 함
- 일반 유형재산과 달리 지식재산의 사용허가 또는 대부를 받은 자는 다른 사람에게 사용·수익하게 할 수 있도록 허용
- 지식재산의 경우 농어업인의 소득 증대, 중소기업의 수출 증진 등 국가시책을 추진하기 위하여 필요한 경우에는 사용료 또는 대부료를 면제할 수 있도록 하고, 그 밖에 공익적 목적으로 활용하는 경우에는 감면할 수 있도록 함
- 국유재산의 효율적 관리를 도모하기 위하여 교환이 가능한 재산의 범위를 동산까지 확대

13. 법률 제14041호, 2016. 3. 일부개정

국유재산의 적극적 개발·활용을 위한 제도적 기반 마련을 위한 일부개정으로서, 국유재산의 활용가치와 공공성·수익성·효율성 제고를 위해 개발방식을 다양화하고 관련 제도 정비를 통해 국가 재정수입 확충에도 기여하고자 하였다. 주요 개정 사항은 다음과 같다.

- 국유재산 연간 사용료가 일정 금액의 이하인 경우 사용허가기간의 사용료를 일시에 통합 징수할 수 있도록 함
- 국가가 타인의 재산을 점유하는 동시에 해당 재산 소유자는 일반 재산을 점유하는 '상호 점유'에 있어 해당 재산 소유자에게 일반재산의 대부료를 감면할 수 있도록 하고, 상호 교환이 가능하도록 함
- 체납변상금·대부료 등 채권의 시효소멸로 인한 국고손실을 방지하고 시효중단을 위한 소송비용 등 절감을 위해 시효규정 신설
- 관리·처분사무를 위탁받은 자도 행정대집행의 권한을 가지도록 함

14. 법률 제15425호, 2018. 3. 일부개정

납세자가 세금을 현금이 아닌 유가증권으로 물납할 경우, 국가는 이를 매각 처분하여 현금으로 국고에 환수하게 된다. 그런데 비상장 물납증권의 경우 매각이 어

---

2) '「국가재정법」 제6조에 따른 중앙관서의 장과 「국유재산법」 제42조제1항에 따라 일반재산의 관리·처분에 관한 사무를 위임·위탁받은 자'를 의미하며(국유재산법 제2조제11호), 이하에서도 동일하다.

려워서 대부분 물납자 본인이나 납세자의 친족 등 특수관계인에게 저가로 매각되는 경향이 있었고 이것이 탈세 수단으로 악용된다는 비판이 있었다. 이에 2018. 3. 「국유재산법」 일부개정을 통해 물납자 등 특수관계인을 통한 저가 매수를 금지하였다.

- 국세물납 증권의 처분 제한 규정을 법률로 상향하여 규정하고, 물납증권의 저가매수 금지 대상을 물납한 본인뿐만 아니라 물납자의 특수관계인으로 확대
- 중앙관서의 장은 국유재산의 형태·규모·내용연수 등을 고려하여 활용성이 낮거나 보수가 필요한 경우 등에는 그 사용료 또는 대부료를 감면할 수 있도록 함
- 유휴·저활용 국유지를 적극적으로 개발·활용하기 위하여 일반재산 개발의 범위에 토지를 조성하는 행위 추가

15. 법률 제17137호, 2020. 3. 일부개정

과거에는 국유지에 영구시설물을 축조하는 것이 사실상 제한되었는데 2020. 3. 「국유재산법」 일부개정을 통해 지방자치단체·지방공기업이 국유지 위에 문화시설, 생활체육시설 등의 생활밀착형 사회기반시설을 축조할 수 있게 되었다. 또한 행정재산의 용도폐지를 활성화하기 위해 우선사용예약 제도를 새롭게 도입하는 등 국유재산이 효율적으로 활용될 수 있도록 제도를 정비하였다.

- 국유재산에 지방자치단체나 지방공기업이 주민생활을 위한 문화시설, 생활체육시설 등의 사회기반시설을 축조하는 행위와 일정한 요건에 해당하는 학교시설을 증축 또는 개축하는 행위를 허용
- 행정재산이 용도폐지된 경우 장래의 행정수요에 대비하기 위하여 해당 재산에 대하여 사용승인을 우선적으로 해 줄 것을 총괄청에 신청하는 '우선사용예약' 제도 도입
- 특별회계 및 기금에 속하는 일반재산의 효율적인 활용을 위하여 필요한 경우 등에는 국유재산 무상 관리전환이 가능하도록 함

제3절 국유재산법의 법적 성격

「국유재산법」에 따른 법률관계를 공법 관계로 볼 것인지, 사법 관계로 볼 것인지가 문제된다. 공법 관계인지 사법 관계인지에 따라 적용 법조, 권리 구제 절차, 소송 형태 등이 크게 달라질 수 있기 때문이다. 이에 대해서는 과거 공법상 계약설과 사법상 계약설이 모두 존재하였으나, 지금은 행정재산과 일반재산으로 구분하여 보는 견해가 일반적이다.

Ⅰ. 행정재산

행정재산은 국가의 행정목적을 수행하는 데에 있어 직접적으로 필요한 재산으로 처분이나 사용에 상당한 제한이 있다. 또한 그러한 처분·사용의 절차는 법에 명시되어 있는바, 국가와 사인이 대등한 위치에서 계약을 체결하는 것이 아니라 국가가 공권력을 가진 우월적 지위에서 사인에게 권리를 설정하여 주는 형태로 보는 것이 타당하다. 즉, 행정재산에 관한 법률관계는 공법 관계로 볼 것이며 판례도 같은 입장이다.

〈판례〉 대법원 2006. 3. 9. 선고 2004다31074 판결
국유재산 등의 관리청이 하는 행정재산의 사용·수익에 대한 허가는 순전히 사경제주체로서 행하는 사법상의 행위가 아니라 관리청이 공권력을 가진 우월적 지위에서 행하는 행정처분으로서 특정인에게 행정재산을 사용할 수 있는 권리를 설정하여 주는 강학상 특허에 해당한다.

Ⅱ. 일반재산

일반재산은 행정재산 외의 모든 국유재산을 말하는바, 결국 국가의 행정목적을 수행하는 데에 있어 직접적으로 필요하지 않은 국유재산을 의미한다. 즉 이는 소유자가 국가라는 차이만 있을 뿐 기본적으로 일반 사인의 재산과 다르게 취급할

이유가 없으므로, 일반재산에 관한 법률관계는 국가가 사경제주체로서 행하는 사법 관계로 보는 것이 옳다. 판례도 같은 입장이다.

〈판례〉 대법원 1995. 5. 12. 선고 94누5281 판결
행정처분이라 함은 행정청이 행하는 구체적 사실에 관한 법집행으로서의 공권력의 행사 또는 그 거부와 그 밖에 이에 준하는 행정작용을 의미하는 것인바, … 국유잡종재산[3]에 관한 관리 처분의 권한을 위임받은 기관이 국유잡종재산을 대부하는 행위는 국가가 사경제주체로서 상대방과 대등한 위치에서 행하는 사법상의 계약이지 행정청이 공권력의 주체로서 상대방의 의사 여하에 불구하고 일방적으로 행하는 행정처분이라고 볼 수 없는 것이고, 국유잡종재산에 관한 사용료의 납입고지 역시 사법상의 이행청구에 해당하는 것으로서 이를 항고소송의 대상이 되는 행정처분이라고 할 수 없는 것이다.

Ⅲ. 검토 및 사견

행정재산을 공법 관계로, 일반재산을 사법 관계로 의율하는 판례의 입장이 법리상 타당하다고 본다. 행정재산은 국가의 행정목적을 위한 것이므로 공법 관계가 적용되어야 하지만, 일반재산은 이미 행정목적을 상실한 것이므로 일반 사법의 적용을 통해 국민의 재산권을 보호하는 방향으로 나가는 것이 옳다.

다만 이러한 입장에 따를 경우 국유재산이 행정재산인지 일반재산인지를 먼저 구분해야 하는바, 실제 사례에서는 이러한 판단이 어려운 경우도 적지 않다.

현재 우리나라의 판례는 공용폐지 여부를 기준으로 행정재산과 일반재산을 구분하고 있다. 이는 공용폐지라는 형식적 요건을 그 기준으로 하므로 행정재산과 일반재산을 명확히 구분할 수 있다는 장점이 있으나, 실제 행정목적을 상실하였더라도 공용폐지가 이루어지지 않았다면 여전히 행정재산으로 보게 된다는 문제가 있다. 이는 하천, 갯벌 등 이른바 자연공물에 있어서 특히 문제된다.

물론 개별 사건에 있어 구체적 타당성을 좇아 그에 따른 합리적 판단을 내려야 하는 법원의 역할에 비춰볼 때, 행정재산과 일반재산을 형식적 기준을 통해 구

3) 과거에는 '잡종재산'으로 규정되어 있었으나 2009.1. 「국유재산법」 전부개정을 통해 '일반재산'으로 명칭이 변경되었다.

분하는 것이 불가피한 측면도 있다. 다만 이 과정에서 국유재산과 자연공물의 관계에 대해 한 번 생각해 볼 필요는 있으며, 이에 대해서는 <참고 2－2>에서 자세히 후술하기로 한다.

〈참고 1-1〉 국유재산 관리정책의 변천

「국유재산법」 제정 이후 국유재산 관리정책의 변천은 크게 3개의 시기로 구분하여 살펴볼 수 있다.

먼저 1950년~1976년에는 처분 위주의 관리정책을 추진하여 재정수요 충당을 위한 국유지 매각에 중점을 두었다. 일제 강점기 일본인이 소유하였던 상당수의 재산이 해방 이후 귀속재산으로서 국유재산에 편입되었다. 그런데 한국전쟁을 거치면서 국토가 황폐화되고 산업기반이 파괴되면서 정부의 재정상황이 매우 악화되었고, 1960년대 들어 경제개발계획을 본격적으로 추진하는 과정에서 막대한 재정소요도 발생하였다. 이에 재정수요를 충당하고 경제개발계획 추진에 따른 재원 조달을 위해 국유재산 매각을 적극적으로 추진하게 된 것이다.

그런데 이후 경제가 발전하며 토지에 대한 수요가 증가함에 따라 과거 매각하였던 국유지를 다시 매입해야 하는 사례가 적지 않게 발생하였고, 이러한 상황에서 산업 발전에 따라 조세 수입이 확대되어 어느 정도 재정수요를 충당할 수 있게 되었다. 이에 1977년부터 처분이 아닌 유지·보존 위주로 국유재산 관리정책을 수정하였다. 1993년경까지 이어진 이 시기에는 국유재산 관리계획 제도를 도입하고 전면적인 국유재산 실태조사를 실시하는 등 국유재산의 유지·보존을 위한 여러 정책이 실행되었다.

1990년대로 접어들어 경제규모가 확대되고 사회가 다원화되면서 국유재산 관리정책은 또 한 번의 변화를 겪게 된다. 그동안의 엄격한 보존관리정책에 따른 처분의 제한으로 다른 경제주체들의 토지 수요에 적절히 부응하지 못하는 문제가 발생함에 따라 소극적 유지·보존 정책에서 벗어나 국유재산의 적극적 활용을 통한 재정수입 및 국민편익 증대의 필요성이 제기된 것이다. 이에 1994년부터 국유재산을 적극적으로 활용하는 방향으로 관리정책을 변경하여 신탁개발, 위탁개발, 민간참여개발 등의 국유재산 개발제도를 도입하는 한편, 국유재산 관리기금을 설치하여 국유재산의 원활한 수급과 개발을 도모하게 되었다.

제2장

국유재산 일반론

제2장/

국유재산 일반론

제1절 국유재산의 정의 및 구분

Ⅰ. 국유재산의 정의

'국유재산'의 사전적 정의는 '국가가 소유하는 일체의 동산·부동산 및 권리'로서, 사인(私人) 소유의 사유재산 및 지방자치단체 소유의 공유재산에 대응하는 개념이다. 다만 이는 일반적·포괄적 개념이어서 「국유재산법」에서는 이를 보다 구체적으로 규정하고 있으며, 이 둘을 구분하기 위해 전자를 '넓은 의미의 국유재산', 후자를 '좁은 의미의 국유재산'으로 나누어 부르기도 한다. 이하에서는 「국유재산법」에서의 정의, 즉 '좁은 의미의 국유재산'을 기준으로 논의를 전개하기로 한다.

「국유재산법」 제2조제1호에서는 '국유재산'을 '국가의 부담, 기부채납이나 법령 또는 조약에 따라 국가 소유로 된 제5조제1항 각 호의 재산'이라고 하여, 취득 방식과 범위의 2가지 요소로 국유재산을 정의하고 있다.

1. 국유재산의 취득 방식

먼저 취득 방식을 세부적으로 살펴보면 다음과 같다.

가. 국가의 부담

국가가 반대급부를 제공하고 소유권을 취득하는 것, 즉 유상(有償)을 의미한다. 구체적인 방법으로는 매매, 수용, 교환 등이 있으며 실무상 대부분의 국유재산은 이러한 유상 방식으로 취득하는 것이 일반적이다.

나. 기부채납

국가 외의 자가 재산의 소유권을 무상(無償)으로 국가에 이전하여 국가가 이를 취득하는 것을 말한다(국유재산법 제2조제2호). 실무상으로는 주로 공공기관, 종교단체 등에서 공공사업 추진이나 포교 활동 등을 위해 기부채납하는 사례가 많다.

다. 법령 또는 조약

법령 또는 조약에 국유재산으로 편입됨을 명시하는 경우도 있으며, 이 경우는 해당 조항의 효력에 의해 당연히 국유재산이 된다. 주인이 없는 무주(無主) 부동산[1]이나 국가가 공용 또는 공공용으로 사용하기 위하여 필요한 매립지[2] 등이 그 대표적 경우이다.

2. 국유재산의 범위

국유재산의 구체적 범위는 「국유재산법」 제5조제1항 각 호에서 세부적으로 규정하고 있으며 다음과 같다.

가. 부동산과 그 종물(從物)

1) 부동산

「국유재산법」에서는 '부동산'에 대해 별도의 정의를 하고 있지 않은바, 이에 대해서는 일반법인 「민법」을 따른다. 「민법」에 따르면 부동산은 '토지와 그 정착물'을 의미하고, 부동산 이외의 물건[3]은 동산이다(민법 제99조).

---

1) 무주의 부동산은 국유로 한다(민법 제252조제2항).

2) 「공유수면 관리 및 매립에 관한 법률」 제46조(매립지의 소유권 취득 등) ① 매립면허취득자가 제45조제2항에 따른 준공검사확인증을 받은 경우 국가, 지방자치단체 또는 매립면허취득자는 다음 각 호의 구분에 따라 매립지의 소유권을 취득한다.

1. 대통령령으로 정하는 공용 또는 공공용으로 사용하기 위하여 필요한 매립지: 국가 또는 지방자치단체

'정착물'은 토지에 계속하여 고착되어 용이하게 이동할 수 없고 거래관념상 그러한 상태에서만 사용될 수 있는 것으로 보는 물건을 말하며, 이는 토지와 별개의 부동산으로 취급된다. 건물이나 입목 등이 그 대표적 예이다.

건물의 경우 언제 독립된 부동산으로 인정되는지가 문제될 수 있는데, 이에 대해 판례는 '최소한의 기둥과 지붕 그리고 주벽'이 있다면 건물을 독립된 부동산으로 볼 수 있다는 입장이다.

〈판례〉 대법원 2001. 1. 16. 선고 2000다51872 판결
독립된 부동산으로서의 건물이라고 하기 위하여는 최소한의 기둥과 지붕 그리고 주벽이 이루어지면 된다고 할 것인바 …

또한 건물의 개수를 판단함에 있어서는 물리적 구조뿐 아니라 거래 또는 이용의 목적물로서 관찰한 건물의 상태, 소유자의 의사 등도 참작하여야 한다.

〈판례〉 대법원 1997. 7. 8. 선고 96다36517 판결
건물은 일정한 면적, 공간의 이용을 위하여 지상, 지하에 건설된 구조물을 말하는 것으로서, 건물의 개수는 토지와 달리 공부상의 등록에 의하여 결정되는 것이 아니라 사회통념 또는 거래관념에 따라 물리적 구조, 거래 또는 이용의 목적물로서 관찰한 건물의 상태 등 객관적 사정과 건축한 자 또는 소유자의 의사 등 주관적 사정을 참작하여 결정되는 것 …

한편 원래는 토지에 부합하나 별도의 공시 등을 거쳐 독립된 부동산으로 인정되는 경우도 있으며, 수목이 그 대표적 예이다. 따라서 「입목에 관한 법률」에 따른 입목등기를 거친 수목은 토지와 독립한 별도의 부동산이 되므로, 토지를 처분해도 수목의 소유권은 변동되지 않는다.[4]

농작물의 경우 일반적인 수목과 달리 공시 등을 거치지 않더라도 경작자에게 소유권이 인정된다는 것이 판례의 입장이다.[5] 이는 농작물의 수확을 위해서는 지

3) '물건'이란 '유체물 및 전기 기타 관리할 수 있는 자연력'을 말한다(민법 제98조).
4) 명인방법(관습법상 인정되는 공시방법)을 갖춘 수목의 경우에도 토지와 독립한 부동산으로 인정된다.
5) 대법원 1968. 6. 4. 선고 68다613, 68다614 판결.

속적인 관리가 필요하므로, 이에 대한 경작자의 노력을 인정해 주어야 한다는 취지로 이해된다. 따라서 타인 소유의 토지에 무단으로 농작물을 경작한 경우에도 농작물은 경작자의 소유가 된다.[6)]

2) 종물

'종물'은 '물건의 소유자가 그 물건의 상용에 공하기 위하여 자기소유인 다른 물건을 이에 부속하게 한 때의 그 부속물'을 의미한다(민법 제100조제1항). 즉 종물은 주물의 상용에 이바지하여야 하고, 주물에 부속되어 있으되 부합되지는 않은 독립된 물건이어야 한다.[7)]

〈판례〉 대법원 1997. 10. 10. 선고 97다3750 판결

종물은 주물의 상용에 이바지하는 관계에 있어야 하고, 주물의 상용에 이바지한다 함은 주물 그 자체의 경제적 효용을 다하게 하는 것을 말하는 것으로서 주물의 소유자나 이용자의 상용에 공여되고 있더라도 주물 그 자체의 효용과 직접 관계가 없는 물건은 종물이 아니다.

종물은 주물에 처분에 따르나(민법 제100조제2항), 이는 임의규정이므로 당사자 사이에서 종물을 별도로 처분하도록 정하는 것도 가능하다.

〈참고 2-1〉 부합물, 부속물

종물과 유사한 개념으로서 '부합물', '부속물'이 있다.

부합물은 부동산과 별개의 물건이지만 부동산에 결합하여 거래관념상 부동산과 하나의 물건으로 부동산 소유자에게 귀속되는 물건으로서, 훼손하지 않으면 분리할 수 없거나 분리에 과다한 비용이 드는 경우 또는 분리할 경우 경제적 가치가 감소되는 경우 등이 이에 해당한다. 급수용 물탱크, 정원수, 보일러 배관, 바닥 타일 등이 그 예이다.

---

6) 다만 이 경우 경작자는 토지 소유자에게 토지 무단 사용에 대한 손해배상책임 등을 질 수 있다.

7) 예를 들어 정화조나 주유소의 지하 유류저장창고는 주물인 토지에 부합된 것으로서 독립된 물건으로 볼 수 없어 종물이 아니나, 주유소의 주유기는 주유소 건물의 종물로 본다.

부속물은 부합물과 유사하나 부착의 정도가 약한 것을 의미하며 건물의 보일러, 조명·음향설비, 태양열 시설 등이 있다.

나. 선박, 부표(浮標), 부잔교[8](浮棧橋), 부선거[9](浮船渠) 및 항공기와 그들의 종물

우리 법체계에서는 물건을 부동산과 동산으로 구분하는바, 국가의 재산 또한 이에 따라 기본적인 적용 법조가 나뉜다. 즉 원칙적으로 국가의 재산 중 부동산에 대하여는 「국유재산법」이, 동산에 대하여는 「물품관리법」[10]이 각각 적용된다. 다만 동산 중에서도 일부는 「국유재산법」이 적용되는데 선박, 항공기 등이 그 대표적 경우이다.

우리 법에서는 부동산은 등기를 통해, 동산은 점유를 통해 그 소유권을 공시한다는 차이가 있는데 선박,[11] 항공기[12] 등은 동산임에도 예외적으로 등기·등록주의를 채택하고 있다는 특징이 있다. 즉 선박, 항공기 등은 개별법에 의해 등기·등록을 해야 할 의무가 있고 이를 통해 제3자도 소유권을 쉽게 확인할 수 있으므로, 일반적인 동산과는 달리 「국유재산법」에서도 이를 국유재산으로 포섭하고 있다.

다. 「정부기업예산법」 제2조에 따른 정부기업이나 정부시설에서 사용하는 기계와 기구 중 대통령령으로 정하는 것

「정부기업예산법」은 정부기업의 경영을 합리화하고 운영의 투명성 제고를 목

---

8) 해저에 교각을 교착시키지 아니하고 선박에 닿기 위해 물위에 뜰 수 있도록 만들어진 다리 모양의 구조물

9) 선박 수선용으로 선체를 물위에 올려놓고 작업할 수 있게 한 함선

10) 「물품관리법」은 국가 물품 관리에 관한 일반법으로서, 특정의 국가 물품에 대해서는 특별법적 성격의 별도 법령을 두기도 한다. 군수품에 대해서 규정하고 있는 「군수품관리법」이 그 대표적 예로, 군수품에 대해서는 「물품관리법」보다 「군수품관리법」이 우선 적용된다.

11) 「선박등기법」 제3조(등기할 사항) 선박의 등기는 다음 각 호에 열거하는 권리의 설정·보존·이전·변경·처분의 제한 또는 소멸에 대하여 한다.
1. 소유권
2. 저당권
3. 임차권

12) 「항공안전법」 제7조(항공기 등록) ① 항공기를 소유하거나 임차하여 항공기를 사용할 수 있는 권리가 있는 자(이하 "소유자등"이라 한다)는 항공기를 대통령령으로 정하는 바에 따라 국토교통부장관에게 등록을 하여야 한다. (단서 생략)

적으로 하는 법인바, 여기서의 정부기업은 기업형태로 운영하는 우편사업, 우체국 예금사업, 양곡관리사업 및 조달사업[13]을 말한다. 이러한 정부기업이나 정부시설에서 사용하는 기계 · 기구 중 기관차 · 전차 · 객차(客車) · 화차(貨車) · 기동차(汽動車) 등 궤도차량이 국유재산에 해당한다(국유재산법 시행령 제3조).

한편 이와 같이 국유재산에 해당하는 기계와 기구로서 해당 기업이나 시설의 폐지와 함께 포괄적으로 용도폐지된 것은 해당 기업이나 시설이 폐지된 후에도 국유재산으로 한다(국유재산법 제5조제2항).

라. 지상권, 지역권, 전세권, 광업권, 그 밖에 이에 준하는 권리

지상권, 지역권, 전세권 등 이른바 용익물권(用益物權)과 광업권 등이 국유재산에 포함된다.

1) 지상권

지상권은 타인 소유의 토지 위에 건물 기타 공작물이나 수목을 소유하기 위하여 그 타인의 토지를 사용하는 권리이다(민법 제279조). 우리 법체계에서는 토지와 건물을 별개의 부동산으로 취급하기 때문에 이러한 지상권 개념이 요구된다.

지상권의 핵심은 '타인의 토지에서 건물 기타 공작물이나 수목을 소유'하는 것이 아니라 '타인의 토지를 사용하는 것'이다. 따라서 지상권설정계약 당시 건물 기타의 공작물이나 수목의 존재 여부, 지상권 설립 후 건물 등의 멸실 여부는 지상권의 효력에 영향을 주지 않는다. 다만 「민법」 제280조제1항[14]에서 정하고 있는 지상권의 최단존속기간이 적용되기 위해서는 해당 건물 · 공작물 · 수목 등의 소유 목적이 전제되어야 한다.

---

13) 이러한 정부기업은 별도의 특별회계를 통해 운영된다.

14) 「민법」 제280조(존속기간을 약정한 지상권) ① 계약으로 지상권의 존속기간을 정하는 경우에는 그 기간은 다음 연한보다 단축하지 못한다.

1. 석조, 석회조, 연와조 또는 이와 유사한 견고한 건물이나 수목의 소유를 목적으로 하는 때에는 30년
2. 전호 이외의 건물의 소유를 목적으로 하는 때에는 15년
3. 건물 이외의 공작물의 소유를 목적으로 하는 때에는 5년

〈판례〉 대법원 1996. 3. 22. 선고 95다49318 판결
지상권은 타인의 토지에서 건물 기타의 공작물이나 수목을 소유하는 것을 본질적 내용으로 하는 것이 아니라 타인의 토지를 사용하는 것을 본질적 내용으로 하고 있으므로 지상권 설정계약 당시 건물 기타의 공작물이나 수목이 없더라도 지상권은 유효하게 성립할 수 있고, 또한 기존의 건물 기타의 공작물이나 수목이 멸실되더라도 존속기간이 만료되지 않는 한 지상권이 소멸되지 아니하는 것 (중략)
민법 제280조 제1항 제1호가 석조 · 석회조 · 연와조 또는 이와 비슷한 견고한 건물이나 수목의 '소유를 목적으로 하는' 지상권의 경우 그 존속기간은 30년보다 단축할 수 없다고 규정하고 있음에 비추어 볼 때 위 법조 소정의 최단 존속기간에 관한 규정은 지상권자가 그 소유의 건물 등을 건축하거나 수목을 식재하여 토지를 이용할 목적으로 지상권을 설정한 경우에만 그 적용이 있다고 할 것이다.

보통의 지상권은 지상권설정계약 이후 등기를 요하나[15] 법률에 규정에 의한 법정지상권[16]의 경우에는 등기를 요하지 않으며, 관습상에 따른 관습법상 법정지상권[17]도 인정되고 있다.

2) 지역권

지역권은 일정한 목적을 위하여 타인의 토지를 자기토지의 편익에 이용하는 권리이다(민법 제291조). 이때 편익을 얻는 자기토지를 '요역지', 편익을 제공하는 타인의 토지를 '승역지'라고 한다.

지역권은 배타적 사용을 전제하지 않는데 이 점에서 지상권, 전세권 등 다른 용익물권과 차이를 보인다. 즉 지역권은 승역지 소유자의 용익권을 전면적으로 배제하지 않으며, 하나의 용역지 위에 여러 개의 지역권이 설정될 수도 있다.[18]

지역권은 요역지 소유권에 종된 권리인바, 별도의 약정이 없는 한 요역지의 소

---

15) 지상권설정등기사항은 지상권설정의 목적, 범위, 존속기간 등이다(부동산등기법 제69조).
16) 저당물의 경매로 인하여 토지와 그 지상건물이 다른 소유자에 속한 경우(민법 제366조), 건물에 전세권을 설정한 후 대지 소유권이 특별승계된 경우(민법 제305조제1항) 등이 대표적 사례이다.
17) 토지와 건물이 동일인의 소유에 속하였다가 매매 등의 원인으로 소유자가 달라지게 된 경우로서, 건물철거 특약이 없는 경우
18) 다만 이렇게 설정된 여러 개의 지역권이 충돌하는 경우에는 먼저 성립된 지역권이 우선하게 된다.

유권에 부종하여 이전한다(민법 제292조제1항).

3) 전세권

전세권은 전세금을 지급하고 타인의 부동산을 점유하여 그 부동산의 용도에 좇아 사용·수익할 권리이다(민법 제303조제1항). 2008년 이전의 「국유재산법」에서는 전세권이 국유재산으로 명시되어 있지 않아[19] 전세권의 국유재산 포함 여부에 대한 논란의 여지가 있었으나, 2009. 1. 30. 「국유재산법」 전부개정을 통해 전세권을 추가로 명시함으로써 이러한 논란이 해결되었다.

전세권은 기본적으로 용익물권이나 전세금반환청구권을 확보하는 측면에서는 담보물권적 성격도 갖고 있다. 즉 전세권의 존속기간이 만료되면 전세권의 용익물권적 권능은 당연히 소멸하고, 그 이후에는 전세금반환채권을 담보하는 담보물권적 권능만 남게 된다. 이러한 점에서 순수 용익물권인 지상권, 지역권과는 조금 차이를 보인다.

〈판례〉 대법원 2005. 3. 25. 선고 2003다35659 판결
전세권설정등기를 마친 민법상의 전세권은 그 성질상 용익물권적 성격과 담보물권적 성격을 겸비한 것 … 전세권의 존속기간이 만료되면 전세권의 용익물권적 권능은 전세권설정등기의 말소 없이도 당연히 소멸하고 단지 전세금반환채권을 담보하는 담보물권적 권능의 범위 내에서 전세금의 반환시까지 그 전세권설정등기의 효력이 존속하고 있다 할 것 …

또한 전세권이 성립하기 위해서는 반드시 전세금의 지급이 필요하므로, 전세계약은 항상 유상계약의 형태로 이루어진다. 전세권의 존속기간은 최장 10년으로 이를 위반한 약정은 인정되지 않으며(민법 제312조제1항), 건물의 경우 최단존속기간 1년이 있다(민법 제312조제2항).

4) 광업권

광업권은 '탐사권'과 '채굴권'을 합친 의미로서, 등록을 한 일정한 토지의 구역

19) 2008년 이전의 「국유재산법」에서는 '지상권·지역권·광업권 기타 이에 준하는 권리'로만 표기하고 있었다.

에서 등록을 한 광물과 이와 같은 광상(鑛床)에 묻혀 있는 다른 광물을 탐사, 채굴하고 취득하는 권리를 말한다(광업법 제3조). 채굴되지 아니한 광물에 대하여 채굴하고 취득할 권리를 부여할 권능은 국가에 있으며(광업법 제2조), 지상권, 지역권 및 전세권과 마찬가지로 광업권 또한 물권에 해당한다(광업법 제10조제1항).

5) 온실가스[20] 배출권

최근 지구의 평균기온이 지속 상승함에 따라 이를 낮추기 위한 다양한 방안이 시도되고 있는바 온실가스의 감축 노력이 그 한 예이다. 온실가스 배출권은 「저탄소 녹색성장 기본법」에 따른 온실가스 감축 목표를 달성하기 위하여 온실가스 배출허용총량의 범위에서 개별 온실가스 배출업체에 할당되는 온실가스 배출허용량을 말하며(온실가스 배출권의 할당 및 거래에 관한 법률 제2조제3호), 우리나라의 경우 「저탄소 녹색성장 기본법」 제46조[21]에 따라 온실가스 배출권 거래제도가 도입되어 있다. 이러한 온실가스 배출권도 그 성격상 국유재산의 범위에 포함될 수 있다고 할 것이다.

〈해석례〉 행정안전부 회계제도과-1738, 2017. 6. 1.

「저탄소 녹색성장 기본법」 제46조에 따라 온실가스 배출권 거래제도가 도입되어 시장기능을 활용하여 효과적으로 국가의 온실가스 감축목표를 달성할 목적으로 배출권거래법[22] 이 제정·운영되고 있고, 이에 대해 '2017 지방자치단체 재무회계 운영규정'에서는 지방자치단체가 온실가스 배출권을 매입하거나 할당받아 사용할 수 있게 되는 시점에 대하여 자산의 인식기준을 충족하는 시점으로 보도록 규정하고 있음 … 관련 제도의 운영상황 등을 종합적으로 고려해 볼 때, 지방자치단체가 보유하는 온실가스 배출권은 공유재산으로 보는 것이 합리적일 것으로 판단[23] …

---

20) 이산화탄소(CO_2), 메탄(CH_4), 아산화질소(N_2O), 수소불화탄소(HFCs), 과불화탄소(PFCs), 육불화황(SF_6) 및 그 밖에 대통령령으로 정하는 것으로 적외선 복사열을 흡수하거나 재방출하여 온실효과를 유발하는 대기 중의 가스 상태의 물질을 말한다(저탄소 녹색성장 기본법 제2조제9호).

21) 「저탄소 녹색성장 기본법」 제46조(총량제한 배출권 거래제 등의 도입) ① 정부는 시장기능을 활용하여 효율적으로 국가의 온실가스 감축목표를 달성하기 위하여 온실가스 배출권을 거래하는 제도를 운영할 수 있다.
② 제1항의 제도에는 온실가스 배출허용총량을 설정하고 배출권을 거래하는 제도 및 기타 국제적으로 인정되는 거래 제도를 포함한다.

22) 「온실가스 배출권의 할당 및 거래에 관한 법률」을 의미한다.

마. 「자본시장과 금융투자업에 관한 법률」 제4조에 따른 증권

여기서의 증권이란 내국인 또는 외국인이 발행한 금융투자상품으로서 투자자가 취득과 동시에 지급한 금전등 외에 어떠한 명목으로든지 추가로 지급의무[24]를 부담하지 아니하는 것을 말한다(자본시장과 금융투자업에 관한 법률 제4조제1항). 구체적인 형태로는 채무증권, 지분증권, 수익증권, 투자계약증권, 파생결합증권, 증권예탁증권 등이 있으며, 우리가 흔히 알고 있는 주식, 채권, 펀드 등의 금융상품이 이에 해당한다.

바. 지식재산

'지식재산'이란 인간의 창조적 활동 또는 경험 등에 의하여 창출되거나 발견된 지식·정보·기술, 사상이나 감정의 표현, 영업이나 물건의 표시, 생물의 품종이나 유전자원(遺傳資源), 그 밖에 무형적인 것으로서 재산적 가치가 실현될 수 있는 것을 말한다(지식재산기본법 제3조). 이러한 지식재산이 법적 권리로서 인정되기 위해서는 개별 법령이 필요한데, 이렇듯 법령 또는 조약 등에 따라 인정되거나 보호되는 지식재산에 관한 권리를 '지식재산권'이라고 하며 대표적인 사례로는 특허권, 상표권, 저작권 등이 있다.

실무상 지식재산권이 국유재산에 편입되는 대표적인 경우로는 국가공무원의 직무발명, 국가연구개발사업의 성과, 민간의 기술 기부채납 등이 있다.

먼저 국가공무원의 직무발명을 살펴보면, 국가공무원이 직무발명에 대하여 특허, 실용신안등록, 디자인등록 등을 받게 되면 원칙적으로 이러한 권리를 국가가 승계하여 해당 권리를 국유로 하게 된다(발명진흥법 제10조제2항). 대신 국가는 그 대가로 직무발명한 공무원에게 정당한 보상을 하여야 하고(발명진흥법 제15조제7항), 이러한 보상에 대한 세부 내용은 대통령령인 「공무원 직무발명의 처분·관리 및 보상 등에 관한 규정」에서 정하고 있다.

다음으로 중앙행정기관이 법령에 근거하여 연구개발을 위하여 예산 또는 기금으로 지원하는 사업을 '국가연구개발사업'이라고 하는데(국가연구개발혁신법 제2조), 연구개발의 성과로 지식재산권을 얻을 수 있다. 이 경우 해당 지식재산권은 연구개

---

23) 공유재산에 대한 해석례이나 국유재산에도 적용이 가능할 것이다.

24) 투자자가 기초자산에 대한 매매를 성립시킬 수 있는 권리를 행사하게 됨으로써 부담하게 되는 지급의무는 제외한다.

발과제를 수행한 연구개발기관의 소유로 하는 것이 원칙이나, 국가안보·공공의 이익[25] 등을 위해서는 이를 국유로 하는 것이 가능하다(국가연구개발혁신법 제16조제3항). 다만 이처럼 연구개발성과를 국가의 소유로 하기 위해서는 연구개발과제협약에 해당 내용을 포함시켜야 한다(국가연구개발혁신법 시행령 제32조제3항).

마지막으로 공공연구기관, 산학협력단, 민간기업 등은 특허, 실용신안, 디자인 등의 지식재산을 국가에 기부채납할 수 있으며(기술의 이전 및 사업화 촉진에 관한 법률 제21조의2), 이러한 기부 지식재산권에 대해서는 산업통상자원부장관이 관리·처분[26] 한다.

1) 특허권

자연법칙을 이용한 기술적 사상의 창작으로서 고도한 것, 즉 발명(특허법 제2조)에 대해 일정 기간 독점적으로 소유 또는 이용할 수 있는 권리이다. 발명에 대하여 특허결정을 받고 특허원부(特許原簿)에 등록되면 특허권이 발생하게 된다.

특허권은 물권과 유사한 개념으로서, 이를 통해 대상이 되는 발명을 독점배타적으로 사용·수익·처분할 수 있다. 특허권자는 그 특허발명을 실시할 권리를 독점하며, 정당한 권원 없는 제3자가 이를 침해할 경우 민형사상의 책임을 지울 수 있다. 특허권의 존속기간은 특허권을 설정등록한 날부터 특허출원일 후 20년이 되는 날까지이다(특허법 제88조제1항).[27]

2) 실용신안권

자연법칙을 이용한 기술적 사상의 창작, 즉 고안(실용신안법 제2조)에 대해 일정 기간 독점적으로 소유 또는 이용할 수 있는 권리이다. 고안에 대하여 실체적·절차적 요건의 심사를 거쳐 등록되면 실용신안권이 발생한다.

특허와 유사한 개념이나 특허에 비해 고도성의 요건이 완화되어 있다. 따라서 실용신안은 특허와는 달리 고도하지 않아도 되어 상대적으로 등록이 용이하다. 실

25) 구체적으로는 국가안보를 위하여 필요한 경우, 공공의 이익을 목적으로 연구개발성과를 활용하기 위하여 필요한 경우, 과제를 수행한 연구개발기관이 국외에 소재한 경우 등이 있다.

26) 현물출자는 제외한다.

27) 흔히 특허권의 존속기간을 20년으로 알고 있으나 실제로는 특허권 설정등록일이 아닌 출원일을 기산점으로 하기 때문에, 일반적인 경우 특허의 존속기간은 20년보다 짧다.

용신안권의 존속기간은 실용신안권을 설정등록한 날부터 실용신안등록출원일 후 10년이 되는 날까지이다(실용신안법 제22조제1항). 특허보다 존속기간이 짧은 이유는 고안이 발명보다 상대적으로 모방이 용이하여 제품 수명이 짧다고 보기 때문이다.

3) 디자인권

물품의 형상·모양·색채 또는 이들을 결합한 것으로서 시각을 통하여 미감(美感)을 일으키게 하는 것, 즉 디자인(디자인보호법 제2조)을 일정 기간 독점적으로 실시할 수 있는 권리이다.

디자인이 공업상 이용가능성, 신규성, 창작성 등의 요건을 충족하면 출원·등록을 통해 등록디자인으로서 보호받을 수 있다. 디자인은 모방이 용이하고 유행성이 강하다는 특성이 있으므로 무심사등록제도,[28] 관련디자인제도,[29] 비밀디자인제도[30] 등 다른 지식재산권과는 다른 특유의 제도를 가지고 있다. 디자인권의 존속기간은 디자인을 설정등록한 날부터 디자인등록출원일 후 20년이 되는 날까지이다(디자인보호법 제91조제1항).

4) 상표권

자기의 상품과 타인의 상품을 식별하기 위하여 사용하는 표장(標章), 즉 상표(상표법 제2조)를 일정 기간 독점적으로 사용할 수 있는 권리이다.

상표권은 상표가 가지는 출처표시기능, 품질보장기능, 광고적 기능 등을 보호하기 위한 것일 뿐 상표를 구성하는 기호, 도형, 문자 그 자체를 보호하기 위한 것은 아니다. 상표권자는 타인에게 상표권을 사용하도록 설정할 수도 있는데, 전용사용권은 물권적 권리로서 해당 상표권을 배타적으로 독점하여 사용하게 되나 통상사용권은 채권적 권리라서 동일 상표권을 다수인에게 설정하는 것도 가능하다. 상표권의 존속기간은 상표권을 설정등록한 날부터 10년이지만(상표법 제83조제1항) 갱신을 통하여 계속 사용할 수 있으므로 사실상 영구적으로 사용할 수 있다.

---

28) 디자인 등록출원 시 실체적 심사 없이 등록하는 제도로서 일부 물품에 한해 적용됨
29) 자신이 등록한 디자인과 유사한 디자인까지 보호하기 위한 제도
30) 등록한 디자인의 내용을 최대 3년간 비밀로 할 수 있는 제도

5) 저작권, 저작인접권 및 데이터베이스제작자의 권리 등

저작권이란 인간의 사상 또는 감정을 표현한 창작물, 즉 저작물(저작권법 제2조)에 대해 저작자가 갖는 권리를 의미하며 크게 저작재산권과 저작인격권으로 나뉜다. 저작재산권에는 복제권, 공연권, 전시권, 배포권 등이 있으며 계약에 의해 타인에게 양도가 가능하다. 저작인격권에는 공표권, 성명표시권, 동일성유지권 등이 있으며 일신전속적 권리이기에 양도가 불가하다.

저작권은 저작물을 창작한 때부터 발생하며 어떠한 절차나 형식의 이행을 필요로 하지 아니한다(저작권법 제10조제2항). 즉 저작 그 자체로서 저작권이 발생할 뿐 별도의 등록 절차나 형식을 요하지 않으며, 이를 무방식주의라고 한다[31]. 다만 저작권이 국유재산으로 인정되기 위해서는 「저작권법」에 규정된 절차에 따라 한국저작권위원회에 등록을 하여야 한다. 저작재산권의 존속기간은 원칙적으로 저작자가 생존하는 동안과 사망한 후 70년이나(저작권법 제39조) 모든 저작재산권에 공통적으로 적용되는 것은 아니며 개별 저작재산권마다 약간의 차이가 있다.

저작인접권은 독립된 저작물 내용을 일반 대중에게 전달하는 매체로서의 실연·음반·방송에 대한 실연자(實演者)와 음반 제작자, 방송 사업자의 권리 등을 말한다. 실연자 등에게도 원저작물에 준하는 가치를 부여하기 위한 것으로서 성명표시권, 동일성유지권, 복제권 등이 있다.

데이터베이스제작자는 그의 데이터베이스의 전부 또는 상당한 부분을 복제·배포·방송 또는 전송할 권리를 가지는데, 이를 데이터베이스제작자의 권리라고 한다(저작권법 제93조). 데이터베이스제작자의 권리는 데이터베이스의 제작을 완료한 때부터 발생하며 그 다음 해부터 기산하여 5년간 존속하고, 데이터베이스의 갱신등을 위하여 인적 또는 물적으로 상당한 투자가 이루어진 경우에는 갱신도 가능하다(저작권법 제95조).[32]

6) 식물신품종 보호권

특허제도로는 식물품종을 보호하는 데 일정한 한계가 나타남에 따라 도입된

31) 이와는 반대로 방식주의를 채택하고 있는 국가도 있는데, 방식주의 하에서는 저작권의 성립을 위해 별도의 등록이 필요하다.

32) 저작인접권, 데이터베이스제작자의 권리 등도 국유재산으로 인정되기 위해서는 한국저작권위원회에 등록을 해야 한다.

권리로서 우리나라는 「식물신품종보호법」에서 이를 규정하고 있다. 「식물신품종보호법」에 규정된 신규성, 구별성, 균일성, 안정성 등의 요건을 충족하고 설정등록을 마친 식물품종에 부여되며, 품종보호권자는 해당 품종을 실시할 권리를 독점할 수 있다. 품종보호권의 존속기간은 품종보호권이 설정등록된 날부터 20년으로 하되, 과수와 임목의 경우에는 25년으로 한다(식물신품종보호법 제55조).

7) 기타 지식재산권

상기 1)~6) 이외에 법령 또는 조약 등에 따라 인정되거나 보호되는 지식재산에 관한 권리도 국유재산에 해당될 수 있으나, 「저작권법」에 따라 등록되지 아니한 권리는 제외된다.

Ⅱ. 국유재산의 기능

국유재산은 국민생활과 밀접한 관계를 갖고 다양한 기능과 역할을 통해 국민경제에 큰 영향을 미치고 있다. 국유재산의 기능은 크게 공공재 기능, 비축자원 기능, 재정수입 기능, 환경재 기능 등으로 나누어 볼 수 있다.

1. 공공재 기능

국유재산은 국가의 행정목적을 수행하기 위해 공용·공공용 등으로 직접 사용된다. 예를 들어 국가의 공무 수행을 위한 건물·시설이나 도로, 교량, 항만, 공원 등의 사회간접자본이 그것이다. 따라서 국유재산은 공공재적 성격을 띠며, 이를 통해 양질의 행정 서비스 및 쾌적한 생활 환경을 제공함으로써 궁극적으로 국민의 삶의 질 향상에 기여하게 된다.

2. 비축자원 기능

국유재산은 당장 사용되지 않더라도 향후 사회 환경 등의 변화에 따라 사용이 필요할 수 있다. 즉 장래의 행정목적에 사용될 수 있으므로 일부 국유재산은 이러한 필요성에 대비하여 관리·운용되는바, 도시공원 부지를 확보하거나 국토의 중장기 활용 차원에서 토지를 매입하는 등의 노력이 그것이다. 이를 통해 자원을 미리 비축하는 효과를 거둠은 물론 장래의 환경 변화에도 능동적으로 대응할 수 있게 된다.

3. 재정수입 기능

국유재산은 원칙적으로 행정목적을 위해 사용되어야 하지만 그 용도나 목적에 장애가 되지 않는 범위 내에서 민간에 사용허가나 대부를 줄 수 있고, 행정목적의 활용 필요성이 없는 재산의 경우에는 감정평가를 거쳐 매각도 가능하다. 그리고 이러한 사용료·대부료·매각대금 등은 관련 법령에 의해 국고로 납입되는바, 이를 통해 국가재정수입 확충에 기여할 수 있다.

4. 환경재 기능

국유재산은 환경재로도 작용하는바, 최근 들어 환경에 대한 사회적 관심이 증가하면서 이러한 기능이 더욱 강조되고 있다. 국립공원에 휴양시설을 만들거나 도시공원 등의 녹지공간을 조성하는 것이 그러한 예인바, 이를 통해 국민에게 쾌적한 생활 환경을 제공하고 삶의 질을 향상시킬 수 있다. 그 외에도 조림사업이나 댐 건설 등을 통해 홍수나 가뭄 등의 자연재해를 방지하는 기능을 수행하기도 한다.

Ⅲ. 국유재산의 구분과 종류

국유재산은 그 용도에 따라 행정재산과 일반재산으로 구분[33]한다(국유재산법 제6조제1항). 행정재산은 다시 공용재산, 공공용재산, 기업용재산, 보존용재산으로 세분화되며, 행정재산 외의 모든 국유재산은 일반재산에 해당한다(국유재산법 제6조제2항, 제3항).[34]

1. 행정재산

행정재산은 국가의 행정목적을 수행하기 위해 직접적으로 필요한 재산이다.

---

33) 과거에는 행정재산, 보존재산, 잡종재산 등으로 구분하였으나 2009. 1. 「국유재산법」 전부개정을 통해 행정재산, 일반재산으로 정리하였다.

34) 실제 국유재산의 대부분은 행정재산이다. 2020년 기준 전체 국유지 25,239㎢ 중 행정재산이 24,426㎢로서 96.8%에 해당하고(일반재산은 813㎢, 3.2%), 전체 국유건물 연면적 1억 3,437만㎡ 중 행정재산이 1억 3,253만㎡로서 98.6%에 해당한다(일반재산은 184만㎡, 1.4%).

따라서 기본적으로 행정재산에 관한 법률관계는 공법 관계가 되며, 행정재산의 처분·사용 등을 위해서는 법령의 근거가 요구된다. 행정재산의 종류로는 다음의 4가지 경우가 있다.

가. 공용재산

공용재산은 '국가가 직접 사무용·사업용 또는 공무원의 주거용으로 사용하거나 대통령령으로 정하는 기한까지 사용하기로 결정한 재산'을 말한다(국유재산법 제6조제2항제1호). 이때의 '대통령령으로 정하는 기한'은 국가가 행정재산으로 사용하기로 결정한 날부터 5년이 되는 날이다(국유재산법 시행령 제4조제1항).

국가가 직접 사무용·사업용으로 사용해야 하므로 국가공무원이 근무하는 정부청사,[35] 중앙행정기관 청사, 국방·군사시설 등이 이에 해당한다. 공무원 주거용 목적의 경우에는 직무 수행을 위하여 필요한 경우로서 「국유재산법 시행령」 제4조제2항[36]에서 정하는 범위에 한해 행정재산으로 인정된다.

나. 공공용재산

공공용재산은 '국가가 직접 공공용으로 사용하거나 대통령령으로 정하는 기한[37]까지 사용하기로 결정한 재산'이다(국유재산법 제6조제2항제2호). 도로, 하천, 공

---

35) 2020년 기준으로 국유재산 건물 중 대장가액이 높은 것은 대부분 정부종합청사로서, 정부세종청사 1단계(4,297억원, 1위), 정부세종청사 2단계(3,914억원, 2위), 정부대전청사(1,972억원, 4위) 등이 있다.

36) 「국유재산법 시행령」 제4조(국유재산의 구분) ② 법 제6조제2항제1호에서 "대통령령으로 정하는 경우"란 다음 각 호의 어느 하나에 해당하는 목적으로 사용하거나 사용하려는 경우를 말한다.
1. 대통령 관저
2. 국무총리, 「국가재정법」 제6조제1항 및 제2항에 따른 독립기관 및 중앙관서의 장이 사용하는 공관
3. 「국방·군사시설 사업에 관한 법률」 제2조제1호에 따른 국방·군사시설 중 주거용으로 제공되는 시설
4. 원래의 근무지와 다른 지역에서 근무하게 되는 사람 또는 인사명령에 의하여 지역을 순환하여 근무하는 사람에게 제공되는 주거용 시설
5. 비상근무에 종사하는 사람에게 제공되는 해당 근무지의 구내 또는 이와 인접한 장소에 설치된 주거용 시설
6. 그 밖에 해당 재산의 위치, 용도 등에 비추어 직무상 관련성이 있다고 인정되는 주거용 시설

37) '대통령령으로 정하는 기한'은 공용재산의 경우와 같이 '국가가 행정재산으로 사용하기로 결

원, 항만, 제방, 교량 등이 이에 해당한다.

실무에서는 도로, 하천, 공원, 구거 등이 행정재산인지 일반재산인지 여부가 문제되는 경우가 많다. 행정재산·일반재산 여부에 따라 해당 재산의 매각 및 시효취득 가능 여부가 결정되기 때문이다. 판례는 기본적으로 도로, 공원 등 인공공물에 대해서는 공용개시행위[38]가 있어야 행정재산이 된다고 보는 반면, 하천 등 자연공물은 공용개시행위가 불필요하다고 본다.

〈판례〉 대법원 2014. 11. 27. 선고 2014두10769 판결
국유재산법상의 행정재산이란 국가가 소유하는 재산으로서 직접 공용, 공공용, 또는 기업용으로 사용하거나 사용하기로 결정한 재산을 말한다. 그중 도로, 공원과 같은 인공적 공공용 재산은 법령에 의하여 지정되거나 행정처분으로써 공공용으로 사용하기로 결정한 경우, 또는 행정재산으로 실제로 사용하는 경우의 어느 하나에 해당하면 행정재산이 되는 것 …

이하에서는 주요 공공용재산의 행정재산 해당 여부에 대해 판례의 입장을 중심으로 살펴보기로 한다.

1) 도로

도로는 대표적인 인공공물이다. 도로와 같은 인공적 공공용 재산은 법령에 의하여 지정되거나 행정처분으로써 공공용으로 사용하기로 결정한 경우, 또는 행정재산으로 실제로 사용하는 경우의 어느 하나에 해당하여야 비로소 행정재산이 되는 것인데, 특히 도로는 도로로서의 형태를 갖추고, 「도로법」에 따른 노선의 지정 또는 인정의 공고 및 도로구역 결정·고시를 한 때 또는 「국토의 계획 및 이용에 관한 법률」 소정의 절차를 거쳐 도로를 설치하였을 때에 공공용물로서 공용개시행위가 있다고 할 것이므로, 토지의 지목이 도로이고 국유재산대장에 등재되어 있다는 사정만으로 바로 그 토지가 도로로서 행정재산에 해당한다고 할 수는 없다.[39]

같은 맥락에서 「도로법」 등 도로의 설치·관리에 관해 규정하고 있는 현행 법

정한 날부터 5년이 되는 날'이다(국유재산법 시행령 제4조제1항).

38) 특정물을 공공목적에 사용하게 한다는 행정주체의 의사표시

39) 대법원 2009. 10. 15. 선고 2009다41533 판결

령에 따라 지정·고시되는 등의 절차를 거치지 아니한 채 사실상 도로로 이용되고 있을 뿐이라면 이러한 재산은 「도로법」 등 관계법령에 따른 도로라는 공물로 성립하기 위한 요건을 갖추었다고 볼 수 없으므로 이에 대해 「도로법」 등 도로관련 법령을 적용할 수 없다.[40)]

2) 도시공원

도시공원 역시 인공공물의 범주에 포함된다. 판례에 따르면 공원으로 결정·고시된 국유토지라는 사정만으로는 행정처분으로써 공공용으로 사용하기로 결정한 것으로 보기는 부족하나, 지방자치단체의 장이 관련 법령에 따라 사업실시계획의 인가내용을 고시함으로써 공원시설의 종류, 위치 및 범위 등이 구체적으로 확정되거나 도시계획사업의 시행으로 도시공원이 실제로 설치된 토지라면 공공용물로서 행정재산에 해당한다.[41)]

즉 공원으로 결정·고시된 국유토지라도 적어도 관련 법령에 따른 조성계획이 결정되어 그 위치, 범위 등이 확정되어야만 「국유재산법」에서 규정하고 있는 '공공용으로 사용하기로 결정한 재산'으로서 행정재산이 된다고 할 것이다.[42)]

3) 국립공원

국립공원은 인공공물에 해당하는바, 국립공원으로 지정·고시된 국유토지는 설사 이를 사인이 점유·사용중이라고 하더라도 「국유재산법」상의 '국가가 직접 공공용으로 사용하거나 사용하기로 결정한 재산'으로서 행정재산인 공공용재산이 되며, 관할구청이 해당 토지를 일반재산으로 분류·관리하고 점유자에게 대부계약의 체결을 시도하였더라도 마찬가지이다.[43)]

4) 농로, 구거, 하수도

농로나 구거와 같은 이른바 인공적 공공용 재산은 법령에 의하여 지정되거나

---

40) 다만 사실상 도로로 이용되는 부분이 「국유재산법」상 일반재산에 해당한다면 「국유재산법」이 적용되며, 이는 그 위에 설치된 사유의 시설물의 경우에도 동일하다(법제처 10-0371 '사실상 도로로 이용되는 국유지에 설치된 부속물에 적용되는 법령', 2010. 11. 26).

41) 대법원 2014. 11. 27. 선고 2014두10769 판결

42) 대법원 1997. 11. 14. 선고 96다10782 판결

43) 대법원 1996. 7. 30. 선고 95다21280 판결

행정처분으로 공공용으로 사용하기로 결정한 경우, 또는 행정재산으로 실제 사용하는 경우의 어느 하나에 해당하면 행정재산이 된다.44)

만약 국유재산인 토지 중 일부의 지하에 대형하수관이 매설되어 그 일대의 공공하수도로 사용되고 있었다면, 그 토지는 공공용재산인 하수도가 설치되어 있는 국유재산으로서 행정재산으로 볼 여지가 있고, 행정재산은 공용이 폐지되지 아니하는 한 사법상 거래의 대상이 될 수 없어 취득시효의 대상이 되지 아니한다.45)

반면 국가가 일반재산인 국유지의 지목을 구거로 변경하고 이에 관하여 국가 명의로 소유권보존등기를 경료하면서 관리청을 등기하였으나 실제 구거로 사용하지 않았다면, 이것만으로는 공공용재산인 구거로 사용하기로 결정한 것으로 보기 어려워 시효취득의 대상에서 제외되지 않는다.46)

5) 하천

국유 하천부지는 자연의 상태 그대로 공공용에 제공될 수 있는 실체를 갖추고 있는 이른바 자연공물로서 별도의 공용개시행위가 없더라도 행정재산이 되고, 그 후 본래의 용도에 공여되지 않는 상태에 놓여 있더라도 국유재산법령에 의한 용도폐지를 하지 않은 이상 당연히 일반재산으로 된다고는 할 수 없다.47) 즉 자연공물인 하천의 경우에는 공용개시행위 없이도 행정재산으로 인정된다.

한편 과거 판례에서, 하천이 통상 자연적 상태에 의하여 공물로서의 성질을 가진다고 하더라도 그 종적 구간과 횡적 구역에 관하여 행정행위나 법규에 의한 공용지정이 이루어져야 비로소 국가가 공공성의 목적과 기능을 수행하기 위하여 필요한 행정재산이 된다는 취지로 판시한 경우가 있다.48) 이에 대하여 판례가 하천과 같은 자연공물에서도 공용개시행위를 요구한 것이라는 해석도 있으나, 이러한 해석에는 신중할 필요가 있다고 본다. 상기 판례의 사실관계를 보면 해당 부지는 토지대장에 지목이 하천으로 등록되었으나 「하천법」 시행 당시 이미 답(畓)으로 성토되어 있었고 그 후에도 「하천법」상의 하천구역으로 된 적이 없는 사례였는바, 즉 토

44) 대법원 2007. 6. 1. 선고 2005도7523 판결
45) 대법원 1995. 6. 16. 선고 94다42655 판결
46) 대법원 1996. 10. 15. 선고 95다42676 판결
47) 대법원 1997. 8. 22. 선고 96다10737 판결, 대법원 2007. 6. 1. 선고 2005도7523 판결
48) 대법원 1999. 5. 25. 선고 98다62046 판결

지대장에 하천으로 등록되었을 뿐 실제 상태는 애초부터 하천이 아닌 경우였기 때문이다. 따라서 이를 근거로 하여 자연공물에 있어 공용개시행위가 불요하다는 기존 판례의 입장이 변경되었다고 보기는 어려울 것이다.

6) 갯벌

공유수면인 갯벌은 자연의 상태 그대로 공공용에 제공될 수 있는 실체를 갖추고 있는 이른바 자연공물로서 간척에 의하여 사실상 갯벌로서의 성질을 상실하였더라도 당시 시행되던 국유재산법령에 의한 용도폐지를 하지 않은 이상 당연히 일반재산으로 된다고는 할 수 없다.[49]

다. 기업용재산

기업용재산은 '정부기업이 직접 사무용·사업용 또는 그 기업에 종사하는 직원의 주거용으로 사용하거나 대통령령으로 정하는 기한[50]까지 사용하기로 결정한 재산'을 말한다(국유재산법 제6조제2항제3호).

이때의 정부기업은 「정부기업예산법」 제2조에 따른 정부기업을 뜻하는바, 기업형태로 운영하는 우편사업, 우체국예금사업, 양곡관리사업 및 조달사업이 이에 해당한다. 정부기업 직원 주거용 목적의 경우, 직무 수행을 위하여 필요한 경우로서 「국유재산법 시행령」에서 정하는 범위에 한해 행정재산으로 인정[51]된다.

라. 보존용재산

보존용재산은 '법령이나 그 밖의 필요에 따라 국가가 보존하는 재산'인바(국유재산법 제6조제2항제4호), 이 때 '그 밖의 필요에 따라 국가가 보존하는 재산'이란 국

49) 대법원 1995. 11. 14. 선고 94다42877 판결

50) 이때 '대통령령으로 정하는 기한'은 '국가가 행정재산으로 사용하기로 결정한 날부터 5년이 되는 날'로서 공용재산·공공용재산의 경우와 같다(국유재산법 시행령 제4조제1항).

51) 정부기업 직원의 주거용 목적이 행정재산으로 인정되는 경우는 다음에 해당하는 목적으로 사용하거나 사용하려는 경우를 말한다(국유재산법 시행령 제4조제3항).
1. 원래의 근무지와 다른 지역에서 근무하게 되는 사람 또는 인사명령에 의하여 지역을 순환하여 근무하는 사람에게 제공되는 주거용 시설
2. 비상근무에 종사하는 사람에게 제공되는 해당 근무지의 구내 또는 이와 인접한 장소에 설치된 주거용 시설
3. 그 밖에 해당 재산의 위치, 용도 등에 비추어 직무상 관련성이 있다고 인정되는 주거용 시설

가가 보존할 필요가 있다고 총괄청이 결정한 재산을 말한다(국유재산법 시행령 제4조 제4항). 「국유림의 경영 및 관리에 관한 법률」에 따른 보전국유림[52] 등이 이에 해당한다.

보존용재산에 해당하려면 국가가 법령에 의하여 직접 또는 법령에 의거하여 보존공물로 지정하는 행위가 있어야 하는데, 특정 법령이 보존공물로 지정한 바 없다면 도시계획법령에 의하여 도시계획 결정·고시가 있었다고 하여 이를 법령에 의거하여 보존공물을 지정하는 행위로 볼 수는 없다.[53]

2. 일반재산

일반재산은 행정재산 외의 모든 국유재산을 말한다(국유재산법 제6조제3항). 일반재산은 국가가 행정 목적을 수행하는 데 있어 직접적으로 필요하지 않은 것이므로, 일반재산에 관한 법률관계는 기본적으로 사법(私法) 관계로 본다. 따라서 매각, 시효취득 등이 가능하다.

행정재산에 있어 국가 행정 목적 수행 필요성이 상실되면 일반재산이 되는바, 행정재산이냐 일반재산이냐에 따라 적용 법리가 크게 달라지므로 이를 구분할 실익이 크다. 따라서 행정재산이 어떠한 경우에 일반재산으로 전환되는지에 대하여 명확히 살펴볼 필요가 있다.

가. 인공공물의 경우

전술한 바와 같이 도로, 공원, 농로 등의 인공공물은 공용개시행위가 있어야 행정재산이 된다고 본다. 따라서 행정재산에서 일반재산으로 전환되기 위해서는 공용개시의 반대개념, 즉 공용폐지행위가 있어야 한다. 「국유재산법」상 용도폐지가 공용폐지의 대표적 경우에 해당하는바, 「국유재산법」에 따른 용도폐지가 있을 경우 행정재산은 일반재산으로 전환되게 된다.

행정재산에서 국가의 행정 목적 수행 필요성이 상실되더라도 공용폐지가 없다면 일반재산으로 전환되지 않는다는 것이 판례 입장이다. 즉 판례는 공용폐지라는

---

52) 과거에는 '요존국유림(要存国有林)'이라고 하였으나 '알기 쉬운 법령용어 정비' 차원에서 2016. 12. 「국유림의 경영 및 관리에 관한 법률」이 개정되며 '보전국유림'으로 바뀌었다. 참고로 보전국유림 외의 국유림, 즉 '준보전국유림'은 국유재산 중 일반재산에 해당한다.

53) 대법원 1996. 9. 6. 선고 94다53914 판결

형식적 요건을 행정재산과 일반재산의 구분 기준으로 삼고 있다. 다만 이러한 경우 실제 행정 목적으로 사용되지 않는 국유재산도 공용폐지를 거치지 않았다면 여전히 행정재산으로 분류되는 문제가 있을 수 있는바, 판례는 공용폐지의 범위를 넓게 해석함으로써 이러한 문제를 보완하고 있다. 즉 「국유재산법」상 용도폐지 이외에 묵시적 의사표시에 의한 공용폐지도 가능하다.

〈판례〉 대법원 1996. 12. 10. 선고 95다37681 판결
행정재산에 대한 공용폐지의 의사표시는 명시적 의사표시뿐 아니라 묵시적 의사표시라도 무방 …

다만 행정재산이 본래의 용도에 제공되지 않는 상태에 있다는 사정만으로는 묵시적인 공용폐지의 의사표시가 있다고 볼 수 없으며, 공용폐지의 의사표시는 적법한 것이어야 하므로 행정행위가 무효이거나 불법행위가 개입된 경우에는 공용폐지로 인정되지 않는다.

〈판례〉 대법원 2009. 12. 10. 선고 2006다87538 판결
공물의 공용폐지에 관하여 국가의 묵시적인 의사표시가 있다고 인정되려면 공물이 사실상 본래의 용도에 사용되고 있지 않다거나 행정주체가 점유를 상실하였다는 정도의 사정만으로는 부족하고, 주위의 사정을 종합하여 객관적으로 공용폐지 의사의 존재가 추단될 수 있어야 한다.

〈판례〉 대법원 1998. 11. 10. 선고 98다42974 판결
공용폐지의 의사표시는 묵시적인 방법으로도 가능하나 행정재산이 본래의 용도에 제공되지 않는 상태에 있다는 사정만으로는 묵시적인 공용폐지의 의사표시가 있다고 볼 수 없으며, 또한 공용폐지의 의사표시는 적법한 것이어야 하는바, 행정재산은 공용폐지가 되지 아니한 상태에서는 사법상 거래의 대상이 될 수 없으므로 관재당국이 착오로 행정재산을 다른 재산과 교환하였다 하여 그러한 사정만으로 적법한 공용폐지의 의사표시가 있다고 볼 수도 없다.

나. 자연공물의 경우

판례는 하천, 갯벌 등의 자연공물도 공용폐지행위가 있어야 행정재산에서 일반재산으로 전환된다고 본다. 「국유재산법」상 용도폐지 이외에 묵시적 의사표시에 의한 공용폐지를 인정하는 것[54]과, 공용폐지의 의사표시는 적법한 것이어야 한다는 것 역시 인공공물의 경우와 동일하다.

다만 자연공물에도 공용폐지행위를 요구하는 이러한 판례의 태도에 비판적인 견해가 있는데, 자연공물은 인공공물과는 달리 공용개시행위가 불필요하기 때문이다. 즉 자연공물은 자연의 상태 그대로 공공용에 제공될 수 있는 실체를 갖추고 있는 것으로서 별도의 공용개시행위가 없더라도 행정재산이 되는데, 행정재산에서 일반재산으로 전환될 때는 공용폐지행위를 요구하는 것은 형평에 맞지 않는다는 것이다. 이러한 견해에 따를 때 자연공물은 물건 고유의 성상(性狀)과 기능이 상실되면 별도의 공용폐지행위 없이도 공물성이 당연히 소멸되므로,[55] 별도의 공용폐지행위 없이도 일반재산으로 전환되게 된다.

〈참고 2-2〉 자연공물과 국유재산의 법적 관계

자연공물과 국유재산의 법적 관계를 어떻게 설정하느냐에 따라 자연공물의 일반재산 전환에 대한 법리가 달라질 수 있다.

먼저 자연공물을 사실상 「국유재산법」상 행정재산(공공용재산)의 일종으로 보는 견해가 있다. 우리나라 주류 판례의 입장으로, 이에 따르면 자연공물이 공물성을 상실하더라도 별도의 공용폐지행위[56]가 없다면 여전히 행정재산에 해당하게 된다.

반면 자연공물과 국유재산의 개념을 명확히 구분하는 견해가 있는바, '공물'은 국가 또는 공공단체가 그 자신의 사용에 제공하거나 일반공중의 공동사용에 제공한 물건을 지칭하는 강학상의 개념이고, '국유재산'은 「국유재산법」에 규정된 실정법상의 개념이므로 서로 개념영역이 다르다는 것이다. 이에 따르면 기본적으로 공물성의 상실과 「국유재산법」상 공용폐지행위는 직접적 관련이 없다. 따라서 별도의 공용개시행위가 불필요한 자연공물의 경우에는 공용폐지행위 또한 불필요하며, 물건 고유의

---

54) 다만 행정재산이 본래의 용도에 제공되지 않는 상태에 있다는 사정만으로는 묵시적인 공용폐지의 의사표시가 있다고 볼 수 없다.

55) 박병대, 자연공물과 취득시효, 법원공보, 1996, p.21

56) 「국유재산법」에 따른 용도폐지가 대표적 경우이며, 묵시적 의사표시에 의한 공용폐지도 가능하다.

성상(性狀)과 기능이 상실되면 별도의 공용폐지행위 없이도 공물성이 당연히 소멸되게 된다.

양 견해를 비교해 보건대 공물과 국유재산은 그 성격이나 개념영역이 완전히 일치한다고 보기는 어려우므로 논리의 정치(精緻)성 측면에서는 후설(後說)이 타당한 측면이 있고, 이와 유사한 견해를 취한 판례도 일부 존재한다.[57)]

다만 전술하였듯이 우리의 주류 판례는 자연공물을 「국유재산법」상 행정재산의 일종으로 보는바, 이는 불가피한 측면이 있다고 본다. 실제 재판 과정에서는 행정재산·일반재산 여부에 따라 적용되는 법리가 달라지므로 이에 관한 판단이 매우 중요한데, '물건 고유의 성상과 기능의 상실'은 다소 주관적이고 추상적인 개념이어서 재판에 있어 통일적·체계적 기준이 되기 어렵기 때문이다. 즉 판례는 개별적·구체적 사건에 있어 합리적 판단을 위해, 자연공물에 있어서도 '공물성의 상실'이 아닌 '공용폐지행위'라는 형식적 요건을 적용하는 것으로 이해할 수 있을 것이다.

제2절 국유재산의 일반적 특성

Ⅰ. 국유재산 관리 · 처분의 기본원칙

「국유재산법」 제3조에서는 국유재산 관리 · 처분의 기본원칙을 정하고 있다. 이는 일종의 선언적 규정이기는 하나, 국유재산의 관리 · 처분의 적절성을 판단하는 데 있어 하나의 지표로 작용하기도 한다.

1. 국가 전체의 이익에 부합되도록 할 것

국유재산은 국가 전체의 것이므로, 관리 · 처분 시 특정 계급이나 계층만의 이익이 아니라 국가 전체의 이익에 부합해야 한다는 내용이다. 국유재산은 국가예산을 투입하여 확보된 재산이므로 국가 전체의 이익을 위해 쓰이는 것은 지극히 당연하다. 특히 단기간의 성과나 업적을 내기 위해 국유재산을 민간에 처분하거나 무분

57) 자연의 상태 그대로 공공용에 제공될 수 있는 실체를 갖추고 있는 이른바 자연공물은 자연력 등에 의한 현상변경으로 공공용에 제공될 수 없게 되고 그 회복이 사회통념상 불가능하게 되지 아니한 이상 공물로서의 성질이 상실되지 않고 따라서 시효취득의 대상이 되지 아니하는 것(대법원 1994. 8. 12. 선고 94다12593 판결)

별하게 개발하는 등의 근시안적인 정책은 바람직하지 않으며, 장기적인 관점에서 국가에 이익이 되는 방향으로 정책을 추진하여야 한다.

2. 취득과 처분이 균형을 이룰 것

국유재산을 취득하기 위해서는 국가의 예산이 투입되어야 하므로 국가 재정에 부담이 될 수 있고, 반대로 이를 처분할 경우에는 국유재산이 줄어들게 되므로 향후 국가정책이나 국책 사업 추진 시 문제가 생길 수 있다. 따라서 국유재산 총량이 급격히 증가하거나 감소하는 것은 바람직하지 않고, 국가 GDP 및 정부 예산 등의 규모에 맞추어 점진적으로 증감하는 것이 옳다. 이러한 관점에서 국유재산의 취득과 처분은 균형을 이루어야 하며, 이를 통해 국유재산 총량을 일정 수준 유지할 수 있게 된다.[58] 물론 이는 취득과 처분 어느 한쪽에 지나치게 편중되면 안 된다는 뜻일 뿐, 특정 기간 동안 국유재산 취득 총량과 처분 총량이 기계적으로 일치해야 한다는 뜻은 아니다.

3. 공공가치와 활용가치를 고려할 것

국유재산은 국가 전체의 것이므로 그것을 이용할 때에도 공공가치와 활용가치를 극대화할 필요가 있다. 최근 들어 사회 전반적인 생활 수준이 향상됨에 따라 삶의 질에 대한 관심이 커지고 있다. 이러한 맥락에서 주거·생활 환경 측면에서도 공원, 문화·체육시설 등에 대한 사회적 수요가 늘어나고 있는데 이러한 시설을 설치·운영할 만한 부지는 충분치 않은 것이 현실이다. 이러한 경우 국유지 활용이 하나의 해결책이 될 수 있으며, 이는 공공가치 창출이라는 국유재산 본래의 기능에도 부합하는 일이다. 다만 국유지 활용은 어디까지나 공익적 목적을 위해 이루어져야 하므로, 단순 지역 민원 해결 등을 위한 무분별한 활용은 경계할 필요가 있다.

4. 경제적 비용을 고려할 것

2009. 1. 「국유재산법」 전부개정 시에는 포함되지 않았던 내용이었으나, 국유재산 관리·처분의 기본원칙에 국유재산 사용에 대한 비용 측면 내용이 미비되었다

58) 실제 국유재산 총괄청인 기획재정부에서는 국유재산 매입, 매각의 총량을 정해 국유재산을 관리하고 있다.

는 지적에 따라 2011. 3.「국유재산법」 일부개정 시에 추가되었다. 국유재산 관리·처분의 기본원칙에 경제적 비용의 고려를 더한 것이다. 국유재산 관리전환 시 감정평가에 드는 비용이 해당 재산의 가액에 비하여 과다할 것으로 예상되는 경우 무상관리전환을 허용하거나(국유재산법 제17조제2호가목), 재산가액에 비하여 유지·보수 비용이 과다한 경우 해당 건물을 철거할 수 있도록 한 것(국유재산법 제41조제2항제2호) 등이 이러한 예에 해당한다.

5. 투명하고 효율적인 절차를 따를 것

국유재산 관리·처분은 관련 법령에 따른 투명하고 효율적인 절차에 따라 이루어져야 한다. 국유재산 관리·처분의 절차적 측면을 강조한 것으로, 국유재산의 공익적 성격에 비춰볼 때 이는 필수불가결한 것이라 할 수 있다. 국유재산법령에는 국유재산 관리·처분과 관련된 많은 절차적 규정이 있는바, 이러한 규정 준수를 통해 법적 안정성 및 예측 가능성을 부여하는 것이 매우 중요하다. 행정행위가 실체적 요건을 충족하더라도 절차적 정당성을 확보하지 못한다면 적법하다고 할 수 없기 때문이다.

Ⅱ. 국유재산의 보호

「국유재산법」의 목적 중 하나가 '국유재산의 적정한 보호'인바(국유재산법 제1조), 제7조 등에서는 이에 대한 기본원칙을 정하고 있다. 국유재산 보호와 관련한 「국유재산법」상 제도로는 변상금, 연체료, 불법시설물 철거, 형사처벌 등이 있으며 이에 대한 자세한 내용은 제6장에서 후술하기로 한다. 또한 중앙관서의 장등은 국유재산의 보호와 관리를 위하여 필요하다고 인정되는 국유지에 경계표를 설치하여야 한다(국유재산법 시행규칙 제3조).

1. 국유재산 사용·수익의 원칙

누구든지「국유재산법」 또는 다른 법률에서 정하는 절차와 방법에 따르지 아니하고는 국유재산을 사용하거나 수익하지 못한다(국유재산법 제7조제1항). 즉 국유재산을 사용·수익하기 위해서는 법률상 근거가 필요하며, 그렇지 않은 경우에는 손해배상책임은 물론 2년 이하의 징역 또는 2천만원 이하 벌금의 형사처벌[59]까지 받을 수 있다.

2. 「민법」상 시효취득 제도의 未적용

행정재산은 「민법」 제245조[60]에도 불구하고 시효취득의 대상이 되지 아니한다(국유재산법 제7조제2항). 따라서 사인이 행정재산을 20년간 소유의 의사로 평온, 공연하게 점유하였거나, 행정재산의 소유자로 등기하여 10년간 소유의 의사로 평온, 공연하게 선의이며 과실없이 점유하였더라도 해당 행정재산의 소유권을 취득할 수 없다. 행정재산은 국가의 행정목적을 수행하기 위해 직접적으로 필요한 재산이고 행정재산에 관한 법률관계는 기본적으로 공법 관계이므로, 사법인 「민법」의 적용이 배제되는 것은 타당하다.

한편 1993년 이전의 「국유재산법」에서는 행정재산과 일반재산의 구분 없이 '국유재산은 민법 제245조의 규정에 불구하고 시효취득의 대상이 되지 아니한다'고 규정하고 있었다. 그런데 1991. 5. 헌법재판소가 상기 조항을 잡종재산[61]에 대하여 적용하는 것은 평등의 원칙, 사유재산권 보장의 이념 및 과잉금지의 원칙에 반한다는 이유로 한정위헌 결정을 하였고,[62] 이에 따라 1994. 1. 「국유재산법」 개정을 통해 일반재산은 「민법」 제245조에 따른 시효취득이 가능하게 되었다.

즉 일반재산에는 「민법」 제245조의 적용이 배제되지 않으므로 일반재산의 경우 사인의 시효취득이 가능하다. 다만 이를 위해서는 해당 재산이 취득시효기간 동안 계속하여 시효취득의 대상이 될 수 있는 일반재산이어야 하며, 일반재산에 대한 취득시효가 완성된 후 그 일반재산이 행정재산으로 되었다면 취득시효 완성을 원인으로 국가에 대해 소유권이전등기를 청구할 수 없다.

---

59) 「국유재산법」 제82조(벌칙) 제7조제1항을 위반하여 행정재산을 사용하거나 수익한 자는 2년 이하의 징역 또는 2천만원 이하의 벌금에 처한다.

60) 「민법」 제245조(점유로 인한 부동산소유권의 취득기간) ① 20년간 소유의 의사로 평온, 공연하게 부동산을 점유하는 자는 등기함으로써 그 소유권을 취득한다.
② 부동산의 소유자로 등기한 자가 10년간 소유의 의사로 평온, 공연하게 선의이며 과실없이 그 부동산을 점유한 때에는 소유권을 취득한다.

61) 현재의 일반재산에 해당

62) 헌법재판소 1991. 5. 13. 89헌가97

〈판례〉 대법원 2009. 12. 10. 선고 2006다19528 판결
구 국유재산법 제5조 제2항[63]은 "국유재산은 민법 제245조의 규정에 불구하고 시효취득의 대상이 되지 아니한다. 다만, 잡종재산[64]의 경우에는 그러하지 아니하다"라고 규정하고 있으므로, 국유재산에 대한 취득시효가 완성되기 위하여는 그 국유재산이 취득시효기간 동안 계속하여 시효취득의 대상이 될 수 있는 잡종재산이어야 하고, 이러한 점에 대한 증명책임은 시효취득을 주장하는 자에게 있다고 할 것이다.

〈판례〉 대법원 1997. 11. 14. 선고 96다10782 판결
원래 잡종재산[65]이던 것이 행정재산으로 된 경우 잡종재산일 당시에 취득시효가 완성되었다고 하더라도 행정재산으로 된 이상 이를 원인으로 하는 소유권이전등기를 청구할 수 없다.

이 때 주의할 점은 시효이익의 포기가 가능하다는 것인바 시효이익의 포기는 반드시 그에 대한 명시적인 의사표시를 요하지는 않는다. 예를 들어 국유지를 점유 중인 자가 해당 국유지의 매수를 시도하였다가 불발되자 해당 토지가 국가의 소유인 사실과 아무런 권원 없이 이를 점유하여 온 사실을 시인하면서 그 사용·수익의 허가와 변상금 납부기한의 유예를 신청하였다면, 이는 그 점유 토지에 대한 시효이익을 포기하였다고 볼 것이다.[66]

3. 국유재산 사무 종사 직원의 행위 제한

국유재산에 관한 사무에 종사하는 직원은 그 처리하는 국유재산을 취득하거나 자기의 소유재산과 교환하지 못하며, 이를 위반한 행위는 무효로 한다(국유재산법 제20조제1항 본문, 제2항). 이는 국유재산 처분 사무의 공정성을 도모하기 위하여 관련 사무에 종사하는 직원에 대하여 부정한 행위로 의심받을 수 있는 가장 현저한 행위를 적시하여 이를 엄격히 금지하고, 그 금지규정을 위반한 행위의 사법상 효력을 무효로 한다고 규정한 것이다. 다만 해당 총괄청이나 중앙관서의 장의 허가를

63) 현재의 제7조제2항에 해당
64) 현재의 일반재산에 해당
65) 현재의 일반재산에 해당
66) 대법원 1996. 9. 6. 선고 94다53914 판결

받은 경우에는 그 처리하는 국유재산을 취득하거나 자기의 소유재산과 교환할 수 있다(국유재산법 제20조제1항 단서).

「국유재산법」 제20조에서는 기본적으로 국유재산에 관한 사무에 종사하는 직원이 본인의 명의로 국유재산을 취득하거나 교환하는 것을 전제하고 있는바, 만약 타인의 명의로 이러한 행위를 하였을 경우에도 동 조를 적용할 수 있는지가 문제된다.

비록 「국유재산법」에서 국유재산에 관한 사무에 종사하는 직원이 타인의 명의로 국유재산을 취득하는 행위를 명시적으로 금지하고 있는 것은 아니지만 이러한 행위 역시 그 위법성이나 비난가능성 측면에서 직접 취득의 경우와 다를 바 없고, 타인 명의의 취득을 인정한다면 「국유재산법」 제20조가 사실상 형해화되어 그 입법 목적을 달성할 수 없을 것이다. 따라서 타인의 명의로 국유재산을 취득하는 행위 역시 무효로 보아야 하며, 그 무효는 원칙적으로 누구에게나 주장할 수 있으므로 이를 위반하여 취득한 국유재산을 제3자가 전득하는 행위도 당연 무효이다.

〈판례〉 대법원 2017. 12. 22. 선고 2015다205086 판결

구 국유재산법 제7조[67] 제1항은 "국유재산에 관한 사무에 종사하는 직원은 그 처리하는 국유재산을 양수하거나 자기의 소유물건과 교환하지 못한다"라고 정하고, 제2항은 "전항의 규정에 위반한 행위는 무효로 한다"라고 정하고 있다. … 국유재산에 관한 사무에 종사하는 직원이 타인의 명의로 국유재산을 취득하는 행위는 위 법률에서 직접 금지한 것이 아니라고 보더라도 강행법규인 위 규정들의 적용을 잠탈하기 위한 탈법행위로서 무효이다.

나아가 이 법률이 거래안전의 보호 등을 위하여 그 무효를 주장할 수 있는 상대방을 제한하는 규정을 따로 두고 있지 않은 이상 그 무효는 원칙적으로 누구에게나 주장할 수 있으므로, 그 규정을 위반하여 취득한 국유재산을 제3자가 전득하는 행위도 당연 무효이다.

67) 현재의 제20조에 해당

Ⅲ. 사권(私權)설정의 제한

원칙적으로 사권이 설정된 재산은 그 사권이 소멸되지 않으면 국유재산으로 취득할 수 없고, 국유재산에는 사권을 설정할 수 없다. 국가가 국유재산에 대하여 온전한 소유·관리권을 행사하고 타인으로부터 재산권의 침해를 방지하기 위한 목적이다.

1. 사권(私權)의 정의 및 종류

'사권'이란 공법관계에서 인정되는 권리인 공권에 대응되는 것으로 사법관계에서 인정되는 권리를 말하는바, 구체적으로는 그 사권의 내용에 따라 해당 재산의 사용·수익·처분권이 그 권리자에게 귀속됨으로써 소유자의 사용·수익·처분권이 제한되는 사법상 일체의 권리를 뜻한다.

대표적인 사권으로는 「민법」상의 각종 물권과 같은 법률상 권리가 있으며, 허가·인가·특허 등과 같이 행정행위로 인하여 사인에게 인정되는 이익도 그것이 국유재산의 배타적 이용·처분을 제한하는 것이라면 사권에 포함될 수 있다. 실무에서는 지상권, 전세권, 저당권, 가등기담보권 등이 주로 문제된다.

〈해석례〉 행정안전부 회계제도과-373, 2017. 3. 21.
기부채납으로 취득하고자 하는 토지에 지상권이 설정된 경우는 사권이 설정된 것으로 볼 수 있고, 그 지상권이 소멸되기 전에는 공유재산[68]으로 취득하는 것은 곤란하다 할 것 …

한편 토지이용계획확인서상 토지이용 제한과 같이 소유권 등에 영향을 주지 않는 단순한 공적 규제사항은 사권에 해당하지 않는다.

〈해석례〉 행정안전부 회계제도과-4900, 2016. 9. 19.
토지이용계획확인서 상 토지이용 제한(도시철도)이 있는 토지의 경우, 그것은 소유권에 영향을 주지 않는 토지이용계획상의 공적 규제사항이므로 공유재산법상 사권으로 보지 않으므로 취득제한 사유에 해당되지 않는다 할 것 …

---

68) 공유재산에 대한 해석례이나 그 법리는 국유재산에도 적용 가능하다.

2. 사권 설정 재산의 국유재산 취득 제한

사권이 설정된 재산은 그 사권이 소멸된 후가 아니면 국유재산으로 취득하지 못한다(국유재산법 제11조제1항 본문). 이는 사권으로 인하여 해당 재산의 사용·처분이 제한될 수 있는 가능성과 사권으로 인한 분쟁의 여지를 미연에 차단함으로써, 국유재산의 적정한 보호와 효율적인 관리·처분이라는 입법목적을 달성하기 위한 취지이다.

실무상 국유재산으로 취득하려는 토지에 분묘가 존재하는 경우가 있는데, 분묘기지권은 관습상 인정되는 지상권 유사의 물권이므로 동 조의 사권에 해당한다. 따라서 분묘기지권이 소멸된 후가 아니면 국유재산으로 취득할 수 없다.

〈해석례〉 법제처 13-0494, 분묘기지권이 설정된 토지를 국유재산으로 취득할 수 있는지 여부, 2013. 11. 4.

「국유재산법」 제11조제1항에서 사권이 설정된 재산을 국유재산으로 취득하지 못하도록 한 것은 사권으로 인하여 해당 재산의 사용·처분이 제한될 수 있는 가능성과 사권으로 인한 분쟁의 여지를 미연에 차단함으로써 국유재산의 적정한 보호와 효율적인 관리·처분이라는 같은 법의 입법목적을 달성하기 위한 취지라고 보아야 할 것인바, 그렇다면 여기서 말하는 "사권"이란 그 사권의 내용에 따라 해당 재산의 사용·수익·처분권이 그 권리자에게 귀속됨으로써 소유자의 사용·수익·처분권이 제한되는 사법상 일체의 권리라고 보는 것이 같은 법의 입법취지에 부합한다고 할 것입니다.

그런데, 분묘기지권은 분묘를 수호하고 봉사하는 목적을 달성하는 데 필요한 범위 내에서 타인의 토지를 사용할 수 있는 권리로서 관습상 인정되는 지상권 유사의 물권이라고 할 것인바, 분묘기지권이 설정된 경우에는 분묘기지권자가 그 분묘의 관리, 제사봉행 등을 위하여 해당 토지를 배타적으로 사용할 수 있는 권원을 취득한다는 점에서 「민법」 제279조에서 규정한 지상권과 사실상 동일하다고 할 것이므로, 분묘기지권은 「국유재산법」 제11조제1항에서 말하는 "사권"에 해당한다고 보는 것이 타당할 것입니다.

따라서, 분묘기지권이 설정되어 있는 토지는 그 분묘기지권이 소멸된 후가 아니면 국유재산으로 취득할 수 없다고 할 것입니다.

다만 판결에 따라 국유재산을 취득하는 경우에는 상기 제한 규정이 적용되지 않는다. 따라서 사권이 설정된 재산도 국유재산으로 취득이 가능하다(국유재산법 제

11조제1항 단서). 전술하였듯 상기 제한 규정의 취지는 사권으로 인한 분쟁의 여지를 미연에 차단하려는 것인데, 판결에 따라 취득하는 경우에는 재판 과정에서 해당 재산에 대한 권리 관계가 명확히 정리될 수 있기 때문이다.

3. 국유재산의 사권 설정 제한

국유재산에는 사권을 설정하지 못한다(국유재산법 제11조제2항 본문). 사권이 설정될 경우 국유재산을 본래 목적대로 사용·수익하기 어렵게 되고, 이는 국유재산 제도 취지에도 반하기 때문이다.

다만 일반재산에 한하여 ① 다른 법률 또는 확정판결에 따라 사권을 설정하는 경우, ② 해당 재산의 사용 및 이용에 지장이 없고 재산의 활용가치를 높일 수 있는 경우로서 중앙관서의 장등이 필요하다고 인정하는 경우에는 사권 설정이 가능하다(국유재산법 제11조제2항 단서, 국유재산법 시행령 제6조).

Ⅳ. 등기, 등록 및 증권의 보관 · 취급

원칙적으로 부동산에 관한 법률행위로 인한 물권의 득실변경은 등기하여야 그 효력이 생기고(민법 제186조) 선박, 항공기 등의 동산은 「선박등기법」, 「항공안전법」 등에 따라 등기·등록을 하여야 한다. 국유재산 역시 마찬가지인바 「국유재산법」에서는 국유재산 취득 시 등기·등록 등의 권리보전 조치 의무를 부과하고 있다.

증권의 경우에는 한국은행이나 시중은행 등의 금융기관이 보관·취급하도록 한다.

1. 등기, 등록 등 국유재산의 권리보전을 위한 조치

총괄청이나 중앙관서의 장은 국유재산을 취득한 후 그 소관에 속하게 된 날부터 60일 이내에 등기·등록, 명의개서 등 권리보전에 필요한 조치를 하여야 한다(국유재산법 제14조제1항, 국유재산법 시행령 제9조제1항). 이 때 권리자의 명의는 국(國)으로 하되 소관 중앙관서의 명칭을 함께 적는다(국유재산법 제14조제2항).[69] 국유재산

69) 다만 증권을 한국예탁결제원에 예탁하는 경우에는 권리자의 명의를 한국예탁결제원으로 할 수 있다(국유재산법 제14조제2항 단서, 국유재산법 시행령 제9조제3항).

이 지적공부와 일치하지 않을 경우에는 「공간정보의 구축 및 관리 등에 관한 법률」에 따른 등록전환, 분할, 합병, 지목변경 등의 필요한 조치를 하여야 한다(국유재산법 제14조제3항).

한편 중앙관서의 장은 그 소관에 속하는 국유재산에 관하여 등기·등록, 명의개서, 그 밖에 권리보전에 필요한 조치[70]를 한 후가 아니면 그 국유재산을 처분할 수 없다(국유재산법 시행규칙 제7조제1항). 따라서 미등기된 국유 건물의 경우 원칙적으로 처분이 불가하며, 처분을 위해서는 관련 법령에 따라 등기를 먼저 마쳐야 한다.

만약 등기부 등본이나 지적공부의 소유자란에 국(國)으로 적혀 있음에도 소관 중앙관서의 장 없이 사인이 점유하고 있거나 방치되어 있는 재산이 있다면, 이를 조사하여 등기·등록 등의 권리보전에 필요한 조치를 하여야 한다(국유재산법 시행규칙 제5조제2항). 국유재산이 외국에 있을 경우에는 해당 국가의 관계법령에 따라 권리보전조치를 한다(국유재산법 시행규칙 제5조제3항).

2. 증권의 보관 · 취급

국유재산 중 「자본시장과 금융투자업에 관한 법률」 제4조에 따른 증권의 경우에는 한국은행이나 국내 은행, 한국예탁결제원 등이 보관·취급하도록 한다(국유재산법 제15조제1항, 국유재산법 시행령 제10조제1항). 증권을 보관·취급하는 기관은 장부를 갖추어 증권의 수급을 기록하고, 이에 대한 보고서 및 계산서를 작성하여 총괄청 및 감사원에 제출하여야 한다(국유재산법 제15조제2항, 제3항). 또한 증권의 수급에 관하여 감사원의 검사를 받아야 하며, 국가에 손해를 끼친 경우에는 「민법」 및 「상법」에 따라 손해를 배상할 책임을 진다(국유재산법 제15조제4항, 제5항).

Ⅴ. 영구시설물 축조 금지

국가 외의 자는 국유재산에 건물, 교량 등 구조물과 그 밖의 영구시설물을 축조하지 못하는 것이 원칙이며, 예외적인 몇 가지 경우에 한하여 국가 외의 자의 영구시설물 축조가 허용된다(국유재산법 제18조).

---

70) 이러한 조치를 하지 아니한 국유재산을 처분하려면 「국유재산법 시행령」 제16조제1항제3호에 따라 소관 중앙관서의 장의 지정에 관한 사무를 위임받은 조달청장으로부터 소관 중앙관서의 장 지정서를 발급받아야 한다(국유재산법 시행규칙 제7조제2항).

이때의 '영구시설물'이란 통상적으로 '건물 · 구거 · 교량과 같이 일단 건설하게 되면 해당 국유재산과 사실상 불가분의 관계가 되고 영속적인 성격을 가지고 있어 국유재산의 훼손 없이 이를 쉽게 제거하는 것이 불가능하거나 막대한 비용이 요구되는 시설물' 또는 '일반적으로 국유지에 고착되어 용이하게 이동할 수 없는 시설물로서 그것의 해체가 물리적으로 심히 곤란하여 재사용이 불가능하거나 해체비용이 막대하여 해체 시 오히려 더 많은 손실을 가져올 수 있는 시설물' 등을 의미한다.[71]

유사한 시설물이라고 하더라도 그 형태, 설치의 태양(態樣) 및 국유재산의 이용 현황 등에 따라 영구시설물 여부가 달라질 수 있으므로, 개별 사안에 있어 영구시설물 해당 여부는 각각의 구체적 사실관계에 따라 판단하여야 한다. 참고로 판례는 사인이 대부받은 국유지에 콘크리트 포장을 하여 차량진입로 등으로 사용하려 했던 사안에서 콘크리트 포장은 이를 제거하는데 과다한 비용과 노력이 소요되는 것이 아닌 만큼 이를 두고 영구시설물을 설치하는 행위라고 볼 수 없다고 판단한 바 있고,[72] 법제처와 행정안전부는 각각 철탑 · 전주 등의 전력수송시설물과 풋살경기장 시설물[73]에 대해 영구시설물에 해당된다고 해석한 바 있다.

〈해석례〉 법제처 05-0051, 「지방재정법 시행령」 제89조(영구시설물) 관련, 2005. 11. 4.

「국유재산법」 제24조제3항[74]에서 적시하고 있는 영구시설물에 해당되는지 여부는 해당 시설물의 구조상 해체 · 철거 또는 운반 등이 용이한지 여부뿐만 아니라 자연 그대로 방치하면 통상 영구적으로 존치할 것이 예정되는 시설물 중에서 공유재산 또는 국유재산의 관리기관에서 해당 영구시설물을 설치한 자의 협조가 없이는 직접 철거하기가 곤란하고, 또한 그 철거에 비용이 수반되는지 여부 등에 따라 결정된다고 할 것인바, 철탑 및 전주 등 전력수송시설물은 자연 그대로 방치하면 영구적으로 존치하는 시설물에 해당하고, 공유재산 또는 국유재산의 관리기관에서 직접 철거하는 것이 기술상의 문제 등으로 어려우며, 그 철거에 상당한 비용이 수반되는 시설물에 해당하므로 …「국유재산법」 제24조제3항의 규정에 의한 영구시설물로 보아야 할 것입니다.

71) 서울고등법원 2018. 1. 11. 선고 2017누31 판결
72) 대법원 1992. 10. 27. 선고 91누8821 판결
73) 행정안전부 회계제도과-2093, 2015. 4. 29.
74) 현재의 제18조제1항에 해당

1. 원칙 - 영구시설물 축조 금지

원칙적으로 국가 외의 자는 국유재산에 건물, 교량 등 구조물과 그 밖의 영구시설물을 축조할 수 없다. 국유재산인 토지 위에 국가 외의 자가 건물 등의 영구시설물을 축조한다면, 국가가 해당 토지를 본래 목적에 맞게 사용할 수 없을 것이기 때문이다.

2. 예외 - 영구시설물 축조 허용

국유재산의 사용 및 이용에 지장이 없거나, 국유재산 활용을 통해 보다 큰 공공의 이익을 얻을 수 있으며, 원상회복이 가능한 경우 등에는 예외적으로 국가 외의 자도 국유재산에 영구시설물을 축조할 수 있다.

가. 기부를 조건으로 축조하는 경우(국유재산법 제18조제1항제1호)

국가 외의 자가 건물, 교량 등 구조물이나 그 밖의 영구시설물을 축조하여 국가에 기부한다면 이는 오히려 국유재산의 가치를 증대시키는 것이므로 금지할 이유가 없다. 따라서 이러한 경우에는 사인이 국유재산에 영구시설물을 축조하는 것이 가능하다.

사인이 국가에 건물 등을 기부할 경우의 절차를 간단히 살펴보면, 먼저 국가와 기부계약을 한 뒤 사인이 건축주가 되어 건물을 축조하고, 건물이 완공되면 일단 건축주 본인 명의로 소유권보존등기를 마친 뒤에 다시 국가에 소유권이전등기를 하게 된다. 즉 건축주인 사인으로부터 국가가 소유권이전등기를 넘겨 받아야 해당 건물의 국유재산 편입이 완료되게 된다.

그런데 판례에 따르면 최소한의 기둥과 지붕 그리고 주벽이 이루어지면 독립한 부동산으로서의 건물의 요건을 갖추게 되고,[75] 자기의 노력과 재료를 들여 건물을 건축한 사람은 그 건물의 소유권을 원시취득하게 되는바,[76] 결국 사인이 국유지 위에 건축을 하는 경우 최소한의 기둥과 지붕 그리고 주벽이 이루어지면 사회통념상 독립한 건물이라고 볼 수 있는 형태와 구조를 갖추게 되어 건축주인 사인이 해

75) 대법원 2002. 4. 26. 선고 2000다16350 판결
76) 대법원 1992. 8. 18. 선고 91다25505 판결

당 건물을 원시취득하게 된다. 그렇다면 이 시점부터 국가로의 소유권이전등기가 완료되기 전까지는 국유재산 위에 사인 소유의 건물이 위치하게 되고 이는 「국유재산법」 제18조의 영구시설물 축조 금지 조항에 저촉되는바, 이러한 문제점을 해결하기 위해 '기부를 조건으로 축조하는 경우'는 예외적으로 영구시설물 축조가 가능하도록 한 것이다.

나. 다른 법률에 따라 국가에 소유권이 귀속되는 공공시설을 축조하는 경우(국유재산법 제18조제1항제2호)

국가 외의 자가 다른 법률에 따라 국가에 소유권이 귀속되는 공공시설을 국유재산에 축조하는 것도 허용된다. 앞서 살펴본 '기부를 위한 축조'와 법적 성격이 유사하나, 기부는 건축주인 사인의 자발적 의사에 따라 국가로 소유권이 이전되는 반면 동 호의 내용은 법률에 의해 강제로 국가에 소유권이 귀속된다는 차이가 있다.

국가에 소유권이 귀속되는 입법례로는 「항만법」이 대표적인바, 「항만법」 제15조제1항에 따르면 관리청이 아닌 자의 항만개발사업으로 조성되거나 설치된 토지 및 항만시설은 준공과 동시에 국가 또는 시·도에 귀속되게 된다.[77]

다. 국유재산 매각 시 그 매각대금을 나누어 내고 있는 일반재산의 경우(국유재산법 제18조제1항제2호의2)

국유재산을 국가 외의 자에게 매각할 경우 매각대금은 계약 체결일부터 60일의 범위에서 중앙관서의 장등이 정하는 기한까지 전액을 내는 것이 원칙이나, 한꺼번에 납부하도록 하는 것이 곤란하다고 인정되는 경우에는 20년 이내에 걸쳐 나누어 내게 할 수 있다(국유재산법 제50조). 그리고 국유재산 매각 시 해당 매각재산의 소유권 이전은 매각대금이 완납된 후에 하여야 한다(국유재산법 제51조제1항).[78]

그렇다 보니 국유재산을 국가 외의 자에게 매각하고 매각대금을 나누어 내게

---

77) 모든 토지와 항만시설이 국가 등으로 귀속되는 것은 아니며 부두의 규모, 토지의 가액 및 사업비, 항만시설의 종류 등에 따라 다르다. 국가 등으로 귀속되지 않는 토지 및 항만시설에 대해서는 「항만법 시행령」 제24조에서 정하고 있다.

78) 다만, 매각대금을 나누어 내게 하는 경우로서 공익사업의 원활한 시행 등을 위하여 소유권의 이전이 불가피할 때에는 매각대금이 완납되기 전에도 소유권을 이전할 수 있으며, 이 경우 저당권 설정 등 채권의 확보를 위하여 필요한 조치를 취하여야 한다(국유재산법 제51조제2항).

〈표 2-1〉 국유재산 매각 시 그 매각대금을 나누어 내고 있는 일반재산에 있어 영구시설물 축조 가능 기준(국유재산법 시행령 제13조의2)

대 상	기 준
• 지방자치단체에 그 지방자치단체가 직접 공용 또는 공공용으로 사용하려는 재산을 매각하는 경우 • 공공단체[79]가 직접 비영리공익사업용으로 사용하려는 재산을 해당 공공단체에 매각하는 경우	매각대금의 2분의 1 이상을 낸 경우
• 지방자치단체가 사회기반시설[80]로 사용하려는 재산을 해당 지방자치단체에 매각하는 경우	매각대금의 5분의 1 이상을 낸 경우
• 2012년 12월 31일 이전부터 사유건물로 점유·사용되고 있는 토지와 「특정건축물 정리에 관한 특별조치법」에 따라 준공인가를 받은 건물로 점유·사용되고 있는 토지를 해당 점유·사용자에게 매각하는 경우	그 토지에 있는 사유건물이 천재지변이나 그 밖의 재해로 파손된 경우
• 국유지개발목적회사[81]에 개발대상 국유재산을 매각하는 경우	매각대금의 5분의 1 이상을 낸 경우
• 산업단지[82]에 공장 설립을 위하여 필요한 토지를 입주기업체에 매각하는 경우	매각대금의 5분의 1 이상을 낸 경우

하는 경우에도, 해당 재산의 소유권은 여전히 국가가 가지고 있는 경우가 많다. 이 경우 국유재산을 매입한 자는 대금을 완납할 때까지는 해당 국유재산을 개발할 수 없게 되므로, 매입한 재산을 효율적으로 활용하기 어렵다.

이러한 문제를 해결하기 위해 <표 2-1>과 같은 경우에는, 국유재산을 매입한 자가 대금을 아직 완납하지 못한 경우에도 일정 기준 충족 시 영구시설물 등의

79) '법령에 따라 정부가 자본금의 전액을 출자하는 법인' 또는 '법령에 따라 정부가 기본재산의 전액을 출연하는 법인'을 말한다(국유재산법 시행령 제33조).

80) '「사회기반시설에 대한 민간투자법」 제2조제1호의 사회기반시설 중 주민생활을 위한 문화시설, 생활체육시설 등 기획재정부령으로 정하는 사회기반시설'을 말한다(국유재산법 제18조제1항제3호).

81) '국유지를 개발하기 위하여 민간사업자와 공동으로 설립하는 「법인세법」 제51조의2제1항제9호에 따른 투자회사'를 말한다(국유재산법 제59조의2제2항). 다만 투자회사의 한 유형을 규정하던 「법인세법」 제51조의2제1항제9호는 2020. 12. 22. 「법인세법」 개정 시 삭제되었는바, 「국유재산법」 제59조의2제2항의 '국유지개발목적회사'에 대한 설명 부분도 개정이 요구된다.

82) '「산업입지 및 개발에 관한 법률」 제6조·제7조·제7조의2 및 제8조에 따라 지정·개발된 국가산업단지, 일반산업단지, 도시첨단산업단지 및 농공단지'를 말한다(산업집적활성화 및 공장설립에 관한 법률 제2조제14호).

축조가 가능하도록 하고 있다.

라. 지방자치단체나 「지방공기업법」에 따른 지방공기업이 사회기반시설[83]을 해당 국유재산 소관 중앙관서의 장과 협의를 거쳐 총괄청의 승인을 받아 축조하는 경우(국유재산법 제18조제1항제3호)

최근 경제가 성장하고 소득 수준이 향상됨에 따라 삶의 질에 대한 사람들의 관심이 커지고 있다. 특히 주거·생활 환경 개선 측면에서 문화·체육시설 등에 대한 사회적 요구가 점차 증가하고 있는데, 인구가 밀집해 있는 주요 도심지의 경우 이러한 시설을 설치·운영할 만한 부지를 충분히 확보하는 것이 사실상 어렵다. 그렇다 보니 도심지 내의 국유지를 주민들을 위한 문화·체육시설 등으로 활용하자는 주장이 지속적으로 제기되어 왔고, 그동안은 법적 근거가 없어 실현되지 못하였다가 2020. 3. 「국유재산법」 개정을 통해 동 호의 내용이 신설되며 그 법적 근거를 마련하게 되었다.

동 호의 핵심내용은 문화시설, 생활체육시설 등 국민생활의 편익을 증진시키는 생활밀착형 사회기반시설의 확충을 지원하기 위하여 지방자치단체·지방공기업이 국유지 위에 생활밀착형 사회기반시설을 축조할 수 있도록 하는 것이다.[84] 즉 과거에는 지방자치단체가 국유지에 이러한 시설을 설치하기 위해서는 국유지 매입이 선행되어야만 했으나, 이제는 토지의 소유권은 그대로 국가에 둔 채 지방자치단체가 관련 시설을 설치하여 운영하는 것이 가능하게 되었다.

동 호에 따라 국유지 내에 영구시설물 설치가 가능한 시설은 <표 2－2>와 같다.

다만 <표 2－2>에 해당하는 시설이라고 하더라도 '도로, 철도, 하수도 등 선형적(線形的)인 시설로서 둘 이상의 지방자치단체의 관할 지역을 관통하는 시설' 및 '지방자치단체 또는 지방공기업의 행정업무 수행만을 위한 시설'[85]은 국유지 내 영구시설물 설치가 불가하다(국유재산법 시행규칙 제8조의2제2항본문).

---

83) '「사회기반시설에 대한 민간투자법」 제2조제1호의 사회기반시설 중 주민생활을 위한 문화시설, 생활체육시설 등 기획재정부령으로 정하는 사회기반시설'을 말한다.

84) 국유재산법 일부개정법률안(정부안), 제안이유 및 주요내용, 2019. 11.

85) 예외적으로, '지방자치단체 또는 지방공기업의 행정업무 수행만을 위한 시설' 위에 상기 표에 해당하는 시설이 포함된 경우로서 기획재정부장관이 인정하는 시설은 국유지 내 영구시설물 설치가 가능할 수 있다(국유재산법 시행규칙 제8조의2제2항단서).

〈표 2-2〉「국유재산법」 제18조제1항제3호에 따른 영구시설물 설치 가능 시설(국유재산법 시행규칙 제8조의2제1항)

구 분	대상 시설
경제활동의 기반이 되는 시설	가. 주거지 주차장 또는 전통시장 주차장 나. 수소를 연료로 사용하는 자동차에 수소를 공급하기 위한 시설 다. 수소 연료전지 발전소 라. 유해물질에 대한 정수시설 마. 전지자동차 충전시설 바. 산업단지의 완충저류시설 사. 재활용을 분리하는 선별장 아. 농산물 직매장 자. 그 밖에 가목부터 아목까지의 규정에 따른 시설에 준하는 시설로서 경제활동의 기반이 되는 독립된 개별시설 중 기획재정부장관이 인정하는 시설
사회서비스의 제공을 위해 필요한 시설	가. 감염병전문병원 나. 공립요양병원 다. 치매전담 노인요양시설 라. 의료재활시설 마. 노숙인일시보호시설, 장애인거주시설 또는 장애인직업재활시설 바. 근로자건강센터 또는 건강생활지원센터 사. 다문화가족지원센터 아. 국공립어린이집, 지역아동센터 또는 공동육아나눔터 자. 박물관, 미술관 또는 과학관 차. 생활문화센터 또는 문화예술교육시설 카. 공공도서관 타. 이스포츠(전자스포츠) 상설경기장 파. 그 밖에 가목부터 타목까지의 규정에 따른 시설에 준하는 시설로서 사회서비스의 제공을 위해 필요한 독립적인 개별시설 중 기획재정부장관이 인정하는 시설
일반 공중의 이용을 위해 제공하는 공공용시설	가. 체육시설 나. 국민체육시설 다. 복합커뮤니티센터 라. 지역복합복지시설 마. 산업재해 예방시설 바. 그 밖에 가목부터 마목까지의 규정에 따른 시설에 준하는 시설로서 일반 공중의 이용을 위해 제공하는 공공용인 독립적인 개별시설 중 기획재정부장관이 인정하는 시설

동 호에 따라 국유지 내에 지방자치단체·지방공기업이 영구시설물을 설치할 경우 토지 소유권은 여전히 국가에 있는 반면 영구시설물의 소유권은 그것은 설치한 지방자치단체·지방공기업이 갖게 된다. 따라서 지방자치단체 등이 영구시설물 활용을 위해 국가의 토지를 사용하는 형태가 되므로 지방자치단체 등은 국가에 토지 사용료를 지급해야 한다. 연간 토지 사용료는 해당 국유지 재산가액[86]의 1천분의 25 이상으로 정한다(국유재산법 시행령 제29조제1항제3호의3).

전술하였듯이 동 호는 국민들의 삶의 질 향상을 위해 특별히 도입된 규정으로서, 영구시설물 설치 시 국유재산을 활용하는 만큼 최대한의 공공성을 확보할 필요가 있다. 따라서 그 주체를 지방자치단체와 지방공기업으로 한정하고 있으며, 이들에게는 해당 국유지의 사용허가를 수의의 방법으로 할 수 있다던지(국유재산법 시행령 제27조제3항제4호의2),[87] 해당 국유지를 매입할 경우 매각대금을 5년 이내에 걸쳐 나누어 낼 수 있게 하는 등(국유재산법 시행령 제55조제2항제1호의2)의 혜택을 주고 있다.

마. 민간참여개발제도에 따라 개발하는 경우(국유재산법 제18조제1항제4호)

과거에는 국유재산의 개발제도가 신탁개발과 위탁개발로 한정되어 있어 신탁회사와 국유재산 위탁관리기관으로 참여자가 제한되는 문제가 있었다. 이에 2011. 3. 「국유재산법」 개정을 통해 민간참여개발제도를 도입하여, 국가와 민간사업자가 공동으로 국유재산을 개발할 수 있도록 하였다.

그런데 민간참여개발은 국가와 민간사업자가 공동으로 설립한 국유지개발목적회사를 통해 이루어지게 되는데, 이러한 국유지개발목적회사는 국가 외의 자에 해당하므로 국유지 내에 영구시설물 설치가 제한되었다. 이러한 문제를 해결하기 위해 2016. 3. 「국유재산법」을 개정하였고, 민간참여개발에 있어 국유지개발목적회사도 국유지 내 영구시설물 설치가 가능하게 되었다.

---

86) 재산가액 결정 당시의 개별공시지가(「부동산 가격공시에 관한 법률」 제10조에 따른 해당 토지의 개별공시지가로 하며, 해당 토지의 개별공시지가가 없으면 같은 법 제8조에 따른 표준지공시지가)를 말한다(국유재산법 시행령 제29조제2항제1호).

87) 사용허가를 수의의 방법으로 할 수 있는 것은 '사용허가의 갱신'과 관련되기 때문에 매우 중요하다. 행정재산의 사용허가기간은 5년 이내로 하고 기본적으로 5년 이내의 범위에서 갱신이 가능한데, 수의의 방법으로 사용허가를 할 수 있는 경우가 아니면 갱신이 1회로 제한되기 때문이다(국유재산법 제35조). 즉 지방자치단체 등은 동 호의 시설에 대해 수의의 방법으로 사용허가가 가능하므로, 사용허가의 갱신에 있어 횟수의 제한을 받지 않게 된다.

바. 총괄청 · 관련 중앙관서의 장과의 협의 및 교육부장관의 승인을 거쳐 각급 학교[88]의 학교시설[89]을 증축 또는 개축하는 경우(국유재산법 제18조제1항제5호)

1990년 이전에는 교육청이 독립적 기관이 아니라 교육부의 하위 기관으로서 국가기관에 해당하였기 때문에, 학교 건물이나 부지는 모두 국유재산에 해당하였다. 그런데 1991년 「지방교육자치에 관한 법률」이 제정·시행되며 교육에 관한 사무가 지방자치단체로 이관되었고, 이 과정에서 학교 건물은 시·도 교육청 소관의 공유재산으로 이관되었으나 학교 부지의 경우에는 여전히 국유재산으로 남게 되었다.

그런데 시·도 교육청은 국가 외의 자이므로 국유지 위에 영구시설물 축조가 불가하였는바, 해당 학교들은 시설이 노후화되어 교육 환경이 열악하더라도 학교시설을 증·개축할 수 없었다. 결국 이러한 문제를 해결하고 균등한 교육 기회를 보장하기 위해 2020. 3. 「국유재산법」을 개정하며 동 호의 내용을 신설하였다.

참고로 동 호가 적용되는 1990년 이전의 학교 부지는 주로 교육부의 소관이나 타 정부 부처 소관 국유지도 적지 않고[90] 이 경우 해당 부처의 의견 수렴이 필요하다는 지적에 따라, 입법 과정에서 '관련 중앙관서의 장과의 협의' 절차가 추가되었다.[91]

사. 국유재산의 사용 및 이용에 지장이 없고 국유재산의 활용가치를 높일 수 있는 경우로서 대부계약의 사용목적을 달성하기 위하여 중앙관서의 장등이 필요하다고 인정하는 경우(국유재산법 제18조제1항제6호)

'대부계약'이란 일반재산을 국가 외의 자가 일정 기간 유상이나 무상으로 사용·수익할 수 있도록 체결하는 계약을 말하는바(국유재산법 제2조제8호), 이러한 대부계약의 사용목적 달성을 위해 영구시설물 축조를 허용하는 일종의 일반 조항이

88) 1991. 3. 제정된 「지방교육 자치에 관한 법률」 시행 전에 설립한 초등학교, 중학교, 고등학교 및 특수학교를 말한다.

89) 「학교시설사업 촉진법」 제2조제1호에 따른 학교시설로서 교사대지(校舍垈地), 체육장 및 실습지, 교사, 체육관, 기숙사 및 급식시설 등을 말한다.

90) 2019년 4월 기준으로 시·도 교육청이 점유하고 있는 국유지는 총 7,170필지이며, 이 중 교육부 소관이 5,516필지(76.9%)이고 나머지 1,654필지(23.1%)는 국토교통부, 기획재정부 등 타 정부 부처의 소관이다.

91) 국회 기획재정위원회, 국유재산법 일부개정법률안 검토보고서, 2019. 11.

다. 이 조항에 따라 영구시설물을 축조하는 자는 원상회복에 필요한 비용의 상당액을 그 영구시설물을 착공하기 전까지 이행보증금으로 예치하여야 한다(국유재산법 시행령 제13조제3항).

아. 다른 법률에서 영구시설물 축조를 허용한 경우

개별 법률에서 국가 이외의 자에 대해 국유지상 영구시설물 설치가 가능하도록 하는 경우가 있다. 이 경우에는 해당 규정이 「국유재산법」보다 우선하여 적용되므로, 국가 이외의 자라고 하더라도 사용허가 또는 대부 받은 국유지 위에 영구시설물을 축조할 수 있다.

국유지에 영구시설물 축조가 가능한 자의 대표적인 예로는 국방과학연구소,[92] 인천국제공항공사,[93] 한국철도공사,[94] 「공공주택특별법」상의 공공주택사업자,[95] 항만배후단지개발사업의 사업시행자,[96] 환경친화적 자동차의 충전시설 보급·확대 사업자,[97] 새만금사업지역 입주 기관[98] 등이 있다.

---

92) 「국방과학연구소법」 제21조(군수품·국유재산 및 공유재산의 사용허가 등에 관한 특례) ③ 연구소는 제1항에 따라 국가 또는 지방자치단체로부터 국가 또는 지방자치단체가 소유하는 토지에 대한 사용의 허가 또는 대부를 받은 경우에는 「국유재산법」 또는 「공유재산 및 물품 관리법」에도 불구하고 그 국유지 또는 공유지에 영구시설물을 축조할 수 있다. 이 경우 그 시설물의 종류 등을 고려하여 그 기간이 끝나는 때에 이를 국가 또는 지방자치단체에 기부하거나 원상으로 회복하여 반환하는 조건을 붙일 수 있다.

93) 「인천국제공항공사법」 제11조(국유재산의 무상대부 등) ② 공사는 「국유재산법」에도 불구하고 제1항에 따라 대부받거나 사용·수익의 허가를 받은 국유재산에 건물이나 그 밖의 영구시설물(永久施設物)을 축조할 수 있다.

94) 「한국철도공사법」 제14조(국유재산의 무상대부 등) ② 국가는 「국유재산법」에도 불구하고 제1항에 따라 대부하거나 사용·수익을 허가한 국유재산에 건물이나 그 밖의 영구시설물을 축조하게 할 수 있다.

95) 「공공주택특별법」 제40조의3(「국유재산법」 등에 대한 특례) ⑤ 국가와 지방자치단체는 「국유재산법」 및 「공유재산 및 물품 관리법」에도 불구하고 제1항에 따른 공공주택사업자에게 같은 항에 따라 사용허가나 대부를 받은 국유재산 또는 공유재산에 영구시설물을 축조하게 할 수 있다. 이 경우 해당 영구시설물의 소유권은 국가, 지방자치단체 또는 그 밖의 관계 기관과 공공주택사업자 간에 별도의 합의가 없으면 그 국유재산 또는 공유재산을 반환할 때까지 공공주택사업자에게 귀속된다.

96) 「항만법」 제57조(국유재산의 사용허가 등에 관한 특례) ③ 제1항에 따라 국유재산의 사용허가 또는 대부를 받은 자는 「국유재산법」 제18조에도 불구하고 해당 국유재산에 필요한 영구시설물을 설치할 수 있다. 이 경우 국가는 해당 시설물의 종류 등을 고려하여 사용허가 또는 대부 기간이 끝나는 때에 이를 국가에 기부하거나 원상회복하여 반환하는 조건을 붙여야 한다.

97) 「환경친화적 자동차의 개발 및 보급 촉진에 관한 법률」 제11조의3(국유재산·공유재산의 임

한편 개별 법률에서 영구시설물 축조를 허용하면서 '철거비용의 공탁'을 「국유재산법」상 원상회복의 이행보증조치에 대한 특례로서 규정하였다면 해당 법률에 따른 영구시설물 축조 시에는 반드시 철거비용의 공탁이 있어야 하고, 「국유재산법 시행령」 제13조제4항의 보증보험증권 예치와 같은 제도를 활용할 수는 없다.

〈해석례〉 법제처 19-0549, 「신에너지 및 재생에너지 개발·이용·보급 촉진법」 제26조제2항에 따른 영구시설물 축조의 조건, 2020. 1. 23.

「국유재산법」 제18조제1항에서는 국가 외의 자는 국유재산에 건물, 교량 등 구조물과 그 밖의 영구시설물을 축조하지 못하도록 금지하면서(본문), 기부를 조건으로 축조하는 경우 등 각 호의 어느 하나에 해당하는 경우에는 영구시설물을 축조할 수 있다고 예외적으로 허용(단서)하여 국유재산에 영구시설물을 축조하는 행위를 엄격히 규제하고 있고, 같은 조 제2항 및 같은 법 시행령 제13조제2항·제3항에서는 영구시설물의 축조를 허용하는 경우에는 영구시설물의 철거 등 원상회복 및 그에 필요한 비용의 상당액을 현금이나 지급보증서·보증보험증권 등으로 예치하도록 규정하고 있습니다.

그런데 「신에너지 및 재생에너지 개발·이용·보급 촉진법」(이하 "신재생에너지법"이라 함) 제26조제1항에서는 국가는 신·재생에너지 기술개발 및 이용·보급에 관한 사업을 위하여 필요하다고 인정하면 「국유재산법」에도 불구하고 수의계약에 따라 국유재산을 신·재생에너지 기술개발 및 이용·보급에 관한 사업을 하는 자에게 임대할 수 있다고 규정하고 있고, 같은 조 제2항 본문에서는 제1항에 따라 국유재산을 임대하는 경우에 「국유재산법」에도 불구하고 철거비용의 공탁을 조건으로 영구시설물을 축조하게 할 수 있다고 규정하여, 영구시설물을 축조할 수 있는 대상 및 영구시설물 철거를 담보하는 방법 모두에 대해 「국유재산법」에 대한 특례를 규정하고 있습니다.

이와 같이 신재생에너지법에서는 신재생에너지의 기술개발·이용·보급 촉진 및 관련 산업 활성화 등의 특수한 정책적 목적을 위해 「국유재산법」에 대한 특례를 규정한 것이고, 「국유재산법」에서와는 달리 영구시설물의 축조를 위한 조건으로 보증보험증권의 예치에

대 등) ② 국가 또는 지방자치단체가 제1항에 따라 국유재산 또는 공유재산을 임대하는 경우에는 「국유재산법」 또는 「공유재산 및 물품 관리법」에도 불구하고 자진철거 또는 철거비용의 공탁을 조건으로 영구시설물을 축조하게 할 수 있다. (단서 생략)

98) 「새만금사업 추진 및 지원에 관한 특별법」 제46조(토지·건물 등의 사용허가등의 특례) ② 제1항에 따라 토지의 사용허가등을 받은 자는 「국유재산법」 제18조 및 「공유재산 및 물품 관리법」 제13조에도 불구하고 사용허가등을 받은 토지 위에 공장 또는 그 밖에 필요한 영구시설물을 축조할 수 있다. 이 경우 국가 및 지방자치단체는 해당 시설물의 종류 등을 고려하여 사용허가등의 기간이 종료되는 때에 이를 국가 및 지방자치단체에 기부하거나 원상회복하여 반환하는 조건을 붙여야 한다.

대해서는 규정하고 있지 않으므로, 신재생에너지법 제26조제1항에 따라 국유재산을 임대하는 경우 '철거비용의 공탁' 대신 '철거비용에 상당하는 보증보험증권'의 예치를 조건으로 영구시설물을 축조하게 할 수 있다고 보는 것은 명문 규정에 반하는 해석입니다.

3. 원상회복 관련 사항

국가 외의 자가 국유지에 영구시설물을 축조하는 경우에는 그 영구시설물의 축조 및 원상회복에 관한 계획서를 해당 중앙관서의 장등에게 제출하고(국유재산법 시행령 제13조제1항), 해당 영구시설물의 철거 등 원상회복에 필요한 비용의 상당액에 대하여 이행을 보증하는 조치를 하여야 한다(국유재산법 제18조제2항).

특히 「국유재산법」 제18조제1항제3호, 제5호 및 제6호에 따라[99] 영구시설물을 축조하는 자는 시설물 착공 전까지 해당 재산의 원상회복에 필요한 비용의 상당액을 이행보증금으로 예치하여야 한다(국유재산법 시행령 제13조제3항). 이 때 이행보증금은 현금으로 예치하거나 금융기관 등의 지급보증서, 보험회사의 보증보험증권 등을 활용할 수 있다(국유재산법 시행령 제13조제4항).

만약 원상회복의 사유가 발생하였다면 즉각 원상회복이 이루어져야 하며, 원상회복을 이행하지 않은 경우에는 중앙관서의 장등이 예치된 이행보증금으로 해당 국유재산을 원상회복한다(국유재산법 시행령 제13조제5항). 다만 원상회복의 사유가 발생한 시점에 해당 영구시설물 또는 그 일부 시설물이 국유재산의 활용가치를 높일 수 있다고 인정되는 경우에는 원상회복을 하지 않고 그 영구시설물 또는 일부 시설물을 무상으로 취득할 수도 있다(국유재산법 시행령 제13조제7항).

---

99) 원상회복을 위한 이행보증금 예치 조항에서 「국유재산법」 제18조제1항 각 호 중 제3호, 제5호 및 제6호만 규정한 이유는, 이러한 경우에 토지와 영구시설물의 소유권이 분리되기 때문이다. 예를 들어 제3호의 경우에는 국유지 위에 지방자치단체 소유의 문화·체육시설이, 제5호의 경우에는 국유지 위에 시·도 교육청 소유의 학교시설이 각각 위치하게 되어 토지와 영구시설물의 소유자가 다르게 된다. 반면 제1호(기부를 조건으로 축조)나 제2호(다른 법률에 따라 국가로 소유권이 귀속)의 경우에는 최종적으로 국가가 영구시설물의 소유권을 취득하게 되고, 제2호의2(매각대금을 나누어 내고 있는 일반재산)의 경우에는 반대로 토지의 소유권이 국유지를 매입한 자에게 넘어가게 되는바, 이러한 경우에는 궁극적으로 토지와 영구시설물의 소유권자가 일치되게 된다.

Ⅵ. 국유재산에 관한 법령의 협의

각 중앙관서의 장은 국유재산의 관리·처분에 관련된 법령을 제정·개정하거나 폐지하려면 그 내용에 관하여 총괄청 및 감사원과 협의하여야 한다(국유재산법 제19조). 개별 법령에 국유재산에 관한 특례 규정 등을 무분별하게 도입할 경우 국유재산의 통일적 관리가 어려워지고 국유재산의 효율적 활용이 저해될 수 있으므로, 총괄청과 감사원이 사전에 이를 일정 부분 통제할 수 있도록 한 것이다.

물론 이는 합의가 아니라 협의이므로 총괄청이나 감사원의 견해에도 불구하고 중앙관서의 장이 법령 제정·개정을 강행할 여지는 있다. 다만 그렇게 하더라도 실제로는 크게 문제가 되지 않는바, 「국유재산특례제한법」의 존재 때문이다. 「국유재산특례제한법」은 국유재산의 유상 사용원칙 확립 및 통일적이고 체계적인 국유재산 관리를 위해 2011. 3. 제정된 것으로, 국유재산특례는 반드시 「국유재산특례제한법」에 규정되어야 하고 이를 다른 법률로 개정할 수 없다.[100] 「국유재산특례제한법」은 국유재산 총괄청인 기획재정부의 소관 법률인바, 결국 총괄청의 동의 없이 중앙관서의 장이 국유재산특례를 도입하는 것은 불가한 것이다.

중앙관서의 장이 국유재산의 관리·처분에 관련된 법령을 제정·개정하거나 폐지하기 위하여 총괄청 및 감사원과 협의할 때에는 ① 제정·개정 및 폐지의 사유, ② 관계 법령 및 조문, ③ 신·구조문대비표의 사항을 명시한 문서로 한다(국유재산법 시행규칙 제9조).

제3절 국유재산 총괄청

Ⅰ. 국유재산 사무의 총괄·관리

국유재산에 관한 사무는 총괄청인 기획재정부장관이 총괄하고, 그 국유재산을

100) 「국유재산특례제한법」 제4조(국유재산특례의 제한) ① 국유재산특례는 별표에 규정된 법률에 따르지 아니하고는 정할 수 없다.
② 이 법 별표는 이 법 외의 다른 법률로 개정할 수 없다.

관리 · 처분한다(국유재산법 제2조제10호, 제8조제1항).

다만 ① 「국가재정법」 제4조에 따른 특별회계에 속하는 국유재산, ② 「국가재정법」 제5조에 따른 기금에 속하는 국유재산, ③ 「국유재산법」 제40조제2항에 따라 용도폐지 후에도 중앙관서의 장이 관리하는 국유재산의 경우에는 소관 중앙관서의 장이 직접 관리 · 처분한다(국유재산법 제8조제3항). 따라서 이러한 재산에 대해서는 총괄청이 처분할 수 없고, 만약 처분하였다면 그 처분행위는 무효이다.[101]

〈판례〉 대법원 2002. 7. 12. 선고 2001다16913 판결

국가 소유의 잡종재산[102]은 원칙적으로 총괄청인 재무부[103]가 관리 · 처분권을 가지나, (중략) 특별회계에 속하는 재산은 그 소관청이 관리 · 처분권을 가지고, 총괄청인 재무부는 관리 · 처분권을 가지지 못한다 할 것이어서, 그 특별회계에 속한 잡종재산을 재무부가 처분한 경우에는 관리 · 처분권이 없는 기관이 처분한 것으로서 무효라고 볼 수밖에 없을 것 …

이하에서는 총괄청이 총괄 · 관리하는 주요 국유재산 사무에 대해 살펴보기로 한다.

1. 국유재산의 사용 승인

중앙관서의 장이 일반적인 국유재산을 행정재산으로 사용하기 위해서는 재산의 표시, 사용 목적, 사용 계획 등을 적은 신청서를 총괄청에 제출하여 승인을 받아야 한다(국유재산법 제8조제4항, 국유재산법 시행령 제4조의2).

총괄청은 사용을 승인한 행정재산이 ① 다른 국가기관의 행정목적을 달성하기 위하여 우선적으로 필요한 경우, ② 위법하거나 부당한 재산관리가 인정되는 경우, ③ 감사원의 감사 결과 위법하거나 부당한 재산관리가 인정되는 등 사용 승인의 철회가 불가피하다고 인정되는 경우 등에는 국유재산정책심의위원회의 심의를 거쳐

101) 다만 총괄청은 「국유재산법」 제8조제3항의 일반재산의 관리 · 처분에 관한 사무의 일부를 소관 중앙관서의 장으로부터 위탁받을 수 있으며, 필요한 경우 위탁하는 중앙관서의 장과 협의를 거쳐 한국자산관리공사에 위탁받은 사무를 재위탁할 수 있다(국유재산법 제42조제2항, 국유재산법 시행령 제38조제4항).

102) 현재의 일반재산에 해당

103) 현재의 기획재정부에 해당

그 사용 승인을 철회할 수 있다(국유재산법 제8조의2제1항).[104] 또한 사용 승인이 철회된 경우 중앙관서의 장은 해당 행정재산을 지체 없이 총괄청에 인계하여야 하며, 이 경우 인계된 재산은 용도폐지된 것으로 본다(국유재산법 제8조의2제3항).

2. 중앙관서의 장등에 대한 감사

총괄청은 중앙관서의 장등에 해당 국유재산의 관리상황에 관하여 보고하게 하거나 자료를 제출하게 할 수 있고, 중앙관서의 장등의 재산 관리상황과 유휴 행정재산 현황을 감사(監査)하거나[105] 그 밖에 필요한 조치를 할 수 있다(국유재산법 제21조). 총괄청은 감사 시 조달청의 지원을 받을 수 있으며, 감사 결과 위법하거나 부당하다고 인정되는 사실이 있으면 해당 중앙관서의 장등에 그 시정을 요구하는 등 필요한 조치를 할 수 있고, 필요한 조치를 요구받은 중앙관서의 장등은 그 이행결과를 총괄청과 감사원에 통보하여야 한다(국유재산법 시행령 제15조).

한편 중앙관서의 장은 소관 행정재산 중 유휴 행정재산[106]에 대하여 ① 전년도 말 기준의 유휴 행정재산 총괄 현황 및 세부 재산 명세, ② 유휴 행정재산의 발생 사유, ③ 전년도 관리 현황 및 향후 활용계획, ④ 그 밖에 총괄청이 유휴 행정재산의 현황을 파악하기 위하여 필요하다고 인정하는 사항 등의 현황을 매년 1월말까지 총괄청에 보고하여야 한다[107](국유재산법 제21조제2항, 국유재산법 시행령 제14조).

3. 용도폐지 및 관리전환 요구

총괄청은 중앙관서의 장에게 그 소관에 속하는 국유재산의 용도를 폐지하거나 변경할 것을 요구할 수 있으며 그 국유재산을 관리전환하게 하거나 총괄청에 인계하게 할 수 있다. 이 경우 총괄청은 미리 그 내용을 중앙관서의 장에게 통보하여 의견을 제출할 기회를 주어야 한다(국유재산법 제22조제1항, 제2항).

---

104) 총괄청은 사용 승인 철회를 하려면 미리 그 내용을 중앙관서의 장에게 알려 의견을 제출할 기회를 주어야 한다(국유재산법 제8조의2제2항).

105) 총괄청은 감사할 경우 미리 감사계획을 수립하여 중앙관서의 장등에 통지하여야 한다(국유재산법 시행규칙 제10조).

106) '유휴 행정재산'이란 부동산과 그 종물(從物)에 해당하는 행정재산 중 「국유재산법」 제6조제2항 각 호의 행정재산으로 사용되지 아니하거나 사용할 필요가 없게 된 재산을 말한다.

107) 유휴 행정재산의 보고는 「국유재산법 시행규칙」 별지 제1호의2서식에 따르거나 총괄청이 지정하는 전자정보시스템을 통하여 한다(국유재산법 시행규칙 제9조의2).

만약 중앙관서의 장이 정당한 사유 없이 총괄청의 요구를 이행하지 아니하는 경우에는 총괄청이 직권으로 용도폐지 등을 할 수 있으며, 총괄청이 직권으로 용도폐지한 재산은 행정재산의 사용 승인이 철회된 것으로 간주한다(국유재산법 제22조 제3항, 제4항).

4. 용도폐지된 재산의 처리

총괄청은 용도를 폐지함으로써 일반재산으로 된 국유재산에 대하여 필요하다고 인정하는 경우에는 그 처리방법을 지정하거나 이를 인계받아 직접 처리할 수 있다(국유재산법 제23조).

즉 총괄청은 용도폐지된 국유재산을 종전의 관리청으로부터 인계받은 경우에 이를 직접 관리·처분할 수 있으므로, 용도폐지되기 전에 종전의 관리청이 미처 부과·징수하지 아니한 사용료가 있으면 총괄청이 이를 부과·징수하는 것도 가능하다.

〈판례〉 대법원 2014. 11. 13. 선고 2011두30212 판결
국유재산 관리의 총괄청인 기획재정부장관은 용도폐지된 국유재산을 종전의 관리청으로부터 인계받은 경우에 이를 직접 관리·처분할 수 있으므로, 용도폐지되기 전에 종전의 관리청이 미처 부과·징수하지 아니한 사용료가 있으면 이를 부과·징수할 수 있는 권한도 가지고 있다고 할 것이다.

5. 국유재산 소관 중앙관서의 장 지정

실무상 국유재산의 소관 중앙관서가 없거나 불분명한 경우가 있을 수 있는데, 이러한 경우에는 총괄청이 해당 국유재산에 대한 소관 중앙관서의 장을 지정한다(국유재산법 제24조). 다만 현행법상 상기 사무는 조달청장에게 위임되어 있는바(국유재산법 시행령 제16조제1항제3호), 국유재산의 소관 중앙관서의 장으로 지정받기 위해서는 ① 재산의 표시, ② 사용 목적 또는 활용 계획, ③ 소관 중앙관서의 장이 없거나 분명하지 아니한지 여부를 조사한 서류 등의 내용을 조달청장에게 제출하여야 한다(국유재산법 시행규칙 제11조제1항).[108]

---

108) 만약 국유재산의 소관을 주장하는 중앙관서의 장이 둘 이상일 경우에는 ① 재산의 표시, ②

Ⅱ. 국유재산 종합계획

총괄청은 국유재산 종합계획을 수립하여 국무회의 심의·대통령 승인을 받아 확정하고 국회에 제출한다.

1. 도입 배경

2010년 이전에는 총괄청이 매년 '국유재산 관리계획'을 통해 다음 연도의 국유재산의 관리와 처분에 관한 계획을 작성하였다. 그런데 당시의 '국유재산 관리계획'은 중앙관서에서 요청하는 개별적인 국유재산 매각 등의 명세서를 승인하는 정도에 그친다는 비판이 있었고 개선 필요성이 지속 제기되었다. 이에 2011. 3.「국유재산법」 개정을 통해 국유재산 중장기 정책방향, 국유재산의 연간 취득·운용·처분에 관한 총괄계획, 처분의 기준 등을 포함하는 '국유재산 종합계획' 제도를 도입함으로써 국유재산의 효율적 관리를 도모하게 되었다.

2. 국유재산 종합계획의 법적 성격

국유재산 종합계획은 중앙관서의 장이 작성하고 총괄청이 조정·수립한 뒤 국무회의 심의 및 대통령 승인을 거쳐 확정된다. 이는 기본적으로 행정기관 내부의 업무규정일 뿐 구체적 사실에 관한 법 집행으로서의 공권력 행사에는 해당하지 않으므로 처분성을 인정하기는 어렵다고 할 것이다. 따라서 국유재산 종합계획을 따르지 않은 행위라고 하더라도 이를 무효라고 볼 수는 없다.

판례 또한 국유재산 관리계획 작성지침에 대해 국유재산업무를 담당하는 공무원들이 매각업무 처리시 일응의 기준으로 삼는 내부규정이라고 보아, 이 지침에 위반하여 일반재산을 매수하였더라도 무효가 되지 않는다고 판시한 바 있다.

〈판례〉 대법원 1999. 9. 7. 선고 99다14877 판결
국유재산관리계획작성지침 소정의 매각 대상 부동산이 아님에도 매수인이 담당공무원과

경합하는 중앙관서의 장의 명칭, ③ 해당 재산이 해당 중앙관서의 장의 소관임을 증명하거나 소명하는 자료, ④ 관리권 취득 경위, 관리 연혁 및 현재의 관리 실태, ⑤ 활용 계획, ⑥ 등기부 등본 및 지적공부 등의 내용을 조달청장에게 제출하여야 한다(국유재산법 시행규칙 제11조제2항).

공모하여 허위의 증빙서류를 제출하는 등 부정한 방법을 사용하여 그 지침을 위반하여 국유의 잡종재산[109]인 부동산을 매수한 경우, 그 지침은 국유재산업무를 담당하는 공무원들이 매각업무 처리시 일응의 기준으로 삼는 내부규정일 뿐이어서 그 지침에 위반하였다고 하여 개인간의 거래의 객체가 되는 잡종재산인 그 부동산을 매수한 행위가 무효로 되는 것은 아니고 …

같은 맥락에서 국유재산 종합계획의 내용은 당해연도 국유재산의 관리·처분에 대한 계획일 뿐이므로 동 계획에 반영된 관리·처분 집행을 취소하더라도 별도의 절차는 필요치 않다.

〈해석례〉 기획재정부 국재 41323-840, 2002. 11. 11.
국유재산관리계획에 국유재산의 매각 등 관리·처분 대상재산을 계상하여 확정하였다 하더라도 이는 당해연도 국유재산의 관리·처분에 대한 계획일 뿐이므로 동 계획에 계상된 재산의 관리·처분집행을 취소하더라도 이에 따른 별도의 절차는 필요치 않음 …

3. 국유재산 종합계획 수립 절차

총괄청은 다음 연도의 국유재산의 관리·처분에 관한 계획의 작성을 위한 지침을 매년 4월 30일까지 중앙관서의 장에게 통보하고, 중앙관서의 장은 상기 지침에 따라 국유재산의 관리·처분에 관한 다음 연도의 계획을 작성하여 매년 6월 30일까지 총괄청에 제출한다. 총괄청은 각 중앙관서의 장이 제출한 계획을 종합조정하여 수립한 국유재산 종합계획을 국무회의의 심의를 거쳐 대통령의 승인을 받아 확정하고, 회계연도 개시 120일 전까지 국회에 제출하여야 한다(국유재산법 제9조제1항, 제2항, 제3항).

총괄청이 국유재산 종합계획을 수립할 때에는 「국가재정법」 제6조제1항에 따른 독립기관[110]의 장의 의견을 최대한 존중하여야 하며, 국유재산 정책운용 등에 따라 불가피하게 조정이 필요한 때에는 해당 독립기관의 장과 미리 협의하여야 한다. 또한 이러한 협의에도 불구하고 독립기관의 계획을 조정하려는 때에는 국무회

109) 현재의 일반재산에 해당
110) 국회·대법원·헌법재판소 및 중앙선거관리위원회를 말한다.

의에서 해당 독립기관의 장의 의견을 들어야 하며, 총괄청이 그 계획을 조정한 때에는 그 규모 및 이유, 조정에 대한 독립기관의 장의 의견을 국유재산 종합계획과 함께 국회에 제출하여야 한다(국유재산법 제9조제8항, 제9항). 상기 독립기관들은 헌법에 그 임무와 역할이 규정되어 있는 헌법기관이므로 이들 기관의 자율성과 독립성을 최대한 보장하기 위함이다.

총괄청은 국유재산 종합계획을 확정하거나 변경한 경우에는 중앙관서의 장에게 알리고, 변경한 경우에는 지체 없이 국회에도 제출한다. 한편 중앙관서의 장은 확정된 국유재산 종합계획의 반기별 집행계획을 수립하여 해당 연도 1월 31일까지 총괄청에 제출하여야 한다(국유재산법 제9조제6항, 제7항).

4. 국유재산 종합계획의 내용

국유재산 종합계획에는 포함되어야 할 내용은 다음과 같다.

〈표 2-3〉 국유재산 종합계획에 포함되어야 할 사항(국유재산법 제9조제4항, 국유재산법 시행령 제5조)

1. 국유재산을 효율적으로 관리·처분하기 위한 중장기적인 국유재산 정책방향
2. 국유재산 관리·처분의 총괄 계획
1) 국유재산의 취득에 관한 계획
2) 국유재산의 처분에 관한 계획
3) 「국유재산법」 제8조제4항에 따른 행정재산의 사용에 관한 계획
4) 「국유재산법」 제57조에 따른 일반재산의 개발에 관한 계획
5) 그 밖에 국유재산의 사용허가, 대부 등 관리에 관한 계획
3. 국유재산 처분의 기준에 관한 사항
4. 「국유재산특례제한법」 제8조에 따른 국유재산특례 종합계획[111]에 관한 사항
5. 제1호부터 제4호까지의 규정에 따른 사항 외에 국유재산의 관리·처분에 관한 중요한 사항

111) 국유재산특례의 기본 운용 방향, 국유재산특례의 유형별 운용실적 및 전망, 다음 연도에 사용허가, 대부 또는 양여할 국유재산의 종류와 규모 및 산출 근거 등에 대한 것이다.

5. 국유재산 종합계획의 집행 실적 및 평가

중앙관서의 장은 그 소관에 속하는 국유재산에 관하여 국유재산 관리운용 보고서를 작성하여 다음 연도 2월말까지 총괄청에 제출해야 하는데(국유재산법 제69조제1항), 이 국유재산 관리운용 보고서에 '국유재산 종합계획에 대한 집행 실적 및 평가 결과'가 포함된다(국유재산법 시행령 제70조제1호).

총괄청은 각 중앙관서의 국유재산 관리운용 보고서를 통합하여 국유재산 관리운용 총보고서를 작성하고, 이에 대하여 감사원의 검사를 받은 뒤 국회에 제출하여야 한다(국유재산법 제69조제2항, 제3항, 제4항).

〈참고 2-3〉 2022년 국유재산 종합계획의 주요 내용

2022년 국유재산 종합계획은 '국유재산을 통한 경제 활력 제고 및 포용성장 지원'을 정책목표로 설정하고, 이를 달성하기 위한 4개의 정책방향을 제시하였다. 각 정책방향 및 주요 내용을 살펴보면 다음과 같다.

가. 민간 · 지자체와 협력하여 국유재산 개발효과 극대화

- 민간참여개발 시 국유재산 대부기간을 현행 30년에서 50년으로 늘리고 개발이 가능한 국유재산의 범위를 대폭 확대하는 등 다양한 인센티브를 제공하여 민간참여개발 활성화
- 지자체와 협력하여 기존 청 · 관사 복합개발에 생활SOC를 추가하여 복합의 범위를 넓힌 선도사업을 추진하고, 유휴 국유재산을 활용한 귀농 · 귀촌, 관광 등 지역 거점시설 조성 지원

나. 당면 현안정책을 뒷받침하기 위해 국유재산 적극 활용

- (그린뉴딜 · 2050탄소중립 지원) 그린 모빌리티 보급 확대를 위한 수소충전소 부지 발굴을 지원하고, 청 · 관사 등 공공건축물 신축 시 제로에너지 빌딩을 선도적으로 도입
- (서민 주택공급 지원) 청년, 신혼부부 등의 주거문제 해소를 위해 국유지 토지개발사업과 청 · 관사 복합개발 사업을 차질없이 추진
- (청년 · 소상공인 생업 지원) 청년 · 소상공인 등 취약계층을 지원하기 위해 소상공

인 등의 국유재산 사용부담을 완화하고, 창업을 희망하는 청년에게 국유지를 창업공간으로 적극 대부

다. 국유재산 사용자의 편의 제고방안 마련

- 사용허가 중단 관련 불리 규정 개선 등 국유재산 사용자의 편의를 제고하기 위한 제도개선방안을 조속히 이행하기 위해 국유재산법령 개정 등 후속조치 추진

라. 국유재산 가치 제고 및 국유재산 관리시스템 고도화

- (국유재산 평가 개선) 발생주의 도입('11년) 이후 10년 만에 국유재산을 전면 재평가하여 재산가치를 현행화하고, 국유재산의 실질가치가 제대로 반영될 수 있도록 국유재산의 평가체계 개편안 마련
- (국유재산 활용가치 제고) 일반재산 중 정부가 보유할 필요성이 낮은 재산은 적기에 매각하여 민간에 활용 기회를 제공하고, 활용 잠재력 높은 재산의 매입을 확대하는 등 국유재산의 가치 제고

Ⅲ. 국유재산정책심의위원회

국유재산의 관리·처분에 관한 사항을 심의하기 위하여 총괄청에 국유재산정책심의위원회를 둔다.

1. 도입 배경

2009. 1. 「국유재산법」이 전부개정되면서 총괄청에게 국유재산 관리계획 수립, 현물출자계획서 작성, 관리청 소관 국유재산에 대한 직권 용도폐지 등 종전에 비해 많은 기능과 권한이 부여되었다. 그런데 이러한 총괄청 기능 강화에 상응하는 공정성, 객관성 및 정당성을 확보할 수 있는 기준이나 절차가 다소 미흡하다는 비판이 제기됨에 따라, 총괄청의 강화된 역할에 대하여 객관적이고 공정한 심의·자문을 할 수 있는 별도의 기구 설치 필요성이 대두되었다.

이에 2009. 1. 개정 「국유재산법」에 '국유재산정책심의위원회' 규정이 신설되며, 국유재산 총괄·관리업무의 효율성과 객관성을 제고하기 위해 동 심의회에 국

유재산의 중요정책 및 제도·법령 개선, 국유지 개발, 관리전환 결정 등 중요 사항에 대한 심의 기능을 부여하게 되었다.

2. 국유재산정책심의위원회의 구성

국유재산정책심의위원회는 기획재정부장관을 위원장으로 하고, 위원장을 포함하여 20명 이내의 위원으로 구성된다. 위원은 관계 중앙행정기관 소속 공무원과 국유재산 분야에서 학식과 경험이 풍부한 사람 중에서 임명·위촉하며, 공무원이 아닌 위원의 정수가 전체 위원 정수의 과반수가 되어야 한다(국유재산법 제26조제2항, 제3항). 공무원이 아닌 위원이 과반수가 되도록 한 것은 국유재산정책의 전문성 및 중립성을 강화하고, 심의의 공정성 및 객관성을 최대한 확보하기 위함이다.

또한 국유재산정책심의위원회의 위원 중 공무원이 아닌 위원은 「형법」 제129조부터 제132조까지의 규정[112]을 적용할 때에는 공무원으로 의제 되는바(국유재산법 제79조의2), 국유재산정책심의라는 공공성이 높은 직무를 담당하는 까닭에 청렴성이 특히 요구되기 때문이다.

〈표 2-4〉 국유재산정책심의위원회의 위원 구성(국유재산법 시행령 제17조제1항)

1. 기획재정부장관(위원장) 2. 공무원인 위원 – 기획재정부장관이 지명하는 기획재정부차관 1명, 교육부차관, 국방부차관, 행정안전부차관, 농림축산식품부차관, 국토교통부장관이 지명하는 국토교통부차관 1명, 조달청장, 산림청장 3. 공무원이 아닌 위원(국유재산 관련 분야에 학식과 경험이 풍부한 사람으로서 11명 이내) 1) 대학 또는 공인된 연구기관에서 부교수 또는 이에 상당하는 직에 10년 이상 근무한 경력이 있는 사람 2) 변호사 자격을 가지고 소송·법률사무 부문에서 10년 이상 종사한 경력이 있는 사람 3) 공인회계사 자격을 가지고 감사·회계 부문에서 10년 이상 종사한 경력이 있

112) 수뢰, 사전수뢰, 제삼자뇌물제공, 수뢰후부정처사, 사후수뢰, 알선수뢰 등의 뇌물죄가 이에 해당한다.

는 사람 4) 감정평가사 자격을 가지고 감정평가 부문에서 10년 이상 종사한 경력이 있는 사람 5) 부동산, 증권, 또는 그 밖의 관련 분야 경력 등이 1) ~ 4)의 기준에 상당하다고 인정되는 사람

공무원이 아닌 위원의 임기는 1년으로 하며, 심신장애로 직무를 수행할 수 없거나 직무태만·품위손상 등의 사유로 위원으로 적합하지 아니하다고 인정되는 경우에는 해촉할 수 있다(국유재산법 시행령 제17조제2항, 제3항).

3. 국유재산정책심의위원회의 심의 사항

국유재산정책심의위원회의 심의 사항은 다음과 같다.

〈표 2-5〉 국유재산정책심의위원회의 심의 사항(국유재산법 제26조제1항)

1. 국유재산의 중요 정책방향에 관한 사항 2. 국유재산과 관련한 법령 및 제도의 개정·폐지에 관한 중요 사항 3. 「국유재산법」 제8조의2에 따른 행정재산의 사용 승인 철회에 관한 사항 4. 「국유재산법」 제9조에 따른 국유재산종합계획의 수립 및 변경에 관한 중요 사항 5. 「국유재산법」 제16조제2항에 따른 소관 중앙관서의 장의 지정 6. 「국유재산법」 제17조제2호다목에 따른 무상 관리전환에 관한 사항 7. 「국유재산법」 제22조제3항에 따른 직권 용도폐지에 관한 사항 8. 「국유재산법」 제26조의2에 따른 국유재산관리기금의 관리·운용에 관한 사항 9. 「국유재산법」 제57조에 따른 일반재산의 개발에 관한 사항 10. 「국유재산법」 제60조에 따른 현물출자에 관한 중요 사항 11. 「국유재산특례제한법」 제6조에 따른 국유재산특례의 신설등 및 같은 법 제7조에 따른 국유재산특례의 점검·평가에 관한 사항 12. 그 밖에 국유재산의 관리·처분 업무와 관련하여 총괄청이 중요하다고 인정한 사항

4. 국유재산정책심의 분과위원회의 구성

국유재산정책심의위원회를 효율적으로 운영하기 위하여 분야별 분과위원회를 두고, 이 경우 분과위원회의 심의는 국유재산정책심의위원회의 심의로 본다(국유재산법 제26조제4항). 2009. 1. 「국유재산법」 전부개정을 통해 국유재산정책심의위원회가 신설될 당시에는 분과위원회 규정이 없었으나, 심의 전문성 제고를 위한 분과위원회 설치 필요성이 제기되어 2011. 3. 「국유재산법」 개정 시 추가되었다.

분과위원회는 부동산분과위원회, 증권분과위원회 및 기부 대 양여 분과위원회의 3개를 두고 있으며[113](국유재산법 시행령 제18조제1항), 그 위원 구성은 다음과 같다.

〈표 2-6〉 국유재산정책심의 분과위원회의 구성(국유재산법 시행령 제18조제3항)

구 분	분과위원회 위원
부동산분과위원회	1. 기획재정부장관이 지명하는 기획재정부차관(분과위원장) 2. 공무원인 위원 – 행정안전부차관, 조달청장, 산림청장 3. 공무원이 아닌 국유재산정책심의위원 중 기획재정부장관이 위촉하는 6명 이내의 위원
증권분과위원회	1. 기획재정부장관이 지명하는 기획재정부차관(분과위원장) 2. 공무원인 위원 행정안전부차관, 조달청장 3. 공무원이 아닌 국유재산정책심의위원 중 기획재정부장관이 위촉하는 5명 이내의 위원
기부 대 양여 분과위원회	1. 기획재정부장관이 지명하는 기획재정부차관(분과위원장) 2. 공무원인 위원 – 국방부차관, 행정안전부차관, 국토교통부장관이 지명하는 국토교통부차관, 조달청장 3. 공무원이 아닌 국유재산정책심의위원 중 기획재정부장관이 위촉하는 5명 이내의 위원

113) 분과위원회가 최초 도입된 2011. 4.에는 부동산분과위원회, 증권분과위원회의 2개로 운영되었으며, 이후 2017. 3. 「국유재산법 시행령」이 개정되면서 기부 대 양여 분과위원회가 추가되었다.

5. 국유재산정책심의 분과위원회의 심의 사항

각 분과위원회의 심의사항은 다음과 같다.

〈표 2-7〉 국유재산정책심의 분과위원회의 심의 사항(국유재산법 시행령 제18조제2항)

구 분	분과위원회 심의 사항
부동산분과 위원회	1. 국유재산종합계획에 따른 국유재산 처분기준 중 매각에 관한 사항 2. 「국유재산법」 제8조의2에 따른 행정재산의 사용 승인 철회에 관한 사항 3. 「국유재산법」 제16조제2항에 따른 소관 중앙관서의 장의 지정 4. 「국유재산법」 제22조제3항에 따른 직권 용도폐지에 관한 사항 5. 「국유재산법」 제57조에 따른 일반재산의 개발에 관한 사항 6. 「국유재산특례제한법」 제6조에 따른 국유재산특례의 신설등 및 같은 법 제7조에 따른 국유재산특례의 점검·평가에 관한 사항 7. 그 밖에 국유재산(증권은 제외한다)의 관리·처분 업무와 관련하여 부동산분과위원회의 심의가 필요하다고 총괄청이 인정하는 사항
증권분과 위원회	1. 「국유재산법」 제60조에 따른 현물출자에 관한 중요 사항 2. 증권의 매각 예정가격 결정에 관한 사항 3. 증권에 대한 「국유재산법 시행령」 제42조제3항에 따른 매각 예정가격 감액률 결정에 관한 사항 4. 그 밖에 증권의 관리·처분 업무와 관련하여 증권분과위원회의 심의가 필요하다고 총괄청이 인정하는 사항
기부 대 양여 분과위원회	1. 「국유재산법」 제55조제1항제3호에 따른 양여(기부 대 양여)에 관한 사항 2. 그 밖에 기부 대 양여의 결정 및 관리 업무와 관련하여 기부 대 양여 분과위원회의 심의가 필요하다고 총괄청이 인정하는 사항

Ⅳ. 국유재산 사무의 위임 · 위탁

2020년 기준 전체 국유재산 규모는 토지 519조 8,000억원, 공작물 285조 6,000억원, 유가증권 263조 9,000억원, 건물 74조 3,000억원 등 총 1,156조 3,000억원에 이른다.[114] 이렇듯 방대한 국유재산을 총괄청이 단독으로 관리하는 것은 사실상 어려우므로, 실제로는 관련 사무를 위임 또는 위탁[115][116]하여 처리하고 있다.

114) '2020 회계연도 국가결산 보고서' 참조

우리 헌법과 법률은 '행정조직 법정주의'[117]를 채택하고 있으므로, 행정권한을 위임하거나 위탁하기 위해서는 반드시 법률에 그 근거를 두어야 한다. 따라서 「국유재산법」에서도 총괄청의 사무를 위임·위탁하는 규정을 두고 있으며 그 대상은 다른 중앙관서의 장, 지방자치단체의 장 및 한국자산관리공사 등이다.

1. 국유재산 총괄사무의 위임 · 위탁

총괄청은 「국유재산법」에서 규정하는 국유재산 총괄에 관한 사무의 일부를 조달청장에게 위임하거나 한국자산관리공사 등에 위탁할 수 있다. 구체적인 위임·위탁 대상 사무는 다음과 같다(국유재산법 제25조, 국유재산법 시행령 제16조제1항, 제2항).

〈표 2-8〉 총괄청이 조달청장에게 위임하는 국유재산 총괄 사무(국유재산법 시행령 제16조 제1항)

1. 「국유재산법」 제21조제1항 및 제2항에 따른 총괄사무를 지원하기 위한 국유재산 현황의 조사 등에 관한 사무 (단, 국유재산 현황의 전수조사 사무로서 항공조사 사무 및 그에 부수하는 사무는 제외) 2. 「국유재산법」 제21조제3항에 따른 감사(監査) 및 그 밖에 필요한 조치를 지원하기 위한 국유재산 관리 실태의 확인·점검에 관한 사무 3. 「국유재산법」 제24조에 따른 소관 중앙관서의 장의 지정에 관한 사무 4. 은닉된 국유재산, 소유자 없는 부동산 및 「귀속재산처리법」 제2조에 따른 귀속재산의 사실조사와 국가 환수 및 귀속에 관한 사무

115) '위임'은 원래 권한자인 행정기관의 권한의 일부를 그 보조기관 또는 하급 행정기관의 장이나 지방자치단체의 장 등 그의 지휘 계통에 속하는 하급기관에 맡기는 것을 말하고, '위탁'은 원래 권한자인 행정기관으로부터 독립되어 있는 다른 행정기관이나 민간에 맡기는 것을 말한다

116) 행정권한의 위임·위탁에 대해서는 대통령령인 「행정권한의 위임 및 위탁에 관한 규정」에서 자세히 규정하고 있는바, 여기서는 '위탁'(법률에 규정된 행정기관의 장의 권한 중 일부를 다른 행정기관의 장에게 맡겨 그의 권한과 책임 아래 행사하도록 하는 것)과 '민간위탁'(법률에 규정된 행정기관의 사무 중 일부를 지방자치단체가 아닌 법인·단체 또는 그 기관이나 개인에게 맡겨 그의 명의로 그의 책임 아래 행사하도록 하는 것)을 구분하고 있다. 그러나 대부분의 법령에서는 '위탁'과 '민간위탁'을 구분하지 않고 모두 '위탁'으로 쓰는 것이 보통이며, 「국유재산법」 또한 그러하다.

117) 「대한민국 헌법」 제96조 '행정각부의 설치·조직과 직무범위는 법률로 정한다.', 「정부조직법」 제2조제1항 '중앙행정기관의 설치와 직무범위는 법률로 정한다.' 등

5. 장래의 행정수요에 대비하기 위한 비축용 토지의 취득에 관한 사무 6. 중앙관서의 장등 소관 행정재산의 「국유재산법」 제73조의2제2항에 따른 무상귀속 사전협의에 관한 사무 7. 청사, 관사 등의 신축에 필요한 토지·건물의 조사에 관한 사무

〈표 2-9〉 총괄청이 한국자산관리공사에 위탁하는 국유재산 총괄 사무(국유재산법 시행령 제16조제2항)

1. 「국유재산법」 제21조제1항 및 제2항에 따른 총괄사무를 지원하기 위한 국유재산 현황의 전수조사 사무로서 항공조사 사무 및 그에 부수하는 사무 2. 「국유재산법」 제73조의2제1항에 따른 총괄청 소관 일반재산에 대한 도시·군관리계획의 협의에 관한 사무 3. 「국유재산법 시행령」 제38조제3항에 따라 관리·처분에 관한 사무가 위탁된 총괄청 소관 일반재산의 「국토의 계획 및 이용에 관한 법률」 및 그 밖의 법률에 따른 무상귀속 협의에 관한 사무

조달청장 또는 한국자산관리공사가 상기 위임·위탁 사무를 수행하기 위하여 협조를 요청하는 경우, 광역지방자치단체의 장이나 중앙관서의 장은 이에 따라야 한다(국유재산법 시행령 제16조제3항). 조달청장은 매년 2월 말까지 국유재산 현황의 조사 계획 및 국유재산 관리 실태의 확인·점검 계획을 수립하여 총괄청에 보고하고, 조사 및 확인·점검의 결과 및 국유재산 관리에 필요한 사항 등을 총괄청에 보고하여야 한다(국유재산법 시행령 제16조제4항, 제5항).

2. 총괄청의 행정재산의 관리·처분 사무를 중앙관서의 장에게 위임

총괄청은 총괄청의 행정재산의 관리·처분에 관한 사무의 일부를 중앙관서의 장에게 위임할 수 있다. 구체적인 위임 대상 사무는 다음과 같다(국유재산법 제8조제5항, 국유재산법 시행령 제4조의3).

〈표 2-10〉 총괄청이 중앙관서의 장에게 위임하는 행정재산 관리 · 처분 사무(국유재산법 시행령 제4조의3)

1. 「국유재산법」 제13조의 기부채납에 따른 재산의 취득에 관한 사무
2. 행정재산(공용재산 중 부동산과 그 종물은 제외)의 매입 등에 따른 취득에 관한 사무
3. 「국방·군사시설 사업에 관한 법률」 제2조제1호에 따른 국방·군사시설의 취득에 관한 사무
4. 행정재산의 관리(취득에 관한 사무는 제외)에 관한 사무
5. 용도가 폐지된 행정재산(부동산과 그 종물은 제외)의 처분에 관한 사무
6. 그 밖에 총괄청이 행정재산의 효율적인 관리·처분을 위하여 필요하다고 인정하여 지정하는 사무

3. 총괄청의 소관 일반재산의 관리 · 처분에 관한 사무를 중앙관서의 장 등에게 위임하거나 한국자산관리공사 등에 위탁

총괄청은 소관 일반재산의 관리·처분에 관한 사무의 일부를 총괄청 소속 공무원, 중앙관서의 장 또는 그 소속 공무원, 지방자치단체의 장 또는 그 소속 공무원에게 위임하거나 한국자산관리공사 등에 위탁할 수 있다. 구체적인 위임·위탁 대상 사무는 다음과 같다(국유재산법 제42조제1항, 국유재산법 시행령 제38조제3항, 제5항).

〈표 2-11〉 총괄청이 한국자산관리공사에 관리 · 처분에 관한 사무(관리 · 처분과 관련된 소송 업무 포함)를 위탁하는 일반재산(국유재산법 시행령 제38조제3항)

1. 국세물납에 따라 취득한 일반재산
2. 「국유재산법」 제40조제2항 본문에 따라 용도폐지되어 총괄청에 인계된 재산
3. 「국유재산법」 제59조의2제2항 전단에 따른 출자로 인하여 취득한 증권
4. 「국유재산법 시행령」 제47조에 따라 대여의 방법으로 운용하기 위하여 총괄청이 지정하는 증권
5. 「국유재산법 시행령」 제79조에 따른 청산법인의 청산이 종결됨에 따라 국가에 현물증여되는 재산
6. 그 밖에 일반재산의 효율적 관리·처분을 위하여 총괄청이 지정하는 재산

〈표 2-12〉 총괄청이 한국자산관리공사 또는 한국토지주택공사에 위탁하는 일반재산 관리·처분 사무(국유재산법 시행령 제38조제5항)

1. 「국유재산법」 제59조에 따라 개발하려는 일반재산의 관리·처분에 관한 사무 2. 제1호에 따른 일반재산으로서 이미 처분된 총괄청 소관 일반재산의 처분과 관련된 소송업무

만약 일반재산의 관리·처분에 관한 사무를 위임·위탁 받은 자가 해당 사무를 부적절하게 집행하고 있다고 인정되거나 일반재산의 집중적 관리 등을 위하여 필요한 경우에는 총괄청이 그 위임이나 위탁을 철회할 수 있다(국유재산법 제42조제5항).

한편 상기 규정을 통해 총괄청이 한국자산관리공사 등에 위탁할 수 있는 것은 '일반재산의 관리·처분에 관한 사무'에 한하므로, 총괄청은 행정재산에 대한 관리·처분권을 한국자산관리공사 등에 위탁할 수는 없다.[118]

또한 용도폐지되기 전에 종전의 관리청이 미처 부과·징수하지 아니한 사용료가 있으면 총괄청이 이를 부과·징수할 수 있는 권한이 있으므로, 특별한 사정이 없는 한 총괄청으로부터 일반재산의 관리·처분사무를 위탁받은 한국자산관리공사 등은 그 관리권 행사의 일환으로 해당 국유재산이 용도폐지 되기 전의 사용기간에 대한 사용료를 부과할 수 있다.

〈판례〉 대법원 2014. 11. 13. 선고 2011두30212 판결

국유재산 관리의 총괄청인 기획재정부장관은 용도폐지된 국유재산을 종전의 관리청으로부터 인계받은 경우에 이를 직접 관리·처분할 수 있으므로, 용도폐지되기 전에 종전의 관리청이 미처 부과·징수하지 아니한 사용료가 있으면 이를 부과·징수할 수 있는 권한도 가지고 있다고 할 것이다. 따라서 총괄청인 기획재정부장관으로부터 용도폐지된 국유재산의 관리·처분사무를 위탁받은 수탁관리기관 역시 달리 특별한 사정이 없는 한 그 관리권 행사의 일환으로 그 국유재산이 용도폐지 되기 전의 사용기간에 대한 사용료를 부과할 수 있다고 봄이 상당하다.

118) 대법원 2014. 11. 27. 선고 2014두10769 판결

제4절 국유재산 관리기금

Ⅰ. 국유재산 관리기금의 설치

1993. 12.에 '국유재산관리특별회계법'이 제정되면서 1994년부터는 국유재산을 특별회계로 관리하여 왔다. 그러던 중 유사하거나 중복되는 특별회계·기금을 통합 또는 정비함으로써 한정된 재원을 국가전체적인 우선순위에 맞게 활용하고, 재정구조의 단순화 및 재정운영의 투명성을 제고하기 위해 2007. 1.부로 '국유재산관리특별회계법'이 폐지되면서 국유재산은 일반회계로 통합·관리하게 되었다.

그런데 국유재산을 일반회계로 운영하다 보니 국유재산 관리 및 운용에 몇 가지 어려움이 발생하였다. 예를 들면 국유재산 관련 사업이 부처별 개별사업으로 추진됨에 따라 유휴 국유지의 효율적 활용이 저해된다던가, 국유재산 매각대금 등이 일단 일반회계로 세입 조치되는 까닭에 해당 매각대금으로 국유지 개발 및 청사 매입과 같은 특정 사업을 탄력적으로 운영하기 어려운 점 등이 그것이다.

이에 국유재산의 원활한 수급과 개발 등을 통한 국유재산의 효용을 높이기 위하여 2011. 3.「국유재산법」 개정을 통해 '국유재산 관리기금' 제도를 도입하게 되었다. 이를 통해 청사 등 공용재산의 매입·신축을 국유재산관리기금으로 통합 관리함으로써 국유재산의 효율적인 수급 관리를 도모하고, 국유재산 관련 수입으로 유휴·저활용 재산을 적극 개발하여 국고수입을 증대함으로써 재정건전성의 선순환 구조를 정립하는 한편, 청사 건립 등 공공사업에 필요한 국유지의 적기 매입을 통해 원활한 행정수요를 충족하고 지가상승 등에 따른 예산낭비 요인을 억제할 수 있게 되었다.[119]

Ⅱ. 국유재산 관리기금의 조성

국유재산 관리기금을 조성하는 재원은 다음과 같다.

---

119) 국회 기획재정위원회, 국유재산법 일부개정법률안 심사보고서, 2011. 3.

〈표 2-13〉 국유재산 관리기금의 조성 재원(국유재산법 제26조의3)

1. 정부의 출연금 또는 출연재산 2. 다른 회계 또는 다른 기금으로부터의 전입금 3. 「국유재산법」 제26조의4에 따른 차입금 4. 총괄청 소관 일반재산(증권은 제외)과 관련된 수입금 중 대부료·변상금 등 재산 관리에 따른 수입금 또는 매각·교환 등 처분에 따른 수입금 5. 총괄청 소관 일반재산에 대한 「국유재산법」 제57조의 개발에 따른 관리·처분 수입금 6. 제1호부터 제5호까지의 규정에 따른 재원 외에 국유재산관리기금의 관리·운용에 따른 수입금

한편 총괄청은 국유재산 관리기금의 관리·운용을 위하여 필요한 경우에는 국유재산정책심의위원회의 심의를 거쳐 국유재산 관리기금의 부담으로 금융회사 등이나 다른 회계 또는 다른 기금으로부터 자금을 차입할 수 있고(국유재산법 제26조의4제1항), 필요한 경우 일시 차입도 가능하나 일시차입금은 해당 회계연도 내에 상환하여야 한다(국유재산법 제26조의4제2항, 제3항).

Ⅲ. 국유재산 관리기금의 용도

국유재산 관리기금의 용도는 다음과 같으며, 국유재산 관리기금에서 취득한 재산은 일반회계 소속으로 한다.

〈표 2-14〉 국유재산 관리기금의 용도(국유재산법 제26조의5)

1. 국유재산의 취득에 필요한 비용의 지출 2. 총괄청 소관 일반재산의 관리·처분에 필요한 비용의 지출 3. 「국유재산법」 제26조의4에 따른 차입금의 원리금 상환 4. 「국유재산법」 제26조의6에 따른 국유재산관리기금의 관리·운용에 필요한 위탁료 등의 지출 5. 「국유재산법」 제42조제1항에 따른 총괄청 소관 일반재산 중 부동산의 관리·처분에 관한 사무의 위임·위탁에 필요한 귀속금 또는 위탁료 등의 지출

6. 「국유재산법」 제57조에 따른 개발에 필요한 비용의 지출
7. 「국가재정법」 제13조에 따른 다른 회계 또는 다른 기금으로의 전출금
8. 제1호부터 제7호까지의 규정에 따른 용도 외에 국유재산관리기금의 관리 · 운용에 필요한 비용의 지출

Ⅳ. 국유재산 관리기금의 관리 · 운용

국유재산 관리기금은 총괄청이 관리 · 운용하되, 국유재산 관리기금의 관리 · 운용에 관한 사무의 일부를 한국자산관리공사에 위탁할 수 있다(국유재산법 제26조의6). 국유재산 관리기금 사무를 위탁받은 한국자산관리공사는 국유재산 관리기금의 회계를 한국자산관리공사의 다른 회계와 구분하여 처리하여야 하고(국유재산법 시행령 제18조의3), 위탁받은 사무를 처리하는 데에 드는 비용은 국유재산 관리기금의 부담으로 한다(국유재산법 시행령 제18조의2제2항).

〈표 2-15〉 총괄청이 한국자산관리공사에 위탁하는 국유재산 관리기금의 관리 · 운용에 관한 사무(국유재산법 시행령 제18조의2제1항)

1. 국유재산 관리기금의 관리 · 운용에 관한 회계 사무
2. 국유재산 관리기금의 결산보고서 작성에 관한 사무
3. 「국유재산법」 제57조제1항에 따라 국유재산 관리기금의 재원으로 개발하는 사업에 관한 사무
4. 국유재산 관리기금의 여유자금 운용에 관한 사무
5. 그 밖에 총괄청이 국유재산 관리기금의 관리 · 운용에 관하여 필요하다고 인정하는 사무

한편 총괄청은 소속 공무원 중에서 국유재산 관리기금의 수입과 지출에 관한 업무를 수행할 기금수입징수관, 기금재무관, 기금지출관 및 기금출납공무원을 임명하여야 하고, 국유재산 관리기금 사무를 위탁받은 한국자산관리공사도 해당 업무를 수행할 임직원을 임명[120]하여야 한다(국유재산법 제26조의7).

120) 국유재산관리기금의 출납업무 수행을 위하여 한국자산관리공사의 임원 중에서 기금수입 담

당임원과 기금지출원인행위 담당임원을, 한국자산관리공사의 직원 중에서 기금지출원과 기금출납원을 각각 임명하여야 한다. 이 경우 기금수입 담당임원은 기금수입징수관의 직무를, 기금지출원인행위 담당임원은 기금재무관의 직무를, 기금지출원은 기금지출관의 직무를, 기금출납원은 기금출납공무원의 직무를 수행한다.

제3장

국유재산의 취득

제3장

국유재산의 취득

제1절 국유재산 취득 일반론

국유재산을 관리·운용하기 위해서는 먼저 국유재산의 취득이 선행되어야 한다. 즉 국유재산의 취득은 국유재산의 관리·처분 및 보호 등 다양한 활동의 전제조건이 되므로, 그 중요성이 매우 크다고 하겠다.

국유재산을 취득하는 방식은 매우 다양한바, 그중에는 기부채납과 같이 무상(無償)으로 취득하는 경우도 있으나 매입, 수용과 같은 유상(有償) 취득 방식이 보다 일반적이다. 따라서 국가는 국유재산의 매각대금과 비축 필요성 등을 고려하여 국유재산의 취득을 위한 재원을 확보하도록 노력하여야 한다(국유재산법 제10조제1항).

또한 중앙관서의 장이 「국가재정법」 제4조에 따라 설치된 특별회계와 같은 법 제5조에 따라 설치된 기금의 재원으로 공용재산 용도의 토지나 건물을 매입하려는 경우에는 총괄청과 협의하여야 하는바(국유재산법 제10조제2항), 이는 특별회계·기금을 통한 국유재산의 취득에 있어서도 총괄청이 일정 부분 이를 관리·통제할 수 있도록 하기 위함이다.

이하에서는 국유재산 취득의 다양한 방식에 대하여 살펴보기로 한다.

제2절 매입

국유재산을 취득하는 가장 일반적인 방법으로서 당사자와의 협의에 따른 협의 매입, 법령에 의한 매수청구권 행사에 따른 매입, 정부조달계약에 의한 매입 등이 있다.

Ⅰ. 협의 매입

국가가 사인과의 협의 및 계약을 통해 사인으로부터 국유재산을 취득하는 방식이다. 실무에서는 국가가 공익사업을 추진하는 과정에서 협의 매입이 이루어지는 경우가 대부분으로, 이에 대해서는 「공익사업을 위한 토지 등의 취득 및 보상에 관한 법률」(이하 '토지보상법'이라고 한다)에서 관련 절차를 자세히 규정하고 있다. 이하에서는 토지보상법에 따른 협의 매입에 대하여 살펴보기로 한다.

1. 협의 매입의 법적 성격

협의 매입은 국가와 사인이 대등한 위치에서 계약을 체결하는 것이지, 국가가 공권력을 가진 우월적 지위에서 사인에게 권리를 설정하여 주는 것이 아니다. 즉 협의 매입은 국가가 사경제주체로서 행하는 것이므로 사법상의 법률행위에 해당한다.

판례 또한 같은 입장이다. 다만 판례는 토지보상법에 의한 협의 매입이 사법상의 법률행위임을 인정하면서도, 취득 과정에서의 여러 공법적 규제 등 공익적 특성도 고려하여야 한다고 본다.

〈판례〉 대법원 2012. 2. 23. 선고 2010다91206 판결
공익사업을 위한 토지 등의 취득 및 보상에 관한 법령에 의한 협의취득은 사법상의 법률행위이므로 당사자 사이의 자유로운 의사에 따라 채무불이행책임이나 매매대금 과부족금에 대한 지급의무를 약정할 수 있다. … (중략) … 다만 공익사업법은 공익사업의 효율적인 수행을 통하여 공공복리의 증진과 재산권의 적정한 보호를 도모하는 것을 목적으로 하

고 협의취득의 배후에는 수용에 의한 강제취득 방법이 남아 있어 토지 등의 소유자로서는 협의에 불응하면 바로 수용을 당하게 된다는 심리적 강박감이 자리 잡을 수밖에 없으며 협의취득 과정에는 여러 가지 공법적 규제가 있는 등 공익적 특성을 고려하여야 한다.

2. 토지보상법상 협의 매입 절차

토지보상법상 협의 매입을 위한 주요 절차는 다음과 같다.

가. 토지조서 및 물건조서의 작성

사업시행자는 공익사업의 수행을 위하여 사업인정 전에 협의에 의한 토지등의 취득 또는 사용이 필요할 때에는 토지조서와 물건조서를 작성하여 서명 또는 날인을 하고 토지소유자와 관계인의 서명 또는 날인을 받아야 한다. 다만 ① 토지소유자 및 관계인이 정당한 사유 없이 서명 또는 날인을 거부하는 경우, ② 토지소유자 및 관계인을 알 수 없거나 그 주소·거소를 알 수 없는 등의 사유로 서명 또는 날인을 받을 수 없는 경우에는 해당 토지조서와 물건조서에 그 사유를 적어야 한다(토지보상법 제14조제1항).

나. 보상계획의 공고·열람

사업시행자는 공익사업의 개요, 토지조서 및 물건조서의 내용과 보상의 시기·방법 및 절차 등이 포함된 보상계획을 전국을 보급지역으로 하는 일간신문에 공고하고 토지소유자, 관계인 및 지방자치단체의 장에게 각각 통지하며,[1] 그 내용을 14일 이상 일반인이 열람할 수 있도록 하여야 한다(토지보상법 제15조제1항, 제2항). 다만 토지소유자와 관계인이 20인 이하인 경우에는 공고를 생략할 수 있는데, 이는 이해 관계인이 적을 경우 통지에서 누락되는 일이 사실상 발생하지 않으므로 공고의 실익이 크지 않고, 공고 생략 시 시간 절약 및 비용 절감 등이 가능하기 때문이다.

공고 또는 통지된 토지조서 및 물건조서의 내용에 대하여 이의가 있는 토지소유자 또는 관계인은 열람기간 이내에 사업시행자에게 서면으로 이의를 제기할 수

1) 사업지역이 둘 이상의 시·군 또는 구에 걸쳐 있거나 사업시행자가 행정청이 아닌 경우에는 지방자치단체의 장에게 별도 통지하지 않는 대신 해당 특별자치도지사, 시장·군수 또는 구청장에게 보상계획의 사본을 송부하여 열람을 의뢰하여야 한다.

있고, 사업시행자는 해당 토지조서 및 물건조서에 제기된 이의를 부기하고 그 이의가 이유 있다고 인정할 때에는 적절한 조치를 하여야 한다(토지보상법 제15조제3항, 제4항).

만약 사업시행자가 고의 또는 과실로 토지소유자·관계인에게 보상계획을 통지하지 아니하였다면, 해당 토지소유자 또는 관계인은 토지보상법 제16조에 따른 협의가 완료되기 전까지 서면으로 이의를 제기할 수 있다.

다. 협의

사업시행자는 토지등에 대한 보상에 관하여 토지소유자 및 관계인과 성실하게 협의하여야 하는바(토지보상법 제16조), 협의를 하려는 경우에는 ① 협의기간[2]·협의장소 및 협의방법, ② 보상의 시기·방법·절차 및 금액, ③ 계약체결에 필요한 구비서류를 적은 보상협의요청서를 토지소유자 및 관계인에게 통지하여야 한다. 만약 토지소유자 및 관계인을 알 수 없거나 그 주소·거소 또는 그 밖에 통지할 장소를 알 수 없을 때에는 해당 시·군·구의 게시판 및 홈페이지와 사업시행자의 홈페이지에 14일 이상 게시하는 방법으로 공지함으로써 통지를 갈음할 수 있다(토지보상법 시행령 제8조제1항, 제2항).

만약 협의기간에 협의가 성립되지 않았다면, 사업시행자는 협의경위서에 ① 협의의 일시·장소 및 방법, ② 대상 토지의 소재지·지번·지목 및 면적과 토지에 있는 물건의 종류·구조 및 수량, ③ 토지소유자 및 관계인의 성명 또는 명칭 및 주소, ④ 토지소유자 및 관계인의 구체적인 주장내용과 이에 대한 사업시행자의 의견, ⑤ 그 밖에 협의와 관련된 사항을 적어 토지소유자 및 관계인의 서명 또는 날인을 받아야 한다. 토지소유자 및 관계인이 정당한 사유 없이 서명 또는 날인을 거부하는 등의 사유로 서명 또는 날인을 받을 수 없는 경우에는 서명 또는 날인을 받지 아니하되, 해당 협의경위서에 그 사유를 기재한다(토지보상법 시행령 제8조제5항).

라. 계약의 체결

사업시행자는 협의가 성립되었을 때에는 토지소유자 및 관계인과 계약을 체결하여야 하고, 이 때 계약의 내용에는 계약의 해지 또는 변경에 관한 사항과 이에

2) 특별한 사유가 없으면 30일 이상으로 하여야 한다(토지보상법 시행령 제8조제3항).

따르는 보상액의 환수 및 원상복구 등에 관한 사항이 포함되어야 한다(토지보상법 제17조, 토지보상법 시행령 제8조제4항).

3. 협의 매입의 효과

협의 매입은 사법상의 법률행위이므로 사업시행자는 해당 토지나 물건의 소유권을 승계취득하게 된다.[3] 따라서 국가가 매입하려는 토지나 물건에 압류·가압류 등의 사권이 설정되어 있다면, 「국유재산법」 제11조제1항에 따라 매입 전에 이러한 사권을 해제·해지하는 등의 절차가 필요하다[4].

만약 매매계약에 하자가 있는 등의 경우에는 사후적으로 그 성립과 내용을 다툴 수 있고 계약의 해지나 변경 등도 가능하다.

Ⅱ. 법령에 의한 매수청구권 행사에 따른 매입

국가가 공공의 목적을 위해 공익사업을 추진하거나 특정 지역의 개발을 제한함으로써 사인이 재산권 행사에 제한을 받게 될 경우, 사인에게 법령에 따른 토지·건물 등의 매수청구권이 발생할 수 있다. 이 경우 원칙적으로 국가는 해당 토지·건물을 매입해야 하며, 대표적인 예를 몇 가지 살펴보면 다음과 같다.

1. 개발제한구역 지정에 따른 토지매수청구권

개발제한구역의 지정에 따라 개발제한구역의 토지를 종래의 용도로 사용할 수 없어 그 효용이 현저히 감소된 토지나 그 토지의 사용 및 수익이 사실상 불가능하게 된 토지의 소유자로서, ① 개발제한구역으로 지정될 당시부터 계속하여 해당 토지를 소유한 자 또는 이에 해당하는 자로부터 해당 토지를 상속받아 계속하여 소유한 자, ② 토지의 사용·수익이 사실상 불가능하게 되기 전에 해당 토지를 취득하여 계속 소유한 자 또는 이에 해당하는 자로부터 해당 토지를 상속받아 계속하여 소유한 자는 국토교통부장관에게 그 토지의 매수를 청구할 수 있다. 이 경우 국토교통부

---

3) 토지보상법상 '협의취득'의 성격은 사법상 매매계약이므로 그 이행으로 인한 사업시행자의 소유권 취득도 승계취득이다(대법원 2012. 2. 23. 선고 2010다96164 판결).

4) 반면 후술하는 수용의 경우 토지나 물건을 원시취득하게 되므로, 압류·가압류 등이 설정되어 있더라도 수용과 동시에 그 효력이 소멸된다.

장관은 매수청구를 받은 토지가 「개발제한구역의 지정 및 관리에 관한 특별조치법 시행령」 제28조에 따른 기준에 해당되면 그 토지를 매수하여야 한다(개발제한구역의 지정 및 관리에 관한 특별조치법 제17조).

2. 토지보상법상 잔여지 매수청구권

동일한 소유자에게 속하는 일단의 토지의 일부가 토지보상법에 따른 협의에 의하여 매수되거나 수용됨으로 인하여 잔여지를 종래의 목적에 사용하는 것이 현저히 곤란할 경우, 해당 토지소유자는 사업시행자에게 잔여지를 매수하여 줄 것을 청구할 수 있다(토지보상법 제74조).

3. 공항소음대책지역 토지의 매수청구권

「공항소음 방지 및 소음대책지역 지원에 관한 법률」에 따른 소음대책지역 중 제1종 구역, 제2종 구역 및 소음영향도(WECPNL) 85 이상 90 미만의 제3종 구역에 있는 토지의 소유자는 시설관리자[5] 또는 사업시행자에게 해당 토지의 매수를 청구할 수 있고, 이 경우 시설관리자 또는 사업시행자는 매수청구를 받은 토지를 매수하여야 한다(공항소음 방지 및 소음대책지역 지원에 관한 법률 제12조).

4. 공항 · 비행장 개발예정지역 토지의 매수청구권

공항·비행장개발예정지역으로 고시됨에 따라 그 지역 안의 토지를 종래의 용도로 사용할 수 없어 그 효용이 현저하게 감소한 토지 또는 그 토지의 사용 및 수익이 사실상 불가능한 토지의 소유자로서, ① 공항·비행장개발예정지역으로 고시될 당시부터 그 토지를 계속 소유한 자 또는 이에 해당하는 자로부터 그 토지를 상속받아 계속 소유한 자, ② 토지의 사용·수익이 불가능하게 되기 전에 그 토지를 취득하여 계속 소유한 자 또는 이에 해당하는 자로부터 그 토지를 상속받아 계속 소유한 자는 해당 사업시행자[6]에게 그 토지의 매수를 청구할 수 있다(공항시설법 제14조).

---

5) 여기서 '시설관리자'란 국가, 지방자치단체, 공항시설관리자를 말한다(공항소음 방지 및 소음대책지역 지원에 관한 법률 제4조제1항).

6) 여기서의 '사업시행자'는 원칙적으로 국토교통부장관이며, 그 외의 자가 개발사업을 시행하려면 국토교통부장관의 허가를 받아야 한다(공항시설법 제6조).

5. 군사기지 및 군사시설 보호구역 토지의 매수청구권

군사기지 및 군사시설 보호구역, 비행안전구역, 대공방어협조구역 등의 지정으로 인하여 그 구역 안의 토지를 종래의 용도로 사용할 수 없어 그 효용이 현저하게 감소한 토지 또는 당해 토지의 사용·수익이 사실상 불가능한 토지의 소유자로서, ① 보호구역등의 지정 당시부터 당해 토지를 계속 소유한 자 또는 이에 해당하는 자로부터 당해 토지를 상속받아 계속 소유한 자, ② 토지의 사용·수익이 사실상 불가능하게 되기 전에 당해 토지를 취득하여 계속 소유한 자 또는 이에 해당하는 자로부터 당해 토지를 상속받아 계속 소유한 자는 국방부장관에게 당해 토지의 매수를 청구할 수 있다. 이 경우 국방부장관은 매수청구를 받은 토지가 「군사기지 및 군사시설 보호법 시행령」 제19조에 따른 기준에 해당되는 때에는 예산의 범위 내에서 매수하여야 한다(군사기지 및 군사시설 보호법 제17조).

6. 무인도서의 매수청구권

절대보전무인도서 또는 준보전무인도서의 지정으로 인하여 토지를 종전의 용도로 사용할 수 없어 그 효용이 현저히 감소된 토지의 소유자로서, 절대보전무인도서 또는 준보전무인도서 지정 당시부터 그 토지를 계속 소유한 자 또는 이에 해당하는 자로부터 그 토지를 상속받아 계속 소유한 자는 해양수산부장관에게 그 토지의 매수를 청구할 수 있다. 이 경우 해양수산부장관은 매수청구를 받은 토지가 「무인도서의 보전 및 관리에 관한 법률 시행령」 제23조에 따른 기준에 해당되는 때에는 이를 매수하여야 한다(무인도서의 보전 및 관리에 관한 법률 제24조).

7. 국립수목원 완충지역의 토지, 건축물 등의 매수청구권

산림청장이 국립수목원의 수목유전자원을 보호하기 위하여 국립수목원과 인접한 지역을 국립수목원 완충지역으로 지정·고시한 경우 그 지역에 토지, 건축물 그 밖에 그 토지에 정착된 물건 등을 소유하고 있는 자는 산림청장에게 해당 토지, 건축물 등의 매수를 청구할 수 있다. 이 경우 산림청장은 예산의 범위에서 그 토지, 건축물 등을 매수하여야 한다(수목원·정원의 조성 및 진흥에 관한 법률 제19조의3).

Ⅲ. 정부조달계약에 의한 매입

「국가를 당사자로 하는 계약에 관한 법률」 등 국가계약법령에 따른 정부조달계약은 주로 동산이나 용역 등에 적용되나, 일부 국유재산은 이러한 정부조달계약을 통해 매입하기도 한다. 선박이나 항공기, 궤도차량 등 국유재산에 포함되는 동산이 그 대표적 예이다.

최근에는 주로 전자조달을 통해 업무가 이루어지며, 조달청의 국가종합전자조달시스템(KONEPS, 나라장터) 등이 많이 활용되고 있다.

「국가를 당사자로 하는 계약에 관한 법률」에 따라 국가가 당사자가 되는 이른바 공공계약은 사경제의 주체로서 상대방과 대등한 위치에서 체결하는 사법상의 계약으로서 그 본질적인 내용은 사인 간의 계약과 다를 바가 없으므로, 그에 관한 법령에 특별한 정함이 있는 경우를 제외하고는 사적 자치와 계약자유의 원칙 등 사법의 원리가 그대로 적용된다.[7)]

제3절 수용

'수용'은 공공사업 등 공공목적을 위하여 사인의 특정한 재산권을 법률의 힘에 의하여 강제적으로 취득하는 것을 말한다. '공용수용' 또는 '강제수용'이라고도 하며, 상대방인 사인의 의사에 반하여 강제적으로도 취득할 수 있다는 것이 매입과의 가장 큰 차이이다.

우리 헌법에 따르면 모든 국민의 재산권은 보장되며 그 내용과 한계는 법률로 정하고, 공공필요에 의한 재산권의 수용·사용 또는 제한 및 그에 대한 보상은 법률로써 하되, 정당한 보상을 지급하여야 한다(대한민국 헌법 제23조). 따라서 사인의 재산을 수용하기 위해서는 반드시 법률의 근거가 있어야 한다.

또한 수용은 공익상 필요에 의하여 개인의 재산권에 대하여 특별한 희생을 요구하는 것이므로 가능한 보충적으로 활용되어야 하고 남용되어서는 안 된다. 따라

7) 대법원 2012. 9. 20.자 2012마1097 결정

서 협의 매입을 우선 시도하고, 협의가 무산되었을 경우에 한해 수용 절차를 진행하는 것이 일반적이다.

실무상 가장 많은 것은 토지의 수용으로, 이에 대해서는 토지보상법에서 자세히 규정하고 있다. 그 외 개별법에서도 수용에 대한 규정을 두고 있는 경우가 많으나, 구체적 절차와 방법에 대해서는 토지보상법을 적용 또는 준용하는 것이 보통이다.

Ⅰ. 토지보상법에 따른 수용

실무상 대부분의 수용은 토지 수용의 형태이며, 이에 대한 일반법으로 토지보상법이 있다. 토지보상법에 따른 수용 절차를 대략적으로 살펴보면 다음과 같다.

1. 사업인정 신청

공익사업을 시행하는 사업시행자는 공익사업의 수행을 위하여 필요할 경우 토지등을 수용할 수 있으며, 이를 위해서는 국토교통부장관의 사업인정을 받아야 한다(토지보상법 제19조, 제20조).

사업인정을 받으려는 자는 사업인정신청서에 ① 사업시행자의 성명 또는 명칭 및 주소, ② 사업의 종류 및 명칭, ③ 사업예정지, ④ 사업인정을 신청하는 사유 등을 적어 지방자치단체의 장을 거쳐 국토교통부장관에게 제출하여야 한다.[8] 또한 사업인정신청서에는 다음의 서류 및 도면을 첨부한다(토지보상법 시행령 제10조).

〈표 3-1〉 토지 수용을 위한 사업인정신청서에 첨부하는 서류 및 도면(토지보상법 시행령 제10조제2항)

1. 사업계획서 2. 사업예정지 및 사업계획을 표시한 도면 3. 사업예정지 안에 공익사업에 수용되거나 사용되고 있는 토지등이 있는 경우에는 그 토지등에 관한 조서·도면 및 해당 토지등의 관리자의 의견서

8) 다만, 사업시행자가 국가인 경우에는 해당 사업을 시행할 관계 중앙행정기관의 장이 직접 사업인정신청서를 국토교통부장관에게 제출할 수 있다(토지보상법 시행령 제10조제1항 단서).

4. 사업예정지 안에 있는 토지의 이용이 다른 법령에 따라 제한된 경우에는 해당 법령의 시행에 관하여 권한 있는 행정기관의 장의 의견서
5. 사업의 시행에 관하여 행정기관의 면허 또는 인가, 그 밖의 처분이 필요한 경우에는 그 처분사실을 증명하는 서류 또는 해당 행정기관의 장의 의견서
6. 토지소유자 또는 관계인과의 협의내용을 적은 서류(협의를 한 경우로 한정)
7. 수용 또는 사용할 토지의 세목(토지 외의 물건 또는 권리를 수용하거나 사용할 경우에는 해당 물건 또는 권리가 소재하는 토지의 세목)을 적은 서류
8. 해당 공익사업의 공공성, 수용의 필요성 등에 대해 중앙토지수용위원회가 정하는 바에 따라 작성한 사업시행자의 의견서

2. 협의 및 의견청취

국토교통부장관은 사업인정을 하려면 관계 중앙행정기관의 장 및 특별시장·광역시장·도지사·특별자치도지사 및 중앙토지수용위원회와 협의하여야 하며, 미리 사업인정에 이해관계가 있는 자의 의견을 들어야 한다(토지보상법 제21조제1항).

국토교통부장관으로부터 사업인정에 관한 협의를 요청받은 관계 중앙행정기관의 장 또는 특별시장·광역시장·도지사·특별자치도지사는 특별한 사유가 없으면 협의를 요청받은 날부터 7일 이내에 국토교통부장관에게 의견을 제시하여야 하고(토지보상법 시행령 제11조제1항), 중앙토지수용위원회는 사업인정에 이해관계가 있는 자에 대한 의견 수렴 절차 이행 여부, 허가·인가·승인대상 사업의 공공성, 수용의 필요성 등을 검토[9]하여 국토교통부장관으로부터 협의를 요청받은 날부터 30일 이내에 의견을 제시하여야 한다. 다만 중앙토지수용위원회는 한 차례만 30일의 범위에서 그 기간을 연장할 수 있고, 중앙토지수용위원회가 정해진 기간 내에 의견을 제시하지 아니하는 경우에는 협의가 완료된 것으로 본다(토지보상법 제21조제3항, 제5항, 제6항).

국토교통부장관 등은 사업인정에 관하여 이해관계가 있는 자의 의견을 들으려는 경우 사업인정신청서 및 관계 서류의 사본을 토지등의 소재지를 관할하는 시장·군수·구청장에게 송부하고, 시장·군수·구청장은 ① 사업시행자의 성명 또는

9) 중앙토지수용위원회는 검토를 위하여 필요한 경우 관계 전문기관이나 전문가에게 현지조사를 의뢰하거나 그 의견을 들을 수 있고, 관계 행정기관의 장에게 관련 자료의 제출을 요청할 수 있다(토지보상법 제21조제4항).

명칭 및 주소, ② 사업의 종류 및 명칭, ③ 사업예정지 등의 사항을 지체 없이 게시판에 공고하고 공고한 날부터 14일 이상 그 서류를 일반인이 열람할 수 있도록 하여야 한다(토지보상법 시행령 제11조제2항, 제3항).

토지소유자 및 관계인, 그 밖에 사업인정에 관하여 이해관계가 있는 자는 상기 열람기간에 해당 시장·군수·구청장에게 의견서를 제출할 수 있고, 시장·군수·구청장은 제출된 의견서를 지체 없이 국토교통부장관 등에게 송부한다(토지보상법 시행령 제11조제5항, 제6항).

3. 사업인정고시

국토교통부장관은 사업인정에 관한 협의 및 의견청취 결과를 종합 검토하여 사업인정 여부를 결정한다. 사업인정을 하였을 때에는 지체 없이 그 뜻을 사업시행자, 토지소유자 및 관계인, 관계 시·도지사에게 통지[10]하고 사업시행자의 성명이나 명칭, 사업의 종류, 사업지역 및 수용하거나 사용할 토지의 세목을 관보에 고시하여야 한다. 사업인정은 고시한 날부터 그 효력이 발생한다(토지보상법 제22조제1항, 제3항).

사업인정고시가 된 후에는 누구든지 고시된 토지에 대하여 사업에 지장을 줄 우려가 있는 형질의 변경이나 입목, 건물, 흙·돌·모래 또는 자갈 등의 물건을 손괴하거나 수거하는 행위를 하지 못한다. 또한 사업인정고시가 된 후에 고시된 토지에 건축물의 건축·대수선, 공작물의 설치 등을 하려는 자는 지방자치단체의 장의 허가를 받아야 하고, 이 경우 지방자치단체의 장은 미리 사업시행자의 의견을 들어야 한다(토지보상법 제25조제1항, 제2항).

4. 토지소유자 및 관계인과의 협의

전술하였듯이 수용은 공익상 필요에 의하여 개인의 재산권에 대하여 특별한 희생을 요구하는 것이므로 가능한 보충적으로 활용되어야 한다. 따라서 수용에 들어가기 이전에 먼저 토지소유자 등과의 협의 절차를 거친다. 이 때 토지조서 및 물건조서의 작성, 보상계획의 공고·통지 및 열람, 보상액의 산정과 토지소유자 및 관

---

10) 국토교통부장관은 사업시행자에게 사업인정을 통지하는 경우에 중앙토지수용위원회와의 협의 결과와 중앙토지수용위원회의 의견서를 함께 통지해야 한다(토지보상법 시행령 제11조의3제1항).

계인과의 협의 등은 협의 매입 시의 절차를 준용한다(토지보상법 제26조제1항).

만약 사업인정 이전에 토지소유자 및 관계인과 협의 매입 절차를 거쳤으나 협의가 성립되지 아니하였고, 그 토지조서 및 물건조사의 내용에 변동이 없을 때에는 협의 절차를 다시 거치지 않을 수 있다. 그러나 이 경우에도 사업시행자나 토지소유자 및 관계인이 협의를 요구한다면 협의를 하여야 한다(토지보상법 제26조제2항).

협의가 성립되었을 경우 사업시행자는 협의가 성립된 토지의 소재지·지번·지목 및 면적 등에 대하여 「공증인법」에 따른 공증을 받아 관할 토지수용위원회에 협의 성립의 확인을 신청할 수 있고, 관할 토지수용위원회가 이를 수리함으로써 협의 성립이 확인된 것으로 본다. 이 때 협의 성립의 확인 신청에 필요한 동의의 주체인 토지소유자는 협의 대상이 되는 '토지의 진정한 소유자'를 의미한다.

〈판례〉 대법원 2018. 12. 13. 선고 2016두51719 판결
토지보상법 제29조 제3항에 따른 협의 성립의 확인 신청에 필요한 동의의 주체인 토지소유자는 협의 대상이 되는 '토지의 진정한 소유자'를 의미한다고 보아야 한다. 따라서 사업시행자가 진정한 토지소유자의 동의를 받지 못한 채 단순히 등기부상 소유명의자의 동의만을 얻은 후 관련 사항에 대한 공증을 받아 토지보상법 제29조 제3항에 따라 협의 성립의 확인을 신청하였음에도 토지수용위원회가 그 신청을 수리하였다면, 그 수리 행위는 다른 특별한 사정이 없는 한 토지보상법이 정한 소유자의 동의 요건을 갖추지 못한 것으로서 위법하다.

협의 성립이 확인된 이후에는 그 협의의 성립이나 내용을 다툴 수 없으며(토지보상법 제29조제1항, 제3항, 제4항), 사업시행자는 해당 토지를 원시취득한다.

〈판례〉 대법원 2018. 12. 13. 선고 2016두51719 판결
토지보상법 제29조 제3항에 따른 신청이 수리됨으로써 협의 성립의 확인이 있었던 것으로 간주되면, 토지보상법 제29조 제4항에 따라 그에 관한 재결이 있었던 것으로 재차 의제되고, 그에 따라 사업시행자는 사법상 매매의 효력만을 갖는 협의취득과는 달리 그 확인대상 토지를 수용재결의 경우와 동일하게 원시취득하는 효과를 누리게 된다.

5. 수용재결의 신청

사업시행자는 토지소유자 및 관계인과의 협의가 성립되지 아니하거나 협의를 할 수 없을 때에는 사업인정고시가 된 날부터 1년 이내에 관할 토지수용위원회에 재결을 신청할 수 있다(토지보상법 제28조제1항). 이 경우 재결신청서에 기재해야 하는 사항은 다음과 같다. 또한 재결신청서에는 ① 토지조서 또는 물건조서, ② 협의경위서, ③ 사업계획서, ④ 사업예정지 및 사업계획을 표시한 도면, ⑤ 중앙토지수용위원회의 의견서를 첨부하여야 한다(토지보상법 시행령 제12조제2항).

〈표 3-2〉 수용재결 신청서에 기재해야 하는 사항(토지보상법 시행령 제12조제1항)

1. 공익사업의 종류 및 명칭
2. 사업인정의 근거 및 고시일
3. 수용하거나 사용할 토지의 소재지 · 지번 · 지목 및 면적(물건의 경우에는 물건의 소재지 · 지번 · 종류 · 구조 및 수량)
4. 수용하거나 사용할 토지에 물건이 있는 경우에는 물건의 소재지 · 지번 · 종류 · 구조 및 수량
5. 토지를 사용하려는 경우에는 그 사용의 방법 및 기간
6. 토지소유자 및 관계인의 성명 또는 명칭 및 주소
7. 보상액 및 그 명세
8. 수용 또는 사용의 개시예정일
9. 청구인의 성명 또는 명칭 및 주소와 청구일(토지소유자와 관계인의 신청에 의해 재결을 신청하는 경우로 한정)
10. 토지보상법 제21조제1항 및 제2항에 따른 중앙토지수용위원회와의 협의 결과
11. 토지소유자 및 관계인과 협의가 성립된 토지나 물건에 관한 토지의 소재지 · 지번 · 지목 · 면적 및 보상금 내역, 물건의 소재지 · 지번 · 종류 · 구조 · 수량 및 보상금 내역

한편 사업인정고시가 된 후 협의가 성립되지 아니하였을 때에는 토지소유자와 관계인이 사업시행자에게 재결을 신청할 것을 청구할 수도 있다. 토지소유자와 관계인이 ① 사업시행자의 성명 또는 명칭, ② 공익사업의 종류 및 명칭, ③ 토지소유자 및 관계인의 성명 또는 명칭 및 주소, ④ 대상 토지의 소재지 · 지번 · 지목 및 면

적과 토지에 있는 물건의 종류·구조 및 수량, ⑤ 협의가 성립되지 아니한 사유를 적은 재결신청청구서를 제출하면, 청구를 받은 사업시행자는 그 청구를 받은 날부터 60일 이내에[11] 관할 토지수용위원회에 재결을 신청하여야 한다(토지보상법 제30조제1항, 제2항, 토지보상법 시행령 제14조제1항).

6. 수용재결 신청서의 공고 · 열람 및 의견제출

수용재결 신청서를 접수한 토지수용위원회는 지체 없이 이를 공고하고, 공고한 날부터 14일 이상 관계 서류의 사본을 일반인이 열람할 수 있도록 하여야 한다.[12] 토지소유자 또는 관계인은 관계 서류의 열람기간 중에 의견서를 제출할 수 있다(토지보상법 제31조).[13]

7. 조사 및 심리

토지수용위원회는 수용재결 관계 서류의 열람기간이 지났을 때에는 지체 없이 해당 신청에 대한 조사 및 심리를 하여야 하고, 심리를 할 때 필요하다고 인정하면 사업시행자, 토지소유자 및 관계인을 출석시켜 그 의견을 진술하게 할 수 있다(토지보상법 제32조).

한편 토지수용위원회는 그 재결이 있기 전에는 소위원회로 하여금 사업시행자, 토지소유자 및 관계인에게 화해를 권고하게 할 수 있으며, 화해조서에 참여자들의 서명 또는 날인이 된 경우에는 당사자 간에 화해조서와 동일한 내용의 합의가 성립된 것으로 본다(토지보상법 제33조).

8. 수용재결 결정

토지수용위원회는 심리를 시작한 날부터 14일 이내에 서면으로 재결을 하

---

11) 만약 사업시행자가 이 기간을 넘겨서 재결을 신청하였다면, 그 지연된 기간에 대하여 「소송촉진 등에 관한 특례법」 제3조에 따른 법정이율을 적용하여 산정한 금액을 관할 토지수용위원회에서 재결한 보상금에 가산하여 지급하여야 한다(토지보상법 제30조제3항).

12) 일반적으로 실제 공고·열람 등의 업무는 해당 토지를 관할하는 시장·군수·구청장 등이 수행하며, 시장·군수·구청장 등이 긴급한 사정으로 공고·열람 등의 업무를 하지 못할 경우에는 관할 토지수용위원회가 해당 업무를 수행한다(토지보상법 시행령 제15조제1항, 제2항).

13) 열람기간이 도과한 이후 제출된 의견서는 원칙적으로 인정되지 않으나, 관할 토지수용위원회가 상당한 이유가 있다고 인정하는 경우에는 열람기간이 지난 후 제출된 의견서도 수리될 수 있다(토지보상법 시행령 제15조제6항).

며,[14] 재결서에는 주문 및 그 이유와 재결일을 적고 위원장 및 회의에 참석한 위원이 기명날인한 후 그 정본을 사업시행자, 토지소유자 및 관계인에게 송달하여야 한다(토지보상법 제34조, 제35조).

토지수용위원회의 재결사항은 ① 수용하거나 사용할 토지의 구역 및 사용방법, ② 손실보상, ③ 수용 또는 사용의 개시일과 기간, ④ 그 밖에 토지보상법 및 다른 법률에서 규정한 사항 등이다(토지보상법 제50조제1항). 이와 같이 토지보상법이 재결을 서면으로 하도록 하고 수용하거나 사용할 토지의 구역 및 사용방법, 기간 등을 재결사항의 하나로 규정한 취지는, 재결에 의하여 설정되는 수용 및 사용권의 내용을 구체적으로 특정함으로써 재결 내용의 명확성을 확보하고 재결로 인하여 제한받는 권리의 구체적인 내용이나 범위 등에 관한 다툼을 방지하기 위한 것이다. 따라서 관할 토지수용위원회가 토지에 관하여 사용재결을 하는 경우에는 그 재결서에 사용할 토지의 위치와 면적, 권리자, 손실보상액, 사용 개시일 외에도 사용방법, 사용기간을 구체적으로 특정하여야 한다.[15]

토지수용위원회는 사업시행자, 토지소유자 또는 관계인이 신청한 범위에서 재결하여야 하나, 손실보상의 경우에는 증액재결도 가능하다(토지보상법 제50조제2항).

9. 수용재결 결정에 대한 불복 절차

토지수용위원회의 재결에 이의가 있는 자는 재결서의 정본을 받은 날부터 30일 이내에 토지수용위원회에 이의를 신청할 수 있고, 법원에 직접 행정소송을 제기할 수도 있다. 행정소송의 경우 토지수용위원회에 이의신청을 거쳤다면 이의신청에 대한 재결서를 받은 날부터 60일 이내에, 이의신청을 거치지 않았다면 수용재결서를 받은 날부터 90일 이내에 제기하여야 한다(토지보상법 제83조, 제85조).

Ⅱ. 기타 개별법령에 따른 수용

토지보상법 이외의 개별법령에서도 수용에 대한 규정을 두고 있는 경우가 많다. 다만 개별법령에서는 수용에 대해 구체적으로 규정하지 않고, 그 절차나 방법에

14) 특별한 사유가 있을 때에는 14일의 범위에서 한 차례만 연장할 수 있다.
15) 대법원 2019. 6. 13. 선고 2018두42641 판결

대해서는 토지보상법을 적용 또는 준용하는 경우가 대부분이다. 대표적인 예를 몇 가지 살펴보면 다음과 같다.

1. 도로공사 시행을 위한 수용

도로관리청[16]은 도로공사의 시행을 위하여 필요하면 도로구역에 있는 토지·건축물 또는 그 토지에 정착된 물건의 소유권이나 그 토지·건축물 또는 물건에 관한 소유권 외의 권리를 수용하거나 사용할 수 있으며, 이 경우 기본적으로 토지보상법을 준용한다(도로법 제82조).

2. 국방·군사시설 사업에 따른 수용

토지 등의 수용 또는 사용에 관한 내용을 포함하는 국방·군사시설사업계획을 승인받은 사업시행자[17]는 사업계획 고시구역에서 국방·군사시설사업에 필요한 토지 등을 수용하거나 사용할 수 있으며, 이 경우 기본적으로 토지보상법의 규정을 적용한다(국방·군사시설 사업에 관한 법률 제5조).

3. 문화재의 보존·관리를 위한 수용

문화재청장이나 지방자치단체의 장은 문화재의 보존·관리를 위하여 필요하면 지정문화재나 그 보호구역에 있는 토지, 건물, 나무, 대나무, 그 밖의 공작물을 토지보상법에 따라 수용하거나 사용할 수 있다(문화재보호법 제83조).

4. 자연환경보전·이용시설을 위한 수용

국가 또는 지방자치단체는 자연환경보전·이용시설의 설치를 위하여 필요하다고 인정되는 때에는 자연환경보전·이용시설에 필요한 토지 등을 수용 또는 사용할 수 있으며, 이 경우 기본적으로 토지보상법을 준용한다(자연환경보전법 제52조).

5. 지하수 관측·측정을 위한 수용

환경부장관 또는 시장·군수·구청장은 지하수관측시설 및 수질측정망의 설치

16) 국토교통부장관 또는 지방자치단체의 장

17) 국방부 소속 기관장, 각 군 참모총장 및 해병대사령관, 다른 법률에 따라 국방·군사시설사업을 시행하는 자, 지방자치단체, 공공기관, 지방공기업 등

를 위하여 필요한 경우에는 해당 지역의 토지 또는 그 토지에 정착된 물건을 수용하거나 사용할 수 있고, 이 경우 수용 또는 사용의 절차는 토지보상법에서 정하는 바에 따른다(지하수법 제18조의2).

6. 주한미군 공여구역 주변지역 지원사업을 위한 수용

주한미군 공여구역 주변지역 지원사업의 시행자[18]는 사업 시행을 위하여 필요한 경우 토지보상법 제2조의 규정에 의한 토지 · 물건 또는 권리를 수용하거나 사용할 수 있고, 세부 절차 등은 기본적으로 토지보상법을 준용한다(주한미군 공여구역주변지역 등 지원 특별법 제31조).

Ⅲ. 수용의 효과

수용이 결정될 경우 사업시행자는 해당 토지나 물건을 원시취득하고, 원래의 소유자에게는 손실보상을 하여야 한다.

1. 토지 · 물건의 원시취득

사업시행자는 수용의 개시일에 토지나 물건의 소유권을 취득하며, 그 토지나 물건에 관한 다른 권리는 이와 동시에 소멸한다(토지보상법 제45조제1항). 즉 수용을 통해 사업시행자는 토지나 물건을 원시취득하게 되므로,[19] 수용 이전에 집행되어 있던 압류나 가압류 등의 효력은 모두 소멸하게 된다.

2. 손실보상

사업시행자는 수용으로 인하여 토지소유자나 관계인이 입은 손실을 보상하여야 하며(토지보상법 제61조), 다른 법률에 특별한 규정이 없는 한 현금보상이 원칙이다(토지보상법 제63조제1항 본문). 사용허가 등을 받지 않고 무단으로 국유지 또는 공유지를 점유하여 건축된 무허가건축물도 원칙적으로 토지보상법에 따른 손실보상의 대상이 된다. 「국유재산법」과 토지보상법은 입법목적이나 규율 대상, 규율 범위

---

18) 국가, 지방자치단체, 공기업 및 준정부기관, 지방공사 등
19) 반면 협의 매입(토지보상법 제3장)의 경우에는 사법상의 법률행위이므로 승계취득을 하게 된다.

등이 각기 다르므로, 「국유재산법」에 위배되는 건축물이라고 하여 토지보상법의 적용이 당연히 배제되는 것은 아니기 때문이다.

〈해석례〉 법제처 10-0399, 국 · 공유지에 설치된 무허가건축물에 대한 보상여부 등, 2010. 12. 3.

공익사업과 관련된 보상의 일반법인 「공익사업을 위한 토지 등의 취득 및 보상에 관한 법률」(이하 "공익사업보상법"이라 함)은 공익사업에 필요한 토지 등을 협의 또는 수용에 의하여 취득하거나 사용함에 따른 손실보상에 관한 사항을 규정함으로써 공공복리의 증진과 재산권의 적정한 보호를 도모하는 것을 목적으로 하고, 국유재산 및 공유재산에 관한 「국유재산법」 및 「공유재산 및 물품관리법」(이하 "공유재산법"이라 함)은 국유재산 또는 공유재산의 적정한 보호와 효율적인 관리 또는 처분을 목적으로 하는 법률이므로, 양자는 입법목적이나 규율 대상, 규율 범위 등이 각기 다르다고 할 것이어서 각각 독립적으로 적용될 법률이라고 할 것인바, 「국유재산법」 또는 공유재산법에 위배되는 건축물 등이라고 하여 공익사업보상법의 적용이 당연히 배제된다고 볼 수는 없습니다.

공익사업보상법 제70조부터 제75조의2 및 제79조 등에 따르면, 공익사업으로 인하여 취득하거나 사용하게 되는 토지와 건축물의 보상에 대하여 별도의 규정을 두고, 건축물의 보상에 관해서는 같은 법 제75조에서 이전비를 보상하도록 하되 이전이 어려운 경우 등에는 물건가격으로 보상하도록 하는 규정을 두고 있을 뿐 해당 건축물이 무허가건축물인지 여부에 따라 보상 여부에 차등을 두고 있지 아니하며, 「공익사업을 위한 토지 등의 취득 및 보상에 관한 법률 시행규칙」(이하 "공익사업보상법 시행규칙"이라 함) 제33조 및 제36조에서는 같은 규칙 제45조 및 제54조에 규정된 영업보상이나 주거이전비의 보상시에는 적법한 건물일 것을 보상의 요건으로 하고 있는 것과는 달리, 건축물이나 공작물 자체에 대한 보상시에는 해당 건축물의 적법 여부를 보상요건으로 하고 있지 아니한바, 공익사업의 사업인정 고시 이전에 건축되고 공공사업용지 내의 토지에 정착한 지장물인 건물은 통상 적법한 건축허가를 받았는지 여부에 관계없이 손실보상의 대상이 된다고 보아야 할 것입니다. (중략)

한편, 「국유재산법」 제7조제1항 및 공유재산법 제6조제1항에서는 국유재산 또는 공유재산의 보호 규정을 두어 누구든지 이 법 또는 다른 법률에서 정하는 절차와 방법에 따르지 아니하고는 국유재산이나 공유재산을 사용하거나 수익하지 못하도록 규정하고 있어, 무허가건축물이 소재한 토지의 소유권자가 국가 또는 지방자치단체인 경우에는 무허가건축물의 위법성이 더 크다고 보아 공익사업보상법에 따른 보상이 불가한 것처럼 볼 여지도 있으나, 위에서 살펴본 바와 같이 공익사업보상법은 「국유재산법」 및 공유재산법과 그 목적을 달리하는 것으로서 공공의 필요에 의한 공권력 행사로 사유재산에 가해지는 특별한 희생에 대하여 보상하는 것이고, 관련 법령에 위반하여 신축된 건물에 대해서도 소유권 기타 재산권의 성립은 인정될 수 있으므로, 국 · 공유지에 건축된 무허가건축물에 대하여 철거명령 등의 특별한 조치가 없는 상태에서 동 건축물을 이전하거나 철거하게 되는 경우 등에는 '공익사업으로 인하여 재산권이 침해'되었다고 볼 수 있으므로 해당 무허가건축물도 보상의 대상에 포함된다고 할 것입니다.

한편 「국유재산법」의 교환 규정은 토지보상법 제63조제1항 본문의 '다른 법률에 특별한 규정'에 해당하지 않으므로, 「국유재산법」의 교환 제도를 통해 토지소유자나 관계인이 입은 손실을 보상할 수는 없다.

〈해석례〉 법제처 09-0140, 국유재산의 교환이 손실보상의 수단이 될 수 있는지 여부, 2009. 5. 29.

「공익사업을 위한 토지 등의 취득 및 보상에 관한 법률」제63조제1항 본문의 현금보상은 손실보상의 지급수단에 대한 기본원칙을 선언한 것이며, 같은 법 제63조제1항 단서(토지보상)와 같은 법 제63조제6항 및 제7항(채권보상)[20]은 이러한 손실보상에 대한 예외적이고 보충적인 지급수단을 규정한 것으로 보아야 할 것입니다.

그렇다면, 「공익사업을 위한 토지 등의 취득 및 보상에 관한 법률」 제63조제1항 본문 소정의 "다른 법률에 특별한 규정이 있는 경우"도 손실보상을 규정하고 있는 개별 법률에서 해당 손실보상의 지급수단과 관련하여 토지보상 · 증권보상 또는 채권보상 등 현금보상 외의 다른 지급수단을 규정하고 있는 경우라고 해석하는 것이 타당할 것입니다. (중략)

「국유재산법」에 따라 이루어지는 국유재산의 관리 및 처분은 공익사업의 시행 등에 따른 손실보상과 관계없는 독립적 지위를 가지는 별개의 행정작용이라고 할 것인바, 이에 따라 「국유재산법」 제20조제1항 단서(행정재산 · 보존재산) 및 제43조제1항(잡종재산)[21]에 따른 국유재산의 교환은 국유재산의 관리청이 손실보상과 관계없이 일정한 법적 요건에 해당하는 경우에는 고도의 공익적 판단의 기초 위에서 해당 국유재산을 처분할 수 있는 기준 · 방법 및 절차 등을 선언한 규정으로 보아야 할 것이며, 이는 특정한 공익사업의 시행이나 공공의 필요에 따른 재산권의 침해로 발생하는 손실에 대한 손실보상의 지급수단을 규정한 내용으로 볼 수는 없습니다.

---

20) 현행 토지보상법 제63조제7항 및 제8항에 해당한다.
21) 현재의 제27조제1항 단서 및 제54조제1항에 해당하며, '잡종재산'은 현재의 일반재산이다.

따라서 「국유재산법」 제20조제1항 단서 및 제43조제1항에 따른 국유재산의 교환에 관한 규정은 「공익사업을 위한 토지 등의 취득 및 보상에 관한 법률」 제63조제1항 본문에 따라 현금보상의 예외 규정인 "다른 법률에 특별한 규정이 있는 경우"에 해당하지 않습니다.

다만 토지소유자가 원하는 경우로서 사업시행자가 해당 공익사업의 합리적인 토지이용계획과 사업계획 등을 고려하여 토지로 보상이 가능한 경우에는 토지보상법에 따른 대토보상을 할 수 있으며(토지보상법 제63조제1항 단서), 국가나 지방자치단체, 공공기관 및 공공단체 등이 사업을 시행하는 경우로서 ① 토지소유자나 관계인이 원하는 경우 또는 ② 사업인정을 받은 사업으로 토지보상법 시행령으로 정하는 부재부동산 소유자의 토지에 대한 보상금이 1억원을 초과하는 경우로서 그 초과하는 금액에 대하여 보상하는 경우[22] 등에는 채권보상도 가능하다(토지보상법 제63조제7항, 토지보상법 시행령 제27조제1항).

제4절 기부채납

「국유재산법」상의 기부채납이란 '국가 외의 자가 「국유재산법」 제5조제1항 각 호에 해당하는 재산의 소유권을 무상으로 국가에 이전하여 국가가 이를 취득하는 것'을 말한다(국유재산법 제2조제2호). 따라서 국가 기관인 중앙관서 사이에서 재산을 이전하거나, 국가 외의 자로부터 「국유재산법」 제5조제1항 각 호에 해당하지 않는 동산이나 현금을 받는 것은 「국유재산법」상의 기부채납에 해당하지 않는다. 기부채납은 국가의 반대급부 제공이 없다는 점에서 매입·수용과는 큰 차이가 있다.

22) 다만 토지투기가 우려되는 지역으로서 토지보상법 시행령으로 정하는 지역에서 택지개발사업·산업단지개발사업 등을 시행하는 한국토지주택공사, 한국관광공사, 한국산업단지공단, 지방공사 등은 부재부동산 소유자의 토지에 대한 보상금 중 1억원을 초과하는 부분에 대하여 해당 사업시행자가 발행하는 채권으로 지급하여야 한다(토지보상법 제63조제8항, 토지보상법 시행령 제27조제1항, 제27조의2).

〈참고 3-1〉 현행 법령상 기부 관련 용어

'기부'의 사전적 의미는 '물건을 줌', '자선 사업이나 공공사업을 돕기 위하여 돈이나 물건 따위를 대가 없이 내놓음'이고, '채납'의 사전적 의미는 '의견을 받아들임'이다. 즉 '기부채납'은 돈이나 물건 따위를 대가 없이 내놓고 상대방은 이를 받아들인다는 뜻이다.

기부는 사법상 증여계약에 해당하여 기부자의 증여의 의사표시와 상대방의 승낙의 의사표시가 필요하므로, '기부'보다는 '기부채납'이 기부의 법적 성격을 보다 잘 나타내는 용어라고 할 수 있다. 다만 두 용어의 의미 차이가 그리 크지 않아 엄격히 구분할 실익은 적은바, 현행 법령에서도 보통 '기부'와 '기부채납'을 혼용하여 쓰고 있다.

한편 법령에 따라 '기증'이라는 용어를 쓰기도 하는데, 「저작권법」 제135조 '저작재산권 등의 기증', 「문화재보호법」 제22조의8 '지정문화재 등의 기증', 「물품관리법 시행규칙」 제40조의2 '기증물품의 관리' 등이 그 예이다.

Ⅰ. 기부채납의 법적 성격

기부채납은 사인이 무상으로 국가에 재산을 이전하는 것이므로 증여와 법적 성격이 유사하다. 판례 또한 기본적으로 기부채납을 증여계약으로 본다.

〈판례〉 대법원 1996. 11. 8. 선고 96다20581 판결[23)]
기부채납은 기부자가 그의 소유재산을 지방자치단체의 공유재산으로 증여하는 의사표시를 하고 지방자치단체는 이를 승낙하는 채납의 의사표시를 함으로써 성립하는 증여계약이고, 증여계약의 주된 내용은 기부자가 그의 소유재산에 대하여 가지고 있는 소유권 즉 사용·수익권 및 처분권을 무상으로 지방자치단체에게 양도하는 것 …

따라서 기본적으로 무상, 편무, 낙성, 불요식 등 증여계약의 특성이 기부채납에도 그대로 적용된다. 이에 따르면 기부채납은 편무계약이므로 「민법」 제104조[24)]의 불공정한 법률행위 등의 법리가 적용되지 않으며, 낙성·불요식계약이므로 기부

23) 국유재산이 아니라 공유재산에 관한 판례이긴 하나 기부채납의 법적 성격은 동일하다.
24) 「민법」 제104조(불공정한 법률행위) 당사자의 궁박, 경솔 또는 무경험으로 인하여 현저하게 공정을 잃은 법률행위는 무효로 한다.

서 등의 관련 서류는 계약의 성립요건이 아니다.

〈판례〉 대법원 1997. 3. 11. 선고 96다49650 판결
민법 제104조가 규정하는 현저히 공정을 잃은 법률행위라 함은 자기의 급부에 비하여 현저하게 균형을 잃은 반대급부를 하게 하여 부당한 재산적 이익을 얻는 행위를 의미하는 것이므로, 기부행위와 같이 아무런 대가관계 없이 당사자 일방이 상대방에게 일방적인 급부를 하는 법률행위는 그 공정성 여부를 논의할 수 있는 성질의 법률행위가 아니라 할 것이다.

〈판례〉 대법원 1992. 12. 8. 선고 92다4031 판결
기부채납은 기부자가 그의 소유재산을 지방자치단체의 공유재산으로 증여하는 의사표시를 하고 지방자치단체는 이를 승낙하는 채납의 의사표시를 함으로써 성립하는 증여계약이며 … 기부서와 권리관계확보 소요서류는 위와 같은 증여계약의 내용과 성립을 확실하게 하기 위하여 요구되는 것일 뿐이지 그 교부가 증여계약의 성립요건이라고 볼 수 없다.

한편 기부채납 시 기부에는 조건이 붙어서는 안되나, 기부자가 자신이 기부한 재산에 대하여 무상사용허가를 받는 것을 조건으로 기부채납을 하는 것은 허용된다(국유재산법 제13조제2항). 이 경우에는 국가 입장에서도 무상사용허가라는 반대급부를 부담하므로, 기부채납을 단순한 증여계약이 아니라 부담부 증여계약으로 보기도 한다.[25)]

Ⅱ. 「국유재산법」상 기부채납의 절차

「국유재산법」상 기부채납의 절차를 간단히 살펴보면 다음과 같다.

---

25) 원고가 건물 및 시설물을 피고(지방자치단체)에 기부하고 피고는 농수산물도매시장 개설허가를 받아 원고로 하여금 도매시장을 운영, 관리하게 하는 것을 주요내용으로 하는 계약을 체결한 경우 이는 피고의 부담 있는 증여계약이거나 서로 대가적 관계에 있는 비전형계약이라 할 것인데 피고가 위 도매시장 개설허가를 받지 못함으로써 피고의 급부는 특별한 사정이 없는 한 피고의 책임 있는 사유로 인하여 그 이행이 불능하게 되었으니 원고는 위 약정을 해제하고 이행불능으로 인한 손해배상을 구할 수 있다 할 것(대법원 1992. 2. 14. 선고 91다14956 판결)

1. 기부서의 제출

국가에 기부채납을 하려는 자는 ① 기부할 재산의 표시, ② 기부자의 성명 및 주소, ③ 기부의 목적, ④ 기부할 재산의 가격, ⑤ 소유권을 증명할 수 있는 서류, ⑥「공간정보의 구축 및 관리 등에 관한 법률」 제2조제19호에 따른 공유지연명부, 대지권등록부, 경계점좌표등록부, ⑦ 그 밖에 기부할 재산의 건축물현황도 등 필요한 도면 등의 사항을 적은 기부서를 총괄청이나 중앙관서의 장[26]에게 제출하여야 한다. 대표자에 의하여 기부하는 경우에는 대표자임을 증명하는 서류와 각 기부자의 성명·주소 및 기부재산을 적은 명세서를 기부서에 첨부한다(국유재산법 시행령 제8조제1항, 제2항).

2. 기부서의 검토 및 기부 결정

기부서를 제출받은 총괄청이나 중앙관서의 장은 필요한 경우 해당 재산의 등기부 등본, 건축물대장, 토지대장, 임야대장, 지적도, 임야도 등을 확인하고(국유재산법 시행령 제8조제1항후단), 기부를 받을 것인지 여부를 결정한다.

이 때 다음의 사항을 고려하여야 한다.

가. 기부에 조건이 붙은 경우

기부에 조건이 붙은 경우에는 원칙적으로 기부채납을 받아서는 아니되며, 이 때 조건에 해당하는지는 해당 재산에 대한 국가의 배타적 이용 및 처분의 자유를 제한하는지 여부에 따라 판단한다. 예를 들어 기부채납의 목적을 수행하는데 방해가 되는 사항을 포함하거나 반환·해제 등의 특약을 두는 경우, 협약 위반 시 국가가 손실금을 지급하도록 하는 경우, 기부재산에 대해 특정 명칭 사용을 요구하는 경우 등에는 기부에 조건이 붙은 것으로 볼 수 있다.

---

26) 보통의 경우에는 총괄청에 제출하며, 특별회계나 기금에 속하는 국유재산으로 기부하려는 경우에만 해당 특별회계나 기금의 소관 중앙관서의 장에게 제출한다.

〈해석례〉 법제처 15-0424, 기부채납된 재산을 무상으로 사용 · 수익하는 과정에서 협약상의 의무위반이 있는 경우 지방자치단체가 손실금을 지급하도록 하는 것이 「공유재산 및 물품 관리법」 제7조제2항에 따라 금지되는지,[27] 2015. 8. 12.

공유재산법[28] 제7조제2항에서는 기부채납되는 재산을 기부자에게 무상으로 사용 · 수익하게 하는 조건 외에는 어떠한 조건이 수반되는 기부도 받을 수 없도록 하고 있는바, 해당 규정은 무분별한 기부채납을 방지하기 위하여 지방자치단체가 기부채납된 재산을 기부자가 무상으로 사용할 수 있도록 하는 것 외에는 기부의 반대급부로 어떠한 위험부담이나 재산상 의무도 부담하지 않도록 하려는 취지의 규정입니다.

따라서, 기부채납 과정에서 지방자치단체가 일정한 의무를 부담하고 이를 위반하는 경우에는 지방자치단체가 손실을 보전하도록 하는 것은, 그것이 비록 기부채납 자체의 효력을 변경시키는 것이 아니라고 하더라도, 지방자치단체에게 경제적 손실을 발생시킬 수 있는 것이므로, 기부채납에 따른 어떠한 위험부담이나 의무를 부담할 수 없도록 하고 있는 공유재산법 제7조제2항의 취지에 반한다고 할 것입니다.

또한, 공유재산법 제20조에 따른 공유재산의 사용 · 수익 허가는 행정청의 공권력적인 처분행위로서, 공유재산법에서는 사용 · 수익 허가의 기간과 효력, 취소 사유, 절차 등에 대해서 엄격하게 규정하고 있으므로, 이러한 사용 · 수익 허가와 관련하여 행정청이 일정한 의무를 부담하게 하고 이를 위반하는 경우에 그 반대급부로서 금전을 지급하도록 하는 것은 공유재산의 사용 · 수익 허가에 관한 공유재산법의 관련 규정에도 반한다고 할 것입니다.

이상과 같은 점을 종합해 볼 때, 공유재산법 제7조에 따른 기부채납을 할 때, 지방자치단체와 기부자 간에 "지방자치단체가 협약상의 의무위반을 하여 기부자가 협약을 해지하는 경우(이 경우에도 기부채납의 효력에는 변경이 없음)에 지방자치단체가 기부자에게 기부채납된 재산을 무상으로 사용 · 수익하는 것과 관련된 손실금을 지급할 것"을 내용으로 하는 협약을 체결하는 것은 같은 조 제2항에 위반된다고 할 것입니다.

〈해석례〉 행정안전부 회계제도과-2093, 2015. 4. 29.

기부자가 기부재산에 대해 원하는 시설명칭 사용을 요구하는 것은 기부에 조건이 수반된 경우로 보아야 할 것임[29]

27) 「공유재산 및 물품 관리법」 제7조제2항에 대한 해석례이나 해당 조문의 내용이 「국유재산법」 제13조제2항과 사실상 동일하므로, 그 법리는 「국유재산법」에도 그대로 적용될 수 있다.
28) 「공유재산 및 물품 관리법」을 의미한다.
29) 기부자가 지방자치단체에 체육시설을 기부하고자 하면서 해당 기부시설에 대해 본인이 원하는 명칭 사용을 요구하였던 사안임

다만 예외적으로 ① 행정재산으로 기부하는 재산에 대하여 기부자, 그 상속인, 그 밖의 포괄승계인에게 무상으로 사용허가하여 줄 것을 조건으로 그 재산을 기부하는 경우와 ② 행정재산의 용도를 폐지하는 경우 그 용도에 사용될 대체시설을 제공한 자, 그 상속인, 그 밖의 포괄승계인이 그 부담한 비용의 범위에서 「국유재산법」 제55조제1항제3호에 따라 용도폐지된 재산을 양여할 것을 조건으로 그 대체시설을 기부하는 경우[30)]에는 기부채납을 받을 수 있다(국유재산법 제13조제2항).

이 때 무상 사용허가를 조건으로 하는 기부채납의 경우에 있어 무상 사용허가의 대상은 기부채납한 당해 재산이다. 따라서 토지를 기부채납할 경우 무상 사용허가가 가능한 것은 당해 토지에 한하며, 그 토지 위에 건축되는 건물에 대한 무상 사용허가를 조건으로 내세울 수는 없다.

〈해석례〉 행정안전부 회계제도과-1969, 2016. 4. 25.
행정재산에 해당하는 토지를 지자체에 기부채납 하는 경우[31)] 그 기부자는 해당 토지에 대해 무상으로 사용허가 하여 줄 조건 외에 다른 조건을 붙일 수 없다 할 것인바, 기부자가 토지를 기부채납하면서 토지만을 무상사용할 의사가 없이 기부한 토지 위에 향후 지자체가 행정목적으로 조성하는 건물에 대해 무상으로 사용허가하여 줄 것을 요구하는 것은 기부재산에 부여할 수 있는 조건의 범위를 벗어나 새로이 조성되는 재산에 대해 수의계약 및 사용료 감면을 요구하는 것으로, 이는 기부에 조건이 수반된 것으로 보아 기부를 받아서는 아니 될 것임

나. 기부하려는 재산이 국가가 관리하기 곤란하거나 필요하지 아니한 것인 경우

① 행정재산으로 기부하는 재산에 대하여 기부자, 그 상속인, 그 밖의 포괄승계인에게 무상으로 사용허가하여 줄 것을 조건으로 그 재산을 기부하는 경우에 있어, 무상 사용허가 기간[32)]이 지난 후에도 해당 중앙관서의 장이 직접 사용하기 곤란한 경우, ② 재산가액 대비 유지·보수 비용이 지나치게 많은 경우, ③ 그 밖에 국가에 이익이 없는 것으로 인정되는 경우에는 기부채납을 받을 수 없다(국유재산법

30) 이른바 '기부 대 양여'를 의미한다.
31) 공유재산에 대한 해석례이나 그 법리는 국유재산의 경우와 동일하다.
32) 사용료 총액이 기부받은 재산의 가액이 될 때까지 면제할 수 있되, 그 기간은 20년을 넘을 수 없다(국유재산법 시행령 제32조제1항).

제13조제2항, 국유재산법 시행령 제8조제3항).

3. 기부계약의 체결

전술하였듯이 기부채납은 기부자가 그의 소유재산을 국유재산으로 증여하는 의사표시를 하고 국가가 이를 승낙하는 채납의 의사표시를 함으로써 성립되므로, 별도의 계약 체결이 반드시 필요한 것은 아니다. 다만 실무에서는 기부자의 기부의사 번복이나 향후 분쟁 가능성 등에 대비하여 서면으로 기부계약을 체결하는 것이 보통이다.

다만 기부자가 국유지 위에 건물이나 영구시설물을 축조한 뒤 그 건물이나 영구시설물을 기부하는 경우[33]에는 국유지에 대한 사용허가[34]를 하기 전에 기부 등에 관한 계약을 체결하거나 이행각서를 받아야 한다(국유재산법 시행령 제8조제4항). 이는 기부를 위해 영구시설물 등을 축조하는 과정에서 국유지를 사용하게 되는바, 만약 축조가 지연되거나 중단될 경우에는 해당 국유지를 본래의 목적대로 활용할 수 없게 되기 때문이다. 따라서 별도의 기부계약 체결이나 이행각서를 통해 기부자에게 기부의 이행을 강제할 필요가 있다.

4. 기부재산의 소유권 이전

기부채납은 최종적으로 기부재산의 소유권을 국가로 이전함으로써 완료된다. 부동산의 경우 물권변동에 등기를 요하므로(민법 제186조) 국가 명의로 등기가 이전되어야 한다. 실무상으로는 건물이나 공작물 등을 축조하여 기부하는 사례가 많은데, 이 경우 바로 국가 명의로 소유권보존등기를 하는 것이 아니라 일단 기부자 명의로 소유권보존등기를 한 뒤 국가 앞으로 소유권이전등기를 해야 한다.

〈참고 3-2〉 지방자치단체에서 국가로의 기부채납

실무상 지방자치단체에서 국가로의 기부채납을 추진하는 경우가 종종 있다. 예를 들어 지방자치단체에서 신규 지방도로를 개설하려 하는데 인근에 군 시설이 있어서

33) 원칙적으로 국가 외의 자는 국유재산에 영구시설물을 축조하지 못하지만, 기부를 조건으로 하는 경우에는 영구시설물 축조가 가능하다(국유재산법 제18조제1항제1호).

34) 이 경우는 '건물 등을 신축하여 기부채납을 하려는 자가 신축기간에 그 부지를 사용하는 경우'에 해당하므로 국유지의 사용료를 면제할 수 있다(국유재산법 제34조제1항제1호의2).

문제될 경우 지방자치단체에서 해당 군 시설의 대체시설을 지어 국가에 기부한다던지,[35] 주민들을 위한 문화·체육시설을 국유지 위에 축조한 뒤 국가에 기부하여 주민들의 생활편의시설로 활용하려는 경우[36] 등이 그것이다.

실제 「국유재산법」에서는 기부채납의 주체를 '국가 외의 자'로만 규정하고 있으므로(국유재산법 제2조제2호), 「국유재산법」상으로는 국가가 지방자치단체로부터 기부채납을 받는 것에 문제가 없다. 하지만 실제로는 특별한 경우를 제외하고는 지방자치단체에서 국가로의 기부채납은 불가한바, 이는 「공유재산 및 물품관리법」상의 제한 규정 때문이다.

「공유재산 및 물품관리법」은 공유재산, 즉 지방자치단체의 재산 및 물품을 보호하고 그 취득·유지·보존 및 운용과 처분의 적정을 도모하기 위한 법이다. 이러한 입법취지 및 지방자치단체의 재정 부실화 방지 등을 위하여 동 법에서는 공유재산을 해당 지방자치단체 이외의 자에게 양여[37]하는 것을 엄격히 제한하고 있는데, 「공유재산 및 물품관리법」 제19조[38] 및 제40조[39] 등에서 양여가 가능하다고 규정된 경우를 제

---

35) 이 경우 만약 기존의 군 시설을 국가가 용도폐지하여 지방자치단체로 양여한다면 '기부 대 양여'가 된다.

36) 과거에는 국유지 위에 지방자치단체 소유의 시설 설치가 사실상 불가하였으므로 이러한 경우 국가로의 기부를 추진할 수 밖에 없었으나, 2020. 3. 「국유재산법」 제18조제1항제3호가 개정되면서 국유지 위에 지방자치단체 등이 주민생활을 위한 문화시설, 생활체육시설 등을 축조·소유할 수 있게 되었다.

37) 재산을 받는 국가 입장에서는 '기부채납'이지만, 재산을 기부하는 지방자치단체 입장에서는 '양여'가 된다.

38) 공유재산 중 행정재산의 양여에 대한 규정으로, 행정재산의 용도와 성질을 유지하는 조건으로 ① 다른 법령에 따라 해당 지방자치단체의 사무가 국가나 다른 지방자치단체로 이관됨에 따라 행정재산의 소유권이 변동되는 경우, ② 기존 도로의 확장·축소로 인하여 「도로법」 제23조에 따른 도로 관리청 또는 「국토의 계획 및 이용에 관한 법률」 제43조제3항에 따라 해당 지방자치단체의 조례로 정하는 관리청이 지방자치단체 간에 변경되는 경우, ③ 「공유수면 관리 및 매립에 관한 법률」 제35조제1항에 따라 협의하거나 승인을 받은 지방자치단체가 같은 조 제2항 단서에 따라 다른 지방자치단체에 공유수면 매립에 관한 권리를 양도하는 경우에는 국가 또는 다른 지방자치단체에 양여가 가능하다(공유재산 및 물품관리법 제19조제1항제1호, 동법 시행령 제11조).

39) 공유재산 중 일반재산의 양여에 대한 규정으로, ① 해당 특별시·광역시 또는 도의 구역에 있는 시·군 또는 구(자치구를 말한다)에서 공용 또는 공공용으로 사용하기 위하여 필요한 경우, ② 용도가 지정된 국고보조금·지방교부세 또는 기부금으로 조성된 일반재산으로서 그 용도에 따라 양여하는 경우, ③ 행정재산의 용도를 폐지한 경우에 그 용도에 갈음할 다른 시설을 마련하여 제공한 자와 그 상속인 또는 그 밖의 포괄승계인에게 양여하는 경우, ④ 도시계획사업 집행을 부담한 지방자치단체에 그 도시계획사업시행지구에 있는 토지를 양여하는 경우, ⑤ 그 밖에 자산가치가 하락하거나 보유할 필요가 없는 경우로서 「공유재산 및 물품관리법 시행령」 제46조제4항에서 정하는 경우에는 양여가 가능하다(공유재산 및 물품관리법

외하고는 원칙적으로 공유재산의 양여가 불가하다. 그런데 앞서 든 예와 같이 실무에서 지방자치단체가 국가로 기부채납하려는 경우는 대부분 「공유재산 및 물품관리법」 제19조 및 제40조 등에 해당되지 않는 까닭에, 실제 국가로의 기부채납이 이루어지지 않는 것이다.[40)]

법제처 또한 과거 법령해석을 통해, "지방자치단체가 「국유재산법」에 따라 국유재산인 토지에 행정재산 용도의 건물을 축조하여 등기하고 이를 무상으로 사용허가하여 줄 것을 조건으로 국가에 기부채납하는 것은 「공유재산 및 물품관리법」 제19조제1항에 따른 행정재산의 양여 제한규정에 따라 가능하지 않다"고 해석한 바 있다.[41)] 결국 현행법상 지방자치단체에서 국가로의 공유재산 기부채납은 「공유재산 및 물품관리법」 제19조 및 제40조의 범위 내에서만 가능한 것이다.

이에 대해 판단하건대, 「국유재산법」과 「공유재산 및 물품관리법」은 각각 국가의 재산과 지방자치단체의 재산에 대해 규율하는 법으로서 그 우열을 가릴 수 없고 일반법－특별법 관계에 있는 것도 아니므로, 현행 법령상으로는 위와 같은 해석이 불가피한 측면이 있다. 다만 그렇다보니 현재는 지방자치단체에서 국가로의 기부채납이 사실상 금지되고 있는데 이는 바람직하다고 보기 어렵다. 실제로는 지방자치단체에서 국가로의 기부채납을 통해 국가와 지방자치단체 모두의 효용을 증가시키는 경우도 많기 때문이다. 따라서 입법을 통해 이러한 문제를 해결함으로서 국유재산 및 공유재산의 효율적 활용을 도모할 필요가 있다. 국유재산이 궁극적으로 국민의 생활과 삶의 질 향상에 쓰여진다는 점을 고려하면, 공유재산의 국가로의 기부채납을 엄격히 제한할 실익은 크지 않다고 본다.

한편 현행 법령 하에서 적극적 법령해석을 통해 문제를 해결할 여지도 있다. 「공유재산 및 물품관리법」 제2조의2에 의하면 공유재산 및 물품의 관리·처분에 관하여 다른 법률에 특별한 규정이 있는 경우에는 해당 법률을 따르는바, 다른 법률에 지방자치단체에서 국가로의 양여 관련 내용이 있을 경우 이를 일종의 특별법으로 보아 우

제40조제1항).

40) 다만 지방자치단체가 「공유재산 및 물품관리법」 제정 전에 국유재산을 철거하고 건축물을 신축하여 보존등기를 한 후 국가에 기부채납하기로 국가와 기부채납계약을 체결한 경우에는, 기부채납을 이행할 시점에 「공유재산 및 물품관리법」이 제정되어 지방자치단체 소유 행정재산의 국가로의 양여를 제한하는 규정이 신설되었더라도 지방자치단체는 기존의 기부채납계약에 따라 해당 신축 건물을 국가에 기부채납할 수 있다(법제처 10－0246 '지방자치단체가 「공유재산 및 물품관리법」 제정 전에 국유재산을 철거하고 건축물을 신축하여 보존등기를 한 후 국가에 기부채납하기로 기부채납계약을 체결한 경우 위 「공유재산 및 물품관리법」 시행 후 해당 신축건물을 국가에 기부채납할 수 있는지 여부', 2010. 8. 31).

41) 법제처 12－0567 '지방자치단체가 국유재산인 토지에 행정재산 용도의 건물을 축조하여 국

선 적용할 수 있기 때문이다. 실제 법제처는 「항만법」 제64조의3제3항[42]을 「공유재산 및 물품관리법」 제19조제1항의 특별규정으로 보아, 지방자치단체가 항만재개발사업구역에 있는 국유재산을 임대하여 국가로의 기부를 조건으로 영구시설물을 설치한 경우 해당 영구시설물을 국가로 기부하는 것이 가능하다고 판단한 바 있다.[43]

다만 법제처가 이처럼 「공유재산 및 물품관리법」에 대한 특별규정을 인정하는 것에 상당히 인색하다는 점은 아쉬운 부분이다. 예를 들면 「군사기지 및 군사시설 보호법」에 따르면 지방자치단체의 장이 군사보호구역 안에서 건축행위를 할 경우 국방부장관 또는 관할부대장과 협의해야 하는데, 이 때 국방부장관 등은 기존 군사시설의 대체시설 설치를 조건으로 동의할 수 있다. 만약 지방자치단체가 군사보호구역 안에 도로를 개설하는데 인근에 군 초소가 있어 도로 개설 시 군사작전 수행에 제한을 받을 경우, 국방부장관 등은 지방자치단체가 기존 군 초소의 대체시설을 설치해 주는 조건으로 도로 개설에 동의하는 것이다. '대체'의 사전적 의미는 '다른 것으로 대신함'이다. 따라서 기존 국가 소유의 군 초소에 대하여 지방자치단체가 대체시설을 설치한다는 것은, 지방자치단체가 자신의 비용으로 초소 시설을 설치함은 물론 완공 후 해당 시설의 소유권을 국가로 양여한다는 의미까지 내포되어 있다고도 볼 수 있다.

하지만 이에 대해 법제처는 "「공유재산 및 물품관리법」 제19조제1항 각 호 및 제40조제1항 각 호에 열거된 경우에 해당하지 않음에도 불구하고 공유재산을 국가에 양여할 수 있으려면 다른 특별한 사정이 없는 한 개별 법률에서 공유재산의 관리·처분에 대해 명문으로 규정하고 있는 경우이어야 할 것"이라고 하며, 「군사기지 및 군사시설 보호법」상의 대체시설 설치 규정이 "해당 조건으로 설치되는 시설을 국가에 양여할 수 있는지 여부 및 관련 절차 등에 대해서는 별도로 규정하고 있지 않다"는 이유로 상기와 같은 사안에서 국가로의 대체시설 양여를 부정하고 있다.[44]

법제처의 입장은 법률의 문언적 해석에 충실한 것으로서 이해하지 못할 것은 아니나, 그 해석에 있어 매우 소극적이라는 인상을 지울 수 없다. 이에 따르면 공유재산

가에 기부채납할 수 있는지', 2012. 11. 23.

42) 「항만법」 제64조의3(국유재산의 임대 특례) ③ 제1항에 따라 국유재산을 임대받은 자는 「국유재산법」 제18조에도 불구하고 임대받은 국유재산에 필요한 영구시설물을 설치할 수 있다. 이 경우 국가는 해당 시설물의 종류 등을 고려하여 임대기간이 끝나는 때에 이를 국가에 기부하거나 원상회복하여 반환하는 조건을 붙여야 한다.

43) 법제처 19-0310 '항만재개발사업시행자인 지방자치단체가 임대받은 국유재산에 설치한 영구시설물을 국가에 기부할 수 있는지', 2019. 8. 7.

44) 법제처 20-0432 '지방자치단체의 장이 보호구역에 설치한 기존 군사시설의 대체 시설을 국가에 양여할 수 있는지 여부', 2020. 11. 19.

의 국가로의 양여는 사실상 다른 법률에 명문으로 '「공유재산 및 물품관리법」 제19조 및 제40조에도 불구하고 국가에 양여'한다는 내용이 있어야만 가능한 셈이기 때문이다. 물론 법령해석의 여러 가지 방법 중 문언적 해석이 가장 기초가 되고 법령해석에 있어 법적 안정성이 중요한 것은 사실이다. 하지만 이러한 소극적 법령해석으로 인해 국가와 지방자치단체 모두에게 이로운 사업이 추진되지 못하고 나아가 국유재산 및 공유재산의 효율적 활용이 저해되는 것은 매우 안타까운 일이다.

제5절 교환

'교환'은 당사자 쌍방이 금전 이외의 재산권을 상호이전할 것을 약정하는 것을 말한다(민법 제596조). 기본적으로 매매와 동일한 쌍무·유상 계약이지만, 급부가 금전이 아니라는 점에서 매매와는 차이가 있다. 국가도 국가 외의 자와 국유재산을 교환할 수 있는바, 「국유재산법」에서는 교환의 요건과 절차 등을 세부적으로 정하고 있다.

국유재산 교환의 가장 큰 특징은 취득과 처분이라는 양면적 성격을 함께 가지고 있다는 것이다. 즉 국유재산 교환이 성립되면 기존 국유재산의 소유권이 국가 외의 자에게 이전됨과 동시에 국가 외의 자의 재산이 새로이 국유재산으로 편입된다.

Ⅰ. 행정재산의 교환

행정재산은 국가의 행정목적을 수행하는 데에 있어 직접적으로 필요한 재산이므로 처분하지 못하는 것이 원칙이나, 공유 또는 사유재산과 교환하여 그 교환받은 재산을 행정재산으로 관리하려는 경우에는 교환이 가능하다(국유재산법 제27조제1항 제1호).

행정재산 교환의 구체적 절차 및 방법 등은 대부분 일반재산의 교환 규정을 준용하고 있다(국유재산법 제27조제2항, 국유재산법 시행령 제19조제1항). 따라서 이에 대해서는 후술하는 'Ⅱ. 일반재산의 교환'에서 함께 살펴보기로 한다.

Ⅱ. 일반재산의 교환

일반재산은 국가의 행정목적을 수행하는 데에 있어 직접적으로 필요한 것이 아니므로 행정재산에 비해 상대적으로 교환이 폭넓게 허용된다. 국가가 일반재산을 교환하는 계약은 국가가 사경제 주체의 지위에서 하는 '사법상 계약'이다.[45]

1. 일반재산의 교환이 가능한 경우

다음 표의 어느 하나에 해당하는 경우에는 일반재산인 토지·건물, 그 밖의 토지의 정착물, 동산과 공유 또는 사유재산인 토지·건물, 그 밖의 토지의 정착물, 동산[46]을 교환할 수 있다(국유재산법 第54조제1항).

〈표 3-3〉 일반재산의 교환이 가능한 경우(국유재산법 第54조제1항, 국유재산법 시행령 제57조제4항)

1. 국가가 직접 행정재산으로 사용하기 위하여 필요한 경우
2. 소규모 일반재산을 한 곳에 모아 관리함으로써 재산의 효용성을 높이기 위하여 필요한 경우
3. 일반재산의 가치와 이용도를 높이기 위하여 필요한 경우로서 매각 등 다른 방법으로 해당 재산의 처분이 곤란한 경우
4. 상호 점유를 하고 있고, 사유재산의 소유자가 다음의 어느 하나에 해당하는 사유로 인하여 점유 중인 일반재산과 교환을 요청한 경우[47]
   1) 사유재산 소유자가 사유토지만으로는 진입·출입이 곤란한 경우
   2) 국가의 점유로 인하여 해당 사유재산의 효용이 현저하게 감소된 경우
   3) 2016년 3월 2일 전부터 사유재산 소유자가 소유한 건물로 점유·사용되고 있는 일반재산인 토지로서 해당 토지의 향후 행정재산으로서의 활용가능성이 현저하게 낮은 경우

45) 대법원 2018. 11. 29. 선고 2018두51904 판결
46) 2011년 이전까지는 동산이 교환 대상이 포함되지 않았으나, 2012. 12. 국유재산의 효율적 관리를 도모하기 위하여 교환이 가능한 재산의 범위를 동산까지 확대하는 내용으로 「국유재산법」이 개정됨에 따라 동산도 교환이 가능하게 되었다.
47) 과거에는 사인이 직접 교환을 신청할 수 있는 법적 근거가 없었는바, 이는 사유재산 소유자의 재산권 행사를 부당하게 제한한다는 비판이 있었고 국민권익위원회 또한 사인의 국·공

2. 교환 재산의 유사성[48)]

교환하는 재산은 원칙적으로 서로 유사한 재산이어야 한다(국유재산법 시행령 제57조제1항). 이 때의 '서로 유사한 재산'이란 다음 중 어느 하나에 해당하는 경우를 말한다.

〈표 3-4〉 교환이 가능한 '서로 유사한 재산'(국유재산법 시행령 제57조제2항)

1. 토지를 토지와 교환하는 경우
2. 건물을 건물과 교환하는 경우
3. 양쪽 또는 어느 한쪽의 재산에 건물(공작물을 포함한다)이 있는 토지인 경우에 주된 재산(그 재산의 가액이 전체 재산가액의 2분의 1 이상인 재산을 말한다)이 서로 일치하는 경우
4. 동산을 동산과 교환하는 경우

다만 ① 일반재산을 지방자치단체 소유의 공유재산(公有財産)과 교환하는 경우, 또는 ② 새로운 관사를 취득하기 위하여 노후화된 기존 관사와 교환하는 경우에는 '서로 유사한 재산'이 아니더라도 교환이 가능하다(국유재산법 시행령 제57조제1항).

3. 일반재산 교환의 제한

원칙적으로 교환 재산의 대상에 있어 특별한 제한은 없으나, 일반재산이 다음 중 어느 하나에 해당하는 경우에는 교환이 불가하다.

〈표 3-5〉 일반재산의 교환이 불가한 경우(국유재산법 시행령 제57조제3항)

1. 「국토의 계획 및 이용에 관한 법률」, 그 밖의 법률에 따라 그 처분이 제한되는 경우
2. 장래에 도로·항만·공항 등 공공용 시설로 활용할 수 있는 재산으로서 보존·관리할 필요가 있는 경우

유지 교환신청 제도 신설을 권고하였다. 이에 2016. 3. 「국유재산법」을 개정하여 동 조항(국유재산법 제54조제1항제4호)을 신설하였고, 대통령령 개정을 거쳐 2017. 3.부터 시행하게 되었다.

48) 이하의 내용은 '행정재산의 교환'에도 대부분 공통적으로 적용된다.

3. 교환으로 취득하는 재산에 대한 구체적인 사용계획 없이 교환하려는 경우
4. 한쪽 재산의 가격이 다른 쪽 재산 가격의 4분의 3 미만인 경우[49](다만, 교환 대상 재산이 공유재산인 경우는 제외)
5. 교환한 후 남는 국유재산의 효용이 뚜렷하게 감소되는 경우
6. 교환 상대방에게 건물을 신축하게 하고 그 건물을 교환으로 취득하려는 경우
7. 그 밖에 '국유재산 종합계획'의 국유재산 처분기준에서 정한 교환제한대상에 해당하는 경우

다만 상기 제3호 또는 제4호에 해당하는 일반재산이 「국유재산법 시행령」 제57조제4항 각 호[50]의 어느 하나에 해당하는 경우에는 교환할 수 있다. 이는 「국유재산법 시행령」 제57조제4항이 상호점유를 하고 있는 사유재산 소유자의 재산권 행사를 보호하기 위해 도입된 조항인만큼, 국가가 교환으로 취득하려는 재산에 대한 구체적인 사용계획이 없거나 교환 대상 재산 사이에 가격 차이가 나더라도 교환을 허용함으로써 국민의 재산권 행사를 두텁게 보호하기 위함이다.

4. 교환 재산의 가격

교환 재산의 가격은 원칙적으로 감정평가를 통해 결정하는데, 대장가격이 3천만원 이상인 경우에는 두 개의 감정평가업자의 평가액을 산술평균한 금액으로 하고, 대장가격이 3천만원 미만이거나 지방자치단체 또는 공공기관과 교환하는 경우에는 하나의 감정평가업자의 평가액으로 정한다(국유재산법 시행령 제42조제1항). 다만 일반재산을 지방자치단체의 공유재산과 교환하려는 경우에는 중앙관서의 장 등과 지방자치단체가 협의하여 개별공시지가로 산출된 금액이나 하나 이상의 감정

---

49) 「국유재산법」 제54조제1항제2호에 따른 교환(소규모 일반재산을 한 곳에 모아 관리함으로써 재산의 효용성을 높이기 위하여 필요한 경우)인 경우에는 '4분의 3 미만'이 아니라 '2분의 1 미만'을 기준으로 한다.

50) 「국유재산법 시행령」 제57조(교환) ④ 법 제54조제1항제4호에서 "해당 재산 소유자가 사유토지만으로는 진입·출입이 곤란한 경우 등 대통령령으로 정하는 불가피한 사유"란 다음 각 호의 어느 하나에 해당하는 사유를 말한다.
1. 사유재산 소유자가 사유토지만으로는 진입·출입이 곤란한 경우
2. 국가의 점유로 인하여 해당 사유재산의 효용이 현저하게 감소된 경우
3. 2016년 3월 2일 전부터 사유재산 소유자가 소유한 건물로 점유·사용되고 있는 일반재산인 토지로서 해당 토지의 향후 행정재산으로서의 활용가능성이 현저하게 낮은 경우

평가업자의 평가액을 기준으로 하여 교환할 수 있다(국유재산법 시행령 제57조제6항).

교환 재산 간에 가격이 같지 아니하면 그 차액을 금전으로 대신 납부하여야 하며(국유재산법 제54조제3항), 이러한 교환자금의 납부에 관하여는 일반재산 매각대금 납부의 예에 따른다(국유재산법 시행규칙 제39조).

5. 교환의 절차

과거에는 국가만이 교환을 제안할 수 있었으나, 2016. 3. 2.「국유재산법」제54조제1항제4호[51]가 신설되어 2017. 3.부터 시행됨에 따라 이제는 국유재산을 상호 점유하고 있는 사인이 교환을 신청하는 것도 가능하게 되었다.

교환의 상대방은 교환계약 체결[52] 전에 그 대상재산에 소유권 외의 권리가 설정되어 있으면 그 권리를 소멸시키고 그 대상재산에 관한 각종 세금과 공과금을 모두 내야 한다(국유재산법 시행규칙 제37조제1항).「국유재산법」제11조제1항에 따라 사권(私權)이 설정된 재산은 그 사권이 소멸된 후가 아니면 국유재산으로 취득하지 못하기 때문이다.

〈해석례〉 행정안전부 회계제도과-1884, 2015. 8. 18.
공유재산과 교환하고자 하는 사유토지에 지하철도가 통과하고 있으며 철도청으로부터 구분지상권이 설정되어 있는 경우는 사권이 설정된 것으로 볼 수 있고, 그 지상권이 소멸되기 전에 공유재산으로 취득하는 것은 곤란하다 할 것임[53]

한편 중앙관서의 장등은 일반재산 교환 시 다음의 사항을 명백히 하고 그 적정 여부를 확인하여야 하며,「전자정부법」제36조제1항에 따른 행정정보의 공동이용을 통하여 해당 재산의 등기부 등본, 건축물대장, 토지대장, 임야대장, 지적도, 임야도

---

51)「국유재산법」제54조(교환) ① 다음 각 호의 어느 하나에 해당하는 경우에는 일반재산인 토지·건물, 그 밖의 토지의 정착물, 동산과 공유 또는 사유재산인 토지·건물, 그 밖의 토지의 정착물, 동산을 교환할 수 있다.
4. 상호 점유를 하고 있고 해당 재산 소유자가 사유토지만으로는 진입·출입이 곤란한 경우 등 대통령령으로 정하는 불가피한 사유로 인하여 점유 중인 일반재산과 교환을 요청한 경우

52) 중앙관서의 장등은 일반재산을 교환할 때「국유재산법 시행규칙」별지 제10호 서식의 국유재산 교환계약서를 작성하여야 한다(국유재산법 시행규칙 제38조).

53) 공유재산에 대한 해석례이나 그 법리는 국유재산에도 동일하게 적용된다.

를 확인하여야 한다.

〈표 3-6〉 중앙관서의 장등이 일반재산 교환 시 확인해야 할 사항(국유재산법 시행규칙 제37조제2항)

1. 재산의 표시
2. 교환 목적
3. 교환대상자의 성명 및 주소
4. 같은 시점의 평정가격과 그 평정조서
5. 교환자금과 그 결제방법
6. 교환 조건
7. 등기부 등본 및 지적공부(「국유재산법」 제42조제1항에 따라 일반재산의 관리·처분에 관한 사무를 위탁받은 자에게 제출하는 경우로 한정)
8. 교환으로 취득하려는 재산이 환지예정지인 경우에는 환지예정지로 확정된 것을 증명하는 서류
9. 건축물현황도 등 필요한 도면
10. 교환으로 취득할 재산의 토지이용계획 확인서

중앙관서의 장등은 일반재산을 교환하려면 그 내용을 감사원에 보고하여야 하고(국유재산법 제54조제4항), 동산과 동산을 교환하려는 경우에는 미리 총괄청과 협의하여야 한다(국유재산법 시행령 제57조제7항). 교환은 국유재산의 취득과 처분이 결합된 형태인바, 교환이 무분별하게 이루어질 경우 국가의 예산통제 기능이 약화되고 국유재산 관리·처분의 기본원칙이 형해화될 수도 있기 때문이다. 「국유재산법」 제42조제1항에 따라 일반재산의 관리·처분에 관한 사무를 위임·위탁받은 자가 해당 일반재산을 교환하려는 경우 미리 총괄청의 승인을 받도록 한 것도 같은 취지이다(국유재산법 시행령 제57조제8항).

〈참고 3-3〉 '교환'과 '기부 대 양여'

'교환'과 비슷한 제도로서 '기부 대 양여'가 있다. '기부 대 양여'는 행정재산을 용도폐지하는 경우 그 용도에 사용될 대체시설을 제공한 자 또는 그 상속인, 그 밖의 포괄승계인에게 그 부담한 비용의 범위에서 용도폐지된 재산을 양여하는 것을 말하며[54] 「국유재산법」 제55조제1항제3호, 「국방·군사시설 사업에 관한 법률」 제12조 등에서 규정하고 있다.

국가가 사인으로부터 재산을 넘겨받는 대신 용도폐지된 재산의 소유권을 사인에게 이전한다는 점에서는 교환과 기부 대 양여가 동일하다. 다만 이 둘 사이에는 다음과 같은 몇 가지 차이점이 있다.

첫째, 교환은 원칙적으로 토지와 토지, 건물과 건물 등 '서로 유사한 재산' 사이에서 성립되는 반면[55] 기부 대 양여는 이와 같은 제한이 없다. 즉 기부 대 양여에 있어 국가와 그 상대방이 대체시설의 규모를 협의함에 있어서는 소관 법령 또는 시설기준 부합여부 및 기존 시설 기능의 대체성 등을 고려해야 할 뿐 반드시 '서로 유사한 재산'일 필요는 없다. 실무상으로는 국유지를 양여하는 대신 사·공유지 또는 새로운 건물·공작물 등의 시설을 기부받는 경우가 많으며, 물품이 기부재산에 포함되기도 한다. 이 때 기부재산에 포함되는 물품은 '대체시설의 규모 확대 및 현대화 등에 따라 즉각적인 기능 발휘를 위해 필수적인 물품'이어야 하며, 물품을 기부받기 위해서는 「국유재산법」 제26조에 따른 국유재산정책심의위원회 산하 '기부 대 양여 분과위원회'의 심의를 거쳐야 한다.[56]

둘째, 교환은 처분하는 국유재산과 취득하는 사·공유재산의 가격차액을 금전으로 납부하면 되므로 두 재산 가격의 크고작음이 문제되지 않지만, 기부 대 양여에서의 양여재산은 최초 합의각서 체결 시점에 그 용도에 사용될 대체시설을 제공한 자 또는 상속인, 그 밖의 포괄승계인이 부담한 비용의 범위이어야 한다. 즉 기부 대 양여에서는 기부재산이 양여재산보다 크거나 최소한 같아야 한다. 만약 기부 대 양여에서 대체시설 완공후 최종 합의각서 체결시 양여재산이 기부재산을 초과한다면, 상대방은 국가에 그 차액을 납부하여야 하고 국가는 이를 즉시 세입조치 하여야 한다.[57] 반대로 양여재산이 기부재산에 미치지 못할 경우에는 별도의 차액 납부가 필요치 않다.

셋째, 교환은 그 내용을 감사원에게 보고하여야 하고 동산과 동산 교환시에는 총괄

---

54) 다만, 이 때의 양여재산은 ①「공익사업을 위한 토지 등의 취득 및 보상에 관한 법률」 제20조에 따라 사업인정을 받은 공익사업의 사업지구에 편입되는 행정재산 또는 ② 군사시설 이전 등 대규모 국책사업을 수행하기 위하여 용도폐지가 불가피한 행정재산에 해당하여야 한다(국유재산법 시행령 제58조제3항).

55) 예외적으로 ① 일반재산을 지방자치단체 소유의 공유재산과 교환하는 경우 또는 ② 새로운 관사를 취득하기 위하여 노후화된 기존 관사와 교환하는 경우에는 '서로 유사한 재산'이 아니더라도 교환이 가능하다(국유재산법 시행령 제57조제1항).

56) 「국유재산 기부 대 양여 사업관리 지침」 (기획재정부 훈령) 제11조

57) 「국유재산 기부 대 양여 사업관리 지침」 (기획재정부 훈령) 제4조제2항

청과의 협의도 반드시 필요하나(국유재산법 제54조제4항, 국유재산법 시행령 제57조제7항), 기부 대 양여는 500억원을 초과하는 가액의 일반재산을 양여할 경우에만 총괄청과의 협의가 필요하다[58](국유재산법 제55조제3항, 국유재산법 시행령 제58조제7항). 물론 기부 대 양여는 국유재산정책심의위원회 산하 '기부 대 양여 분과위원회' 심의 등의 절차가 있으나,[59] 교환에 비해 상대적으로 총괄청이나 감사원 등의 통제가 약하다고 볼 여지가 있다.[60]

정리하면 기부 대 양여가 교환에 비해 그 대상의 선정이 상대적으로 자유롭고, 국가가 기부받는 재산이 양여하는 재산보다 많더라도 차액 납부가 필요치 않으며, 소관 중앙행정기관의 재량 여지가 상대적으로 큰 측면이 있다. 이러한 이유로 실무에서는 교환보다 기부 대 양여를 선호하는 경향이 있는데, 기부 대 양여 또한 국유재산의 취득과 처분이 결합된 형태라는 점에서 교환과 크게 다르지 않다고 본다. 따라서 기부 대 양여 역시 국유재산 관리·처분의 기본원칙(국유재산법 제3조)에 따라 이루어져야 하며, 국가의 예산통제 기능을 잠탈하는 목적으로 추진되지 않도록 특히 유의해야 할 것이다.

제6절 소유자 없는 부동산의 취득

「민법」에 따르면 소유자가 없는 무주(無主)의 부동산은 국유로 한다(민법 제252조제2항). 그리고 「국유재산법」에서는 소유자 없는 부동산을 국유재산으로 취득한다고 하며(국유재산법 제12조제1항) 이러한 부동산의 국유화 절차에 대해 자세히 규정하고 있다.

이 때 소유자가 없는 부동산이란 '등기부 등본 또는 지적공부에 등기 또는 등

58) 이마저도 과거에는 없던 절차였으나 국유재산의 효율적 관리를 위해 2017. 12. 「국유재산법」이 개정되면서 총괄청과의 협의 규정이 신설되었고, 가액 기준 500억원은 2018. 6. 「국유재산법 시행령」 개정을 통해 정하였다.

59) 참고로 분과위원회 규정은 2011. 3.에 신설되었으나 한동안 부동산분과위원회, 증권분과위원회의 2개만 운영되었고, 기부 대 양여 분과위원회는 2017. 3.에야 도입되었다.

60) 다만 「국방·군사시설 사업에 관한 법률」 제12조에 따른 기부 대 양여 방식으로 추진하는 국방·군사시설사업의 경우에는 그 현황을 매년 국회 소관 상임위원회에 보고하여야 한다(국방·군사시설 사업에 관한 법률 제12조제3항).

록된 사실이 없는 재산이거나 그 밖에 소유자를 확인할 수 없는 재산으로서 국가가 그 사실을 인지하지 못하고 있는 재산'을 말하며(국유재산법 시행령 제75조제2항),[61] 지번이 부여되지 않은 미등록의 토지라면 특별한 사정이 없는 한 소유자가 없는 토지에 해당한다고 본다.[62]

다만 토지등기부는 존재하지 않으나 토지대장에는 국가 외의 자 소유로 등록되어 있는 토지는 소유자 없는 부동산에 해당되지 않으며, 공유수면을 무단으로 매립하여 조성된 토지 또한 지적공부 등록 여부나 등기 여부를 불문하고 당연히 국유재산이므로 「국유재산법」상의 소유자 없는 부동산에 해당하지 않는다.

〈해석례〉 법제처 11-0708, 토지등기부는 존재하지 않으나, 토지대장에는 국가 외의 자 소유로 등록되어 있는 토지가 「국유재산법」 제77조 및 같은 법 시행령 제75조제2항에 따른 소유자 없는 부동산에 해당되는지, 2012. 3. 22.

「국유재산법」 제12조제1항 및 제77조제1항에서는 총괄청이나 중앙관서의 장은 소유자 없는 부동산을 국유 재산으로 취득한다고 하고 있고, 소유자 없는 부동산을 발견하여 정부에 신고한 자에게는 대통령령으로 정하는 바에 따라 보상금을 지급할 수 있다고 규정하고 있는데, 같은 법 시행령 제75조제2항에서는 법 제77조에 따른 보상금의 지급 또는 양여의 대상이 되는 소유자 없는 부동산은 등기부 등본 또는 지적공부에 등기 또는 등록된 사실이 없는 재산이거나 그 밖에 소유자를 확인할 수 없는 재산으로서 국가가 그 사실을 인지하지 못하고 있는 재산이라고 규정하고 있는바,

위 규정의 문언상 등기부 등본 또는 지적공부에 등기 또는 등록된 사실이 있는 재산은 소유자 없는 부동산에 해당될 수 없다고 해석되고, 그렇다면 지적공부에 일정한 자의 소유로 등록된 사실이 있다면 해당 재산은 소유자 없는 부동산에 해당될 수 없다고 할 것인데, 이 사안 토지의 경우 지적공부인 토지대장에(「측량 · 수로조사 및 지적에 관한 법률」 제2조제19호) 국가 외의 자가 소유자로 기재되어 있으므로 소유자 없는 부동산에 해당되지 않는 것으로 보아야 할 것입니다.

---

61) 이 때 '국가가 인지하지 못하고 있는 재산'이란 ① 국유재산대장 또는 공유재산대장에 국유재산 또는 공유재산으로 적혀 있는 재산, ② 국가와 소유권을 다투는 소송이 계류 중이거나 그 밖의 분쟁이 있는 재산, ③ 국가가 환수절차를 밟기 시작한 재산, ④ 섬, 이상의 4가지를 제외한 재산을 말한다(국유재산법 시행규칙 제51조).

62) 대법원 1997. 11. 28. 선고 96다30199 판결

〈해석례〉 법제처 09-0406, 공유수면을 무단으로 매립하여 조성된 토지 중 토지대장에는 등록되어 있으나 등기 절차를 밟지 않은 토지가 소유자 없는 부동산에 해당하는지 여부, 2010. 3. 5.

소유자 없는 부동산은 당연히 국유이고(「민법」 제187조, 제252조제2항), 공유수면은 그 일부가 사실상 매립되었다고 하더라도 국가가 공유수면으로서의 공용폐지를 하지 아니하는 이상 법률상으로는 여전히 공유수면으로서의 성질을 보유하고 있다고 할 것이므로, 공유수면을 무단으로 매립하여 이루어진 토지는 당연히 국유재산에 해당합니다.

그렇다면, 공유수면을 무단으로 매립하여 조성된 토지는 지적공부 등록 여부나 등기 여부를 불문하고 당연히 국유재산이므로, 「국유재산법」 제12조제1항에서 규정하고 있는 소유자 없는 부동산에 해당한다고 볼 수 없고, 「국유재산법」 제12조제1항부터 제3항까지의 규정에서는 소유자 없는 부동산을 국유로 취득하는 절차에 관하여 규정하고 있으나, 이 규정은 소유자 없는 부동산 인지 여부가 불명확한 경우에 국가가 해당 부동산을 일정한 공부에 등록할 때 적용되는 특별한 절차를 규정한 것으로, 이 절차는 단순히 지적공부상의 등록절차에 불과하고 이로써 권리의 실체관계에 영향을 주는 것은 아니라고 할 것이므로, 무단으로 매립된 공유수면과 같이 원래부터 국유인 부동산에 대하여는 적용될 여지가 없습니다.

Ⅰ. 소유자 없는 부동산의 국유화 절차

소유자 없는 부동산을 신고하려는 자는 「국유재산법 시행규칙」에 따른 신고서를 조달청장에게 제출하고, 이를 접수한 조달청장은 신고된 재산을 직접 조사하여[63] 소유자 없는 부동산 여부 및 보상금 지급대상 여부를 기획재정부장관에게 보고하고 신고인에게 통지하여야 한다. 만약 신고된 재산이 소유자 없는 부동산에 해당하는 경우에는 소관 중앙관서의 장을 지정하고 해당 재산을 국가의 명의로 등기한다(국유재산법 시행규칙 제52조, 제53조).

국유화의 구체적 절차를 살펴보면, 총괄청이나 중앙관서의 장은 소유자가 없는 부동산을 국유재산으로 취득할 경우 6개월 이상의 기간을 정하여 그 그간에 정당한 권리자나 그 밖의 이해관계인이 이의를 제기할 수 있다는 뜻을 공고하여야 한다(국유재산법 제12조제2항). 이 때 공고할 사항은 ① 해당 부동산의 표시, ② 공고

63) 신고된 재산이 소유자 없는 부동산이 아닌 것이 명백한 경우에는 조달청장은 이유를 붙여 그 신고서를 반려할 수 있다(국유재산법 시행규칙 제52조제3항).

후 6개월이 지날 때까지 해당 부동산에 대하여 정당한 권리를 주장하는 자가 신고하지 아니하면 국유재산으로 취득한다는 뜻이다(국유재산법 시행령 제7조제1항).[64]

만약 정해진 기간 동안 이의가 없었다면 공고 사실을 입증하는 서류를 첨부하여 지적공부를 관리하는 소관청에 소유자 등록을 신청할 수 있다(국유재산법 제12조제3항).

Ⅱ. 소유자 없는 부동산의 국유화 시기

「민법」에는 소유자 없는 부동산을 국유로 한다고 명시되어 있으나, 「국유재산법」에서는 6개월 이상의 공고를 마친 뒤에야 국유재산으로 등기가 가능함을 규정하고 있다. 따라서 소유자 없는 부동산의 국유화가 완료되는 시점이 문제될 수 있다.

원칙적으로 부동산에 관한 법률행위로 인한 물권의 득실변경은 등기하여야 그 효력이 생기나(민법 제186조), 소유자 없는 부동산의 국유화는 등기를 요하지 아니하는 부동산 물권취득에 해당한다(민법 제187조). 즉, 소유자 없는 부동산은 「민법」 제252조제2항에 따라 그 자체로 국유에 속하게 되고, 「국유재산법」상의 절차는 지적공부 상의 등록절차일 뿐 실체적 권리관계에는 영향을 주지 않는다.

〈판례〉 대법원 1999. 3. 9. 선고 98다41759 판결
민법 제252조제2항의 규정에 의하여 무주의 부동산은 선점과 같은 별도의 절차를 거침이 없이 그 자체로 국유에 속하므로, 국유재산법…에서 무주의 부동산을 국유재산으로 취득하는 절차를 규정하고 있으나 이는 단순히 지적공부상의 등록절차에 불과하고 이로써 권리의 실체관계에 영향을 주는 것은 아니다.

Ⅲ. 소유자 없는 부동산 신고자에 대한 보상

소유자 없는 부동산을 발견하여 정부에 신고한 자에게는 보상금을 지급할 수 있고, 지방자치단체가 소유자 없는 부동산을 발견하여 신고한 경우에는 그 재산가격의 2분의 1의 범위에서 그 지방자치단체에 국유재산을 양여하거나 보상금을 지

64) 공고는 관보와 일간신문에 게재하고, 해당 부동산의 소재지를 관할하는 지방조달청의 인터넷 홈페이지에 14일 이상 게재하여야 한다(국유재산법 시행령 제7조제2항).

급할 수 있다(국유재산법 제77조).[65] 또한 소유자 없는 부동산을 신고한 자가 둘 이상인 경우에는 먼저 신고한 자에게 보상금을 지급하되, 신고한 면적이 서로 다른 경우에는 나중에 신고한 자에게도 잔여분에 한정하여 보상금을 지급할 수 있다(국유재산법 시행령 제76조제4항).

보상금 지급은 소유자 없는 부동산을 「국유재산법」이 정하는 절차·방법에 따라 신고하고 그에 대한 조사를 거쳐 「국유재산법」에 따라 국가에 귀속되는 경우를 전제로 한 것이다. 따라서 신고한 부동산이 「국유재산법」상의 소유자 없는 부동산에 해당하지 않고, 추후 「민법」 제1053조 내지 제1058조에 의한 절차를 거쳐 국가에 귀속되는 경우에는 「국유재산법」에 따른 보상금 지급이 불가하다.

〈해석례〉 법제처 11-0708, 토지등기부는 존재하지 않으나, 토지대장에는 국가 외의 자 소유로 등록되어 있는 토지가 「국유재산법」 제77조 및 같은 법 시행령 제75조제2항에 따른 소유자 없는 부동산에 해당되는지, 2012. 3. 22.

「국유재산법」 제12조에서는 소유자 없는 부동산을 국유재산으로 취득하도록 하면서, 같은 법 제77조제1항에서는 소유자 없는 부동산을 발견하여 정부에 신고한 자에게는 보상금을 지급할 수 있도록 하고 있습니다.

그런데, 「국유재산법」 및 그 하위 법령에서는 신고 및 보상금의 지급 대상이 되는 소유자 없는 부동산에 관하여 명시적으로 규정하고 있고(시행령 제75조제2항), 그 신고 방법 및 절차(시행령 제75조제3항, 시행규칙 제52조), 신고재산에 대한 조사(시행규칙 제53조 및 제54조), 신고 및 조사에 따른 국가귀속의 절차(법 제12조제2항 및 제3항, 시행령 제7조), 보상률(시행규칙 제56조) 등에 관하여 정하고 있는바,

그렇다면 「국유재산법」 제77조에 따른 보상금 지급은 신고 및 보상금의 지급 대상이 되는 소유자 없는 부동산을 같은 법이 정하는 절차 및 방법에 따라 신고를 하고, 그에 대한 조사를 거쳐 같은 법에 따라 국가에 귀속되는 경우를 전제로 한 것으로 보아야 할 것이고, 이와 달리 피상속인의 친족 기타 이해관계인 또는 검사의 청구에 의하여 그 절차가 개시되도록 하고 있어 신고 및 보상금 제도를 예정하고 있지도 않을 뿐만 아니라 국가로 귀속되는 절차에 관해서도 별도의 규정을 두고 있는 「민법」 제1054조 내지 제1058조에 따라 국가로 귀속되는 경우까지 「국유재산법」에 따른 보상금이 지급되어야 된다고 보기는 어렵다고 할 것입니다.

---

65) 다만, 공공용 재산은 보상금의 지급 또는 양여의 대상에서 제외한다(국유재산법 시행령 제75조제2항 단서).

1. 지방자치단체 외의 자가 발견, 신고한 경우

지방자치단체 외의 자가 발견하여 신고한 소유자 없는 부동산의 국가귀속이 확정되었을 때에는 그 신고자에게 필지별로 300만원을 최고액으로 하여 재산가액의 1천분의 5에 상당하는 금액을 보상금으로 지급한다(국유재산법 시행령 제76조제1항, 국유재산법 시행규칙 제56조제2항). 이 때 보상금 지급의 대상이 되는 소유자 없는 부동산은 다음 표와 같다. 다만 ① 소유자 없는 부동산의 원인을 제공한 자가 신고한 경우, ② 국민이 아닌 자가 신고한 경우에는 보상금을 지급하지 아니한다(국유재산법 시행규칙 제50조).

〈표 3-7〉 보상금 지급 대상 소유자 없는 부동산(국유재산법 시행규칙 제56조제2항)[66]

1. 공공용재산(폐도와 폐하천 포함) 외에 처음부터 등기부 등본 또는 지적공부에 등기 또는 등록된 사실이 없는 재산 2. 공유수면 매립 등으로 조성된 토지의 이해관계인이 없어 소유권 취득절차를 밟지 아니한 재산 3. 등기부 등본 또는 지적공부의 멸실·망실 등으로 등기 또는 등록 사실을 확인할 수 없는 재산 4. 그 밖에 소유자를 확인하지 못하고 있는 재산

보상금 최고액 산정 시 기준이 되는 '필지별'은 신고 당시의 필지를 기준으로 하되, 신고 당시의 필지가 확정되어 있지 아니한 경우에는 국가귀속 당시의 필지를 기준으로 한다(국유재산법 시행규칙 제56조제4항).

2. 지방자치단체가 발견, 신고한 경우

「국유재산법」 제77조제2항에서는 국유재산 양여와 보상금 지급이 모두 가능하도록 하며 세부사항을 대통령령에 위임하였는데, 현행 「국유재산법 시행령」에서는 국유재산 양여만을 규정하고 있다.

---

66) 다만 이 표에 해당하는 재산이더라도 신고 당시 농지소표, 민원서류 등에 적혀 있는 재산을 신고한 자에게는 필지별로 50만원을 최고액으로 하여 재산가액의 1천분의 3에 상당하는 금액을 보상금으로 지급한다(국유재산법 시행규칙 제56조제3항).

즉, 지방자치단체가 ① 공공용재산(폐쇄도로와 폐하천을 포함한다) 외에 처음부터 등기부 등본 또는 지적공부에 등기 또는 등록된 사실이 없는 재산 또는 ② 공유수면 매립 등으로 조성된 토지의 이해관계인이 없어 소유권 취득 절차를 밟지 아니한 재산 중 어느 하나에 해당하는 소유자 없는 부동산을 발견·신고한 경우에는 '총괄청이 지정하는 재산으로서 지방자치단체가 신고한 해당 재산 가격의 100분의 15를 넘지 않는 금액에 상당하는 재산'을 해당 지방자치단체에 양여할 수 있다(국유재산법 시행령 제76조제3항제2호).

Ⅳ. 소유자 없는 부동산의 국유화 이후 처분 제한

소유자 없는 부동산은 국유화 되어 등기된 날[67]로부터 10년간 처분을 하여서는 아니된다(국유재산법 제12조제4항). 다만 예외적으로 ① 해당 국유재산이 토지보상법에 따른 공익사업에 필요하게 된 경우, ② 해당 국유재산을 매각하여야 하는 불가피한 사유가 있는 경우로서 '국유재산종합계획상의 국유재산 처분의 기준'에서 정한 경우에는 등기 후 10년 이내라도 처분이 가능하다(국유재산법 시행령 제7조제3항).

〈참고 3-4〉 소유자 없는 부동산의 국유화에 있어 「민법」 제1053조~제1058조의 적용

우리나라는 일제 강점기와 한국전쟁 등을 거치면서 등기부가 멸실되거나 등기명의인이 행방불명 되는 사례가 적지 않았던 반면, 소유자 없는 부동산에 관하여 관보와 일간신문에 게재되는 공고를 일일이 확인하는 것은 현실적으로 쉽지 않다. 이런 까닭에 「국유재산법」에 따라 6개월 이상의 공고를 하고 국가 명의로 소유권보존등기가 이루어진 이후에야 해당 부동산에 대한 권리를 주장하는 사람이 나타나는 경우가 발생할 수 있다. 특히 「민법」 제1053조~제1058조에서는 상속인이 부존재할 경우의 재산 정리 절차 및 권리 귀속에 대하여 규정하고 있는바, 「국유재산법」과 「민법」 상기 조항과의 관계가 문제된다.

일단 소유자 없는 토지는 「민법」 제252조제2항에 의하여 국유로 되는 것이고, 토

67) 2015년 이전 「국유재산법」에서는 '취득일'로 규정하고 있었는바, '취득일'이 「민법」에 따라 국가가 소유자 없는 부동산의 소유권을 실제로 취득한 날을 의미하는지 아니면 「국유재산법」상 공고 절차를 마친 뒤 국가 명의로 등기가 이루어진 날을 의미하는지 논란이 있었다. 이에 2016. 3. 「국유재산법」 개정을 통해 '취득일'을 '등기일'로 변경함으로써 이러한 논란을 해결하였다.

지 소유자가 존재하였으나 그의 상속인의 존부가 분명하지 아니한 경우에 적용되는 「민법」 제1053조 내지 제1058조 소정의 절차를 밟아야만 국유로 되는 것은 아니므로, 소유자 없는 토지라고 인정을 한 이상 그 토지를 국유라고 하기 위하여 상속인 부존재의 경우에 필요한 절차를 밟았는지 별도로 심리할 필요는 없고,[68] 국가가 권리보전조치를 하는 과정에서 토지의 진정한 소유자가 따로 있음을 알고 있음에도 소유권보존등기를 마쳤다는 등의 특별한 사정이 없는 한 토지의 사정명의인 또는 상속인에 대한 관계에서 불법행위도 성립하지 않는다.[69]

반면 특정인 명의로 사정된 토지는 특별한 사정이 없는 한 사정명의자나 그 상속인의 소유로 추정되고, 토지의 소유자가 행방불명되어 생사 여부를 알 수 없다 하더라도 그가 사망하고 상속인도 없다는 점이 입증되거나 그 토지에 대하여 「민법」 제1053조 내지 제1058조에 의한 국가귀속 절차가 이루어지지 아니한 이상 그 토지가 바로 무주부동산이 되어 국가 소유로 귀속되는 것이 아니며,[70] 소유자가 따로 있음을 알 수 있는 부동산에 대하여 국가가 「국유재산법」에 의한 무주부동산 공고절차를 거쳐 국유재산으로 등기를 마치고 점유를 개시하였다면, 그 점유의 개시에 있어 자기의 소유라고 믿은 데 과실이 있으므로 국가의 등기부취득시효 주장은 인정되지 않는다.[71] 나아가 국가가 권리보전조치를 하는 과정에서 토지의 진정한 소유자가 따로 있음을 알고 있음에도 소유권보존등기를 마쳤다면 국가는 토지의 사정명의인 또는 상속인에 대해 불법행위책임을 진다.[72]

이를 종합하면 소유자 없는 토지를 국유화하기 위해 반드시 「민법」 제1053조 내지 제1058조에 따른 절차를 밟을 필요는 없으나, 과거 해당 토지를 사정받은 사람이 있거나 등기부상 소유자가 있었을 경우 등에는 그 당사자가 사망하고 상속인도 없다는 점이 입증되거나 「민법」 제1053조 내지 제1058조에 의한 국가귀속 절차가 이루어져야 국유화가 가능하게 된다.

---

68) 대법원 1997. 11. 28. 선고 96다30199 판결
69) 대법원 2014. 12. 11. 선고 2011다38219 판결
70) 대법원 1999. 2. 23. 선고 98다59132 판결
71) 대법원 2008. 10. 23. 선고 2008다45057 판결
72) 대법원 2014. 12. 11. 선고 2011다38219 판결

제7절 은닉 국유재산의 취득

은닉된 국유재산을 발견·확인하였을 때에는 조사를 통해 국가 명의로 등기하여야 한다. 이 때 은닉된 국유재산이란 '등기부 등본 또는 지적공부에 국가 외의 자의 명의로 등기 또는 등록되어 있고, 국가가 그 사실을 인지하지 못하고 있는 국유재산'을 말한다(국유재산법 시행령 제75조제1항).[73)]

국가가 어떤 재산이 국유인 사실을 알고 관계 법령 소정의 절차에 따라 사인에게 양여하였다면 이는 국가가 국유임을 알고 있는 재산에 대하여 권리를 행사한 것이므로, 그 재산의 양여행위가 당연무효이어서 그 재산의 소유권이 당연히 국유로 환원될 경우라 하더라도 이를 은닉된 국유재산이라고 할 수는 없으며, 국가에 귀속된 농지로서 국가가 국유재산인 사실을 알고 있었던 토지를 농지분배된 것으로 잘못 알고 사인에게 소유권이전등기를 해 준 경우, 그 소유권이전등기와 이에 터잡은 소유권이전등기는 당연무효로서 그 소유권은 당연히 국가로 환원되는 것이므로 그 토지 역시 은닉된 국유재산으로 볼 수 없다.

〈판례〉 대법원 1987. 9. 22. 선고 87다190 판결

국가가 어떤 재산이 국유인 사실을 알고 관계법령 소정의 절차에 따라 사인에게 양여하였다면 이는 국가가 국유임을 알고 있는 재산에 대하여 권리를 행사한 것이므로, 가사 그 재산의 양여행위가 당연무효이어서 그 재산의 소유권이 당연히 국유로 환원될 경우라 하더라도 이를 국유재산법시행령 제57조 제1항[74)] 소정의 은닉된 국유재산이라고 할 수는 없다.

〈판례〉 대법원 1997. 12. 26. 선고 97다34129 판결

국가에 귀속된 농지로서 국가가 국유재산인 사실을 알고 있었던 토지를 관계 공무원의 부

73) 이 때 '국가가 인지하지 못하고 있는 재산'이란 ① 국유재산대장 또는 공유재산대장에 국유재산 또는 공유재산으로 적혀 있는 재산, ② 국가와 소유권을 다투는 소송이 계류 중이거나 그 밖의 분쟁이 있는 재산, ③ 국가가 환수절차를 밟기 시작한 재산, ④ 섬, 이상의 4가지를 제외한 재산을 말한다(국유재산법 시행규칙 제51조).

74) 현재의 제75조제1항에 해당

정행위로 인하여 농지분배된 것으로 잘못 알고 사인에게 상환완료를 원인으로 한 소유권 이전등기를 경료하여 준 경우, 그 소유권이전등기와 이에 터잡은 소유권이전등기는 당연 무효로서 그 소유권은 당연히 국가로 환원되는 것이므로 그 토지를 은닉된 국유재산으로 볼 수 없다.

Ⅰ. 은닉 국유재산의 국유화 절차

은닉 국유재산을 신고하려는 자는 「국유재산법 시행규칙」 별지 제18호 서식에 따른 신고서를 조달청장에게 제출하고, 이를 접수한 조달청장은 신고된 재산을 직접 조사하여[75] 은닉재산 여부 및 보상금 지급대상 여부를 기획재정부장관에게 보고하고 신고인에게 통지하여야 한다. 다만 이러한 신고방법에 관한 규정은 국유재산관리관서의 내부적 사무집행기준에 불과하므로 반드시 작성·제출하여야 하는 것은 아니고, 마찬가지 이유로 위 신고서에 기재하도록 되어 있는 정도로 상세하게 신고재산의 내역을 특정하여야만 적법한 신고가 된다고 볼 수는 없으며, 경우에 따라 구두에 의한 신고도 가능하다.

〈판례〉 대법원 2004. 7. 22. 선고 2004다18323 판결
은닉국유재산을 신고한 자의 국가에 대한 보상금청구권은 그 신고에 의하여 신고재산이 국유재산으로 확정되는 것을 정지조건으로 하여 발생하는 것 … 신고방법에 관한 규정은 국유재산관리관서의 내부적 사무집행기준에 불과하므로 … 별지 제13호 소정의 은닉국유재산에 관한 신고서를 반드시 작성, 제출하여야 하는 것은 아니고, 마찬가지 이유로 위 신고서에 기재하도록 되어 있는 정도로 상세하게 신고재산의 내역을 특정하여야만 적법한 신고가 된다고 볼 수도 없다 할 것이며, 다만 은닉국유재산 신고보상제도의 취지, 신고에 따른 소관청의 조사절차 및 보상액수 기타 국유재산법 관련 규정에 비추어, 소관청의 조사를 발동시킬 정도의 합리적 사유에 근거한 신고행위가 단서가 되어 은닉국유재산의 환수가 이루어진 경우로서 그 신고와 환수 사이에 상당인과관계가 존재하고, 그것이 신고자가 신고대상으로 지목한 은닉국유재산의 범위에 포함되어 있는 것으로 볼 수 있는 경우에는 국가에 환수된 재산에 대한 보상금청구권이 성립하는 것으로 해석함이 상당하다. 은닉

---

75) 신고된 재산이 은닉재산이 아닌 것이 명백한 경우에는 조달청장은 이유를 붙여 그 신고서를 반려할 수 있다(국유재산법 시행규칙 제52조제3항).

> 국유재산으로 의심되는 토지의 목록을 제출하면서 구두로 그에 대한 전반적인 조사를 요청한 것이 단서가 되어 해당 토지에 대한 국가 환수가 이루어졌다면 위 구두에 의한 신고행위는 … 적법한 신고로 볼 수 있다.76)

만약 신고된 재산이 은닉재산에 해당하는 경우에는 소관 중앙관서의 장을 지정하고 해당 재산을 국가의 명의로 등기한다(국유재산법 시행규칙 제52조, 제53조).

Ⅱ. 은닉 국유재산 신고자에 대한 보상

은닉된 국유재산을 발견하여 정부에 신고한 자에게는 보상금을 지급할 수 있고, 지방자치단체가 은닉된 국유재산을 발견하여 신고한 경우에는 그 재산가격의 2분의 1의 범위에서 그 지방자치단체에 국유재산을 양여하거나 보상금을 지급할 수 있다(국유재산법 제77조). 또한 은닉재산을 신고한 자가 둘 이상인 경우에는 먼저 신고한 자에게 보상금을 지급하되, 신고한 면적이 서로 다른 경우에는 나중에 신고한 자에게도 잔여분에 한정하여 보상금을 지급할 수 있다(국유재산법 시행령 제76조제4항).

1. 지방자치단체 외의 자가 발견, 신고한 경우

지방자치단체 외의 자가 발견하여 신고한 은닉재산의 국가귀속이 확정되었을 때에는 그 신고자에게 필지별로 500만원을 최고액으로 하여 재산가액의 1천분의 10에 상당하는 금액을 보상금으로 지급한다(국유재산법 시행령 제76조제1항, 국유재산법 시행규칙 제56조제1항). 이 때 보상금 지급의 대상이 되는 은닉재산은 다음 표와 같다. 다만 ① 은닉된 국유재산의 원인을 제공한 자가 신고한 경우, ② 신고한 재산을 과거에 취득하였던 자로서 이를 보유하던 중에 은닉재산임을 인지한 자가 신고한 경우, ③ 국민이 아닌 자가 신고한 경우에는 보상금을 지급하지 아니한다(국유재산법 시행규칙 제50조).

---

76) 동 판례는 舊 국유재산법령에 관한 것이기는 하나 그 법리는 여전히 유효하다고 볼 것이다.

〈표 3-8〉 보상금 지급 대상 은닉재산(국유재산법 시행규칙 제56조제1항)[77]

1. 1945년 8월 15일 현재 일본인 소유인 재산을 1945년 8월 9일 이전에 매매하거나 상속 또는 증여받은 것처럼 가장하여 소유권이전등기를 한 재산 2. 1945년 8월 15일 현재 일본인 소유인 재산을 일본인식으로 개명한 대한민국 국민의 소유였던 것처럼 가장하여 성명 복구에 따른 명의 변경을 한 귀속재산 3. 등기부 등본 또는 지적공부의 멸실·망실 등을 원인으로 국유재산에 대하여 사인의 명의로 소유권이전등기를 한 재산 4. 종전의 「농지개혁법」에 따른 분배대상 농지가 아닌 토지를 분배받은 재산 5. 상환이 완료되지 아니한 분배농지를 상환이 완료된 것처럼 가장하여 소유권이전등기를 한 재산 6. 농지 분배를 받은 것처럼 가장하여 소유권이전등기를 한 재산 7. 종전의 「임야소유권 이전등기에 관한 특별조치법」을 위반하여 소유권이전등기를 한 재산 8. 관인을 도용 또는 위조하여 소유권이전등기를 한 재산 9. 그 밖에 거짓 서류의 작성 등 부정한 방법으로 사인 명의로 소유권이전등기를 한 재산

보상금 산정 시 '재산가액'은 '국가귀속이 확정된 당시의 재산가격'을 의미한다. 또한 보상금 최고액 산정 시 기준이 되는 '필지별'은 신고 당시의 필지를 기준으로 하되, 신고 당시의 필지가 확정되어 있지 아니한 경우에는 국가귀속 당시의 필지를 기준으로 한다(국유재산법 시행규칙 제56조제4항).

〈판례〉 대법원 2012. 7. 26. 선고 2010다60479 판결

은닉국유재산을 신고한 사람의 국가에 대한 보상금청구권은 그 신고에 의하여 국유재산으로 확정되는 것을 정지조건으로 하여 발생하는 것으로서, 그 신고보상금은 국가귀속이 확정된 당시의 재산가격에 보상률을 곱한 금액이 된다고 할 것이다.

77) 다만 이 표에 해당하는 재산이더라도 신고 당시 농지소표, 민원서류 등에 적혀 있는 재산을 신고한 자에게는 필지별로 50만원을 최고액으로 하여 재산가액의 1천분의 3에 상당하는 금액을 보상금으로 지급한다(국유재산법 시행규칙 제56조제3항).

2. 지방자치단체가 발견, 신고한 경우

「국유재산법」 제77조제2항에서는 국유재산 양여와 보상금 지급이 모두 가능하도록 하며 세부사항을 대통령령에 위임하였는데, 현행 「국유재산법 시행령」에서는 국유재산 양여만을 규정하고 있다. 즉, 지방자치단체가 은닉된 국유재산을 발견하여 신고한 경우에는 '총괄청이 지정하는 재산으로서 지방자치단체가 신고한 해당 재산 가격의 100분의 30을 넘지 아니하는 금액에 상당하는 재산'을 해당 지방자치단체에 양여할 수 있다(국유재산법 시행령 제76조제3항제1호).

Ⅲ. 은닉 국유재산의 자진반환자에 대한 특례

은닉된 국유재산을 선의(善意)로 취득한 후 그 재산을 ① 자진 반환, ② 재판상의 화해, ③ 그 밖에 대통령령으로 정하는 원인 중 어느 하나에 해당하는 원인으로 국가에 반환한 자에게 같은 재산을 매각하는 경우에는, 반환의 원인별로 차등을 두어 그 매각대금을 이자 없이 12년 이하에 걸쳐 나누어 내게 하거나 매각 가격에서 8할 이하의 금액을 뺀 잔액을 그 매각대금으로 하여 전액을 한꺼번에 내게 할 수 있다(국유재산법 제78조). 이 때 매각의 대상이 되는 은닉된 국유재산은 '등기부 등본 또는 지적공부에 국가 외의 자의 명의로 등기 또는 등록된 국유재산'이며, 매각대금을 나누어 낼 때의 분할납부기간과 일시납부하는 때의 매각대금은 <표 3-9>와 같다(국유재산법 시행령 제77조제1항, 제2항).

동 제도는 등기부의 외관을 신뢰하여 은닉된 국유재산임을 모르고 등기부상의 소유자로부터 위 재산을 취득한 자가 해당 재산의 소유권이 국가에 있음을 인정하여 이를 국가에 반환한 경우, 그 반환자에게 동 재산을 매각함에 있어서 매각가격의 특례를 적용함으로써 취득자에게 생기는 경제적 손실을 줄여주고 나아가 은닉된 국유재산의 자진반환을 적극적으로 유도하기 위한 것이다.[78] 다만 이는 재량행위로 볼 것이므로 반환자에게 해당 재산을 반드시 매각하거나 특례를 적용해야 하는 것은 아니다.

78) 이와는 별개로 은닉 국유재산의 반환자는 본인에게 해당 재산을 매도한 자를 대상으로 별도의 민사상 담보책임이나 손해배상책임 등을 물을 수 있다.

〈표 3-9〉 은닉재산의 매각대금 분할납부 시 분할납부기간과 일시납부 시 매각대금(국유재산법 시행령 제77조제2항, 별표3)

반환의 원인	분할납부하는 때의 매각대금 분할납부기간	일시납부하는 때의 매각대금
1. 자진반환[79] 또는 제소 전 화해	12년 이하	매각가격의 20퍼센트
2. 제1심 소송 진행 중의 화해 또는 청구의 인낙	10년 이하	매각가격의 30퍼센트
3. 항소 제기 전 항소권의 포기 또는 항소 제기기간의 경과로 인한 항소권의 소멸	8년 이하	매각가격의 40퍼센트
4. 항소의 취하, 항소심의 소송 진행 중 화해 또는 청구의 인낙	6년 이하	매각가격의 50퍼센트
5. 상고 제기 전 상고권의 포기 또는 상고 제기기간의 경과로 인한 상고권의 소멸	4년 이하	매각가격의 60퍼센트
6. 상고의 취하, 상고심의 소송 진행 중 화해 또는 청구의 인낙	2년 이하	매각가격의 70퍼센트

〈판례〉 대법원 1997. 12. 26. 선고 97다34129 판결

국가가 은닉된 국유재산을 자진 반납한 선의의 취득자에게 당해 재산을 다시 매각하기로 결정한 경우에 그 매각대금의 분할 납부 또는 공제 혜택이 주어진다는 것을 규정한 것이고, 위와 같은 요건을 갖추었다 하더라도 국가 또는 선의의 취득자에게 반환된 국유재산의 매매의무까지 지우고 있는 것은 아니다

「귀속재산처리법」에 따라 국가에 귀속된 재산이지만 당시 일본인 명의로 등기가 되어 있음을 기화로 국가 외의 자에게 그 소유권이전등기가 경료된 귀속재산은 「국유재산법」 제78조의 은닉된 국유재산이지만, 국가가 은닉된 국유부동산의 등기명의인을 상대로 제기한 소유권이전등기말소청구소송에서 승소하였음에도 위 등기를 말소하지 않고 있어서 등기명의인이 자진하여 국유재산 매각담당자에게 위 사

79) 자진반환의 경우에 그 반환일은 반환하려는 은닉재산의 소유권 이전을 위한 등기신청서의 접수일로 한다(국유재산법 시행령 제77조제3항).

실을 고지하고, 보관하고 있던 판결문을 제출하여 그 명의의 등기가 말소되게 한 것은 은닉된 국유재산을 자진하여 국가에 반환한 것으로 볼 수 없다.

〈해석례〉 법제처 11-0534, 「귀속재산처리법」 제2조에 따른 귀속재산이 「국유재산법」 제78조에 따른 은닉된 국유재산에 포함될 수 있는지, 2011. 10. 13.

「국유재산법」 제78조 및 같은 법 시행령 제77조의 문언 및 매각특례제도의 취지를 고려할 때, 「귀속재산처리법」 제2조 등에 따라 국가에 귀속된 재산도 등기부 등본에 국가 명의로 등기되지 않고 국가 외의 자의 명의로 등기되어 있어 그 외관으로 인하여 그 등기부상의 소유자를 진실한 소유자로 믿고 취득할 가능성이 있으므로 「국유재산법」 제78조에 따른 은닉된 국유재산에 포함될 수 있다고 해석됩니다. (중략)

따라서 「귀속재산처리법」 제2조에 따라 국가에 귀속된 재산이나, 당시 일본인 명의로 등기가 되어 있음을 기화로 국가 외의 자에게 그 소유권이전등기가 경료된 귀속재산도, 이를 국가에 반환하는 경우 「국유재산법」 제78조의 다른 요건을 충족하여 특례 매각할 수 있는지는 별론으로 하고, 「국유재산법」 제78조에 따른 은닉된 국유재산에 포함될 수 있다고 할 것입니다.

〈판례〉 대법원 1991. 7. 9. 선고 91다12486 판결

은닉된 국유부동산의 등기부상 소유명의자를 진정한 소유자로 믿고 매수하여 소유권이전등기를 마친 뒤 국가가 이를 환수하기 위하여 제기한 위 등기말소청구소송에서 승소 확정되었으나 위 등기를 말소하지 않고 있어서 매수인이 자진하여 국유재산 매각담당자에게 위 사실을 고지하고 보관하고 있던 판결문을 제출하여 그 명의의 위 등기가 말소되게 하였고, 그 동안에 위 부동산을 점유하고 재산세 등 공과금을 납부하여 왔다고 하여도 이를 국유재산법 제53조의2[80]에서 규정하는 바의 은닉된 국유재산을 자진하여 국가에 반환한 경우라고 할 수는 없다.

또한 「국유재산법」은 은닉된 국유재산인지 여부의 판단 기준을 등기부 등본 또는 지적공부 상의 명의로 하고 있는바, 은닉된 국유재산을 국가에 반환한 자에 해당하는지 여부는 반환자가 등기부상 국가 명의로 소유권이전등기를 마치는 데에 필요한 절차를 이행함으로써 해당 재산을 등기부상 국가 명의로 소유권이전등기를

80) 현재의 제78조에 해당

마칠 수 있는지를 기준으로 살펴보아야 한다. 따라서 국가가 은닉된 국유재산의 등기명의자를 상대로 소유권이전등기 말소청구의 소를 제기하여 승소하였고 상대방이 항소를 포기하여 판결이 확정되었다고 하더라도, 해당 판결의 확정만으로는 국가가 상대방 명의의 소유권이전등기 말소를 신청할 수 있을 뿐 전 소유자 명의의 등기가 남아있는 등의 사정으로 국가 명의로 소유권이전등기를 마치지 못했다면, 그 상대방을 은닉된 국유재산을 국가에 반환한 자로 볼 수 없다.

〈해석례〉 법제처 18-0102, 「국유재산법」 제78조에 따른 "국가에 반환한 자"의 의미, 2018. 4. 24.

「국유재산법」 제78조에 따른 국유재산 매각특례 제도의 입법 취지는 등기부의 외관을 믿어 은닉된 국유재산인지 모르고 등기명의자로부터 재산을 취득한 자가 해당 재산의 소유권이 국가에 있다는 것을 인정하여 이를 국가에 반환한 경우 그 반환자에게 같은 재산을 매각할 때 매각가격이나 분할납부기간의 특례를 적용함으로써 반환자에게 생기는 경제적 손실을 줄여주고 은닉된 국유재산의 자진반환을 적극적으로 유도하기 위한 것이므로, 같은 조에 따른 매각특례가 인정되기 위해서는 같은 조 각 호에 따른 반환자의 반환행위를 원인으로 하여 은닉된 국유재산이 국가에 반환되어야 할 것입니다.

그리고, 「국유재산법 시행령」 제77조제1항에서는 은닉된 국유재산은 등기부 등본 또는 지적공부에 국가 외의 자의 명의로 등기 또는 등록된 국유재산으로 한다고 규정하고 있고, 같은 조 제3항에서는 자진반환의 경우에 그 반환일은 반환하려는 은닉재산의 소유권이전을 위한 등기신청서의 접수일로 한다고 규정하고 있는바, 「국유재산법」은 은닉된 국유재산인지 여부의 판단 기준을 등기부 등본 또는 지적공부 상의 명의로 하고 있는 점에 비추어 볼 때, 같은 법에 따라 은닉된 국유재산을 국가에 반환한 자에 해당하는지 여부도 반환자가 등기부상 국가 명의로 소유권이전등기를 마치는 데에 필요한 절차를 이행함으로써 해당 재산을 등기부상 국가 명의로 소유권이전등기를 마칠 수 있는지를 기준으로 살펴보아야 할 것입니다.

그렇다면, 이 사안과 같이 국가가 은닉된 국유재산의 등기명의자를 상대로 소유권이전등기 말소청구의 소를 제기하여 승소하였고, 상대방이 항소를 포기하여 판결이 확정되었다고 하더라도 해당 판결의 확정만으로는 국가가 상대방 명의의 소유권이전등기 말소를 신청할 수 있을 뿐, 전 소유자 명의의 등기가 남아있는 등의 사정으로 국가 명의로 소유권이전등기를 마치지 못했다면 그 상대방을 은닉된 국유재산을 국가에 반환한 자로 보기는 어렵다고 할 것입니다.

제8절 기타 취득 형태

앞서 살펴본 매입, 수용, 기부채납, 교환, 소유자 없는 부동산 및 은닉 국유재산의 취득 이외에도 국유재산을 취득하는 다양한 방식이 있다. 이하에서 몇 가지를 살펴보기로 한다.

Ⅰ. 공공시설의 무상귀속

「국토의 계획 및 이용에 관한 법률」(이하 '국토계획법'이라고 한다)에 따른 개발행위허가를 받은 자가 행정청인 경우, 그가 새로 공공시설을 설치하거나 기존의 공공시설에 대체되는 공공시설을 설치한 경우에는 새로 설치한 공공시설이 그 공공시설을 관리할 행정청으로 무상귀속된다(국토계획법 제65조제1항). 개발행위허가를 받은 자가 행정청이 아닌 경우 개발행위허가를 받은 자가 새로 설치한 공공시설 또한 같다(국토계획법 제65조제2항). 따라서 해당 시설을 관리할 행정청이 국가일 경우에는 무상귀속을 통해 국유재산으로 편입되게 된다.

이러한 무상귀속 제도는 개발행위허가를 받은 자가 새로 설치한 공공시설을 그 공공시설을 관리할 행정청에 귀속시킴으로써 공공시설의 설치와 관련한 공적 부담에 있어 형평성을 확보하고, 공공시설의 원활한 확보를 꾀함과 동시에 공공의 이용에 적합하도록 공공시설의 효율적인 유지·관리를 도모하기 위한 것이다.

공공시설의 무상귀속을 규정하고 있는 법령은 상당수인데,[81] 세부 절차나 내용은 국토계획법을 적용 또는 준용하는 경우가 많다. 따라서 이하에서는 국토계획법을 중심으로 살펴보기로 한다.

1. 무상귀속의 위헌 여부 및 법적 성격

무상귀속은 개발행위허가를 받은 자의 재산을 강제로 행정청에 귀속시키는 반

81) 「주택법」, 「도로법」, 「도시개발법」, 「관광진흥법」, 「공공주택 특별법」, 「도시 및 주거환경정비법」, 「택지개발촉진법」, 「산업집적활성화 및 공장설립에 관한 법률」, 「역세권의 개발 및 이용에 관한 법률」, 「개발제한구역의 지정 및 관리에 관한 특별조치법」, 「경제자유구역의 지정 및 운영에 관한 특별법」, 「접경지역 지원 특별법」, 「혁신도시 조성 및 발전에 관한 특별법」 등

면 그에 대한 보상은 충분치 않은 측면이 있는바,[82] 과거부터 재산권 침해에 따른 위헌 논란이 있어 왔다. 이에 그동안 관련 법령에 대한 몇 차례의 헌법소원이 있었으며 헌법재판소는 일관되게 합헌결정을 내리고 있다.

〈판례〉 헌법재판소 2015. 2. 26. 2014헌바177

심판대상조항[83]은 사업주체가 새로이 설치한 공공시설을 관리할 국가 또는 지방자치단체에 무상으로 귀속시킴으로써 공공시설의 설치와 관련한 공적 부담에 있어 형평성을 확보하고, 공공시설의 원활한 확보를 꾀함과 동시에 공공의 이용에 적합하도록 공공시설의 효율적인 유지 · 관리를 도모하여 쾌적한 주거환경을 조성하고자 함에 그 취지가 있으므로 목적의 정당성이 인정된다. 사업주체가 설치한 공공시설의 소유권을 바로 국가 또는 지방자치단체에 귀속하게 하면 이를 보다 효율적으로 유지 · 관리하면서 널리 공공의 이익에 제공할 수 있으므로, 이러한 입법수단은 입법목적을 달성하기 위한 효과적인 수단이다. 무상귀속의 대상이 된 공공시설과 그 부지는 이미 공공시설로 용도가 지정되어 그 범위 내에서만 사용 · 수익이 가능할 뿐, 임의처분조차 사실상 제한을 받는다는 점에서 그 효용가치가 현저히 감소된 재산권인데, 심판대상조항에 의하여 공공시설의 사전확보와 효율적인 유지 · 관리가 가능해진다는 점에서, 심판대상조항은 가능한 최소한의 범위에서 재산권의 사회적 제약을 도모하는 것으로서 침해의 최소성원칙에 반하지 않고, 공공시설의 무상귀속으로 침해받는 사익보다는 이를 통해 달성하려는 공익이 훨씬 크다고 할 것이므로 법익균형성도 갖추었다. 따라서 심판대상조항이 과잉금지원칙에 위배하여 청구인의 재산권을 침해한다고 볼 수 없다.

한편 이러한 무상귀속을 인정한 취지는 택지개발사업과정 등에서 필수적으로 요구되는 공공시설의 원활한 확보와 그 시설의 효율적인 유지 · 관리를 위한다는 공

82) 개발행위허가를 받은 자가 행정청일 경우 기존 공공시설에 대체되는 공공시설을 설치하였다면 기존 공공시설을 무상귀속 받을 수 있으나, 기존 공공시설 없이 새로 공공시설을 설치할 경우에는 별도의 보상이 없다. 또한 개발행위허가를 받은 자가 행정청이 아닐 경우에는 개발행위로 용도가 폐지되는 공공시설을 새로 설치한 공공시설의 설치비용에 상당하는 범위에서 무상양도 받을 수 있으나, 이는 재량규정인 관계로 반드시 무상양도가 이루어지는 것은 아니다.

83) 여기서의 심판대상조항은 舊 주택건설촉진법 제33조제8항으로 "사업주체가 제1항에 의하여 사업계획 승인을 얻은 사업지구안의 토지에 새로이 공공시설을 설치하거나 기존의 공공시설에 대체되는 공공시설을 설치하는 경우에 그 공공시설의 귀속에 관하여는 「국토의계획및이용에관한법률」 제65조 및 제99조의 규정을 준용한다. 이 경우 사업주체를 개발행위허가를 받은 자로, 사업계획의 승인은 개발행위허가로, 대한주택공사 및 한국토지공사는 행정청인 시행자로 본다"는 내용이다. 참고로 동 내용은 現「주택법」 제29조제1항과 거의 동일하다.

법상 목적을 달성하는 데 있으므로, 이러한 무상귀속으로 형성되는 국가 등과 택지개발사업 시행자의 관계는 공법관계라고 보아야 하며, 이는 강행규정이다.

〈판례〉 대법원 2011. 12. 27. 선고 2009다56993 판결
무상의 원시취득으로 형성되는 국가 등과 택지개발사업 시행자의 관계는 공법관계라고 보아야 하고, 공법관계의 당사자 사이에서는 뚜렷한 법령상 및 계약상 근거 없이 사법상 하자담보책임을 인정할 수는 없다. 따라서 비록 택지개발사업 시행자가 설치한 공공시설에 시공상 하자나 재료상 하자가 있더라도 공공시설을 무상으로 원시취득한 국가 등은 뚜렷한 법령상 및 계약상 근거가 없는 한 택지개발사업 시행자에게 사법상 하자담보책임을 물을 수 없다.

〈판례〉 대법원 2014. 2. 21. 선고 2012다82466 판결
구 도시 및 주거환경정비법(2012. 2. 1. 법률 제11293호로 개정되기 전의 것) 제65조 제2항, 제4항은 민간 사업시행자에 의하여 새로이 설치된 정비기반시설은 정비사업의 준공인가에 의하여 당연히 국가 또는 지방자치단체에 무상귀속되는 것으로 함으로써 도로·상하수도·공원·공용주차장·공동구 등 공공시설의 확보와 효율적인 유지·관리를 위하여 국가 등에 관리권과 함께 소유권까지 일률적으로 귀속되도록 하는 한편 그로 인한 사업시행자의 재산상 손실을 고려하여 새로 설치한 정비기반시설의 설치비용에 상당하는 범위 안에서 용도폐지되는 정비기반시설은 사업시행자에게 무상양도하도록 강제하는 것으로서, 위 무상귀속과 무상양도에 관한 규정은 강행규정으로 해석된다.

2. 무상귀속 절차

지방자치단체의 장은 공공시설의 귀속에 관한 사항이 포함된 개발행위허가를 하려면 미리 해당 공공시설이 속한 관리청의 의견을 들어야 한다(국토계획법 제65조 제3항 본문)[84].

지방자치단체의 장이 관리청의 의견을 듣고 개발행위허가를 한 경우 개발행위

84) 만약 관리청이 지정되지 아니한 경우에는 관리청이 지정된 후 준공되기 전에 관리청의 의견을 들어야 하며, 관리청이 불분명한 경우에는 도로·하천 등에 대하여는 국토교통부장관을 관리청으로 보고, 그 외의 재산에 대하여는 기획재정부장관을 관리청으로 본다(국토계획법 제65조제3항 단서).

허가를 받은 자는 그 허가에 포함된 공공시설의 점용 및 사용에 관하여 관계 법률에 따른 승인·허가 등을 받은 것으로 보며, 이 경우 해당 공공시설의 점용 또는 사용에 따른 점용료·사용료 또한 면제된 것으로 본다(국토계획법 제65조제4항).

3. 무상귀속 시점

먼저 개발행위허가를 받은 자가 행정청인 경우, 개발행위허가를 받은 자는 개발행위가 끝나 준공검사를 마친 때에는 해당 시설의 관리청에 공공시설의 종류와 토지의 세목을 통지하여야 하는바, 이 경우 공공시설은 그 통지한 날에 해당 시설을 관리할 관리청에 귀속된 것으로 본다(국토계획법 제65조제5항).

또한 개발행위허가를 받은 자가 행정청이 아닌 경우, 개발행위허가를 받은 자는 관리청에 귀속될 공공시설에 관하여 개발행위가 끝나기 전에 그 시설의 관리청에 그 종류와 토지의 세목을 통지하여야 하고, 준공검사를 한 지방자치단체의 장은 그 내용을 해당 시설의 관리청에 통보하여야 하는바, 이 경우 공공시설은 준공검사를 받음으로써 그 시설을 관리할 관리청에 귀속된 것으로 본다(국토계획법 제65조제6항).

한 가지 주의할 점은 개발행위허가를 받은 자가 공공시설에 필요한 토지를 적법하게 취득한 경우에만 무상귀속이 가능하다는 것이다. 즉 국토계획법의 무상귀속 규정은 개발행위허가를 받은 자가 새로이 설치할 공공시설에 필요한 토지를 사법상의 계약이나 공법상의 절차에 따라 취득하여 여기에 공공시설을 설치하고 사업을 마친 경우에 적용되며, 공공시설에 필요한 토지를 적법하게 취득하지 않은 채 여기에 공공시설을 설치하여 국가 또는 지방자치단체가 이를 점유·사용하고 있는 경우에는 무상귀속 규정이 적용되지 않는다.[85] 이러한 해석은 공공시설의 설치에 필요한 토지가 국유지인 경우에도 마찬가지이다.

〈참고 3-5〉 개발행위허가를 받은 자가 행정청이 아닌 경우 무상귀속 시점의 변천

1999년 이전의 舊 도시계획법(現 국토계획법) 제83조제5항은 행정청이 아닌 사업시행자의 경우에 있어 '시행자는 그 도시계획사업의 완료전에 그 종류와 세목을 관리청에 통지하여야 하며 그 사업이 완료되어 준공검사를 필한 후에 시행자가 사업완

85) 대법원 2018. 10. 25. 선고 2017두56476 판결(개발행위를 받은 자가 행정청인 경우), 대법원 2000. 8. 22. 선고 98다55161 판결(개발행위를 받은 자가 행정청이 아닌 경우)

료 통지를 관리청에 함으로써 관리청에의 귀속과 그 시행자에의 양도가 된 것으로 본다'고 규정하고 있었고, 이에 따라 대법원 또한 '사업시행자의 사업완료 통지 시' 무상귀속이 이루어진다는 입장[86]이었다.

그런데 1999. 4. 대법원에서 전원합의체 판결을 통해 당시 舊 도시계획법 제83조제2항에서 '행정청이 아닌 시행자가 도시계획사업을 시행하여 새로이 설치한 공공시설은 그 시설을 관리할 국가 또는 지방자치단체에 무상으로 귀속되며, 도시계획사업의 시행으로 인하여 그 기능이 대체되어 용도가 폐지되는 국가 또는 지방자치단체의 재산은 국유재산법 및 지방재정법 등의 규정에 불구하고 그가 새로 설치한 공공시설의 설치비용에 상당하는 범위 안에서 그 시행자에게 이를 무상으로 양도할 수 있다'고 규정하고 있다는 이유로, '도시계획사업의 시행으로 공공시설이 설치되면 그 사업완료(준공검사)와 동시에 당해 공공시설을 구성하는 토지와 시설물의 소유권이 그 시설을 관리할 국가 또는 지방자치단체에 직접 원시적으로 귀속된다'고 하여 기존 판례 입장을 변경[87]하였다.

당시의 다수의견은 舊 도시계획법 제83조제5항이 관리권 귀속에 관한 일반적 규정일 뿐 권리귀속에 관한 기준시점을 규정한 것은 아니라고 보았다. 즉 소유권과 관리권을 별개로 보아 舊 도시계획법 제83조제2항은 소유권의 귀속을, 동조제5항은 관리권의 귀속을 각각 정하고 있다고 본 것이다.

다만 이러한 다수의견에 대해서 법률 해석의 한도를 벗어났다는 비판이 있었고 실제 5명의 대법관이 소수의견을 통해 ① 다수의견은 舊 도시계획법 제83조의 다른 조항들과 해석의 일관성을 유지하지 못하고, ② 공공시설의 소유권이 먼저 국가 또는 지방자치단체에게 귀속된 후에 그 관리권은 시행자의 사업완료통지에 의하여 비로소 관리청에게 귀속된다고 보는 것은 공물의 성립 등에 대한 이론에 배치되며, ③ 舊 도시계획법 제83조제5항과 비슷한 취지의 규정이 다른 법률에도 여럿 있는바, 다수의견대로라면 공공시설의 관리권 귀속에 관한 일반적 규정이 여러 법률에 존재한다고 하는 이상한 결론에 도달한다는 등의 이유로 '사업시행자의 사업완료 통지 시'를 귀속시점으로 유지해야 한다고 주장하였다.

이후 상기 대법원 전원합의체 판결을 반영하여 2000. 1. 舊 도시계획법 전부개정 시에 제52조제6항을 '개발행위허가를 받은 자가 행정청이 아닌 경우 개발행위허가를 받은 자는 제2항의 규정에 의하여 관리청에 귀속되거나 그에게 양도될 공공시설에 관하여 개발행위가 완료되기 전에 당해 시설의 관리청에 그 종류 및 토지의 세목을 통지하여야 하고, 준공검사를 한 특별시장·광역시장·시장 또는 군수는 그 내용을 당해 시설의 관리청에 통보하여야 한다. 이 경우 공공시설은 준공검사를 받음으로써 당해 시설을 관리할 관리청과 개발행위허가를 받은 자에게 각각 귀속되거나 양도된 것으로 본다'라고 개정함으로써 '준공검사 시' 귀속됨을 명문화하였고, 이를 통해 관련 논란을 정리하게 되었다.88)

Ⅱ. 대체 공공시설 설치 시 기존 공공시설의 무상귀속

국토계획법에 따른 개발행위를 행정청이 시행하는 경우도 있다. 이 경우 개발행위허가를 받은 행정청이 기존의 공공시설에 대체되는 공공시설을 설치한 경우에는 새로 설치된 공공시설이 그 시설을 관리할 관리청에 무상귀속되는 대신, 종래의 공공시설은 개발행위허가를 받은 행정청에게 무상으로 귀속된다(국토계획법 제65조제1항). 이는 공공시설의 설치와 관련한 부담에 있어 행정청 간 형평성을 확보하기 위한 것이다. 따라서 개발행위허가를 받은 행정청이 국가일 경우에는 종래의 공공시설이 무상귀속을 통해 국유재산으로 편입되게 된다.

이 때 '종래의 공공시설'은 국가가 직접 공공용으로 사용하는 재산에 해당하는지에 따라 판단해야 하는바, 법령에 의하여 도로·공원 등으로 지정되거나 국가가 직접 공공용으로 사용하기로 결정하는 행정처분이 있는 경우는 물론이고, 명시적인 공용개시 절차가 없더라도 실질적인 이용현황이 공공용으로 사용되는 것으로 인정되는 경우에는 '종래의 공공시설'에 해당될 수 있다.

〈해석례〉 법제처 19-0740, 공용개시 절차를 거친 도로만 무상귀속의 대상이 되는 종래의 공공시설에 해당하는지 여부, 2020. 3. 12.

국토계획법 제2조제13호에서는 도로·공원·철도·수도, 그 밖에 대통령령으로 정하는 '공공용 시설'을 "공공시설"로 정의하고 있고, 「국유재산법」 제6조제2항제2호에서는 행정재산의 종류를 구분하면서 국가가 직접 공공용으로 사용하는 재산 등을 공공용재산으로 규정하고 있습니다.

그렇다면 도로가 국토계획법 제65조제1항에 따른 "종래의 공공시설"에 해당하는지 여부

86) 대법원 1997. 9. 26. 선고 96누18502 판결

87) 대법원 1999. 4. 15. 선고 96다24897 전원합의체 판결

88) 2003. 1. 舊 도시계획법이 폐지되고 국토계획법이 제정·시행되었는바, 동 내용은 現 국토계획법 제65조제6항에서 그대로 유지되고 있다.

는 "국가가 직접 공공용으로 사용하는 재산"에 해당하는지를 중심으로 판단해야 하는바, 법령에 의하여 도로로 지정되거나 국가가 직접 공공용으로 사용하기로 결정하는 행정처분이 있는 경우는 물론이고, 명시적인 공용개시 절차가 없더라도 해당 도로의 실질적인 이용현황이 공공용으로 사용되는 것으로 인정되는 경우에는 국가가 직접 공공용으로 사용하는 재산에 해당합니다.

따라서 국토계획법 제2조제13호에 따른 공공시설에 해당하는 도로는 반드시 공용개시 절차를 거치지 않더라도 같은 법 제65조제1항에 따라 개발행위허가를 받은 행정청에 무상으로 귀속되는 "종래의 공공시설"에 해당될 수 있습니다.

다만 주의할 점은 개발행위허가를 받은 행정청이 기존의 공공시설을 대체하는 것이 아니라 새로운 공공시설만을 추가할 수도 있는바, 이러한 경우에는 '대체시설의 무상귀속'이 적용될 여지가 없다는 것이다. 즉 이 때에는 새로운 공공시설이 그것을 관리할 행정청에게 무상귀속될 뿐, 개발행위허가를 받은 행정청에게 무상귀속되는 재산은 없다.

〈해석례〉 법제처 11-0158, 새로 설치한 공공시설에 의해 대체되는 기존의 공공시설이 없는 경우 「국토의 계획 및 이용에 관한 법률」 제65조가 적용되는지 여부, 2011. 5. 12.

국토계획법 제65조는 사업주체가 설치한 공공시설의 소유권을 바로 국가 또는 지방자치단체 등 관리청으로 귀속하게 함으로써 이를 보다 효율적으로 유지·관리하여 공공의 이익에 제공하기 위한 것으로서 공공시설을 확보하여 관리청에 귀속시키는 데 주된 취지가 있는 것이고, 다만 새로 설치한 공공시설에 의해 대체되는 공공시설이 있는 경우에는 이를 사업시행자에게 무상귀속시킨다는 것이며, 문언상으로도 도시계획시설사업의 시행자가 해당 사업으로 인하여 새로 공공시설을 설치하는 경우 또는 기존의 공공시설에 대체되는 공공시설을 설치한 경우 모두 국토계획법 제65조 및 제99조가 적용되는 것이므로 새로 설치한 공공시설이 기존의 공공시설을 대체하는지를 불문하고 이를 관리할 관리청에 무상으로 귀속되는 것으로 보아야 할 것입니다. (중략)

따라서 국토계획법 제86조제5항 및 제88조제2항 등에 따라 도시계획시설사업의 실시계획인가를 받은 행정청이 도시계획시설사업에 의하여 새로 공공시설을 설치한 경우, 새로 설치한 공공시설에 의하여 대체되는 기존의 공공시설이 없는 경우에도 새로 설치한 공공시설은 그 시설의 관리청에 무상귀속됩니다.

대체시설의 무상귀속 시점은 앞서 살펴본 공공시설의 무상귀속 시점과 동일하다. 즉 개발행위허가를 받은 행정청은 개발행위가 끝나 준공검사를 마친 때에는 해당 시설의 관리청에 공공시설의 종류와 토지의 세목을 통지하여야 하는데, 이 경우 종래의 공공시설은 그 통지한 날에 개발행위허가를 받은 행정청에게 귀속된 것으로 본다(국토계획법 제65조제5항).

한편 이렇게 종래의 공공시설을 무상귀속받은 행정청은 그에게 귀속된 공공시설의 처분으로 인한 수익금을 도시·군계획사업[89] 외의 목적에 사용하여서는 아니 된다(국토계획법 제65조제8항). 이는 종래 시설의 공공성을 유지하고 도시·군의 개발, 정비 및 보전이라는 국토계획법의 입법목적을 달성하기 위한 것이다.

Ⅲ. 사인 토지의 시효취득

국가가 부동산을 점유하는 경우에도 자주점유의 추정이 적용되므로,[90] 국가도 사인의 토지를 시효취득할 수 있다. 즉 국가가 20년간 소유의 의사로 평온, 공연하게 부동산을 점유하였다면 등기함으로써 그 소유권을 취득하게 된다(민법 제245조제1항).

이 경우 국가가 토지를 점유할 수 있는 권원 없이 사유토지를 국유재산으로 편입하였다면 소유의 의사가 있는 점유라는 추정이 깨어져서 시효취득의 요건을 충족하지 못하지만, 국가가 취득시효의 완성을 주장하는 토지의 취득절차에 관한 서류를 제출하지 못하고 있다는 사정만으로 그 토지에 관한 국가의 자주점유의 추정이 번복된다고 할 수는 없다.

〈판례〉 대법원 2015. 11. 26. 선고 2015다212343 판결

점유자가 점유 개시 당시에 소유권 취득의 원인이 될 수 있는 법률행위 기타 법률요건이

---

89) 도시·군관리계획을 시행하기 위한 사업으로서 ① 도시·군계획시설을 설치·정비 또는 개량하는 사업, ② 「도시개발법」에 따른 도시개발사업, ③ 「도시 및 주거환경정비법」에 따른 정비사업을 말한다(국토계획법 제2조제10호, 제11호).

90) 부동산의 점유권원의 성질이 분명하지 않을 때에는 민법 제197조 제1항에 의하여 점유자는 소유의 의사로 선의, 평온 및 공연하게 점유한 것으로 추정되는 것이며, 이러한 추정은 지적공부 등의 관리주체인 국가나 지방자치단체가 점유하는 경우에도 마찬가지로 적용된다(대법원 2013. 2. 28. 선고 2012다99549 판결).

없이 그와 같은 법률요건이 없다는 사실을 알면서 타인 소유의 부동산을 무단점유한 것임이 증명된 경우, 특별한 사정이 없는 한 그 점유자는 타인의 소유권을 배척하고 점유할 의사를 갖고 있지는 않다고 보아야 하므로, 이로써 소유의 의사가 있는 점유라는 추정은 깨어지는바, 국가가 자신의 부담이나 기부채납 등 국유재산법 등에 정한 국유재산의 취득절차를 밟는 등 토지를 점유할 수 있는 권원 없이 사유토지를 국유재산으로 편입시킨 경우에도 마찬가지로 자주점유의 추정은 깨어진다.

〈판례〉 대법원 2013. 2. 28. 선고 2012다99549 판결
국가나 지방자치단체가 취득시효의 완성을 주장하는 토지의 취득절차에 관한 서류를 제출하지 못하고 있다고 하더라도, 그 토지에 관한 지적공부 등이 6·25 전란으로 소실되었거나 기타의 사유로 존재하지 아니함으로 인하여 국가나 지방자치단체가 지적공부 등에 소유자로 등재된 자가 따로 있음을 알면서 그 토지를 점유하여 온 것이라고 단정할 수 없고, 그 점유의 경위와 용도 등을 감안할 때 국가나 지방자치단체가 점유 개시 당시 공공용재산의 취득절차를 거쳐서 소유권을 적법하게 취득하였을 가능성도 배제할 수 없다고 보이는 경우에는, 국가나 지방자치단체가 소유권 취득의 법률요건이 없이 그러한 사정을 잘 알면서 토지를 무단점유한 것임이 입증되었다고 보기 어려우므로, 위와 같이 토지의 취득절차에 관한 서류를 제출하지 못하고 있다는 사정만으로 그 토지에 관한 국가나 지방자치단체의 자주점유의 추정이 번복된다고 할 수는 없다.

Ⅳ. 공유수면 매립지의 취득

공유수면 매립면허 취득자가 매립공사 완료 후 매립면허 관청으로부터 준공검사확인증을 받은 경우, 국가는 ① 도로·호안(기슭·둑 침식 방지시설)·안벽(부두벽)·소형선 부두·방파제·배수시설·공원이나 그 밖에 법령에 따라 공용 또는 공공용으로 필요한 매립지 중 국가의 시설로서 필요한 매립지, ② 매립된 바닷가[91]에 상당하는 면적[92]의 매립지,[93] ③ 잔여매립지[94]의 소유권을 취득한다(공유수면 관

91) '바닷가'는 「해양조사와 해양정보 활용에 관한 법률」 제8조제1항제3호에 따른 해안선으로부터 지적공부(地籍公簿)에 등록된 지역까지의 사이를 의미한다.

92) 매립된 바닷가 중 매립공사로 새로 설치된 공용시설 또는 공공시설 용지에 포함된 바닷가의 면적은 제외한다.

93) 이 경우 국가가 소유권을 취득하는 매립지의 위치는 매립면허취득자가 정한 매립지가 아닌 곳으로 한다.

리 및 매립에 관한 법률 제46조제1항, 공유수면 관리 및 매립에 관한 법률 시행령 제51조제1항).

또한 ① 매립면허를 받지 아니하고 공유수면을 매립한 자, ② 자기의 귀책사유로 매립면허가 실효(失效)·소멸되거나 취소된 자, ③ 매립면허 면적을 초과하여 공유수면을 매립한 자 등은 해당 공유수면을 원상으로 회복하여야 하되, 원상회복이 불가능하거나 환경 및 생태계에 미치는 영향이 적고 공유수면의 보전·이용 및 관리에 지장이 없어 원상회복이 불필요하다고 인정되는 경우에는 매립면허관청이 원상회복 의무를 면제할 수 있는바, 이렇듯 원상회복 의무가 면제된 자가 해당 매립공사구역 안에 설치한 매립지, 건축물, 시설물, 그 밖의 인공구조물은 무상으로 국가에 귀속시킬 수 있다(공유수면 관리 및 매립에 관한 법률 제54조제1항, 제4항, 제6항).

Ⅴ. 현물출자에 따른 지분증권의 취득

「국유재산법」에서는 국유재산의 현물출자를 인정하고 있는바, 정부는 정부출자기업체에 현금이 아닌 일반재산을 출자할 수 있다. 이 때의 '정부출자기업체'란 정부가 출자하였거나 출자할 기업체를 말하며(국유재산법 제2조제6호) 한국자산관리공사, 한국토지주택공사 등이 이에 해당한다.[95]

그런데 정부가 정부출자기업체에 현물출자를 할 경우에는 그에 해당하는 금액만큼 해당 정부출자기업체의 지분증권을 취득하게 된다. 즉 현물출자의 대가로 지분증권을 취득하고, 이러한 지분증권이 국유재산으로 편입되는 것이다.

국유재산 현물출자의 구체적 내용에 대해서는 '제5장 제8절 현물출자'에서 자세히 살펴보기로 한다.

---

94) 「공유수면 관리 및 매립에 관한 법률」 제46조제1항제1호부터 제3호까지의 규정에 따라 국가, 지방자치단체 또는 매립면허취득자가 소유권을 취득한 매립지를 제외한 매립지

95) 정부출자기업체의 구체적 대상은 「국유재산법 시행령」 별표 1에서 정하고 있으며(국유재산법 시행령 제2조), 2021. 9. 기준으로 총 30개 기관이 있다.

제4장

행정재산의 관리와 처분

제4장

행정재산의 관리와 처분

제1절 행정재산 일반론

행정재산은 국가의 행정목적을 수행하기 위해 직접적으로 필요한 재산이다. 따라서 기본적으로 행정재산에 관한 법률관계는 공법 관계가 되며, 행정재산의 처분·사용 등을 위해서는 법령의 근거가 요구된다.

행정재산은 공용재산, 공공용재산, 기업용재산, 보존용재산의 4가지로 세분화할 수 있다. 위 4가지 행정재산 각각의 특성에 대해서는 '제2장 제1절 국유재산의 정의 및 구분 Ⅲ. 국유재산의 구분과 종류'에 상세히 서술하였으므로 이를 참고하도록 하고, 이하에서는 행정재산의 일반적 특성에 대해 살펴보기로 한다.

Ⅰ. 처분의 제한

행정재산은 국가의 행정목적을 수행하기 위해 직접적으로 필요한 재산이므로 원칙적으로 처분할 수 없고(국유재산법 제27조제1항 본문), 사법상 거래의 대상이 아니므로 처분하였더라도 그 처분은 당연무효이다.[1] 나아가 행정재산을 매매하는 계

1) 다만 이러한 경우에도 신의칙의 법리는 적용되므로, 행정재산의 처분행위 후 20년 가까이 경

약 자체도 무효이므로 이렇듯 무효인 매매계약을 가지고 적법한 공용폐지의 의사표시가 있었다고 볼 수도 없다.

〈판례〉 대법원 1995. 11. 14. 선고 94다50922 판결
이 사건 토지가 원래 공공용에 제공된 행정재산이라면 그 이후 원고의 매립에 의하여 사실상 공유수면으로서의 성질을 상실하였더라도 당시 시행되던 국유재산법령에 의한 용도폐지를 하지 않은 이상 당연히 잡종재산[2]으로 된다고는 할 수 없는 것이고, 이러한 행정재산은 사법상 거래의 대상이 되지 아니하는 불융통물이므로 비록 관재 당국이 이를 모르고 매각하였다 하더라도 그 매매는 당연무효라 아니할 수 없으며, 원, 피고 사이의 매매계약 역시 불융통물에 대한 매매로서 무효임을 면할 수 없다 할 것이다.

〈판례〉 대법원 1996. 5. 28. 선고 95다52383 판결
공용폐지의 의사표시는 명시적 의사표시뿐 아니라 묵시적 의사표시이어도 무방하나, 적법한 의사표시이어야 하고, 행정재산이 본래의 용도에 제공되지 않는 상태에 놓여 있다는 사실만으로 관리청의 이에 대한 공용폐지의 의사표시가 있었다고 볼 수 없으며, 행정재산에 관하여 체결된 것이기 때문에 무효인 매매계약을 가지고 적법한 공용폐지의 의사표시가 있었다고 볼 수도 없는 것이다.

또한 국가와 지방자치단체가 각기 지분율을 달리하여 공유하고 있던 행정재산에 대하여 협약에 따라 일정한 금액을 지급하면서 지분율을 조정하는 것도 불가하다. 국가와 지방자치단체 상호간에 변경 지분율에 상당하는 금액을 지급하는 것은 이전받는 행정재산 지분에 대한 대가를 지급한다는 점에서 매각에 해당하므로, 행정재산의 처분 제한 규정에 저촉되기 때문이다.

과하고 공용폐지까지 된 상황에서 당해 토지가 매매 당시에 행정재산임을 내세워 무효라고 주장하는 것은 신의칙에 반하는 권리행사에 해당되어 허용될 수 없다(대법원 1986. 10. 14. 선고 86다카204 판결).

2) 현재의 일반재산에 해당

〈해석례〉 법제처 13-0637, 수 개의 지방자치단체가 공유하는 행정재산의 지분율을 협약에 따라 조정하는 것이 가능한지 여부,[3] 2014. 2. 12.

「공유재산 및 물품관리법」 제19조제1항 각 호 외의 본문에서는 행정재산은 매각 또는 양여하지 못한다고 하면서, 같은 항 각 호 외의 부분 단서 및 제1호에서 행정재산의 용도와 성질을 유지하는 조건으로 대통령령으로 정하는 바에 따라 국가 또는 다른 지방자치단체에 양여하는 경우에는 그러하지 아니하다고 규정하고 있는데, 매각에 관한 같은 법 제37조는 매각대금의 납부를 규정하고 있고, 양여에 관한 같은 법 제40조 및 제41조는 대가관계에 관한 규정이 없는 점에 비추어 볼 때, 같은 법은 대가관계를 기준으로 매각과 양여를 구분하고 있다고 할 것입니다("매각"과 "양여"에 관하여는 제4장 일반재산에서 규정하고 있으나, 그 의미는 행정재산의 경우에도 동일하다고 할 것임).

그런데, 이 사안과 같이 3개의 지방자치단체가 각기 지분율을 달리하여 공유하고 있던 행정재산의 지분율을 협약에 따라 조정하면서, 지방자치단체 상호간에 변경 지분율에 상당하는 금액을 지급하는 것은 이전받는 행정재산 지분에 대한 대가를 지급한다는 점에서 "매각"에 해당한다고 할 것인데, 행정재산의 매각은 양여와 달리 「공유재산 및 물품관리법」 제19조제1항에 따라 예외 없이 금지되는 것인바, 3개의 지방자치단체가 각기 지분율을 달리하여 공유하고 있던 행정재산에 대하여 협약에 따라 일정한 금액을 지급하면서 지분율을 조정할 수 없다고 할 것입니다.

다만 예외적으로 다음의 경우에는 행정재산을 교환하거나 양여할 수 있다(국유재산법 제27조제1항 단서).

1. 행정재산을 교환할 수 있는 경우

공유(公有) 또는 사유재산과 교환하여 그 교환받은 재산을 행정재산으로 관리하려는 경우에는 행정재산을 교환할 수 있다(국유재산법 제27조제1항제1호). 행정재산의 교환에 대하여는 '제3장 제5절 교환'에서 상세히 서술하였으므로 이를 참고하도록 한다.

2. 행정재산을 양여할 수 있는 경우

다음의 어느 하나에 해당하는 행정재산을 직접 공용이나 공공용으로 사용하려

3) 「공유재산 및 물품관리법」에 따른 공유재산에 대한 해석례이나 동 법리는 국가와 지방자치단체 사이에서도 그대로 적용될 수 있다.

는 지방자치단체에 양여하는 경우에는 행정재산을 양여할 수 있다(국유재산법 제27조제1항제2호).

〈표 4-1〉 양여가 가능한 행정재산(국유재산법 시행령 제19조제2항, 제58조제1항)

1. 국가 사무에 사용하던 재산을 그 사무를 이관받은 지방자치단체가 계속하여 그 사무에 사용하는 행정재산 2. 지방자치단체가 청사 부지로 사용하는 행정재산(이 경우 종전 내무부 소관의 토지로서 1961년부터 1965년까지의 기간에 그 지방자치단체로 양여할 조건을 갖추었으나 양여하지 못한 재산을 계속하여 청사 부지로 사용하는 행정재산에 한정함) 3. 「국토의 계획 및 이용에 관한 법률」 제86조에 따라 지방자치단체(특별시·광역시·경기도와 그 관할구역의 지방자치단체는 제외)의 장이 시행하는 도로시설(1992년 이전에 결정된 도시·군관리계획에 따른 도시·군계획시설을 말한다) 사업 부지에 포함되어 있는 총괄청 소관의 행정재산 4. 「도로법」 제14조부터 제18조까지의 규정에 따른 도로(2004년 12월 31일 이전에 그 도로에 포함된 경우로 한정)에 포함되어 있는 총괄청 소관의 행정재산 5. 「5·18민주화운동 등에 관한 특별법」 제5조에 따른 기념사업을 추진하는 데에 필요한 행정재산

중앙관서의 장등은 상기 행정재산을 양여하려면 다음의 사항을 총괄청에 제출하고 총괄청과 협의하여야 한다(국유재산법 제27조제2항, 제55조제3항).

〈표 4-2〉 행정재산 양여 시 총괄청에 제출해야 할 사항(국유재산법 시행규칙 제40조제1항)

1. 재산의 표시 2. 양여 목적 또는 양여 사유 3. 양수자의 성명 및 주소 4. 평정가격과 그 평정조서 5. 양여 조건 6. 사업의 계획서와 예산서 7. 건축물현황도 등 필요한 도면 8. 신청서의 부본(副本)

한편 양여한 행정재산이 10년 내에 양여목적과 달리 사용된 때에는 그 양여를 취소할 수 있고(국유재산법 제27조제2항, 제55조제2항), 양여 시에는 이러한 사유가 발생하면 양여계약을 해제한다는 내용의 특약등기를 하여야 한다(국유재산법 시행령 제19조제1항, 제59조).

Ⅱ. 관리사무의 위임 · 위탁

행정재산은 행정목적 수행을 위해 직접 사용되는 재산이므로 실제 이를 사용하는 각 중앙관서에서 관리하는 것이 원칙이다. 하지만 필요한 경우 중앙관서의 장은 행정재산의 효율적 관리를 위해 행정재산 관리사무를 법령에 따라 위임[4]하거나 위탁[5]한다.

1. 관리사무의 위임

중앙관서의 장은 소속 공무원에게 그 소관에 속하는 행정재산의 관리에 관한 사무를 위임할 수 있고, 위임을 받은 공무원의 사무의 일부를 분장하는 공무원을 둘 수 있다(국유재산법 제28조제1항, 제2항). 중앙관서의 장이 소속 공무원에게 행정재산 관리에 관한 사무를 위임하거나 분장하게 한 경우에는 그 뜻을 감사원에 통지하여야 한다(국유재산법 시행령 제20조제1항).

또한 중앙관서의 장은 다른 중앙관서의 장의 소속 공무원에게 그 소관에 속하는 행정재산의 관리에 관한 사무를 위임하거나(국유재산법 제28조제3항), 행정재산의 관리에 관한 사무의 일부를 지방자치단체의 장이나 그 소속 공무원에게 위임할 수 있다(국유재산법 제28조제4항). 이 경우 중앙관서의 장은 위임받을 공무원 및 직위와 위임할 사무의 범위에 관하여 각각 해당 중앙관서의 장 및 해당 지방자치단체를 감독하는 중앙관서의 장의 의견을 들어 위임하고, 그 사실을 감사원에 통지하여야 한다(국유재산법 시행령 제20조제2항, 제3항).

한편 상기 규정에 의한 사무의 위임은 중앙관서의 장이 해당 기관에 설치된 직

4) '위임'은 원래 권한자인 행정기관의 권한의 일부를 그 보조기관 또는 하급 행정기관의 장이나 지방자치단체의 장 등 그의 지휘 계통에 속하는 하급기관에 맡기는 것을 말한다.
5) '위탁'은 원래 권한자인 행정기관의 권한의 일부를 그 행정기관으로부터 독립되어 있는 다른 행정기관이나 민간에 맡기는 것을 말한다.

위를 지정함으로써 갈음할 수 있다(국유재산법 제28조제5항). 일반적으로 공무원은 주기적으로 인사이동을 하게 되므로, 실무에서는 특정인에게 사무를 위임하기보다는 이렇듯 직위를 지정하는 방식이 보다 많이 활용된다.

2. 관리위탁

중앙관서의 장은 행정재산을 효율적으로 관리하기 위하여 필요하면 국가기관 외의 자에게 그 재산의 관리를 위탁할 수 있는바, 이를 관리위탁이라고 한다(국유재산법 제29조제1항). 관리위탁은 효율적인 행정을 실현하고 공공서비스에 경쟁 환경을 확보함으로서 공공서비스를 효율적·효과적으로 제공하기 위한 것이다.

관리위탁의 '관리'는 재산의 단순한 유지보전뿐 아니라 적극적인 운용도 포함하나, 재산 일부를 관리위탁함으로써 전체 재산의 효율적 관리를 저해할 우려가 있는 등의 경우에는 관리위탁이 불가하다고 본다. 단순한 시설관리나 청소노무 등의 업무 또한 관리위탁의 대상으로 보기 어려운바, 이는 민간용역이나 아웃소싱 등의 방식이 적절할 것이다.

〈해석례〉 조달청 국유재산과-1861, 2004. 8. 20.

국유재산법 제21조의2[6] 규정의 행정재산 또는 보존재산의 '관리'에는 재산의 유지보전뿐만 아니라 운용도 포함 … 다만 재산 일부를 관리위탁함으로써 전체 재산의 효율적 관리를 저해할 우려가 있거나 관리위탁을 받은 자가 수탁재산의 전부를 사용·수익하는 경우에는 관리위탁할 수 없음 …

가. 관리수탁자의 요건 및 의무

중앙관서의 장이 행정재산을 관리위탁할 때에는 해당 재산의 규모, 용도 등을 고려하여 재산의 관리를 위하여 특별한 기술과 능력이 필요한 경우에는 그 기술과 능력을 갖춘 자 등 해당 재산을 관리하기에 적합한 자에게 하여야 한다(국유재산법 시행령 제21조). 이 때 관리위탁 계약서에 명시할 사항은 다음과 같다.

6) 현재의 제29조에 해당

〈표 4-3〉 관리위탁 계약서에 명시할 사항(국유재산법 시행규칙 제13조제1항)

1. 재산의 표시 2. 관리수탁자의 성명 및 주소 3. 관리위탁 기간 4. 관리수탁자의 권리 및 의무와 업무 범위 5. 위탁료·사용료 등 관리위탁에 따른 수입 및 지출에 관한 사항

관리수탁자는 선량한 관리자로서의 주의의무를 다하여 공익목적에 맞게 위탁받은 재산을 관리하여야 하며, 그 재산에 손해가 발생한 경우에는 지체 없이 소관 중앙관서의 장에 보고[7]하여야 한다. 또한 위탁받은 재산의 원형이 변경되는 대규모의 수리 또는 보수[8]를 하려면 소관 중앙관서의 장의 승인을 받되, 긴급한 경우에는 필요한 최소한의 조치를 한 후 지체 없이 그 내용을 중앙관서의 장에게 보고하여야 한다(국유재산법 시행령 제23조제1항, 제2항).

그 밖에 관리수탁자는 위탁받은 재산의 연간 관리현황을 다음 연도 1월 31일까지 해당 중앙관서의 장에게 보고하여야 한다[9](국유재산법 시행령 제25조제1항).

나. 관리위탁 기간

관리위탁의 기간은 5년 이내로 하되, 5년을 초과하지 아니하는 범위에서 종전의 관리위탁을 갱신할 수 있다. 다만 다음의 어느 하나에 해당하는 경우에는 관리위탁의 갱신이 불가하다(국유재산법 시행령 제22조제1항).

〈표 4-4〉 관리위탁의 갱신이 불가한 경우(국유재산법 시행령 제22조제1항)

1. 관리위탁한 재산을 국가나 지방자치단체가 직접 공용이나 공공용으로 사용하기 위하여 필요한 경우

7) 보고 시 ① 손해가 발생된 재산, ② 손해의 발생 시기 및 원인, ③ 손해의 내용과 그 추정액의 사항을 포함하여야 한다(국유재산법 시행규칙 제13조제3항).

8) '원형이 변경되는 대규모의 수리 또는 보수'란 「건축법」에 따른 건물의 증축이나 대수선은 물론, 관리위탁한 재산의 내부설비(보일러, 엘리베이터 등)를 설치·교체하는 등 통상적인 유지·보수 개념을 넘어서는 경우를 말한다.

9) 중앙관서의 장은 필요한 경우 관리위탁 재산의 관리현황을 확인·조사하거나 관리수탁자가 보고하도록 할 수 있다(국유재산법 시행령 제25조제2항).

2. 관리수탁자가 「국유재산법 시행령」 제21조에 따른 관리위탁을 받을 자격을 갖추지 못하게 된 경우
3. 관리수탁자가 관리위탁 조건을 위반한 경우
4. 관리위탁이 필요하지 아니하게 된 경우

다. 관리위탁에 따른 수입과 지출

관리위탁을 하게 되면 중앙관서의 장은 관리수탁자로부터 ① 위탁받은 재산으로부터 발생한 입장료·이용료 및 ② 사용·수익자로부터 받는 사용료 등을 받는 대신, 관리수탁자에게 ① 위탁료 및 ② 위탁받은 재산의 원형이 변경되는 대규모의 수리 또는 보수를 한 경우 그 수리·보수비용을 지급한다(국유재산법 시행규칙 제13조제4항, 제5항). 즉 입장료, 이용료, 사용료 등은 관리위탁에 따른 수입이며, 위탁료와 수리·보수비용은 관리위탁에 따른 지출에 해당한다.

관리위탁에 따른 수입과 지출은 1년 단위로 정산하는바, 중앙관서의 장은 1년을 단위로 관리수탁자에게 지급할 총지출이 관리수탁자로부터 받을 총수입을 초과하는 경우에는 그 차액을 관리수탁자에게 지급하여야 하고, 총수입이 총지출을 초과하는 경우에는 그 차액을 국고에 납입하게 하여야 한다(국유재산법 시행령 제24조제2항).

라. 관리위탁 받은 재산의 사용·수익 및 전대

관리수탁자는 미리 해당 중앙관서의 장의 승인을 받아 관리위탁 기간 내에서 위탁받은 재산의 일부를 사용·수익하거나 다른 사람에게 사용·수익하게 할 수 있다[10](국유재산법 제29조제2항, 국유재산법 시행령 제22조제2항). 이 때 관리수탁자가 중앙관서의 장의 승인을 받아야 하는 사항은 ① 사용·수익자의 성명 및 주소, ② 사용·수익재산의 범위, ③ 사용·수익의 목적, 방법 및 기간, ④ 예상수입액이다(국유재산법 시행규칙 제13조제2항).

한편 관리위탁 받은 재산을 관리수탁자로부터 사용·수익 받은 자, 즉 전대 받

---

10) 이 경우 위탁받은 재산을 사용·수익하는 자에게서 받는 사용료는 「국유재산법 시행령」 제29조 및 제67조의8의 사용료율과 산출방법에 따라 산출된 금액을 기준으로 하되, 예상수익을 고려하여 중앙관서의 장이 결정한다(국유재산법 시행령 제24조제1항).

은 자가 이를 다른 자에게 다시 전대할 수 있는지가 문제될 수 있다. 이에 대한 명문의 규정은 없으나 「국유재산법」 제29조제2항에서 행정재산의 관리위탁을 받은 자에게 그 재산을 전대할 수 있도록 한 것은 해당 행정재산의 관리에 관한 중앙관서의 장의 권한을 수탁자가 관리위탁을 통해 부여받았음을 전제로 한 것이라는 점, 「국유재산법 시행규칙」 제13조제2항에서는 위탁받은 재산의 전대 시 중앙관서의 장의 승인사항을 규정하고 있는데 그 주체가 '관리수탁자'로 명시되어 있다는 점 등을 고려할 때, 관리위탁된 행정재산을 전대 받은 자가 이를 다른 자에게 다시 전대할 수는 없다고 본다. 법제처 또한 공유재산에 대한 해석례에서 동일한 결론을 내리고 있다.

〈해석례〉 법제처 19-0672, 행정재산을 전대(轉貸) 받은 자가 이를 다른 자에게 다시 전대할 수 있는지 여부,[11] 2020. 2. 20.

이 사안의 경우 관리위탁 된 행정재산을 전대 받은 제3자는 이를 다른 자에게 다시 전대할 수 없습니다. (중략)

공유재산법[12] 규정 체계를 고려하면 같은 법 제27조제1항에 따라 행정재산의 관리위탁을 받은 자는 행정재산의 사용 · 수익허가를 받은 자로서 그 관리위탁에 대해 별도로 규정된 사항 외에는 공유재산법령상 행정재산의 사용 · 수익허가를 받은 자에게 적용되는 규정들을 준수해야 할 것인바, 관리위탁 받은 행정재산을 제3자에게 전대할 수 있도록 규정한 공유재산법 제27조제5항은 같은 법 제20조제3항에 대한 예외를 인정한 것이라는 점을 고려하면 행정재산의 제3자 전대는 명문의 규정에 따라 같은 법 제27조제1항에 따라 관리위탁 받은 자만 할 수 있는 것으로 엄격하게 해석해야 합니다.

또한 공유재산법 제27조제5항에서 행정재산의 관리위탁을 받은 자에게 행정재산을 전대할 수 있도록 한 것은 해당 행정재산의 관리에 관한 지방자치단체의 장의 권한을 수탁자가 관리위탁을 통해 부여받았음을 전제로 한 것인데, 관리위탁 받은 행정재산을 전대 받은 제3자는 그 행정재산을 본인이 사용할 수 있을 뿐 그 행정재산을 다른 자에게 다시 전대할 수 있는 관리 권한을 부여받은 것으로 볼 수는 없다는 점도 이 사안을 해석할 때 고려해야 합니다.

한편 행정재산의 사용 · 수익에 대한 허가는 사경제주체로서 행하는 사법상의 행위가 아니

11) 「공유재산 및 물품관리법」에 대한 해석례이나 동 법리는 「국유재산법」에도 그대로 적용될 수 있다.

12) 「공유재산 및 물품 관리법」을 의미한다.

라 관리청이 공권력을 가진 우월적 지위에서 행하는 행정처분인 반면 전대는 「민법」 제629조 등에서 규정하는 사법상 계약의 일종이므로 행정재산을 전대 받은 제3자는 사법상 권리행사의 일환으로 그 행정재산을 다른 자에게 다시 전대할 수 있다는 의견이 있습니다.

그러나 공유재산 중 "행정재산"은 지방자치단체의 행정목적에 직접 제공되는 재산으로서 공공성과 공익성이 크기 때문에 원칙적으로 대부 · 매각 · 교환 · 양여 · 신탁 또는 대물변제하거나 출자의 목적으로 하지 못하며, 행정재산에 사권(私權)을 설정하지 못하도록 규정(공유재산법 제19조제1항)하는 등 사경제거래의 객체와는 달리 취급되고 있고, 행정재산의 적절한 관리 · 활용은 지방자치단체와 주민 전체의 이익에 귀속되고 특히 지방자치단체를 위한 재원 확보의 수단이므로 관리의 중요성이 크다는 점 등을 고려하면 행정재산의 전대에 「민법」상 계약의 원리가 그대로 적용될 수는 없다는 점에서 그러한 의견은 타당하지 않습니다.

〈참고 4-1〉 '관리위탁'과 '사용허가'

「국유재산법」상 사용허가는 '행정재산을 국가 외의 자가 일정 기간 유상이나 무상으로 사용·수익할 수 있도록 허용하는 것'을 말한다(국유재산법 제2조제7호). 그런데 관리위탁을 받은 관리수탁자는 해당 중앙관서의 장의 승인을 받아 그 재산의 일부를 사용·수익하거나 다른 사람에게 사용·수익하게 할 수 있는바, 이런 점에서 사용허가와 유사한 측면이 있다.

물론 관리위탁은 행정재산의 효율적 관리를 위해 해당 행정재산을 보다 잘 관리할 수 있는 자에게 관리권한을 맡기는 과정에서 부수적으로 사용·수익을 허용하는 것이고, 사용허가는 그 취지 자체가 행정재산을 국가 외의 자가 사용·수익하도록 하려는 것이라는 점에서 근본적인 차이가 있다. 이러한 차이는 자금 흐름에서도 잘 나타난다. 즉 관리위탁에서는 관리수탁자가 사용·수익자로부터 받는 사용료 등을 국가에 납부하는 대신 국가로부터 위탁료 등을 지급받지만, 사용허가에서는 사용허가를 받은 자가 국가에 사용료를 납부할 뿐이다.

그렇다보니 최근 일부 지방자치단체에서는 이러한 점에 착안하여 행정재산 사용을 추진하며 사용허가 대신 관리위탁을 제안하기도 한다. 관리위탁 시 사용료는 예상수익을 고려하여 중앙관서의 장이 결정하도록 되어 있으므로(국유재산법 시행령 제24조제1항) 금액을 낮출 수 있는 여지가 있고, 국가로부터 일정액의 위탁료까지 지급받게 되기 때문이다. 재정이 열악한 지방자치단체 입장에서는 사용허가 대신 관리위탁을 추진할 충분한 유인이 되는 것이다.

물론 지방자치단체의 행정재산 사용은 대부분 주민 복지 등 공공 복리를 위한 것이고 주민이 많이 거주하고 있는 도심지의 경우 지가(地價)가 높아 사용료 부담이 작지 않다는 점에서 일견 이해되는 측면도 없지는 않다. 하지만 관리위탁과 사용허가는 전혀 별개의 제도인바, 이러한 편법적 시도는 「국유재산법」의 입법 취지를 잠탈함은 물론 국유재산의 적정한 보호와 효율적인 관리·처분이라는 목적 달성까지 어렵게 만들 수 있다. 따라서 관리위탁 필요성이 없음에도 사용허가 대신 관리위탁을 추진하는 것은 엄격히 지양되어야 할 것이다.

Ⅲ. 국유재산책임관의 임명

중앙관서의 장은 소관 국유재산의 관리·처분 업무를 효율적으로 수행하기 위하여 그 관서의 고위공무원으로서 기획 업무를 총괄하는 직위에 있는 자를 국유재산책임관으로 임명하여야 한다(국유재산법 제27조의2제1항). 국유재산책임관으로 하여금 소관 국유재산업무의 계획수립 및 운용보고 업무를 총괄하도록 함으로써 중앙관서의 국유재산에 대한 책임관리시스템을 확립하고, 총괄청과 중앙관서간의 업무 유대관계를 강화하기 위해 2011. 3. 「국유재산법」 개정 시에 신설된 규정이다.

국유재산책임관의 업무는 다음과 같으며, 국유재산책임관의 임명은 중앙관서의 장이 소속 관서에 설치된 직위를 지정하는 것으로 갈음할 수 있다(국유재산법 제27조의2제2항, 제3항).

〈표 4-5〉 국유재산책임관의 업무(국유재산법 제27조의2제2항)

1. 「국유재산법」 제9조제2항에 따른 소관 국유재산의 관리·처분에 관한 계획과 같은 조 제7항에 따른 집행계획에 관한 업무
2. 「국유재산법」 제69조에 따른 국유재산관리운용보고에 관한 업무
3. 제1호 및 제2호에 따른 업무 외에 국유재산 관리·처분 업무와 관련하여 대통령령[13]으로 정하는 업무

13) 다만 2021. 12. 현재, 이와 관련한 대통령령 규정은 마련되어 있지 않다.

제2절 사용허가

'사용허가'란 행정재산을 국가 외의 자가 일정 기간 유상이나 무상으로 사용·수익할 수 있도록 허용하는 것을 말한다(국유재산법 제2조제7호). 행정재산은 국가의 행정목적 수행을 위해 직접 필요한 재산이지만, 국유재산의 효율적 활용을 위해 행정재산 본래의 용도나 목적에 장애가 되지 않는 범위 내에서 국가 외의 자가 이를 사용할 수 있도록 한 것이다.

일반적으로 사용허가는 해당 행정재산을 독점적·배타적으로 사용할 권리를 부여하는 것을 의미하지만 반드시 그러한 것은 아니다. 즉, 골프장 이용과 같이 해당 행정재산을 일시적·단속적으로 사용하는 것을 내용으로는 하는 사용허가도 가능하다.[14]

행정재산 사용허가의 방법 등에 대해서는 기본적으로 「국유재산법」을 따르되, 「국유재산법」에 규정되지 않은 것은 「국가를 당사자로 하는 계약에 관한 법률」의 규정을 준용한다(국유재산법 제31조제3항). 국유재산 관련해서는 「국가를 당사자로 하는 계약에 관한 법률」과 「국유재산법」이 각각 일반법과 특별법적 지위에 있으므로 이는 당연한 것이다.

한편 지식재산의 사용허가에 대해서는 「국유재산법」 제4장의2 '지식재산 관리·처분의 특례'에서 별도로 정하고 있는바, 이에 대해서는 제7장에서 후술하기로 한다.

Ⅰ. 사용허가의 법적 성격

사용허가의 대상은 행정재산인데, 전술한 바와 같이 행정재산에 관한 법률관계는 공법 관계로 본다.[15] 따라서 사용허가는 국유재산의 관리청이 공권력을 가진

14) 대법원 2009. 10. 15. 선고 2009두9383 판결

15) 과거 공유재산에 대한 판례 중에서는 행정재산의 사용허가를 사법상의 계약으로 본 경우도 있으나(대법원 1982. 3. 23. 선고 80다3155·3160 판결, 대법원 1994. 1. 25. 선고 93누7365 판결 등), 이는 당시 지방재정법 시행령 등에서 행정재산의 사용허가에 대해 상세히 규정하지 않은 채 잡종재산의 대부 관련 규정을 준용하도록 한 영향이 크다고 할 것이다.

우월적 지위에서 행하는 행정처분이며, 특정인에게 행정재산을 사용할 수 있는 권리를 설정하여 주는 강학상 특허에 해당한다. 판례도 같은 입장이다.

〈판례〉 대법원 2006. 3. 9. 선고 2004다31074 판결

국유재산 등의 관리청이 하는 행정재산의 사용·수익에 대한 허가는 순전히 사경제주체로서 행하는 사법상의 행위가 아니라 관리청이 공권력을 가진 우월적 지위에서 행하는 행정처분으로서 특정인에게 행정재산을 사용할 수 있는 권리를 설정하여 주는 강학상 특허에 해당한다.

한편 행정행위에는 효율적인 행정목적 달성을 위하여 필요한 경우 부관으로서 조건을 붙일 수 있는바, 국유재산 사용허가에 있어서도 관련 법령이 허용하는 범위 내에서 정지조건부 사용허가 등이 가능하다.

〈해석례〉 법제처 09-0269, 대한민국이 미합중국에 공여한 재산에 대하여 그 반환을 조건으로 사인에 대하여 「국유재산법」의 일부 내용을 배제하는 사용허가를 할 수 있는지 여부 등, 2009. 8. 21.

「국유재산법」에 따른 국유재산 사용허가는 일정한 요건 하에서 국가나 정부기업이 아닌 사인에게 행정재산을 사용할 수 있도록 허가하는 행정행위이고, 이러한 행정행위에는 효율적인 행정목적 달성을 위하여 필요한 경우 부관으로서 조건을 붙일 수 있다할 것이므로, 국유재산법령이 허용하는 범위 내에서 국유재산에 대한 정지조건부 사용허가는 가능하다고 할 것입니다. 즉, 주한미군 지위협정의 목적 달성을 위하여 공여된 주택부지의 반환 시 축조된 건축물의 기부채납 및 행정재산의 용도나 목적에 장애가 되지 아니하는 범위에서의 사용과 그 사용허가 방법을 정하고 사용허가 기간을 부여하는 등 국유재산법령이 허용하는 범위 내에서라면, 미합중국으로부터 공여된 토지의 사용권을 받은 민간사업자에게 이 사건 정지조건을 붙여 그 사업 착수시점에서 미리 정지조건부 사용허가를 하는 것은 가능할 수도 있을 것입니다.

같은 맥락에서 사용허가 관련 쟁송은 민사소송이 아니라 행정소송의 대상이 되며, 이는 사용허가의 취소 또한 마찬가지이다.

〈판례〉 대법원 1997. 4. 11. 선고 96누17325 판결
국·공유재산의 관리청이 행정재산의 사용·수익을 허가한 다음 그 사용·수익하는 자에 대하여 하는 사용·수익허가취소는 순전히 사경제주체로서 행하는 사법상의 행위라 할 수 없고, 이는 관리청이 공권력을 가진 우월적 지위에서 행한 것으로서 항고소송의 대상이 되는 행정처분이다.

Ⅱ. 사용허가의 범위

1. 사용허가의 가능 범위

행정재산은 국가의 행정목적 수행을 위해 직접 필요한 재산이므로 무분별하게 사용허가를 해서는 아니된다. 따라서 사용허가의 가능 범위를 정해야 하는바, ① 공용·공공용·기업용 재산은 '그 용도나 목적에 장애가 되지 아니하는 범위' ② 보존용재산은 '보존목적의 수행에 필요한 범위'에서만 행정재산의 사용허가를 할 수 있다(국유재산법 제30조제1항).

이 때 유의할 점은 행정재산을 당해 행정재산의 용도 또는 목적 그 자체에 직접 공여하기 위하여 사용하는 경우에는 사용허가의 대상이 아니라는 것이다. 예를 들어 정부청사의 업무 효율성 향상을 위한 정보통신망 구축 과정에서 통신업체가 통신장비 및 회선 설치를 위해 정부청사의 공간 일부를 사용할 경우, 이는 사용허가 대상이 아니다.

〈해석례〉 기획재정부 국재 41301-296, 1999. 4. 23.
(정부청사관리소에서 초고속 통신 등의 서비스 제공을 위한 정보통신망을 구축하고자 하는 과정에서 통신업체가 통신장비 및 회선설치를 위해 정부청사의 공간일부를 사용할 경우, 관리청이 당해 통신업체에게 국유재산법 제24조[16] 규정에 의한 사용·수익허가의 대상으로 사용료를 징수하여야 하는지 여부에 관한 사안) 행정재산을 당해 행정재산의 용도 또는 목적 그 자체에 직접 공여하기 위하여 사용하는 경우에는 국유재산법 제24조의 규정에 의한 국유재산의 사용·수익에 해당되지 아니합니다.

16) 현재의 제30조에 해당

한편 행정재산의 사용허가를 받은 자가 그 재산에 대하여 유지·보수 외의 시설을 설치하려는 때에는 그 경비조서를 갖추어 소관 중앙관서의 장의 승인을 받아야 하고, 중앙관서의 장이 이를 승인하는 경우에는 그 시설의 경비에 대한 증명서류를 제출받아 보관하여야 한다(국유재산법 시행규칙 제19조).

2. 사용허가 받은 재산의 전대(轉貸)

사용허가를 받은 자는 그 재산을 다른 사람에게 사용·수익하게 하여서는 아니 된다. 즉 전대(轉貸)는 원칙적으로 금지된다. 이는 행정재산의 사용허가 기간을 정하고 그 기간을 갱신하는 방식으로 행정재산을 관리함에 있어 사용허가를 받은 자와 제3자 간의 예상하지 못한 임대 등 계약관계에 의해 본래의 사용허가 목적에 반하거나 행정재산의 효율적 관리·처분이 어렵게 되는 등 사용·수익허가 제도의 잠탈을 방지하기 위한 것이다.[17] 다만 다음의 어느 하나에 해당하는 경우에는 중앙관서의 장의 승인을 받아 다른 사람에게 사용·수익하게 할 수 있다(국유재산법 제30조 제2항).

〈표 4-6〉 사용허가 받은 행정재산의 전대가 가능한 경우(국유재산법 제30조제2항, 국유재산법 시행령 제26조제3항)

1. 기부를 받은 재산에 대하여 사용허가를 받은 자가 그 재산의 기부자이거나 그 상속인, 그 밖의 포괄승계인인 경우 2. 지방자치단체나 지방공기업이 행정재산에 대하여 「국유재산법」 제18조제1항제3호에 따른 사회기반시설로 사용·수익하기 위한 사용허가를 받은 후 이를 다음의 어느 하나에 해당하는 기관으로 하여금 사용·수익하게 하는 경우[18] 1) 「지방공기업법」에 따른 지방공기업 2) 「공공기관 운영에 관한 법률」 제4조에 따른 공공기관 3) 「공익법인의 설립·운영에 관한 법률」 제4조제1항에 따른 공익법인 4) 「사회적기업 육성법」 제2조제1호에 따른 사회적기업 5) 「협동조합 기본법」 제2조제1호에 따른 협동조합 및 같은 조 제3호에 따른 사회적협동조합 6) 「국민기초생활 보장법」 제18조에 따른 자활기업

17) 광주지방법원 2015. 4. 16. 선고 2013구합3207 판결

> 7) 「도시재생 활성화 및 지원에 관한 특별법」 제2조제1항제9호에 따른 마을기업
> 8) 그 밖에 상기 1)~7)까지의 규정에 따른 기관과 유사한 기관으로서 국유재산의 공공가치와 활용가치를 저해하지 않은 범위에서 국유재산을 사용·수익할 수 있는 기관

유의할 점은 여기서의 전대는 사용허가를 받은 그 해당재산 자체를 다른 사람에게 사용·수익하도록 하는 것을 의미한다는 점이다. 즉 사용허가를 받은 해당재산이 아니라 그 재산 위에 설치한 별도의 시설을 다른 사람에게 사용·수익하게 하는 것은 「국유재산법」제30조제2항에서 금지하는 전대에 해당하지 않는다.[19] 따라서 행정재산인 토지를 사용허가 받은 뒤 그 위에 임시시설물인 무선설비를 설치하고 이 무선설비를 다른 사람에게 사용·수익하게 하는 것이나, 국유지를 사용허가 받은 자가 국유지 위의 사유건물을 타인에게 임대하는 것은 가능하다.

> **〈해석례〉 법제처 19-0056, 토지인 행정재산에 무선설비를 설치하고 그 무선설비를 다른 사람에게 임대하여 사용하게 하는 것이 「국유재산법」 제30조제2항에서 금지하고 있는 행위에 해당하는지 여부, 2019. 10. 31.**
>
> 이 사안의 경우 시설자는 「국유재산법」 제30조제1항에 따라 사용허가를 받은 행정재산 자체가 아니라 행정재산인 토지에 설치한 무선설비를 다른 사람에게 사용·수익하도록 한 것이고, 해당 무선설비가 임시시설물이라는 점을 고려하면 「국유재산법」 제35조에 따른 사용허가 기간이 종료된 후 같은 법 제38조에 따라 행정재산을 원상회복하는 것이 어렵다고 볼 수 없습니다. (중략)
>
> 그리고 「국유재산법 시행규칙」 제14조제1항 및 별지 제1호서식에 따르면 행정재산의 사용허가를 받으려는 자는 국유재산 사용허가 신청서에 "용도"를 기재하도록 규정하고 있어 중앙관서의 장은 그 사용목적을 고려하여 행정재산의 사용허가 여부를 결정하게 됩니다. (중략)
>
> 그렇다면 이 사안의 경우 중앙관서의 장은 시설자가 행정재산에 설치하는 무선설비의 전

---

18) 2020. 3. 「국유재산법」 개정을 통해 제18조제1항제3호(국유지 위에 지방자치단체나 「지방공기업법」에 따른 지방공기업이 사회기반시설 등의 영구시설물을 축조할 수 있도록 함)가 신설되면서 함께 도입된 조항이다.

19) 물론 행정재산 사용허가를 신청할 시에 이러한 내용(사용허가 받은 행정재산에 시설을 설치하고 이 시설을 타인에게 사용·수익하게 한다는 것)은 명시해야 할 것이다.

부나 일부를 「전파법」 제48조제1항에 따라 다른 사람에게 임대하여 사용하게 하는 것까지 해당 행정재산의 사용허가 용도로 보아 사용허가를 해준 것으로 보는 것이 타당하므로, 시설자가 해당 무선설비를 「전파법」 제48조제1항에 따라 다른 사람에게 임대하여 사용하게 하고 사용료를 징수하는 것은 「국유재산법」 제30조제1항에 따라 행정재산의 사용허가를 받은 범위에서 해당 행정재산을 사용한 것으로 같은 조 제2항 본문에서 금지하고 있는 행위에 해당하지 않습니다.

〈해석례〉 기획재정부 국유재산과-2288, 2004. 10. 2.
국유지상에 건물로 점유하면서 당해 국유지를 대부받은 후 건물 일부에 대해 제3자에게 임대하는 것은 국유재산법 제24조[20] 규정의 전대(임대 국유재산에 대한 제3자의 사용수익)에 해당하지 않음 …

사용허가를 받은 자가 전대를 하고자 할 때에는 ① 전대하는 재산의 표시, ② 전대하는 재산의 사용목적, 수익방법 및 사용·수익기간, ③ 해당 재산을 전대받으려는 자의 성명 및 주소를 적은 승인신청서를 중앙관서의 장에게 제출해야 한다(국유재산법 시행령 제26조제1항). 중앙관서의 장은 승인신청서를 검토하여 승인 여부를 결정하되, 전대가 행정재산의 용도나 목적에 장애가 되거나 원상회복이 어렵다고 인정되면 전대를 승인하여서는 아니된다(국유재산법 제30조제3항). 전대 또한 사용허가의 연장선상에서 이루어지는 것이므로 「국유재산법」 제30조제1항의 사용허가 범위에 따른 제한을 받기 때문이다.

다만 사용허가 받은 재산의 전대 시 중앙관서의 장의 승인을 얻어야 하는 등 일부 공법적 규율을 받고 있다고 하더라도, 그 행정재산의 관리청으로부터 국유재산관리사무의 위임을 받거나 국유재산관리의 위탁을 받지 않은 이상, 사용허가를 받은 행정재산에 대하여 하는 전대행위는 통상의 사인간의 임대차와 다를 바가 없다. 따라서 사용허가를 받은 자와 전차인 사이에서는 기본적으로 사법 관계가 적용된다. 같은 맥락에서 국유재산의 사용료에 대하여 규정하고 있는 「국유재산법」 제32조 등은 전대 관계에서는 적용되지 않는다.[21]

---

20) 현재의 제30조에 해당
21) 중앙관서의 장의 전대 승인을 받은 이후라면 전대에 따른 법률관계는 전대받는 자와 전대하는 자 사이의 문제이고, 위 전대 관계에서의 사용료를 행정청에서 직접 통제하는 것은 구체적

〈판례〉 대법원 2003. 10. 24. 선고 2001다82514, 82521 판결
한국공항공단이 정부로부터 무상사용허가를 받은 행정재산을 舊 한국공항공단법 제17조에서 정한 바에 따라 전대하는 경우에 미리 그 계획을 작성하여 건설교통부장관에게 제출하고 승인을 얻어야 하는 등 일부 공법적 규율을 받고 있다고 하더라도, 한국공항공단이 그 행정재산의 관리청으로부터 국유재산관리사무의 위임을 받거나 국유재산관리의 위탁을 받지 않은 이상, 한국공항공단이 무상사용허가를 받은 행정재산에 대하여 하는 전대행위는 통상의 사인간의 임대차와 다를 바가 없고, 그 임대차계약이 임차인의 사용승인신청과 임대인의 사용승인의 형식으로 이루어졌다고 하여 달리 볼 것은 아니라고 할 것이다.

〈판례〉 서울고등법원 2017. 2. 3. 선고 2015누36326 판결
국유재산법 제32조, 같은 법 시행령 29조에 의한 국유재산 사용료는 원칙적으로 사용의 대상이 되는 국유재산을 기준으로 하여 이를 사용허가 받아 직접 이용하는 사람에 대하여 부과될 뿐, 예컨대 그 사람으로부터 임차한 사람 등 그 사람과 계약관계를 맺은 제3자에 대하여는 부과되지 않는다. 이는 다른 법령에 의한 사용료 부과처분의 경우도 마찬가지로서, 제3자에 대하여 사용료를 부과하기 위해서는 법령상 명시적인 규정이 필요하다.

또한 전대가 성립되었을 경우에 전대받는 자의 사용·수익 기간은 원래 사용허가를 받았던 자의 사용허가기간의 남은 기간을 초과할 수 없다(국유재산법 시행령 제26조제2항). 만약 전대에 의해 기존 사용허가기간이 달라진다면 법적 안정성을 해치고 이는 사용허가기간을 명시한 「국유재산법」 제35조의 취지에도 반하기 때문이다.

Ⅲ. 사용허가의 방법

행정재산을 사용허가할 때에는 원칙적으로 일반경쟁에 부치되, 필요할 경우에는 제한경쟁이나 지명경쟁 또는 수의(隨意)의 방법으로 결정할 수 있다.

한편 중앙관서의 장은 그 소관에 속하는 행정재산에 대하여 사용허가부[22]를

인 법률 근거가 없을 뿐 아니라 사적자치의 원칙에 반할 여지가 있음(국방시설본부 법무실-344, 2016. 2. 3.)

22) 사용허가부에는 ① 재산의 표시, ② 사용목적, ③ 사용허가 받은 자의 성명 및 주소, ④ 허가조건, ⑤ 사용허가기간, ⑥ 사용료, ⑦ 허가일, ⑧ 기부받은 재산에 대하여 사용허가를 받은 자가 「국유재산법」 제30조제2항 각 호의 어느 하나에 해당하여 중앙관서의 장의 승인을 받

갖추어 두어야 하며(국유재산법 시행령 제28조제1항), 사용허가 중인 행정재산이 용도 폐지되어 총괄청에 인계되는 경우 해당 재산에 대한 사용허가는 대부계약으로 전환된 것으로 본다[23](국유재산법 시행규칙 제14조제4항).

1. 원칙 - 일반경쟁

행정재산을 사용허가하려는 경우에는 그 뜻을 공고하여 일반경쟁에 부치는 것이 원칙으로, 1개 이상의 유효한 입찰이 있는 경우 최고가격으로 응찰한 자를 낙찰자로 한다(국유재산법 제31조제1항 본문, 국유재산법 시행령 제27조제1항). 경쟁에 부치는 경우에는 총괄청이 지정·고시하는 정보처리장치를 이용하여 입찰공고[24]·개찰·낙찰선언을 하고, 중앙관서의 장은 필요하다고 인정하면 일간신문 등에 게재하는 방법을 병행할 수 있으며, 같은 재산에 대하여 수 회의 입찰에 관한 사항을 일괄하여 공고할 수 있다(국유재산법 제31조제2항).

만약 일반경쟁입찰을 두 번 실시하여도 낙찰자가 없는 재산이 있을 경우 중앙관서의 장은 세 번째 입찰부터 최초 사용료 예정가격의 100분의 20을 최저한도로 하여 매회 100분의 10의 금액만큼 그 예정가격을 낮추는 방법으로 조정할 수 있다(국유재산법 시행령 제27조제5항).

2. 예외 1 - 제한경쟁, 지명경쟁

행정재산이 다음의 어느 하나에 해당하는 경우에는 제한경쟁이나 지명경쟁의 방법으로 사용허가를 받을 자를 결정할 수 있다(국유재산법 제31조제1항 단서, 국유재

아 다른 사람에게 해당 재산을 사용·수익하게 한 경우에는 그에 관한 사항을 각각 기재한다. 또한 사용허가부는 전자적 처리를 할 수 없는 특별한 사유가 없으면 전자적 처리가 가능한 방법으로 작성·관리하여야 한다(국유재산법 시행령 제28조제2항).

23) 이에 따라 대부계약으로 전환된 것으로 보는 재산의 관리·처분에 관한 사무가 「국유재산법 시행령」 제38조제3항에 따라 위탁된 경우 그 사용허가를 받은 자가 이미 낸 사용료는 그 재산의 위탁을 받은 자에게 귀속시키지 아니한다(국유재산법 시행규칙 제22조).

24) 입찰공고에는 대상재산의 용도 또는 목적에 따라 ① 사용허가의 대상 재산 및 허가기간에 관한 사항, ② 입찰·개찰의 장소 및 일시에 관한 사항, ③ 입찰참가자의 자격에 관한 사항, ④ 입찰보증금과 국고귀속에 관한 사항, ⑤ 입찰무효에 관한 사항, ⑥ 사용료의 예정가격 및 결정방법에 관한 사항, ⑦ 사용허가기간 만료 시 갱신 여부에 관한 사항, ⑧ 사용허가 갱신 시 사용허가기간 및 사용료 결정방법에 관한 사항, ⑨ 그 밖에 입찰에 필요한 사항을 구체적으로 밝혀야 하고, 사용허가 신청자에게 공고한 내용을 통지하여야 한다(국유재산법 시행령 제27조제4항, 국유재산법 시행규칙 제15조).

산법 시행령 제27조제2항).

〈표 4-7〉 제한경쟁이나 지명경쟁의 방법으로 사용허가가 가능한 경우(국유재산법 시행령 제27조제2항)

1. 토지의 용도 등을 고려할 때 해당 재산에 인접한 토지의 소유자를 지명하여 경쟁에 부칠 필요가 있는 경우 2. 「국유재산법 시행령」 제27조제3항의 수의의 방법에 따른 사용허가의 신청이 경합하는 경우 3. 그 밖에 재산의 위치·형태·용도 등이나 계약의 목적·성질 등으로 보아 사용허가 받는 자의 자격을 제한하거나 지명할 필요가 있는 경우

일반경쟁과 마찬가지로 1개 이상의 유효한 입찰이 있는 경우 최고가격으로 응찰한 자를 낙찰자로 하며(국유재산법 시행령 제27조제1항), 경쟁에 부치는 경우에는 총괄청이 지정·고시하는 정보처리장치를 이용하여 입찰공고[25]·개찰·낙찰선언을 하고, 중앙관서의 장은 필요하다고 인정하면 일간신문 등에 게재하는 방법을 병행할 수 있으며, 같은 재산에 대하여 수 회의 입찰에 관한 사항을 일괄하여 공고할 수 있다(국유재산법 제31조제2항).

3. 예외 2 - 수의계약

행정재산이 다음의 어느 하나에 해당하는 경우에는 수의의 방법으로 사용허가를 받을 자를 결정할 수 있다(국유재산법 제31조제1항 단서, 국유재산법 시행령 제27조제3항).

〈표 4-8〉 수의의 방법으로 사용허가가 가능한 경우(국유재산법 시행령 제27조제3항)

1. 주거용으로 사용허가를 하는 경우 2. 경작용으로 실경작자에게 사용허가를 하는 경우 3. 외교상 또는 국방상의 이유로 사용·수익 행위를 비밀리에 할 필요가 있는 경우

25) 입찰공고 시 구체적으로 밝혀야 하는 사항 및 사용허가 신청자에게 공고한 내용을 통지해야 할 의무 등은 일반경쟁의 경우와 같다.

4. 천재지변이나 그 밖의 부득이한 사유가 발생하여 재해 복구나 구호의 목적으로 사용허가를 하는 경우
5. 「국유재산법」 제18조제1항제3호에 따른 사회기반시설로 사용하려는 지방자치단체나 지방공기업에 사용허가를 하는 경우
6. 「국유재산법」 제34조제1항 또는 다른 법률에 따라 사용료 면제의 대상이 되는 자에게 사용허가를 하는 경우
7. 국가와 재산을 공유하는 자에게 국가의 지분에 해당하는 부분에 대하여 사용허가를 하는 경우
8. 국유재산의 관리·처분에 지장이 없는 경우로서 사용목적이나 계절적 요인 등을 고려하여 6개월 미만의 사용허가를 하는 경우
9. 두 번에 걸쳐 유효한 입찰이 성립되지 아니한 경우
10. 그 밖에 재산의 위치·형태·용도 등이나 계약의 목적·성질 등으로 보아 경쟁입찰에 부치기 곤란하다고 인정되는 경우

한편 상기 수의의 방법에 따른 사용허가의 신청이 경합하는 경우에는 제한경쟁이나 지명경쟁의 방법으로 사용허가를 받을 자를 결정할 수 있다(국유재산법 시행령 제27조제2항제1호의2).

Ⅳ. 사용허가의 기간

행정재산의 사용허가기간은 5년 이내로 하되, 행정재산으로 할 목적으로 기부를 받은 재산에 대하여 기부자나 그 상속인, 그 밖의 포괄승계인에게 사용허가하는 경우에는 사용료의 총액이 기부를 받은 재산의 가액에 이르는 기간 이내로 한다(국유재산법 제35조제1항).

1. 행정재산을 일시적·단속적으로 사용하는 경우의 사용허가기간

사용허가는 해당 행정재산을 독점적·배타적으로 사용하는 것이 보통이나, 경우에 따라 일시적·단속적으로 사용할 수도 있다. 그런데 이러한 일시적·단속적 사용의 경우에도 사용허가기간 5년의 제한이 적용되는지가 문제될 수 있다. 일시적·단속적 사용은 해당 행정재산을 독점하는 것이 아니라 특정 시간·부분에 한해 한

정적으로 사용하게 되므로, 실제 사용시간만을 계산한다면 독점적·배타적 사용의 경우에 크게 미치지 못할 것이기 때문이다.

이에 대하여 독점적·배타적 사용과의 형평성을 고려하여 일시적·단속적 사용에 있어서는 사용허가기간 5년의 적용을 배제하거나 실제 사용시간만을 고려해야 한다는 견해도 있으나, 이를 수용하기는 어렵다고 본다. 「국유재산법」에서 일시적·단속적 사용의 경우 별도 기준을 적용한다는 내용을 두고 있지 않고, 다양한 유형의 일시적·단속적 사용허가에 있어 각각의 경우마다 실제 사용시간을 계산, 확인하는 것도 사실상 불가하기 때문이다.

판례 또한 이와 같은 입장으로, 일시적·단속적 사용의 경우에도 사용허가기간의 제한이 동일하게 적용된다고 본다.

〈판례〉 대법원 2009. 10. 15. 선고 2009두9383 판결

행정재산의 사용수익허가권의 기간을 3년으로 제한하고 있는 구「국유재산법」(1986. 12. 31. 법률 제3881호로 개정되기 전의 것) 제27조 제1항[26]은 행정재산의 사용허가가 지나치게 장기화되는 것을 방지하고자 마련된 것으로서 그 허가기간에 별다른 예외 사유를 두고 있지 않은 점, 행정재산에 대한 사용권의 부여는 그 용도 또는 목적에 장애가 되지 아니하는 범위 내에서 예외적으로 할 수 있도록 되어 있고 공물사용권에 기한 공물의 사용이 반드시 독점적·배타적 사용으로 제한되지는 아니하는 점 등에 비추어 보면, 행정재산 사용허가가 독점적·배타적 사용을 내용으로 하는 경우뿐만 아니라 골프장 이용과 같이 일시적·단속적으로 사용하는 것을 내용으로 하는 경우에도 사용수익허가기간에 관한 위 규정이 적용된다고 할 것이다.

2. 사용허가의 갱신

사용허가기간이 끝난 재산에 대하여는 5년을 초과하지 아니하는 범위에서 종전의 사용허가를 갱신할 수 있되, 수의의 방법으로 사용허가를 할 수 있는 경우가 아니면 1회만 갱신할 수 있다. 다만 다음의 어느 하나에 해당하는 경우에는 사용허가를 갱신할 수 없다(국유재산법 제35조제2항).

---

26) 이 당시의 국유재산법에서는 제27조에서 행정재산의 사용·수익허가기간을 규정하고 있었고, 그 기간은 '3년 이내'였다.

〈표 4-9〉 사용허가 갱신이 불가한 경우(국유재산법 시행령 제34조제1항)

1. 「국유재산법」 제30조제1항의 행정재산의 사용허가 범위에 포함되지 아니한 경우 2. 「국유재산법」 제36조제1항 각 호의 사용허가의 취소와 철회 사유 중 어느 하나에 해당하는 경우 3. 사용허가한 재산을 국가나 지방자치단체가 직접 공용이나 공공용으로 사용하기 위하여 필요한 경우 4. 사용허가 조건을 위반한 경우 5. 중앙관서의 장이 사용허가 외의 방법으로 해당 재산을 관리·처분할 필요가 있다고 인정되는 경우

사용허가를 갱신받으려는 자는 허가기간이 끝나기 1개월 전에 중앙관서의 장에게 신청하여야 한다(국유재산법 제35조제3항). 그런데 만약 사용허가를 갱신받으려는 자가 갱신 신청을 하지 않거나, 갱신 신청을 하였음에도 중앙관서의 장이 가부 결정을 하지 않은 채 기존의 사용허가기간이 도과하였다면 사용허가의 묵시적 갱신 여부가 문제될 수 있다.

이에 대하여 갱신의 경우에는 사용허가서에 의한다는 것이 규정되어 있지 않으므로 묵시적 갱신이 인정되며, 이 경우 새로 갱신된 사용허가는 기간의 약정이 없는 것으로 보아야 한다는 견해[27]가 있다. 그런데 이렇듯 묵시적 갱신을 인정하고 그러한 경우 기간의 약정이 없는 것으로 보는 것은 「민법」등 사법에서 주로 확인되는바, 전술하였듯이 행정재산의 사용허가는 강학상 특허이자 행정처분에 해당한다. 이러한 공법 관계에서는 법적 안정성이 강하게 요구되고 행정청의 처분에 대한 신뢰도 중요하므로, 사법의 법리인 묵시적 갱신을 그대로 적용할 수는 없다고 본다. 따라서 공법 관계가 적용되는 행정재산의 사용허가에 있어 갱신 신청이 없거나 갱신 신청에 대한 중앙관서의 장의 가부 결정 없이 기존 사용허가기간이 도과하였다면, 사용허가는 갱신되지 않고 그대로 종료되었다고 보는 것이 타당하다.[28]

27) 김백진, 국유재산법(제2판), 한국학술정보, 2013, p.247

28) 반면 '행정재산의 사용허가'와 그 형태가 사실상 동일하지만 사법 관계가 적용되는 '일반재산의 대부'에서는 묵시적 갱신이 가능하다고 본다. 참고로 공유재산에 대한 하급심 판례에서도, 일반재산인 임야를 대부받았던 원고가 대부계약이 기간만료로 종료된 이후에도 해당 임야를 계속하여 점유·사용한 것을 피고 지방자치단체에게 묵시적으로 대부계약의 갱신을 요구한 것으로 본 사례가 있다(부산고등법원 2010. 12. 7. 선고 2010나8280 판결).

3. 사용허가 기간에 대한 개별 법령의 규정이 있는 경우

개별 법령에서 국유재산의 사용허가 기간을 별도로 정하고 있는 경우가 있는바, 환경친화적 자동차의 충전시설 보급·확대 사업을 하는 자에 대해 국유재산 사용허가 기간을 10년으로 하거나[29] 외국인투자기업 등에게 국유재산을 50년의 범위내에서 사용·수익할 수 있도록 한 것[30] 등이 그 예이다.

이러한 경우에는 해당 법령이 「국유재산법」의 특례로서 작용하므로, 개별 법령에 규정된 내용에 따라 사용허가 기간이 정해지게 된다.

Ⅴ. 사용료

행정재산을 사용허가한 때에는 「국유재산법 시행령」으로 정하는 요율(料率)과 산출방법에 따라 매년 사용료를 징수한다(국유재산법 제32조제1항 본문). 행정재산의 사용허가가 행정처분인 것과 마찬가지로 사용료의 부과·징수 또한 항고소송의 대상이 되는 행정처분이다.

---

29) 「환경친화적 자동차의 개발 및 보급 촉진에 관한 법률」 제11조의3(국유재산·공유재산의 임대 등) ① 국가 또는 지방자치단체는 환경친화적 자동차의 충전시설 보급·확대 사업을 위하여 필요하다고 인정하면 국유재산 또는 공유재산을 「국유재산법」 또는 「공유재산 및 물품 관리법」에도 불구하고 수의계약에 따라 환경친화적 자동차의 충전시설 보급·확대 사업을 하는 자에게 대부계약의 체결 또는 사용허가(이하 "임대"라 한다)를 할 수 있다.
③ 제1항에 따른 국유재산 및 공유재산의 임대기간은 10년 이내로 하되, 국유재산은 종전의 임대기간을 초과하지 아니하는 범위에서 갱신할 수 있고, 공유재산은 지방자치단체의 장이 필요하다고 인정하는 경우 한 차례만 10년 이내의 기간에서 연장할 수 있다.

30) 「외국인투자 촉진법」 제13조(국유·공유재산의 임대) ① 기획재정부장관, 국유재산을 관리하는 중앙관서의 장, 지방자치단체의 장, 공공기관의 장 또는 「지방공기업법」에 따른 지방공기업(지방직영기업은 제외하며, 이하 이 조에서 "지방공기업"이라 한다)의 장은 국가·지방자치단체·공공기관 또는 지방공기업(이하 "국가등"이라 한다)이 소유하는 토지·공장 또는 그 밖의 재산(이하 "토지등"이라 한다)을 다음 각 호의 어느 하나에 해당하는 법률의 관련 규정에도 불구하고 수의계약으로 외국인투자기업 또는 외국인투자환경 개선시설 운영자(이하 이 조, 제13조의2부터 제13조의4까지 및 제14조에서 "외국인투자기업등"이라 한다)에게 사용·수익 또는 대부(이하 "임대"라 한다)할 수 있다. (단서, 각 호 생략)
③ 제1항에 따라 국가등이 소유하는 토지등을 임대하는 경우 같은 항 제1호부터 제5호까지의 규정에 해당하는 임대기간은 다음 각 호의 규정에도 불구하고 50년의 범위 내로 할 수 있다. 이 경우 임대기간은 갱신할 수 있으며, 갱신기간은 갱신할 때마다 전단에 따른 기간을 초과할 수 없다.
1. 「국유재산법」 제35조제1항 및 제46조제1항

〈판례〉 대법원 1996. 2. 13. 선고 95누11023 판결
국유재산의 관리청이 행정재산의 사용 · 수익을 허가한 다음 그 사용 · 수익하는 자에 대하여 하는 사용료 부과는 순전히 사경제주체로서 행하는 사법상의 이행청구라 할 수 없고, 이는 관리청이 공권력을 가진 우월적 지위에서 행한 것으로서 항고소송의 대상이 되는 행정처분이라 할 것이다.

이 때 주의할 점은 사용료 부과를 위해서는 국유재산의 사용허가가 전제되어야 한다는 것이다. 즉 사용허가 없이 무단으로 국유재산을 사용하는 자에게는 변상금을 징수하여야 할 뿐 사용료를 부과할 수는 없으며, 만약 사용료를 부과하였다면 그 부과 처분은 적법하다고 볼 수 없다.

〈판례〉 대법원 2017. 4. 27. 선고 2017두31248 판결
구 국유재산법 제32조 제1항에 의하면 행정재산을 사용허가한 때에는 대통령령으로 정하는 요율과 산출방법에 따라 매년 사용료를 징수하고, 공유수면 관리 및 매립에 관한 법률 제13조 제1항에 의하면 공유수면관리청은 점용 · 사용허가나 공유수면의 점용 · 사용협의 또는 승인을 받은 자로부터 대통령령으로 정하는 바에 따라 매년 공유수면 점용료 또는 사용료를 징수하여야 한다.
따라서 피고(광명시장, 해당 국유지의 관리청)가 원고에게 이 사건 제1, 2국유재산에 대한 사용료 또는 점용료를 부과하기 위해서는, 피고가 원고에게 제1, 2국유재산의 점용 · 사용을 허가하였거나 그에 관한 협의 또는 승인이 있었던 경우라야 한다.
그럼에도 원심은 이러한 점용 · 사용허가 등이 있었는지에 관하여 심리하지 아니한 채, 오히려 원고가 제1, 2국유재산에 관한 점용 · 사용허가를 받지 않고 이를 점유 · 사용하고 있다고 보면서도 이 사건 각 사용료 부과처분이 적법하다고 판단하였다. 이러한 원심의 판단에는 국유재산 및 공유수면 사용에 대한 사용료 부과에 관한 법리를 오해하여 필요한 심리를 다하지 아니함으로써 판결에 영향을 미친 잘못이 있다.

한편 사용료가 50만원을 초과하는 경우에는 연 6회 이내에서 나누어 내게 할 수 있으며,[31] 이 경우 연간 사용료가 1천만원 이상인 경우에는 사용허가[32]할 때에

31) 이 경우 남은 금액에 대해서는 시중은행의 1년 만기 정기예금의 평균 수신금리를 고려하여 총괄청이 고시하는 이자율을 적용하여 산출한 이자를 붙여야 하며(국유재산법 시행령 제30조제5항후단), 이 때의 '총괄청이 고시하는 이자율'은 분기별 변동 이자율의 형태로 하되, 직

그 허가를 받는 자에게 연간 사용료의 100분의 50에 해당하는 금액의 범위에서 보증금을 예치하게 하거나 이행보증조치를 하도록 하여야 한다(국유재산법 제32조제2항, 국유재산법 시행령 제30조제5항 전단, 제6항).

만약 연간 사용료가 20만원 이하인 경우라면 사용허가기간의 사용료를 일시에 통합 징수할 수 있으며, 이 경우에 사용허가기간 중의 사용료가 증가 또는 감소되더라도 사용료를 추가로 징수하거나 반환하지 아니한다(국유재산법 제32조제1항 단서, 제4항, 국유재산법 시행령 제30조제4항).

1. 사용료 산출의 기준이 되는 재산가액

사용료를 계산하기 위한 재산가액은 다음과 같이 산출하며, 재산가액은 허가기간 동안 연도마다 결정한다.

〈표 4-10〉 재산가액 산출 방법(국유재산법 시행령 제29조제2항)

구 분	재 산 가 액
토지	사용료 산출을 위한 재산가액 결정 당시의 개별공시지가 (「부동산 가격공시에 관한 법률」 제10조에 따른 해당 토지의 개별공시지가로 하며, 해당 토지의 개별공시지가가 없으면 같은 법 제8조에 따른 공시지가를 기준으로 하여 산출한 금액)
주택	사용료 산출을 위한 재산가액 결정 당시의 주택가격으로서 다음의 구분에 따른 가격 • 단독주택: 「부동산 가격공시에 관한 법률」 제17조에 따라 공시된 해당 주택의 개별주택가격 • 공동주택: 「부동산 가격공시에 관한 법률」 제18조에 따라 공시된 해당 주택의 공동주택가격 • 개별주택가격 또는 공동주택가격이 공시되지 아니한 주택: 「지방세법」 제4조제1항 단서에 따른 시가표준액
그 외의 재산	「지방세법」 제4조제2항에 따른 시가표준액 (해당 시가표준액이 없는 경우에는 하나의 감정평가업자의 평가액[33] 적용)

전 분기 중 전국은행연합회에서 가장 마지막으로 공시하는 '신규취급액기준 COFIX'로 한다(국유재산 사용료 등의 분할 납부 등에 적용할 이자율(기획재정부 고시) 제1조).

32) 사용허가를 갱신하는 경우도 포함한다.

33) 이 경우에는 재산가액을 허가기간 동안 연도마다 결정하지 않으며, 감정평가일부터 3년 이내

2008년 이전의 「국유재산법 시행령」에서는 토지의 재산가액 산출 기준에 대하여 '개별공시지가' 또는 '최근 공시된 해당 토지의 개별공시지가' 등으로 규정하였고, 이에 당시 판례는 토지의 재산가액 평가에 있어 국유재산을 대부받은 점유자가 점유 개시 후에 자기의 비용과 노력으로 가치를 증가시킨 변경된 상태를 기준으로 할 것이 아니라 점유자가 점유를 개시할 당시의 현실적 이용상태를 상정하여 이를 기준으로 평가하여야 한다고 판시하여 왔다.[34]

그러나 2009년 「국유재산법 시행령」 개정을 통해 토지의 재산가액 산출 기준이 '사용료 산출을 위한 재산가액 결정 당시의 개별공시지가'로 변경되었고, 이는 토지를 형질변경하게 되면 그에 따라 사용이익이 증감하는 것이 일반적이므로 그러한 현상을 있는 그대로 반영해야 한다는 입법 취지로 이해되었다. 이에 대법원은 전원합의체 판결을 통해 국유 일반재산인 토지를 대부받은 점유자가 점유 개시 후에 자기의 비용과 노력으로 가치를 증가시켰다면 2009년 개정 「국유재산법 시행령」 시행일 이후부터는 점유자가 점유를 개시할 당시의 현실적 이용상태가 아니라, 새로이 대부계약을 체결하거나 갱신할 당시의 현실적 이용상태를 기준으로 해당 재산가액을 산출하여야 한다고 입장을 변경하였다. 이는 최초 행정재산에 대하여 사용허가를 받아 점유를 개시한 후에 해당 행정재산이 일반재산으로 전환되어 대부계약이 새로이 체결된 경우에도 마찬가지이다.

〈판례〉 대법원 2013. 1. 17. 선고 2011다83431 전원합의체 판결

대법원은 일찍이 국·공유 일반재산인 토지에 대한 대부료 산정의 기준이 되는 근거법령인 위 2007년 개정 전 국유재산법 시행령의 '개별공시지가'나 2009년 개정 전 국유재산법 시행령의 '최근 공시된 해당 토지의 개별공시지가'와 유사한 표현인 구 국유재산법 시행령(1996. 6. 15. 대통령령 제15026호로 개정되기 전의 것) 제26조 제2항 제1호의 '가장 최근에 공시한 공시지가'나 구 국유재산법 시행령(2000. 2. 14. 대통령령 제16709호로 개정되기 전의 것) 제26조 제2항 제1호의 '개별공시지가'를 기준으로 산출하도록 되어 있던 토지의 가액의 평가와 관련하여, 그러한 평가는 국유재산을 대부받은 점유자가 점유 개시 후에 자기의 비용과 노력으로 가치를 증가시킨 변경된 상태를 기준으로 할 것이 아니라 점유자가 점유를 개시할 당시의 현실적 이용상태를 상정하여 이를 기준으

에만 적용할 수 있다.

34) 대법원 2000. 1. 28. 선고 97누4098 판결, 대법원 2004. 10. 28. 선고 2002다20995 판결 등

로 평가하여야 한다고 판시하여 왔고 … 대법원의 이러한 해석론은 토지가액의 평가기준에 관하여 동일하거나 유사한 용어를 사용하고 있던 2007년 개정 전 국유재산법 시행령과 2009년 개정 전 국유재산법 시행령 …에 대하여도 마찬가지로 적용된다고 할 것이다. 그런데 그 후 2009년 개정 국유재산법 시행령으로 전부 개정되어 국유 일반재산인 토지에 대한 대부료 산정의 기초가 되는 해당 토지가액의 산출기준이 '최근 공시된 해당 토지의 개별공시지가'에서 '사용료 산출을 위한 재산가액 결정 당시의 개별공시지가'로 변경되었는바, 사용료 산출을 위한 재산가액 결정 당시의 개별공시지가는 재산가액 결정 당시 시점에 당해 토지가 현실적으로 이용되는 상태를 그대로 평가하여 정해지는 것이고, 위와 같은 문언으로 개정한 입법 취지가 토지를 형질변경하게 되면 그에 따라 사용이익이 증감하는 것이 일반적이므로 그러한 현상을 있는 그대로 반영하여 대부료를 적정하게 산정하는 것이 보다 합리적이라는 사고에 바탕을 두고 이를 분명하게 하기 위한 것임을 고려할 때, '사용료 산출을 위한 재산가액 결정 당시의 개별공시지가'라는 위 개정조항에는 단순한 '개별공시지가'라거나 거기에 '최근'이라는 문구가 첨가된 구 조항들과는 달리 '점유 개시 당시가 아닌 현재의 현실적 이용상태'를 기준으로 한다는 의미가 담겨 있다고 봄이 상당하다.

따라서 국유 일반재산인 토지를 대부받은 점유자가 점유 개시 후에 자기의 비용과 노력으로 가치를 증가시켰다고 하더라도 2009년 개정 국유재산법 시행령의 시행일인 2009. 7. 31.부터는 점유자가 점유를 개시할 당시의 현실적 이용상태를 상정하여 이를 기준으로 해당 재산가액을 평가할 것이 아니라, 새로이 대부계약을 체결하거나 갱신할 당시의 현실적 이용상태를 기준으로 해당 재산가액을 산출하여야 한다. 그리고 이는 당초 국유재산의 점용 또는 사용·수익허가를 받아 점유를 개시한 후에 대부계약이 새로이 체결된 경우에도 마찬가지이다.

한편 주택의 경우 2008년 이전의 「국유재산법 시행령」에서는 별도의 규정을 두지 않다가 2009년 개정 시 '사용료 산출을 위한 재산가액 결정 당시의 주택가격'을 재산가액 산출 기준으로 신설하였는바, 기본적으로 상기 전원합의체 판결의 법리가 동일하게 적용된다고 볼 것이다.

2. 사용료율

사용료율은 원칙적으로 해당 재산가액의 1천분의 50 이상으로 하되, 다음의 어느 하나에 해당하는 경우에는 사용료율의 하한을 낮추어 적용한다.

다만 「국유재산법 시행령」에 규정된 요율은 사용료율의 하한이므로, 중앙관서의 장이 이보다 높은 요율을 정할 수 있으며 이는 관리청의 재량사항이다. 따라서 재량권의 일탈·남용에 해당하지 않는 이상 「국유재산법 시행령」의 사용료율 하한을 초과하는 요율도 적법하다.

〈해석례〉 법제처 20-0269, 행정재산의 사용료율, 2020. 6. 22.

「국유재산법」 제32조제1항 본문에서는 행정재산을 사용허가한 때에는 대통령령으로 정하는 요율(料率)과 산출방법에 따라 매년 사용료를 징수한다고 규정하고 있고, 그 위임에 따른 같은 법 시행령 제29조제1항 각 호 외의 부분에서는 행정재산의 연간 사용료는 해당 재산가액에 1천분의 50 이상의 요율을 곱한 금액으로 하도록 하면서(본문), 각 호의 어느 하나에 해당하는 경우에는 해당 재산의 가액에 해당 요율을 곱한 금액으로 하도록(단서) 규정하여, 일반적인 행정재산의 사용료 산출방법과 행정재산을 특정 목적으로 사용하는 경우의 산출방법을 구분하여 정하고 있습니다.

그리고 「국유재산법 시행령」 제29조제1항제3호의2에서는 지방자치단체가 해당 지방자치단체의 행정목적 수행에 사용하는 경우에 대해 해당 행정재산의 가액에 "1천분의 25 이상의 요율"을 곱한 금액으로 하도록 규정하고 있는바, "이상"이란 제시된 수량 범위에 포함되면서 그 보다 더 많음을 의미하므로 "1천분의 25 이상의 요율"이란 1천분의 25와 같거나 그보다 큰 요율을 의미하는 것이 분명합니다.

그렇다면 이 사안과 같이 지방자치단체가 「국유재산법」 제30조제1항에 따라 사용허가를 받은 행정재산을 해당 지방자치단체의 행정목적 수행에 사용하는 경우, 중앙관서의 장은 같은 법 시행령 제29조제1항제3호의2를 적용하여 재량권을 일탈·남용하지 아니하는 범위에서 1천분의 25 이상의 범위에서 사용료율을 정할 수 있으므로 1천분의 25 이상의 범위에 해당하는 1천분의 25를 초과하는 요율을 적용할 수도 있습니다.

〈판례〉 대법원 2014. 7. 10. 선고 2012두26791 판결

국유재산법 시행령 제29조 제1항 본문도 사용료의 요율을 원칙적으로 1천분의 50 이상으로 정하도록 규정하고 있다. 이러한 규정에 의하면, 행정재산의 관리청은 무단점유자에 대한 변상금 산정의 기초가 되는 사용료 요율을 1천분의 50 이상의 범위 안에서 선택할 수 있는 재량이 있다고 할 것이므로 관리청이 1천분의 50 이상의 범위 안에서 사용료 요율을 선택하였다면 재량권을 일탈·남용한 것이 아닌 이상 … 적법하다고 할 것이다.

가. 경작용 또는 목축용인 경우(국유재산법 시행령 제29조제1항제1호)

경작용 또는 목축용인 경우의 사용료율은 해당 재산가액의 1천분의 10 이상으로 하며, 이 때 '경작용'은 「농지법 시행령」 제2조제3항제2호[35]에 해당하는 시설로 직접 사용하는 용도를 포함한다. 2017년 이전에는 '경작용'만을 규정하고 있었으나 농·축산업을 지원하기 위해 2018. 6. 「국유재산법 시행령」 개정을 통해 '목축용' 및 '「농지법 시행령」 제2조제3항제2호에 해당하는 시설로 직접 사용하는 용도'가 추가되었다.

경작용으로 사용허가하는 경우의 사용료는 여기서 산출한 사용료와 최근 공시된 해당 시·도의 농가별 단위면적당 농업 총수입[36]의 10분의 1에 해당하는 금액 중 적은 금액으로 할 수 있다(국유재산법 시행령 제29조제3항).

나. 「수산업법」에 따른 어업 또는 「내수면어업법」에 따른 내수면어업에 직접 사용하는 경우(국유재산법 시행령 제29조제1항제1호의2)

「수산업법」에 따른 어업 또는 「내수면어업법」에 따른 내수면어업에 직접 사용하는 경우의 사용료율은 해당 재산가액의 1천분의 10 이상으로 한다. 어업을 지원하기 위하여 2018. 6. 「국유재산법 시행령」 개정을 통해 어업행위에 직접 사용하는 국유재산의 사용료율의 하한을 낮춘 것이다.

이 때 「수산업법」에 따른 어업은 '수산동식물을 포획·채취하는 사업과 염전에서 바닷물을 자연 증발시켜 소금을 생산하는 사업'을 말하며(수산업법 제2조제2호), 「내수면어업법」에 따른 내수면어업은 '내수면[37]에서 수산동식물을 포획·채취하

---

35) 「농지법 시행령」 제2조(농지의 범위) ③ 법 제2조제1호나목에서 "대통령령으로 정하는 시설"이란 다음 각 호의 구분에 따른 시설을 말한다.
2. 법 제2조제1호가목의 토지에 설치하는 농축산물 생산시설로서 농작물 경작지 또는 제1항 각 호의 다년생식물의 재배지에 설치한 다음 각 목의 어느 하나에 해당하는 시설
가. 고정식온실·버섯재배사 및 비닐하우스와 농림축산식품부령으로 정하는 그 부속시설
나. 축사·곤충사육사와 농림축산식품부령으로 정하는 그 부속시설
다. 간이퇴비장
라. 농막·간이저온저장고 및 간이액비저장조 중 농림축산식품부령으로 정하는 시설

36) 서울특별시·인천광역시는 경기도, 대전광역시·세종특별자치시는 충청남도, 광주광역시는 전라남도, 대구광역시는 경상북도, 부산광역시·울산광역시는 경상남도의 통계를 각각 적용한다.

37) 하천, 댐, 호수, 늪, 저수지와 그 밖에 인공적으로 조성된 민물이나 기수(汽水: 바닷물과 민물이 섞인 물)의 물흐름 또는 수면(내수면어업법 제2조제1호)

는 사업'을 말한다(내수면어업법 제2조제5호).

다. 주거용인 경우(국유재산법 시행령 제29조제1항제2호)

주거용인 경우의 사용료율은 해당 재산가액의 1천분의 20 이상으로 한다. 다만 「국민기초생활 보장법」 제2조제2호[38]에 따른 수급자가 주거용으로 사용하는 경우에는 1천분의 10 이상으로 하는바, 생활이 어려운 국민의 최저생활을 보장하고 자활을 돕기 위한 목적이다.

라. 행정목적의 수행에 사용하는 경우(국유재산법 시행령 제29조제1항제3호)

행정목적의 수행에 사용하는 경우의 사용료율은 해당 재산가액의 1천분의 25 이상으로 한다. 행정재산의 경우 그 용도 또는 목적에 장애가 되지 아니하는 범위 안에서만 그 사용을 허가할 수 있는바, 여기서의 '행정목적'이라 함은 당해 행정재산을 관리하는 행정청의 행정목적을 의미하는 것이고 이를 무단으로 점유·사용하고 있는 측의 행정목적을 말하는 것이 아니다.

〈판례〉 대법원 2014. 7. 10. 선고 2012두26791 판결[39]

행정재산의 경우 그 용도 또는 목적에 장애가 되지 아니하는 범위 안에서만 그 사용을 허가할 수 있도록 규정하고 있고, 행정재산의 용도 또는 목적에 장애가 되지 않는 범위 내라고 판단되어 관리청이 그 사용을 허가할 경우 그 용도에 따른 사용료를 정하는 규정이 개정 전 시행령 제26조 제1항 제1호 또는 개정 후 시행령 제29조 제1항 제3호이므로, 개정 전 시행령 제26조 제1항 제1호 또는 개정 후 시행령 제29조 제1항 제3호에 규정된 '행정목적'이라 함은 당해 행정재산을 관리하는 행정청의 행정목적을 의미하는 것이고, 이

38) 「국민기초생활 보장법」 제2조(정의) 이 법에서 사용하는 용어의 뜻은 다음과 같다.
2. "수급자"란 이 법에 따른 급여를 받는 사람을 말한다.

39) 부산광역시 북구에서 주차난 해소를 위해 국유지인 철도용지에 무단으로 주거지 전용 주차장을 설치하였고, 이에 따른 변상금 부과 과정에서 국유재산 사용료율이 문제되었던 사안이다. 법원은 동 사안에서 부산광역시 북구가 해당 철도용지를 주차난 해소라는 지방자치단체의 행정목적의 수행에 사용하고 있다고 하더라도, 이를 「국유재산법 시행령」 제29조제1항제3호의 '행정목적'으로 볼 수 없다고 하였다.
다만 2013. 4. 「국유재산법 시행령」 제29조제1항제3호의2 '지방자치단체가 해당 지방자치단체의 행정목적 수행에 사용하는 경우'가 신설되었으므로, 이제는 위와 같은 경우에도 재산가액의 1천분의 25 이상의 사용료율 적용이 가능할 수 있을 것이다.

를 무단으로 점유·사용하고 있는 측의 행정목적을 말하는 것이 아니라고 해석함이 상당하다.

행정재산을 행정목적의 수행에 사용하는 경우인지를 판단하기 위해서는 실제적으로 해당 재산이 이용되고 있는 상태를 고려해야 하므로, 행정재산을 관리하는 관리청이 해당 행정재산의 사용용도·기능 등을 종합적으로 고려하여 구체적으로 판단해야 한다. 일례로 영리를 목적으로 하는 「상법」상 주식회사가 사적인 영리를 목적으로 행정재산을 사용하여 물품을 생산하는 것은 '행정목적의 수행에 사용'하는 것으로 보기 어려울 것이다.

〈해석례〉 법제처 11-0056, 기부한 행정재산을 허가받아 공장으로 사용하는 경우, 무상사용허가 기간에 필요한 사용료율의 산정 기준, 2011. 3. 3.

「상법」상 주식회사인 기부자가 국유재산인 토지에 건물을 건축하여 기부하고 국유재산(건물)대장상 행정재산으로 등재된 건물을 산업용 및 선박용 전기기기(電氣器機) 등을 생산하는 공장으로 사용하는 경우에 이를 「국유재산법 시행령」 제29조제1항제3호에 따른 "행정목적의 수행에 사용하는 경우"로 보아, 같은 규정에 따른 연간사용료의 사용료율 1천분의 25 이상을 적용할 수 있는지가 문제되는바, 이 경우 "행정목적"의 개념에 대하여 국유재산법령에서 명시적으로 규정한 바가 없으므로 일반적으로 "행정목적"이 통상 어떤 의미로 사용되는지를 고려하여 "행정목적"으로 사용하는 경우에 해당하는지 여부를 판단하여야 할 것입니다.

그런데, 행정재산을 행정목적의 수행에 사용하는 경우인지를 판단하기 위해서는 실제적으로 해당 재산이 이용되고 있는 상태를 고려해야 하므로, 행정재산을 관리하는 관리청이 해당 행정재산의 사용용도·기능 등을 종합적으로 고려하여 구체적으로 판단해야 하는 것은 별론으로 하고, 이 사안과 같이 영리를 목적으로 하는 「상법」상 주식회사가 사적인 영리를 목적으로 행정재산을 사용하여 산업용 및 선박용 전기기기(電氣器機) 등을 생산하는 경우까지 "행정목적"으로 사용하는 경우에 해당된다고 하기는 어렵습니다.

마. 지방자치단체가 해당 지방자치단체의 행정목적 수행에 사용하는 경우(국유재산법 시행령 제29조제1항제3호의2)

지방자치단체가 해당 지방자치단체의 행정목적 수행에 사용하는 경우의 사용료율은 해당 재산가액의 1천분의 25 이상으로 한다. 2012년 이전에는 이러한 규정을 별도로 두지 않았으나, 지방자치단체가 행정목적 수행에 국유재산을 사용하는 경우에 있어 그 부담을 경감하기 위하여 2013. 4.「국유재산법 시행령」 개정을 통해 신설되었다.

바. 지방자치단체나 지방공기업이 「국유재산법」 제18조제1항제3호에 따른 사회기반시설로 사용하는 경우(국유재산법 시행령 제29조제1항제3호의3)

2020. 3.「국유재산법」 개정을 통해 제18조제1항제3호를 신설하여 문화시설, 생활체육시설 등 국민생활의 편익을 증진시키는 생활밀착형 사회기반시설의 확충을 지원하기 위하여 지방자치단체·지방공기업이 국유지 위에 생활밀착형 사회기반시설을 축조할 수 있도록 하였다. 그런데 이러한 경우 해당 생활밀착형 사회기반시설이 국유지를 사용하게 되므로 지방자치단체·지방공기업은 국가에 국유재산 사용료를 납부해야 하는바, 2020. 9.「국유재산법 시행령」 개정을 통해 제29조제1항제3호의3을 신설하며 해당 재산가액의 1천분의 25 이상으로 그 사용료율을 정하였다.

사. 공무원의 후생목적으로 사용하는 경우(국유재산법 시행령 제29조제1항제4호)

공무원의 후생목적으로 국유재산을 사용하는 경우의 사용료율은 해당 재산가액의 1천분의 40 이상으로 한다. 이 때 '공무원의 후생목적으로 사용'이라 함은 당해 재산이 직접 공무원의 후생을 위하여 사용되는 것을 말한다. 이는 국가를 위해 일하는 공무원들의 복지 증진을 위한 것인바, 공무원 대상의 각종 복지시설 및 편의시설 등이 동 호의 적용을 받게 된다.

〈해석례〉 기획재정부 국재 22400-3033, 1991. 12. 7.

국유재산법 시행령 제26조제1항제2호[40]에 "행정·보존재산을 공무원의 후생목적을 위하여 사용하는 경우에는 재산가액의 1천분의 40 이상의 사용료를 징수"하도록 규정하고 있는바 이 경우 "공무원의 후생목적을 위한 사용"이란 당해 재산이 "직접 공무원의 후생을 위하여 사용"되는 것을 말하므로 두채류 사업공장 및 부지로 사용함[41]은 이에 해당되지 아니함 …

40) 현재의 제29조제1항제4호에 해당

41) 군인공제회가 국유재산을 군부대 납품을 위한 두채류 사업공장 및 부지로 사용하고자 했던 사안임

아. 「사회복지사업법」 제2조제1호[42]에 따른 사회복지사업에 직접 사용하는 경우 및 「부동산 실권리자명의 등기에 관한 법률 시행령」 제5조제1항제1호 · 제2호[43]에 따른 종교단체가 그 고유목적사업에 직접 사용하는 경우(국유재산법 시행령 제29조제1항제5호)

사회복지사업 및 종교단체의 고유목적사업에 대한 지원을 위하여 2011. 4. 「국유재산법 시행령」 개정을 통해 신설되었으며, 이 경우의 국유재산 사용료율은 해당 재산가액의 1천분의 25 이상으로 한다.

자. 「소상공인기본법」제2조에 따른 소상공인이 경영하는 업종에 직접 사용하는 경우(국유재산법 시행령 제29조제1항제6호)

「소상공인기본법」 제2조[44]에 따른 소상공인이 경영하는 업종에 직접 사용하는 경우의 사용료율은 해당 재산가액의 1천분의 30 이상으로 한다. 소상공인의 사업 지원을 위해 2011. 4. 「국유재산법 시행령」 개정을 통해 신설된 내용이다.

---

42) 「사회복지사업법」 제2조(정의) 이 법에서 사용하는 용어의 뜻은 다음과 같다.
1. "사회복지사업"이란 다음 각 목의 법률에 따른 보호·선도(善導) 또는 복지에 관한 사업과 사회복지상담, 직업지원, 무료 숙박, 지역사회복지, 의료복지, 재가복지(在家福祉), 사회복지관 운영, 정신질환자 및 한센병력자의 사회복귀에 관한 사업 등 각종 복지사업과 이와 관련된 자원봉사활동 및 복지시설의 운영 또는 지원을 목적으로 하는 사업을 말한다.
가. 「국민기초생활 보장법」
나. 「아동복지법」
다. 「노인복지법」 (이하 각 호 생략)

43) 「부동산 실권리자명의 등기에 관한 법률 시행령」 제5조(종교단체 및 향교 등의 실명등기 등) ①법 제11조제1항 단서에서 "종교단체, 향교 등"이란 다음 각 호의 어느 하나에 해당하는 것을 말한다.
1. 법인 또는 「부동산등기법」 제49조제1항제3호에 따라 등록번호를 부여받은 법인 아닌 사단·재단으로서 종교의 보급 기타 교화를 목적으로 설립된 종단·교단·유지재단 또는 이와 유사한 연합종교단체(이하 이 조에서 "종단"이라 한다) 및 개별단체
2. 종단에 소속된 법인 또는 단체로서 종교의 보급 기타 교화를 목적으로 설립된 것(이하 이 조에서 "소속종교단체"라 한다)

44) 「소상공인기본법」 제2조(정의) ① 이 법에서 "소상공인"이란 「중소기업기본법」 제2조제2항에 따른 소기업(小企業) 중 다음 각 호의 요건을 모두 갖춘 자를 말한다.
1. 상시 근로자 수가 10명 미만일 것
2. 업종별 상시 근로자 수 등이 대통령령으로 정하는 기준에 해당할 것
② 제1항을 적용할 때 소상공인이 그 규모의 확대 등으로 소상공인에 해당하지 아니하게 된 경우 그 사유가 발생한 연도의 다음 연도부터 3년간은 소상공인으로 본다. 다만, 소기업 외의 기업과 합병하거나 그 밖에 대통령령으로 정하는 사유로 소상공인에 해당하지 아니하게 된 경우에는 그러하지 아니하다.

다만 「중소기업창업 지원법」 제3조제1항 단서[45]에 해당하는 업종, 즉 사행산업 등 경제질서 및 미풍양속에 현저히 어긋나는 업종의 경우에는 동 호가 적용되지 않는다.

한편 2020. 3. 「국유재산법 시행령」 개정을 통해 동 호에 단서가 신설되었는바, '천재지변이나 「재난 및 안전관리 기본법」 제3조제1호[46]의 재난, 경기침체, 대량실업 등으로 인한 경영상의 부담을 완화하기 위해 총괄청이 기간을 정하여 고시하는 경우'에는 1천분의 30 이상이 아니라 1천분의 10 이상의 요율을 적용하며, 이 경우 총괄청이 해당 요율이 적용되는 한도를 정하여 고시할 수 있게 되었다. 코로나19에 따른 경기 침체가 발생함에 따라 국유재산을 사용허가 받은 소상공인의 사용료 부담을 덜어주기 위해 도입된 제도이다.

차. 「중소기업기본법」 제2조에 따른 중소기업이 경영하는 업종에 직접 사용하는 경우로서 천재지변이나 「재난 및 안전관리 기본법」 제3조제1호의 재난, 경기침체, 대량실업 등으로 인한 경영상의 부담을 완화하기 위해 총괄청이 기간을 정하여 고시하는 경우(국유재산법 시행령 제29조제1항제6호의2)

「중소기업기본법」 제2조에 따른 중소기업[47]이 경영하는 업종[48]에 직접 사용

---

45) 「중소기업창업 지원법」 제3조(적용 범위) ① 이 법은 창업에 관하여 적용한다. 다만, 사행산업 등 경제질서 및 미풍양속에 현저히 어긋나는 업종의 창업에 관하여는 적용하지 아니한다. (각 호 생략)

46) 「재난 및 안전관리 기본법」 제3조(정의) 이 법에서 사용하는 용어의 뜻은 다음과 같다.
1. "재난"이란 국민의 생명·신체·재산과 국가에 피해를 주거나 줄 수 있는 것으로서 다음 각 목의 것을 말한다.
가. 자연재난: 태풍, 홍수, 호우(豪雨), 강풍, 풍랑, 해일(海溢), 대설, 한파, 낙뢰, 가뭄, 폭염, 지진, 황사(黃砂), 조류(藻類) 대발생, 조수(潮水), 화산활동, 소행성·유성체 등 자연우주물체의 추락·충돌, 그 밖에 이에 준하는 자연현상으로 인하여 발생하는 재해
나. 사회재난: 화재·붕괴·폭발·교통사고(항공사고 및 해상사고를 포함한다)·화생방사고·환경오염사고 등으로 인하여 발생하는 대통령령으로 정하는 규모 이상의 피해와 국가핵심기반의 마비, 「감염병의 예방 및 관리에 관한 법률」에 따른 감염병 또는 「가축전염병예방법」에 따른 가축전염병의 확산, 「미세먼지 저감 및 관리에 관한 특별법」에 따른 미세먼지 등으로 인한 피해

47) 소상공인은 제외하는바, 소상공인에 대해서는 「국유재산법 시행령」 제29조제1항제6호의 별도 규정이 있기 때문이다.

48) 다만 「중소기업창업 지원법」 제3조제1항 단서에 해당하는 업종(사행산업 등 경제질서 및 미풍양속에 현저히 어긋나는 업종)은 제외되는바, 이는 앞서 살펴본 소상공인이 경영하는 업종에 직접 사용하는 경우와 동일하다.

하는 경우로서 천재지변이나 「재난 및 안전관리 기본법」 제3조제1호의 재난, 경기 침체, 대량실업 등으로 인한 경영상의 부담을 완화하기 위해 총괄청이 기간을 정하여 고시하는 경우의 사용료율은 해당 재산가액의 1천분의 30 이상으로 한다.

동 호 역시 코로나19 발생 이후 국유재산을 사용허가 받은 중소기업의 사용료 부담을 덜어주기 위해 2020. 7. 「국유재산법 시행령」 개정을 통해 신설되었다.

카. 사회적기업, 협동조합 및 사회적협동조합, 자활기업, 마을기업이 해당 법령에 따른 사업 목적 달성을 위해 직접 사용하는 경우(국유재산법 시행령 제29조 제1항제7호)

「사회적기업 육성법」 제2조제1호에 따른 사회적기업,[49] 「협동조합 기본법」 제2조제1호에 따른 협동조합 및 같은 조 제3호에 따른 사회적협동조합,[50] 「국민기초생활 보장법」 제18조에 따른 자활기업,[51] 「도시재생 활성화 및 지원에 관한 특별법」 제2조제1항제9호에 따른 마을기업[52]이 해당 법령에 따른 사업 목적 달성을 위해 직접 사용하는 경우의 사용료율은 해당 재산가액의 1천분의 25 이상으로 한다.

---

49) 「사회적기업 육성법」 제2조(정의) 이 법에서 사용하는 용어의 뜻은 다음과 같다.
1. "사회적기업"이란 취약계층에게 사회서비스 또는 일자리를 제공하거나 지역사회에 공헌함으로써 지역주민의 삶의 질을 높이는 등의 사회적 목적을 추구하면서 재화 및 서비스의 생산·판매 등 영업활동을 하는 기업으로서 제7조에 따라 인증받은 자를 말한다.

50) 「협동조합 기본법」 제2조(정의) 이 법에서 사용하는 용어의 뜻은 다음과 같다.
1. "협동조합"이란 재화 또는 용역의 구매·생산·판매·제공 등을 협동으로 영위함으로써 조합원의 권익을 향상하고 지역 사회에 공헌하고자 하는 사업조직을 말한다.
3. "사회적협동조합"이란 제1호의 협동조합 중 지역주민들의 권익·복리 증진과 관련된 사업을 수행하거나 취약계층에게 사회서비스 또는 일자리를 제공하는 등 영리를 목적으로 하지 아니하는 협동조합을 말한다.

51) 「국민기초생활 보장법」 제18조(자활기업) ① 수급자 및 차상위자는 상호 협력하여 자활기업을 설립·운영할 수 있다.
② 자활기업은 조합 또는 「부가가치세법」상의 사업자로 한다.

52) 「도시재생 활성화 및 지원에 관한 특별법」 제2조(정의) ① 이 법에서 사용하는 용어의 뜻은 다음과 같다.
9. "마을기업"이란 지역주민 또는 단체가 해당 지역의 인력, 향토, 문화, 자연자원 등 각종 자원을 활용하여 생활환경을 개선하고 지역공동체를 활성화하며 소득 및 일자리를 창출하기 위하여 운영하는 기업을 말한다.

3. 사용료의 산출

연간 사용료는 해당 재산가액에 사용료율을 곱한 금액으로 하되 월 단위, 일 단위 또는 시간 단위로 계산할 수 있다(국유재산법 시행령 제29조제1항). 경쟁입찰로 사용허가를 하는 경우[53] 첫해의 사용료는 최고입찰가로 결정하고, 2차 연도 이후 기간[54]의 사용료는 다음의 계산식에 따라 산출한다(국유재산법 시행령 제29조제6항 본문).

$$\text{입찰로 결정된 첫해의 사용료} \times \frac{\text{국유재산법 시행령 제29조제2항에 따라 산출한 해당연도의 재산가액}}{\text{입찰 당시의 재산가액}}$$

다만「국유재산법 시행령」제29조제1항제6호 단서 및 같은 항 제6호의2에 따라 총괄청이 기간을 정하여 고시하는 경우 해당 기간의 사용료는 같은 항 제6호단서 및 같은 항 제6호의2에 따라 각각 산출한 사용료로 한다(국유재산법 시행령 제29조제6항 단서). 이 두 조항은 코로나19 발생에 따라 국유재산을 사용허가 받은 소상공인·중소기업의 사용료 부담을 덜어주기 위해 도입된 것인바, 이러한 입법 목적을 달성하기 위함이다.

사용허가를 갱신한 경우 갱신된 사용허가 기간의 연간 사용료는「국유재산법 시행령」제29조에 따라 산출한 사용료와 다음 계산식에 따라 산출한 사용료[55] 중 큰 금액으로 한다(국유재산법 시행령 제34조제2항).[56]

$$\text{갱신하기 직전연도의 연간사용료} \times \frac{\text{국유재산법 시행령 제29조제2항에 따라 산출한 해당연도의 재산가액}}{\text{갱신하기 직전연도의 재산가액}}$$

---

53) 국유재산 사용료는 공개하여야 하며, 그 공개한 사용료 미만으로 응찰한 입찰서는 무효로 한다(국유재산법 시행령 제29조제5항).

54) 사용허가를 갱신하지 아니한 사용허가기간 중으로 한정한다.

55) 만약「국유재산법 시행령」제29조제1항제6호 단서 및 같은 항 제6호의2에 따라 연간 사용료가 변경된 경우라면, 아래의 계산식 중 '갱신하기 직전 연도의 연간 사용료'는 변경 전 연간 사용료를 의미한다.

56) 다만,「국유재산법 시행령」제29조제1항제6호 단서 및 같은 항 제6호의2에 따라 총괄청이 기간을 정하여 고시하는 경우 해당 기간의 사용료는 같은 항 제6호 단서 및 같은 항 제6호의 2에 따라 각각 산출한 사용료로 한다.

한편 토지의 지상이 아닌 공중이나 지하 부분을 사용하는 경우 등에는 사용료 산출에 있어 기술적인 고려가 필요할 수 있다. 이하에서는 이러한 몇 가지 경우에 대해 살펴보기로 한다.

가. 토지의 공중 또는 지하 부분을 사용허가 하는 경우

국유재산인 토지의 공중 또는 지하 부분을 사용허가하는 경우의 사용료는 「국유재산법 시행령」 제29조제1항에 따라 산출된 사용료에 '입체이용저해율'[57]을 곱하여 산정한 금액으로 한다(국유재산법 시행령 제29조제4항, 국유재산 입체공간 사용허가 지침 제4조제1항).[58] 공중선로, 지하매설관로 등 공중이나 지하 부분의 사용도 토지의 사용이기는 하나, 지상 부분의 사용에 비해 토지에 미치는 제약이 크지 않으므로 지상 부분을 사용할 때보다 사용료를 낮춰 주는 것이다.

이 때 '입체이용저해율'은 「공익사업을 위한 토지 등의 취득 및 보상에 관한 법률 시행규칙」, 「토지보상평가지침」에 따라 산정하되, 기획재정부 훈령인 「국유재산 입체공간 사용허가 지침」[59] 별표 1의 기준을 적용할 수 있다. 또한 재산의 위치·형태·용도나 사용허가의 목적·성질 등을 고려하여 상기 입체이용저해율을 적용하기 곤란한 경우에는 감정평가기관에 의뢰하여 산정한 입체이용저해율을 적용할 수도 있다(국유재산 입체공간 사용허가 지침 제4조제2항, 제3항).

---

57) '해당 공중·지하 부분을 사용함으로 인하여 토지의 이용이 저해되는 정도에 따른 적정한 비율'을 의미한다.

58) 「국유림의 경영 및 관리에 관한 법률」에 따라 산림청장이 국유재산이자 국유림인 토지의 공중 부분에 대한 대부 또는 사용허가를 하는 경우에도 「국유재산법 시행령」 제29조제4항을 적용하여 대부료 또는 사용료를 산정하는 것이 가능하다(법제처 19－0746 '국유림 공중부분에 대한 대부료 등을 징수하는 경우 「국유재산법 시행령」 제29조제4항을 적용할 수 있는지 여부', 2020. 4. 27).

59) 이는 기획재정부 훈령이지만 법령인 「국유재산법 시행령」 제29조제4항을 구체화하고 있으므로 '법령보충적 행정규칙'에 해당한다고 본다. 따라서 일반적인 행정규칙과는 달리 대외적 효력이 있고 법규성도 인정된다.

〈표 4-11〉 공중·지하 부분 입체이용저해율(국유재산 입체공간 사용허가 지침 별표 1)

구 분	고층시가지[60]	중층시가지[61]	저층시가지[62]	주택지[63]	농지, 임지[64]
공중저해율	2.9%	9.4%		9.4%	6.5%
지하저해율	2.1%	5.6%		5.6%	3.5%

나. 건물을 사용허가 하는 경우

건물을 사용한다는 것은 해당 건물은 물론 그 건물이 위치한 토지까지 함께 사용하는 것이다. 따라서 건물을 사용허가하는 경우 그 사용료는 건물가액과 부지가액을 더한 금액을 기준으로 산출한다(국유재산법 시행규칙 제17조제1항).

이 때 건물·부지가액을 산출하기 위해서는 실제 사용 면적을 확정해야 하는데 전용면적뿐 아니라 공용면적까지 고려하여야 한다. 이를 위해 건물·부지면적 산출 시 다음과 같은 계산식을 사용한다(국유재산법 시행규칙 제17조제2항).

$$\text{건물면적} = \text{사용허가 받은 자의 건물전용면적} + \text{해당건물의 총공용면적} \times \frac{\text{사용허가 받은 자의 건물전용면적}}{\text{해당건물의 총전용면적}}$$

$$\text{부지면적} = \text{사용허가 받은 자의 부지전용면적} + \text{해당부지의 총공용면적} \times \frac{\text{사용허가 받은 자의 건물전용면적}}{\text{해당건물의 총전용면적}}$$

60) 16층 이상의 고층건물이 최유효이용으로 판단되는 지역으로서 중심상업지역과 일반상업지역 등을 말한다.

61) 11~15층 건물이 최유효이용으로 판단되는 지역으로서 고층시가지로 변화되고 있는 일반상업지역·근린상업지역·준주거지역 등을 말한다.

62) 4~10층 건물이 최유효이용으로 판단되는 지역으로서 주택·공장·상가 등이 혼재된 일반상업지역·근린상업지역·준주거지역·일반주거지역 등을 말한다.

63) 3층 이하 건물이 최유효이용으로 판단되는 지역으로서 전용일반주거지역·일반주거지역·공업지역·녹지지역·관리지역·농림지역·자연환경보전지역 등을 말하며, 가까운 장래에 택지화가 예상되는 지역을 포함한다.

64) 농지·임지가 최유효이용으로 판단되는 지역으로서 사회, 경제 및 행정적 측면에서 가까운 장래에 택지화가 예상되지 아니하는 녹지지역 등을 말한다.

한편 건물의 옥상을 사용허가 하는 경우 사용료는 다음과 같이 산정한 금액 이상으로 한다(국유재산법 시행규칙 제17조제3항, 국유재산 입체공간 사용허가 지침 제5조).

$$\text{건물옥상사용료} = \text{개별공시지가}(\text{원}/m^2) \times \text{건축부지면적}(m^2) \times \text{옥상지수} \times \text{사용료율}$$

이 때 '건축부지면적'은 실제 사용하는 건물의 수평투영면적[65]을 적용하되 건물평가액은 없는 것으로 본다. 옥상지수는 층효용비[66]와 용도비[67]를 포함하여 다음과 같이 산정한다(국유재산 입체공간 사용허가 지침 별표 2).

$$\frac{\text{옥상}(\text{층효용비} \times \text{용도비} \times \text{사용허가면적})}{\sum_{\text{최하층}}^{\text{최상층}} \text{건물}(\text{층연면적} \times \text{층효용비} \times \text{용도비}) + \text{옥상}(\text{층효용비} \times \text{용도비} \times \text{사용허가면적})}$$

다. 보존용재산 사용허가 시 관리비가 필요한 경우

보존용재산을 사용허가하는 경우에 재산의 유지·보존을 위하여 관리비가 특히 필요할 때에는 사용료에서 그 관리비 상당액을 뺀 나머지 금액을 징수할 수 있다(국유재산법 시행령 제29조제7항). 사용료를 받은 뒤 다시 관리비 상당액을 지급하는 번거로움을 피하고 행정절차를 간소화하기 위함이다. 이 때 관리비는 ① 해당 재산의 관리·보존을 위하여 시설물을 설치할 필요가 있는 경우 그 시설비와 ② 해

65) '수평투영면적'이란 '건축물을 공중에서 수직으로 내려다보았을 때의 면적으로 건축물이 차지하고 있는 범위'를 말한다.

66) 층효용비는 국토계획법상의 용도지역을 기준으로 다음 기준에 따라 차등 적용한다.

층	도시지역 (주거·상업·공업·녹지지역)	관리지역	농림지역 자연환경보전지역
5층 이상	35		
4층	40	42	80
3층	50	45	100
2층	60	60	100
1층	100	100	100
지하 1층	44	44	48
지하 2층 이상	38	40	

67) 용도비는 「부동산 가격 공시에 관한 법률」에 따라 국토교통부가 제공하는 주택가격비준표를 준용하여 적용하되, 옥상은 30을 적용한다.

당 재산의 관리·보존을 위하여 관리인을 둘 필요가 있는 경우 그 인건비이다(국유재산법 시행규칙 제18조).[68]

만약 사용허가한 보존용재산이 훼손되었을 때에는 공제된 관리비 상당액을 추징한다(국유재산법 시행령 제29조제8항). 보존용재산이 훼손되었다는 것은 사용허가를 받은 자가 그것을 잘 관리하지 못하였다는 의미인바, 이 경우에는 관리비의 지급이 적절치 않기 때문이다.

4. 사용료의 납부 시기

사용료는 선납하여야 하며, 사용료의 납부기한은 사용허가를 한 날부터 60일 이내로 하되 사용·수익을 시작하기 전으로 한다. 다만, 중앙관서의 장은 부득이한 사유로 납부기한까지 사용료를 납부하기 곤란하다고 인정될 때에는 납부기한을 따로 정할 수 있다(국유재산법 시행령 제30조제1항, 제2항).

한편 사용료 납부를 유예할 수도 있는바, 천재지변이나 「재난 및 안전관리 기본법」 제3조제1호의 재난, 경기침체, 대량실업 등으로 인한 경영상의 부담을 완화하기 위해 총괄청이 대상과 기간을 정하여 고시하는 경우에는 해당 기간에 납부기한이 도래하거나 납부고지된 사용료를 고시로 정하는 바에 따라 1년의 범위에서 미루어 내게 할 수 있다(국유재산법 시행령 제30조제3항). 과거에는 이러한 사용료 납부 유예 규정이 없었으나, 코로나19 발생에 따른 국유재산 사용자의 부담 경감을 위해 2020. 7. 새로 도입되었다.

5. 사용료의 조정

사용료는 기본적으로 해당 재산의 재산가액에 사용료율을 곱하여 산출하는바, 재산가액이 급등할 경우 사용료율을 인상하지 않더라도 사용료가 크게 오를 수 있다. 이렇게 되면 사용료 금액에 대한 예측가능성이 낮아짐은 물론 국유재산 사용자의 재정적 부담이 크게 증가하게 되므로, 중앙관서의 장이 사용료를 조정할 수 있

---

68) 현행 「국유재산법 시행규칙」 제18조 본문은 "영 제29조제6항의 관리비는 다음 각 호의 비용으로 한다"고 되어 있는데, 실제 관리비 관련 내용은 「국유재산법 시행령」 제29조제6항이 아니라 제29조제7항에 규정되어 있다. 2018. 6. 「국유재산법 시행령」 제29조제4항의 내용이 신설되며 기존 제5항 이하의 조문번호가 하나씩 조정되었는데 이것이 반영되지 않은 까닭으로, 「국유재산법 시행규칙」 제18조의 개정이 필요한 부분이다.

도록 하고 있다.

즉 중앙관서의 장은 동일인[69]이 같은 행정재산을 사용허가기간 내에서 1년을 초과하여 계속 사용·수익하는 경우로서, 해당 연도의 사용료가 전년도 사용료[70]보다 다음과 같이 증가한 경우에는 그 사용료를 조정할 수 있다(국유재산법 제33조제1항, 제2항). 이는 적법하게 사용허가를 받은 뒤 1년을 초과하여 이를 사용·수익하는 성실한 국유재산 사용자를 보호하기 위한 것이다.

〈표 4-12〉 사용료 조정이 가능한 경우 및 조정 사용료(국유재산법 시행령 제31조)

사용료 조정이 가능한 경우	조정 사용료
1. 「국유재산법 시행령」 제29조제1항제1호, 제1호의2 및 제2호의 사용료가 5퍼센트 이상 증가한 경우(사용허가를 갱신하는 경우 포함)	전년도 사용료보다 5퍼센트 증가된 금액
2. 상기 1.에 해당하지 않는 경우로서, 「상가건물 임대차보호법」 제2조제1항에 따른 상가건물로서 사용료가 5퍼센트 이상 증가한 경우(사용허가를 갱신하는 최초 연도의 경우는 제외)	전년도 사용료보다 5퍼센트 증가된 금액
3. 상기 1.과 2. 외에 사용료가 9퍼센트 이상 증가한 경우(사용허가를 갱신하는 최초 연도의 경우는 제외)	전년도 사용료보다 9퍼센트 증가된 금액

참고로 2017년 이전 「국유재산법 시행령」에서는 상가건물에 대한 별도의 기준을 두고 있지 않았는바, 당시에는 「상가건물 임대차보호법 시행령」상 차임증액비율 역시 연 9%였기에 특별히 문제가 되지 않았다. 그런데 2018. 1. 「상가건물 임대차보호법 시행령」 제4조[71]가 개정되며 차임증액비율이 연 5%로 조정되었고, 이로 인해 국유재산을 사용허가 받아 상업활동을 할 경우 사인의 재산을 임대한 경우에 비해 부담이 과중하다는 지적이 제기되었다. 이에 2018. 6. 「국유재산법 시행령」 개정을 통해 「상가건물 임대차보호법」 제2조제1항에 따른 상가건물의 경우 사용료 조정 시 '전년도 사용료보다 5퍼센트 증가된 금액'을 최대금액으로 하게 된 것이다.

---

69) 상속인이나 그 밖의 포괄승계인은 피승계인과 동일인으로 본다.

70) 「국유재산법 시행령」 제29조제1항제6호 단서 및 같은 항 제6호의2에 따라 연간 사용료가 변경된 경우에는 변경 전 연간 사용료를 말한다.

71) 「상가건물 임대차보호법 시행령」 제4조(차임 등 증액청구의 기준) 법 제11조제1항의 규정에 의한 차임 또는 보증금의 증액청구는 청구당시의 차임 또는 보증금의 100분의 5의 금액을 초과하지 못한다.

6. 사용료의 감면

중앙관서의 장은 법령에 정해진 요건에 부합되는 경우 국유재산 사용료를 감면할 수 있다(국유재산법 제34조, 국유재산법 시행령 제32조). 참고로 과거에는 사용료의 면제 규정만 두고 있었으나, 국유재산의 활용성 제고를 위해 2018. 3. 사용료의 감면 조항이 신설되었다.

가. 사용료의 면제가 가능한 경우

중앙관서의 장은 다음의 어느 하나에 해당하면 그 사용료를 면제할 수 있다.

1) 행정재산으로 할 목적으로 기부를 받은 재산에 대하여 기부자나 그 상속인, 그 밖의 포괄승계인에게 사용허가하는 경우(국유재산법 제34조제1항제1호)

기부에 조건이 붙은 경우에는 기부채납을 받아서는 아니되나, 행정재산으로 기부하는 재산에 대하여 기부자, 그 상속인, 그 밖의 포괄승계인에게 무상으로 사용허가하여 줄 것을 조건으로 그 재산을 기부하는 경우에는 조건이 붙은 것으로 보지 아니한다(국유재산법 제13조제2항제1호). 따라서 실무상으로도 이렇게 무상사용허가를 조건으로 한 기부채납이 상당히 활성화되어 있는바, 동 호에서는 이러한 경우 사용료를 면제할 수 있음을 명시하고 있다.

위와 같이 기부받은 재산에 대해 사용료를 면제할 때에는 사용료 총액이 기부받은 재산의 가액이 될 때까지 면제할 수 있되, 그 기간은 20년을 넘을 수 없다[72](국유재산법 시행령 제32조제1항). 과거에는 면제기간의 상한이 없었으나, 기부받은 재산에 비해 사용료 총액이 작을 경우 지나치게 오랜 기간 무상사용이 이루어진다는 지적에 따라 2009. 7. 「국유재산법 시행령」 전부개정을 통해 20년의 상한이 도입되었다.[73]

또한 건물이나 그 밖의 시설물을 기부받은 경우에는 사용료 총액에 그 건물이나 시설물의 부지사용료를 합산하여야 한다(국유재산법 시행령 제32조제3항). 건물을

72) 다만 「국유재산법」 제5조제1항제6호 '지식재산'의 경우에는 사용료 면제기간을 20년으로 한다(국유재산법 시행령 제32조제2항).

73) 동 개정 내용은 소급 적용되지 않으므로, 2009. 7. 이전에 이미 기부 및 무상 사용허가가 이루어진 경우에는 '20년'의 상한이 적용되지 않는다.

사용한다는 것은 해당 건물은 물론 그 건물이 위치한 토지까지 함께 사용하는 것이기 때문이다.

기부받은 재산의 가액, 그 사용료 계산의 기준이 되는 재산의 가액 및 사용료 총액에 합산할 부지사용료 계산의 기준이 되는 부지의 가액 등은 「국유재산법 시행령」 제29조제2항을 준용하여 산출하되, 최초의 사용허가 당시를 기준으로 하여 결정한다(국유재산법 시행령 제32조제4항). 이 때 기부 재산가액은 실제 기부자가 부담한 액수에 한정되어야 하므로, 만약 해당 재산의 건축이나 설치 과정에서 국가나 지방자치단체 등의 지원이 있었다면 그 지원 금액만큼을 기부 재산가액에서 공제하여야 한다.

한편 무상사용허가를 받은 기부자는 해당 재산의 이용자로부터 입장료를 받는 방법으로 이를 사용·수익하는 것도 가능하다. 「국유재산법」에 별도의 제한이 없는 이상, 기부자가 무상사용허가를 받은 범위에서 수익활동의 방식을 자유롭게 선택하는 것이 허용되기 때문이다. 법제처 또한 무상사용허가를 조건으로 기부채납된 공유재산에 관하여 동일한 결론을 내린 바 있다.[74] 나아가 기부채납 후 사용허가 받은 재산에 대해 일반인을 대상으로 입회비, 연회비 및 월회비 등을 받고 회원제로 운영하는 것도 허용된다고 할 것이다.[75]

만약 기부받은 재산에 대한 무상 사용허가 기간이 만료되기 전에 해당 재산이 국가 공공사업에 편입됨에 따라 관리청이 해당 공공사업의 시행자로부터 다른 장소에 건설되는 대체시설을 제공받게 되는 경우, 기존 시설에 대한 무상 사용허가의 효력이 대체시설에까지 미치는 것은 아니다. 따라서 종전의 기부재산에 대한 무상 사용허가 기간의 잔여기간 동안 기부자에게 그 대체시설에 대해서도 의무적으로 무상 사용허가를 해 주어야 할 필요는 없다. 다만 이러한 경우 종전의 기부된 행정재산에 대해서는 「국유재산법」 제36조 등에 따라 그 사용허가를 철회하고 그 철회 당시 남은 허가기간에 해당하는 시설비 등을 보상함으로써 기부자의 사용기간 일실에 따른 손실을 보상하여야 하며, 이 때 기부자에게 발생한 손해의 경제적 가치는 기부한 시설의 가액을 기준으로 결정하는 것이 타당하다.

---

74) 법제처 21－0041 '기부자가 지방자치단체에 기부한 재산을 무상으로 사용하는 경우 입장료를 받을 수 있는지', 2021. 6. 8.

75) 대한체육회가 승마장을 설치하여 국방부에 기부채납하고 당해 승마장에 대한 국유재산 사용허가를 받아 그 승마장을 군부대 사관생도·장병의 체육활동에 사용하고, 민간인 등을 대상으로 입회비 및 월회비 등을 받고 운영하는 것은 가능(법제처 10－0069 '체육시설업 신고 대상 여부', 2010. 5. 10).

〈해석례〉 법제처 11-0047, 무상 사용허가를 한 기부채납 시설(행정재산)의 대체시설에 대한 무상 사용허가 유지 여부, 2011. 3. 3.

이 사안의 경우 사용료를 면제하는 무상 사용허가의 대상이 되는 행정재산은 「국유재산법」 제34조제1항제1호에 따라 기부자가 기부채납한 재산에 해당하는 군 체력단련장이라고 할 것이고, 비록 해당 군 체력단련장이 국가 공공사업에 편입되어 다른 장소에 동일한 기능의 대체시설을 건설한다고 하더라도 해당 대체시설은 기부자가 기부채납한 재산에 해당하지 않을 뿐만 아니라 사용허가의 대상이 되는 행정재산의 소재지, 면적 등이 달라지는 이상 해당 대체시설은 같은 법 제30조부터 제35조까지의 규정에 따라 사용기간 및 사용료 등을 정하여 사용허가를 결정하여야 하는 별도의 행정재산으로 보아야 할 것입니다.

또한, 「국유재산법」 제30조제1항에 따른 행정재산의 사용허가는 관리청이 공권력을 가진 우월적 지위에서 특정인에게 행정재산을 사용할 수 있는 권리를 설정하여 주는 강학상 특허에 해당하므로, 이 사안의 대체시설에 대한 사용허가 여부는 관리청이 재량권의 범위에서 결정할 사항이라고 할 것이어서, 관리청이 이 사안의 대체시설에 대한 사용허가를 종전의 기부채납된 시설에 대하여 남은 사용허가 기간만큼 무상으로 해 주어야 한다고 보기는 어렵습니다. (중략)

그렇다면, 기부채납을 받은 행정재산에 대한 사용허가에 대해서도 사용허가의 철회 및 손실보상과 관련된 「국유재산법」 제36조제2항 · 제3항 및 같은 법 시행령 제35조가 적용된다고 할 것인바, 위 규정에 따르면 국가나 지방자치단체가 직접 공용이나 공공용으로 사용하기 위하여 필요하게 된 경우에는 관리청이 행정재산의 사용허가를 철회할 수 있도록 하고 있고, 해당 사용허가를 받은 자에게 손실보상을 하도록 하고 있으며, 그 밖에 행정재산의 사용허가에 대한 대체시설로의 승계나 유지 관련 사항을 정하고 있지 않음을 고려할 때, 이 사안과 같이 기부된 행정재산이 국가 공공사업에 편입되어 다른 장소에 대체시설을 건설하는 경우라고 하더라도, 종전의 기부된 행정재산에 대해서는 같은 법 제36조 및 같은 법 시행령 제35조에 따라 그 사용허가를 철회하고 그 철회 당시 남은 허가기간에 해당하는 시설비 등을 보상함으로써 기부자의 사용기간 일실에 따른 손실을 보상하여야 하는 것으로 볼 수 있습니다.

따라서, 이 사안의 경우, 종전의 기부채납을 받은 군 체력단련장에 대한 대체시설에 대하여 임의적으로 사용허가를 할 수 있는지는 별론으로 하고, 종전의 군 체력단련장에 대한 무상 사용허가 기간의 잔여기간 동안 기부자에게 그 대체시설에 대해서도 의무적으로 무상 사용허가를 해 주어야 하는 것은 아닙니다.

〈해석례〉 법제처 06-0242, 「국유재산법 시행령」 제30조제1호[76](미경과 허가기간에 해당하는 시설비의 의미), 2006. 10. 10.

「국유재산법」 제28조제3항[77]에서 공용 또는 공공용의 필요에 의한 사용허가의 철회로 인하여 당해 허가를 받은 자에게 손해가 발생한 때에는 그 재산을 사용할 기관은 대통령령이 정하는 바에 의하여 이를 보상한다고 규정하고 있는데, '철회로 인하여 발생한 손해'라 함은 철회로 인하여 사용 · 수익 허가를 받은 재산 즉 당초에 기부한 시설을 향후 무상으로 사용할 수 없게 되는 것을 의미한다고 할 것이고, 이 손해의 경제적 가치는 기부한 시설의 가액을 기준으로 결정하는 것이 타당할 것입니다.

나아가 「국유재산법」 제25조[78] 및 동법 시행령 제26조제1항[79]에 따르면 국유재산의 사용 · 수익허가 시 '연간사용료'는 당해 재산의 가액을 기준으로 하여 결정하게 되고, 동법 제27조제1항[80] 단서는 '무상사용 · 수익 허가기간'을 사용료의 총액이 기부를 채납한 재산의 가액에 달하는 기간 이내로 규정하고 있고, 동법 시행령 제28조[81]에서는 '사용료 면제'는 사용료 총액이 기부를 채납한 재산의 가액에 달할 때까지로 하고 있는 등 채납된 당해 재산의 가액이 사용료 및 사용기간 결정에 실질적인 기준이 됨을 알 수 있는바, 사용기간 만료 전에 공용의 필요에 의한 철회로 인하여 발생한 손해에 대한 보상도 기부채납한 재산을 기준으로 산정하는 것이 법의 취지에 부합한다고 하겠습니다.

2) 건물 등을 신축하여 기부채납을 하려는 자가 신축기간에 그 부지를 사용하는 경우 (국유재산법 제34조제1항제1호의2)

기부를 위해 국유지에 건물을 신축한다면 그 신축기간 동안에는 필연적으로 해당 부지를 사용할 수밖에 없는바, 이 경우에도 기부자에게 해당 국유지의 사용료를 부과하는 것은 형평에 맞지 않을 것이다. 과거에는 법령에 명문의 규정이 없어 이러한 경우 사용료를 부과해야 하는지에 대해 논란이 있었으나, 2011. 3. 「국유재산법」 개정 시 동 호가 신설됨으로써 이러한 논란이 해결되었다.

76) 현재의 제35조제1호에 해당
77) 현재의 제36조제3항에 해당
78) 현재의 제32조에 해당
79) 현재의 제29조제1항에 해당
80) 현재의 제35조제1항에 해당
81) 현재의 제32조에 해당

3) 행정재산을 직접 공용 · 공공용 또는 비영리 공익사업용으로 사용하려는 지방자치단체에 사용허가하는 경우(국유재산법 제34조제1항제2호)

지방자치단체가 '직접' 공용·공공용 또는 비영리공익사업용으로 행정재산을 사용하는 경우를 말한다. 따라서 지방자치단체가 국유재산에 건축물을 건축하여 임대료를 받고 해당 건물을 지방자치단체 외의 자에게 임대하는 경우는 지방자치단체가 직접 사용하는 것이 아니므로 동 호가 적용될 수 없다.

〈해석례〉 법제처 10-0027, 행정 목적을 위하여 항만시설을 사용한 것으로 볼 수 있는 경우에 해당하는지 여부, 2010. 4. 9.

「국유재산법」 제4조는 「국유재산법」이 국유재산의 관리 · 처분에 관한 일반법임을 규정하고 있으므로, 국유의 행정재산인 항만시설에 대해 항만법령에서 규정하고 있지 않은 사항은 「국유재산법」이 적용되어야 할 것이고, 「국유재산법」 제6조에서 행정재산의 종류를 규정하면서 국가가 넓은 의미의 사용의 주체가 되는 재산을 공용재산, 공공용재산 및 보존용재산으로 하면서, 그중 국가가 적극적으로 사용하는 재산인 공공용재산 및 공용재산과 관련하여, 공용재산 및 공공용재산 모두 국가가 직접 사용하는 것을 전제로 하고 있으며, 같은 법 제34조제1항제2호에서는 "행정재산을 직접 공용 · 공공용 또는 비영리 공익사업용으로 사용하려는 지방자치단체"에 대하여 사용료를 면제할 수 있도록 되어 있습니다. 위와 같은 규정의 취지에 비추어 보면 국유재산인 항만시설용 부지의 사용료 면제 요건으로서 항만시설용 부지를 "행정 목적"으로 사용한다고 하는 것은 원칙적으로 당해 항만시설용 부지를 국가나 지방자치단체가 "직접 공용 · 공공용 또는 비영리 공익사업용"으로 사용하는 경우를 말한다고 할 것이고, 국가나 지방자치단체가 직접 사용하는 것이 아니고 국가나 지방자치단체가 항만시설용 부지에 건축물을 건축하여 임대료를 받고 국가나 지방자치단체 외의 자에게 임대하는 경우까지 그 항만시설용 부지를 "행정 목적"에 사용하는 것으로 보기 어렵습니다.

이 경우 사용료를 면제받으려는 지방자치단체는 그 재산의 취득 계획을 중앙관서의 장에게 제출하여야 하고, 취득 계획을 제출받은 중앙관서의 장이 사용료를 면제하려는 경우 그 사용허가 기간은 1년을 초과해서는 아니 된다(국유재산법 시행령 제32조제5항, 제6항). 즉 동 호는 지방자치단체가 직접 공용·공공용 또는 비영리 공익사업용으로 사용하기 위해 행정재산을 취득하는 것을 전제로, 최대 1년간 해당 행정재산의 무상 사용허가를 허용하는 것이다.

지방자치단체에 대한 사용료 면제 시 해당 재산의 취득 계획 제출 및 1년간의 무상 사용허가 기간 제한 조항은 국유재산의 방만한 무상사용을 억제함으로써 국가재정의 건전한 운영을 도모하기 위하여 2011. 4.「국유재산법 시행령」개정을 통해 도입된 것이다. 이는 과거 일부 지방자치단체가 지속적으로 사용료를 면제받아 국유재산을 사용하였던 관행을 타파하기 위한 것인바, 상기 조항 도입 이전에 사용료를 면제받았다가 상기 조항 도입 이후에 사용허가를 갱신하는 경우에도 이러한 제한이 적용된다.

〈해석례〉 법제처 16-0387, 행정재산의 사용허가 갱신 시 개정 법령의 부칙 적용 여부, 2016. 11. 2.

개정「국유재산법 시행령」[82] 제32조제5항에서는 지방자치단체는「국유재산법」제34조제1항제2호에 따라 사용료를 면제받으려면 그 재산의 취득 계획을 중앙관서의 장에게 제출하여야 한다고 규정하고 있고, 개정「국유재산법 시행령」제32조제6항에서는 같은 조 제5항에 따라 취득 계획을 제출받은 중앙관서의 장이 사용료를 면제하려는 경우 그 사용허가 기간은 1년을 초과해서는 아니 된다고 규정하고 있으며, 개정「국유재산법 시행령」부칙 제4조에서는 같은 영 제32조제5항의 개정규정은 같은 영 시행 후 최초로 사용허가하거나 대부계약하는 국유재산부터 적용한다고 규정하고 있습니다. (중략)

그런데,「국유재산법 시행령」제34조제1항에서는 행정재산의 사용허가를 갱신하는 경우에도 최초로 행정재산 사용허가를 할 때와 마찬가지로 "사용허가 범위에 포함될 것", "「국유재산법」제36조제1항에 따른 사용허가의 취소와 철회 사유에 해당하지 아니할 것" 등을 조건으로 규정하고 있어, 사용허가기간의 만료로 사용허가를 갱신하는 경우에도 최초 사용허가 시와 동일한 요건이 충족되어야 한다고 할 것이므로, 행정재산 사용허가의 갱신은 그 실질에 있어서 신규 사용허가와 다르지 않다고 할 것입니다.

그리고, 개정「국유재산법 시행령」에서 지방자치단체에 대하여 행정재산 사용료를 면제할 때 그 재산을 취득할 구체적인 계획을 중앙관서의 장에게 제출하도록 하는 규정을 신설한 것은 국유재산의 방만한 무상사용을 억제함으로써 국가재정의 건전한 운영을 도모하기 위하여(2011. 4. 11. 대통령령 제22815호 국유재산법 시행령 일부개정령안 조문별 제·개정 이유서 참조) 지방자치단체가 사용료를 면제받아 행정재산을 계속 사용할 수 있는 관행에 변화를 주려는 것이고, 이를 위하여 지방자치단체로 하여금 행정재산의 사용료를 면제받으려면 앞으로의 재산 취득을 위한 계획을 제출하게 하고 그 계획에 따라 재산을

82) 2011. 4. 11. 대통령령 제22815호로 개정된「국유재산법 시행령」을 의미한다.

취득할 때까지만 무상으로 행정재산을 사용할 수 있게 하려는 것인바, 이와 같은 입법취지를 고려할 때 종전에 재산 취득 계획 제출이라는 조건 없이 사용료를 면제받은 경우라고 하여 그 사용허가를 갱신하는 경우에도 개정규정의 적용을 배제하고 재산 취득 계획의 제출을 면제하여야 한다고 해석할 수는 없다고 할 것입니다.

한편 지방자치단체가 무상 사용허가 기간 1년이 지나도록 해당 행정재산을 취득하지 못했을 경우 다시 사용허가를 할 수 있는지가 쟁점이 될 수 있다. 동 호의 입법 취지가 지방자치단체의 행정재산 취득을 전제로 그 취득에 필요한 행정절차 기간 등을 고려하여 1년 간 특별한 혜택을 부여하는 것이므로 해당 행정재산을 취득하지 못하였다면 다시 사용허가를 할 수 없다는 견해도 있으나, 동 호는 사용료 면제에 대한 것이지 사용허가 자체의 가부를 논하는 것은 아니라는 점에서 유상 사용허가의 가능성까지 배제할 필요는 없다고 본다. 따라서 무상 사용허가 기간 1년이 지나도록 지방자치단체가 해당 행정재산을 취득하지 못하였다면 더 이상 무상 사용허가는 불가하나, 추가적으로 유상 사용허가를 받는 것은 가능하다고 할 것이다.[83]

다만 지방자치단체가 취득 계획 제출을 통해 1년간 무상 사용을 받았으나, 해당 행정재산을 취득하지 못한 상태에서 동일한 행정재산에 대해 다시 취득 계획 제출을 통한 무상 사용을 시도하는 것은 허용되기 어렵다. 이를 허용한다면 무상 사용허가 기간 1년을 규정하고 있는 「국유재산법 시행령」 조항이 사실상 형해화되고, 국유재산의 편법 운용이 성행할 수 있기 때문이다.

〈참고 4-2〉 「국유재산법」 제34조제1항제2호의 적용에 있어 지방자치단체의 행정재산 취득 강제 규정의 타당성

앞서 살펴본 바와 같이 「국유재산법」 제34조제1항제2호에서는 '행정재산을 직접 공용·공공용 또는 비영리 공익사업용으로 사용하려는 지방자치단체에 사용허가하는 경우' 사용료 면제가 가능하다고만 되어 있으나, 이를 구체화하고 있는 「국유재산법 시행령」 제32조제5항 및 제6항에서는 지방자치단체의 행정재산 취득을 전제하며 최대 1년이라는 사용료 면제 기간의 상한을 두고 있다.

---

83) 이 경우는 특별한 사정이 없는 한 '지방자치단체가 해당 지방자치단체의 행정목적 수행에 사용하는 경우'로 볼 수 있을 것으므로, 사용료율은 '1천분의 25 이상'이 된다(국유재산법 시행령 제29조제1항제3호의2).

그런데 이렇듯 적용범위가 제한적이다 보니 실제 지방자치단체가 위 규정을 통해 사용료를 면제받는 경우가 많지 않고, 이런 이유로 법률의 입법취지에 맞지 않게 시행령에서 관련 요건을 지나치게 엄격하게 정함으로써 규정이 사실상 사문화되었다는 비판도 제기되고 있다.

물론 「국유재산법 시행령」 제32조제5항 및 제6항이 신설되었던 2011. 4. 당시를 기준으로 보면 면제 요건을 엄격히 정한 것도 일견 이해할 수 있다. 기본적으로 행정재산은 국가의 행정목적을 위해 공용·공공용 등으로 사용하는 것인바, 이를 지방자치단체가 자신의 행정목적 달성을 위해 공용·공공용 등으로 사용하는 것은 논리상 모순되어 양립이 불가하다고 볼 여지도 있기 때문이다. 이러한 견해를 취한다면 국유 행정재산을 지방자치단체가 행정목적으로 사용할 수는 없으므로, 지방자치단체가 사용하기 위해서는 소유권을 취득해야 한다는 결론에 이른다.

그런데 2013. 4. 「국유재산법 시행령」이 개정되며 '지방자치단체가 해당 지방자치단체의 행정목적 수행에 사용하는 경우, 사용료율을 1천분의 25 이상으로 정한다'는 내용으로 제29조제1항제3호의2가 신설되었다. 국유 행정재산을 지방자치단체가 자신의 행정목적 수행을 위해 사용할 수 있음을 입법을 통해 명시한 것이다. 나아가 2020. 3.에는 「국유재산법」 제18조제1항제3호가 신설되며 지방자치단체가 국유지에 영구시설물을 축조하는 것까지 가능하게 되었다. 즉 이제는 국유지에 지방자치단체가 공공용 시설을 포함한 사회기반시설을 설치하여 자신들의 행정목적을 위해 운영하는 것까지 허용되었는바, 사용료 면제의 요건으로 지방자치단체의 행정재산 취득을 계속 강제할 필요가 있는지는 의문이다. 국유 행정재산을 지방자치단체가 자신의 행정목적으로 사용하는 것이 법적·논리적으로 더 이상 충돌하지 않기 때문이다.

최근 사회가 발전하고 다양화됨에 따라 삶의 질에 대한 욕구가 커지고 있고, 국유지를 활용하여 주민들의 생활 및 복지 향상을 도모하는 지방자치단체도 늘어나고 있다. 따라서 사용료 면제 확대에 따른 국고 수입 감소 가능성 등을 고려하되, 가능한 범위에서 사용료 면제 요건을 완화하는 것이 국유재산의 효율적 활용 측면에서 바람직하다고 본다.

4) 행정재산을 직접 비영리 공익사업용으로 사용하려는 공공단체에 사용허가하는 경우(국유재산법 제34조제1항제3호)

이 때의 공공단체는 '법령에 따라 정부가 자본금의 전액을 출자하는 법인'[84)]

84) 한국토지주택공사, 한국조폐공사, 한국교육방송공사, 한국투자공사 등이 있다.

과 '법령에 따라 정부가 기본재산의 전액을 출연하는 법인' 중 어느 하나에 해당하는 것을 말하며(국유재산법 시행령 제33조), 어느 사업이 비영리 공익사업인지의 여부는 그 사업이 수익성이 있는 것인지의 여부, 그 사업의 규모, 횟수, 태양 등에 비추어 수익을 목적으로 하면서 사업활동으로 볼 수 있을 정도의 계속성과 반복성을 가지고 있는 것인지의 여부 등을 고려하여 사회통념에 따라 합리적으로 판단하여야 한다.[85]

한편 동 호에 근거하여 국유재산의 무상 사용허가를 받은 공공단체가 허가조건을 위배하여 영리사업을 하였을 경우에는 사용허가의 취소·철회가 가능하나, 당초의 허가 처분시에 소급하여 사용료를 부과할 수는 없다.

〈판례〉 대법원 1999. 7. 9. 선고 97누20724 판결
원고(수산업협동조합중앙회)가 이 사건 국유재산을 비영리공익사업용에 사용하는 것을 조건으로 하여 피고(국립수산진흥원장)로부터 무상사용 · 수익허가를 받아 이 사건 국유재산 중 대지 일부에 노외주차장을 설치하여 영리목적의 수익사업인 유료주차장업을 함으로써 당초의 허가조건을 위배하였다고 하더라도 이로써 이 사건 국유재산에 대한 당초의 무상사용 · 수익허가처분이 소급하여 유상사용 · 수익허가처분으로 변경되었다고 볼 수는 없고, 국유재산의 관리청인 피고로서는 원고에 대하여 그 사용목적에 위배하였음을 이유로 … 무상사용 · 수익허가처분을 취소 또는 철회할 수 있을지언정, 국유재산의 유상사용 · 수익허가시 징수할 사용료에 관한 … 규정을 적용하여 원고에 대하여 당초의 허가처분시에 소급하여 사용료를 부과할 수는 없다고 할 것 …

5) 사용허가 받은 행정재산을 천재지변이나 「재난 및 안전관리 기본법」 제3조제1호의 재난으로 사용하지 못하게 된 경우(국유재산법 제34조제2항)

「재난 및 안전관리 기본법」 제3조제1호의 '재난'은 국민의 생명·신체·재산과 국가에 피해를 주거나 줄 수 있는 것으로서 '자연재난'[86]과 '사회재난'[87]으로 구분

85) 대법원 1999. 7. 9. 선고 97누20724 판결
86) 태풍, 홍수, 호우(豪雨), 강풍, 풍랑, 해일(海溢), 대설, 한파, 낙뢰, 가뭄, 폭염, 지진, 황사(黃砂), 조류(藻類) 대발생, 조수(潮水), 화산활동, 소행성·유성체 등 자연우주물체의 추락·충돌, 그 밖에 이에 준하는 자연현상으로 인하여 발생하는 재해
87) 화재·붕괴·폭발·교통사고(항공사고 및 해상사고를 포함한다)·화생방사고·환경오염사고 등으로 인하여 발생하는 「재난 및 안전관리 기본법 시행령」 제2조에서 정하는 규모 이상의 피해와 국가핵심기반의 마비, 「감염병의 예방 및 관리에 관한 법률」에 따른 감염병 또는 「가

된다. 이렇게 천재지변이나 재난으로 사용허가 받은 행정재산을 사용하지 못한 경우에는 해당 행정재산을 사용하지 못한 기간에 대한 사용료를 면제할 수 있다.

6) 국유재산의 무상 사용에 대한 개별 법령의 규정이 있는 경우

개별 법령에서 '「국유재산법」에도 불구하고 국유재산을 무상으로 사용·수익하게 할 수 있다'는 내용의 국유재산 무상 사용에 대한 규정을 두는 경우가 있다. 이러한 경우 해당 규정은 「국유재산법」에 대하여 특별법적 지위를 갖게 되므로 해당 법령에 근거하여 국유재산의 무상 사용이 가능하다.

국유재산의 무상 사용에 대한 규정은 개별 법령마다 조금씩 차이가 있는데 무상으로 대부·사용·수익 등이 가능함을 명시하는 경우가 보통이다. 다만 법령에 따라 무상 사용 또는 무상 대부만을 규정하는 경우도 있는데, 이러한 경우에도 무상 사용허가와 무상 대부가 모두 가능하다고 본다. 「국유재산법」과는 달리 타 법령에서는 행정재산·일반재산, 사용허가·대부의 개념을 명확히 구분하지 않는 경우가 보통인바, 국유재산의 공익적 목적의 활용을 위해 개별 법령에 특별 규정을 둔 취지를 최대한 고려하기 위함이다.

〈해석례〉 법제처 20-0118, 무상으로 사용·수익할 수 있는 국유재산 및 공유재산의 범위, 2020. 3. 20.

「국유재산법」에서는 국유재산을 그 용도에 따라 행정재산과 일반재산으로 구분하면서(제6조) 행정재산을 국가 외의 자가 사용·수익할 수 있도록 허용하는 것을 "사용허가"로(제2조제7호), 일반재산을 국가 외의 자가 사용·수익할 수 있도록 체결하는 계약을 "대부계약"으로(제2조제8호) 구분하여 정의하고 있음에도 불구하고, 적십자법 제23조[88]에서는 국가는 적십자사의 사업 목적을 달성하기 위하여 필요할 때에는 「국유재산법」의 규정에도 불구하고 "국유재산"을 적십자사에 무상으로 "대부"할 수 있다고 규정하고 있습니다.

그리고 「국유재산법」 제34조제1항에서는 행정재산을 직접 공용·공공용 또는 "비영리 공익사업용"으로 사용하려는 지방자치단체에 사용허가하는 경우(제2호), 행정재산을 직접

축전염병예방법」에 따른 가축전염병의 확산, 「미세먼지 저감 및 관리에 관한 특별법」에 따른 미세먼지 등으로 인한 피해

88) 「대한적십자사 조직법」 제23조(국유·공유 재산의 무상대부) 국가나 지방자치단체는 적십자사의 사업 목적을 달성하기 위하여 필요할 때에는 「국유재산법」 및 「공유재산 및 물품 관리법」의 규정에도 불구하고 국유·공유 재산을 적십자사에 무상(無償)으로 대부할 수 있다.

"비영리 공익사업용"으로 사용하려는 공공단체에 사용허가하는 경우(제3호) 등에는 사용료를 면제할 수 있다고 규정하여 행정재산의 사용료 면제 여부 판단 시 그 사용 목적의 "공익성"을 고려하도록 하고 있습니다.

그런데 적십자법에 따른 적십자사는 제네바협약의 정신과 국제적십자운동 기본원칙에 따라 적십자사업의 원활한 수행을 도모하기 위해 설립된 단체(제1조)로서 같은 법 제7조에 따라 전시포로, 무력충돌희생자, 전상자 및 재난을 당한 사람에 대한 구호사업(제1호부터 제3호까지), 응급구호사업 · 자원봉사사업 및 사회복지사업(제4호) 등의 공익적 사업을 수행하고 있습니다.

이러한 점을 종합적으로 고려하면 적십자법 제23조에서 "국유재산"을 무상으로 "대부"할 수 있다고 규정한 것은 「국유재산법」에 따른 행정재산과 일반재산을 모두 포함하는 국유재산에 대해 「국유재산법」 제2조제8호에 따른 대부계약뿐만 아니라 같은 조 제7호의 사용허가를 포함하여 무상으로 사용 · 수익하게 할 수 있다고 보는 것이 타당하고, 사용료 면제 여부를 행정재산 사용 목적의 "공익성"을 고려하여 판단하도록 규정한 「국유재산법」 제34조제1항의 취지에도 부합하는 해석입니다.

나. 사용료의 감면이 가능한 경우

중앙관서의 장은 행정재산의 형태 · 규모 · 내용연수 등을 고려하여 활용성이 낮거나 보수가 필요한 재산 등을 사용허가하는 경우에는 사용료를 감면할 수 있다(국유재산법 제34조제3항). 형상불량, 극소규모 토지, 노후건물 등 활용성은 낮으나 사용료의 면제 사유에 해당하지 않는 국유재산의 활용성을 높이고, 획일적인 사용료 책정을 보다 합리적으로 바꾸기 위해 2018. 3. 「국유재산법」 개정을 통해 신설된 규정이다.

위 규정에 의해 사용료 감면이 가능한 경우와 감면액은 다음과 같다.

〈표 4-13〉 사용료 감면이 가능한 경우 및 감면액(국유재산법 시행령 제32조제7항)

사용료 감면이 가능한 경우	감면액
1. 통행이 어렵거나 경사지거나 부정형(不定形) 등의 사유로 활용이 곤란한 토지로서 면적이 100㎡ 이하이고 재산가액이 1천만원 이하인 경우	사용료의 100분의 30을 감면
2. 면적이 30㎡ 이하인 토지로서 재산가액이 100만원 이하인 경우	사용료의 100분의 30을 감면

3. 다음의 어느 하나에 해당하는 건물로서 사용허가를 받은 자가 시설보수 비용을 지출하는 경우 1) 준공 후 20년이 지난 건물로서 원활한 사용을 위하여 보수가 필요한 경우 2) 「시설물의 안전 및 유지관리에 관한 특별법 시행령」 제12조에 따른 시설물의 안전등급 기준이 같은 영 별표 8[89]에 따른 C등급 이하인 건물로서 안전관리를 위하여 보수가 필요한 경우 3) 천재지변이나 그 밖의 재해 등으로 인하여 파손된 건물로서 별도의 보수가 필요한 경우	지출하는 보수비용에 상당하는 금액을 사용료에서 감면 (최초 1회로 한정)

〈참고 4-3〉 사용허가된 국유재산의 보수 의무

중앙관서의 장이 행정재산의 사용허가를 할 때에는 「국유재산법 시행규칙」 별지 제3호서식의 사용허가서를 발급하여야 하는데(국유재산법 시행규칙 제14조제3항), 동 사용허가서 제8조(사용허가재산의 보존)에는 "사용인은 선량한 관리자의 주의로써 사용허가재산을 보존할 책임을 지며, 그 사용에 필요한 보수를 하여야 한다"고 규정되어 있다. 즉 사용허가재산의 사용에 필요한 보수는 사용인의 부담으로 하고 있는바, 이 때 '사용에 필요한 보수'의 범위가 문제된다.

이와 관련하여 명시적인 규정이나 기준은 존재하지 않는다. 다만 과거 기획재정부는 유권해석을 통해 "선관주의의무는 민법상 주의의무의 일반적인 원칙으로서, 그 재산의 위치·현황에 따라 거래상 일반적으로 요구되는 정도의 주의를 말하는 것으로, '자기재산과 동일한 주의, 고유재산에 대하는 것과 동일한 주의'와 같은 구체적·주

89) 「시설물의 안전 및 유지관리에 관한 특별법 시행령」 제12조에 따른 시설물의 안전등급 기준은 다음과 같다.

안전등급	시설물의 상태
1. A (우수)	문제점이 없는 최상의 상태
2. B (양호)	보조부재에 경미한 결함이 발생하였으나 기능 발휘에는 지장이 없으며, 내구성 증진을 위하여 일부의 보수가 필요한 상태
3. C (보통)	주요부재에 경미한 결함 또는 보조부재에 광범위한 결함이 발생하였으나 전체적인 시설물의 안전에는 지장이 없으며, 주요부재에 내구성, 기능성 저하 방지를 위한 보수가 필요하거나 보조부재에 간단한 보강이 필요한 상태
4. D (미흡)	주요부재에 결함이 발생하여 긴급한 보수·보강이 필요하며 사용제한 여부를 결정하여야 하는 상태
5. E (불량)	주요부재에 발생한 심각한 결함으로 인하여 시설물의 안전에 위험이 있어 즉각 사용을 금지하고 보강 또는 개축을 하여야 하는 상태

관적 주의능력과 구별되는 일반적·객관적 주의능력을 의미"하므로, "선관주의의무에 따른 '사용에 필요한 보수'는 당해 재산의 통상의 용도 및 능률유지를 위하여 필요한 일반적·객관적 수선비, 즉 수익적 지출로 보아야 할 것이며, 당해 자산의 내용연수를 연장시키거나 당해 재산의 가치를 현실적으로 증가시키는 수선비, 즉 자본적 지출은 그 범위에 포함되지 않는다"고 판단한 바 있다.[90)]

이에 따르면 '수익적 지출'[91)]에 해당하는 ① 건물 또는 벽의 도장, ② 파손된 유리나 기와의 대체, ③ 기계의 소모된 부속품 또는 벨트의 대체, ④ 자동차 타이어의 대체, ⑤ 재해를 입은 자산에 대한 외장의 복구·도장 및 유리의 삽입 등은 사용허가를 받은 자가 부담하여야 하고, '자본적 지출'[92)]에 해당하는 ① 본래의 용도를 변경하기 위한 개조, ② 엘리베이터 또는 냉난방장치의 설치, ③ 빌딩 등에 있어서 피난시설 등의 설치, ④ 재해 등으로 인하여 멸실 또는 훼손되어 본래의 용도에 이용할 가치가 없는 건축물·기계·설비 등의 복구 등은 국유재산의 소유자인 국가가 부담하게 된다.

다만 실무에서는 수익적 지출과 자본적 지출의 구분이 어려운 경우도 많고 위 구분이 사회통념과 다소 맞지 않는 부분도 있다. 따라서 이를 기계적으로 적용하기에는 무리가 따를 수 있는바, 결국 개별 사안마다 구체적 사실관계를 고려하여 국가와 사용허가를 받은 자 사이에서 적절한 부담 범위를 정하는 것이 필요하다고 본다.[93)]

---

90) 기획재정부 국재41320-336, 1997. 4. 15.

91) 「법인세법 시행규칙」 제17조(수익적 지출의 범위) 다음 각호의 지출은 영 제31조제2항의 규정에 의한 자본적 지출에 해당하지 아니하는 것으로 한다.
  1. 건물 또는 벽의 도장
  2. 파손된 유리나 기와의 대체
  3. 기계의 소모된 부속품 또는 벨트의 대체
  4. 자동차 타이어의 대체
  5. 재해를 입은 자산에 대한 외장의 복구·도장 및 유리의 삽입
  6. 기타 조업가능한 상태의 유지등 제1호 내지 제5호와 유사한 것

92) 「법인세법 시행령」 제31조(즉시상각의 의제) ② 법 제23조제4항제2호에서 "대통령령으로 정하는 자본적 지출"이란 법인이 소유하는 감가상각자산의 내용연수를 연장시키거나 해당 자산의 가치를 현실적으로 증가시키기 위하여 지출한 수선비를 말하며, 다음 각 호의 어느 하나에 해당하는 것에 대한 지출을 포함한다.
  1. 본래의 용도를 변경하기 위한 개조
  2. 엘리베이터 또는 냉난방장치의 설치
  3. 빌딩 등에 있어서 피난시설 등의 설치
  4. 재해 등으로 인하여 멸실 또는 훼손되어 본래의 용도에 이용할 가치가 없는 건축물·기계·설비 등의 복구
  5. 그 밖에 개량·확장·증설 등 제1호부터 제4호까지의 지출과 유사한 성질의 것

93) 참고로 사법상의 임대차계약의 경우, 임대인은 목적물을 계약 존속 중 사용·수익에 필요한 상태를 유지할 의무를 부담하므로, 목적물에 파손 또는 장해가 생긴 경우 그것이 임차인이

Ⅵ. 가산금

행정재산의 사용허가를 받은 자가 그 행정재산의 관리를 소홀히 하여 재산상의 손해를 발생하게 한 경우에는 사용료 외에 그 사용료를 넘지 아니하는 범위에서 가산금을 징수할 수 있다(국유재산법 제39조).

가산금은 사용허가할 때에 정하여야 하며, 중앙관서의 장등이 가산금을 징수할 때에는 그 금액, 납부기한, 납부장소와 가산금의 산출 근거를 명시하여 문서로 고지하여야 한다(국유재산법 시행령 제36조제1항, 제3항). 이 때 납부기한은 고지한 날부터 60일 이내로 하고, 가산금을 기한까지 내지 아니하면 지체 없이 체납처분에 필요한 조치[94]를 하여야 한다(국유재산법 시행령 제36조제4항, 국유재산법 시행규칙 제20조제2항).

Ⅶ. 사용허가의 취소와 철회

사용허가 기간이 만료되지 않았더라도 특별한 사정이 있다면 사용허가의 취소 또는 철회가 가능하다. 「국유재산법」에서는 이렇게 사용허가의 취소·철회가 가능한 경우를 나누어 규정하고 있다.

1. 사용허가의 취소·철회가 가능한 경우

이는 사용허가를 받은 자의 귀책 또는 신청에 의한 경우와 국가·지방자치단체

별비용을 들이지 아니하고도 손쉽게 고칠 수 있을 정도의 사소한 것이어서 임차인의 사용·수익을 방해할 정도의 것이 아니라면 임대인은 수선의무를 부담하지 않지만, 그것을 수선하지 아니하면 임차인이 계약에 의하여 정해진 목적에 따라 사용·수익할 수 없는 상태로 될 정도의 것이라면 임대인이 수선의무를 부담한다(대법원 2012. 6. 14. 선고 2010다89876,89883 판결). 그리고 이러한 임대인의 수선의무는 특별한 사정이 없는 한 임대차의 목적에 따른 용도대로 임차인으로 하여금 그 목적물을 사용·수익시키는 데 필요한 범위에서 인정되는 것으로서, 임대인의 수선의무를 발생시키는 사용·수익의 방해에 해당하는지 여부는 구체적인 사안에 따라 목적물의 종류 및 용도, 파손 또는 장해의 규모와 부위, 이로 인하여 목적물의 사용·수익에 미치는 영향의 정도, 그 수선이 용이한지 여부와 이에 소요되는 비용, 임대차계약 당시 목적물의 상태와 차임의 액수 등 제반 사정을 참작하여 사회통념에 의하여 판단하여야 한다(대법원 2012. 3. 29. 선고 2011다107405 판결).

94) 이 경우 「국세징수법」의 체납처분에 관한 규정을 준용하여 징수할 수 있다(국유재산법 제73조제2항).

의 필요에 의한 경우로 나누어 볼 수 있다.

가. 사용허가를 받은 자의 귀책에 의한 경우

중앙관서의 장은 행정재산의 사용허가를 받은 자가 다음의 어느 하나에 해당하면 그 허가를 취소하거나 철회할 수 있다.

〈표 4-14〉 사용허가를 받은 자의 귀책에 의해 사용허가 취소 · 철회가 가능한 경우(국유재산법 제36조제1항)

1. 거짓 진술을 하거나 부실한 증명서류를 제시하거나 그 밖에 부정한 방법으로 사용허가를 받은 경우
2. 사용허가 받은 재산을 「국유재산법」 제30조제2항을 위반하여 다른 사람에게 사용·수익하게 한 경우[95]
3. 해당 재산의 보존을 게을리하였거나 그 사용목적을 위배한 경우
4. 납부기한까지 사용료를 납부하지 아니하거나 「국유재산법」 제32조제2항 후단에 따른 보증금 예치나 이행보증조치를 하지 아니한 경우
5. 중앙관서의 장의 승인 없이 사용허가를 받은 재산의 원래 상태를 변경한 경우

나. 국가 · 지방자치단체의 필요에 의한 경우

중앙관서의 장은 사용허가한 행정재산을 국가나 지방자치단체가 직접 공용이나 공공용으로 사용하기 위하여 필요하게 된 경우에는 그 허가를 철회할 수 있다. 이 경우 사용허가 철회로 인하여 해당 사용허가를 받은 자에게 손실이 발생하면, 그 재산을 사용할 기관은 사용허가를 받은 자에게 다음의 보상액을 보상한다(국유재산법 제36조제2항, 제3항).

---

95) 국유지에 지어진 무허가 미등기 건물을 양수하여 건물의 부지로 국유지를 무단점용하고 있던 갑이 위 건물을 '본인의 주거용'으로만 사용하겠다며 위 국유지의 사용허가를 받은 뒤 다른 사람들에게 임대하여 식당 등으로 사용하고 있는 것은 관리청이 사용허가 당시 예정하였던 목적과 취지에 반하여 국유지를 사용·수익한 것이므로, 「국유재산법」 제36조제1항제2호에서 사용허가 취소사유로 정한 '사용허가 받은 재산을 다른 사람에게 사용·수익하게 한 경우'에 해당한다(대법원 2020. 10. 29. 선고 2019두43719 판결).

〈표 4-15〉 국가 · 지방자치단체의 필요에 따른 사용허가 철회로 인해 사용허가를 받은 자에게 손실이 발생한 경우의 보상액(국유재산법 시행령 제35조)

1. 사용허가 철회 당시를 기준으로 아직 남은 허가기간에 해당하는 시설비 또는 시설의 이전(수목의 옮겨심기 포함)에 필요한 경비 2. 사용허가 철회에 따라 시설을 이전하거나 새로운 시설을 설치하게 되는 경우 그 기간 동안 영업을 할 수 없게 됨으로써 발생하는 손실에 대한 평가액

다. 사용허가를 받은 자의 신청에 의한 경우

중앙관서의 장이 행정재산의 사용허가를 할 때에는 「국유재산법 시행규칙」 별지 제3호 서식의 사용허가서를 발급하여야 하는데(국유재산법 시행규칙 제14조제3항), 동 사용허가서 제13조(사용허가의 취소 신청)는 "사용인은 사용허가를 취소받으려면 2개월 전에 신청하여야 한다"고 규정하고 있다. 이를 근거로 사용허가 기간 중이라도 사용허가를 받은 자가 국유재산의 사용 · 수익이 더 이상 필요하지 않을 때에는 사용허가의 취소 및 철회를 신청할 수 있다고 본다. 나아가 사용허가의 일부 철회가 공익을 저해하지 않는다면 사용허가의 일부 철회 신청도 허용될 수 있다.

〈해석례〉 기획재정부 국재 41321-1030, 2000. 10. 1.

국유재산법 시행규칙 제16조[96] 및 별지 제3호 서식(국유재산 사용 · 수익허가서) 제13조에 의하면, "사용인은 사용허가의 취소를 받고자 할 때에는 2월 전에 이를 신청하여야 한다"라고 규정하고 있습니다. 동 규정은 사용 · 수익허가 기간 중이라도 사용인이 국유재산의 사용 · 수익이 더 이상 필요하지 않을 때는 허가의 취소 및 철회를 요청할 수 있음을 규정한 것이나 사용 · 수익허가 받은 국유재산의 일부 철회도 가능한 것인지에 대해서는 명백하게 규정하고 있지 않습니다.

다만, 사용인의 일부 철회요청을 받아들여도 국가가 일부 철회한 재산을 활용하여 제3자에게 사용 · 수익허가를 할 수 있는 등 공익을 저해하지 않는다면 사용인의 편의를 제고하는 측면에서 국유재산 사용 · 수익허가의 일부철회 요청을 받아들이는 것이 가능하다고 사료됩니다.

---

96) 현재의 제14조에 해당

2. 사용허가 취소 · 철회의 절차

중앙관서의 장은 행정재산의 사용허가를 취소하거나 철회하려는 경우에는 청문을 하여야 한다(국유재산법 제37조). 청문의 세부 절차는 「행정절차법」을 따른다.

또한 중앙관서의 장은 사용허가를 취소하거나 철회한 경우에 그 재산이 기부를 받은 재산으로서 「국유재산법」 제30조제2항 단서에 따라 사용 · 수익하고 있는 자가 있으면 그 사용 · 수익자에게 취소 또는 철회 사실을 알려야 한다(국유재산법 제36조제4항). 사용허가의 취소 · 철회로 인해 사용허가를 받은 자와 그 재산을 사용 · 수익하고 있는 자 사이의 법적 관계에 영향을 미칠 수 있기 때문이다.

한편 사용허가를 받은 자는 사용허가가 취소 또는 철회된 경우 그 재산을 원래 상태대로 반환하되, 중앙관서의 장이 미리 상태의 변경을 승인한 경우에는 변경된 상태로 반환할 수 있다[97](국유재산법 제38조).

제3절 관리전환

'관리전환'이란 일반회계와 특별회계 · 기금 간 또는 서로 다른 특별회계 · 기금 간에 국유재산의 관리권을 넘기는 것을 말한다(국유재산법 제2조제5호). 즉 일반회계 내에서의 국유재산 관리권 이전[98]을 제외한 나머지 관리권 이전은 모두 이에 해당한다.

Ⅰ. 일반회계, 특별회계 및 기금

일반회계는 조세수입 등을 주요 세입으로 하여 국가의 일반적인 세출에 충당하기 위하여 설치하고, 특별회계는 국가에서 특정한 사업을 운영하고자 할 때, 특

97) 이러한 원상회복 의무는 사용허가기간이 정상적으로 만료된 경우에도 동일하게 적용된다.
98) 일반회계에서 일반회계로 관리권이 이전되는 것은 '관리전환'이 아니라 '용도폐지'와 '사용 승인'을 통해 이루어진다. 즉 A 중앙관서의 일반회계에서 B 중앙관서의 일반회계로 관리권을 넘길 경우에는 A 중앙관서에서 용도폐지를 하여 재산을 총괄청에 인계하고, B 중앙관서가 총괄청으로부터 사용 승인을 받는 방식을 취한다.

정한 자금을 보유하여 운용하고자 할 때, 특정한 세입으로 특정한 세출에 충당함으로써 일반회계와 구분하여 회계처리할 필요가 있을 때에 설치한다(국가재정법 제4조제2항, 제3항). 또한 기금은 국가가 특정한 목적을 위하여 특정한 자금을 신축적으로 운용할 필요가 있을 때에 설치한다(국가재정법 제5조제1항).

즉 국가의 회계는 일반회계를 원칙으로 하되, 특정사업이나 특정목적을 위해 별도의 특별회계나 기금을 설치·운영한다. 그런데 특별회계나 기금은 별도의 수입·지출 체계를 갖고 결산도 따로 이루어지므로, 일반회계와 특별회계·기금 간 또는 서로 다른 특별회계·기금 간의 국유재산의 이전 시 관리전환이라는 특별한 절차를 통하는 것이다.

〈표 4-16〉 일반회계, 특별회계 및 기금의 비교

구 분	일반회계	특별회계	기금
설치 사유	• 국가 고유의 일반적 재정활동	• 특정사업 운영, 특정자금 운용 • 특정세입으로 특정세출 충당	• 특정목적을 위해 특정자금 운용
재원조달 및 운용형태	• 공권력에 의한 조세 수입과 무상급부 원칙	• 일반회계와 기금의 운용형태 혼재(조세, 부담금 등의 수입)	• 출연금, 부담금 등 다양한 수입원 활용
집행 절차	• 합법성에 근거해 엄격히 통제	• 합법성에 근거해 엄격히 통제	• 합목적성 차원에서 상대적으로 자율성과 탄력성 보장
수입과 지출 연계	• 특정한 수입과 지출의 연계 배제	• 특정수입과 지출의 연계	• 특정수입과 지출의 연계

Ⅱ. 유상 관리전환과 무상 관리전환

국유재산을 관리전환하는 경우에는 유상으로 하는 것이 원칙이고, 예외적인 경우에 한해 무상으로 할 수 있다[99](국유재산법 제17조).

99) 국유재산을 서로 다른 회계·기금 간에 사용하도록 하는 경우에도 동일하며, 이 경우 사용료의 결정에 관하여는 「국유재산법 시행령」 제29조 또는 제67조의8을 준용한다(국유재산법 시행령 제12조제3항).

1. 원칙 - 유상 관리전환

유상 관리전환 시 해당 재산가액은 「감정평가 및 감정평가사에 관한 법률」에 따른 감정평가업자 중 하나의 감정평가업자가 평가한 가액으로 하되, 상장증권의 경우에는 「국유재산법 시행령」 제43조, 비상장증권의 경우에는 「국유재산법 시행령」 제44조를 각각 준용하여 산출한다(국유재산법 시행령 제12조제1항).

일반적인 처분의 경우[100]와 달리 감정평가를 1회만 거치도록 완화한 이유는 유상 관리전환 및 그에 따른 대금 정산이 모두 중앙관서 사이에서 이루어지므로 국가 재정 전체적으로는 증감이 없기 때문이다.

2. 예외 - 무상 관리전환

예외적으로 다음의 어느 하나에 해당하는 경우에는 무상 관리전환을 할 수 있으며, 무상 관리전환을 할 경우 해당 재산가액은 국유재산의 대장에 기록된 가격으로 한다(국유재산법 시행령 제12조제2항).

〈표 4-17〉 무상 관리전환이 가능한 경우(국유재산법 제17조제1호, 제2호)

1. 직접 도로, 하천, 항만, 공항, 철도, 공유수면, 그 밖의 공공용으로 사용하기 위하여 필요한 경우 2. 다음의 어느 하나에 해당하는 사유로 총괄청과 중앙관서의 장 또는 중앙관서의 장 간에 무상으로 관리전환하기로 합의하는 경우 1) 관리전환하려는 국유재산의 감정평가에 드는 비용이 해당 재산의 가액(價額)에 비하여 과다할 것으로 예상되는 경우 2) 상호교환의 형식으로 관리전환하는 경우로서 유상으로 관리전환하는 데에 드는 예산을 확보하기가 곤란한 경우 3) 「국유재산법」 제8조제3항에 따른 특별회계 및 기금에 속하는 일반재산의 효율적인 활용을 위하여 필요한 경우로서 「국유재산법」 제26조에 따른 국유재산정책심의위원회의 심의를 거친 경우[101]

100) 증권을 제외한 국유재산 처분 시 대장가격이 3천만원 이상이라면(지방자치단체 또는 공공기관에 처분하는 경우는 제외한다) 두 개의 감정평가업자의 평가액을 산술평균한 금액을 예정가격으로 한다(국유재산법 시행령 제42조제1항제1호).

한편「국유재산법」이외의 개별 법령에서 무상 관리전환을 규정하고 있는 경우가 있다. 국방·군사시설이전사업을 추진하기 위하여 일반회계에 속하는 국방부 소관 국유재산을 국방·군사시설이전 특별회계로 관리전환하는 경우,[102] 국유문화재를 문화재청장이 관리하기 위하여 소속을 달리하는 회계로부터 관리전환 받는 경우,[103] 용산공원[104]이나 혁신도시 조성[105] 등을 위한 경우 등이 그 예이다. 이러한 경우에는 해당 개별 법령이「국유재산법」에 대하여 특별법적 지위를 갖게 되므로 이에 근거하여 무상 관리전환이 가능하다.

Ⅲ. 관리전환의 방식

관리전환은 소관 중앙관서의 장 간의 협의를 통해서 이루어지는 것이 보통이나, 총괄청이 직권으로 추진할 수도 있다.

1. 소관 중앙관서의 장 간의 협의를 통한 방식

관리전환은 기본적으로 소관 중앙관서의 장 간의 협의를 통해 이루어진다. 즉 ① 일반회계와 특별회계·기금 간에 관리전환을 하려는 경우에는 총괄청과 해당 특별회계·기금의 소관 중앙관서의 장 간의 협의, ② 서로 다른 특별회계·기금 간에 관리전환을 하려는 경우에는 해당 특별회계·기금의 소관 중앙관서의 장 간의 협의가 각각 요구된다(국유재산법 제16조제1항).

---

101) 동 호는 무상 관리전환의 요건을 확대함으로써 일반회계·특별회계·기금별로 국유재산을 관리함에 따라 발생할 수 있는 칸막이식 관리의 비효율성 문제를 해결하고, 보다 효율적으로 국유재산을 관리·활용하기 위해 2020. 3.「국유재산법」개정 시 신설되었다.

102)「국방·군사시설이전 특별회계법」제7조의2(관리전환에 관한 특례) 국방·군사시설이전사업을 추진하기 위하여 일반회계에 속하는 국방부 소관 국유재산을 이 회계로 관리전환하는 때에는「국유재산법」제17조에도 불구하고 무상으로 할 수 있다.

103)「문화재보호법」제63조(회계 간의 무상관리전환) 국유문화재를 문화재청장이 관리하기 위하여 소속을 달리하는 회계로부터 관리전환을 받을 때에는「국유재산법」제17조에도 불구하고 무상으로 할 수 있다.

104)「용산공원 조성 특별법」제18조(사업대상 토지의 무상 관리전환) ① 국토교통부장관은 용산공원조성지구 안 용산부지 등의 재산에 대하여「국유재산법」제17조에도 불구하고 해당 재산의 관리청으로부터 무상으로 관리전환을 받는다.

105)「혁신도시 조성 및 발전에 관한 특별법」제40조(재산의 관리전환 등) ① 일반회계 또는 다른 특별회계에 속하는 종전부동산을 회계로 관리전환 또는 이관하는 때에는「국유재산법」제17조에도 불구하고 무상으로 할 수 있다.

만약 협의가 성립되지 않았다면 관리전환을 결정받으려는 중앙관서의 장은 다음 의 사항을 포함한 서류를 총괄청에 제출해야 하고, 총괄청은 ① 해당 재산의 관리 상황 및 활용 계획 및 ② 국가의 정책목적 달성을 위한 우선 순위를 고려하여 소관 중앙관서의 장을 결정한다(국유재산법 제16조제2항).

〈표 4-18〉 관리전환 협의 불성립 시 총괄청으로부터 이를 결정받기 위한 제출 서류(국유재산법 시행규칙 제6조제1항)

1. 재산의 표시
2. 현재의 중앙관서의 장 및 인수할 중앙관서의 장의 명칭과 관리전환을 받으려는 사유
3. 협의가 성립되지 않은 사유
4. 활용 계획
5. 유상 관리전환을 받으려는 경우에는 평정가격과 그 평정조서
6. 등기부 등본 및 지적공부

또한 관리전환을 하는 경우 해당 재산을 이관하는 총괄청이나 중앙관서의 장은 그 재산을 이관받는 총괄청이나 중앙관서의 장에게 관리전환하기로 결정한 문서와 그 재산에 관한 기록을 함께 이관하여야 하고(국유재산법 시행령 제11조), 총괄청 소관의 일반재산을 관리전환 받으려는 중앙관서의 장은 최근 5년 동안 관리전환 받은 재산[106]의 명세와 그 이용 현황 등을 총괄청에 제출하여야 한다(국유재산법 시행규칙 제6조제2항).

2. 총괄청의 직권에 의한 방식

총괄청은 중앙관서의 장에게 그 소관에 속하는 국유재산의 용도를 폐지하거나 변경할 것을 요구할 수 있으며 그 국유재산을 관리전환하게 할 수 있다. 이 경우 총괄청은 미리 그 내용을 중앙관서의 장에게 통보하여 의견을 제출할 기회를 주어야 한다(국유재산법 제22조제1항, 제2항).

---

106) 총괄청이 아닌 중앙관서의 장으로부터 관리전환 받은 재산을 포함한다.

Ⅳ. 개별 법령의 규정에 따른 관리전환

「국유재산법」 이외의 개별 법령에서 관리전환을 규정하고 있는 경우도 있다. 이러한 경우에는 해당 법령이 「국유재산법」에 대해 특별법적 지위를 갖게 되므로 이에 근거한 관리전환이 가능하다. 대표적인 경우를 살펴보면 다음과 같다.

1. 자연생태 · 자연경관의 보전을 위한 토지 등을 확보하려는 경우

환경부장관은 생태 · 경관보전지역,[107] 생태적 가치가 우수하거나 자연경관이 수려하여 생태 · 경관보전지역으로 지정할 필요가 있다고 인정되는 지역에 소재하는 국유의 토지 · 건축물 그 밖에 그 토지에 정착된 물건이 군사목적 또는 문화재의 보호목적 등으로 사용할 필요가 없게 되는 경우에는 국방부장관 · 문화재청장 등 해당 토지등의 관리권을 보유하고 있는 중앙행정기관의 장에게 「국유재산법」 제2조 제5호에 따른 관리전환을 요청할 수 있다(자연환경보전법 제18조제1항 본문). 다만 「징발재산 정리에 관한 특별조치법」등 일부 법령에 따른 토지[108]는 관리전환 대상에서 제외된다.

2. SOFA 협정[109]에 따라 국유재산을 주한미군에 공여하는 경우

한 · 미 간의 SOFA 협정에 따르면 국가 또는 지방자치단체의 재산을 주한미군에 공여할 수 있는바, 공여를 결정하였을 때에는 국방부장관은 기획재정부장관 및 그 재산의 중앙관서의 장 또는 지방자치단체의 장에게 그 사실을 통보하고, 공여에 필요한 조치를 협의하여야 한다. 그리고 국유재산의 중앙관서의 장은 국방부장관의 통보를 받았을 때에는 지체 없이 국방부장관에게 해당 재산을 「국유재산법」 제17조에도 불구하고 무상으로 관리전환하여야 한다(대한민국과 아메리카합중국 간의 상호방위조약 제4조에 의한 시설과 구역 및 대한민국에서의 합중국 군대의 지위에 관한 협정의

---

107) 생물다양성이 풍부하여 생태적으로 중요하거나 자연경관이 수려하여 특별히 보전할 가치가 큰 지역으로서 환경부장관이 지정 · 고시하는 지역

108) 「징발재산 정리에 관한 특별조치법」 제20조 및 제20조의2와 「국가보위에 관한 특별조치법 제5조제4항에 의한 동원대상지역 내의 토지의 수용 · 사용에 관한 특별조치령에 의하여 수용 · 사용된 토지의 정리에 관한 특별조치법」 제2조 및 제3조에 따른 토지

109) 정식명칭은 '대한민국과 아메리카합중국간의 상호 방위조약 제4조에 의한 시설과 구역 및 대한민국에서의 군대의 지위에 관한 협정'이다.

시행에 따른 국가 및 지방자치단체의 재산의 관리와 처분에 관한 법률 제2조, 제4조).

한편 상기 규정의 입법 취지에 비추어 볼 때, 공여 대상 국유재산의 중앙관서의 장은 관리전환의 대가로 대체시설의 설치 등 국방부장관에게 부담이 되는 어떠한 의무도 부과하거나 요구할 수 없다.

〈해석례〉 법제처 10-0033, 국유재산으로서 주한미군에 공여되는 토지를 관리전환함에 있어서 조건의 부가 가능 여부, 2010. 4. 2.

「대한민국과 아메리카합중국간의 상호방위조약 제4조에 의한 시설과 구역 및 대한민국에 있어서의 합중국군대의 지위에 관한 협정의 시행에 따른 국가 및 지방자치단체의 재산의 관리와 처분에 관한 법률」(이하 "주한미군지위협정에 따른 재산관리 및 처분법"이라 함) 제1조 · 제2조 및 제4조에 따르면, 「대한민국과 아메리카합중국간의 상호방위조약 제4조에 의한 시설과 구역 및 대한민국에 있어서의 합중국군대의 지위에 관한 협정」(이하 "주한미군지위협정"이라 함)에 따라 국가의 재산을 아메리카합중국(이하 "미합중국"이라 함)에 공여하기로 결정한 때에는 국방부장관은 기획재정부장관 및 해당 재산의 관리청의 장에게 이를 통보하고 공여에 필요한 조치를 협의하여야 하며, 국방부장관의 통보를 받은 국유재산 관리청은 지체 없이 국방부장관에게 무상으로 관리전환하도록 규정되어 있습니다.

그러므로, 국방부장관이 농림수산식품부장관에게 농림수산식품부장관 소관의 국유재산인 토지에 대하여 주한미군지위협정에 의하여 주한미군에 공여하기로 결정된 것을 통보하면 해당 국유재산인 토지의 관리청인 농림수산식품부장관은 주한미군지위협정에 따른 재산관리 및 처분법 제4조에 따라 해당 토지를 국방부장관에게 무상으로 관리전환해야 하는 것이고, 이 경우에 농림수산식품부장관은 관리전환의 대가로 국방부장관에게 어떠한 것도 요구할 수 없다 할 것이며, 또한 국방부장관에게 부담이 되는 어떠한 의무도 부과할 수 없다고 보는 것이 주한미군에 공여되는 국유재산에 대하여는 무상관리전환하도록 규정한 취지에 부합한다 할 것입니다.

〈참고 4-4〉 일시적 사용 승인

중앙관서의 장이 다른 중앙관서의 장의 소관에 속하는 국유재산을 일시적으로 사용해야 할 경우도 있을 수 있다. 그런데 이러한 경우에도 관리전환을 한다면 사용이 끝난 뒤 원래의 중앙관서의 장에게 다시 관리전환을 해야 하는 등의 불편이 따르게 되는바, 이를 방지하기 위해 「국유재산법 시행규칙」에서는 '일시적 사용 승인' 제도를 두고 있다.

즉 다른 중앙관서의 장의 소관에 속하는 국유재산을 일시적으로 사용하고자 하는 중앙관서의 장은 ① 재산의 표시, ② 사용 목적, ③ 사용료, ④ 사용기간, ⑤ 건축물 현황도 등 필요한 도면에 대하여 그 소관 중앙관서의 장의 승인을 받으면 일시적 사용이 가능하다(국유재산법 시행규칙 제8조).

2010년 이전에는 동 조문의 제목을 '사용 승인'이라고 하여 '관리청이 다른 관리청의 소관에 속하는 국유재산을 사용하려면 ~ 그 소관 관리청의 승인을 받아야 한다'고만 규정하고 있었다. 그렇다 보니 관리전환과 사실상 구분이 되지 않고 의미가 중복됨은 물론, 각 중앙관서에서 관리전환을 하지 않고 상대적으로 절차가 간단한 사용 승인으로 업무를 처리하는 경향이 나타났다. 이러한 문제를 해결하고자 2011. 4. 「국유재산법 시행규칙」 개정을 통해 동 조문의 제목을 '일시적 사용'으로 하고, '중앙관서의 장이 다른 중앙관서의 장의 소관에 속하는 국유재산을 일시적으로 사용하려면 ~'으로 그 내용을 변경한 것이다.

다만 법령에 별도의 기간을 명시하지 않고 단순히 '일시적'으로만 규정한 까닭에, 여기서의 '일시적'이 과연 어느 정도의 기간을 의미하는 것인지에 대해서는 여전히 논란이 있다. 실무상으로는 보통 1년 정도를 사용기간으로 정하여 승인을 하고 있으나, 1년이 경과한 뒤에도 재승인을 통해 사실상 사용기간을 계속 연장할 수도 있기 때문이다. 상대적으로 복잡한 관리전환 절차를 피하고자 일시적 사용 승인을 추진하는 사례가 없도록 '일시적'의 의미를 명확히 하거나, 일시적 사용기간의 최대 상한을 두는 등의 제도적 보완이 필요한 부분이다.

제4절 용도폐지

행정재산이 그 행정목적을 수행하는 데에 더 이상 필요치 않게 되면 용도를 폐지하고 일반재산으로 전환하게 되며, 이를 '용도폐지'라고 한다.

Ⅰ. 행정재산의 용도폐지

중앙관서의 장은 행정재산이 다음의 어느 하나에 해당하는 경우에는 지체 없이 그 용도를 폐지하여야 한다(국유재산법 제40조제1항). 국유재산은 행정재산과 일반재산으로 구분되며 행정재산 외의 모든 국유재산은 일반재산이므로(국유재산법 제6조), 용도폐지된 행정재산은 일반재산으로 그 법적 성격이 바뀌게 된다.

〈표 4-19〉 행정재산을 용도폐지해야 하는 경우(국유재산법 제40조제1항)110)

1. 행정목적으로 사용되지 아니하게 된 경우 2. 행정재산으로 사용하기로 결정한 날부터 5년이 지난 날까지 행정재산으로 사용되지 아니한 경우 3. 「국유재산법」 제57조에 따라 개발하기 위하여 필요한 경우

이 중 '행정목적으로 사용되지 아니하게 된 경우'에 해당하는지 여부는 용도폐지 당시 해당 재산이 행정목적으로 사용되고 있는지 여부를 기준으로 판단하여야 한다. 따라서 장래에 기능이 상실되고 사용되지 않을 것이 예상된다고 하여 현재 행정목적으로 사용되는 행정재산을 '행정목적으로 사용되지 아니하게 된 경우'로 보아 용도폐지할 수는 없다.

〈해석례〉 법제처 13-0185, "행정재산이 사실상 행정 목적으로 사용되지 않게 된 경우" 의 범위,111) 2013. 6. 4.

「공유재산 및 물품 관리법」 제19조제1항에 따르면 행정재산은 대부 · 매각 · 교환 · 양여 · 신탁 또는 대물변제하거나 출자의 목적으로 하지 못하며, 이에 사권을 설정하지 못하되, 다만, 같은 항 각 호의 어느 하나에 해당하는 경우에는 그러하지 아니하다고 규정함으로써 행정재산의 처분 등을 원칙적으로 제한하고 있고, 일반재산의 경우에도 제28조부터 제43조까지에서 규정하고 있는 일정한 사유에 해당하는 경우에 한하여 처분을 허용함으로써 공유재산을 보호하고 그 취득 · 유지 · 보존 및 운용과 처분의 적정을 도모(제1조)하고 있는 점, 같은 법 제5조제2항 각 호에 따르면 행정재산은 행정목적의 수행에 필요한 재

110) 2016년 이전 「국유재산법」에서는 '중앙관서의 장은 대통령령으로 정하는 기준에 따라 행정재산의 용도를 폐지한다'라고만 규정하고, 용도폐지의 기준 3가지는 「국유재산법 시행령」에서 정하고 있었다. 이후 행정재산 용도폐지의 기준은 국유재산 관리에 있어 중요한 사항이므로 법률로 명확하게 규정하는 것이 바람직하다는 의견에 따라, 2017. 8. 「국유재산법」이 개정되며 동 내용이 법률에 포함되었다.

111) 「공유재산 및 물품관리법」에 대한 해석례이나 해당 조문의 내용이 「국유재산법」 제40조제1항과 매우 유사하므로 그 법리는 「국유재산법」에도 그대로 적용될 수 있다고 본다.

산이므로 본래의 목적 외의 용도로 사용되는 것이 엄격히 제한된다는 점에 비추어 볼 때, 행정재산을 일반재산으로 전환하여 그 처분 가능성을 열어주는 행정재산의 용도폐지 사유는 엄격하게 해석하여야 할 것입니다.
한편, 「공유재산 및 물품 관리법 시행령」 제8조제1호에서는 행정재산을 용도폐지할 수 있는 경우 중 하나로 "행정재산이 사실상 행정 목적으로 사용되지 않게 된 경우"를 규정하고 있는데, 이는 행정목적으로 사용되지 아니하는 공유재산의 경우 더 이상 행정재산으로 관리할 필요가 없고 해당 지방자치단체의 필요에 따라 일반재산으로서 사용·수익·관리할 수 있도록 하는 것이 보다 바람직하다는 점을 고려하여 「공유재산 및 물품 관리법」 제11조제1호에 따라 공유재산심의회의 심의를 거쳐 용도폐지할 수 있도록 한 것으로 보이므로, 같은 법 시행령 제8조제1호의 "사실상 행정목적으로 사용되지 않게 된 경우"에 해당하는지 여부는 용도폐지 당시 해당 공유재산이 행정목적으로 사용되고 있는지 여부를 기준으로 판단하여야 할 것이지, 장래에 기능이 상실되고 사용되지 않을 것이 예상된다고 하여 현재 행정목적으로 사용되는 행정재산을 "사실상 행정목적으로 사용하지 않게 된 경우"에 해당한다고 보아 용도폐지할 수는 없다고 할 것입니다.

한편 총괄청은 중앙관서의 장에게 그 소관에 속하는 국유재산의 용도를 폐지하거나 변경할 것을 요구할 수 있으며 그 국유재산을 총괄청에 인계하게 할 수 있다. 이 경우 총괄청은 미리 그 내용을 중앙관서의 장에게 통보하여 의견을 제출할 기회를 주어야 한다(국유재산법 제22조제1항, 제2항).

만약 중앙관서의 장이 정당한 사유 없이 총괄청의 요구를 이행하지 아니하는 경우에는 총괄청이 직권으로 용도폐지 등을 할 수 있으며, 총괄청이 직권으로 용도폐지한 재산은 행정재산의 사용 승인이 철회된 것으로 간주한다(국유재산법 제22조제3항, 제4항).

Ⅱ. 용도폐지 재산의 총괄청 인계

중앙관서의 장은 용도폐지를 한 때에는 그 재산을 지체 없이 총괄청에 인계하여야 한다. 다만 다음의 어느 하나에 해당하는 재산은 그러하지 아니하다(국유재산법 제40조제2항).

〈표 4-20〉 용도폐지 재산을 총괄청에 인계하지 않는 경우(국유재산법 제40조제2항)

1. 관리전환, 교환 또는 양여의 목적으로 용도를 폐지한 재산 2. 선박, 부표(浮標), 부잔교(浮栈橋), 부선거(浮船渠) 및 항공기와 그들의 종물 3. 공항·항만 또는 산업단지에 있는 재산으로서 그 시설운영에 필요한 재산 4. 총괄청이 그 중앙관서의 장에게 관리·처분하도록 하거나 다른 중앙관서의 장에게 인계하도록 지정한 재산

한편 총괄청은 용도를 폐지함으로써 일반재산으로 된 국유재산에 대하여 필요하다고 인정하는 경우에는 그 처리방법을 지정하거나 이를 인계받아 직접 처리할 수 있다(국유재산법 제23조).

그 외에 중앙관서의 장은 용도폐지한 행정재산으로서 철거 또는 폐기할 필요가 있는 건물, 시설물, 기계 및 기구가 있으면 이를 지체 없이 철거 또는 폐기하고 총괄청에 인계하여야 하는바(국유재산법 시행령 제37조제2항), 만약 철거 또는 폐기 대상 건물 등이 그대로 인계되면 그만큼 총괄청의 관리 부담이 증가하므로 이를 방지하기 위한 것이다.

Ⅲ. 우선사용예약

행정재산의 용도폐지를 활성화하기 위해 2020. 3.「국유재산법」개정을 통해 우선사용예약 제도가 새롭게 도입되었다.

1. 도입 취지

중앙관서의 장이 행정재산을 용도폐지하는 경우 해당 행정재산은 일반재산으로 전환되고 중앙관서의 장은 이를 지체 없이 총괄청에 인계하여야 하나, 그동안 실무에서는 용도폐지가 그리 활성화되지 못하였다. 중앙관서 입장에서는 행정재산을 용도폐지하는 경우 해당 중앙관서의 재산이 줄어들게 될 뿐 특별한 반대급부가 없는데다, 용도폐지 이후 행정재산의 활용이 필요하다면 다시 총괄청으로부터 사용승인을 받아야 하는데 이를 담보할 수도 없었기 때문이다. 그렇다보니 각 중앙관서는 굳이 필요하지 않은 행정재산도 용도폐지를 하지 않고 계속 보유하려는 경향이 강했고, 그 결과 그런 행정재산을 실제로 필요로 하는 기관이 사용하지 못하게 되어 국유재산의 효율적 활용이 저해되는 문제가 나타났다.

이러한 문제를 해결하기 위해 2020. 3.「국유재산법」 개정을 통해 용도폐지된 행정재산을 장래의 행정수요에 대비하여 우선적으로 사용승인을 해 줄 것을 총괄청에 미리 신청할 수 있는 우선사용예약 제도를 도입하였고, 이를 통해 용도폐지에 대한 각 중앙관서의 거부감을 줄이는 한편 양질의 일반재산 확보 및 활용을 기대할 수 있게 되었다.

다만 우선사용예약 제도에 대해서는 일부 비판적인 견해도 존재한다. 즉 행정재산이 용도폐지되는 경우 일반재산으로 전환되어 총괄청이 이를 관리하게 되며 총괄청은 해당 재산을 매각·임대하거나 사용승인하는 등으로 활용하게 되는데, 우선사용예약 시 3년간은 해당 중앙관서에서 사용승인 신청할 것을 대비하여야 하므로 해당 재산을 매각하거나 임대할 수 없고 오직 단기적인 사용승인만 가능하게 된다는 것이다. 이는 결국 행정재산의 용도폐지를 통해 양질의 일반재산을 적시에 활용하려는 용도폐지의 본래 취지에 어긋날 수 있고 나아가 국유재산의 효율적인 활용이 저해될 수 있다는 지적이다.

2. 우선사용예약의 절차

중앙관서의 장은「국유재산법」 제40조제1항에 따라 행정재산이 용도폐지된 경우[112] 장래의 행정수요에 대비하기 위하여 해당 재산에 대하여「국유재산법」 제8조제4항에 따른 사용승인을 우선적으로 해 줄 것을 용도폐지된 날부터 1개월 이내에 총괄청에 신청할 수 있다(국유재산법 제40조의2제1항). 이 경우 우선사용예약을 신청하는 중앙관서의 장은 ① 재산의 표시, ② 사용 목적, ③ 사용 계획, ④ 그 밖

112) 2019. 8. 정부가 제출한「국유재산법」 개정안에는「국유재산법」 제40조제1힝 이외에 제22조제3항에 따라 총괄청이 직권으로 행정재산을 용도폐지한 경우에도 우선사용예약이 가능하도록 되어 있었다. 그런데「국유재산법」 제22조제3항은 총괄청이 중앙관서의 장에게 그 소관에 속하는 행정재산의 용도를 폐지하거나 변경할 것을 요구했음에도 중앙관서의 장이 정당한 사유없이 용도폐지 등을 이행하지 아니한 경우에 직권으로 용도폐지하는 것으로서, 중앙관서의 장이 자발적으로 용도폐지 하는 것이 아니라 오히려 정당한 사유 없이 용도폐지를 하지 않은 경우에 해당한다. 이에 총괄청이 직권으로 용도폐지하는 경우에까지 우선사용예약을 인정하는 것은 자발적 용도폐지를 장려하려는 입법 취지에 어긋날 뿐 아니라 자발적으로 용도폐지를 한 경우와의 형평성 문제가 있다는 지적이 제기되었고, 결국「국유재산법」 제22조제3항 관련 내용은 법안에서 삭제되었다.

에 총괄청이 필요하다고 인정하는 사항을 적은 신청서에 사업계획서를 첨부하여 총괄청에 제출해야 한다(국유재산법 시행령 제37조의2).

총괄청은 우선사용예약 신청을 받은 경우 중앙관서의 장이 제출한 사업계획 및 다른 기관의 행정수요 등을 고려하여 우선사용예약을 승인할 수 있다. 우선사용예약이 승인된 중앙관서의 장은 우선사용예약 승인일로부터 3년 이내에 총괄청으로부터 「국유재산법」 제8조제4항에 따른 사용승인을 받아야 하며, 3년 이내에 사용승인을 받지 않으면 그 우선사용예약은 효력을 잃는다(국유재산법 제40조의2제2항, 제3항).

제5장

일반재산의 관리와 처분

제5장

일반재산의 관리와 처분

제1절 일반재산 관리 · 처분 일반론

일반재산은 행정재산 외의 모든 국유재산을 말한다. 일반재산은 국가의 행정목적을 위해 직접적으로 필요한 재산이 아니므로, 기본적으로 일반재산에 관한 법률관계는 사법 관계가 되고 사법의 원리가 적용된다.

행정재산이 용도폐지되어 일반재산이 되면 총괄청에 인계하는 것이 원칙이므로, 일반재산은 대부분 총괄청에서 관리 · 처분을 하게 된다. 다만 경우에 따라 중앙관서의 장이 관리 · 처분하는 경우도 있고, 총괄청이 한국자산관리공사 등에 일반재산의 관리 · 처분을 위탁하기도 한다.

이하에서는 일반재산 관리 · 처분의 일반론에 대해 살펴보기로 한다.

Ⅰ. 일반재산의 처분

1. 일반재산 처분의 원칙

일반재산은 국가의 행정목적을 위해 필요한 재산이 아니므로 대부 또는 처분할 수 있다(국유재산법 제41조제1항). 즉 원칙적으로 처분이 제한되는 행정재산과는 달리, 일반재산은 원칙적으로 처분이 자유롭다. 이 때의 '처분'은 매각, 교환, 양여, 신탁, 현물출자 등의 방법으로 국유재산의 소유권이 국가 외의 자에게 이전되는 것을 의미한다(국유재산법 제2조제4호).

또한 중앙관서의 장등은 국가의 활용계획이 없는 건물이나 그 밖의 시설물이 다음 의 어느 하나에 해당하는 경우에는 철거할 수 있다.[1)]

〈표 5-1〉 일반재산인 건물 · 시설물 등의 철거가 가능한 경우(국유재산법 제41조제2항)

1. 구조상 공중의 안전에 미치는 위험이 중대한 경우
2. 재산가액에 비하여 유지·보수 비용이 과다한 경우
3. 위치, 형태, 용도, 노후화 등의 사유로 철거가 불가피하다고 중앙관서의 장등이 인정하는 경우

2. 물납증권의 처분 제한

예외적으로 물납증권의 경우 처분에 제한이 있는바, 「상속세 및 증여세법」 제73조에 따라 물납된 증권의 경우 물납한 본인 및 그 특수관계인[2)]에게는 수납가액보다 적은 금액으로 처분할 수 없다(국유재산법 제44조의2제1항 본문). 이 경우 총괄청은 처분 제한 대상자의 해당 여부를 확인하기 위하여 관계 행정기관의 장, 「공공기관의 운영에 관한 법률」에 따른 공공기관의 장에게 필요한 자료의 제출을 요청할 수 있고, 자료 제출을 요청받은 관계 행정기관의 장 등은 특별한 사유가 없으면 이에 따라야 한다(국유재산법 제44조의2제2항).

납세자가 거액의 상속세나 증여세를 낼 현금이 부족할 경우 금전 이외의 다른 재산으로 세금을 납부하게 할 수 있는바, 납세자가 유가증권으로 물납한다면 국가는 이를 매각 처분해 현금으로 국고에 환수하게 된다. 그런데 특히 비상장 물납증

1) 중앙관서의 장등은 그 소관에 속하는 국유재산이 멸실되거나 철거된 경우에는 지체 없이 그 사실을 총괄청과 감사원에 보고하여야 한다(국유재산법 제70조).

2) '물납한 본인과 ① 배우자, ② 직계혈족, ③ 형제자매, ④ 배우자의 직계혈족, ⑤ 배우자의 형제자매, ⑥ 직계혈족의 배우자의 관계에 있는 사람'과 '물납한 본인 및 물납한 본인과 위 ①~⑥의 관계에 있는 사람이 물납 증권 처분 당시 보유한 지분증권의 합계가 그 외 각 주주가 보유한 지분증권보다 많은 법인' 중 어느 하나에 해당하는 자를 말한다(국유재산법 시행령 제47조의2).

권의 경우 매각이 쉽지 않은 까닭에 대부분 물납자 본인이나 납세자의 친족 등 특수관계인에게 저가로 매각되는 경향이 있었고, 이것이 일종의 탈세 수단으로 악용된다는 비판이 지속 제기되었다. 이에 2011. 4. 「국유재산법 시행령」을 개정하여 물납자 본인의 물납증권 저가 매수 금지 규정을 신설하였다가, 2018. 3. 「국유재산법」 개정을 통해 동 조를 신설함으로써 물납자의 친족 등 특수관계인을 통한 저가 매수까지 금지하게 된 것이다.

다만 물납증권이라 하더라도 「자본시장과 금융투자업에 관한 법률」 제8조의2 제4항제1호에 따른 증권시장에서 거래되는 증권, 즉 상장증권을 그 증권시장에서 매각하는 경우에는 상기 처분 제한 규정을 적용받지 아니한다(국유재산법 제44조의2 제1항 단서). 상장증권의 경우 공개된 증권시장을 통해 매매가 이루어지므로 매각이 어렵지 않고, 그 가격 또한 다양한 시장 참여자들에 의해 공개적이고 투명하게 결정되기 때문이다.[3)]

Ⅱ. 일반재산 처분 계약의 방법

일반재산의 처분은 일반경쟁 계약을 통하는 것이 원칙이나, 필요할 경우 제한경쟁 · 지명경쟁 · 수의계약 등도 가능하다.[4)]

1. 원칙 - 일반경쟁

일반재산을 처분하는 계약을 체결할 경우에는 그 뜻을 공고하여 일반경쟁에 부쳐야 한다(국유재산법 제43조제1항 본문). 이 경우 총괄청이 지정 · 고시하는 정보처리장치를 이용하여 입찰공고 · 개찰 · 낙찰선언을 하고, 중앙관서의 장은 필요하다고

---

3) 실제 2018. 3. 「국유재산법」 개정 시 국회 기획재정위원회 검토보고서에 따르면 2009년부터 2016년까지의 8년간 비상장 물납증권의 매각액은 물납액의 67%에 불과하나, 같은 기간 상장 물납증권의 매각액은 물납액의 90.4%에 이른다.

4) 「국유재산법」 이외의 개별 법령에서 제한경쟁, 지명경쟁 또는 수의계약에 따른 처분이 가능함을 규정하고 있는 경우도 있다. 예를 들어 「군인복지기본법」 제10조제3항은 '국방부장관은 국방 · 군사시설을 다른 지역으로 이전함으로써 용도폐지된 잡종재산을 매각하려는 경우 무주택 군인을 대상으로 주택을 공급하는 용도로 사용하려는 자에게 이를 우선하여 매각할 수 있다'고 규정하고 있는바, 동 규정에 따라 종전 국방 · 군사시설 용지를 제한경쟁, 지명경쟁 또는 수의계약의 방식으로 처분할 수 있다(법제처 17－0022 '군인복지기본법 제10조제3항을 근거로 국방 · 군사시설을 다른 지역으로 이전함으로써 용도폐지된 잡종재산(일반재산)을 수의계약으로 매각할 수 있는지 여부', 2017. 2. 24).

인정하면 일간신문 등에 게재하는 방법을 병행할 수 있으며, 같은 재산에 대하여 수 회의 입찰에 관한 사항을 일괄하여 공고할 수 있다(국유재산법 제31조제2항).

경쟁입찰공고를 할 경우에는 대상재산의 용도 또는 목적에 따라 다음의 사항을 구체적으로 밝혀야 하며, 1개 이상의 유효한 입찰이 있는 경우 최고가격으로 응찰한 자를 낙찰자로 한다(국유재산법 시행령 제40조제1항).

〈표 5-2〉 경쟁입찰공고 시 포함되어야 하는 사항(국유재산법 시행규칙 제23조)

1. 처분의 대상 재산에 관한 사항
2. 입찰·개찰의 장소 및 일시에 관한 사항
3. 입찰참가자의 자격에 관한 사항
4. 입찰보증금과 국고귀속에 관한 사항
5. 입찰무효에 관한 사항
6. 매각 예정가격 및 매각대금 결정방법에 관한 사항
7. 그 밖에 입찰에 필요한 사항

2. 예외 1 - 제한경쟁, 지명경쟁

일반재산이 다음의 어느 하나에 해당하는 경우에는 제한경쟁이나 지명경쟁의 방법으로 처분할 수 있다(국유재산법 제43조제1항 단서, 국유재산법 시행령 제40조제2항).

〈표 5-3〉 제한경쟁이나 지명경쟁의 방법으로 일반재산 처분이 가능한 경우(국유재산법 시행령 제40조제2항)

1. 토지의 용도 등을 고려할 때 해당 재산에 인접한 토지의 소유자를 지명하여 경쟁에 부칠 필요가 있는 경우
2. 농경지의 경우에 특별자치시장·특별자치도지사·시장·군수 또는 구청장(자치구의 구청장을 말함)이 인정하는 실경작자를 지명하거나 이들을 입찰에 참가할 수 있는 자로 제한하여 경쟁에 부칠 필요가 있는 경우
3. 「국유재산법」 제49조에 따라 용도를 지정하여 매각하는 경우
4. 「국유재산법 시행령」 제40조제3항에 따른 수의계약 신청이 경합하는 경우

이 때 농경지의 경우에는 「국유재산법 시행령」 제40조제2항제1호 및 제2호의 선택적 적용이 가능하다. 따라서 당해 토지의 용도(농작물의 경작) 등을 고려하여 해당 재산에 인접한 토지의 소유자를 지명하여 경쟁에 부치거나, 시장·군수 등이 인정하는 실경작자를 지명하거나 이들을 입찰에 참가할 수 있는 자로 제한하여 경쟁에 부칠 수 있다.

또한 「국유재산법 시행령」 제40조제2항제2호의 '실경작자'는 당해 농경지에서 실제로 경작하고 있는 자만을 의미하는 것이 아닌바, 농지원부의 확인 및 농지 이용 실태 파악 등의 방법으로 시장·군수 등이 인정하는 실경작자에 해당하면 지명경쟁 또는 제한경쟁의 입찰 대상이 될 수 있다.

〈해석례〉 법제처 10-0072, 국유재산중 일반재산에 해당하는 농경지의 경우에도 「국유재산법 시행령」 제40조제2항제1호를 적용할 수 있는지 여부 등, 2010. 5. 31.

가. 일반적으로 "토지"란 사람에 의한 이용이나 소유의 대상으로서 받아들여지는 경우의 땅을 의미하고, 「농지법」 제2조제1호가목에 따르면 "농지"란 법적 지목(地目)을 불문하고 실제로 농작물 경작지 또는 다년생식물 재배지로 이용되는 토지를 말하며, 「농지법」에 따른 "농지"와 「국유재산법」에 따른 "농경지"의 의미를 서로 다르게 사용하고 있다고 보이지 않으므로, 「국유재산법 시행령」 제40조제2항제1호에 규정된 "토지"는 농작물 등을 경작 또는 재배하는 토지인 농지 또는 농경지를 포함하지 않는다고 할 수 없고, 같은 항 제2호에서 농경지를 처분하는 경우로서 같은 항의 다른 호에서 정한 요건에 해당하는 경우에 이를 배제한다는 취지의 규정을 두고 있지도 않습니다.

즉, 처분하려는 국유의 일반재산이 농경지인 경우, 농경지는 토지에 포함되므로 시장·군수 등이 당해 토지의 용도(농작물의 경작) 등을 고려하여 해당 재산에 인접한 토지의 소유자를 지명하여 경쟁에 부칠 필요가 있는 경우라면 「국유재산법 시행령」 제40조제2항제1호를 적용할 수 있다고 할 것이고, "시장·군수 등이 인정하는 실경작자를 지명하거나 이들을 입찰에 참가할 수 있는 자로 제한하여 경쟁"에 부칠 필요가 있는 경우라면 같은 항 제2호를 적용할 수 있다고 해석하는 것이 타당할 것입니다.

나. 「국유재산법 시행령」 제40조제2항제2호의 실경작자를 처분하려는 당해 토지의 실제 경작자로 한정하여 해석하는 경우, 이는 당해 농경지를 실제로 경작하는 복수(複數)의 실경작자가 항상 존재한다는 것이 전제되고 그 복수의 실경작자를 대상으로 같은 규정에 따른 제한경쟁 또는 지명경쟁을 통하여 처분할 수 있다고 할 것인데, 당해 농경지를 실제로 경작하는 자가 1인일 경우에는 같은 호를 적용할 수 없는 문제가 있습니다. 「국유재산법

시행령」 제40조제2항제2호가 해당 농경지의 실경작자에 대하여 그동안 경작을 해 오던 사실관계를 존중하기 위하여 둔 규정이라면, 실경작자가 복수인지 1인인지에 따라 그 취지의 달성 여부가 좌우되는 것은 불합리하므로 해당 농경지의 경작자가 1인이더라도 적용할 수 있도록 별도의 규정이 있어야 마땅하다고 할 것이나, 수의계약으로 처분할 수 있는 경우를 규정하고 있는 같은 조 제3항의 각 호에서 농경지에 관하여는 규정하지 않고 있는 점에 비추어 보면 같은 조 제2항제2호의 "실경작자"는 당해 농경지에서 실제로 경작하고 있는 자만을 의미한다고 볼 수는 없습니다.

그리고, 「국유재산법 시행령」 제40조제2항제2호에서 처분하려는 일반재산이 농경지인 경우에 입찰자를 실경작자로 제한 또는 지명할 수 있도록 규정하고 있는 것이 비농민의 투기적 농지소유를 방지하기 위한 것임을 볼 때, 「농지법」 제49조 및 같은 법 시행령 제70조에 따라 작성되고 관리되는 농지원부의 확인, 농지 이용 실태 파악 등의 방법으로 시장·군수 등이 인정하는 실경작자에 해당하면 「국유재산법 시행령」 제40조제2항제2호에서 규정하고 있는 지명경쟁 또는 제한경쟁의 입찰자의 대상이 될 수 있다고 할 것이지, 반드시 처분하려는 해당 농경지에서 경작하고 있는 자로 한정하여 해석하는 것은 타당하지 않다고 할 것입니다.

일반경쟁과 마찬가지로 1개 이상의 유효한 입찰이 있는 경우 최고가격으로 응찰한 자를 낙찰자로 하며(국유재산법 시행령 제40조제1항), 경쟁에 부치는 경우에 있어 공고와 절차, 경쟁입찰공고 시 포함되어야 하는 사항 등도 일반경쟁의 경우와 동일하다.

3. 예외 2 - 수의계약

일반재산이 다음의 어느 하나에 해당하는 경우에는 수의계약으로 처분할 수 있으며, 이 경우 처분가격은 예정가격 이상으로 한다(국유재산법 제43조제1항 단서, 국유재산법 시행령 세40조제3항). 다만, 사실상 또는 소송상 분쟁의 우려 등으로 인하여 수의의 방법으로 계약하기 곤란하다고 인정되는 재산은 다음의 어느 하나에 해당하더라도 경쟁입찰의 방법으로 처분하여야 한다(국유재산법 시행령 제40조제6항).

〈표 5-4〉 수의계약으로 일반재산 처분이 가능한 경우(국유재산법 시행령 제40조제3항)

1. 외교상 또는 국방상의 이유로 비밀리에 처분할 필요가 있는 경우

2. 천재지변이나 그 밖의 부득이한 사유가 발생하여 재해 복구나 구호의 목적으로 재산을 처분하는 경우
3. 해당 재산을 양여받거나 무상으로 대부받을 수 있는 자에게 그 재산을 매각하는 경우
4. 지방자치단체가 직접 공용 또는 공공용으로 사용하는 데에 필요한 재산을 해당 지방자치단체에 처분하는 경우
5. 공공기관이 직접 사무용 또는 사업용으로 사용하는 데에 필요한 재산을 해당 공공기관에 처분하는 경우
6. 인구 분산을 위한 정착사업에 필요하여 재산을 처분하는 경우
7. 「국유재산법」 제45조제1항에 따라 개척·매립·간척 또는 조림 사업의 완성을 조건으로 매각을 예약하고, 같은 조 제3항에 따른 기한까지 그 사업이 완성되어 그 완성된 부분을 예약 상대방에게 매각하는 경우
8. 「국유재산법」 제59조의2제2항 전단에 따른 국유지개발목적회사에 개발 대상 국유재산을 매각하는 경우
9. 「국유재산법」 제78조에 따라 은닉된 국유재산을 국가에 반환한 자에게 매각하는 경우
10. 법률 제3482호 국유재산법 중 개정법률 부칙 제3조에 해당하는 재산을 당초에 국가로부터 매수한 자(매수자의 상속인 또는 승계인을 포함한다)에게 매각하는 경우
11. 국가가 각종 사업의 시행과 관련하여 이주대책의 목적으로 조성하였거나 조성할 예정인 이주단지의 국유지를 그 이주민에게 매각하는 경우
12. 다른 국가가 대사관·영사관, 그 밖에 이에 준하는 외교목적의 시설로 사용하기 위하여 필요로 하는 국유재산을 해당 국가에 매각하는 경우
13. 국가와 국가 외의 자가 공유하고 있는 국유재산을 해당 공유지분권자에게 매각하는 경우
14. 국유재산으로서 이용가치가 없으며, 국가 외의 자가 소유한 건물로 점유·사용되고 있는 다음 각 목의 어느 하나에 해당하는 국유지를 그 건물 바닥면적의 두 배 이내의 범위에서 그 건물의 소유자에게 매각하는 경우
   가. 2012년 12월 31일 이전부터 국가 외의 자 소유의 건물로 점유된 국유지
   나. 토지 소유자와 건물 소유자가 동일하였으나 판결 등에 따라 토지 소유권이 국가로 이전된 국유지
15. 2012년 12월 31일 이전부터 종교단체가 직접 그 종교 용도로 점유·사용하고 있

는 재산을 그 점유·사용자에게 매각하는 경우[5)]

16. 사유지에 설치된 국가 소유의 건물이나 공작물로서 그 건물이나 공작물의 위치, 규모, 형태 및 용도 등을 고려하여 해당 재산을 그 사유지의 소유자에게 매각하는 경우
17. 국유지의 위치, 규모, 형태 및 용도 등을 고려할 때 국유지만으로는 이용가치가 없는 경우로서 그 국유지와 서로 맞닿은 사유토지의 소유자에게 그 국유지를 매각하는 경우
18. 법률에 따라 수행하는 사업 등을 지원하기 위한 다음 각 목의 어느 하나에 해당하는 경우
    가. 「감염병의 예방 및 관리에 관한 법률」 제2조제3호더목에 따른 한센병 환자가 1986년 12월 31일 이전부터 집단으로 정착한 국유지를 그 정착인에게 매각하는 경우
    나. 「국가균형발전 특별법」 제18조에 따라 지방으로 이전하는 공공기관에 그 이전부지에 포함된 국유지를 매각하는 경우
    다. 「공익법인의 설립·운영에 관한 법률」 제4조제1항에 따라 주무관청(학생기숙사의 경우에는 교육부장관, 공장기숙사의 경우에는 고용노동부장관을 말한다. 이하 이 목에서 같다)으로부터 설립허가를 받은 공익법인이나 상시 사용하는 근로자의 수가 50명 이상인 기업체 또는 주무관청으로부터 추천을 받은 자가 대학생 또는 공장근로자를 위하여 건립하려는 기숙사의 부지에 있는 재산을 그 법인이나 기업체 또는 주무관청으로부터 추천을 받은 자에게 매각하는 경우
    라. 「관광진흥법」 제55조에 따른 조성사업의 시행에 필요한 재산을 그 사업시행자에게 매각하는 경우
    마. 「교통시설특별회계법」 제5조에 따른 철도계정, 같은 법 제5조의2에 따른 교통체계관리계정 또는 같은 법 제7조에 따른 항만계정 소관의 폐시설 부지(「국유재산법」 제40조제2항제3호에 따른 재산 중 국토교통부 또는 해양수산부 소관의 토지를 포함한다)로서 장래에 활용할 계획이 없는 국유지를 다음의 어느 하나에 해당하는 자에게 매각하는 경우
        1) 1987년 12월 31일 이전부터 사실상 농경지로서 시 지역에서는 1천제곱미터, 시 외의 지역[군(광역시에 있는 군을 포함한다) 지역과 도농복합형태

5) 종교단체가 직접 그 종교용도로 점유하면서 사용하고 있는 경우에 한하므로, 종교단체가 공유재산을 종교 활동 목적을 위하여 주차장으로 사용하고 있는 경우는 수의매각 대상이 되지

의 시(행정시를 포함한다) 지역에 있는 읍·면 지역을 말한다. 이하 같다]에서는 3천제곱미터 범위에서 계속하여 경작한 그 실경작자

2) 철도시설이나 대중교통시설 또는 항만시설로 사용하기 위하여 취득하였으나 그 시설로 사용하지 아니하거나 그 용도로 사용할 필요가 없게 된 국유지의 취득 당시 소유자(상속인을 포함한다)

바. 「농수산물유통 및 가격안정에 관한 법률」에 따른 농수산물유통시설 부지에 포함된 국유지를 그 전체 유통시설 부지 면적의 50퍼센트(부지 면적의 50퍼센트가 2천제곱미터에 미달하는 경우에는 2천제곱미터) 미만의 범위에서 농업협동조합·수산업협동조합이나 그 중앙회 또는 한국농수산식품유통공사(지방자치단체가 농업협동조합·수산업협동조합이나 그 중앙회 또는 한국농수산식품유통공사와 공동으로 출자하여 설립한 법인을 포함한다)에 매각하는 경우

사. 「농업·농촌 및 식품산업 기본법」 제50조제1항 또는 「수산업·어촌 발전 기본법」 제39조제1항에 따른 지역특산품 생산단지로 지정된 지역 또는 「농어촌정비법」 제82조에 따라 농어촌 관광휴양단지로 지정·고시된 지역에 위치한 국유지를 그 사업 부지 전체 면적의 50퍼센트 미만의 범위에서 그 사업시행자에게 매각하는 경우

아. 「농지법」에 따른 농지로서 국유지를 대부(사용허가를 포함한다) 받아 직접 5년 이상 계속하여 경작하고 있는 자에게 매각하는 경우[6]

자. 「사도법」 제4조에 따라 개설되는 사도에 편입되는 국유지를 그 사도를 개설하는 자에게 매각하는 경우

차. 「산업입지 및 개발에 관한 법률」 제2조에 따른 산업단지 또는 그 배후주거지역에 위치한 국유지를 「영유아보육법」 제14조에 따라 직장어린이집을 설치하려는 자로서 보건복지부장관의 추천을 받은 자에게 1천400제곱미터 범위에서 매각하는 경우

카. 「산업집적활성화 및 공장설립에 관한 법률」 제13조에 따른 설립승인 대상이 되는 규모의 공장입지에 위치하는 국유지를 공장설립 등의 승인을 받은 자에게 매각하는 경우[국유지의 면적이 공장부지 전체 면적의 50퍼센트 미만(「중소기업창업 지원법」 제33조에 따라 사업계획 승인을 받은 자에 대해서는 국

않음(행정안전부 회계제도과-580, 2017. 3. 31.)

6) 이는 '5년 이상의 기간을 중간 공백기 없이 타인이 아닌 수의매각의 상대방 스스로 경작한 경우'를 의미한다고 보아야 하므로, 국유지인 농지를 경작목적으로 사용허가를 받은 자가 사망한 뒤 상속인이 이를 승계한 경우 피상속인과 상속인의 사용허가기간을 합산하여 적용할 수는 없음(국방시설본부 법무실-1459, 2018. 5. 16).

유지 편입비율의 제한을 하지 아니한다)인 경우로 한정한다]

타. 「주택법」 제15조, 제19조 및 제30조에 따라 매각 대상이 되는 국유지를 그 사업주체에게 매각하는 경우[매각대상 국유지의 면적이 주택건립부지 전체 면적의 50퍼센트 미만(「주택법 시행령」 제3조에 따른 공동주택으로 점유된 국유지에 재건축하는 경우에는 국유지 편입비율의 제한을 받지 아니한다)인 경우로 한정한다]

파. 「초·중등교육법」 제2조 각 호의 어느 하나에 해당하는 학교의 부지로 사용되고 있는 재산 또는 「고등교육법」 제2조 각 호의 어느 하나에 해당하는 대학의 부지로 사용되고 있거나 그 대학의 학교법인이 건립하려는 기숙사의 부지에 위치한 재산을 그 학교·대학 또는 학교법인에 매각하는 경우

하. 다른 법률에 따라 특정한 사업목적 외의 처분이 제한되거나 일정한 자에게 매각하여야 하는 재산을 그 사업의 시행자 또는 그 법률에서 정한 자에게 매각하는 경우

19. 정부출자기업체의 주주 등 출자자에게 해당 기업체의 지분증권을 매각하는 경우[7]

20. 국유지개발목적회사의 주주 등 출자자에게 해당 회사의 지분증권을 매각하는 경우

21. 다음 각 목의 어느 하나에 해당하는 자에게 증권을 매각하거나 그 매각을 위탁 또는 대행하게 하는 경우

가. 「자본시장과 금융투자업에 관한 법률」에 따른 투자매매업자, 투자중개업자 및 집합투자업자

나. 「은행법」 제2조제1항제2호에 따른 은행(같은 법 제5조에 따라 은행으로 보는 것을 포함한다)

다. 「보험업법」에 따른 보험회사

라. 「여신전문금융업법」 제2조제14호의4에 따른 신기술사업금융전문회사

마. 「벤처투자 촉진에 관한 법률」 제2조제10호에 따른 중소기업창업투자회사

바. 「벤처투자 촉진에 관한 법률」 제50조제1항제5호에 따른 회사

---

7) 국가가 소유한 정부출자기업체 A의 지분증권을 A의 우리사주조합(「근로복지기본법」 제2조제4호에 따른 우리사주조합을 말함)에 매각하려는 경우에는 「국유재산법 시행령」 제40조제3항제19호를 적용하여 수의계약으로 할 수 있고, 이 경우 같은 항 제24호에 따른 수의계약을 대상으로 하는 같은 조 제5항의 제한이 적용되지 않는다. 따라서 이러한 경우에는 우리사주조합원이 이미 소유한 지분증권과 수의계약으로 취득할 지분증권의 합계가 A의 지분증권 발행 총수의 100분의 20을 초과할 수 있다(법제처 20－0529 '우리사주조합에 정부출자기업체의 지분증권을 수의계약으로 매각하는 경우 「국유재산법 시행령」 제40조제5항의 적용 여부', 2021. 3. 12).

사. 「벤처투자 촉진에 관한 법률」 제70조제1항 각 호의 어느 하나에 해당하는 자
22. 법률에 따라 설치된 기금을 관리·운용하는 법인에 지분증권을 매각하는 경우
23. 정부출자기업체의 지분증권을 해당 기업체의 경영효율을 높이기 위하여 해당 기업체의 업무와 관련이 있는 법인·조합 또는 단체로서 기획재정부장관이 고시하는 법인·조합 또는 단체에 매각하는 경우
24. 「근로복지기본법」 제2조제4호에 따른 우리사주조합에 가입한 자(이하 이 조에서 “우리사주조합원”이라 한다)에게 정부출자기업체의 지분증권을 매각하는 경우[8)]
25. 두 번에 걸쳐 유효한 입찰이 성립되지 아니하거나 뚜렷하게 국가에 유리한 가격으로 계약할 수 있는 경우
26. 지식재산의 내용상 그 실시(「특허법」 제2조제3호, 「실용실안법」 제2조제3호, 「디자인보호법」 제2조제7호의 실시를 말한다)에 특정인의 기술이나 설비가 필요하여 경쟁입찰에 부치기 곤란한 경우
27. 재산의 위치·형태·용도 등이나 계약의 목적·성질 등으로 보아 경쟁에 부치기 곤란한 경우
28. 국세물납으로 취득한 지분증권을 상속인인 물납자에게 매각하는 경우로서 다음 각 목의 요건을 모두 갖춘 경우
가. 지분증권 발행법인이 「중소기업기본법 시행령」 제3조제1항에 따른 중소기업 또는 「중견기업 성장촉진 및 경쟁력 강화에 관한 특별법」 제2조제1호에 따른 중견기업(라목에 따른 매수 예약 신청일 및 매수 신청일 직전 3개년도 매출액의 평균금액이 3천억원 이상인 기업은 제외한다)일 것
나. 지분증권 피상속인이 지분증권 발행법인을 10년 이상 계속하여 경영하고, 그 기간 중 다음의 어느 하나에 해당하는 기간 동안 대표이사로 재직할 것. 다만, 2)의 경우는 상속인이 피상속인의 대표이사 직을 승계하여 승계한 날부터 상속개시일까지 계속 재직한 경우에 한정하여 적용한다.
1) 지분증권 발행법인을 경영한 전체 기간 중 2분의 1 이상의 기간
2) 10년 이상의 기간
3) 상속개시일부터 소급하여 10년 중 5년 이상의 기간
다. 상속인인 물납자가 지분증권 발행법인의 최대주주 및 대표이사일 것

8) 이에 따라 우리사주조합원에게 지분증권을 수의계약으로 매각하는 경우 우리사주조합원이 이미 소유한 지분증권과 수의계약으로 취득할 지분증권의 합계는 해당 정부출자기업체의 지분증권 발행 총수의 100분의 20을 초과하지 아니하여야 한다(국유재산법 시행령 제40조제5항).

라. 다목의 물납자가 「상속세 및 증여세법」 제73조에 따른 물납허가일(이하 이 목에서 "물납허가일"이라 한다)부터 1년 이내에 매수예약을 신청하고, 물납허가일부터 5년 이내에 매수를 신청할 것

한편 상기 수의계약 신청이 경합하는 경우에는 제한경쟁이나 지명경쟁의 방법으로 처분할 수 있으며(국유재산법 시행령 제40조제2항제4호), 상기 수의계약이 가능한 경우 중 「국유재산법」 제49조에 따른 용도 지정 매각에 해당하는 경우[9]에는 매각일부터 2년 이내에 그 재산을 해당 용도에 사용하지 아니하거나 매각일부터 10년 이내에 그 용도를 폐지하는 경우에는 그 계약을 해제한다는 내용의 특약등기를 하여야 한다(국유재산법 시행령 제40조제4항).

4. 예외 3 - 증권의 처분

증권의 경우에는 부동산 등의 국유재산과 그 특성이 같지 않고 「자본시장과 금융투자업에 관한 법률」 등 해당 분야를 아우르는 전문적인 법령이 존재한다. 따라서 별도의 방법으로 처분을 할 수 있도록 하고 있다(국유재산법 제43조제1항 단서, 국유재산법 시행령 제41조).

〈표 5-5〉 증권의 매각방법(국유재산법 시행령 제41조)

1. 「자본시장과 금융투자업에 관한 법률」 제9조제9항에 따른 매출의 방법
2. 「자본시장과 금융투자업에 관한 법률」 제9조제13항에 따른 증권시장에서 거래되는 증권을 그 증권시장에서 매각하는 방법
3. 「자본시장과 금융투자업에 관한 법률」 제133조에 따른 공개매수에 응모하는 방법
4. 「상법」에 따른 주식매수청구권을 행사하는 방법
5. 그 밖에 다른 법령에 따른 증권의 매각방법

9) 「국유재산법 시행령」 제40조제3항제15호 및 같은 항 제18호다목·바목·사목·자목·차목의 경우이다.

Ⅲ. 일반재산 처분 가격의 결정

일반재산의 처분가격은 시가(時價)를 고려하여 결정하며(국유재산법 제44조), 지식재산이나 증권 등은 별도의 기준을 따른다.

일반재산 처분 시의 예정가격은 공개하여야 하되, 지분증권을 처분하는 경우에는 공개하지 아니할 수 있다(국유재산법 시행령 제45조).

1. 지식재산 · 증권을 제외한 일반재산의 예정가격

가. 원칙 – 감정평가를 통한 결정

일반재산을 처분할 때에는 시가를 고려하여 해당 재산의 예정가격을 결정하여야 하는바, ① 대장가격이 3천만원 미만인 경우나 지방자치단체 또는 공공기관에 처분하는 경우에는 하나의 감정평가업자의 평가액, ② 대장가격이 3천만원 이상이며 지방자치단체 또는 공공기관에 처분하지 않는 경우에는 두 개의 감정평가업자의 평가액을 산술평균한 금액을 각각 예정가격으로 한다. 이 때 감정평가업자의 평가액은 평가일부터 1년이 지나면 적용할 수 없다(국유재산법 시행령 제42조제1항, 제2항). 감정평가액의 적용에 있어 1년의 기한을 두는 것은 일반재산의 처분 당시 시가를 최대한 반영하여 적정가격에 처분하고자 하는 취지를 반영한 것이다.

다만 중앙관서의 장등은 일반재산에 대하여 일반경쟁입찰을 두 번 실시하여도 낙찰자가 없는 경우에는 세 번째 입찰부터 최초 매각 예정가격의 100분의 50을 최저한도로 하여 매회 100분의 10의 금액[10]만큼 그 예정가격을 낮출 수 있다(국유재산법 시행령 제42조제3항).

나. 예외 – 대장가격 등의 적용

다음의 경우에는 감정평가를 통하지 않고 대장가격이나 개별법에 따른 산출액, 개별공시지가 등으로 정한다.

10) 「국유재산법 시행령」 제42조제3항에서 '매회 100분의 10의 금액만큼'이라고 규정하고 있음을 감안할 때 3%나 5%의 감액은 불가함(국방시설본부 법무실–1938, 2016. 6. 28.)

1) 일반재산을 지방자치단체 등에 양여하는 경우(국유재산법 시행령 제42조제8항)

「국유재산법」 제55조제1항제1호(「국유재산법 시행령」 제58조제1항에서 정하는 일반재산[11])을 직접 공용이나 공공용으로 사용하려는 지방자치단체에 양여하는 경우) 및 「국유재산법」 제55조제1항제4호(국가가 보존·활용할 필요가 없고 대부·매각이나 교환이 곤란하여 「국유재산법 시행령」 제58조제5항에서 정하는 재산[12])을 양여하는 경우)에 따라 양여하는 경우에는 대장가격을 재산가격으로 한다.

상기 두 경우는 국가가 반대 급부 없이 일반재산을 양여하는 경우이므로 감정평가를 거쳐야 할 필요성이 크지 않다. 따라서 행정 효율 제고 등을 위해 대장가격으로 재산가격을 결정하는 것이다.

참고로 「국유재산법」 제55조제1항제2호 및 제3호의 경우에는 지방자치단체나 공공단체, 대체시설을 제공한 자 등이 '부담한 비용의 범위'에서 일반재산을 양여하게 되므로, 양여하는 일반재산의 시가를 고려해야 한다. 그렇지 않을 경우 실제보다 과도하게 일반재산을 양여하게 되어 국가에 손해를 끼칠 위험이 있기 때문이다. 따라서 「국유재산법」 제55조제1항제2호 및 제3호의 경우에는 대장가격을 재산가격으로 하지 않고 원칙대로 감정평가를 거치게 된다.

---

11) 「국유재산법 시행령」 제58조(양여) ① 법 제55조제1항제1호에서 "대통령령으로 정하는 일반재산"이란 다음 각 호의 어느 하나에 해당하는 재산을 말한다.
1. 국가 사무에 사용하던 재산을 그 사무를 이관받은 지방자치단체가 계속하여 그 사무에 사용하는 일반재산
2. 지방자치단체가 청사 부지로 사용하는 일반재산. 이 경우 종전 내무부 소관의 토지로서 1961년부터 1965년까지의 기간에 그 지방자치단체로 양여할 조건을 갖추었으나 양여하지 못한 재산을 계속하여 청사 부지로 사용하는 일반재산에 한정한다.
3. 「국토의 계획 및 이용에 관한 법률」 제86조에 따라 지방자치단체(특별시·광역시·경기도와 그 관할구역의 지방자치단체는 제외한다)의 장이 시행하는 도로시설(1992년 이전에 결정된 도시·군관리계획에 따른 도시·군계획시설을 말한다)사업 부지에 포함되어 있는 총괄청 소관의 일반재산
4. 「도로법」 제14조부터 제18조까지의 규정에 따른 도로(2004년 12월 31일 이전에 그 도로에 포함된 경우로 한정한다)에 포함되어 있는 총괄청 소관의 일반재산
5. 「5·18민주화운동 등에 관한 특별법」 제5조에 따른 기념사업을 추진하는 데에 필요한 일반재산

12) 「국유재산법 시행령」 제58조(양여) ⑤ 법 제55조제1항제4호에서 "대통령령으로 정하는 재산"이란 다음 각 호의 어느 하나에 해당하는 재산을 말한다.
1. 국가 외의 자가 소유하는 토지에 있는 국가 소유의 건물(부대시설을 포함한다). 이 경우 양여받는 상대방은 그 국가 소유의 건물이 있는 토지의 소유자로 한정한다.
2. 국가 행정 목적의 원활한 수행 등을 위하여 국무회의의 심의를 거쳐 대통령의 승인을 받아 양여하기로 결정한 일반재산

2) 토지보상법에 따른 공익사업에 필요한 재산을 처분하는 경우(국유재산법 시행령 제42조제9항)

토지보상법에 따른 공익사업에 필요한 일반재산을 해당 사업의 사업시행자에게 처분하는 경우에는 토지보상법에 따라 산출한 보상액을 일반재산의 처분가격으로 할 수 있다. 문언상으로도 알 수 있듯이 이는 중앙관서의 장의 재량이므로 반드시 토지보상법에 따라 산출한 보상액을 적용해야 하는 것은 아니고, 「국유재산법 시행령」 제42조제1항의 적용도 가능하다.

3) 처분하는 국유지의 면적 · 가액이 작은 경우(국유재산법 시행령 제42조제10항)

일단(一團)의 토지[13] 면적이 100제곱미터 이하인 국유지[14] 또는 일단의 토지대장가격이 1천만원 이하인 국유지 중 어느 하나에 해당하는 국유지를 「국유재산법」 제43조제1항에 따른 경쟁입찰의 방법으로 처분하는 경우에는 해당 국유지의 개별공시지가를 예정가격으로 할 수 있다. 이 조항 역시 중앙관서의 장의 재량으로, 국가가 필요로 하지는 아니하지만 국민의 입장에서는 쓸모가 있는 소규모 국유지의 처분 활성화를 위해 2013. 12. 「국유재산법 시행령」 개정을 통해 신설되었다.

2. 지식재산의 예정가격

지식재산을 처분할 때의 예정가격은 '해당 지식재산 존속기간 중의 사용료 또는 대부료 추정 총액'으로 하되, 이에 따른 결정이 불가한 경우에는 '감정평가업자가 평가한 금액'으로 하며 이 경우 감정평가업자가 평가한 금액은 평가일부터 1년이 지나면 적용할 수 없다(국유재산법 시행령 제42조의2제1항, 제2항).

만약 상기 방법 모두 적용이 곤란한 경우에는 유사한 지식재산의 매매실례가격에 따라 결정하며, 유사한 지식재산의 매매실례가격이 없는 경우에는 「공무원 직무발명의 처분 · 관리 및 보상 등에 관한 규정」 제11조제3항[15] 또는 「식물신품종 보

13) '경계선이 서로 맞닿은 일반재산(국가와 국가 외의 자가 공유한 토지는 제외한다)인 일련(一連)의 토지'를 말한다.

14) 다만, 특별시 · 광역시에 소재한 국유지는 제외한다.

15) 「공무원 직무발명의 처분 · 관리 및 보상 등에 관한 규정」 제11조제3항은 "국유특허권의 처분에 관하여 그 밖에 필요한 사항은 산업통상자원부령으로 정한다"고만 되어 있는바, 실제 국유특허권의 예정가격 결정방법 및 산정기준 등은 「공무원 직무발명의 처분 · 관리 및 보상 등에 관한 규정 시행규칙」 제10조, 제11조 등에 규정되어 있다.

호법 시행령」 제17조[16)]를 준용하여 예정가격을 결정할 수 있다(국유재산법 시행령 제42조의2제3항).

3. 증권의 예정가격

증권의 경우에는 부동산이나 지식재산 등과 그 성격이 다르고 「자본시장과 금융투자업에 관한 법률」 등과 같이 해당 분야를 전문적으로 다루는 별도의 법령이 존재한다. 따라서 보통의 일반재산과는 다른 방식으로 예정가격을 구하고 있다.

한편 총괄청이나 중앙관서의 장등은 증권의 처분가격을 산출할 때 필요하면 감정평가업자, 「자본시장과 금융투자업에 관한 법률」에 따른 신용평가회사, 「공인회계사법」에 따른 회계법인 등에 의뢰하여 그 평가액을 고려할 수 있다(국유재산법 시행령 제46조).

가. 상장증권

상장증권의 경우 일반적으로 공개된 증권시장을 통해 매매가 이루어지며, 가격 또한 다양한 시장 참여자들에 의해 공개적이고 투명하게 형성되어 실시간으로 공개된다. 따라서 상장증권을 증권시장 또는 기획재정부장관이 가격 결정의 공정성이 있다고 인정하여 고시하는 시장을 통하여 매각할 때에는 예정가격 없이 그 시장에서 형성되는 시세가격에 따른다(국유재산법 시행령 제43조제3항).

또한 예정가격을 정하는 경우에도 시장가격을 최대한 존중하여 정하는바, 상장법인이 발행한 주권을 처분할 때에는 그 예정가격은 다음의 어느 하나에 해당하

---

16) 현행 「국유재산법 시행령」 제42조의2제3항에는 '「종자산업법 시행령」 제17조'라고 표기되어 있으나 이는 맞지 않다. 2013. 4. 「국유재산법 시행령」 제42조의2가 신설된 이후 2013. 5.에 「종자산업법 시행령」 전부개정과 함께 「식물신품종 보호법 시행령」이 제정되면서, 당시의 「종자산업법 시행령」 제17조의 내용이 「식물신품종 보호법 시행령」 제17조로 이동하였기 때문이다. 참고로 현행 「종자산업법 시행령」 제17조는 공동 시료채취가 분쟁당사자의 비협조 등으로 이루어지지 않는 경우에 대한 것으로 예정가격 결정과 무관하며, 「식물신품종 보호법 시행령」 제17조에서 국유품종보호권의 처분 시 예정가격에 대해 규정하고 있다.
물론 「식물신품종 보호법 시행령」 제정 당시 부칙 제6조에서 "이 영 시행 당시 다른 법령에서 종전의 「종자산업법 시행령」 또는 그 규정을 인용한 경우에 이 영 가운데 그에 해당하는 규정이 있으면 종전의 규정을 갈음하여 이 영 또는 이 영의 해당 규정을 인용한 것으로 본다"라고 하였기 때문에 현행 「국유재산법 시행령」 제42조의2제3항이 위법한 것은 아니다. 하지만 이러한 법령 개정 맥락을 모른채 현행 법령을 볼 경우 불필요한 혼란이 있을 수 있으므로, 「국유재산법 시행령」 제42조의2제3항의 '「종자산업법 시행령」'을 '「식물신품종 보호법 시행령」'으로 신속히 개정해야 할 것이다.

는 가격 이상으로 한다(국유재산법 시행령 제43조제1항).

〈표 5-6〉 상장증권의 예정가격(국유재산법 시행령 제43조제1항)[17]

1. 평가기준일 전 1년 이내의 최근에 거래된 30일간의 증권시장에서의 최종 시세가액을 가중산술평균하여 산출한 가액으로 하되, 거래 실적이 있는 날이 30일 미만일 때에는 거래된 날의 증권시장의 최종 시세가액을 가중산술평균한 가액과 「국유재산법 시행령」 제44조제1항의 방법에 따른 가액을 고려하여 산출한 가격[18]
2. 「국유재산법 시행령」 제41조제3호에 따라 공개매수에 응모하는 경우에는 그 공개매수 가격
3. 「국유재산법 시행령」 제41조제4호에 따라 주식매수청구권을 행사하는 경우에는 「자본시장과 금융투자업에 관한 법률」 제165조의5에 따라 산출한 가격
4. 「국유재산법 시행령」 제41조제5호에 따라 매각가격을 특정할 수 있는 경우에는 그 가격

나. 비상장증권

비상장법인이 발행한 지분증권을 처분할 때에 그 예정가격은 「국유재산법 시행규칙」 제26조 내지 제28조로 정하는 산출방식에 따라 비상장법인의 자산가치, 수익가치 및 상대가치를 고려하여 산출한 가격 이상으로 한다. 다만, 「국유재산법 시행규칙」 제29조제1항 각 호의 경우[19]에는 수익가치 또는 상대가치를 고려하지 아니할 수 있다(국유재산법 시행령 제44조제1항).

「국유재산법 시행령」 제44조제1항 외의 비상장증권의 예정가격은 「국유재산법 시행규칙」 제30조 내지 제32조로 정하는 방식에 따라 산정한 기대수익 또는 예

17) 여기에 해당하지 않는 상장증권은 평가기준일 전 1년 이내의 최근에 거래된 증권시장에서의 시세가격 및 수익률 등을 고려하여 산출한 가격 이상으로 한다(국유재산법 시행령 제43조제2항).

18) 다만, 경쟁입찰의 방법으로 처분하거나 「자본시장과 금융투자업에 관한 법률」 제9조제9항에 따른 매출의 방법으로 처분하는 경우에는 평가기준일 전 1년 이내의 최근에 거래된 30일간(거래 실적이 있는 날이 30일 미만인 경우에는 거래된 날)의 증권시장에서의 최종 시세가액을 가중산술평균한 가액과 「국유재산법 시행령」 제44조제1항의 방법에 따른 가액을 고려하여 산출한 가격으로 할 수 있다.

19) ① 비영리법인으로 전환할 기업체의 증권을 매각하려는 경우, ② 유사기업을 정하기 어려운 기업체의 증권을 매각하려는 경우, ③ 그 밖에 기획재정부장관이 기업체의 사업 목적상 및 성질상 수익가치 또는 상대가치를 고려하지 아니할 수 있다고 인정하는 경우

상수익률을 고려하여 산출한 가격 이상으로 한다(국유재산법 시행령 제44조제4항).

또한 국세물납으로 취득한 지분증권의 경우에는 물납재산의 수납가액 또는 증권시장 외의 시장에서 형성되는 시세가격을 고려하여 예정가격을 산출할 수 있으며, 비상장법인이 발행한 지분증권을 현물출자하는 경우에는 그 증권을 발행한 법인의 재산 상태 및 수익성을 기준으로 하여 기획재정부장관이 재산가격을 결정한다(국유재산법 시행령 제44조제2항, 제3항).

〈참고 5-1〉 비상장증권 처분 시 예정가격 산출 방법

전술하였듯이 비상장증권 처분 시 예정가격은 비상장법인의 자산가치, 수익가치 및 상대가치를 고려하여 산출한 가격 이상으로 하여야 한다. 이 때 비상장법인의 자산가치, 수익가치 및 상대가치를 산출하는 방법은 다음과 같다.

가. 자산가치의 산출(국유재산법 시행규칙 제26조)

자산가치는 평가기준일 직전 사업연도의 재무제표[20]를 기준으로 하여 다음의 계산식에 따라 산출하되, 직전 사업연도가 끝난 후 평가기준일 전에 자본금 또는 자본잉여금의 증감이나 이익잉여금의 수정사항이 있는 경우에는 이를 더하거나 빼야 한다.

$$\frac{\text{자산총액} - \text{무형고정자산및부채총액} - \text{이익잉여금처분액중배당금등의사외유출금액}^{21)}}{\text{발행주식총수}}$$

상기 계산식 중 자산총액은「상속세 및 증여세법」제4장[22]을 준용하여 산출하고, 법률에 따라 특별감가상각을 실시한 주식회사의 경우에는 자산총액에서 그 누계액을 더할 수 있다.

나. 수익가치의 산출(국유재산법 시행규칙 제27조)

수익가치는 평가기준일이 속하는 사업연도 및 그 직후 사업연도의 영업진망을 추정

20) 「감사원법」에 따른 감사원의 감사 결과 또는「주식회사의 외부감사에 관한 법률」제2조에 따른 외부감사의 대상인 주식회사에 대한 감사 결과 수정의견이 있는 경우에는 그에 따라 수정된 재무제표를 말하며, 이하 '실적재무제표'라 한다.

21) 분자의 '무형고정자산'에서 어업권, 광업권 등 실질가치가 있는 무형고정자산은 제외한다.

22) 현행「국유재산법 시행규칙」제26조제3항에서는「상속세 및 증여세법」제4장을 준용하되 동법 제63조제1항제1호다목은 제외하도록 규정하고 있으나,「상속세 및 증여세법」제63조제1항제1호다목은 2016. 12. 삭제되었다.

하여 작성한 재무제표를 기준으로 다음의 계산식에 따라 산출한 각 사업연도의 1주당배당가능액을 가중산술평균[23]한 후 이를 자본환원율[24]로 나누어 산출한다.

$$\frac{\text{법인세비용차감전순이익} - \text{법인세} - \text{이월결손금} - \text{이익잉여금처분액중배당금외의사외유출금액}}{\text{발행주식총수}}$$ [25]

상기 배당가능액을 산출할 때 이미 발생하였거나 법령 등에 따라 발생할 것이 확실한 것으로 예상되는 손익이 있는 경우에는 그 손익을 법인세비용 차감 전 순이익에 더하거나 뺄 수 있다.

다. 상대가치의 산출(국유재산법 시행규칙 제28조)

상대가치는 실적재무제표를 기준으로 하여 다음의 계산식에 따라 산출한다. 이 때 유사기업은 「국유재산법 시행령」 제46조에 따른 평가기관이 평가대상 증권의 발행기업과 같은 업종의 상장법인 중에서 매출액 규모, 자본금 규모, 납입자본이익률, 매출액성장률 및 부채비율 등을 고려하여 정한다.

$$\text{유사기업의주가} \times \left(\frac{\text{발행기업의1주당순이익}}{\text{유사기업의1주당순이익}} + \frac{\text{발행기업의1주당순자산액}}{\text{유사기업의1주당순자산액}}\right) \times \frac{1}{2}$$ [26]

Ⅳ. 일반재산 관리 · 처분 사무의 위임 · 위탁

일반재산의 관리·처분은 기본적으로 총괄청의 사무이나 그 일부를 중앙관서

23) 가중산술평균에는 평가기준일이 속하는 사업연도의 경우에는 10분의 6의 가중치를 부여하고, 그 직후 사업연도의 경우에는 10분의 4의 가중치를 부여한다.

24) 자본환원율은 「은행법」에 따른 은행의 1년 만기 정기예금의 이자율 등을 고려하여 기획재정부장관이 정한다. 다만, 국세물납으로 취득한 비상장법인이 발행한 지분증권의 자본환원율은 직전 3년간 매각된 물납증권의 매각가격, 처분대상 물납증권의 수납가액 및 금융시장의 자본조달 금리 등을 고려하여 기획재정부장관이 별도로 정할 수 있다.

25) 분자의 '법인세'는 법인세에 부가되는 법인세분 지방소득세를 포함한다.

26) '유사기업의 주가'는 평가기준일이 속하는 달의 전달부터 소급하여 6개월간 매일의 종가(終價)를 평균한 금액과 평가기준일의 전날부터 소급하여 시가가 있는 30일간 매일의 종가를 평균한 금액 중 낮은 금액으로 하되, 계산기간에 배당락(配當落) 또는 권리락(權利落)이 있을 때에는 그 후의 매일의 종가를 평균한다.
'1주당 순이익'은 평가기준일 전 2개 사업연도의 법인세비용 차감 전 순이익을 산술평균한 금액을 발행주식 총수로 나누어 산출하고, '1주당 순자산액'의 산출에 관하여는 「국유재산법 시행규칙」 제26조를 준용한다.

의 장을 포함한 다양한 기관에 위임·위탁하여 처리할 수 있으며, 반대로 중앙관서의 장 소관의 일반재산 관리·처분 사무를 총괄청이 위탁받을 수도 있다.

1. 총괄청의 일반재산 관리·처분 사무를 중앙관서의 장 등에게 위임·위탁

총괄청은 소관 일반재산의 관리·처분에 관한 사무의 일부를 총괄청 소속 공무원, 중앙관서의 장 또는 그 소속 공무원, 지방자치단체의 장 또는 그 소속 공무원에게 위임하거나 한국자산관리공사·한국토지주택공사 등에 위탁할 수 있다.[27] 구체적인 위임·위탁 대상 사무는 다음과 같다(국유재산법 제42조제1항, 국유재산법 시행령 제38조제3항, 제5항).

〈표 5-7〉 총괄청이 한국자산관리공사에 관리·처분에 관한 사무(관리·처분과 관련된 소송업무 포함)를 위탁하는 일반재산(국유재산법 시행령 제38조제3항)[28]

1. 국세물납에 따라 취득한 일반재산
2. 「국유재산법」 제40조제2항 본문에 따라 용도폐지되어 총괄청에 인계된 재산
3. 「국유재산법」 제59조의2제2항 전단에 따른 출자로 인하여 취득한 증권
4. 「국유재산법 시행령」 제47조에 따라 대여의 방법으로 운용하기 위하여 총괄청이 지정하는 증권
5. 「국유재산법 시행령」 제79조에 따른 청산법인의 청산이 종결됨에 따라 국가에 현물증여되는 재산
6. 그 밖에 일반재산의 효율적 관리·처분을 위하여 총괄청이 지정하는 재산

〈표 5-8〉 총괄청이 한국자산관리공사 또는 한국토지주택공사에 위탁하는 일반재산 관리·처분 사무(국유재산법 시행령 제38조제5항)

1. 「국유재산법」 제59조에 따라 개발하려는 일반재산의 관리·처분에 관한 사무
2. 제1호에 따른 일반재산으로서 이미 처분된 총괄청 소관 일반재산의 처분과 관련된 소송업무

27) 이 때 중앙관서의 장과 위임받은 기관이 일반재산을 관리·처분하는 경우에는 「국유재산법」 제28조 및 제29조를 준용한다(국유재산법 제42조제4항).

28) 이 경우 위탁료 등 세부적인 내용과 절차는 기획재정부령인 「국유재산의 위탁에 관한 규칙」으로 정하고 있다(국유재산법 시행령 제38조제7항).

또한 총괄청은 증권의 처분을 중앙관서의 장이나 다음의 어느 하나에 해당하는 자에게 위탁할 수 있다(국유재산법 시행령 제38조제1항). 국유재산 중 「자본시장과 금융투자업에 관한 법률」 제4조에 따른 증권은 한국은행이나 국내 은행, 한국예탁결제원 등이 보관·취급하게 되어 있고(국유재산법 제15조제1항, 국유재산법 시행령 제10조제1항) 그 관리·처분에 있어 전문적인 지식을 요하므로 이를 고려한 것이다.

〈표 5-9〉 총괄청이 증권의 처분을 위탁할 수 있는 대상(국유재산법 시행령 제38조제1항)

1. 해당 증권을 발행한 법인
2. 「은행법」 제2조제1항제2호에 따른 은행[29)]
3. 「자본시장과 금융투자업에 관한 법률」에 따른 투자매매업자, 투자중개업자 및 집합투자업자
4. 「예금자보호법」에 따른 예금보험공사
5. 「중소기업은행법」에 따른 중소기업은행
6. 「한국산업은행법」에 따른 한국산업은행
7. 「한국수출입은행법」에 따른 한국수출입은행
8. 「한국은행법」에 따른 한국은행

상기 규정에 따라 위탁을 받은 경우에는 위탁의 근거 규정을 표시하고, 위탁받은 자의 명의로 관리·처분한다(국유재산법 시행령 제38조제6항). 또한 「국유재산법」 제42조제1항에 따라 일반재산의 관리·처분에 관한 사무를 위임·위탁받은 자가 해당 일반재산의 대부료를 면제하거나 해당 일반재산을 교환·양여 또는 수의계약의 방법으로 매각[30)]하려는 경우에는 미리 총괄청의 승인을 받아야 한다(국유재산법 시행령 제50조제3항, 제52조제3항, 제57조제8항, 제58조제8항).

2. 중앙관서의 장의 일반재산 관리·처분 사무를 총괄청 등에게 위임·위탁

중앙관서의 장은 「국가재정법」 제4조에 따라 설치된 특별회계 및 같은 법 제5

29) 현행 「국유재산법 시행령」 제38조제1항제2호에는 "「은행법」 제5조에 따라 은행으로 보는 것을 포함한다"는 내용이 함께 규정되어 있으나 「은행법」 제5조는 2016. 5. 삭제되었다. 법령 현행화를 위해 「국유재산법 시행령」 제38조제1항제2호의 개정이 필요한 부분이다.
30) 이 때 '수의계약의 방법으로 매각'은 「국유재산법 시행령」 제40조제3항제3호부터 제5호까지, 제12호 및 같은 항 제18호자목에 해당하는 경우를 말한다.

조에 따라 설치된 기금에 속하는 국유재산과 「국유재산법」 제40조제2항 각 호에 따른 재산을 관리·처분하는바(국유재산법 제8조제3항),[31] 총괄청은 상기 일반재산의 관리·처분에 관한 사무의 일부를 위탁받을 수 있다(국유재산법 제42조제2항). 다만 총괄청은 필요한 경우 위탁하는 중앙관서의 장과 협의를 거쳐 이를 재위탁할 수 있는데, 실제로는 상기 사무를 한국자산관리공사에 재위탁하고 있다(국유재산법 시행령 제38조제4항).

또한 중앙관서의 장이 소관 특별회계나 기금에 속하는 일반재산을 「국유재산법」 제59조에 따라 위탁개발하려는 경우에는 「국유재산법」 제42조제1항을 준용하여 위탁할 수 있다(국유재산법 제42조제3항).

3. 대부료 등의 귀속

중앙관서의 장은 원칙적으로 그 소관 수입을 국고에 납입하여야 하며 이를 직접 사용하지 못한다(국고금관리법 제7조). 하지만 「국유재산법」 제42조제1항 및 제4항에 따라 위임이나 위탁을 받아 관리·처분한 일반재산 중 ① 부동산과 그 종물, ② 증권의 대부료, 매각대금, 개발수입 또는 변상금은 위임이나 위탁을 받은 자에게 귀속시킬 수 있고(국유재산법 제42조제6항, 국유재산법 시행령 제39조제1항),[32] 동 규정은 중앙관서의 장이 「국유재산법」 제30조에 따른 사용허가에 관한 업무를 지방자치단체의 장에게 위임한 경우에도 준용된다(국유재산법 제32조제3항).

4. 위임·위탁의 철회

일반재산의 관리·처분에 관한 사무를 위임이나 위탁한 총괄청이나 중앙관서의 장은 위임이나 위탁을 받은 자가 해당 사무를 부적절하게 집행하고 있다고 인정되거나 일반재산의 집중적 관리 등을 위하여 필요한 경우에는 그 위임이나 위탁을 철회할 수 있다(국유재산법 제42조제5항).

31) 개별 법령에 의해 국유재산의 처분 권한이 지방자치단체의 장에게 이양되는 경우도 있다. 예를 들어 「제주특별자치도 설치 및 국제자유도시 조성을 위한 특별법」 제294조제4항 및 「어촌·어항법」 제27조제1항 등에 따라 국가어항의 어항개발사업으로 조성한 토지는 그것이 국유재산이라고 하더라도 제주특별자치도지사가 이를 직접 매각할 수 있다.

32) 증권의 경우 「국유재산법 시행령」 제38조제1항 각 호의 자에게 귀속시킬 수 있는 매각대금의 범위는 매각 과정에서 발생한 필요경비로 하되, 총괄청은 위탁받은 자와 협의하여 필요경비의 100분의 10의 범위에서 대행수수료를 추가로 귀속시킬 수 있다(국유재산법 시행령 제39조제3항).

〈참고 5-2〉「국유재산의 위탁에 관한 규칙」의 주요 내용

전술하였듯이 총괄청의 일반재산 관리·처분에 관한 사무는 중앙관서의 장을 포함한 다양한 기관에 위임·위탁하여 처리할 수 있는데, 실무상으로는 대부분 한국자산관리공사에 위탁하여 처리하고 있다. 이에 한국자산관리공사에 국유 일반재산의 관리·처분에 관한 사무를 위탁하는 경우 필요한 사항을 규정하기 위해 기획재정부령으로 「국유재산의 위탁에 관한 규칙」을 두고 있다. 동 규칙의 주요 내용을 간단히 살펴보면 다음과 같다.

가. 위탁재산의 관리(국유재산의 위탁에 관한 규칙 제5조)

한국자산관리공사는 위탁사무를 수행할 때 선량한 관리자로서의 주의의무를 다하여야 하며, 고의 또는 중대한 과실로 재산에 손해를 끼친 경우에는 그 손해를 배상하여야 한다. 위탁재산의 관리 및 관리현황 보고에 관하여는 「국유재산법 시행령」 제23조 및 제25조를 준용하고, 한국자산관리공사가 위탁사무와 관련하여 인원 또는 조직을 변경하려는 경우에는 사전에 총괄청과 협의하여야 한다.

또한 한국자산관리공사는 ① 위탁재산과 관련하여 소송을 제기하거나 소송을 당한 경우와 판결이 확정된 경우,[33] ② 위탁재산의 관리·처분 업무와 관련하여 외부로부터 검사 또는 감사를 받게 된 경우, ③ 그 밖에 위탁재산의 관리·처분 업무와 관련하여 중요하다고 인정하는 사항이 발생한 경우에는 해당 사실을 총괄청에 즉시 보고하여야 한다.

나. 대장정리 및 실태조사(국유재산의 위탁에 관한 규칙 제6조)

한국자산관리공사는 위탁재산을 인계받았을 때에는 해당 재산에 대하여 실태조사를 하여야 하며, 「국유재산법 시행령」 제68조제1항에 따른 국유재산의 대장 외에 총괄대장, 등기부 등본, 건축물대장 등본, 토지대장 등본, 임야대장 등본 및 도면을 작성·비치하여야 한다.

실태조사의 대상 재산은 위탁재산의 특성, 이용 상태 등을 고려하여 선정하고, 선정된 재산에 대해서는 1년에 한 번 이상 ① 재산의 등기 및 지적 현황, ② 주변 환경, ③ 이용 현황, ④ 그 밖에 재산의 관리·처분 등에 필요한 사항 등에 대하여 실태조사를 한다.

한국자산관리공사는 실태조사를 마친 뒤 그 결과를 반영하여 국유재산의 대장 및 총괄대장을 정리하여야 하고, 만약 위탁재산이 누락되거나 위탁재산에 착오가 있음을 발견하였을 때에는 총괄청과 협의하여 필요한 조치를 하여야 한다.

33) 이는 분기별로 보고할 수 있다.

다. 수입과 지출의 정산(국유재산의 위탁에 관한 규칙 제14조)[34]

한국자산관리공사는 매달 증권 외의 위탁사무와 관련된 수입과 지출을 예비정산하여 수입이 지출을 초과하는 경우에는 그 차액을 다음 달 10일까지 국유재산관리기금에 납입하여야 하고, 증권과 관련된 수입과 지출을 매달 예비정산하여 수입이 지출을 초과하는 경우에는 그 차액을 다음 달 말일까지 국고에 납입하여야 한다.

또한 한국자산관리공사는 해당 연도 위탁사무의 수입과 지출을 다음 해 1월 31일까지 정산하여야 하는바, 이 경우 정산 결과 지출이 수입을 초과하는 경우에는 총괄청이 그 차액을 한국자산관리공사에 지급하고, 수입이 지출을 초과하는 경우에는 한국자산관리공사가 그 차액을 국유재산관리기금 또는 국고에 납입하여야[35] 한다.

라. 수탁자의 행위 제한(국유재산의 위탁에 관한 규칙 제7조)

한국자산관리공사는 총괄청의 승인 없이는 ① 위탁재산을 위탁목적 외의 용도로 사용하는 행위, ② 위탁재산을 담보로 제공하는 행위, ③ 위탁재산의 원형을 변경하거나 추가하는 행위[36]를 하지 못하며, 총괄청의 승인을 받은 경우에는 위탁재산을 직접 사용·수익할 수 있다.

마. 위탁의 해지(국유재산의 위탁에 관한 규칙 제4조)

총괄청은 ① 공용·공공용 또는 공익사업에 필요한 경우, ② 한국자산관리공사가 국유재산 관계 법령 또는 동 규칙을 위반한 경우, ③ 그 밖에 총괄청이 재산관리를 위하여 필요하다고 인정한 경우의 어느 하나에 해당하는 경우에는 위탁재산의 전부 또는 일부에 대하여 위탁을 해지할 수 있다.

만약 위탁 해지로 인하여 한국자산관리공사에 손실이 발생하였을 때에는 총괄청이 그 손실을 보상하되, 한국자산관리공사의 국유재산 관계 법령 또는 동 규칙 위반이 해지의 원인이 된 경우에는 그러하지 아니하다.

---

34) 한국자산관리공사는 위탁사무를 수행할 때 자체계정(한국자산관리공사 자체의 수입과 지출에 관한 계정)과 위탁계정(위탁재산의 수입과 지출에 관한 계정)을 구분하여 회계처리하여야 하고, 위탁계정에 속하는 수입을 자체계정의 비용으로 지출할 수 없다(국유재산의 위탁에 관한 규칙 제11조).

35) 증권 외의 위탁사무와 관련된 차액은 국유재산관리기금에 납입하고, 증권과 관련된 차액은 국고에 납입한다.

36) 다만 긴급하게 조치할 필요가 있다고 인정되는 경우에는 최소한의 범위에서 본문에 따른 행위를 총괄청의 승인 없이 할 수 있으며, 해당 행위를 하였을 때에는 지체 없이 그 내용을 총괄청에 보고하여야 한다.

제2절 대부

'대부계약'이란 일반재산을 국가 외의 자가 일정 기간 유상이나 무상으로 사용·수익할 수 있도록 체결하는 계약을 말한다(국유재산법 제2조제8호). 일반재산은 국가의 행정목적 수행을 위해 직접 필요한 재산이 아니므로 그 활용에 있어 제약이 적고 운용이 상대적으로 자유롭다. 따라서 이를 국가 외의 자가 사용·수익할 수 있도록 함으로써 국유재산의 효율적 활용을 도모하는 한편 국고 수입에도 일정 부분 기여하는 것이다.

그런데 '사용허가'와 '대부'를 비교하면 전자는 행정재산, 후자는 일반재산을 각각 대상으로 한다는 점이 다를 뿐, 해당 재산을 국가 외의 자에게 일정 기간 유상이나 무상으로 사용·수익하게 한다는 점은 동일하다. 즉, 사용허가와 대부는 그 형태가 매우 유사하고 세부 절차와 방법 등도 크게 다르지 않다. 이러한 까닭에 「국유재산법」에서는 사용허가 관련 조항을 상당 부분 대부에도 준용하고 있다.

한편 지식재산의 대부에 대해서는 「국유재산법」 제4장의2 '지식재산 관리·처분의 특례'에서 별도로 정하고 있는바, 이에 대해서는 제7장에서 후술하기로 한다.

Ⅰ. 대부의 법적 성격

대부의 대상은 일반재산인데, 전술한 바와 같이 일반재산에 관한 법률관계는 사법 관계로 본다. 따라서 대부는 국가가 사경제 주체로서 상대방과 대등한 위치에서 행하는 사법상의 계약일 뿐 행정처분에는 해당하지 않는다. 판례도 같은 입장이다.

〈판례〉 대법원 2000. 2. 11. 선고 99다61675 판결

국유잡종재산[37]에 관한 관리 처분의 권한을 위임받은 기관이 국유잡종재산을 대부하는 행위는 국가가 사경제 주체로서 상대방과 대등한 위치에서 행하는 사법상의 계약이고, 행정청이 공권력의 주체로서 상대방의 의사 여하에 불구하고 일방적으로 행하는 행정처분이라고 볼 수 없으며, 국유잡종재산에 관한 대부료의 납부고지 역시 사법상의 이행청구에 해당하고, 이를 행정처분이라고 할 수 없다.

---

37) 현재의 일반재산에 해당

따라서 대부 관련 쟁송은 행정소송이 아니라 민사소송의 대상이 되며, 이는 대부의 취소 또한 마찬가지이다.

Ⅱ. 대부의 범위

일반재산은 국가의 행정목적 수행을 위해 직접 필요한 재산이 아니므로 그 운용과 활용이 상대적으로 자유롭다. 따라서 사용허가와는 달리 대부의 경우에는 그 범위에 있어 특별한 제한을 두고 있지 않다. 일반재산의 대부가 활성화된다면 국고수입에 도움이 됨은 물론 국유재산의 효율적 활용에도 기여할 수 있기 때문이다.

대부한 재산의 전대에 관해서는 「국유재산법」 제30조제2항[38]이 준용된다(국유재산법 제47조제1항). 따라서 원칙적으로 대부를 받은 자는 그 재산을 다른 사람에게 사용·수익하게 하여서는 아니되나, 「국유재산법」 제30조제2항 각 호의 어느 하나에 해당하는 경우에는 중앙관서의 장의 승인을 받아 다른 사람에게 사용·수익하게 할 수 있다.

Ⅲ. 대부의 방법

대부의 방법은 사용허가의 방법을 규정하고 있는 「국유재산법」 제31조제1항 및 제2항,[39] 「국유재산법 시행령」 제27조 및 제28조를 준용한다(국유재산법 제47조제1항, 국유재산법 시행령 제51조). 따라서 일반재산의 대부 역시 원칙적으로 일반경쟁에 부치되 필요할 경우에는 제한경쟁이나 지명경쟁 또는 수의(隨意)의 방법으로 결정할 수 있으며, 이 때 제한·지명경쟁 또는 수의계약이 가능한 경우는 사용허가

38) 「국유재산법」 제30조(사용허가) ② 제1항에 따라 사용허가를 받은 자는 그 재산을 다른 사람에게 사용·수익하게 하여서는 아니 된다. 다만, 다음 각 호의 어느 하나에 해당하는 경우에는 중앙관서의 장의 승인을 받아 다른 사람에게 사용·수익하게 할 수 있다.
1. 기부를 받은 재산에 대하여 사용허가를 받은 자가 그 재산의 기부자이거나 그 상속인, 그 밖의 포괄승계인인 경우
2. 지방자치단체나 지방공기업이 행정재산에 대하여 제18조제1항제3호에 따른 사회기반시설로 사용·수익하기 위한 사용허가를 받은 후 이를 지방공기업 등 대통령령으로 정하는 기관으로 하여금 사용·수익하게 하는 경우

39) 즉 대부에 있어서는 「국유재산법」 제31조제3항이 준용되지 않으므로, 대부에서는 「국가를 당사자로 하는 계약에 관한 법률」의 규정이 준용되지 않는다.

에서 설명한 것과 같다(국유재산법 시행령 제27조).

중앙관서의 장등이 일반재산을 대부할 때에는 국유재산 대부계약서를 작성하여야 하며(국유재산법 시행규칙 제35조제3항), 그 소관에 속하는 일반재산에 대하여 대부계약부를 갖추어 두어야 한다(국유재산법 시행령 제28조).

1. 원칙 - 일반경쟁

일반재산을 대부하려는 경우에는 그 뜻을 공고하여 일반경쟁에 부치는 것이 원칙으로, 1개 이상의 유효한 입찰이 있는 경우 최고가격으로 응찰한 자를 낙찰자로 한다(국유재산법 제31조제1항 본문, 국유재산법 시행령 제27조제1항). 경쟁에 부치는 경우에는 총괄청이 지정·고시하는 정보처리장치를 이용하여 입찰공고[40]·개찰·낙찰선언을 하고, 중앙관서의 장은 필요하다고 인정하면 일간신문 등에 게재하는 방법을 병행할 수 있으며, 같은 재산에 대하여 수 회의 입찰에 관한 사항을 일괄하여 공고할 수 있다(국유재산법 제31조제2항).

만약 일반경쟁입찰을 두 번 실시하여도 낙찰자가 없는 재산이 있을 경우 중앙관서의 장은 세 번째 입찰부터 최초 사용료 예정가격의 100분의 20을 최저한도로 하여 매회 100분의 10의 금액만큼 그 예정가격을 낮추는 방법으로 조정할 수 있다(국유재산법 시행령 제27조제5항).

2. 예외 1 - 제한경쟁, 지명경쟁

일반재산이 다음의 어느 하나에 해당하는 경우에는 제한경쟁이나 지명경쟁의 방법으로 대부를 받을 자를 결정할 수 있다(국유재산법 제31조제1항 단서, 국유재산법 시행령 제27조제2항).

40) 입찰공고에는 대상재산의 용도 또는 목적에 따라 ① 대부의 대상 재산 및 대부기간에 관한 사항, ② 입찰·개찰의 장소 및 일시에 관한 사항, ③ 입찰참가자의 자격에 관한 사항, ④ 입찰보증금과 국고귀속에 관한 사항, ⑤ 입찰무효에 관한 사항, ⑥ 대부료의 예정가격 및 결정방법에 관한 사항, ⑦ 대부기간 만료 시 갱신 여부에 관한 사항, ⑧ 대부 갱신 시 대부기간 및 대부료 결정방법에 관한 사항, ⑨ 그 밖에 입찰에 필요한 사항을 구체적으로 밝혀야 하고, 대부 신청자에게 공고한 내용을 통지하여야 한다(국유재산법 시행령 제27조제4항, 국유재산법 시행규칙 제15조).

〈표 5-10〉 제한경쟁이나 지명경쟁의 방법으로 대부가 가능한 경우(국유재산법 시행령 제27조제2항)

1. 토지의 용도 등을 고려할 때 해당 재산에 인접한 토지의 소유자를 지명하여 경쟁에 부칠 필요가 있는 경우 2. 「국유재산법 시행령」 제27조제3항의 수의의 방법에 따른 대부의 신청이 경합하는 경우 3. 그 밖에 재산의 위치·형태·용도 등이나 계약의 목적·성질 등으로 보아 대부 받는 자의 자격을 제한하거나 지명할 필요가 있는 경우

일반경쟁과 마찬가지로 1개 이상의 유효한 입찰이 있는 경우 최고가격으로 응찰한 자를 낙찰자로 하며(국유재산법 시행령 제27조제1항), 경쟁에 부치는 경우에는 총괄청이 지정·고시하는 정보처리장치를 이용하여 입찰공고[41]·개찰·낙찰선언을 하고, 중앙관서의 장은 필요하다고 인정하면 일간신문 등에 게재하는 방법을 병행할 수 있으며, 같은 재산에 대하여 수 회의 입찰에 관한 사항을 일괄하여 공고할 수 있다(국유재산법 제31조제2항).

3. 예외 2 - 수의계약

일반재산이 다음의 어느 하나에 해당하는 경우에는 수의의 방법으로 대부를 받을 자를 결정할 수 있다(국유재산법 제31조제1항 단서, 국유재산법 시행령 제27조제3항).

〈표 5-11〉 수의의 방법으로 대부가 가능한 경우(국유재산법 시행령 제27조제3항)

1. 주거용으로 대부를 하는 경우 2. 경작용으로 실경작자에게 대부를 하는 경우 3. 외교상 또는 국방상의 이유로 사용·수익 행위를 비밀리에 할 필요가 있는 경우 4. 천재지변이나 그 밖의 부득이한 사유가 발생하여 재해 복구나 구호의 목적으로 대부를 하는 경우 5. 「국유재산법」 제18조제1항제3호에 따른 사회기반시설로 사용하려는 지방자치단체나 지방공기업에 대부를 하는 경우

41) 입찰공고 시 구체적으로 밝혀야 하는 사항 및 대부 신청자에게 공고한 내용을 통지해야 할 의무 등은 일반경쟁의 경우와 같다.

6. 「국유재산법」 제34조제1항 또는 다른 법률에 따라 대부료 면제의 대상이 되는 자에게 대부를 하는 경우
7. 국가와 재산을 공유하는 자에게 국가의 지분에 해당하는 부분에 대하여 대부를 하는 경우
8. 국유재산의 관리 · 처분에 지장이 없는 경우로서 사용목적이나 계절적 요인 등을 고려하여 6개월 미만의 대부를 하는 경우
9. 두 번에 걸쳐 유효한 입찰이 성립되지 아니한 경우
10. 그 밖에 재산의 위치 · 형태 · 용도 등이나 계약의 목적 · 성질 등으로 보아 경쟁입찰에 부치기 곤란하다고 인정되는 경우

한편 상기 수의의 방법에 따른 대부의 신청이 경합하는 경우에는 제한경쟁이나 지명경쟁의 방법으로 대부를 받을 자를 결정할 수 있다(국유재산법 시행령 제27조제2항제1호의2).

Ⅳ. 대부기간

1. 일반재산 유형별 대부기간

일반재산의 대부기간은 다음의 기간 이내로 하되, 「국유재산법」 제18조제1항 단서에 따라 영구시설물을 축조하는 경우에는 10년 이내로 한다. 다만 「국유재산법」 제58조 및 제59조의2에 따라 신탁 개발 및 민간참여 개발된 일반재산의 대부기간은 30년 이내로 할 수 있으며, 20년의 범위에서 한 차례만 연장할 수 있다(국유재산법 제46조제1항, 제4항).

가. 조림을 목적으로 하는 토지와 그 정착물(국유재산법 제46조제1항제1호)

조림을 목적으로 하는 토지와 그 정착물의 대부기간은 20년 이내로 한다. 2016년 이전에는 10년이었으나, 국유재산의 활용도를 높이기 위해 2017. 12. 「국유재산법」 개정을 통해 20년으로 연장되었다.

이때의 '정착물'은 토지에 계속하여 고착되어 용이하게 이동할 수 없고 거래관념상 그러한 상태에서만 사용될 수 있는 것으로 보는 물건을 말하며, 입목 등이 그

대표적 예이다.

나. 대부받은 자의 비용으로 시설을 보수하는 건물(국유재산법 제46조제1항제2호)

대부 받은 자의 비용으로 시설을 보수하는 건물의 대부기간은 10년 이내로 하되, ① 준공 후 20년이 지난 건물로서 원활한 사용을 위하여 보수가 필요한 경우, ②「시설물의 안전 및 유지관리에 관한 특별법 시행령」제12조에 따른 시설물의 안전등급 기준이 같은 영 별표 8[42]에 따른 C등급 이하인 건물로서 안전관리를 위하여 보수가 필요한 경우, ③ 천재지변이나 그 밖의 재해 등으로 인하여 파손된 건물로서 별도의 보수가 필요한 경우 중 어느 하나에 해당하는 경우에 한정한다(국유재산법 시행령 제50조제1항).

참고로 2016년 이전에는 동 호가 없었던 관계로 대부 받은 자의 비용으로 시설을 보수하는 건물의 경우에도 최대 5년의 대부기간이 적용되었으나, 국유재산의 활용도를 높이기 위한 2017. 12.「국유재산법」개정 시 동 호가 신설되면서 최대 10년간 대부가 가능하게 되었다.

다.「국유재산법」제46조제1항제1호 및 제2호 외의 토지와 그 정착물(국유재산법 제46조제1항제3호)

「국유재산법」제46조제1항제1호 및 제2호 외의 토지와 그 정착물의 대부기간은 5년 이내로 한다.

---

42)「시설물의 안전 및 유지관리에 관한 특별법 시행령」제12조에 따른 시설물의 안전등급 기준은 다음과 같다.

안전등급	시설물의 상태
1. A (우수)	문제점이 없는 최상의 상태
2. B (양호)	보조부재에 경미한 결함이 발생하였으나 기능 발휘에는 지장이 없으며, 내구성 증진을 위하여 일부의 보수가 필요한 상태
3. C (보통)	주요부재에 경미한 결함 또는 보조부재에 광범위한 결함이 발생하였으나 전체적인 시설물의 안전에는 지장이 없으며, 주요부재에 내구성, 기능성 저하 방지를 위한 보수가 필요하거나 보조부재에 간단한 보강이 필요한 상태
4. D (미흡)	주요부재에 결함이 발생하여 긴급한 보수·보강이 필요하며 사용제한 여부를 결정하여야 하는 상태
5. E (불량)	주요부재에 발생한 심각한 결함으로 인하여 시설물의 안전에 위험이 있어 즉각 사용을 금지하고 보강 또는 개축을 하여야 하는 상태

라. 그 밖의 재산(국유재산법 제46조제1항제4호)

「국유재산법」 제46조제1항제1호부터 제3호에 해당하지 않는 일반재산의 대부기간은 1년 이내로 한다.

2. 대부계약의 갱신

대부기간이 끝난 재산에 대하여는 그 대부기간을 초과하지 아니하는 범위에서 종전의 대부계약을 갱신할 수 있되, 수의계약의 방법으로 대부할 수 있는 경우가 아니면 1회만 갱신할 수 있다. 다만, 다음의 경우에는 대부계약의 갱신이 불가하다(국유재산법 제46조제2항).

〈표 5-12〉 대부계약의 갱신이 불가한 경우(국유재산법 시행령 제50조제2항)

1. 대부재산을 국가나 지방자치단체가 「국유재산법」 제6조제2항 각 호의 용도, 즉 행정재산으로 사용하기 위하여 필요한 경우
2. 「국유재산법」 제36조제1항 각 호의 사용허가 취소와 철회 사유 중 어느 하나에 해당하는 경우[43]
3. 대부계약 조건을 위반한 경우

대부 갱신을 받으려는 자는 대부기간이 끝나기 1개월 전에 중앙관서의 장등에 신청하여야 한다(국유재산법 제46조제3항). 이 경우 만약 대부 갱신을 받으려는 자가 갱신 신청을 하지 않거나, 갱신 신청을 하였음에도 중앙관서의 장이 가부 결정을 하지 않은 채 기존의 대부기간이 도과하였다면 대부의 묵시적 갱신 여부가 문제될 수 있다.

앞서 언급하였듯이 행정처분으로서 공법 관계가 적용되는 사용허가에는 묵시적 갱신을 인정하기 어려우나, 대부의 묵시적 갱신은 가능하다고 본다. 대부는 국가가 사경제 주체로서 상대방과 대등한 위치에서 행하는 사법상의 계약이므로 기본적으로 사법의 원리가 적용되는데, 「민법」등 사법에서는 일반적으로 묵시적 갱신을 인정하고 있기 때문이다. 일반재산은 국가의 행정목적을 위해 사용되는 것이 아니라는 점에서 대부의 묵시적 갱신이 국가에 손해가 된다고 보기도 어렵다. 판례 또

43) 대부계약의 해제와 해지는 사용허가의 취소와 철회를 규정하고 있는 「국유재산법」 제36조를 준용한다(국유재산법 제47조제1항).

한 대부계약에 있어 묵시적 갱신을 긍정하는 입장이다.[44)]

3. 대부기간에 대한 개별 법령의 규정이 있는 경우

개별 법령에서 국유재산의 대부기간을 별도로 정하고 있는 경우가 있는바, 환경친화적 자동차의 충전시설 보급·확대 사업을 하는 자에 대해 국유재산 대부기간을 10년으로 하거나[45)] 외국인투자기업 등에게 국유재산을 50년의 범위 내에서 대부할 수 있도록 한 것[46)] 등이 그 예이다.

이러한 경우에는 해당 법령이 「국유재산법」의 특례로서 작용하므로, 개별 법령에 규정된 내용에 따라 대부기간이 정해지게 된다.

Ⅴ. 대부료

대부계약에 따른 대부료는 사용허가에 있어서의 사용료와 그 성질 및 형태가

---

44) 일반재산인 임야를 대부받았던 원고가 대부계약이 기간만료로 종료된 이후에도 해당 임야를 계속하여 점유·사용한 것을 피고 지방자치단체에게 묵시적으로 대부계약의 갱신을 요구한 것으로 본 사례(부산고등법원 2010. 12. 7. 선고 2010나8280 판결)

45) 「환경친화적 자동차의 개발 및 보급 촉진에 관한 법률」 제11조의3(국유재산·공유재산의 임대 등) ① 국가 또는 지방자치단체는 환경친화적 자동차의 충전시설 보급·확대 사업을 위하여 필요하다고 인정하면 국유재산 또는 공유재산을 「국유재산법」 또는 「공유재산 및 물품 관리법」에도 불구하고 수의계약에 따라 환경친화적 자동차의 충전시설 보급·확대 사업을 하는 자에게 대부계약의 체결 또는 사용허가(이하 "임대"라 한다)를 할 수 있다.
③ 제1항에 따른 국유재산 및 공유재산의 임대기간은 10년 이내로 하되, 국유재산은 종전의 임대기간을 초과하지 아니하는 범위에서 갱신할 수 있고, 공유재산은 지방자치단체의 장이 필요하다고 인정하는 경우 한 차례만 10년 이내의 기간에서 연장할 수 있다.

46) 「외국인투자 촉진법」 제13조(국유·공유재산의 임대) ① 기획재정부장관, 국유재산을 관리하는 중앙관서의 장, 지방자치단체의 장, 공공기관의 장 또는 「지방공기업법」에 따른 지방공기업(지방직영기업은 제외하며, 이하 이 조에서 "지방공기업"이라 한다)의 장은 국가·지방자치단체·공공기관 또는 지방공기업(이하 "국가등"이라 한다)이 소유하는 토지·공장 또는 그 밖의 재산(이하 "토지등"이라 한다)을 다음 각 호의 어느 하나에 해당하는 법률의 관련 규정에도 불구하고 수의계약으로 외국인투자기업 또는 외국인투자환경 개선시설 운영자(이하 이 조, 제13조의2부터 제13조의4까지 및 제14조에서 "외국인투자기업등"이라 한다)에게 사용·수익 또는 대부(이하 "임대"라 한다)할 수 있다. (단서, 각 호 생략)
③ 제1항에 따라 국가등이 소유하는 토지등을 임대하는 경우 같은 항 제1호부터 제5호까지의 규정에 해당하는 임대기간은 다음 각 호의 규정에도 불구하고 50년의 범위 내로 할 수 있다. 이 경우 임대기간은 갱신할 수 있으며, 갱신기간은 갱신할 때마다 전단에 따른 기간을 초과할 수 없다.
1. 「국유재산법」 제35조제1항 및 제46조제1항

유사하다. 이러한 이유로 대부료에 관해서는 「국유재산법」 제47조제1항 및 「국유재산법 시행령」 제51조에 따라 사용허가 시 사용료 조항을 대부분 준용하고 있다.

다만 전술한 바와 같이 일반재산을 대부하는 행위는 국가가 사경제 주체로서 상대방과 대등한 위치에서 행하는 사법상의 계약인바, 일반재산에 관한 대부료의 납부고지 역시 사법상의 이행청구에 해당한다. 이러한 점은 사용허가에 있어서의 사용료 부과가 행정처분인 것과 대비되는 것이다.

〈판례〉 대법원 2000. 2. 11. 선고 99다61675 판결
국유잡종재산[47]을 대부하는 행위는 국가가 사경제 주체로서 상대방과 대등한 위치에서 행하는 사법상의 계약이고, 행정청이 공권력의 주체로서 상대방의 의사 여하에 불구하고 일방적으로 행하는 행정처분이라고 볼 수 없으며, 국유잡종재산에 관한 대부료의 납부고지 역시 사법상의 이행청구에 해당하고, 이를 행정처분이라고 할 수 없다.

한편 중앙관서의 장등은 대부료가 납부기한까지 납부되지 아니한 경우에는 「국세징수법」 제10조와 같은 법의 체납처분에 관한 규정을 준용하여 징수할 수 있는바(국유재산법 제73조제2항), 이렇듯 간이하고 경제적인 특별구제절차를 마련한 것은 국유재산의 보호에 충실하기 위함이다. 따라서 이러한 제도가 있는 이상 원칙적으로 민사소송을 통해 대부료의 지급을 구하는 것은 허용되지 않는다.

〈판례〉 대법원 2014. 9. 4. 선고 2014다203588 판결
국유재산법 제42조 제1항, 제73조 제2항 제2호에 따르면, 국유 일반재산의 관리·처분에 관한 사무를 위탁받은 자는 국유 일반재산의 대부료 등이 납부기한까지 납부되지 아니한 경우에는 국세징수법 제23조[48]와 같은 법의 체납처분에 관한 규정을 준용하여 대부료 등을 징수할 수 있다. 이와 같이 국유 일반재산의 대부료 등의 징수에 관하여는 국세징수법 규정을 준용한 간이하고 경제적인 특별구제절차가 마련되어 있으므로, 특별한 사정이 없는 한 민사소송의 방법으로 그 대부료 등의 지급을 구하는 것은 허용되지 아니한다.

47) 현재의 일반재산에 해당
48) 국세의 독촉에 대한 규정으로, 2020. 12. 29. 「국세징수법」 전부개정에 따라 제23조에서 제10조로 조문번호가 변경되었다.

대부료가 50만원을 초과하는 경우에는 연 6회 이내에서 나누어 내게 할 수 있으며,[49] 이 경우 연간 대부료가 1천만원 이상인 경우에는 대부계약[50]할 때에 그 대부를 받는 자에게 연간 대부료의 100분의 50에 해당하는 금액의 범위에서 보증금을 예치하게 하거나 이행보증조치를 하도록 하여야 한다(국유재산법 제32조제2항, 제47조제1항, 국유재산법 시행령 제30조제5항 전단, 제6항, 제51조).

만약 연간 대부료가 20만원 이하인 경우라면 대부기간의 대부료를 일시에 통합 징수할 수 있으며, 이 경우에 대부기간 중의 대부료가 증가 또는 감소되더라도 대부료를 추가로 징수하거나 반환하지 아니한다(국유재산법 제32조제1항 단서, 제4항, 제47조제1항, 국유재산법 시행령 제30조제4항, 제51조).

1. 대부료 산출의 기준이 되는 재산가액

대부료를 계산하기 위한 재산가액은 <표 5-13>과 같이 산출하며, 재산가액은 대부기간 동안 연도마다 결정한다.

참고로 2008년 이전의 「국유재산법 시행령」에서는 토지의 재산가액 산출 기준에 대하여 '개별공시지가' 또는 '최근 공시된 해당 토지의 개별공시지가' 등으로 규정하였던 까닭에, 당시 판례는 토지의 재산가액 평가에 있어 국유재산을 대부받은 점유자가 점유 개시 후에 자기의 비용과 노력으로 가치를 증가시킨 변경된 상태를 기준으로 할 것이 아니라 점유자가 점유를 개시할 당시의 현실적 이용상태를 상정하여 이를 기준으로 평가하여야 한다고 판시하였다.[51]

이후 2009년 「국유재산법 시행령」 개정을 통해 토지의 재산가액 산출 기준이 '사용료 산출을 위한 재산가액 결정 당시의 개별공시지가'로 변경되었고, 이에 대법원은 전원합의체 판결을 통해 국유 일반재산인 토지를 대부받은 점유자가 점유 개시 후에 자기의 비용과 노력으로 가치를 증가시켰다면 2009년 개정 「국유재산법 시행령」 시행일 이후부터는 점유자가 점유를 개시할 당시의 현실적 이용상태가 아

---

49) 이 경우 남은 금액에 대해서는 시중은행의 1년 만기 정기예금의 평균 수신금리를 고려하여 총괄청이 고시하는 이자율을 적용하여 산출한 이자를 붙여야 하며(국유재산법 시행령 제30조제5항후단), 이 때의 '총괄청이 고시하는 이자율'은 분기별 변동 이자율의 형태로 하되, 직전 분기 중 전국은행연합회에서 가장 마지막으로 공시하는 '신규취급액기준 COFIX'로 한다(국유재산 사용료 등의 분할 납부 등에 적용할 이자율(기획재정부 고시) 제1조).

50) 대부계약을 갱신하는 경우도 포함한다.

51) 대법원 2000. 1. 28. 선고 97누4098 판결, 대법원 2004. 10. 28. 선고 2002다20995 판결 등

니라, 새로이 대부계약을 체결하거나 갱신할 당시의 현실적 이용상태를 기준으로 해당 재산가액을 산출하여야 한다고 입장을 변경하였다. 이는 최초 행정재산에 대하여 사용허가를 받아 점유를 개시한 후에 해당 행정재산이 일반재산으로 전환되어 대부계약이 새로이 체결된 경우에도 마찬가지이다.

〈표 5-13〉 재산가액 산출 방법(국유재산법 시행령 제29조제2항, 제51조)

구 분	재 산 가 액
토지	대부료 산출을 위한 재산가액 결정 당시의 개별공시지가 (「부동산 가격공시에 관한 법률」 제10조에 따른 해당 토지의 개별공시지가로 하며, 해당 토지의 개별공시지가가 없으면 같은 법 제8조에 따른 공시지가를 기준으로 하여 산출한 금액)
주택	대부료 산출을 위한 재산가액 결정 당시의 주택가격으로서 다음의 구분에 따른 가격 • 단독주택: 「부동산 가격공시에 관한 법률」 제17조에 따라 공시된 해당 주택의 개별주택가격 • 공동주택: 「부동산 가격공시에 관한 법률」 제18조에 따라 공시된 해당 주택의 공동주택가격 • 개별주택가격 또는 공동주택가격이 공시되지 아니한 주택: 「지방세법」 제4조제1항 단서에 따른 시가표준액
그 외의 재산	「지방세법」 제4조제2항에 따른 시가표준액 (해당 시가표준액이 없는 경우에는 하나의 감정평가업자의 평가액[52] 적용)

〈판례〉 대법원 2013. 1. 17. 선고 2011다83431 전원합의체 판결

대법원은 일찍이 국·공유 일반재산인 토지에 대한 대부료 산정의 기준이 되는 근거법령인 위 2007년 개정 전 국유재산법 시행령의 '개별공시지가'나 2009년 개정 전 국유재산법 시행령의 '최근 공시된 해당 토지의 개별공시지가'와 유사한 표현인 구 국유재산법 시행령(1996. 6. 15. 대통령령 제15026호로 개정되기 전의 것) 제26조 제2항 제1호의 '가장 최근에 공시한 공시지가'나 구 국유재산법 시행령(2000. 2. 14. 대통령령 제

52) 이 경우에는 재산가액을 허가기간 동안 연도마다 결정하지 않으며, 감정평가일부터 3년 이내에만 적용할 수 있다.

16709호로 개정되기 전의 것) 제26조 제2항 제1호의 '개별공시지가'를 기준으로 산출하도록 되어 있던 토지의 가액의 평가와 관련하여, 그러한 평가는 국유재산을 대부받은 점유자가 점유 개시 후에 자기의 비용과 노력으로 가치를 증가시킨 변경된 상태를 기준으로 할 것이 아니라 점유자가 점유를 개시할 당시의 현실적 이용상태를 상정하여 이를 기준으로 평가하여야 한다고 판시하여 왔고 … 대법원의 이러한 해석론은 토지가액의 평가기준에 관하여 동일하거나 유사한 용어를 사용하고 있던 2007년 개정 전 국유재산법 시행령과 2009년 개정 전 국유재산법 시행령 …에 대하여도 마찬가지로 적용된다고 할 것이다. 그런데 그 후 2009년 개정 국유재산법 시행령으로 전부 개정되어 국유 일반재산인 토지에 대한 대부료 산정의 기초가 되는 해당 토지가액의 산출기준이 '최근 공시된 해당 토지의 개별공시지가'에서 '사용료 산출을 위한 재산가액 결정 당시의 개별공시지가'로 변경되었는바, 사용료 산출을 위한 재산가액 결정 당시의 개별공시지가는 재산가액 결정 당시 시점에 당해 토지가 현실적으로 이용되는 상태를 그대로 평가하여 정해지는 것이고, 위와 같은 문언으로 개정한 입법 취지가 토지를 형질변경하게 되면 그에 따라 사용이익이 증감하는 것이 일반적이므로 그러한 현상을 있는 그대로 반영하여 대부료를 적정하게 산정하는 것이 보다 합리적이라는 사고에 바탕을 두고 이를 분명하게 하기 위한 것임을 고려할 때, '사용료 산출을 위한 재산가액 결정 당시의 개별공시지가'라는 위 개정조항에는 단순한 '개별공시지가'라거나 거기에 '최근'이라는 문구가 첨가된 구 조항들과는 달리 '점유 개시 당시가 아닌 현재의 현실적 이용상태'를 기준으로 한다는 의미가 담겨 있다고 봄이 상당하다.

따라서 국유 일반재산인 토지를 대부받은 점유자가 점유 개시 후에 자기의 비용과 노력으로 가치를 증가시켰다고 하더라도 2009년 개정 국유재산법 시행령의 시행일인 2009. 7. 31.부터는 점유자가 점유를 개시할 당시의 현실적 이용상태를 상정하여 이를 기준으로 해당 재산가액을 평가할 것이 아니라, 새로이 대부계약을 체결하거나 갱신할 당시의 현실적 이용상태를 기준으로 해당 재산가액을 산출하여야 한다. 그리고 이는 당초 국유재산의 점용 또는 사용·수익허가를 받아 점유를 개시한 후에 대부계약이 새로이 체결된 경우에도 마찬가지이다.

한편 주택의 경우 2008년 이전의 「국유재산법 시행령」에서는 별도의 규정을 두지 않다가 2009년 개정 시 '사용료 산출을 위한 재산가액 결정 당시의 주택가격'을 재산가액 산출 기준으로 신설하였는바, 기본적으로 상기 전원합의체 판결의 법리가 동일하게 적용된다고 볼 것이다.

2. 대부료율

대부료율은 원칙적으로 해당 재산가액의 1천분의 50 이상으로 하되, 다음의 어느 하나에 해당하는 경우에는 대부료율의 하한을 낮추어 적용한다.

가. 경작용 또는 목축용인 경우(국유재산법 시행령 제29조제1항제1호, 제51조)

경작용 또는 목축용인 경우의 대부료율은 해당 재산가액의 1천분의 10 이상으로 하며, 이 때 '경작용'은 「농지법 시행령」 제2조제3항제2호[53]에 해당하는 시설로 직접 사용하는 용도를 포함한다. 2017년 이전에는 '경작용'만을 규정하고 있었으나 농·축산업을 지원하기 위해 2018. 6. 「국유재산법 시행령」 개정을 통해 '목축용' 및 '「농지법 시행령」 제2조제3항제2호에 해당하는 시설로 직접 사용하는 용도'가 추가되었다.

경작용으로 대부하는 경우의 대부료는 여기서 산출한 대부료와 최근 공시된 해당 시·도의 농가별 단위면적당 농업 총수입[54]의 10분의 1에 해당하는 금액 중 적은 금액으로 할 수 있다(국유재산법 시행령 제29조제3항, 제51조).

나. 「수산업법」에 따른 어업 또는 「내수면어업법」에 따른 내수면어업에 직접 사용하는 경우(국유재산법 시행령 제29조제1항제1호의2, 제51조)

「수산업법」에 따른 어업 또는 「내수면어업법」에 따른 내수면어업에 직접 사용하는 경우의 대부료율은 해당 재산가액의 1천분의 10 이상으로 한다. 어업을 지원하기 위하여 2018. 6. 「국유재산법 시행령」 개정을 통해 어업행위에 직접 사용하는 국유재산의 대부료율의 하한을 낮춘 것이다.

---

53) 「농지법 시행령」 제2조(농지의 범위) ③ 법 제2조제1호나목에서 "대통령령으로 정하는 시설"이란 다음 각 호의 구분에 따른 시설을 말한다.
 2. 법 제2조제1호가목의 토지에 설치하는 농축산물 생산시설로서 농작물 경작지 또는 제1항 각 호의 다년생식물의 재배지에 설치한 다음 각 목의 어느 하나에 해당하는 시설
  가. 고정식온실·버섯재배사 및 비닐하우스와 농림축산식품부령으로 정하는 그 부속시설
  나. 축사·곤충사육사와 농림축산식품부령으로 정하는 그 부속시설
  다. 간이퇴비장
  라. 농막·간이저온저장고 및 간이액비저장조 중 농림축산식품부령으로 정하는 시설

54) 서울특별시·인천광역시는 경기도, 대전광역시·세종특별자치시는 충청남도, 광주광역시는 전라남도, 대구광역시는 경상북도, 부산광역시·울산광역시는 경상남도의 통계를 각각 적용한다.

이 때 「수산업법」에 따른 어업은 '수산동식물을 포획 · 채취하는 사업과 염전에서 바닷물을 자연 증발시켜 소금을 생산하는 사업'을 말하며(수산업법 제2조제2호), 「내수면어업법」에 따른 내수면어업은 '내수면[55]에서 수산동식물을 포획 · 채취하는 사업'을 말한다(내수면어업법 제2조제5호).

다. 주거용인 경우(국유재산법 시행령 제29조제1항제2호, 제51조)

주거용인 경우의 대부료율은 해당 재산가액의 1천분의 20 이상으로 한다. 다만 「국민기초생활 보장법」 제2조제2호[56]에 따른 수급자가 주거용으로 사용하는 경우에는 1천분의 10 이상으로 하는바, 생활이 어려운 국민의 최저생활을 보장하고 자활을 돕기 위한 목적이다.

라. 행정목적의 수행에 사용하는 경우(국유재산법 시행령 제29조제1항제3호, 제51조)

행정목적의 수행에 사용하는 경우의 대부료율은 해당 재산가액의 1천분의 25 이상으로 하며, 여기서의 '행정목적'은 당해 재산을 관리하는 행정청의 행정목적을 의미한다.

마. 지방자치단체가 해당 지방자치단체의 행정목적 수행에 사용하는 경우(국유재산법 시행령 제29조제1항제3호의2, 제51조)

지방자치단체가 해당 지방자치단체의 행정목적 수행에 사용하는 경우의 대부료율은 해당 재산가액의 1천분의 25 이상으로 한다. 2012년 이전에는 이러한 규정을 별도로 두지 않았으나, 지방자치단체가 행정목적 수행에 국유재산을 사용하는 경우에 있어 그 부담을 경감하기 위하여 2013. 4. 「국유재산법 시행령」 개정을 통해 신설되었다.

---

55) 하천, 댐, 호수, 늪, 저수지와 그 밖에 인공적으로 조성된 민물이나 기수(汽水: 바닷물과 민물이 섞인 물)의 물흐름 또는 수면(내수면어업법 제2조제1호)

56) 「국민기초생활 보장법」 제2조(정의) 이 법에서 사용하는 용어의 뜻은 다음과 같다.
2. "수급자"란 이 법에 따른 급여를 받는 사람을 말한다.

바. 지방자치단체나 지방공기업이 「국유재산법」 제18조제1항제3호에 따른 사회기반시설로 사용하는 경우(국유재산법 시행령 제29조제1항제3호의3, 제51조)

2020. 3. 「국유재산법」 개정을 통해 제18조제1항제3호를 신설하여 문화시설, 생활체육시설 등 국민생활의 편익을 증진시키는 생활밀착형 사회기반시설의 확충을 지원하기 위하여 지방자치단체 · 지방공기업이 국유지 위에 생활밀착형 사회기반시설을 축조할 수 있도록 하였다. 그런데 이러한 경우 해당 생활밀착형 사회기반시설이 국유지를 사용하게 되므로 지방자치단체 · 지방공기업은 국가에 국유재산 대부료를 납부해야 하는바, 2020. 9. 「국유재산법 시행령」 개정을 통해 제29조제1항제3호의3을 신설하며 해당 재산가액의 1천분의 25 이상으로 그 대부료율을 정하였다.

사. 공무원의 후생목적으로 사용하는 경우(국유재산법 시행령 제29조제1항제4호, 제51조)

공무원의 후생목적으로 국유재산을 사용하는 경우의 사용료율은 해당 재산가액의 1천분의 40 이상으로 한다. 이 때 '공무원의 후생목적으로 사용'이라 함은 당해 재산이 직접 공무원의 후생을 위하여 사용되는 것을 말한다. 이는 국가를 위해 일하는 공무원들의 복지 증진을 위한 것인바, 공무원 대상의 각종 복지시설 및 편의시설 등이 동 호의 적용을 받게 된다.

아. 「사회복지사업법」 제2조제1호[57]에 따른 사회복지사업에 직접 사용하는 경우 및 「부동산 실권리자명의 등기에 관한 법률 시행령」 제5조제1항제1호 · 제2호[58]에 따른 종교단체가 그 고유목적사업에 직접 사용하는 경우(국유재

57) 「사회복지사업법」 제2조(정의) 이 법에서 사용하는 용어의 뜻은 다음과 같다.
1. "사회복지사업"이란 다음 각 목의 법률에 따른 보호 · 선도(善導) 또는 복지에 관한 사업과 사회복지상담, 직업지원, 무료 숙박, 지역사회복지, 의료복지, 재가복지(在家福祉), 사회복지관 운영, 정신질환자 및 한센병력자의 사회복귀에 관한 사업 등 각종 복지사업과 이와 관련된 자원봉사활동 및 복지시설의 운영 또는 지원을 목적으로 하는 사업을 말한다.
가. 「국민기초생활 보장법」
나. 「아동복지법」
다. 「노인복지법」 (이하 각 호 생략)

58) 「부동산 실권리자명의 등기에 관한 법률 시행령」 제5조(종교단체 및 향교 등의 실명등기 등) ① 법 제11조제1항 단서에서 "종교단체, 향교 등"이란 다음 각 호의 어느 하나에 해당하는 것을 말한다.

산법 시행령 제29조제1항제5호, 제51조)

사회복지사업 및 종교단체의 고유목적사업에 대한 지원을 위하여 2011. 4.「국유재산법 시행령」 개정을 통해 신설되었으며, 이 경우의 국유재산 대부료율은 해당 재산가액의 1천분의 25 이상으로 한다.

자. 「소상공인기본법」 제2조에 따른 소상공인이 경영하는 업종에 직접 사용하는 경우(국유재산법 시행령 제29조제1항제6호, 제51조)

「소상공인기본법」 제2조[59]에 따른 소상공인이 경영하는 업종에 직접 사용하는 경우의 대부료율은 해당 재산가액의 1천분의 30 이상으로 한다. 소상공인의 사업 지원을 위해 2011. 4.「국유재산법 시행령」 개정을 통해 신설된 내용이다. 다만 「중소기업창업 지원법」 제3조제1항 단서[60]에 해당하는 업종, 즉 사행산업 등 경제질서 및 미풍양속에 현저히 어긋나는 업종의 경우에는 동 호가 적용되지 않는다.

한편 2020. 3.「국유재산법 시행령」 개정을 통해 동 호에 단서가 신설되었는바, '천재지변이나 「재난 및 안전관리 기본법」 제3조제1호[61]의 재난, 경기침체, 대

---

1. 법인 또는 「부동산등기법」 제49조제1항제3호에 따라 등록번호를 부여받은 법인 아닌 사단·재단으로서 종교의 보급 기타 교화를 목적으로 설립된 종단·교단·유지재단 또는 이와 유사한 연합종교단체(이하 이 조에서 "종단"이라 한다) 및 개별단체
2. 종단에 소속된 법인 또는 단체로서 종교의 보급 기타 교화를 목적으로 설립된 것(이하 이 조에서 "소속종교단체"라 한다)

59) 「소상공인기본법」 제2조(정의) ① 이 법에서 "소상공인"이란 「중소기업기본법」 제2조제2항에 따른 소기업(小企業) 중 다음 각 호의 요건을 모두 갖춘 자를 말한다.
1. 상시 근로자 수가 10명 미만일 것
2. 업종별 상시 근로자 수 등이 대통령령으로 정하는 기준에 해당할 것
② 제1항을 적용할 때 소상공인이 그 규모의 확대 등으로 소상공인에 해당하지 아니하게 된 경우 그 사유가 발생한 연도의 다음 연도부터 3년간은 소상공인으로 본다. 다만, 소기업 외의 기업과 합병하거나 그 밖에 대통령령으로 정하는 사유로 소상공인에 해당하지 아니하게 된 경우에는 그러하지 아니하다.

60) 「중소기업창업 지원법」 제3조(적용 범위) ① 이 법은 창업에 관하여 적용한다. 다만, 사행산업 등 경제질서 및 미풍양속에 현저히 어긋나는 업종의 창업에 관하여는 적용하지 아니한다. (각 호 생략)

61) 「재난 및 안전관리 기본법」 제3조(정의) 이 법에서 사용하는 용어의 뜻은 다음과 같다.
1. "재난"이란 국민의 생명·신체·재산과 국가에 피해를 주거나 줄 수 있는 것으로서 다음 각 목의 것을 말한다.
가. 자연재난: 태풍, 홍수, 호우(豪雨), 강풍, 풍랑, 해일(海溢), 대설, 한파, 낙뢰, 가뭄, 폭염, 지진, 황사(黃砂), 조류(藻類) 대발생, 조수(潮水), 화산활동, 소행성·유성체 등 자연우주물체의 추락·충돌, 그 밖에 이에 준하는 자연현상으로 인하여 발생하는 재해
나. 사회재난: 화재·붕괴·폭발·교통사고(항공사고 및 해상사고를 포함한다)·화생방사고·

량실업 등으로 인한 경영상의 부담을 완화하기 위해 총괄청이 기간을 정하여 고시하는 경우'에는 1천분의 30 이상이 아니라 1천분의 10 이상의 요율을 적용하며, 이 경우 총괄청이 해당 요율이 적용되는 한도를 정하여 고시할 수 있게 되었다. 코로나19에 따른 경기 침체가 발생함에 따라 국유재산을 대부받은 소상공인의 대부료 부담을 덜어주기 위해 도입된 제도이다.

차. 「중소기업기본법」 제2조에 따른 중소기업이 경영하는 업종에 직접 사용하는 경우로서 천재지변이나 「재난 및 안전관리 기본법」 제3조제1호의 재난, 경기 침체, 대량실업 등으로 인한 경영상의 부담을 완화하기 위해 총괄청이 기간을 정하여 고시하는 경우(국유재산법 시행령 제29조제1항제6호의2, 제51조)

「중소기업기본법」 제2조에 따른 중소기업[62]이 경영하는 업종[63]에 직접 사용하는 경우로서 천재지변이나 「재난 및 안전관리 기본법」 제3조제1호의 재난, 경기 침체, 대량실업 등으로 인한 경영상의 부담을 완화하기 위해 총괄청이 기간을 정하여 고시하는 경우의 대부료율은 해당 재산가액의 1천분의 30 이상으로 한다.

동 호 역시 코로나19 발생 이후 국유재산을 대부받은 중소기업의 대부료 부담을 덜어주기 위해 2020. 7. 「국유재산법 시행령」 개정을 통해 신설되었다.

카. 사회적기업, 협동조합 및 사회적협동조합, 자활기업, 마을기업이 해당 법령에 따른 사업 목적 달성을 위해 직접 사용하는 경우(국유재산법 시행령 제29조제1항제7호, 제51조)

「사회적기업 육성법」 제2조제1호에 따른 사회적기업,[64] 「협동조합 기본법」 제

환경오염사고 등으로 인하여 발생하는 대통령령으로 정하는 규모 이상의 피해와 국가핵심기반의 마비, 「감염병의 예방 및 관리에 관한 법률」에 따른 감염병 또는 「가축전염병예방법」에 따른 가축전염병의 확산, 「미세먼지 저감 및 관리에 관한 특별법」에 따른 미세먼지 등으로 인한 피해

62) 소상공인은 제외하는바, 소상공인에 대해서는 「국유재산법 시행령」 제29조제1항제6호의 별도 규정이 있기 때문이다.

63) 다만 「중소기업창업 지원법」 제3조제1항 단서에 해당하는 업종(사행산업 등 경제질서 및 미풍양속에 현저히 어긋나는 업종)은 제외되는바, 이는 앞서 살펴본 소상공인이 경영하는 업종에 직접 사용하는 경우와 동일하다.

64) 「사회적기업 육성법」 제2조(정의) 이 법에서 사용하는 용어의 뜻은 다음과 같다.
1. "사회적기업"이란 취약계층에게 사회서비스 또는 일자리를 제공하거나 지역사회에 공헌함으로써 지역주민의 삶의 질을 높이는 등의 사회적 목적을 추구하면서 재화 및 서비스의

2조제1호에 따른 협동조합 및 같은 조 제3호에 따른 사회적협동조합,[65] 「국민기초생활 보장법」 제18조에 따른 자활기업,[66] 「도시재생 활성화 및 지원에 관한 특별법」 제2조제1항제9호에 따른 마을기업[67]이 해당 법령에 따른 사업 목적 달성을 위해 직접 사용하는 경우의 대부료율은 해당 재산가액의 1천분의 25 이상으로 한다.

3. 대부료의 산출

가. 일반적인 경우

연간 대부료는 해당 재산가액에 대부료율을 곱한 금액으로 하되 월 단위, 일 단위 또는 시간 단위로 계산할 수 있다(국유재산법 시행령 제29조제1항, 제51조). 경쟁입찰로 대부하는 경우[68] 첫해의 대부료는 최고입찰가로 결정하고, 2차 연도 이후 기간[69]의 대부료는 다음의 계산식에 따라 산출한다(국유재산법 시행령 제29조제6항 본문, 제51조).

$$\text{입찰로 결정된 첫해의 대부료} \times \frac{\text{국유재산법시행령 제29조제2항에 따라 산출한 해당연도의 재산가액}}{\text{입찰 당시의 재산가액}}$$

다만 「국유재산법 시행령」 제29조제1항제6호 단서 및 같은 항 제6호의2에 따라 총괄청이 기간을 정하여 고시하는 경우 해당 기간의 대부료는 같은 항 제6호 단

생산·판매 등 영업활동을 하는 기업으로서 제7조에 따라 인증받은 자를 말한다.

65) 「협동조합 기본법」 제2조(정의) 이 법에서 사용하는 용어의 뜻은 다음과 같다.
1. "협동조합"이란 재화 또는 용역의 구매·생산·판매·제공 등을 협동으로 영위함으로써 조합원의 권익을 향상하고 지역 사회에 공헌하고자 하는 사업조직을 말한다.
3. "사회적협동조합"이란 제1호의 협동조합 중 지역주민들의 권익·복리 증진과 관련된 사업을 수행하거나 취약계층에게 사회서비스 또는 일자리를 제공하는 등 영리를 목적으로 하지 아니하는 협동조합을 말한다.

66) 「국민기초생활 보장법」 제18조(자활기업) ① 수급자 및 차상위자는 상호 협력하여 자활기업을 설립·운영할 수 있다.
② 자활기업은 조합 또는 「부가가치세법」상의 사업자로 한다.

67) 「도시재생 활성화 및 지원에 관한 특별법」 제2조(정의) ① 이 법에서 사용하는 용어의 뜻은 다음과 같다.
9. "마을기업"이란 지역주민 또는 단체가 해당 지역의 인력, 향토, 문화, 자연자원 등 각종 자원을 활용하여 생활환경을 개선하고 지역공동체를 활성화하며 소득 및 일자리를 창출하기 위하여 운영하는 기업을 말한다.

68) 국유재산 대부료는 공개하여야 하며, 그 공개한 대부료 미만으로 응찰한 입찰서는 무효로 한다(국유재산법 시행령 제29조제5항, 제51조).

69) 대부를 갱신하지 아니한 대부기간 중으로 한정한다.

서 및 같은 항 제6호의2에 따라 각각 산출한 대부료로 한다(국유재산법 시행령 제29조제6항 단서, 제51조). 이 두 조항은 코로나19 발생에 따라 국유재산을 대부받은 소상공인·중소기업의 대부료 부담을 덜어주기 위해 도입된 것인바, 이러한 입법 목적을 달성하기 위함이다.

대부를 갱신한 경우 갱신된 대부기간의 연간 대부료는 「국유재산법 시행령」 제29조에 따라 산출한 대부료와 다음 계산식에 따라 산출한 대부료[70] 중 큰 금액으로 한다(국유재산법 시행령 제34조제2항, 제51조).[71]

$$\text{갱신하기 직전 연도의 연간 대부료} \times \frac{\text{국유재산법시행령 제29조제2항에 따라 산출한 해당연도의 재산가액}}{\text{갱신하기 직전연도의 재산가액}}$$

나. 토지의 공중 또는 지하 부분을 대부하는 경우

국유재산인 토지의 공중 또는 지하 부분을 대부하는 경우의 대부료는 「국유재산법 시행령」 제29조제1항에 따라 산출된 대부료에 '입체이용저해율'[72]을 곱하여 산정한 금액으로 한다(국유재산법 시행령 제29조제4항, 제51조, 국유재산 입체공간 사용허가 지침 제4조제1항). 공중선로, 지하매설관로 등 공중이나 지하 부분의 사용도 토지의 사용이기는 하나, 지상 부분의 사용에 비해 토지에 미치는 제약이 크지 않으므로 지상 부분을 사용할 때보다 대부료를 낮춰 주는 것이다.

이 때 '입체이용저해율'은 「공익사업을 위한 토지 등의 취득 및 보상에 관한 법률 시행규칙」, 「토지보상평가지침」에 따라 산정하되, 기획재정부 훈령인 「국유재산 입체공간 사용허가 지침」[73] 별표 1의 기준을 적용할 수 있다. 또한 재산의 위치·형태·용도나 대부의 목적·성질 등을 고려하여 상기 입체이용저해율을 적용하기

---

70) 만약 「국유재산법 시행령」 제29조제1항제6호 단서 및 같은 항 제6호의2에 따라 연간 대부료가 변경된 경우라면, 아래의 계산식 중 '갱신하기 직전 연도의 연간 대부료'는 변경 전 연간 대부료를 의미한다.

71) 다만, 「국유재산법 시행령」 제29조제1항제6호 단서 및 같은 항 제6호의2에 따라 총괄청이 기간을 정하여 고시하는 경우 해당 기간의 대부료는 같은 항 제6호 단서 및 같은 항 제6호의2에 따라 각각 산출한 대부료로 한다.

72) '해당 공중·지하 부분을 사용함으로 인하여 토지의 이용이 저해되는 정도에 따른 적정한 비율'을 의미한다.

73) 이는 기획재정부 훈령이지만 법령인 「국유재산법 시행령」 제29조제4항을 구체화하고 있으므로 '법령보충적 행정규칙'에 해당한다고 본다. 따라서 일반적인 행정규칙과는 달리 대외적 효력이 있고 법규성도 인정된다.

곤란한 경우에는 감정평가기관에 의뢰하여 산정한 입체이용저해율을 적용할 수도 있다(국유재산 입체공간 사용허가 지침 제4조제2항, 제3항).

〈표 5-14〉 공중·지하 부분 입체이용저해율(국유재산 입체공간 사용허가 지침 별표 1)

구 분	고층시가지[74]	중층시가지[75]	저층시가지[76]	주택지[77]	농지, 임지[78]
공중저해율	2.9%	9.4%		9.4%	6.5%
지하저해율	2.1%	5.6%		5.6%	3.5%

4. 대부료의 납부 시기

대부료는 선납하여야 하며, 대부료의 납부기한은 대부계약을 한 날부터 60일 이내로 하되 사용·수익을 시작하기 전으로 한다. 다만, 중앙관서의 장은 부득이한 사유로 납부기한까지 대부료를 납부하기 곤란하다고 인정될 때에는 납부기한을 따로 정할 수 있다(국유재산법 시행령 제30조제1항, 제2항, 제51조).

한편 대부료 납부를 유예할 수도 있는바, 천재지변이나 「재난 및 안전관리 기본법」 제3조제1호의 재난, 경기침체, 대량실업 등으로 인한 경영상의 부담을 완화하기 위해 총괄청이 대상과 기간을 정하여 고시하는 경우에는 해당 기간에 납부기한이 도래하거나 납부고지된 대부료를 고시로 정하는 바에 따라 1년의 범위에서 미루어 내게 할 수 있다(국유재산법 시행령 제30조제3항, 제51조). 과거에는 이러한 대부료 납부 유예 규정이 없었으나, 코로나19 발생에 따른 국유재산 대부자의 부담 경감을 위해 2020. 7. 새로 도입되었다.

---

74) 16층 이상의 고층건물이 최유효이용으로 판단되는 지역으로서 중심상업지역과 일반상업지역 등을 말한다.

75) 11~15층 건물이 최유효이용으로 판단되는 지역으로서 고층시가지로 변화되고 있는 일반상업지역·근린상업지역·준주거지역 등을 말한다.

76) 4~10층 건물이 최유효이용으로 판단되는 지역으로서 주택·공장·상가 등이 혼재된 일반상업지역·근린상업지역·준주거지역·일반주거지역 등을 말한다.

77) 3층 이하 건물이 최유효이용으로 판단되는 지역으로서 전용일반주거지역·일반주거지역·공업지역·녹지지역·관리지역·농림지역·자연환경보전지역 등을 말하며, 가까운 장래에 택지화가 예상되는 지역을 포함한다.

78) 농지·임지가 최유효이용으로 판단되는 지역으로서 사회, 경제 및 행정적 측면에서 가까운 장래에 택지화가 예상되지 아니하는 녹지지역 등을 말한다.

5. 대부료의 조정

대부료는 기본적으로 해당 재산의 재산가액에 대부료율을 곱하여 산출하는바, 재산가액이 급등할 경우 대부료율을 인상하지 않더라도 대부료가 크게 오를 수 있다. 이렇게 되면 대부료 금액에 대한 예측가능성이 낮아짐은 물론 국유재산 대부자의 재정적 부담이 크게 증가하게 되므로, 중앙관서의 장이 대부료를 조정할 수 있도록 하고 있다.

즉 중앙관서의 장은 동일인[79]이 같은 일반재산을 대부기간 내에서 1년을 초과하여 계속 사용·수익하는 경우로서, 해당 연도의 대부료가 전년도 대부료[80]보다 다음과 같이 증가한 경우에는 그 대부료를 조정할 수 있다(국유재산법 제33조제1항, 제2항, 제47조제1항). 이는 적법하게 대부를 받은 뒤 1년을 초과하여 이를 사용·수익하는 성실한 국유재산 대부자를 보호하기 위한 것이다.

〈표 5-15〉 대부료 조정이 가능한 경우 및 조정 대부료(국유재산법 시행령 제31조, 제51조)

대부료 조정이 가능한 경우	조정 대부료
1. 「국유재산법 시행령」 제29조제1항제1호, 제1호의2 및 제2호의 대부료가 5퍼센트 이상 증가한 경우(대부를 갱신하는 경우 포함)	전년도 대부료보다 5퍼센트 증가된 금액
2. 상기 1.에 해당하지 않는 경우로서, 「상가건물 임대차보호법」 제2조제1항에 따른 상가건물로서 대부료가 5퍼센트 이상 증가한 경우(대부를 갱신하는 최초 연도의 경우는 제외)	전년도 대부료보다 5퍼센트 증가된 금액
3. 상기 1.과 2. 외에 대부료가 9퍼센트 이상 증가한 경우(대부를 갱신하는 최초 연도의 경우는 제외)	전년도 대부료보다 9퍼센트 증가된 금액

참고로 2017년 이전 「국유재산법 시행령」에서는 상가건물에 대한 별도의 기준을 두고 있지 않았는바, 당시에는 「상가건물 임대차보호법 시행령」상 차임증액비율 역시 연 9%였기에 특별히 문제가 되지 않았다. 그런데 2018. 1. 「상가건물 임대차보호법 시행령」 제4조[81]가 개정되며 차임증액비율이 연 5%로 조정되었고, 이로 인

79) 상속인이나 그 밖의 포괄승계인은 피승계인과 동일인으로 본다.
80) 「국유재산법 시행령」 제29조제1항제6호 단서 및 같은 항 제6호의2에 따라 연간 대부료가 변경된 경우에는 변경 전 연간 대부료를 말한다.

해 국유재산을 대부받아 상업활동을 할 경우 사인의 재산을 임대한 경우에 비해 부담이 과중하다는 지적이 제기되었다. 이에 2018. 6. 「국유재산법 시행령」 개정을 통해 「상가건물 임대차보호법」 제2조제1항에 따른 상가건물의 경우 대부료 조정 시 '전년도 대부료보다 5퍼센트 증가된 금액'을 최대금액으로 하게 된 것이다.

6. 대부료의 감면

중앙관서의 장은 법령에 정해진 요건에 부합되는 경우 국유재산 대부료를 감면할 수 있다. 참고로 과거에는 대부료의 면제 규정만 두고 있었으나, 국유재산의 활용성 제고를 위해 2018. 3. 대부료의 감면 조항이 신설되었다.

가. 대부료의 면제가 가능한 경우

중앙관서의 장은 다음의 어느 하나에 해당하면 그 대부료를 면제할 수 있다.

1) 일반재산을 직접 공용 · 공공용 또는 비영리 공익사업용으로 사용하려는 지방자치단체에 대부하는 경우(국유재산법 제34조제1항제2호, 제47조제1항)

지방자치단체가 '직접' 공용·공공용 또는 비영리공익사업용으로 일반재산을 사용하는 경우를 말한다. 따라서 지방자치단체가 국유재산에 건축물을 건축하여 임대료를 받고 해당 건물을 지방자치단체 외의 자에게 임대하는 경우는 지방자치단체가 직접 사용하는 것이 아니므로 동 호가 적용될 수 없다.

이 경우 대부료를 면제받으려는 지방자치단체는 그 재산의 취득 계획을 중앙관서의 장에게 제출하여야 하고, 취득 계획을 제출받은 중앙관서의 장이 대부료를 면제하려는 경우 그 대부기간은 1년을 초과해서는 아니 된다(국유재산법 시행령 제32조제5항, 제6항, 제51조). 즉 동 호는 지방자치단체가 직접 공용·공공용 또는 비영리 공익사업용으로 사용하기 위해 일반재산을 취득하는 것을 전제로, 최대 1년간 해당 일반재산의 무상대부를 허용하는 것이다.

지방자치단체에 대한 대부료 면제 시 해당 재산의 취득 계획 제출 및 1년간의 무상 대부기간 제한 조항은 국유재산의 방만한 무상사용을 억제함으로써 국가재정

81) 「상가건물 임대차보호법 시행령」 제4조(차임 등 증액청구의 기준) 법 제11조제1항의 규정에 의한 차임 또는 보증금의 증액청구는 청구당시의 차임 또는 보증금의 100분의 5의 금액을 초과하지 못한다.

의 건전한 운영을 도모하기 위하여 2011. 4.「국유재산법 시행령」 개정을 통해 도입된 것이다. 이는 과거 일부 지방자치단체가 지속적으로 대부료를 면제받아 국유재산을 사용하였던 관행을 타파하기 위한 것인바, 상기 조항 도입 이전에 대부료를 면제받았다가 상기 조항 도입 이후에 대부계약을 갱신하는 경우에도 이러한 제한이 적용된다.

한편 지방자치단체가 무상 대부기간 1년이 지나도록 해당 일반재산을 취득하지 못했을 경우 다시 대부를 할 수 있는지가 쟁점이 될 수 있는바, 이에 대해서는 앞서 살펴보았던 사용허가의 경우와 다르지 않다고 본다. 즉 동 호의 입법 취지가 지방자치단체의 일반재산 취득을 전제로 그 취득에 필요한 행정절차 기간 등을 고려하여 1년 간 특별한 혜택을 부여하는 것이므로 해당 일반재산을 취득하지 못하였다면 다시 대부계약을 할 수 없다는 견해도 있으나, 동 호는 대부료 면제에 대한 것이지 대부계약 자체의 가부를 논하는 것은 아니라는 점에서 유상 대부의 가능성까지 배제할 필요는 없다고 본다. 따라서 무상 대부기간 1년이 지나도록 지방자치단체가 해당 일반재산을 취득하지 못하였다면 더 이상 무상 대부는 불가하나, 추가적으로 유상 대부를 받는 것은 가능하다고 할 것이다.[82]

다만 지방자치단체가 취득 계획 제출을 통해 1년간 무상 대부를 받았으나, 해당 일반재산을 취득하지 못한 상태에서 동일한 일반재산에 대해 다시 취득 계획 제출을 통한 무상 대부를 시도하는 것은 허용되기 어렵다. 이를 허용한다면 무상 대부기간 1년을 규정하고 있는「국유재산법 시행령」 조항이 사실상 형해화되고, 국유재산의 편법 운용이 성행할 수 있기 때문이다.

2) 일반재산을 직접 비영리 공익사업용으로 사용하려는 공공단체에 대부하는 경우(국유재산법 제34조제1항제3호, 제47조제1항)

이 때의 공공단체는 ‘법령에 따라 정부가 자본금의 전액을 출자하는 법인’[83]과 ‘법령에 따라 정부가 기본재산의 전액을 출연하는 법인’ 중 어느 하나에 해당하는 것을 말하며(국유재산법 시행령 제33조, 제51조), 어느 사업이 비영리 공익사업인지의

82) 이 경우는 특별한 사정이 없는 한 ‘지방자치단체가 해당 지방자치단체의 행정목적 수행에 사용하는 경우’로 볼 수 있으므로, 대부료율은 ‘1천분의 25 이상’이 될 것이다(국유재산법 시행령 제29조제1항제3호의2, 제51조).

83) 한국토지주택공사, 한국조폐공사, 한국교육방송공사, 한국투자공사 등이 있다.

여부는 그 사업이 수익성이 있는 것인지의 여부, 그 사업의 규모, 횟수, 태양 등에 비추어 수익을 목적으로 하면서 사업활동으로 볼 수 있을 정도의 계속성과 반복성을 가지고 있는 것인지의 여부 등을 고려하여 사회통념에 따라 합리적으로 판단하여야 한다.[84]

3) 대부받은 일반재산을 천재지변이나 「재난 및 안전관리 기본법」 제3조제1호의 재난으로 사용하지 못하게 된 경우(국유재산법 제34조제2항, 제47조제1항)

「재난 및 안전관리 기본법」 제3조제1호의 '재난'은 국민의 생명·신체·재산과 국가에 피해를 주거나 줄 수 있는 것으로서 '자연재난'[85]과 '사회재난'[86]으로 구분된다. 이렇게 천재지변이나 재난으로 대부받은 일반재산을 사용하지 못한 경우에는 해당 일반재산을 사용하지 못한 기간에 대한 대부료를 면제할 수 있다.

4) 국유재산의 무상 대부에 대한 개별 법령의 규정이 있는 경우

개별 법령에서 '「국유재산법」에도 불구하고 국유재산을 무상으로 대부할 수 있다'는 내용의 국유재산 무상 대부에 대한 규정을 두는 경우가 있다. 이러한 경우 해당 규정은 「국유재산법」에 대하여 특별법적 지위를 갖게 되므로 해당 법령에 근거하여 국유재산의 무상 대부가 가능하다.

국유재산의 무상 대부에 대한 규정은 개별 법령마다 조금씩 차이가 있는데 무상으로 대부·사용·수익 등이 가능함을 명시하는 경우가 보통이다. 다만 법령에 따라 무상 사용 또는 무상 대부만을 규정하는 경우도 있는데, 이러한 경우에도 무상 사용허가와 무상 대부가 모두 가능하다고 본다. 「국유재산법」과는 달리 타 법령에서는 행정재산·일반재산, 사용허가·대부의 개념을 명확히 구분하지 않는 경우가 보통인바, 국유재산의 공익적 목적의 활용을 위해 개별 법령에 특별 규정을 둔 취

84) 대법원 1999. 7. 9. 선고 97누20724 판결

85) 태풍, 홍수, 호우(豪雨), 강풍, 풍랑, 해일(海溢), 대설, 한파, 낙뢰, 가뭄, 폭염, 지진, 황사(黃砂), 조류(藻類) 대발생, 조수(潮水), 화산활동, 소행성·유성체 등 자연우주물체의 추락·충돌, 그 밖에 이에 준하는 자연현상으로 인하여 발생하는 재해

86) 화재·붕괴·폭발·교통사고(항공사고 및 해상사고를 포함한다)·화생방사고·환경오염사고 등으로 인하여 발생하는 「재난 및 안전관리 기본법 시행령」 제2조에서 정하는 규모 이상의 피해와 국가핵심기반의 마비, 「감염병의 예방 및 관리에 관한 법률」에 따른 감염병 또는 「가축전염병예방법」에 따른 가축전염병의 확산, 「미세먼지 저감 및 관리에 관한 특별법」에 따른 미세먼지 등으로 인한 피해

지를 최대한 고려하기 위함이다.

〈해석례〉 법제처 18-0275, 민주화운동기념사업회에 행정재산을 무상으로 사용허가할 수 있는지 여부, 2018. 7. 26.

「민주화운동기념사업회법」 제15조에서는 민주화운동기념사업회의 설립과 운영을 위하여 필요한 경우 국가가 무상으로 대부할 수 있는 대상을 "국유재산"으로 규정하고 있는데, "국유재산"은 "행정재산과 일반재산을 모두 포함"(「국유재산법」 제6조제1항)하는 개념인바, 「국유재산법」에서 "행정재산"에 대한 사용·수익을 "사용허가"로, "일반재산"에 대한 사용·수익을 "대부계약"으로 각각 구분하여 규정하고(제2조제7호 및 제8호) 있음에도 불구하고 「민주화운동기념사업회법」 제15조에서 "국유재산을 무상으로 대부할 수 있다"로 규정하여 국유재산 전부를 적용대상으로 규정한 취지를 고려하면 같은 규정의 "대부"는 「국유재산법」에 따른 "대부계약"(제2조제8호)만을 의미하는 것이 아니라 "사용허가"(제2조제7호)까지를 포함하여 "국유재산을 사용·수익하게 하는 행위" 전부를 의미하는 것으로 보아야 합니다.

나. 대부료의 감면이 가능한 경우

중앙관서의 장은 다음의 어느 하나에 해당하면 그 대부료를 감면할 수 있다.

1) 일반재산의 형태 · 규모 · 내용연수 등을 고려하여 활용성이 낮거나 보수가 필요한 재산 등을 대부하는 경우(국유재산법 제34조제3항, 제47조제1항)

일반재산의 형태·규모·내용연수 등을 고려하여 활용성이 낮거나 보수가 필요한 재산 등을 대부하는 경우에는 대부료를 감면할 수 있다. 형상불량, 극소규모 토지, 노후건물 등 활용성은 낮으나 대부료의 면제 사유에 해당하지 않는 국유재산의 활용성을 높이고, 획일적인 대부료 책정을 보다 합리적으로 바꾸기 위해 2018. 3. 「국유재산법」 개정을 통해 신설된 규정이다.

위 규정에 의해 대부료 감면이 가능한 경우와 감면액은 다음과 같다.

〈표 5-16〉 대부료 감면이 가능한 경우 및 감면액(국유재산법 시행령 제32조제7항, 제51조)

대부료 감면이 가능한 경우	감면액
1. 통행이 어렵거나 경사지거나 부정형(不定形) 등의 사유로 활용이	대부료의 100분

곤란한 토지로서 면적이 100㎡ 이하이고 재산가액이 1천만원 이하인 경우	의 30을 감면
2. 면적이 30㎡ 이하인 토지로서 재산가액이 100만원 이하인 경우	대부료의 100분의 30을 감면
3. 다음의 어느 하나에 해당하는 건물로서 대부를 받은 자가 시설보수 비용을 지출하는 경우 1) 준공 후 20년이 지난 건물로서 원활한 사용을 위하여 보수가 필요한 경우 2) 「시설물의 안전 및 유지관리에 관한 특별법 시행령」 제12조에 따른 시설물의 안전등급 기준이 같은 영 별표 8[87]에 따른 C등급 이하인 건물로서 안전관리를 위하여 보수가 필요한 경우 3) 천재지변이나 그 밖의 재해 등으로 인하여 파손된 건물로서 별도의 보수가 필요한 경우	지출하는 보수비용에 상당하는 금액을 대부료에서 감면 (최초 1회로 한정)

2) 국가가 타인의 재산을 점유하는 동시에 해당 재산 소유자는 국가의 일반재산을 점유하는 경우(국유재산법 제47조의2)

사용허가와는 별도로 대부에만 적용되는 대부료 감면 규정이 있는데, 바로 일반재산의 상호 점유에 관한 것이다. 즉 중앙관서의 장은 국가가 타인의 재산을 점유하는 동시에 해당 재산 소유자는 국가의 일반재산을 점유하는 경우 해당 재산 소유자에게 점유 중인 일반재산의 대부료를 감면할 수 있고(국유재산법 제47조의2), 이 경우 감면액의 한도는 상호 점유하고 있는 사유재산을 행정재산으로 보아 그에 대하여 「국유재산법 시행령」 제29조에 따라 사용료액을 계산할 경우 산출되는 금액

87) 「시설물의 안전 및 유지관리에 관한 특별법 시행령」 제12조에 따른 시설물의 안전등급 기준은 다음과 같다.

안전등급	시설물의 상태
1. A (우수)	문제점이 없는 최상의 상태
2. B (양호)	보조부재에 경미한 결함이 발생하였으나 기능 발휘에는 지장이 없으며, 내구성 증진을 위하여 일부의 보수가 필요한 상태
3. C (보통)	주요부재에 경미한 결함 또는 보조부재에 광범위한 결함이 발생하였으나 전체적인 시설물의 안전에는 지장이 없으며, 주요부재에 내구성, 기능성 저하 방지를 위한 보수가 필요하거나 보조부재에 간단한 보강이 필요한 상태
4. D (미흡)	주요부재에 결함이 발생하여 긴급한 보수·보강이 필요하며 사용제한 여부를 결정하여야 하는 상태
5. E (불량)	주요부재에 발생한 심각한 결함으로 인하여 시설물의 안전에 위험이 있어 즉각 사용을 금지하고 보강 또는 개축을 하여야 하는 상태

이다(국유재산법 시행령 제51조의3).

과거에는 이러한 상호점유에 있어 국가는 토지 소유주에게 별다른 보상을 하지 않고 사유지를 점유·사용하는 반면, 사인은 국가가 사용하고 있는 사유지에 대해 재산세를 납부하는 동시에 점유·사용 중인 국유지에 대해서도 점유 면적에 해당하는 대부료나 변상금을 부담하는 사례가 적지 않았다. 이에 2014. 6. 국민권익위원회에서 상호점유에 있어 대부료 감면 근거 신설을 권고하였고, 2016. 3.「국유재산법」 개정을 통해 이를 도입하게 된 것이다.

7. 대부보증금

대부료에 관하여는 연간 대부료의 전부 또는 일부를 다음 계산식에 따라 산출된 대부보증금으로 환산하여 받을 수 있다(국유재산법 제47조제2항, 국유재산법 시행령 제51조의2).

$$\text{대부보증금} = \frac{\text{연간 대부료 중 대부보증금전환대상금액}^{88)}}{\text{고시이자율}}$$

중앙관서의 장등은 대부기간이 만료되거나 대부계약이 해제 또는 해지된 경우에는 상기 대부보증금을 반환하여야 하며, 이 경우 대부받은 자가 내지 아니한 대부료, 공과금 등이 있으면 이를 제외하고 반환하여야 한다(국유재산법 제47조제3항).

Ⅵ. 대부의 해제와 해지

대부의 해제와 해지는 사용허가의 취소와 철회를 규정하고 있는「국유재산법」 제36조 및 사용허가 철회로 인한 손실보상을 규정하고 있는「국유재산법 시행령」 제35조를 준용한다(국유재산법 제47조제1항, 국유재산법 시행령 제51조).

---

88) 이 때의 ‘고시이자율’은 분기별 변동 이자율의 형태로 하되, 직전 분기 중 전국은행연합회에서 가장 마지막으로 공시하는 ‘신규취급액기준 COFIX’로 한다(국유재산 사용료 등의 분할 납부 등에 적용할 이자율(기획재정부 고시) 제1조).

〈참고 5-3〉 사용허가와 대부 간 용어의 차이

사용허가는 행정재산을 국가 외의 자가 사용·수익할 수 있도록 하는 것인바, 공법 관계가 적용되는 행정처분에 해당한다. 따라서 행정법상 행정행위의 취소, 철회 법리가 적용되므로 「국유재산법」에서도 사용허가에 대해서는 취소, 철회라는 용어를 쓰고 있다. 이 때 취소는 행정행위가 적법하지 않고 하자가 있는 경우 그 행정행위의 효력을 소급적으로 소멸시키는 것이고, 철회는 적법하게 성립한 행정행위에 있어 사후적으로 발생한 사유로 인해 그 효력을 장래를 향해 소멸시키는 것이다.

반면 대부는 일반재산을 국가 외의 자가 사용·수익할 수 있도록 하는 것으로, 국가가 사경제 주체로서 상대방과 대등한 위치에서 행하는 사법 계약이다. 따라서 「국유재산법」에서도 일반 사법의 개념인 해제, 해지라는 용어를 사용하는 것이다. 이 때 해제는 유효하게 성립된 계약의 효력을 당사자 일방의 의사표시에 의해 소급적으로 소멸시키고, 해지는 그 계약의 효력을 장래를 향해 소멸시키게 된다.

결국 사용허가에 있어 취소·철회와 대부의 해제·해지는 소급효 여부에 따라 나눌 수 있으므로 「국유재산법」 제36조 중 사용허가의 취소는 대부의 해제에, 사용허가의 철회는 대부의 해지에 각각 해당한다고 볼 것이다.

1. 대부의 해제 · 해지가 가능한 경우

이는 대부받은 자의 귀책에 의한 경우와 국가·지방자치단체의 필요에 의한 경우로 나누어 볼 수 있다.

가. 대부받은 자의 귀책에 의한 경우

중앙관서의 장은 일반재산의 대부를 받은 자가 다음의 어느 하나에 해당하면 그 대부를 해제하거나 해지할 수 있다.

〈표 5-17〉 대부받은 자의 귀책에 의해 대부의 해제 · 해지가 가능한 경우(국유재산법 제36조 제1항, 제47조제1항)

1. 거짓 진술을 하거나 부실한 증명서류를 제시하거나 그 밖에 부정한 방법으로 대부를 받은 경우 2. 대부받은 재산을 「국유재산법」 제30조제2항을 위반하여 다른 사람에게 사용·수

익하게 한 경우 3. 해당 재산의 보존을 게을리하였거나 그 사용목적을 위배한 경우 4. 납부기한까지 대부료를 납부하지 아니하거나 「국유재산법」 제32조제2항 후단에 따른 보증금 예치나 이행보증조치를 하지 아니한 경우 5. 중앙관서의 장의 승인 없이 대부받은 재산의 원래 상태를 변경한 경우

나. 국가 · 지방자치단체의 필요에 의한 경우

중앙관서의 장은 대부한 일반재산을 국가나 지방자치단체가 직접 공용이나 공공용으로 사용하기 위하여 필요하게 된 경우에는 그 대부를 해지할 수 있다. 이 경우 대부 해지로 인하여 해당 대부를 받은 자에게 손실이 발생하면, 그 재산을 사용할 기관은 대부를 받은 자에게 다음의 보상액을 보상한다(국유재산법 제36조제2항, 제3항, 제47조제1항).

〈표 5-18〉 국가 · 지방자치단체의 필요에 따른 대부 해지로 인해 대부를 받은 자에게 손실이 발생한 경우의 보상액(국유재산법 시행령 제35조, 제51조)

1. 대부 해지 당시를 기준으로 아직 남은 대부기간에 해당하는 시설비 또는 시설의 이전(수목의 옮겨심기 포함)에 필요한 경비[89)] 2. 대부 해지에 따라 시설을 이전하거나 새로운 시설을 설치하게 되는 경우 그 기간 동안 영업을 할 수 없게 됨으로써 발생하는 손실에 대한 평가액

한편 국가가 일반재산에 관하여 대부계약을 체결하면서 대부계약 해지 시 손해배상을 약정한 경우, 이를 일반 채무불이행에 기한 손해배상의 법리에 따라 배상하겠다는 취지까지 담겨 있다고 단정할 수는 없다. 따라서 특별한 사정이 없는 한

89) 대부계약의 상대방이 대부계약의 목적 토지를 대부계약에서 정한 사용 목적에 따라 경작에 적합한 상태로 개간하기 위하여 필요한 비용을 투입하였다가 '국가나 지방자치단체가 대부계약의 목적물을 직접 공용이나 공공용으로 사용하기 위하여 필요하다'는 사유로 국가에 의하여 대부계약을 해지당한 경우, 헌법 제23조 제3항이 규정하는 정당한 보상의 원칙과 대부계약의 존속을 신뢰하여 상대방이 지출한 시설비 등을 보상하려는 구 국유재산법 시행령 제35조 제1호의 규정 취지에 비추어 볼 때, 위와 같은 개간비를 시설비 등과 달리 취급하여 보상에서 제외할 합리적인 이유는 없으므로, 위 규정을 유추적용하여 대부계약의 해지 당시를 기준으로 아직 남은 계약기간에 해당하는 개간비 부분도 손실보상의 대상이 된다고 봄이 타당하다(대법원 2014. 1. 23. 선고 2011다18017 판결).

국유재산법 관계 법령에서 정한 손실보상액을 행정상 손실보상절차가 아닌 민사상 절차에 의하여 배상하겠다는 의미로 해석하여야 한다.

〈판례〉 대법원 2014. 1. 23. 선고 2011다18017 판결
국가가 일반재산에 관하여 대부계약을 체결하면서, 국가나 지방자치단체가 대부계약의 목적물을 직접 공용이나 공공용으로 사용하기 위하여 필요한 때에는 대부계약을 해지할 수 있고 그 경우 상대방이 입은 손해를 배상하겠다고 약정한 경우, 이는 대부계약의 법적 성질이 사법상 계약임에 비추어 대부계약의 해지로 인하여 상대방이 입은 손실을 행정상 손실보상절차에 의하지 아니하고 민사상 절차에 의하여 배상하겠다는 취지로 해석할 수는 있지만, 더 나아가 그 약정 속에 상대방이 입은 손해를 일반 채무불이행에 기한 손해배상의 법리에 따라 배상하겠다는 취지까지 담겨 있다고 단정할 수는 없다.
위와 같은 사유로 대부계약을 해지하는 것은 구 국유재산법에 따른 적법행위이므로 채무불이행에 기한 손해배상의 법리가 그대로 적용될 수 없는 점, 구 국유재산법 관계 법령에 위와 같은 사유에 기한 대부계약 해지 시 상대방에게 보상하여야 할 손실액을 명시하여 규정하고 있으므로 국가는 특별한 사정이 없는 한 이를 따라야 하는 점, 대부계약의 상대방으로서도 행정상 손실보상절차에 의할 경우 구 국유재산법 관계 법령에서 정한 손실보상액을 한도로 보상받을 수밖에 없으므로 이를 넘어선 금액을 배상받을 수 있으리라는 정당한 기대를 갖기 어려운 점 등을 종합하여 보면, 국가가 위와 같이 손해를 배상하겠다는 약정 속에 구 국유재산법 관계 법령에서 규정한 손실보상액과 관계없이 일반 채무불이행에 기한 손해배상의 법리에 따라 손해를 배상하겠다는 취지가 담겨 있다고 보기 위해서는 그와 같이 볼만한 특별한 사정이 인정되어야 할 것이고, 그렇지 아니하다면 이는 구 국유재산법 관계 법령에서 정한 손실보상액을 행정상 손실보상절차가 아닌 민사상 절차에 의하여 배상하겠다는 의미로 해석하는 것이 합리적이다.[90)]

2. 대부의 해제 · 해지 절차

중앙관서의 장은 대부를 해제하거나 해지한 경우에 그 재산이 기부를 받은 재산으로서 「국유재산법」 제30조제2항 단서에 따라 사용 · 수익하고 있는 자가 있으면

90) 한편 이 경우 상대방이 대부계약의 해지로 인하여 개간한 토지에서 경작을 하지 못하게 되어 기대수익을 얻지 못하는 손실을 입게 된 경우 「국유재산법 시행령」 제35조제2호를 유추적용하여 손실보상의 대상이 되나, 그 손실보상액은 잔여 계약기간 전부 동안의 기대수익 상실액이 아니라, 잔여 계약기간 범위 내로서 대부계약 해지 시부터 대체 토지를 확보하여 경작에 적합한 상태로 만들어 경작할 수 있게 되기까지 동안의 기대수익 상실액이라고 봄이 타당하다.

그 사용·수익자에게 해제 또는 해지 사실을 알려야 한다(국유재산법 제36조제4항, 제47조제1항).[91] 대부의 해제·해지로 인해 대부를 받은 자와 그 재산을 사용·수익하고 있는 자 사이의 법적 관계에 영향을 미칠 수 있기 때문이다.

한편 대부를 받은 자는 대부가 해제 또는 해지된 경우 그 재산을 원래 상태대로 반환하되, 중앙관서의 장이 미리 상태의 변경을 승인한 경우에는 변경된 상태로 반환할 수 있다[92](국유재산법 제38조, 제47조제1항).

제3절 매각

'매각'이란 국가 외의 자로부터 대금을 받고 일반재산의 소유권을 이전하는 행위를 말한다. 이는 국가가 사경제 주체로서 상대방과 대등한 위치에서 행하는 사법상의 계약이다.

일반재산은 국가가 행정목적으로 사용하지 않는 것이므로 국가가 이를 계속 보유할 실익이 적은 반면, 민간에서는 개발사업 등을 위해 해당 재산을 필요로 할 경우가 있다. 이러한 경우 국가가 해당 재산을 민간에 매각한다면 한정된 국가 자원을 효율적으로 활용하는 한편 국고 수입 증대 효과도 일정 부분 기대할 수 있다.

Ⅰ. 매각의 제한

일반재산은 국가의 행정목적으로 사용되는 재산이 아니므로 원칙적으로 매각에 제한이 없다. 다만 예외적으로 다음의 경우에는 매각이 불가하거나 매각 시 총괄청 등과의 협의를 요한다.

---

91) 행정재산으로서 기부받아 사용허가 중인 재산이 용도폐지되어 일반재산으로 전환될 수도 있다. 이렇게 사용허가 중인 행정재산이 용도폐지되어 총괄청에 인계되는 경우, 해당 재산에 대한 사용허가는 대부계약으로 전환된 것으로 본다(국유재산법 시행규칙 제14조제4항).

92) 이러한 원상회복 의무는 대부기간이 정상적으로 만료된 경우에도 동일하게 적용된다.

1. 일반재산의 매각이 불가한 경우

일반재산이라고 하더라도 다시 행정재산으로 사용할 계획이 있거나 다른 법률 또는 국유재산종합계획 등에 의하여 처분이 제한될 경우에는 매각할 수 없다. 일반재산을 매각하였다가 추후 해당 재산의 행정 목적 사용이 필요하다면 이를 다시 매입해야 하는바, 이러한 불필요한 행정절차를 방지하기 위한 것이다. 구체적으로 다음의 어느 하나에 해당하는 경우에는 일반재산의 매각이 불가하다(국유재산법 제48조제1항).

〈표 5-19〉 일반재산의 매각이 불가한 경우(국유재산법 제48조제1항, 국유재산법 시행령 제52조제1항)

1. 중앙관서의 장이 행정목적으로 사용하기 위하여 그 재산에 대하여 「국유재산법」 제8조제4항에 따른 행정재산의 사용 승인이나 관리전환을 신청한 경우 2. 「국토의 계획 및 이용에 관한 법률」 등 다른 법률에 따라 그 처분이 제한되는 경우 3. 장래 행정목적의 필요성 등을 고려하여 「국유재산법」 제9조제4항제3호의 국유재산종합계획 처분기준에서 정한 처분제한 대상에 해당하는 경우 4. 「국유재산법」 제57조에 따른 개발이 필요한 재산에 해당하는 경우 5. 장래의 행정수요에 대비하기 위하여 비축할 필요가 있는 재산에 해당하는 경우 6. 사실상 또는 소송상 분쟁이 진행 중이거나 예상되는 등의 사유로 매각을 제한할 필요가 있는 재산에 해당하는 경우

다만 예외적으로 개별 법령에서 국유재산 처분의 특례를 규정하고 있는 경우가 있는바, 이러한 경우에는 해당 조항이 「국유재산법」에 대하여 특별법적 지위를 갖게 되므로 일반재산의 처분이 가능하다. 「중소기업기본법」 제2조에 따른 중소기업자가 폐도(廢道)나 그 밖에 이와 유사한 국유재산을 부득이하게 공장용지로 사용하려는 경우에는 국유재산종합계획에도 불구하고 처분할 수 있는 것 등이 그 예이다.[93]

93) 「기업활동 규제완화에 관한 특별조치법」 제14조(국유재산 등의 처분에 관한 특례) 「국유재산법」 제2조제11호에 따른 국유재산의 중앙관서의 장 또는 「공유재산 및 물품 관리법」 제14조에 따른 공유재산의 관리청은 중소기업자가 폐도(廢道)나 그 밖에 이와 유사한 국유재산 또는 공유재산을 부득이하게 공장용지로 사용하려는 경우로서 대통령령으로 정하는 경우에는

2. 일반재산의 매각 시 총괄청 · 국토교통부장관의 협의를 요하는 경우

중앙관서의 장이 소관 특별회계나 기금에 속하는 일반재산 중 ① 공용재산으로 사용 후 용도폐지된 토지나 건물, ② 일단의 토지 면적이 3천제곱미터를 초과하는 재산 중 어느 하나에 해당하는 재산을 매각하려는 경우에는 총괄청과 협의하여야 한다(국유재산법 제48조제2항, 국유재산법 시행령 제52조제2항). 특별회계와 기금에 속하는 국유재산은 중앙관서의 장의 직접 관리 · 처분하는 것이지만(국유재산법 제8조제3항), 총괄청이 국유재산에 관한 사무를 총괄하는 만큼 일반재산의 매각에 있어 총괄청이 일정 부분 통제할 수 있는 길을 마련해 둔 것이다. 다만 이는 '합의'가 아니라 '협의'인 만큼 총괄청의 승인 또는 동의를 요하는 것은 아니며, 특별회계나 기금에 속하는 재산의 처분권한 자체는 여전히 중앙관서의 장에게 있다.

또한 중앙관서의 장등은 ① 용도폐지된 군부대, 교도소 및 학교의 부지, ② 일단의 토지 면적이 1만제곱미터를 초과하는 토지 중 어느 하나에 해당하는 국유지를 매각하려는 경우에는 우선적으로 장기공공임대주택[94]의 용도로 필요한지에 관하여 국토교통부장관과 협의하여야 한다(국유재산법 시행령 제52조제4항). 서민 주거 안정을 위한 장기공공임대주택 활성화를 위해 2011. 4.「국유재산법 시행령」개정을 통해 신설된 내용이다.

3. 기타 매각이 제한되는 경우

법령에 명시적인 규정이 없더라도 정책 필요성 등에 의하여 국유재산의 매각이 제한되는 경우도 있다. 상수원 보호 등을 위해 상수원 관리지역 내 국유지의 매각을 제한하는 것이 그러한 예이다.

환경부는 상수원 보호를 위해「상수원관리지역 내 국 · 공유지 매각제한 기준」을 마련하여 운영하고 있는바, 이에 따르면「수도법」상의 상수원보호구역이나 한강 · 낙

「국유재산법」 제9조제3항에 따른 국유재산종합계획 또는「공유재산 및 물품 관리법」 제10조제1항에 따른 공유재산의 관리계획에도 불구하고 이를 처분할 수 있다. 이 경우 국유재산의 중앙관서의 장 또는 공유재산의 관리청은「국유재산법」 또는「공유재산 및 물품 관리법」에도 불구하고 해당 국유재산 또는 공유재산을 부득이하게 공장용지로 사용하려는 중소기업자에게 수의계약으로 이를 매각할 수 있다.

94) 「공공주택 특별법」 제2조제1호의2에 따른 공공건설임대주택으로서 임대의무기간이 10년 이상인 임대주택을 말한다.

동강·금강·영산강·섬진강의 수변구역 등의 국유지는 매각이 원칙적으로 제한되며 지방자치단체에 매각하는 경우 등과 같이 예외적인 경우[95]에 한해 매각이 가능하다.

Ⅱ. 용도를 지정한 매각

매각은 일반재산의 소유권을 확정적으로 매수자에게 이전하는 것이므로 원칙적으로 어떠한 조건을 붙이지 않는다. 다만 필요한 경우에는 매수자에게 그 재산의 용도와 그 용도에 사용하여야 할 기간을 정하여 매각할 수 있는바(국유재산법 제49조), 이를 '용도지정 매각'이라고 한다. 예를 들어 일반재산인 토지를 방위산업체에 매각하며 일정 기간 해당 토지를 방위산업물자의 생산을 위해서 사용할 것을 지정하는 식이다.

일반적으로 용도지정 매각은 해당 재산을 국가가 직접 행정목적으로 사용하지는 않지만 매각 이후에도 일정 기간 공공의 목적을 위해 활용할 필요가 있는 경우에 이루어진다. 따라서 용도지정 매각은 일반경쟁입찰로 추진하기가 어려운 경우가 많은바, 해당 공공 목적의 수행이 가능한 대상이 제한적인 경우가 대부분이기 때문이다. 이러한 이유로 「국유재산법 시행령」 제40조제2항제3호에서는 용도지정 매각 시 제한경쟁이나 지명경쟁의 방법의 처분이 가능하도록 명시하고 있다.

용도지정 매각 시에는 그 재산의 매각일부터 10년 이상 지정된 용도로 활용하여야 하고(국유재산법 시행령 제53조제1항), 매수자가 지정된 날짜가 지나도 그 용도에 사용하지 아니하거나 지정된 용도에 제공한 후 지정된 기간에 그 용도를 폐지한 경우에는 해당 매매계약을 해제한다는 내용의 특약등기를 하여야 한다(국유재산법 제52조제3호, 국유재산법 시행령 제53조제3항). 이 때 지정된 날짜가 도래하기 전에 매수인에게 책임 없는 사유로 당해 재산을 지정된 용도에 사용하지 못한 장애사유가 존재하였다면, 특별한 사정이 없는 한 상기 특약의 위반 여부를 판단하는 기준시기는 당초 지정된 기일에서 적어도 위와 같은 장애사유가 존재하였던 기간만큼 연장된다.

---

95) 공공용 도로·철도 등을 개설하거나 확장·포장하기 위한 경우, 지역주민을 위하여 공익성이 높은 건축물을 건축하는 경우, 주택 등 건축물이 있는 부지 내에 국·공유지가 포함되어 있어 건물 개보수 등이 불가능한 경우 등이 규정되어 있다.

〈판례〉 대법원 2017. 6. 15. 선고 2017다204230 판결
국가가 용도를 지정하여 잡종재산[96]을 매각하면서 매수인과 사이에 매수인이 지정된 기일을 경과하여도 당해 재산을 그 용도에 사용하지 아니하는 때에는 매매계약을 해제할 수 있다는 내용의 특약을 한 경우, 위 특약의 위반 여부를 판단하는 기준시기를 언제로 볼 것인지는 원칙적으로 계약의 해석문제에 해당하지만, 국유재산의 적정한 보호 및 효율적인 관리·처분이라는 공익과 매수인의 재산권 보장이라는 사익이 조화를 이룰 수 있도록 객관적·합리적으로 해석하여야 한다. 따라서 지정된 기일이 도래하기 전에 매수인에게 책임 없는 사유로 당해 재산을 지정된 용도에 사용하지 못한 장애사유가 존재하였다면, 특별한 사정이 없는 한 위 특약의 위반 여부를 판단하는 기준시기는 당초 지정된 기일에서 적어도 위와 같은 장애사유가 존재하였던 기간만큼 연장된다.[97]

또한 총괄청은 필요하다고 인정하는 경우에는 용도를 지정하여 매각한 재산의 관리상황에 관하여 보고를 받거나 자료의 제출을 요구할 수 있고, 소속 공무원에게 그 관리상황을 감사하게 하거나 그 밖에 필요한 조치를 할 수 있다(국유재산법 시행령 제53조제2항).

Ⅲ. 매각대금의 납부

1. 원칙 - 기한 내 전액납부

일반재산의 매각대금은 계약 체결일부터 60일의 범위에서 중앙관서의 장등이 정하는 기한까지 전액을 내는 것이 원칙이다. 다만 ① 천재지변이나 「재난 및 안전관리기본법」 제3조제1호에 따른 재난으로 매수인에게 책임을 물을 수 없는 사고가 발생한 경우, ② 국가의 필요에 따라 국가가 매각재산을 일정 기간 계속하여 점유·사용할 목적으로 재산인도일과 매각대금의 납부기간을 계약 시에 따로 정하는 경우

96) 현재의 일반재산에 해당
97) 본 사안은 국가가 피고에게 일반재산 토지를 관광 관련 사업으로 용도를 지정하여 매각하며 5년 이내에 그 용도에 사용하지 않는 경우에는 해제가 가능하도록 특약을 하였는데, 그 5년 중 3년에 해당하는 기간 동안 허가권자인 인천경제자유구역청장의 건축허가가 제한되었던 사안이다. 이에 대하여 대법원은 해당 3년은 피고에게 책임 없는 사유로 해당 토지를 매수목적대로 사용하는 것이 사실상 불가능하였던 기간이므로, 원고인 국가의 계약해제권은 당초 약정한 5년이 아니라 매각일로부터 8년이 경과한 시점에 발생한다고 보았다.

중 어느 하나에 해당하는 경우에는 납부기간을 연장할 수 있다(국유재산법 제50조제1항, 국유재산법 시행령 제54조제1항 본문, 제2항).

2. 예외 - 매각대금의 분할납부

일반재산의 매각대금을 한꺼번에 납부하도록 하는 것이 곤란하다고 인정될 경우에는 1년 만기 정기예금 금리수준을 고려하여 정하는 이자[98]를 붙여 20년 이내에 걸쳐 나누어 내게 할 수 있는바(국유재산법 제50조제2항, 국유재산법 시행령 제54조제1항 단서), 그 구체적 내용은 다음과 같다. 이 때 매각대금을 나누어 내려는 자는 중앙관서의 장등에게 「국유재산법 시행규칙」 별지 제2호서식의 분할납부신청서를 매각대금 납부기한 전까지 제출하여야 한다(국유재산법 시행규칙 제36조제6항).

가. 매각대금을 3년 이내의 기간에 걸쳐 나누어 내게 할 수 있는 경우(국유재산법 시행령 제55조제1항)

일반재산의 매각대금이 1천만원을 초과하는 경우에는 그 매각대금을 3년 이내의 기간에 걸쳐 나누어 내게 할 수 있다.

나. 매각대금을 5년 이내의 기간에 걸쳐 나누어 내게 할 수 있는 경우(국유재산법 시행령 제55조제2항)

다음의 어느 하나에 해당하는 경우에는 매각대금을 5년 이내의 기간에 걸쳐 나누어 내게 할 수 있다.

〈표 5-20〉 매각대금을 5년 이내의 기간에 걸쳐 나누어 낼 수 있는 경우(국유재산법 시행령 제55조제2항)

1. 지방자치단체에 그 지방자치단체가 직접 공용 또는 공공용으로 사용하려는 재산을 매각하는 경우

98) 「국유재산법 시행령」 제55조제1항부터 제4항까지의 규정에 따른 매각대금 잔액에 고시이자율을 적용하여 산출한 이자를 말하며(국유재산법 시행령 제55조제5항), 이 때의 '고시이자율'은 분기별 변동 이자율의 형태로 하되, 직전 분기 중 전국은행연합회에서 가장 마지막으로 공시하는 '신규취급액기준 COFIX'로 한다(국유재산 사용료 등의 분할 납부 등에 적용할 이자율(기획재정부 고시) 제1조).

2. 지방자치단체가 「국유재산법」 제18조제1항제3호에 따른 사회기반시설로 사용하려는 재산을 해당 지방자치단체에 매각하는 경우
3. 「국유재산법 시행령」 제33조에 따른 공공단체가 직접 비영리공익사업용으로 사용하려는 재산을 해당 공공단체에 매각하는 경우
4. 2012년 12월 31일 이전부터 사유건물로 점유·사용되고 있는 토지와 「특정건축물 정리에 관한 특별조치법」[99]에 따라 준공인가를 받은 건물로 점유·사용되고 있는 토지를 해당 점유·사용자에게 매각하는 경우
5. 「도시 및 주거환경정비법」 제2조제2호나목에 따른 재개발사업을 시행하기 위한 정비구역에 있는 토지로서 시·도지사가 같은 법에 따라 재개발사업의 시행을 위하여 정하는 기준에 해당하는 사유건물로 점유·사용되고 있는 토지를 재개발사업 사업시행계획인가 당시의 점유·사용자로부터 같은 법 제129조에 따라 그 권리·의무를 승계한 자에게 매각하는 경우[100]
6. 「전통시장 및 상점가 육성을 위한 특별법」 제31조에 따른 시장정비사업 시행구역의 토지 중 사유건물로 점유·사용되고 있는 토지를 그 점유·사용자에게 매각하는 경우
7. 「벤처기업육성에 관한 특별조치법」 제19조제1항에 따라 벤처기업집적시설의 개발 또는 설치와 그 운영을 위하여 필요한 토지를 벤처기업집적시설의 설치·운영자에게 매각하는 경우
8. 「산업기술단지 지원에 관한 특례법」 제10조제1항에 따른 산업기술단지의 조성에 필요한 토지를 사업시행자에게 매각하는 경우
9. 국가가 매각재산을 일정기간 계속하여 점유·사용하는 경우[101]
10. 「산업집적활성화 및 공장설립에 관한 법률」 제2조제14호에 따른 산업단지에 공장 설립을 위하여 필요한 토지를 입주기업체에 매각하는 경우
11. 다음 각 목의 어느 하나에 해당하는 기업 또는 조합이 해당 법령에 따른 사업목적 달성을 위해 직접 사용하려는 재산을 그 기업 또는 조합에 매각하는 경우
    가. 「사회적기업 육성법」 제2조제1호에 따른 사회적기업
    나. 「협동조합 기본법」 제2조제1호에 따른 협동조합 및 같은 조 제3호에 따른 사회적협동조합
    다. 「국민기초생활 보장법」 제18조에 따른 자활기업
    라. 「도시재생 활성화 및 지원에 관한 특별법」 제2조제1항제9호에 따른 마을기업

99) 법률 제3533호로 제정된 것, 법률 제6253호로 제정된 것, 법률 제7698호로 제정된 것, 법률 제11930호로 제정된 것을 말한다.

다. 매각대금을 10년 이내의 기간에 걸쳐 나누어 내게 할 수 있는 경우(국유재산법 시행령 제55조제3항)

다음의 어느 하나에 해당하는 경우에는 매각대금을 10년 이내의 기간에 걸쳐 나누어 내게 할 수 있다.

〈표 5-21〉 매각대금을 10년 이내의 기간에 걸쳐 나누어 낼 수 있는 경우(국유재산법 시행령 제55조제3항)

1. 「농지법」에 따른 농지로서 국유지를 실경작자에게 매각하는 경우
2. 「도시개발법」 제3조에 따른 도시개발구역에 있는 토지로서 도시개발사업에 필요한 토지를 해당 사업의 시행자(같은 법 제11조제1항제7호에 따른 수도권 외의 지역으로 이전하는 법인만 해당한다)에게 매각하는 경우
3. 지방자치단체에 그 지방자치단체가 「산업입지 및 개발에 관한 법률」에 따른 산업단지의 조성에 사용하려는 재산을 매각하는 경우
4. 국유지개발목적회사에 개발대상 국유재산을 매각하는 경우
5. 「체육시설의 설치·이용에 관한 법률」에 따른 체육시설 중 골프장·스키장 등 실외 체육시설로 점유되고 있는 국유지를 해당 점유자에게 매각하는 경우
6. 지방자치단체에 그 지방자치단체가 「국민여가활성화기본법」 제3조제2호에 따른 여가시설의 조성을 위하여 사용하려는 재산을 매각하는 경우
7. 소상공인이 경영하는 업종(「중소기업창업 지원법」 제3조제1항 단서에 해당하는 업종은 제외한다)에 직접 사용하기 위한 재산을 그 소상공인에게 매각하는 경우

라. 매각대금을 20년 이내의 기간에 걸쳐 나누어 내게 할 수 있는 경우(국유재산법 시행령 제55조제4항)

다음의 어느 하나에 해당하는 경우에는 매각대금을 20년 이내의 기간에 걸쳐 나누어 내게 할 수 있다.

---

100) 해당 토지가 「도시 및 주거환경정비법」 제2조제4호에 따른 정비기반시설의 설치예정지에 해당되어 그 토지의 점유·사용자로부터 같은 법 제129조에 따라 권리·의무를 승계한 자에게 그 정비구역의 다른 국유지를 매각하는 경우를 포함한다.

101) 이에 따라 매각대금을 5년 이내의 기간에 걸쳐 나누어 내는 경우 「국유재산법 시행령」 제55조제5항에 따른 이자는 매수자가 매각재산을 인도받거나 점유·사용을 시작한 때부터 징수한다(국유재산법 시행령 제55조제6항).

〈표 5-22〉 매각대금을 20년 이내의 기간에 걸쳐 나누어 낼 수 있는 경우(국유재산법 시행령 제55조제4항)

1. 「도시 및 주거환경정비법」 제2조제2호나목에 따른 재개발사업을 시행하기 위한 정비구역에 있는 토지로서 「국유재산법 시행령」 제55조제2항제4호에 따른 사유건물로 점유·사용되고 있는 토지를 재개발사업 시행인가 당시의 점유·사용자에게 매각하는 경우[102)] 2. 다음의 어느 하나에 해당하는 경우로서 국무회의의 심의를 거쳐 대통령의 승인을 받은 경우 가. 일반재산의 매각이 인구의 분산을 위한 정착사업에 필요하다고 인정되는 경우 나. 천재지변이나 「재난 및 안전관리기본법」 제3조제1호에 따른 재난으로 인하여 일반재산의 매각이 부득이하다고 인정되는 경우

분할납부 시 잔금에 대한 이자는 매각재산의 소유권이전등기 또는 인도 여부와 무관하게 납부되어야 한다. 본래 일반재산의 매각대금은 전액납부가 원칙인데 특별히 매수인에게 분할납부라는 혜택을 부여한 이상 전액납부와의 형평을 고려할 필요가 있고, 「국유재산법」에서 이자 가산에 관하여 소유권이전등기 또는 인도를 그 요건으로 규정하고 있지 않기 때문이다.

〈해석례〉 법제처 11-0451, 지방자치단체로부터 부동산인 일반재산을 매수하면서 매각대금을 「공유재산 및 물품 관리법」 제37조제1항 단서에 따라 분할하여 납부하기로 한 경우, 매수인은 일반재산의 소유권이전등기 또는 인도 여부와 관계없이 잔금에 대한 이자를 납부하여야 하는지,[103)] 2011. 9. 1.

공유재산법[104)] 제37조의 문언에 따르면 지방자치단체로부터 일반재산을 매수한 자는 원칙적으로 매각대금 전액을 한꺼번에 내야하고, 다만 대통령령으로 정한 일정한 경우에 해당하여 매각대금을 분할하여 납부할 때에는 이자까지 납부하도록 하고 있을 뿐, 달리 이

102) 해당 토지가 「도시 및 주거환경정비법」 제2조제4호에 따른 정비기반시설의 설치예정지에 해당되어 그 토지의 점유·사용자에게 그 정비구역의 다른 국유지를 매각하는 경우를 포함한다.
103) 「공유재산 및 물품관리법」에 대한 해석례이나 「공유재산 및 물품관리법」 제37조제1항 단서와 「국유재산법」 제50조제2항의 내용이 사실상 같으므로, 그 법리는 「국유재산법」에도 그대로 적용될 수 있다.
104) 「공유재산 및 물품 관리법」을 의미한다.

자 가산에 관하여 일반재산의 소유권이전등기 또는 인도를 그 요건으로 규정하고 있지 아니하고 있고, 특히 위 규정은 일반재산의 매각대금은 전액납부가 원칙이나 특별히 매수인에게 분할납부할 수 있는 기회를 부여하면서 전액납부와의 형평을 고려하여 매수인에게 그 이자를 납부하도록 한 취지라고 해석되므로 매수인이 일반재산의 소유권이전등기 또는 인도여부와 관계없이 이자를 납부하여야 하는 것으로 판단됩니다.
또한, 사법상 매매거래에 있어서 매수인은 매매목적물에 대한 소유권이전등기 또는 인도를 받기 전에는 매도인에게 매매잔금에 대한 이자를 지급할 필요가 없다고 하나, 지방자치단체 소유의 공유재산의 처분을 사법상 매매거래와 동일하게 볼 수는 없을 뿐만 아니라 앞서 본 바와 같이 공유재산법 제37조제1항에서 일반 재산의 매수인이 매각대금을 분할납부할 경우에는 그 이자를 납부하도록 하고 있으므로 위 규정의 범위에서는 위와 같은 사법상 거래법리가 그대로 적용된다고 보기는 어렵습니다.
따라서, 지방자치단체로부터 부동산인 일반재산을 매수하면서 공유재산법 제37조제1항 단서에 따라 일반재산의 매각대금을 분할하여 납부하려는 경우, 매수인은 일반재산의 소유권이전등기 또는 인도 여부와 관계없이 잔금에 대한 이자를 납부하여야 할 것입니다.

다만 국가가 일반재산 매각 후 그 재산을 일정기간 계속하여 점유·사용하는 경우에는 5년 이내의 기간에 걸쳐 대금의 분할납부가 가능한바(국유재산법 시행령 제55조제2항제8호), 이 경우에는 매수자가 매각재산을 인도받거나 점유·사용을 시작한 때부터 잔금에 대한 이자를 징수한다(국유재산법 시행령 제55조제6항). 국가가 매각한 재산을 계속 점유·사용함에도 매수자에게 분할납부에 따른 이자를 징수하는 것은 불합리하기 때문이다. 참고로 공유재산의 경우 지방자치단체가 매각한 재산을 계속하여 점유·사용하더라도 매수자에게 분할납부에 따른 이자를 징수하는 것이 가능하나,[105] 국유재산의 경우에는 「국유재산법 시행령」 제55조제6항의 문언상 이러한 재량이 인정되기 어렵다고 할 것이다.

---

105) 「공유재산 및 물품 관리법 시행령」 제39조제1항 본문에서는 일반재산 매각대금의 분할납부 및 그에 따른 이자 징수에 대해 규정하면서, 단서에서 '다만, 해당 지방자치단체가 매각재산을 일정기간 계속하여 점유·사용하는 경우 이자는 매수자가 매각재산을 인도받거나 점유·사용을 시작한 때부터 납부하게 할 수 있다'고 하여 지방자치단체의 재량 여지를 두고 있는바, 이에 따라 법제처에서도 이러한 경우 '지방자치단체가 매각 계약과 관련된 여러 사정을 고려하여 분할납부에 따른 이자의 부과 여부를 결정할 수 있다'고 판단한 바 있다(법제처 14-0845 '지방자치단체가 공유재산(일반재산)의 매각대금을 분할납부하게 하는 경우 이자를 붙일 수 있는 요건', 2015. 2. 17).

3. 분할납부 기산점의 변경 허용 여부

일반재산 매각계약을 체결한 후 국가와 매수인 간의 합의에 따라 변경계약을 체결할 수도 있다. 그런데 최초의 매각계약 시 매각대금을 분할납부하도록 하고 이후 변경계약을 체결하는 경우, 분할납부의 기산점을 최초 계약 체결일과 변경 계약 체결일 중 어느 것으로 보아야 하는지가 문제된다.

일반재산 매각대금은 전액납부가 원칙이고 분할납부는 예외적으로 인정되는 것이므로 분할납부에 대해서는 제한적으로 해석할 필요가 있다. 그런데 분할납부의 기산점을 변경 계약 체결일로 보게 되면 법령에 규정된 분할 납부기간이 늘어나게 되어 사실상 법령의 규정을 잠탈하는 결과가 되므로, 변경 계약 체결에도 불구하고 분할납부의 기산점은 여전히 최초 계약 체결일이라고 보아야 할 것이다.

〈해석례〉 법제처 13-0306, 국유재산 매각대금을 분할납부 하도록 한 이후에 변경계약을 체결하는 경우, 분할납부의 기간을 변경계약의 체결일로 변경하는 것이 허용되는지, 2013. 9. 30.

이 사안에서는 국가가 지방자치단체와 일반재산 매각계약을 체결하면서 「국유재산법 시행령」 제55조제2항제8호에 따라 해당 일반재산의 매각대금을 3년간 분할납부하도록 한 이후, 양 당사자의 합의에 따라 변경계약을 체결하는 경우에 그 분할납부의 기간을 변경계약의 체결일부터 5년 이내의 기간으로 변경하는 것이 허용될 수 있는지가 문제될 수 있습니다.

먼저, 「국유재산법」에 따른 일반재산의 매각대금 납부에 관한 규정을 살펴보면, 일반재산의 매각대금은 같은 법 제50조제1항 및 같은 법 시행령 제54조제1항에 따라 전액 납부하는 것이 원칙이고, 매각대금의 분할납부는 전액 납부가 곤란하다고 인정되어 대통령령으로 정하는 사유에 해당하는 경우에 한하여 예외적으로 인정되는 점에 비추어 볼 때, 이러한 매각대금의 분할납부는 예외적이고 특례적인 규정에 해당하는 것으로서 보다 제한적으로 해석해야 할 필요가 있다고 할 것입니다.

그렇다면, 「국유재산법 시행령」 제54조제1항에서는 매각대금의 납부기간에 대해 규정하면서, 그 본문에서는 "계약 체결일"부터 60일의 범위에서 매각대금을 전액납부 하도록 규정하고 있고, 그 단서에서는 같은 법 시행령 제55조제1항부터 제4항까지의 규정에 해당하는 경우에는 매각대금을 분할납부할 수 있는 예외를 두고 있는 점에 비추어 볼 때, 매각대금의 전액납부 또는 분할납부의 기간에 대한 기산점은 최초의 계약 체결일을 기준으로 정한다고 보는 것이 그 문언 체계상 상당하다고 할 것입니다.

또한, 법령에서 분할납부의 사유에 따라 납부기간을 3년, 5년, 10년, 20년 등으로 구분하여 별도로 규정하고 있는 취지는 국유재산 매각을 명확한 기준을 설정하여 객관적으로 관리함으로써 재산관리의 효율성을 높이고, 법령에 규정된 기한 내에 매각대금을 납부하도록 하여 재정운영의 건전성을 도모하기 위한 것으로 납부기간에 대해서는 규정의 취지에 따라 해석해야 할 것인바, 분할납부의 기산점을 당초의 계약 체결일이 아닌 변경 계약 체결일로 보게 되면 법령에 규정된 분할 납부기간이 최대 2배 이상 늘어나게 됨으로써 재정운영의 안정성 및 명확성을 해치는 불합리한 결과를 초래한다고 할 것입니다.

따라서, 국가가 지방자치단체와 일반재산 매각계약을 체결하면서 「국유재산법 시행령」 제55조제2항제8호에 따라 해당 일반재산의 매각대금을 3년간 분할납부하도록 한 이후, 양 당사자의 합의에 따라 변경계약을 체결하는 경우에 그 분할납부의 기간을 변경계약의 체결일부터 5년 이내의 기간으로 변경하는 것은 허용될 수 없다고 할 것입니다.

Ⅳ. 매각의 절차

일반재산을 매수하려는 자는 국유재산 매수신청서[106]를 중앙관서의 장등에게 제출해야 한다. 매수신청은 본인의 법정대리인 또는 본인으로부터 위임을 받은 사람이 대신할 수 있으며,[107] 국유증권을 매수하려는 경우에는 별도의 첨부 서류[108]가 필요하다(국유재산법 시행규칙 제36조제1항, 제2항). 「국유재산법」 제5조제1항제6호의 지식재산을 매수하려는 경우에는 별도 양식의 신청서[109]를 사용하고, 「국유재산법 시행령」 제40조제3항제28호에 따른 지분증권을 매수하려는 자는 매매계약 전 해당 지분증권에 대한 매수예약을 신청[110]해야 한다(국유재산법 시행규칙 제36조제3

106) 「국유재산법 시행규칙」 별지 제1호 서식

107) 이 경우 ① 대리인의 신분을 확인할 수 있는 신분증 사본, ② 위임장 등 대리관계 또는 본인과의 관계를 증명하는 서류, ③ 본인의 인감증명서(개인의 대리인인 경우에 한정)의 서류를 추가적으로 제출해야 한다.

108) 「국유재산법 시행령」 제40조제3항제28호에 따른 지분증권에 대한 매수 신청인 경우에는 ① 매수 신청일이 속하는 사업연도의 중견기업 확인서(중견기업인 경우에 한정), ② 매수 신청일이 속하는 사업연도의 주주현황, ③ 신청인 본인을 확인할 수 있는 신분증 사본의 서류가 필요하고, 그 이외의 국유증권에 대한 매수 신청인 경우에는 ① 신청인이 개인인 경우에는 신청인 본인을 확인할 수 있는 신분증 사본, ② 신청인이 법인인 경우에는 이사회의사록 사본, 법인인감증명서 및 해당 법인의 대표이사를 확인할 수 있는 신분증 사본이 필요하다.

109) 「국유재산법 시행규칙」 별지 제1호의3 서식

110) 「국유재산법 시행규칙」 별지 제1호의4 서식에 따르며, ① 신청인 본인을 확인할 수 있는 신

항, 제4항).

매수신청을 받은 중앙관서의 장등은 「전자정부법」 제36조제1항에 따른 행정정보의 공동이용을 통하여 신청인의 주민등록초본, 법인 등기사항증명서, 사업자등록증 또는 중소기업확인서(중소기업인 경우에 한정)를 확인하되, 신청인이 그 확인에 동의하지 않는 경우에는 그 사본을 첨부하도록 한다(국유재산법 시행규칙 제36조제5항).

중앙관서의 장등은 일반재산 매각 시 국유재산 매매계약서[111]를 작성하여야 하되, 증권을 매각하는 경우에는 국유재산 매매계약서를 다르게 작성하거나 생략할 수 있으며, 상속이나 그 밖의 포괄승계에 따라 국유재산 매매계약서의 매수자를 변경하려는 경우에는 국유재산 매매변경 계약서[112]를 작성하여야 한다[113](국유재산법 시행규칙 제36조제7항, 제8항).

또한 국가는 부동산의 매매계약 등을 체결한 경우 그 실제 거래가격 등을 계약체결일로부터 30일 이내에 그 권리의 대상인 부동산의 소재지를 관할하는 시장·군수·구청장에게 신고하여야 한다(부동산 거래신고 등에 관한 법률 제3조제1항).[114] 건전하고 투명한 부동산 거래질서를 확립하고 국민경제에 이바지하기 위해 2016. 1. 「부동산 거래신고 등에 관한 법률」이 제정됨에 따라 새로 추가된 절차이다.

Ⅴ. 소유권의 이전

일반재산을 매각하는 경우 해당 매각재산의 소유권은 매각대금이 완납된 후에

분증 사본, ② 가족관계등록부 등 상속인임을 증명할 수 있는 서류, ③ 매수예약 신청일이 속하는 사업연도의 중견기업 확인서(중견기업인 경우에 한정), ④ 해당 지분증권 발행법인의 매수예약 신청일 현재 주주현황 및 상속개시일부터 소급하여 직전 10년간의 사업연도의 주주현황, ⑤ 해당 지분증권에 대한 물납허가 통지서 사본을 첨부해야 한다.

111) 「국유재산법 시행규칙」 별지 제8호 서식

112) 「국유재산법 시행규칙」 별지 제9호 서식

113) 현행 「국유재산법 시행규칙」 제36조제8항은 "상속이나 그 밖의 포괄승계에 따라 제3항에 따른 국유재산 매매계약서의 매수자를 변경하려는 경우에는 별지 제9호서식의 국유재산 매매변경 계약서를 작성하여야 한다"고 하고 있으나, 여기서 '제3항'은 '제7항'으로 변경되어야 한다. 2020. 10. 「국유재산법 시행규칙」이 개정되며 제36조제2항부터 제5항까지가 신설되는 과정에서, 기존의 제2항~제4항이 각각 현재의 제6항~제8항으로 이동하였기 때문이다.

114) 다만 「공인중개사법」 제2조제4호에 따른 개업공인중개사가 거래계약서를 작성·교부한 경우에는 해당 개업공인중개사가 실제 거래가격 등을 신고하여야 한다(부동산 거래신고 등에 관한 법률 제3조제3항).

이전하여야 한다(국유재산법 제51조제1항). 매각대금이 완납되지 않은 상태에서 소유권을 이전하였다가 추후 매수인이 채무불이행 상태에 빠진다면 국고에 손실이 발생할 것이므로 이는 국유재산 보호 측면에서 당연한 것이다.

다만 예외적으로 「국유재산법」 제50조제2항에 따라 매각대금을 나누어 내게 하는 경우로서 공익사업의 원활한 시행 등을 위하여 소유권의 이전이 불가피한 다음의 경우에는 매각대금이 완납되기 전에 소유권을 이전할 수 있다(국유재산법 제51조제2항전단).

〈표 5-23〉 매각대금 완납 이전에 소유권 이전이 가능한 경우(국유재산법 시행령 제56조)

1. 매각대금을 5년 이내의 기간에 걸쳐 나누어 내게 할 수 있는 경우 중 가. 지방자치단체에 그 지방자치단체가 직접 공용 또는 공공용으로 사용하려는 재산을 매각하는 경우 나. 「국유재산법 시행령」 제33조에 따른 공공단체가 직접 비영리공익사업용으로 사용하려는 재산을 해당 공공단체에 매각하는 경우 다. 「도시 및 주거환경정비법」 제2조제2호나목에 따른 재개발사업을 시행하기 위한 정비구역에 있는 토지로서 시·도지사가 같은 법에 따라 재개발사업의 시행을 위하여 정하는 기준에 해당하는 사유건물로 점유·사용되고 있는 토지를 재개발사업 사업시행계획인가 당시의 점유·사용자로부터 같은 법 제129조에 따라 그 권리·의무를 승계한 자에게 매각하는 경우[115)] 라. 「전통시장 및 상점가 육성을 위한 특별법」 제31조에 따른 시장정비사업 시행구역의 토지 중 사유건물로 점유·사용되고 있는 토지를 그 점유·사용자에게 매각하는 경우 마. 「벤처기업육성에 관한 특별조치법」 제19조제1항에 따라 벤처기업집적시설의 개발 또는 설치와 그 운영을 위하여 필요한 토지를 벤처기업집적시설의 설치·운영자에게 매각하는 경우 바. 「산업기술단지 지원에 관한 특례법」 제10조제1항에 따른 산업기술단지의 조성에 필요한 토지를 사업시행자에게 매각하는 경우 2. 매각대금을 10년 이내의 기간에 걸쳐 나누어 내게 할 수 있는 경우 중 가. 지방자치단체에 그 지방자치단체가 「산업입지 및 개발에 관한 법률」에 따른 산업단지의 조성에 사용하려는 재산을 매각하는 경우 나. 지방자치단체에 그 지방자치단체가 「국민여가활성화기본법」 제3조제2호에

따른 여가시설의 조성을 위하여 사용하려는 재산을 매각하는 경우
3. 매각대금을 20년 이내의 기간에 걸쳐 나누어 내게 할 수 있는 경우 중 「도시 및 주거환경정비법」 제2조제2호나목에 따른 재개발사업을 시행하기 위한 정비구역에 있는 토지로서 「국유재산법 시행령」 제55조제2항제4호에 따른 사유건물로 점유·사용되고 있는 토지를 재개발사업 시행인가 당시의 점유·사용자에게 매각하는 경우116)

한편 위와 같이 매각대금의 완납 이전에 소유권을 이전하는 경우에는 저당권 설정 등 채권의 확보를 위하여 필요한 조치를 취하여야 한다(국유재산법 제51조제2항 후단). 매수인의 채무불이행 가능성 등에 대비하고 매각재산을 보호하기 위함이며, 저당권 설정 시의 채권최고액은 개별 사안의 구체적 사실 관계에 따라 정한다.

〈해석례〉 기획재정부 국재 45501-573, 2004. 7. 3.
(재개발사업지구 내 국유지를 매각대금 분할납부를 통해 매각하며 매각대금 완납 전 소유권을 이전하려는 사안) 저당권설정시 채권최고액은 저당권 실행결정시까지의 분납미수금, 이자, 연체료 이외에도 저당권 실행기간 동안의 연체료, 제실행비용을 합산한 금액을 충당할 수 있는 범위 내에서 결정되어야 할 것 …
따라서 채권최고액 설정비율은 저당권설정 대상이 되는 토지 및 건축물의 준공시점에서의 분납금의 연체내역과 채무불이행시 저당권을 얼마의 기간안에 실행할 것인지를 우선 판단하여 충분할 채권확보를 할 수 있도록 정하여야 할 사항이지 일률적으로 정할 수 있는 것은 아님 …

Ⅵ. 매각계약의 해제

일반재산을 매각한 경우에 다음의 어느 하나에 해당하는 사유가 있으면 그 계

115) 해당 토지가 「도시 및 주거환경정비법」 제2조제4호에 따른 정비기반시설의 설치예정지에 해당되어 그 토지의 점유·사용자로부터 같은 법 제129조에 따라 권리·의무를 승계한 자에게 그 정비구역의 다른 국유지를 매각하는 경우를 포함한다.
116) 해당 토지가 「도시 및 주거환경정비법」 제2조제4호에 따른 정비기반시설의 설치예정지에 해당되어 그 토지의 점유·사용자에게 그 정비구역의 다른 국유지를 매각하는 경우를 포함한다.

약을 해제할 수 있다(국유재산법 제52조). 「국유재산법」에 명문의 규정은 없으나 사법상 해제의 법리에 따를 때 원상회복 의무 또한 당연히 인정된다고 할 것이다.

〈표 5-24〉 일반재산 매각계약의 해제가 가능한 경우(국유재산법 제52조)

1. 매수자가 매각대금을 체납한 경우 2. 매수자가 거짓 진술을 하거나 부실한 증명서류를 제시하거나 그 밖의 부정한 방법으로 매수한 경우 3. 「국유재산법」 제49조에 따라 용도를 지정하여 매각한 경우에 매수자가 지정된 날짜가 지나도 그 용도에 사용하지 아니하거나 지정된 용도에 제공한 후 지정된 기간에 그 용도를 폐지한 경우

다만 일반재산의 매각계약이 해제되고 그 재산에 설치된 건물이나 그 밖의 물건을 중앙관서의 장이 「국유재산법」 제44조에 따라 결정한 가격으로 매수할 것을 알린 경우, 그 소유자는 정당한 사유 없이 그 매수를 거절하지 못한다(국유재산법 제53조). 이러한 경우에도 원상회복 의무를 그대로 적용한다면 일반재산에 설치된 건물을 철거해야 할 수도 있는바, 효용 가치가 있는 건물을 철거하는 것은 공공의 이익에 부합하지 않기 때문이다.

제4절 교환

'교환'은 당사자 쌍방이 금전 이외의 재산권을 상호이전할 것을 약정하는 것을 말한다(민법 제596조). 국가도 국가 외의 자와 국유재산을 교환할 수 있는바, 기본적으로 매매와 동일한 쌍무·유상 계약이지만 급부가 금전이 아니라는 점에서 매매와는 차이가 있다.

국유재산의 교환은 취득과 처분이라는 양면적 성격을 함께 가지고 있다는 특징이 있다. 즉 국유재산 교환이 성립되면 기존 국유재산의 소유권이 국가 외의 자에게 이전됨과 동시에 국가 외의 자의 재산이 새로이 국유재산으로 편입되게 된다.

일반재산의 교환에 대해서는 「국유재산법」 제54조 및 「국유재산법 시행령」 제

57조 등에서 상세하게 규정하고 있는바, 이하에서 간단히 살펴보도록 한다[117].

Ⅰ. 일반재산 교환의 법적 성격

일반재산은 국가의 행정목적을 수행하는 데에 있어 직접적으로 필요한 것이 아니므로 행정재산에 비해 상대적으로 그 처분이 자유롭다. 전술한 바와 같이 일반재산에 관한 법률관계는 원칙적으로 사법 관계로 보는바, 국가가 일반재산을 교환하는 계약은 국가가 사경제 주체의 지위에서 하는 '사법상 계약'에 해당한다.

〈판례〉 대법원 2018. 11. 29. 선고 2018두51904 판결
국유의 일반재산을 매각·교환·대부하는 계약은 국가가 사경제 주체의 지위에서 하는 '사법상 계약'에 해당한다. 따라서 사업시행자가 불요존국유림에 관하여 산림청장에게 국유림법에 따른 매각·교환·대부계약의 체결을 신청하는 것은 토지보상법상 재결신청의 전제가 되는 '협의 절차'의 실질을 갖는다. 따라서 사업시행자가 위와 같은 매각·교환·대부계약 체결을 신청함 없이 곧바로 재결을 신청하였다면, 사업시행자의 재결신청은 위법하고 그에 따른 재결도 위법하다고 보아야 한다.

Ⅱ. 일반재산의 교환이 가능한 경우

다음 표의 어느 하나에 해당하는 경우에는 일반재산인 토지·건물, 그 밖의 토지의 정착물, 동산과 공유 또는 사유재산인 토지·건물, 그 밖의 토지의 정착물, 동산[118]을 교환할 수 있다(국유재산법 제54조제1항).

117) 이하의 내용은 기본적으로 '제3장 제5절 II. 일반재산의 교환'에서 서술하였던 내용과 크게 다르지 않다.

118) 2011년 이전까지는 동산이 교환 대상이 포함되지 않았으나, 2012. 12. 국유재산의 효율적 관리를 도모하기 위하여 교환이 가능한 재산의 범위를 동산까지 확대하는 내용으로 「국유재산법」이 개정됨에 따라 동산도 교환이 가능하게 되었다.

〈표 5-25〉 일반재산의 교환이 가능한 경우(국유재산법 제54조제1항, 국유재산법 시행령 제57조제4항)

1. 국가가 직접 행정재산으로 사용하기 위하여 필요한 경우 2. 소규모 일반재산을 한 곳에 모아 관리함으로써 재산의 효용성을 높이기 위하여 필요한 경우 3. 일반재산의 가치와 이용도를 높이기 위하여 필요한 경우로서 매각 등 다른 방법으로 해당 재산의 처분이 곤란한 경우 4. 상호 점유를 하고 있고, 사유재산의 소유자가 다음의 어느 하나에 해당하는 사유로 인하여 점유 중인 일반재산과 교환을 요청한 경우[119] 1) 사유재산 소유자가 사유토지만으로는 진입·출입이 곤란한 경우 2) 국가의 점유로 인하여 해당 사유재산의 효용이 현저하게 감소된 경우 3) 2016년 3월 2일 전부터 사유재산 소유자가 소유한 건물로 점유·사용되고 있는 일반재산인 토지로서 해당 토지의 향후 행정재산으로서의 활용가능성이 현저하게 낮은 경우

Ⅲ. 교환 재산의 유사성

교환하는 재산은 원칙적으로 서로 유사한 재산이어야 한다(국유재산법 시행령 제57조제1항). 이 때의 '서로 유사한 재산'이란 다음 중 어느 하나에 해당하는 경우를 말한다.

〈표 5-26〉 교환이 가능한 '서로 유사한 재산'(국유재산법 시행령 제57조제2항)

1. 토지를 토지와 교환하는 경우 2. 건물을 건물과 교환하는 경우 3. 양쪽 또는 어느 한쪽의 재산에 건물(공작물을 포함한다)이 있는 토지인 경우에 주된 재산(그 재산의 가액이 전체 재산가액의 2분의 1 이상인 재산을 말한다)이

119) 과거에는 사인이 직접 교환을 신청할 수 있는 법적 근거가 없었는바, 이는 사유재산 소유자의 재산권 행사를 부당하게 제한한다는 비판이 있었고 국민권익위원회 또한 사인의 국·공유지 교환신청 제도 신설을 권고하였다. 이에 2016. 3. 「국유재산법」을 개정하여 동 조항(국유재산법 제54조제1항제4호)을 신설하였고, 대통령령 개정을 거쳐 2017. 3.부터 시행하게 되었다.

서로 일치하는 경우 4. 동산을 동산과 교환하는 경우

다만 ① 일반재산을 지방자치단체 소유의 공유재산(公有財産)과 교환하는 경우, 또는 ② 새로운 관사를 취득하기 위하여 노후화된 기존 관사와 교환하는 경우에는 '서로 유사한 재산'이 아니더라도 교환이 가능하다(국유재산법 시행령 제57조제1항).

Ⅳ. 일반재산 교환의 제한

원칙적으로 교환 재산의 대상에 있어 특별한 제한은 없으나, 일반재산이 다음 중 어느 하나에 해당하는 경우에는 교환이 불가하다.

〈표 5-27〉 일반재산의 교환이 불가한 경우(국유재산법 시행령 제57조제3항)

1. 「국토의 계획 및 이용에 관한 법률」, 그 밖의 법률에 따라 그 처분이 제한되는 경우 2. 장래에 도로·항만·공항 등 공공용 시설로 활용할 수 있는 재산으로서 보존·관리할 필요가 있는 경우 3. 교환으로 취득하는 재산에 대한 구체적인 사용계획 없이 교환하려는 경우 4. 한쪽 재산의 가격이 다른 쪽 재산 가격의 4분의 3미만인 경우[120] (다만, 교환 대상 재산이 공유재산인 경우는 제외) 5. 교환한 후 남는 국유재산의 효용이 뚜렷하게 감소되는 경우 6. 교환 상대방에게 건물을 신축하게 하고 그 건물을 교환으로 취득하려는 경우 7. 그 밖에 '국유재산 종합계획'의 국유재산 처분기준에서 정한 교환제한대상에 해당하는 경우

다만 상기 제3호 또는 제4호에 해당하는 일반재산이 「국유재산법 시행령」 제57조제4항 각 호[121]의 어느 하나에 해당하는 경우에는 교환할 수 있다. 이는 「국유

120) 「국유재산법」 제54조제1항제2호에 따른 교환(소규모 일반재산을 한 곳에 모아 관리함으로써 재산의 효용성을 높이기 위하여 필요한 경우)인 경우에는 '4분의 3 미만'이 아니라 '2분의 1 미만'을 기준으로 한다.

121) 「국유재산법 시행령」 제57조(교환) ④ 법 제54조제1항제4호에서 "해당 재산 소유자가 사유

재산법 시행령」 제57조제4항이 상호점유를 하고 있는 사유재산 소유자의 재산권 행사를 보호하기 위해 도입된 조항인 만큼, 국가가 교환으로 취득하려는 재산에 대한 구체적인 사용계획이 없거나 교환 대상 재산 사이에 가격 차이가 나더라도 교환을 허용함으로써 국민의 재산권 행사를 두텁게 보호하기 위함이다.

Ⅴ. 교환 재산의 가격

교환 재산의 가격은 원칙적으로 감정평가를 통해 결정하는데, 대장가격이 3천만원 이상인 경우에는 두 개의 감정평가업자의 평가액을 산술평균한 금액으로 하고, 대장가격이 3천만원 미만이거나 지방자치단체 또는 공공기관과 교환하는 경우에는 하나의 감정평가업자의 평가액으로 정한다(국유재산법 시행령 제42조제1항). 다만 일반재산을 지방자치단체의 공유재산과 교환하려는 경우에는 중앙관서의 장등과 지방자치단체가 협의하여 개별공시지가로 산출된 금액이나 하나 이상의 감정평가업자의 평가액을 기준으로 하여 교환할 수 있다(국유재산법 시행령 제57조제6항).

교환 재산 간에 가격이 같지 아니하면 그 차액을 금전으로 대신 납부하여야 하며(국유재산법 제54조제3항), 이러한 교환자금의 납부에 관하여는 일반재산 매각대금 납부의 예에 따른다(국유재산법 시행규칙 제39조).

Ⅵ. 교환의 절차

과거에는 국가만이 교환을 제안할 수 있었으나, 2016. 3. 2. 「국유재산법」 제54조제1항제4호[122]가 신설되어 2017. 3.부터 시행됨에 따라 이제는 국유재산을 상

토지만으로는 진입·출입이 곤란한 경우 등 대통령령으로 정하는 불가피한 사유"란 다음 각 호의 어느 하나에 해당하는 사유를 말한다.
1. 사유재산 소유자가 사유토지만으로는 진입·출입이 곤란한 경우
2. 국가의 점유로 인하여 해당 사유재산의 효용이 현저하게 감소된 경우
3. 2016년 3월 2일 전부터 사유재산 소유자가 소유한 건물로 점유·사용되고 있는 일반재산인 토지로서 해당 토지의 향후 행정재산으로서의 활용가능성이 현저하게 낮은 경우

122) 「국유재산법」 제54조(교환) ① 다음 각 호의 어느 하나에 해당하는 경우에는 일반재산인 토지·건물, 그 밖의 토지의 정착물, 동산과 공유 또는 사유재산인 토지·건물, 그 밖의 토지의 정착물, 동산을 교환할 수 있다.
4. 상호 점유를 하고 있고 해당 재산 소유자가 사유토지만으로는 진입·출입이 곤란한 경우 등 대통령령으로 정하는 불가피한 사유로 인하여 점유 중인 일반재산과 교환을 요청한 경우

호점유하고 있는 사인이 교환을 신청하는 것도 가능하게 되었다.

교환의 상대방은 교환계약 체결[123] 전에 그 대상재산에 소유권 외의 권리가 설정되어 있으면 그 권리를 소멸시키고 그 대상재산에 관한 각종 세금과 공과금을 모두 내야 한다(국유재산법 시행규칙 제37조제1항). 「국유재산법」 제11조제1항에 따라 사권(私權)이 설정된 재산은 그 사권이 소멸된 후가 아니면 국유재산으로 취득하지 못하기 때문이다.

한편 중앙관서의 장등은 일반재산 교환 시 다음의 사항을 명백히 하고 그 적정 여부를 확인하여야 하며, 「전자정부법」 제36조제1항에 따른 행정정보의 공동이용을 통하여 해당 재산의 등기부 등본, 건축물대장, 토지대장, 임야대장, 지적도, 임야도를 확인하여야 한다.

〈표 5-28〉 중앙관서의 장등이 일반재산 교환 시 확인해야 할 사항(국유재산법 시행규칙 제37조제2항)

1. 재산의 표시
2. 교환 목적
3. 교환대상자의 성명 및 주소
4. 같은 시점의 평정가격과 그 평정조서
5. 교환자금과 그 결제방법
6. 교환 조건
7. 등기부 등본 및 지적공부(「국유재산법」 제42조제1항에 따라 일반재산의 관리·처분에 관한 사무를 위탁받은 자에게 제출하는 경우로 한정)
8. 교환으로 취득하려는 재산이 환지예정지인 경우에는 환지예정지로 확정된 것을 증명하는 서류
9. 건축물현황도 등 필요한 도면
10. 교환으로 취득할 재산의 토지이용계획 확인서

중앙관서의 장등은 일반재산을 교환하려면 그 내용을 감사원에 보고하여야 하고(국유재산법 제54조제4항), 동산과 동산을 교환하려는 경우에는 미리 총괄청과 협

123) 중앙관서의 장등은 일반재산을 교환할 때 「국유재산법 시행규칙」 별지 제10호 서식의 국유재산 교환계약서를 작성하여야 한다(국유재산법 시행규칙 제38조).

의하여야 한다(국유재산법 시행령 제57조제7항). 교환은 국유재산의 취득과 처분이 결합된 형태인바, 교환이 무분별하게 이루어질 경우 국가의 예산통제 기능이 약화되고 국유재산 관리 · 처분의 기본원칙이 형해화될 수도 있기 때문이다. 「국유재산법」 제42조제1항에 따라 일반재산의 관리 · 처분에 관한 사무를 위임 · 위탁받은 자가 해당 일반재산을 교환하려는 경우 미리 총괄청의 승인을 받도록 한 것도 같은 취지이다(국유재산법 시행령 제57조제8항).

제5절 양여

국유재산의 '양여'는 처분의 일종으로, 대가를 받지 아니하고 일반재산의 소유권을 국가 외의 자에게 이전하는 것을 의미한다.

국유재산을 양여할 경우 어떠한 반대급부 없이 국유재산의 총량만이 줄어드는 결과가 되는바, 이는 국유재산의 보호 측면에서 바람직하지 않다. 또한 양여는 실질적으로 보조금의 교부와 같은 효과가 있는데 행정관청이 그 재량을 행사하는 과정에 있어 국민에게 불공평한 결과를 초래할 수도 있다.

따라서 「국유재산법」에서는 법령에 규정된 경우에 한하여 일반재산을 양여할 수 있도록 제한적으로 정하고 있으며, 이러한 양여 가능 사유는 가능한 엄격하게 해석하여야 한다.

〈해석례〉 법제처 12-0623, 개발사업지구 내 폐교되는 기존 학교용지 · 시설을 「국유재산법」 및 「공유재산 및 물품 관리법」에 따라 사업시행자에게 양여할 수 있는지, 2013. 1. 14.

국유재산 · 공유재산의 양여란 대가를 받지 아니하고 일반재산의 소유권을 국가 · 지방자치단체 외의 자에게 이전하는 것을 의미하고, 「국유재산법」 제55조제1항 및 「공유재산 및 물품관리법」 제40조제1항에서는 이러한 양여가 실질적으로 보조금의 교부와 같은 효과가 있고 행정관청이 그 재량을 행사함에 있어 국민에게 불공평한 결과를 초래할 수 있다는 점을 고려하여 각 호에 명시된 경우에 한하여 일반재산을 양여할 수 있도록 제한적으로 규정하고 있는바, 각 호의 양여가 가능한 사유는 엄격하게 해석하여야 할 것입니다.

Ⅰ. 일반재산의 양여가 가능한 경우

일반재산은 다음의 어느 하나에 해당하는 경우에는 양여할 수 있다.

1. 일반재산을 직접 공용이나 공공용으로 사용하려는 지방자치단체에 양여하는 경우(국유재산법 제55조제1항제1호)

다음의 어느 하나에 해당하는 일반재산을 직접 공용이나 공공용으로 사용하려는 지방자치단체에 양여하는 경우에는 일반재산을 양여할 수 있다.

〈표 5-29〉 직접 공용이나 공공용으로 사용하려는 지방자치단체에 양여가 가능한 일반재산(국유재산법 시행령 제58조제1항)

1. 국가 사무에 사용하던 재산을 그 사무를 이관받은 지방자치단체가 계속하여 그 사무에 사용하는 일반재산 2. 지방자치단체가 청사 부지로 사용하는 일반재산(이 경우 종전 내무부 소관의 토지로서 1961년부터 1965년까지의 기간에 그 지방자치단체로 양여할 조건을 갖추었으나 양여하지 못한 재산을 계속하여 청사 부지로 사용하는 일반재산에 한정함) 3. 「국토의 계획 및 이용에 관한 법률」 제86조에 따라 지방자치단체(특별시·광역시·경기도와 그 관할구역의 지방자치단체는 제외)의 장이 시행하는 도로시설(1992년 이전에 결정된 도시·군관리계획에 따른 도시·군계획시설을 말한다)사업 부지에 포함되어 있는 총괄청 소관의 일반재산 4. 「도로법」 제14조부터 제18조까지의 규정에 따른 도로(2004년 12월 31일 이전에 그 도로에 포함된 경우로 한정)에 포함되어 있는 총괄청 소관의 일반재산 5. 「5·18민주화운동 등에 관한 특별법」 제5조에 따른 기념사업을 추진하는 데에 필요한 일반재산

동 규정에 따라 양여한 일반재산이 10년 내에 양여목적과 달리 사용된 때에는 그 양여를 취소할 수 있고(국유재산법 제55조제2항), 양여 시에는 이러한 사유가 발생하면 양여계약을 해제한다는 내용의 특약등기를 하여야 한다(국유재산법 시행령 제59조).

한편 양여한 일반재산이 10년 내에 양여목적과 달리 사용되었을 경우 반드시 양여를 취소해야 하는지가 문제될 수 있다. 이러한 경우 원칙적으로 양여를 취소하는 것이 바람직할 것이나, 양여의 취소가 오히려 양여목적에 위배되는 등 불가피한 사유가 있는 때에는 양여를 취소하지 않을 수 있다고 본다.

〈해석례〉 기획재정부 국재 41301-663, 1998. 9. 29.
국유재산법 제44조제2항[124] 및 동법시행령 제48조[125]의 규정에 의하면 양여받은 국유재산이 10년 내에 양여목적 이외의 목적으로 사용한 때에는 그 양여를 취소할 수 있도록 되어 있는바, 동 법에서 "취소할 수 있다"라고 규정한 것은 강행규정 또는 임의규정의 문제가 아니라 양여목적 이외 사용시 재산처분청이 양여를 취소할 수 있는 권능을 부여하기 위한 것으로서 국유재산 양수 후 10년 내에 양여목적으로 사용하지 아니할 경우 그 양여를 취소하는 것이 원칙 … 다만 양여를 취소하는 것이 오히려 양여목적에 위배되는 등 불가피한 사유가 있는 때에는 양여를 취소하지 아니할 수 있음 …

2. 지방자치단체나 공공단체가 유지 · 보존비용을 부담한 공공용재산이 용도폐지됨으로써 일반재산이 되는 경우에 해당 재산을 그 부담한 비용의 범위에서 해당 지방자치단체나 공공단체에 양여하는 경우(국유재산법 제55조제1항제2호)

이 때의 공공단체는 '법령에 따라 정부가 자본금의 전액을 출자하는 법인'[126]과 '법령에 따라 정부가 기본재산의 전액을 출연하는 법인' 중 어느 하나에 해당하는 것을 말한다(국유재산법 시행령 제33조, 제58조제2항).

3. 행정재산을 용도폐지하는 경우 그 용도에 사용될 대체시설을 제공한 자 또는 그 상속인, 그 밖의 포괄승계인에게 그 부담한 비용의 범위에서 용도폐지된 재산을 양여하는 경우(국유재산법 제55조제1항제3호)

이른바 '기부 대 양여'를 의미하며, 행정재산을 용도폐지하는 경우 대체시설을 제공한 자가 공익적 부담을 한 것을 고려하여 그에 상응하는 혜택을 인정해 주기

124) 현재의 제55조제2항에 해당
125) 현재의 제59조에 해당
126) 한국토지주택공사, 한국조폐공사, 한국교육방송공사, 한국투자공사 등이 있다.

위한 취지이다. 이 때 용도폐지되어 양여가 가능한 행정재산은 다음의 어느 하나에 해당하는 재산을 말한다.

〈표 5-30〉 기부 대 양여에 있어 양여가 가능한 재산(국유재산법 시행령 제58조제3항)

1. 「공익사업을 위한 토지 등의 취득 및 보상에 관한 법률」 제20조에 따라 사업인정을 받은 공익사업의 사업지구에 편입되는 행정재산 2. 군사시설 이전 등 대규모 국책사업을 수행하기 위하여 용도폐지가 불가피한 행정재산

이 때 '대체시설의 제공'은 양여에 상응하는, 즉 소유권의 이전을 수반하는 제공을 말한다. 따라서 단순히 대체시설을 무상으로 사용할 수 있도록 허가하는 것만으로는 동 규정의 적용이 불가하다.

〈해석례〉 법제처 11-0015, 「국유재산법」 제55조제1항제3호에서 정하는 용도폐지된 재산의 양여를 위한 '대체시설의 제공'의 의미, 2011. 3. 31.

「국유재산법」 제55조제1항제3호에 따르면 행정재산을 용도폐지하는 경우 그 용도에 사용될 대체시설을 제공한 자에게 그 부담한 비용의 범위에서 용도폐지된 재산을 양여할 수 있도록 하고 있는바, 같은 규정에서 용도폐지된 국유의 행정재산의 "양여" 범위를 대체시설을 "제공"한 자에게 "대체시설의 제공에 따라 부담한 비용의 범위"에서 하도록 하고 있으므로 이 경우 대체시설의 "제공"의 의미는 양여에 상응하는 제공, 즉 소유권의 이전을 수반하는 제공으로 이해하는 것이 합리적입니다.

이와 관련하여 같은 법 시행규칙 제42조제1항에서는 「국유재산법」 제55조제1항제3호에 따라 일반재산을 양여하는 경우에는 대체시설을 제공한 자로부터 그 대체시설을 기부받은 후가 아니면 양여할 수 없다고 하고 있고, 같은 법 제13조제2항제2호에서는 기부가 허용되는 경우로서, "행정재산의 용도를 폐지하는 경우 그 용도에 사용될 대체시설을 제공한 자가 그 부담한 비용의 범위에서 같은 법 제55조제1항제3호에 따라 용도폐지된 재산을 양여할 것을 조건으로 그 대체시설을 기부하는 경우"를 들고 있는바, 이 경우 기부는 같은 법 제2조제2호의 "기부채납"에 관한 정의 규정과 같이 소유권의 무상 이전을 의미한다고 보아야 할 것이므로, 같은 법 제55조제1항제3호의 대체시설의 제공은 소유권의 이전을 수반하는 제공이라고 할 것입니다.

따라서, 지방자치단체가 용도폐지되는 국유재산의 용도에 사용될 수 있도록 해당 지방자치단체의 행정재산(공유재산)을 무상으로 국가가 사용 · 수익할 수 있도록 허가하는 것은 「국유재산법」 제55조제1항제3호에 따른 대체시설의 제공에 해당하지 아니합니다.

또한 개별 법령에 따라 특정 시설을 국가에 무상공급할 의무가 있는 자에게는 '기부 대 양여'에 따른 양여가 불가하다. 이 경우 새로운 시설을 국가에 기부하였더라도 이는 법령에 따른 의무를 이행한 것일 뿐, 특별한 공익적 부담을 진 것으로는 볼 수 없기 때문이다.

〈해석례〉 법제처 12-0623, 개발사업지구 내 폐교되는 기존 학교용지 · 시설을 「국유재산법」 및 「공유재산 및 물품 관리법」에 따라 사업시행자에게 양여할 수 있는지, 2013. 1. 14.

「국유재산법」 제55조제1항 및 공유재산법[127] 제40조제1항에서는 일반재산을 양여할 수 있는 경우를 규정하면서 각 제3호에서 "행정재산을 용도폐지하는 경우 그 용도에 사용될 대체시설을 제공한 자 또는 그 상속인, 그 밖의 포괄승계인에게 (그 부담한 비용의 범위에서) 용도폐지된 재산을 양여하는 경우"를 규정(이하 "대체시설제공자 양여규정"이라 함)하고 있습니다.

한편, 「학교용지 확보 등에 관한 특례법」(이하 "학교용지법"이라 함) 제4조에 따르면 시 · 도 외의 개발사업시행자는 학교용지를 시 · 도에 공급하도록 되어 있고(제2항), 특히 국가 또는 지방자치단체, 「공공기관의 운영에 관한 법률」 제4조에 따른 공공기관, 「지방공기업법」 제5조에 따른 지방직영기업 등 각 목에 규정되어 있는 개발사업시행자(이하 "공영개발사업시행자"이라 함)가 개발사업을 하는 경우에는 학교용지를 무상으로 공급하도록 하고 있으며(제3항제1호), 학교용지법 제4조의2제1항에서는 공영개발사업시행자가 수도권에서 학교용지를 무상으로 공급하는 개발사업을 하는 경우 소공원 및 조경녹지를 포함한 학교시설을 설치하여 무상공급하도록 하고 있는바, 이를 이유로 개발사업지구 내 폐교되는 기존의 학교용지 · 시설을 공영개발사업시행자에게 대체시설제공자 양여규정에 따라 양여할 수 있는지가 문제될 수 있습니다. (중략)

한편, 대체시설제공자 양여규정은 행정재산을 용도폐지하는 경우 대체시설을 제공한 자가 공익적 부담을 한 것을 고려하여 그에 상응하는 혜택을 인정해 주기 위한 취지의 규정인 반면, 공영개발사업시행자의 학교용지 · 시설의 제공은 학교용지법 제4조제3항제1호, 제4조의2제1항에 따른 무상공급의무의 이행에 불과할 뿐만 아니라, 학교용지법 제4조제7항

127) 「공유재산 및 물품 관리법」을 의미한다.

에서 무상공급에 소요되는 비용을 「개발이익환수에 관한 법률」 제11조제1항에 따른 개발비용에 포함할 수 있도록 함으로써 개발부담금 부과 대상 토지 가액에서 동 비용을 공제할 수 있는 별도의 혜택을 인정하고 있는 점, 학교용지법 제4조의2제3항 · 제4항에서는 학교시설을 무상 설치 · 공급하는 개발사업시행자에게 「도시공원 및 녹지 등에 관한 법률」 상 녹지기준을 완화해 주고 이에 따른 개발이익을 학교시설의 설치비용으로 사용하도록 하는 등 학교용지 · 시설을 무상공급하는데 따른 비용을 보전할 방안을 마련하고 있는 점을 고려할 때, 이 사안의 공영개발사업시행자는 "행정재산을 용도폐지하는 경우 그 용도에 사용될 대체시설을 제공한 자"에 해당하지 아니한다고 할 것입니다. (중략)
따라서, 개발사업지구 내 폐교되는 기존의 학교용지 · 시설을 학교용지법 제4조제3항제1호, 제4조의2제1항에 따라 학교용지 · 시설을 무상공급할 의무가 있는 공영개발사업시행자에게 대체시설제공자 양여규정에 따라 양여할 수 없다고 할 것입니다.

한편 상기 대체시설이 국고보조를 받아 설치한 것인 경우에는 해당 국고보조금을 그 시설의 설치비용에서 빼야 한다(국유재산법 시행규칙 제42조제4항). 본래 기부 대 양여는 대체시설을 제공한 자 등이 '부담한 비용의 범위'에서 일반재산을 양여하는 것인데, 대체시설을 국고보조를 받아 설치하였을 경우 그 국고보조금에 상당하는 부분은 대체시설을 제공한 자가 부담하였다고 볼 수 없기 때문이다.

'기부 대 양여'에 있어 기부와 양여의 선후 관계는 다음과 같다.

가. 원칙 - 先 기부, 後 양여

동 규정에 따라 일반재산을 양여하는 경우에는 대체시설을 제공한 자나 그 상속인, 또는 그 밖의 포괄승계인으로부터 그 대체시설을 기부받은 후가 아니면 양여할 수 없다(국유재산법 시행규칙 제42조제1항). 즉 기부재산에 대하여 완전한 소유권을 취득한 이후 일반재산을 양여하는 것이 원칙이다. 양여가 먼저 이루어질 경우 추후 기부에 문제가 생겨 기부재산을 받지 못한다면 국가에 손실이 발생하므로, 이를 방지하여 국유재산을 최대한 보호하기 위함이다.

나. 예외 - 先 양여, 後 기부

예외적으로 중앙관서의 장등은 다음의 어느 하나에 해당하는 경우에는 대체시설을 기부받기 전에 기부채납을 결정하고 국유재산을 양여할 수 있다(국유재산법 시행규칙 제42조제2항). 공공사업 시행 등에 있어 기부를 먼저 받지 않으면 사업에 차질이 있거나 경제적 부담이 큰 경우, 공익적 목적을 위해 특별히 국유재산의 先 양여를 인정하는 것이다.

〈표 5-31〉 대체시설을 기부받기 전에 양여가 가능한 경우(국유재산법 시행규칙 제42조제2항)

1. 공공사업의 시행으로 대체시설은 이미 설치되었으나, 사업시행자가 국유재산을 먼저 양여받지 아니하면 사업지구의 지적을 정리할 수 없거나 사업을 준공할 수 없는 등의 사유로 소유권을 증명할 수 있는 서류를 제출할 수 없어 기부채납이 곤란한 경우 2. 공공사업의 시행자가 정부출자기업체인 경우로서 다음의 요건을 모두 충족하는 경우 가. 대체시설을 설치하기 위하여 정부출자기업체가 이미 투자한 비용이 양여할 국유재산의 가액보다 클 것 나. 해당 국유재산을 먼저 양여하지 아니하면 국가 또는 해당 정부출자기업체의 금융비용 등의 추가부담이 있을 것

한편 상기 규정에 따라 대체시설을 기부하기 전에 국유재산을 양여받으려는 사업시행자는 대체시설의 기부서[128] 또는 「국유재산법 시행규칙」 제42조제2항제2호 각 목의 요건을 충족하는 것을 증명하는 서류[129]를 해당 중앙관서의 장등에게 제출하여야 하며, 대체시설을 준공하는 즉시 소유권을 증명할 수 있는 서류를 제출하여야 한다(국유재산법 시행규칙 제42조제3항).

4. 국가가 보존 · 활용할 필요가 없고 대부 · 매각이나 교환이 곤란한 재산을 양여하는 경우(국유재산법 제55조제1항제4호)

국가가 보존·활용할 필요가 없고 대부·매각이나 교환이 곤란한 다음의 재산은 양여할 수 있다.

128) 「국유재산법 시행규칙」 제42조제2항제1호의 경우에 적용한다.
129) 「국유재산법 시행규칙」 제42조제2항제2호의 경우에 적용한다.

〈표 5-32〉 국가가 보존 · 활용할 필요가 없고 대부 · 매각이나 교환이 곤란하여 양여가 가능한 재산(국유재산법 시행령 제58조제5항)

1. 국가 외의 자가 소유하는 토지에 있는 국가 소유의 건물(부대시설 포함). 이 경우 양여받는 상대방은 그 국가 소유의 건물이 있는 토지의 소유자로 한정한다. 2. 국가 행정 목적의 원활한 수행 등을 위하여 국무회의의 심의를 거쳐 대통령의 승인을 받아 양여하기로 결정한 일반재산

Ⅱ. 일반재산 양여의 절차

중앙관서의 장등은 일반재산을 양여하려면 총괄청과 협의하여야 하고, 협의할 때에는 양여의 목적·조건과 그 재산의 가격 및 양여받을 자가 부담한 경비의 명세를 명백히 하여야 한다(국유재산법 제55조제3항 본문, 국유재산법 시행령 제57조제6항). 일반재산 양여 시에는 국유재산의 총량이 줄어들게 되므로, 국유재산에 관한 사무를 총괄하는 총괄청이 일반재산의 양여에 있어 일정 부분 통제할 수 있는 길을 마련해 둔 것이다.

다만, 500억원 이하의 일반재산을 「국유재산법」 제55조제1항제3호에 따른 '기부 대 양여' 방식으로 양여하는 경우에는 총괄청과 협의가 불필요하다(국유재산법 제55조제3항 단서, 국유재산법 시행령 제58조제7항). 기부 대 양여에 따른 양여는 기부재산을 반대급부로 받게 되고 관련 규정 상 기부재산은 양여재산보다 크거나 최소한 같아야 하므로, 기부 대 양여 시에는 실질적으로 국유재산의 총량이 감소하지 않기 때문이다.

중앙관서의 장등이 일반재산 양여를 위해 총괄청과 협의할 경우에는 다음의 사항을 총괄청에 제출하여야 한다(국유재산법 시행규칙 제40조).

〈표 5-33〉 일반재산 양여 시 총괄청에 제출해야 할 사항(국유재산법 시행규칙 제40조)

1. 공통 적용 사항 가. 재산의 표시 나. 양여 목적 또는 양여 사유 다. 양수자의 성명 및 주소

라. 평정가격과 그 평정조서
마. 양여 조건
2. 「국유재산법」 제55조제1항제1호 양여 시 적용 사항
가. 사업의 계획서와 예산서
나. 건축물현황도 등 필요한 도면
다. 신청서의 부본(副本)
3. 「국유재산법」 제55조제1항제2호의 양여 시 적용 사항
가. 사업의 계획서와 예산서
나. 건축물현황도 등 필요한 도면
다. 용도폐지일 또는 양수할 자가 설치한 물건의 국가 취득일
라. 양수할 자가 부담한 유지·보존비용 또는 양수할 자가 제공한 대체시설의 제공 당시의 가액(감정평가업자가 평가한 가액)
마. 상속인이나 그 밖의 포괄승계인이 양수하는 경우에는 그 상속인 또는 그 밖의 포괄승계인임을 증명하는 서류
4. 「국유재산법」 제55조제1항제4호의 양여 시 적용 사항
가. 국가가 보존·활용할 필요가 없는 사유
나. 대부·매각이나 교환이 곤란한 사유

총괄청과의 협의 후 중앙관서의 장등은 상대방과 국유재산 양여계약서를 작성하여야 한다(국유재산법 시행규칙 제41조). 이 때 「국유재산법」 제55조제1항제1호에 따른 양여일 경우에는 양여목적으로의 10년 이상 사용 의무 및 이를 어겼을 경우 양여 계약의 해약이 가능하다는 내용을 양여계약서에 명시한다.

제6절 용도폐지된 공공시설의 무상양도

앞서 국유재산 취득의 한 유형으로 공공시설의 무상귀속에 대해 살펴본 바 있다. 이와 같이 새로운 공공시설이 국가로 무상귀속될 경우 그 반대급부로 용도폐지된 기존 공공시설의 양도가 있을 수 있는데, 이를 '무상양도'라고 하며 국유재산의 처분 형태 중 하나에 해당한다.

용도폐지된 공공시설의 무상양도를 규정하고 있는 법령 또한 상당수이나 대부분 국토계획법을 따르는 경우가 많다. 따라서 이하에서는 국토계획법을 중심으로 살펴보기로 한다.

Ⅰ. 무상양도의 입법 취지 및 법적 성격

무상양도는 사업시행자에 의해 새로 설치된 공공시설이 관리청에 무상으로 귀속됨으로 인해 야기되는 사업시행자의 재산상 손실에 대해, 해당 사업의 시행으로 용도가 폐지되는 국가 소유의 기존 공공시설을 그 사업시행자에게 무상으로 양도되도록 하여 위와 같은 재산상의 손실을 합리적인 범위 안에서 보전해 주고자 하는 데 그 입법 취지가 있다.

〈해석례〉 법제처 11-0677, 개발행위허가지 안의 용도가 폐지되는 공공시설(도로)을 국토계획법 제65조제2항에 따라 무상으로 양도할 수 있는지 여부, 2012. 3. 15.

국토계획법 제65조제2항의 전단 규정은 개발행위허가를 받은 자의 재산권을 박탈·제한함에 그 본질이 있는 것이 아니라, 개발행위허가를 받은 자가 설치한 공공시설의 소유권을 바로 국가 또는 지방자치단체 등 관리청으로 귀속시킴으로써 이를 보다 효율적으로 유지·관리하여 공공의 이익에 제공하기 위한 것으로서 공공시설을 확보하여 관리청에 귀속시키는 데 주된 취지가 있는 것이고,

후단 규정은, 민간 사업시행자에 의하여 새로 설치된 공공시설이 전단 규정에 따라 관리청에 무상으로 귀속됨으로 인하여 야기되는 사업시행자의 재산상 손실을 고려하여, 그 사업시행자가 새로 설치한 공공시설의 설치비용에 상당하는 범위에서 사업의 시행으로 용도가 폐지되는 국가 또는 지방자치단체 소유의 공공시설을 그 사업시행자에게 무상으로 양도되도록 하여 위와 같은 재산상의 손실을 합리적인 범위 안에서 보전해 주고자 하는 데 그 입법 취지가 있다 할 것입니다.

한편 무상양도에 관한 국토계획법 제65조제2항은 '개발행위로 용도가 폐지되는 공공시설은 새로 설치한 공공시설의 설치비용에 상당하는 범위에서 개발행위허가를 받은 자에게 무상으로 양도할 수 있다'라고 규정하고 있는바, 개발행위로 용도가 폐지되는 공공시설이 있다고 하더라도 반드시 무상양도를 해야 하는 것은 아

니며 이는 행정청의 재량 사항이다.[130)]

Ⅱ. 무상양도의 대상 및 범위

개발행위허가를 받은 자가 행정청이 아닌 경우 개발행위허가를 받은 자가 새로 설치한 공공시설은 그 시설을 관리할 관리청에 무상으로 귀속되고, 개발행위로 용도가 폐지되는 공공시설은 새로 설치한 공공시설의 설치비용에 상당하는 범위에서 개발행위허가를 받은 자에게 무상으로 양도할 수 있다(국토계획법 제65조제2항). 따라서 새로 설치한 공공시설을 관리할 관리청이 국가이고 개발행위로 용도가 폐지되는 국유재산이 있을 경우에는, 무상양도를 통한 해당 국유재산의 처분이 가능하다. 이 때 무상양도의 대상은 '개발행위로 용도가 폐지되는 공공시설'이며, 그 범위는 '새로 설치한 공공시설의 설치비용 상당액'이다.

이 때 '개발행위로 용도가 폐지되는 공공시설'의 공부상 내용과 실제 이용 상황이 다르더라도 무상양도가 가능하다. 공공시설의 현실적인 이용 상황이 공부와 불일치하는 경우라 하더라도 그 불일치의 내용·형태·수준 등 그 양태가 다양하고 그 불일치가 일시적인지 영구적인지에 대해서도 일률적·확정적으로 판단하기 어려운 점에 비추어 볼 때, 해당 시설의 현실적인 이용 상황이라는 불확정적이고 불명확한 기준에 따라 무상양도 여부를 판단하는 것은 부적절하기 때문이다.

〈해석례〉 법제처 18-0683, 산업단지개발사업의 시행으로 인하여 무상 양도를 받고자 하는 재산이 공부와 실제 이용 상황이 불일치하는 경우 해당 재산이 무상 양도의 대상이 되는지 여부, 2019. 3. 26.

「산업입지 및 개발에 관한 법률」(이하 "산업입지법"이라 함)에서는 행정재산의 용도폐지와 관련하여 산업단지개발실시계획의 승인 또는 변경승인을 할 때 미리 관계 행정기관의 장과 협의 등을 한 경우 「국유재산법」 제40조에 따른 행정재산의 용도폐지 등이 된 것으로 보도록 규정(산업입지법 제21조제1항제17호)하고 있습니다.

---

130) 이와는 달리 「도시 및 주거환경정비법」 제97조제2항 등 일부 법령에서는 '용도가 폐지되는 국가 또는 지방자치단체 소유의 정비기반시설은 사업시행자가 새로 설치한 정비기반시설의 설치비용에 상당하는 범위에서 그에게 무상으로 양도된다'라고 하여 기속적으로 규정하고 있는바, 이는 강행규정으로 해석된다(대법원 2014. 2. 21. 선고 2012다82466 판결).

그리고 산업입지법 제26조제2항에서는 산업단지개발사업의 시행으로 인하여 용도가 폐지되는 국가 또는 지방자치단체 소유의 재산은 사업시행자에게 무상으로 양도할 수 있도록 규정하고 있으나, 공부상 행정재산을 실제 일반재산처럼 사용하는 등 공부상 내용과 실제 이용 상황이 다른 경우 이를 달리 보는 규정은 없습니다.
따라서 산업입지법 제21조에 따라 산업단지개발실시계획을 승인할 때 행정재산이 포함되어 있고 해당 행정재산의 용도폐지에 대하여 관계 행정기관의 장과 협의하였다면 그 실시계획의 승인과 함께 행정재산은 이미 법적으로 용도가 폐지된 것으로 보아야 하고, 산업입지법 제26조제2항에 따라 사업시행자에게 무상으로 양도할 수 있는 대상에 포함된다고 보아야 합니다.
아울러 행정재산의 현실적인 이용 상황이 공부와 불일치하는 경우라 하더라도 그 불일치의 내용 · 형태 · 수준 등 그 양태가 다양하고 그 불일치가 일시적인지 영구적인지에 대해서도 일률적 · 확정적으로 판단하기 어려운 점에 비추어 볼 때, 해당 재산의 현실적인 이용 상황이라는 불확정적이고 불명확한 기준에 따라 무상 양도 대상 여부를 판단하는 것은 불합리하다는 점도 이 사안을 해석할 때 고려해야 합니다.

한편 무상양도의 범위에 있어 '새로 설치한 공공시설'은 '개발행위허가를 받은 자가 새로 설치한 공공시설'을 가리키므로, 개발행위를 받은 자가 새로 설치한 공공시설 중 관련법에 따라 당연히 그 설치의무가 인정되는 공공시설이 있다고 하더라도 이에 소요된 설치비용 상당액을 제외할 이유는 없다.

〈판례〉 대법원 2007. 4. 13. 선고 2006두11149 판결
도시 및 주거환경정비법 제65조 제2항[131]은, 시장 · 군수 또는 주택공사 등이 아닌 사업시행자가 정비사업의 시행으로 새로이 설치한 정비기반시설은 그 시설을 관리할 국가 또는 지방자치단체에 무상으로 귀속되고(이하 '전단 규정'이라 한다), 정비사업의 시행으로 인하여 용도가 폐지되는 국가 또는 지방자치단체 소유의 정비기반시설은 그가 새로이 설치한 정비기반시설의 설치비용에 상당하는 범위 안에서 사업시행자에게 무상으로 양도된다(이하 '후단 규정'이라 한다)고 규정하고 있다. 위 규정 중 특히 후단 규정은, 민간 사업시행자에 의해 새로 설치된 정비기반시설이 전단 규정에 따라 관리청에 무상으로 귀속됨

131) 동 판례는 舊 도시 및 주거환경정비법 제65조제2항에 관한 것이기는 하지만 해당 조문의 내용이 현 국토계획법 제65조제2항과 사실상 동일하므로, 동 판례의 법리는 현재의 국토계획법에도 적용될 수 있다고 본다.

으로 인해 야기되는 사업시행자의 재산상 손실을 고려하여, 그 사업시행자가 새로 설치한 정비기반시설의 설치비용에 상당하는 범위 안에서 정비사업의 시행으로 용도가 폐지되는 국가 또는 지방자치단체 소유의 정비기반시설을 그 사업시행자에게 무상으로 양도되도록 하여 위와 같은 재산상의 손실을 합리적인 범위 안에서 보전해 주고자 하는 데 그 입법 취지가 있는 것이다.
이러한 후단 규정의 입법 취지와 함께 동일한 법령에서의 용어는 법령에 다른 규정이 있는 등 특별한 사정이 없는 한 동일하게 해석 · 적용되어야 하는 점 등에 비추어 보면, 용도 폐지되는 기존 정비기반시설이 사업시행자에게 무상 양도될 수 있는 범위를 정하는 후단 규정의 '그가 새로이 설치한 정비기반시설'이란 전단 규정의 '사업시행자가 정비사업의 시행으로 새로이 설치한 정비기반시설'을 가리키는 것으로서 양자는 같은 것으로 보아야 할 것이지, 이와 달리 사업시행자가 새로이 설치한 정비기반시설 중 관련법에 따라 당연히 그 설치의무가 인정되는 정비기반시설은 제외되는 것으로 제한적으로 해석할 이유는 없다.

또한 무상양도는 '새로 설치한 공공시설의 설치비용에 상당하는 범위에서' 이루어질 뿐 반드시 용도폐지되는 공공시설에 대체되는, 즉 같은 종류의 공공시설의 설치비용 범위 내에서 이루어지는 것이 아니다. 따라서 '개발행위로 용도가 폐지되는 공공시설'로서 무상양도되는 범위는, 같은 용도로 대체되어 새로 설치되는 공공시설의 설치비용으로 한정할 수는 없다.

〈판례〉 대법원 2007. 7. 12. 선고 2007두6663 판결
도시 및 주거환경정비법 제65조 제2항[132]의 후단 규정은 '용도가 폐지되는 정비기반시설은 새로이 설치한 정비기반시설의 설치비용에 상당하는 범위 내에서' 사업시행자에게 무상양도하도록 규정하고 있어 반드시 용도폐지되는 정비기반시설에 대체되는, 즉 같은 종류의 정비기반시설의 설치비용 범위 내에서 무상양도하라고 한정하고 있지 아니하고, 달리 위 조항의 정비기반시설을 '같은 종류'의 정비기반시설이라고 한정하여 해석할 근거가 없으므로, '용도폐지되는 정비기반시설'로서 무상양도되는 범위는 같은 용도로 대체되어 새로 설치되는 정비기반시설의 설치비용으로 한정할 수 없다.

132) 동 판례는 舊 도시 및 주거환경정비법 제65조제2항에 관한 것이기는 하지만 해당 조문의 내용이 현 국토계획법 제65조제2항과 사실상 동일하므로, 동 판례의 법리는 현재의 국토계획법에도 적용될 수 있다고 본다.

같은 맥락에서 신규 기반시설의 설치비용이 용도폐지되는 종전 기반시설의 가액을 초과하는 경우에는 종전 기반시설은 그 전부가 사업시행자에게 무상양도되어야 하므로, 인가관청이 그중 일부를 무상양도 대상에서 제외하는 것은 특별한 사정이 없는 한 위법하다.

〈판례〉 대법원 2014. 2. 21. 선고 2011두20871 판결

「도시 및 주거환경정비법」[133]에 의한 사업시행자(시장 · 군수 또는 한국토지주택공사나 지방공사는 제외)가 정비사업의 시행으로 새로이 설치한 정비기반시설(이하 '신규 기반시설'이라 한다)은 그 시설을 관리할 국가 또는 지방자치단체(이하 '국가 등'이라 한다)에 무상으로 귀속되고, 그 사업 시행으로 인하여 용도가 폐지되는 국가 등 소유의 정비기반시설(이하 '종전 기반시설'이라 한다)은 신규 기반시설의 설치비용에 상당하는 범위 안에서 사업시행자에게 무상으로 양도된다. 따라서 신규 기반시설의 설치비용이 용도폐지되는 종전 기반시설의 가액을 초과하는 경우에는 종전 기반시설은 그 전부가 사업시행자에게 무상양도되어야 하므로, 사업시행 인가관청이 사업시행인가처분 등을 통하여 그중 일부를 무상양도 대상에서 제외하는 것은 특별한 사정이 없는 한 위법하다.

Ⅲ. 무상양도의 시점

개발행위허가를 받은 자가 무상양도를 받고자 할 경우에는 그에게 양도될 공공시설에 관하여 개발행위가 끝나기 전에 그 시설의 관리청에 그 종류와 토지의 세목을 통지하여야 하고, 새로 설치된 공공시설에 대해 준공검사를 한 지방자치단체의 장은 그 내용을 해당 시설의 관리청에 통보하여야 하는바, 이 경우 기존 공공시설은 준공검사를 받음으로써 개발행위허가를 받은 자에게 양도된 것으로 본다(국토계획법 제65조제6항).

한편 무상양도 받은 공공시설을 등기할 때에 「부동산등기법」에 따른 등기원인을 증명하는 서면은 국토계획법 제62조제1항에 따른 준공검사를 받았음을 증명하는 서면으로 갈음한다(국토계획법 제65조제7항).

133) 동 판례는 舊 도시 및 주거환경정비법에 관한 것이기는 하지만 해당 내용이 현 국토계획법과 사실상 동일하므로, 동 판례의 법리는 국토계획법에도 적용될 수 있다고 본다.

〈참고 5-4〉 공공시설의 무상귀속에 의한 국유재산의 처분

앞서 살펴보았듯이 공공시설의 무상귀속은 기본적으로 국유재산 취득의 영역에 해당한다. 하지만 개발행위허가를 받은 자가 행정청인 경우에도 무상양도와 같은 법리가 적용될 수 있으므로, 이 경우에는 공공시설의 무상귀속에 의한 국유재산의 처분도 가능하다.

국토계획법 제65조제1항에 따르면, 개발행위허가를 받은 자가 행정청인 경우 개발행위허가를 받은 자가 새로 공공시설을 설치하거나 기존의 공공시설에 대체되는 공공시설을 설치한 경우에는 새로 설치된 공공시설은 그 시설을 관리할 관리청에 무상으로 귀속되고, 종래의 공공시설은 개발행위허가를 받은 자에게 무상으로 귀속된다. 따라서 개발행위허가를 받은 행정청이 기존의 공공시설에 대체되는 공공시설을 설치하였고 국가가 새로 설치된 공공시설을 관리할 관리청이라면, 국유재산인 기존의 공공시설은 개발행위허가를 받은 행정청에 무상귀속된다.[134] 또한 반대로 개발행위허가를 국가가 받은 경우에는 국가가 새로 공공시설을 설치하여 그 시설을 관리할 관리청에 이를 무상으로 귀속시키게 된다.[135]

제7절 개발

일반재산은 국유재산관리기금의 운용계획에 따라 국유재산관리기금의 재원으로 개발하거나 위탁개발·신탁개발 및 민간참여개발에 따라 개발하여 대부·분양할 수 있다(국유재산법 제57조제1항). 이 때의 '개발'이란 ① 「건축법」 제2조에 따른 건축, 대수선, 리모델링 등의 행위 또는 ② 「공공주택 특별법」 등의 법률[136]에 따라

134) 무상양도의 경우와는 달리, 이 경우 기존 공공시설의 무상귀속은 기속행위이다.

135) 판례에 따르면 자기의 노력과 재료를 들여 건물을 건축한 자는 그 건물의 소유권을 원시취득하게 되므로, 이 경우에는 일단 공공시설을 설치한 국가가 해당 공공시설의 소유권을 원시취득한 뒤 이를 관리청으로 이전하는 형태가 된다.

136) 여기에 해당하는 법률은 「공공주택 특별법」, 「국토의 계획 및 이용에 관한 법률」, 「도시개발법」, 「도시 및 주거환경정비법」, 「산업입지 및 개발에 관한 법률」, 「주택법」, 「택지개발촉진법」, 「혁신도시 조성 및 발전에 관한 특별법」, 「도시재정비 촉진을 위한 특별법」, 「민간임대주택에 관한 특별법」, 「지역 개발 및 지원에 관한 법률」, 「항만법」, 「항만 재개발 및 주변지역 발전에 관한 법률」, 「도시재생 활성화 및 지원에 관한 특별법」, 「농어촌정비법」, 「관광진흥법」이다(국유재산법 제57조제2항제2호, 국유재산법 시행령 제60조제2항).

토지를 조성하는 행위[137]를 말하며 분양형, 대부형 및 혼합형[138]으로 할 수 있다(국유재산법 제57조제2항, 국유재산법 시행령 제60조제1항).

〈표 5-34〉 위탁개발 · 신탁개발 및 민간참여개발의 비교[139]

구분	신탁개발	위탁개발	민간참여개발
법령근거	국유재산법 제58조	국유재산법 제59조	국유재산법 제59조의2
사업구조	신탁계약 체결 후 제반 사항을 신탁회사가 주도 (국가의 사업관리 제약)	적극적인 국유지 관리 차원에서 위탁기관이 사업추진 (주요사항은 국가 결정)	국유지개발목적회사(SPC)의 자산관리회사가 사업주도 (순수민간개발사업)
참여자	신탁회사	위탁기관	제한없음
개발대상	• 총괄청 일반재산 • 기금 · 특별회계재산	• 총괄청 일반재산 • 기금 · 특별회계재산	총괄청 일반재산
소유권	신탁회사(신탁)	소유권 변동 없음	국유지개발목적회사
자금조달	신탁회사 / 비용 · 손해배상 청구권 담보 차입가능	위탁기관 / 토지담보 차입불가	국유지개발목적회사 / 토지담보 차입가능
조달금리	높음(7~10%)	낮음(5~7%)	사업성에 따라 다르나 높은 편(7~12%)
위험도	토지소유권 이전 및 통제부족에 따른 중위험	토지소유권 미이전 및 개발과정 직접통제에 따른 상대적인 저위험	토지소유권 이전 및 순수민간추진에 따른 고위험, 고수익
국가수익	신탁보수 외 제반수익	위탁보수 외 제반수익	투자지분에 따른 배당 및 토지처분 수익
장점	• 사업구조 단순 • 효율적인 추진	• 자금 조달 유리 • 소규모사업 가능	• 민간자본 및 아이디어 활용 용이 • 수익과 위험 분배

137) 「공공주택 특별법」 등의 법률에 따라 토지를 조성하는 행위에 따른 개발은 「국유재산법」 제59조에 따라 위탁 개발하는 경우에 한정한다(국유재산법 제57조제3항).

138) 분양형과 대부형을 혼합한 형태를 말한다.

139) 국회 기획재정위원회, 국유재산법 일부개정법률안 심사보고서, 2011. 3. 일부참조

단점	• 임대형 곤란 • 일정규모 이상 요구	위탁기관 부채비율 증가	• 개발이익 규모의 한계 • 경기 변동 등에 따른 사업위험
개발대상	사건물점유, 공유지분, 무단점유 등 소유관계가 복잡한 분양형 개발에 적합	• 소규모 일반재산 수익시설 개발 • 수익성이 우수한 지역의 민관 복합건물	막대한 자금이 소요되는 대규모 개발

한편 일반재산을 개발하는 경우에는 다음의 사항을 고려하여야 한다(국유재산법 제57조제4항).

〈표 5-35〉 일반재산 개발 시 고려사항(국유재산법 제57조제4항)

1. 재정수입의 증대 등 재정관리의 건전성 2. 공공시설의 확보 등 공공의 편익성 3. 주변환경의 개선 등 지역발전의 기여도 4. 그 외에 국가 행정목적 달성을 위한 필요성

Ⅰ. 신탁개발

'신탁'은 위탁자와 수탁자 간의 신임관계에 기하여 위탁자가 수탁자에게 특정의 재산을 이전하거나 담보권의 설정 또는 그 밖의 처분을 하고 수탁자로 하여금 수익자의 이익 또는 특정의 목적을 위하여 그 재산의 관리, 처분, 운용, 개발, 그 밖에 신탁 목적의 달성을 위하여 필요한 행위를 하게 하는 법률관계를 말한다(신탁법 제2조).

1960년대 이전에는 경제개발을 위한 재원 확보를 위해 행정목적으로 사용하지 않는 국유지를 적극적으로 매각하였으나, 이후 경제가 발전하며 토지에 대한 수요가 증가함에 따라 과거 매각하였던 국유지를 다시 매입해야 하는 사례가 많았다. 이에 1970년대 중반부터 국유재산을 보존하는 정책으로 전환하였으나, 이번에는 엄격한 보존관리정책에 따른 처분의 제한으로 인해 다른 경제주체들의 토지 수요에 적절히 부응하지 못하는 문제가 발생하였다. 이에 토지의 효율적인 이용을 위해

1994. 1.「국유재산법」을 개정하여 신탁개발 제도를 도입하게 되었다.[140]

1. 개발 대상

신탁개발의 대상은 일반재산이다. 총괄청 소관의 일반재산은 물론, 중앙관서 소관의 특별회계나 기금에 속하는 일반재산도 가능하다.

신탁을 하면 일단 신탁재산의 소유권이 신탁회사로 이전되기 때문에 신탁도 국유재산 처분의 한 유형에 해당한다(국유재산법 제2조제4호). 따라서「국유재산법」제27조에 따라 처분이 제한되는 행정재산은 신탁개발의 대상이 될 수 없다.

2. 신탁 대상

일반재산은 부동산신탁을 취급하는 신탁업자에게 신탁하여 개발할 수 있다(국유재산법 제58조제1항).

부동산신탁업을 영위하려는 자는 금융위원회로부터 인가를 받아야 하며 금융위원회는 사업영역의 확장성, 사업방식의 혁신성, 사업모델의 안정성 및 고용창출 가능성 등을 중점으로 고려하여 인가 여부를 결정한다. 참고로 2021년 기준으로 금융위원회의 인가를 받은 부동산신탁회사는 총 14개社이며,[141] 이들은 국가로부터 일반재산을 신탁받아「국유재산법」제58조에 따른 신탁개발이 가능하다.

3. 신탁의 종류

분양형 신탁, 대부형 신탁 및 혼합형 신탁이 있다.

분양형 신탁은 신탁받은 일반재산을 개발한 후 그 재산을 분양하여 발생하는 수익을 국가에 귀속하고, 대부형 신탁은 신탁받은 일반재산을 개발한 후 그 재산을 일정기간 임대하여 발생하는 수익을 국가에 귀속하는 형태이다. 혼합형 신탁은 분양형 신탁과 대부형 신탁이 혼합된 형태로서, 신탁받은 일반재산을 개발하여 일부는 분양하고 일부는 임대한다.

---

140) 국회 재무위원회, 국유재산법 개정법률안 심사보고서, 1993. 12.

141) 부동산신탁회사는 2009년 이후 11개사 체제가 유지되었으나, 부동산신탁업 경쟁력 제고를 위한 신규업체 진입 필요성이 제기됨에 따라 2019년 3개사가 추가로 부동산신탁업 인가를 받아 총 14개사가 되었다.

4. 신탁개발의 절차

중앙관서의 장이 소관 특별회계나 기금에 속하는 일반재산을 신탁개발하려는 경우에는 신탁업자의 선정, 신탁기간, 신탁보수, 자금차입의 한도, 시설물의 용도 등에 대하여 총괄청과 협의하여야 한다. 협의된 사항 중 중요 사항[142]을 변경하려는 경우에도 또한 같다(국유재산법 제58조제2항). 「국유재산법」 제42조제1항에 따라 총괄청 소관 일반재산의 관리·처분 사무를 위임·위탁받은 자가 그 일반재산을 신탁개발하려는 경우에도 이와 동일하나, 다만 이 경우에는 '총괄청과의 협의'가 아니라 '총괄청의 승인'을 요한다는 차이가 있다(국유재산법 제58조제3항).

중앙관서의 장 및 총괄청 소관 일반재산의 관리·처분 사무를 위임·위탁받은 자는 총괄청과의 협의 또는 승인을 받은 뒤 신탁계약을 체결하여야 하며, 이 경우 분양형, 임대형, 혼합형 등 신탁의 종류에 따라 별도의 계약서를 적용한다(국유재산법 시행령 제61조제1항, 제2항, 국유재산법 시행규칙 제44조).

5. 신탁개발 수익의 국가귀속 및 신탁재산의 이전

일반재산을 신탁받은 신탁업자는 신탁기간 중 매년 말일을 기준으로 신탁사무의 계산을 하고, 발생된 수익을 다음 연도 2월 말일까지 중앙관서의 장등에 내야 한다(국유재산법 시행령 제62조제1항).

만약 신탁기간이 끝나거나 신탁계약이 해지되었다면, 신탁업자는 신탁사무의 최종 계산을 하여 중앙관서의 장등의 승인을 받고 해당 신탁재산을 국가에 이전하여야 한다. 이 때 토지와 그 정착물은 신탁등기를 말소하고 국가로 소유권이전등기하되 등기하기 곤란한 정착물은 현 상태대로 이전하고, 그 밖에 신탁으로 발생한 재산은 금전으로 중앙관서의 장등에 낸다(국유재산법 시행령 제62조제2항).

Ⅱ. 위탁개발

'위탁개발'이란 수탁자가 자금을 조달하여 국유재산을 개발한 후 개발재산에

---

142) ① 신탁업자의 선정, ② 신탁기간, ③ 신탁보수, ④ 자금차입의 한도, ⑤ 시설물의 용도, ⑥ 개발의 종류 중 어느 하나에 해당하는 사항을 말한다(국유재산법 시행령 제61조제3항).

대한 관리·처분사무를 수행하고, 관리·처분에 따른 수익으로 그 개발원가와 위탁보수 등을 위탁기간 동안 회수하는 것으로서(국유재산 위탁개발사업 운용지침[143] 제2조제6호), 「국유재산법」 제59조에 그 법적 근거가 있다.

1994년에 국유재산의 효율적 이용을 위해 신탁개발 제도가 도입되었으나 실제 활용 사례는 많지 않았다. 신탁개발 시에는 신탁재산의 소유권이 신탁회사로 이전되고 개발 과정도 신탁회사가 주도하게 되는바 이에 대한 거부감이 있었고, 소규모 사업의 경우에는 신탁 자체가 어려웠기 때문이다.

이에 2004. 12. 「국유재산법」 개정을 통해 일반재산의 위탁관리기관이 위탁받은 국유지에 건물을 축조·임대할 수 있도록 하는 위탁개발 제도를 도입하였고, 2009년에는 위탁개발에 있어 기존의 임대형 위탁뿐 아니라 분양형·혼합형 위탁까지 가능하도록 그 범위를 확장[144]하였다.

1. 개발 대상

위탁개발의 대상은 「국유재산법」 제42조제1항 및 제3항에 따라, 총괄청 소관의 일반재산과 중앙관서의 장 소관의 특별회계나 기금에 속하는 일반재산의 관리·처분에 관한 사무를 위탁받은 자가 위탁받은 일반재산이다(국유재산법 제59조제1항).

행정재산은 원칙적으로 위탁개발이 불가하다. 다만 총괄청 또는 중앙관서의 장은 「국유재산법」 제59조제2항에 따른 위탁개발사업계획 승인 전까지 일반재산으로 전환할 계획이 있는 행정재산을 대상으로 위탁개발사업을 추진할 수 있으며, 불가피한 경우에는 착공 전까지 일반재산으로 전환할 계획이 있는 행정재산을 대상으로도 위탁개발을 추진할 수 있다(국유재산 위탁개발사업 운용지침 제4조제2항).

2. 수탁자

총괄청 또는 중앙관서의 장은 「국유재산법」 제42조제1항 또는 제3항에 따라, 같은 법 제59조에 따라 개발하려는 일반재산의 관리·처분에 관한 사무를 한국자산관리공사 또는 한국토지주택공사에 위탁한다(국유재산법 시행령 제38조제5항제1호).

---

143) 기획재정부 훈령

144) 임대형 개발의 경우 투자비 회수 기간이 길어 사업성 요건을 충족하는 경우가 드물었기에 국유지 개발에 한계가 있었고, 이러한 이유로 당시 감사원에서도 신탁개발 및 위탁개발에 있어 임대형, 분양형, 혼합형 등 다양한 개발이 가능하도록 제도개선을 권고하였다.

따라서 현행법상 일반재산 위탁개발 시에는 한국자산관리공사와 한국토지주택공사가 수탁자가 될 수 있다.[145)]

3. 위탁개발의 절차

가. 개발 대상의 선정

한국자산관리공사와 한국토지주택공사는 위탁개발 대상 재산의 선정을 총괄청 또는 중앙관서의 장에게 제안할 수 있고, 반대로 총괄청 또는 중앙관서의 장이 한국자산관리공사·한국토지주택공사에 제안서의 제출을 요청할 수도 있다(국유재산 위탁개발사업 운용지침 제5조제2항, 제3항).

제안을 받은 총괄청 또는 중앙관서의 장은 다음의 선정기준을 고려하여 위탁개발 대상 재산을 선정한다. 다만, 중앙관서의 장은 개발 대상 재산 선정 시 총괄청과 협의하여야 한다(국유재산 위탁개발사업 운용지침 제5조제1항, 제5항).

〈표 5-36〉 위탁개발 대상 재산의 선정 기준(국유재산 위탁개발사업 운용지침 제6조)

1. 재정수입의 증대 등 재정관리의 건전성
2. 공공시설의 확보 등 공공의 편익성
3. 주변환경의 개선 등 지역발전의 기여도
4. 정부·지방자치단체의 정책방향 부합성
5. 개발가능 여부
6. 기타 해당 지방자치단체와의 협의 여건 등

나. 위탁개발사업계획의 제출 및 승인

수탁자가 위탁개발하려는 경우에는 위탁기간, 위탁보수, 자금차입의 한도, 시설물의 용도, 토지이용계획 등을 포함하는 위탁개발사업계획을 수립하여 총괄청이나 중앙관서의 장의 승인을 받아야 한다. 승인받은 사항 중 중요 사항[146)]을 변경하

145) 2010년 이전에는 한국자산관리공사와 한국토지주택공사가 수탁이 가능하였는데, 2011. 4. 「국유재산법 시행령」이 개정되면서 한국토지주택공사가 위탁개발 시 수탁자에서 제외되고 한국자산관리공사만이 수탁할 수 있게 되었다. 하지만 그 이후 일반재산의 위탁개발에 있어 경쟁체제 도입 필요성이 꾸준히 제기되었고, 이에 2016. 5. 「국유재산법 시행령」을 다시 개정하여 한국토지주택공사를 수탁자로 추가하였다.

146) ① 위탁기간, ② 위탁보수, ③ 자금차입의 한도, ④ 시설물의 용도, ⑤ 개발의 종류, ⑥ 토지

려는 경우에도 또한 같다(국유재산법 제59조제2항, 국유재산법 시행령 제63조제1항).

중앙관서의 장이 수탁자의 위탁개발을 승인하려는 경우에는 총괄청과 사전에 협의하여야 하며, 이 경우 수탁자의 위탁개발사업계획을 총괄청에 제출하여야 한다. 협의된 사항 중 중요 사항[147)]을 변경하려는 경우에도 또한 같다(국유재산법 제59조제3항, 국유재산법 시행령 제63조제2항).

〈표 5-37〉 위탁개발사업계획에 포함되어야 하는 사항(국유재산법 시행규칙 제45조)

1. 재산의 표시
2. 개발의 종류
3. 시설물의 용도
4. 총사업비[148)] 및 개발원가[149)]
5. 추정 수익 및 비용
6. 위탁기간
7. 위탁보수
8. 위험분담 및 수익의 귀속
9. 자금차입의 한도[150)] 및 개발비용의 조달·상환 방법
10. 회계처리
11. 대부방법(대부료 산출 및 납부방법, 임차인 선정 등) 또는 분양방법(분양가 산출 및 납부방법, 분양대상자 선정 등)
12. 토지이용계획
13. 그 밖에 총괄청이나 중앙관서의 장과 협의한 사항

이용계획 중 어느 하나에 해당하는 사항을 말한다(국유재산법 시행령 제63조제3항).

147) 이 때의 중요사항은 각주 146)의 경우와 동일하다.

148) '총사업비'는 조사비, 설계비, 공사비, 보상비, 부대비, 제세공과금 등 개발에 소요되는 비용을 말하며 개발의 시행과 관련한 근거 법률에 비용의 산정과 관련한 규정이 있는 경우에는 이를 적용하여 산정하되, 별도의 기준을 적용할 필요가 있는 경우 사업계획에 이를 명시하여야 한다(국유재산 위탁개발사업 운용지침 제10조제3항제1호).

149) '개발원가'는 수탁자가 개발기간 동안 투자한 비용을 말하며 총사업비에서 개발보수를 제외한 금액으로 하되, 별도의 기준을 적용할 필요가 있는 경우 사업계획에 이를 명시하여야 한다(국유재산 위탁개발사업 운용지침 제10조제3항제2호).

150) '자금차입의 한도'는 수탁자가 개발기간 중 지출하기 위하여 차입할 수 있는 금액의 한도로서 개발원가를 한도로 하되, 별도의 기준을 적용할 필요가 있는 경우 사업계획에 이를 명시하여야 한다(국유재산 위탁개발사업 운용지침 제10조제3항제3호).

수탁자가 총괄청 또는 중앙관서의 장으로부터 위탁개발사업계획의 승인을 받은 경우, 수탁자는 해당 위탁개발사업에 관한 개발 및 관리 · 처분사무를 위탁받은 것으로 본다(국유재산 위탁개발사업 운용지침 제17조).

다. 위탁개발의 시행 및 준공

수탁자는 설계, 시공, 개발비용의 조달 등 개발을 위한 사무를 스스로의 책임으로 시행한다. 사업비 또한 최대한 수탁자의 자체 자금으로 조달하되, 자금차입이 필요한 경우 금리수준, 원금상환의 용이성, 자금운용의 효율성 등을 종합적으로 고려하여 금융비용이 최소화되는 방법으로 사업비를 조달하여야 한다(국유재산 위탁개발사업 운용지침 제18조제1항, 제2항).

수탁자는 위탁개발사업을 준공한 경우 최초 위탁개발사업계획에서 변경된 사항을 반영하여 최종 사업계획을 제출하고 위탁자의 승인을 받아야 하며, 개발재산에 대한 사용승인서 또는 준공검사확인증을 발급받은 경우 지체 없이 국가 명의로 소유권보존등기를 완료한다(국유재산 위탁개발사업 운용지침 제20조, 제20조의2제1항).[151]

라. 위탁개발 재산의 관리 · 처분

위탁개발사업이 준공되면 수탁자는 해당 재산의 관리 · 처분 사무를 수행한다. 이 경우 개발재산의 사용승인일 또는 준공검사일의 다음날부터 관리 · 처분사무를 수행하는 것이 보통이나, 효율적인 사업 추진을 위하여 필요한 경우에는 사용승인일 또는 준공검사일 이전에도 위탁자의 승인을 받아 관리 · 처분사무를 개시할 수 있다(국유재산 위탁개발사업 운용지침 제25조제1항).

수탁자가 위탁개발한 재산의 대부 · 분양 · 관리의 방법은 「국유재산법」 제43조 · 제44조 · 제46조 및 제47조에도 불구하고 수탁자가 총괄청이나 중앙관서의 장과 협의하여 정할 수 있다(국유재산법 제59조제5항).[152] 위탁개발 재산의 소유권은 국가에

151) 만약 위탁개발사업계획상 준공예정일 보다 늦게 준공확인을 받았다면 사업계획에 정한 바에 따라 지체 상금을 부담하여야 하나, 위탁자 등 정부의 귀책사유 또는 불가항력 사유로 인하여 적기에 준공하지 못한 경우에는 면책이 가능하다(국유재산 위탁개발사업 운용지침 제21조).

152) 수탁자는 개발재산의 대부 또는 분양 가격을 결정함에 있어서 사업계획, 시장상황, 개발목적 등을 고려하여 결정하되, 해당 개발과 관련한 법령에 규정이 있는 경우에는 이에 따른다(국

있으나 이를 실제 개발하는 과정에서 수탁자의 기여도가 작지 않을 것이므로, 계약의 방법이나 대부기간, 대부료 등의 결정에 있어 수탁자의 권한을 어느 정도 보장해 주려는 취지이다.

4. 위탁개발 수익의 국가귀속

수탁자가 「국유재산법」 제59조에 따라 위탁개발한 재산의 소유권은 국가로 귀속된다(국유재산법 시행령 제64조제1항). 그 대신 수탁자는 개발재산에 대한 관리·처분사무를 위탁받아 수행하게 되며, 이 과정에서 발생하는 개발보수·관리보수 등을 통해 개발에 소요된 비용을 회수하게 된다.[153]

수탁자는 위탁기간 중 매년 말일을 기준으로 위탁사무의 계산을 하고, 위탁개발사업계획에 따른 개발 비용 등을 충당한 후 남는 수익을 총괄청이나 중앙관서의 장에 내야 한다(국유재산법 시행령 제64조제2항, 국유재산 위탁개발사업 운용지침 제38조제1항).

Ⅲ. 민간참여개발

민간참여개발은 총괄청이 국유재산관리기금의 재원으로 자본금을 출자한 특수목적회사가 개발의 주체가 되어 자금을 차입하여 개발하고, 개발대상 국유지는 특수목적회사에 매각하며, 개발이 완료되어 개발목적을 달성하였을 경우에는 특수목적회사를 청산하고 국가지분을 매각하여 국가 출자지분을 회수하는 개발방식이다.

2010년 이전에는 국유재산 개발과 관련하여 신탁개발과 위탁개발만이 규정되어 있었으나, 민간의 개발 노하우 활용과 자본참여를 확대하기 위해 2011. 3. 「국유재산법」을 개정하여 민간참여개발 제도를 새로 도입하였다.

기존 개발방식 대비 민간참여개발 제도의 장·단점은 다음과 같다.

유재산 위탁개발사업 운용지침 제30조).

153) 만약 수탁자가 위탁개발사업계획에서 정한 관리·처분기간이 만료되기 전에 개발원가, 위탁보수 등 위탁개발사업 관련 비용을 모두 회수할 수 있는 경우에는 위탁자의 승인을 받아 위탁기간을 조기 종료할 수 있다(국유재산 위탁개발사업 운용지침 제31조).

〈표 5-38〉 민간참여개발제도의 장 · 단점[154)]

장 점	단 점
• 민간자금 조달 및 개발위험의 분산을 통해 대규모 국유지의 개발 가능 • 민간을 활용한 사업추진을 통하여 예산사업에 비해 효율적인 사업 추진(공사비 절감, 공사기간 단축 등) • 다양한 민간 부분들이 제한 없이 국유지개발에 참여 • 국유지의 특수목적회사 매각을 통한 개발이익의 안정적인 회수	• 직접개발 방식에 비해 금융비용 등 간접비용 비중이 높음 • 민간 사업자간 이견이 발생할 경우 적절한 통제 및 합의의 어려움 • 경기 상황 등에 따른 사업성 변동이 심하고 대규모 개발사업에 따른 사업 리스크가 큼 • 사업절차가 복잡하고 장기간이 소요됨

1. 민간참여개발의 대상

총괄청은 ① 5년 이상 활용되지 아니한 재산, ② 국유재산정책심의위원회의 심의를 거쳐 개발이 필요하다고 인정되는 재산 중 어느 하나에 해당하는 일반재산을 민간사업자와 공동으로 개발할 수 있다(국유재산법 제59조의2제1항). 이 때 '민간사업자'는 국내 또는 외국법인을 말하되 국가, 지방자치단체, 공공기관, 특별법에 따라 설립된 공사 또는 공단은 제외한다(국유재산법 시행령 제64조의2).

2. 국유지개발목적회사 및 자산관리회사

총괄청은 민간참여개발을 위하여 설립하는 국유지개발목적회사[155)]와 자산관리회사[156)]에 국유재산관리기금운용계획에 따라[157)] 출자할 수 있고, 이 경우 국유지

154) 국회 기획재정위원회, 국유재산법 일부개정법률안 심사보고서, 2011. 3.

155) 현행 「국유재산법」 제59조의2제2항에서는 '국유지개발목적회사'에 대해 '국유지를 개발하기 위하여 민간사업자와 공동으로 설립하는 「법인세법」 제51조의2제1항제9호에 따른 투자회사를 말한다'라고 규정하고 있다. 그런데 투자회사의 한 유형을 규정하던 「법인세법」 제51조의2제1항제9호는 2020. 12. 22. 「법인세법」 개정 시 삭제되었는바, 「국유재산법」 제59조의2제2항의 '국유지개발목적회사'에 대한 설명 부분도 신속히 개정되어야 할 것이다.

156) 현행 「국유재산법」 제59조의2제2항에서는 '자산관리회사'에 대해 '자산 관리 · 운용 및 처분에 관한 업무의 수행을 국유지개발목적회사로부터 위탁받은 자산관리회사로서 대통령령으로 정하는 회사를 말한다'라고 규정하고 있고, 이를 구체화하고 있는 「국유재산법 시행령」 제64조의3에서는 '대통령령으로 정하는 회사'를 '「법인세법 시행령」 제86조의2제5항제2호 각 목의

개발목적회사에 대한 국가의 출자규모는 자본금의 100분의 30을 초과할 수 없다(국유재산법 제59조의2제2항).

한편 국유지개발목적회사는 다음에 해당하는 자로부터 총사업비의 100분의 30을 초과하여 사업비를 조달하여서는 아니 된다(국유재산법 제59조의2제3항). 공공기관, 공사 및 공단 등은 순수한 민간의 영역으로 보기 어려운바, 이들로부터의 유입자금이 일정 기준 이상으로 확대될 경우 민간참여개발이라는 본래의 취지에 맞지 않게 되기 때문이다.

〈표 5-39〉 국유지개발목적회사가 총사업비의 100분의 30을 초과하여 사업비를 조달할 수 없는 기관(국유재산법 제59조의2제3항, 국유재산법 시행령 제64조의4)

1. 「공공기관의 운영에 관한 법률」에 따른 공공기관 2. 특별법에 따라 설립된 각종 공사 또는 공단 3. 상기 제1호·제2호의 어느 하나에 해당하는 자가 소유한 지분이 100분의 30을 넘는 법인 4. 상기 제1호·제2호의 어느 하나에 해당하는 자가 최대 주식 소유자로서 경영에 참여하고 있는 법인

국유지개발목적회사와 자산관리회사는 기본적으로 「상법」상의 회사에 해당한다. 따라서 이들에 관하여 「국유재산법」에서 정하는 사항 외에는 「상법」에서 정하는 바에 따른다(국유재산법 제59조의2제4항).

3. 민간참여개발의 절차

가. 민간참여개발 기본계획 수립 · 심의

총괄청이 민간참여개발을 하려면 민간참여개발 기본계획을 수립하여야 하며, 이 계획에는 다음의 사항을 포함한다(국유재산법 제59조의3제1항).

어느 하나에 해당하는 법인'으로 규정하고 있다. 그런데 자산관리회사에 대하여 규정하던 「법인세법 시행령」 제86조의2제5항이 2021. 2. 17. 「법인세법 시행령」 개정 시 삭제되었는바, 「국유재산법 시행령」 제64조의3 또한 신속히 개정되어야 할 것이다.

157) 총괄청이 이 국유재산관리기금운용계획에서 정한 범위 외에 국가에 부담이 되는 계약을 체결하려는 경우에는 미리 국회의 의결을 얻어야 한다(국유재산법 제59조의2제5항).

〈표 5-40〉 민간참여개발 기본계획에 포함되어야 할 사항(국유재산법 제59조의3제1항)

1. 개발대상 재산 및 시설물의 용도에 관한 사항
2. 개발사업의 추정 투자금액·건설기간 및 규모에 관한 사항
3. 사전사업타당성 조사 결과에 관한 사항(「국가재정법」 제38조에 따른 예비타당성 조사 포함)
4. 민간사업자 모집에 관한 사항
5. 협싱대상자 선정 기준 및 방법에 관한 사힝
6. 그 밖에 개발과 관련된 중요 사항

총괄청은 민간참여개발 기본계획에 대하여 국유재산정책심의 분과위원회를 거쳐 국유재산정책심의위원회의 심의[158]를 받아야 한다(국유재산법 제59조의3제2항). 다음의 어느 하나에 해당하는 민간참여개발 기본계획의 중요 사항을 변경하려는 경우 또한 같다(국유재산법 제59조의3제4항).

〈표 5-41〉 국유재산정책심의위원회 심의가 필요한 민간참여개발 기본계획 중요 사항의 변경 (국유재산법 시행령 제64조의5)

1. 공용재산 부분에 대한 시설물의 용도를 변경하려는 경우
2. 개발사업의 추정 투자금액 또는 시설물의 규모를 100분의 10 이상 변경하려는 경우
3. 협상대상자 선정 기준 및 방법에 관한 사항을 변경하려는 경우
4. 그 밖에 총괄청이 민간참여 개발사업의 원활한 추진을 위하여 국유재산정책심의위원회 및 국유재산정책심의 분과위원회의 심의를 받을 필요가 있다고 인정하는 중요사항을 변경하려는 경우

다만 「국유재산법」 제26조제4항에서는 '국유재산정책심의위원회를 효율적으로 운영하기 위하여 국유재산정책심의위원회에 분야별 분과위원회를 둘 수 있다.

158) 총괄청은 국유재산정책심의위원회의 전문적인 심의를 위하여 기획재정부장관이 정하는 바에 따라 수익성 분석 및 기술 분야의 전문가로 민간참여개발자문단을 구성·운영하여야 하고, 이 경우 민간참여개발자문단은 민간참여개발 기본계획에 대한 자문의견서를 국유재산정책심의위원회에 제출하여야 한다(국유재산법 제59조의3제3항). 민간참여개발자문단의 위원 중 공무원이 아닌 위원은 「형법」 제129조부터 제132조까지의 규정을 적용할 때에는 공무원으로 본다(국유재산법 제79조의2).

이 경우 분과위원회의 심의는 국유재산정책심의위원회의 심의로 본다'고 규정하고 있어, 기본적으로 분과위원회의 심의를 국유재산정책심의위원회의 심의로 간주하고 있다. 그런데 위「국유재산법」 제59조의3제2항은 민간참여개발 기본계획에 대하여 분과위원회와 국유재산정책심의위원회의 심의를 모두 거쳐야 한다고 규정하고 있는바,「국유재산법」 제26조제4항에 배치되는 측면이 있다.

물론「국유재산법」 제26조제4항은 분과위원회 심의의 효력에 관한 일반규정으로 보고「국유재산법」 제59조의3제2항은 민간참여개발 기본계획 심의에 국한된 특별규정으로 보아 두 조항이 상충되지 않는다고 볼 여지도 없지는 않다. 하지만 문언해석 과정에서의 혼란이 있을 수 있으므로, 입법을 통해 상기 두 조항의 관계를 보다 명확히 정리할 필요가 있다고 본다.

나. 민간사업자 모집

총괄청은 민간사업자를 공개적으로 모집하고 선정하여야 하며, 이 경우 협상대상자 선정 기준 및 방법 등 모집에 관한 사항을 공고[159]하여야 한다(국유재산법 제59조의3제5항).

위 공고에 따라 민간참여개발사업에 참여하려는 민간사업자는 타당성 조사내용, 수익배분기준 등 다음의 사항을 포함하는 민간참여개발사업계획제안서[160]를 작성하여 총괄청에 제출하여야 한다(국유재산법 제59조의3제6항).

〈표 5-42〉 민간사업자의 사업제안서에 포함되어야 할 사항(국유재산법 시행령 제64조의6)

1. 사업계획에 관한 사항
2. 사업계획의 타당성 조사에 관한 사항
3. 국유지개발목적회사의 지분 구성과 사업 구조 등 세부 운영방안에 관한 사항
4. 개발 대상 국유지의 매입가격에 관한 사항
5. 총사업비의 명세 및 자금조달 계획에 관한 사항
6. 수익배분 기준에 관한 사항
7. 분양·매각 및 임대 계획에 관한 사항
8. 사업 참여자 간 역할과 책임에 관한 사항
9. 그 밖에 총괄청이 필요하다고 인정하는 사항

159) 인터넷에 게재하는 방식에 따른 경우를 포함한다.
160) 이하 '사업제안서'라고 한다.

다. 사업제안서 심의

총괄청은 제출된 사업제안서에 대하여 민간전문가가 과반수로 구성된 민간참여개발사업평가단의 평가와 국유재산정책심의위원회의 심의를 거쳐 협상대상자를 지정하여야 한다(국유재산법 제59조의3제7항).

민간참여개발사업평가단의 구성원은 10명 이상 30명 이내로 하며, 다음의 어느 하나에 해당하는 사람으로 구성한다[161](국유재산법 제59조의3제9항, 국유재산법 시행령 제64조의7).

〈표 5-43〉 민간참여개발사업평가단의 구성(국유재산법 시행령 제64조의7제1항)

1. 기획재정부, 국토교통부 및 조달청의 고위공무원단에 속하는 공무원 중 소속 기관의 장이 지명하는 사람 2. 다음의 어느 하나에 해당하는 사람 중 기획재정부장관이 위촉하는 사람 가. 개발사업 및 관련 분야의 조교수 이상의 직에 있는 사람 나. 「정부출연연구기관 등의 설립·운영 및 육성에 관한 법률」에 따라 설립된 정부출연연구기관에 소속된 박사학위 소지자로서 개발사업에 관한 전문지식이 있는 사람 다. 5년 이상의 실무경험이 있는 건축사·공인회계사·변호사 등으로서 개발사업에 관한 전문지식과 경험이 풍부한 사람

라. 사업협약 체결

총괄청은 협상대상자로 지정된 민간사업자와의 협의에 따라 민간참여개발사업의 추진을 위한 사업협약을 체결하며, 이 경우 「국유재산법」 제59조의2제3항에 따른 사업비 조달 제한 및 위반 시 책임에 관한 사항이 포함되어야 한다(국유재산법 제59조의3제8항).

만약 협상대상자로 지정받은 민간사업자가 사업제안서를 거짓으로 작성하여 국가에 손해를 발생하게 한 때에는 국가에 손해를 배상할 책임을 진다(국유재산법 제59조의5). 이는 국가에 대한 불법행위에 해당하므로 일반 사법의 법리에 따르더라

---

161) 민간참여개발사업평가단의 위원 중 공무원이 아닌 위원은 「형법」 제129조부터 제132조까지의 규정을 적용할 때에는 공무원으로 본다(국유재산법 제79조의2).

도 당연히 손해배상청구가 가능할 것인바, 이를 주의적·확인적으로 규정한 것이다.

마. 사업의 평가 및 완료

총괄청은 매년 민간참여개발사업의 추진현황 및 실적을 평가하여 국유재산정책심의위원회에 보고하여야 한다. 만약 민간참여개발사업의 평가결과 「국유재산법」 제59조의2제3항을 위반하거나 사업부실 등으로 개발목적을 달성할 수 없다고 판단하는 경우에는 국유재산정책심의위원회의 심의를 거쳐 출자지분의 회수 등 필요한 조치를 하여야 한다(국유재산법 제59조의4). 또한 민간참여개발이 완료되고 출자목적이 달성된 경우, 총괄청은 기획재정부장관이 정하는 바에 따라 국유지개발목적회사와 자산관리회사에 출자한 지분을 회수하여야 한다(국유재산법 제59조의2제6항).

제8절 현물출자

「상법」상의 '현물출자'란 회사설립 또는 신주발행시에 현금 이외의 재산으로써 출자하는 것을 말하는바, 「국유재산법」에서도 현물출자를 인정하고 있다. 즉 정부는 정부출자기업체에 현금이 아닌 일반재산을 출자할 수 있으며, 이는 국유재산 처분의 한 유형에 해당한다.

현물출자는 일반재산에 한해 가능하며, 행정재산은 현물출자가 불가하다. 따라서 국가가 착오로 행정재산을 현물출자에 제공하였더라도 이는 무효이다.

〈판례〉 대법원 1994. 2. 8. 선고 93다54040 판결
이 사건 부동산은 … 당연히 국유의 행정재산으로 된 것이고, 그 후 … 그 염전 제방으로도 사용되고 있다고 하여 행정재산으로서 성질이 상실된 것은 아니다. 따라서 이러한 행정재산을 관재 당국이 모르고 현물출자에 제공하였다고 하더라도 이는 무효라고 할 것이다.

Ⅰ. 현물출자의 사유 및 대상

정부는 ① 정부출자기업체를 새로 설립하려는 경우, ② 정부출자기업체의 고유목적사업을 원활히 수행하기 위하여 자본의 확충이 필요한 경우, ③ 정부출자기업체의 운영체제와 경영구조의 개편을 위하여 필요한 경우 중 어느 하나에 해당하는 경우에는 일반재산을 현물출자할 수 있다(국유재산법 제60조).

이 때 '정부출자기업체'란 정부가 출자하였거나 출자할 기업체를 말하며, 그 구체적인 대상은 「국유재산법 시행령」 별표 1에서 정하고 있다[162](국유재산법 제2조 제6호, 국유재산법 시행령 제2조).

Ⅱ. 현물출자의 절차

현물출자를 받으려는 정부출자기업체는 ① 현물출자의 필요성, ② 출자재산의 규모와 명세, ③ 출자재산의 가격평가서, ④ 재무제표 및 경영현황, ⑤ 사업계획서의 서류를 붙여 관계 법령에 따라 해당 정부출자기업체의 업무를 관장하는 주무기관의 장에게 신청하여야 한다(국유재산법 제61조제1항).

출자신청을 받은 주무기관의 장은 현물출자의 적정성을 검토한 후 정부출자기업체에서 제출한 서류와 현물출자의견서를 붙여 총괄청에 현물출자를 요청하고, 총괄청은 현물출자계획서를 작성하여 국무회의의 심의를 거쳐 대통령의 승인을 받아야 한다(국유재산법 제61조제2항, 제3항).

Ⅲ. 출자가액 산정

현물출자하는 경우에 일반재산의 출자가액은 「국유재산법」 제44조에 따라 산정한다[163](국유재산법 제62조 본문). 따라서 시가(時價)를 고려하여 결정하되, 구체적인 방법은 「국유재산법 시행령」 제42조, 제42조의2, 제43조 및 제44조 등을 따른

---

162) 2021. 8. 기준으로 한국자산관리공사, 한국토지주택공사, 한국전력공사, 중소기업은행, 한국수출입은행 등 30개 기관이 이에 해당한다.

163) 출자가액을 산정하는 경우 재산의 평가기준일은 기획재정부장관이 정한다(국유재산법 시행령 제65조).

다. 다만 지분증권에 있어 그 산정가액이 액면가에 미달하는 경우에는 그 지분증권의 액면가에 따라야 한다(국유재산법 제62조 단서).

만약 평가기준일부터 출자일까지의 기간에 현물출자 대상재산이 멸실·훼손 등으로 변동된 경우에는 총괄청이 출자재산이나 출자가액을 수정할 수 있다. 이 경우 해당 주무기관의 장은 현물출자 대상재산의 변동 사실을 지체 없이 총괄청에 알려야 한다(국유재산법 제63조).

Ⅳ. 지분증권의 취득

정부가 정부출자기업체에 현물출자를 할 경우 그에 해당하는 금액만큼 해당 정부출자기업체의 지분증권을 취득하게 된다.

정부가 현물출자로 취득하는 지분증권의 취득가액은 ① 상장증권의 경우에는 「국유재산법 시행령」 제43조제1항제1호 본문에 따라 산출한 가격[164] 이하, ② 비상장증권의 경우에는 직전 사업연도의 실적재무제표를 기준으로 하여 산정한 1주당 순자산가치 이하로 한다(국유재산법 제64조본문, 국유재산법 시행규칙 제46조).

다만, 지분증권의 자산가치가 액면가에 미달하는 경우로서 다음의 어느 하나에 해당하는 경우에는 액면가로 할 수 있다(국유재산법 제64조 단서).

〈표 5-44〉 지분증권의 취득가액을 액면가로 할 수 있는 경우(국유재산법 시행령 제66조)

1. 정부가 자본금의 전액을 출자한 기업체에 현물출자하는 경우 2. 정부가 출자한 현물을 회수하기 위하여 현물출자한 재산과 그 대가로 취득한 지분증권을 상호반환하는 것을 조건으로 하여 현물출자 하는 경우[165] 3. 「금융산업의 구조개선에 관한 법률」 제12조에 따라 금융위원회로부터 자본감소의 명령을 받은 금융기관에 대하여 금융위원회의 요청에 따라 현물출자하는 경우

164) 평가기준일 전 1년 이내의 최근에 거래된 30일간의 증권시장에서의 최종 시세가액을 가중산술평균하여 산출한 가액으로 하되, 거래 실적이 있는 날이 30일 미만일 때에는 거래된 날의 증권시장의 최종 시세가액을 가중산술평균한 가액과 「국유재산법 시행령」 제44조제1항의 방법에 따른 가액을 고려하여 산출한 가격

165) 이에 따라 출자한 현물을 반환받는 경우에 현물출자한 재산과 그 대가로 취득한 지분증권은 반환시점의 시가에도 불구하고 현물출자 당시와 동일하게 상호반환하는 것을 조건으로 하여

Ⅴ. 「상법」의 적용 배제

국유재산의 현물출자는 정부가 정부출자기업체에 일반재산을 출자하는 것인 만큼 민간 영역에서의 현물출자와 동일하게 볼 것은 아니다. 정부의 출자 자체만으로 어느 정도의 공신력이 확보됨은 물론 현물출자의 세부 절차가 「국유재산법」 등에 규정되어 있어 이를 통한 통제가 가능하기 때문이다. 따라서 국유재산의 현물출자에 있어서는 「상법」상 현물출자의 일부 조항을 적용하지 않음으로써 보다 융통성 있는 업무 추진이 가능하도록 하고 있다.

구체적으로는 「상법」의 조항 중 발기설립의 경우 현물출자의 이행에 관한 제295조제2항, 검사인의 조사·보고 의무에 관한 제299조제1항, 현물출자에 대한 공인된 감정인의 감정에 관한 제299조의2, 현물출자의 검사에 관한 제422조 등을 국유재산의 현물출자에 적용하지 않고 있다(국유재산법 제65조).

제9절 정부배당

Ⅰ. 개요

'정부배당'이란 국유재산으로 관리되고 있는 출자재산으로서 국가가 일반회계, 특별회계 및 기금으로 지분을 가지고 있는 법인, 즉 정부출자기관으로부터 정부가 받는 배당을 의미한다(국유재산법 제65조의2).

과거에는 정부배당을 법령에 규정하지 않고 기획재정부 훈령인 「정부배당 업무처리에 관한 지침」을 통해 관리하였다. 그렇다 보니 일부 기관의 경우 이익을 과도하게 사내에 유보하거나 사내복지기금 등에 우선 사용하는 문제가 나타났고 이에 대한 비판이 지속 제기되었다. 정부출자기관의 경우 그 자본금이 대부분 국민부담으로 조성되었고, 대부분 정부위탁 사업이나 독점 사업을 영위하면서 안정적으로

야 하며, 반환의 시기와 그 밖에 필요한 사항은 총괄청과 기업체 간의 계약으로 정한다(국유재산법 시행령 제67조).

이익을 창출하고 있기 때문이다. 이익잉여금의 내부유보 증가는 방만한 자금운용으로 귀결되어 도덕적 해이 및 재정운용의 비효율을 초래할 수 있다는 점에서, 이익잉여금의 정부배당 또는 국고납입을 확대할 필요성이 있었다.

이에 정부배당에 관한 주요한 사항을 보다 구체화하여 법률에 직접 규정하고 국회 보고 의무 등을 신설함으로써 정부출자기업 배당수입 결정 과정의 투명성을 제고하는 한편, 다른 정부출자기업의 배당률 및 최저배당성향 등을 고려하여 배당결정이 이루어지도록 함으로써 과도한 사내유보 제한 및 재정수입 확충을 도모하기 위해 2011. 7. 「국유재산법」에 정부배당 관련 규정을 신설하게 되었다.

Ⅱ. 정부배당 대상 기업

정부배당 대상 기업은 기본적으로 '국유재산으로 관리되고 있는 출자재산으로서 국가가 일반회계, 특별회계 및 기금으로 지분을 가지고 있는 법인'이며, 이 중 '「상속세 및 증여세법」에 따라 정부가 현물로 납입받은 지분을 가지고 있는 기업'은 제외한다(국유재산법 제65조의2).

구체적인 대상 기업은 「국유재산법 시행령」 별표 1 및 별표 2에서 정하고 있는바(국유재산법 시행령 제67조의2), 2021년 현재 총 39개 기관이 이에 해당한다.

〈참고 5-5〉 정부배당 대상 기업(2021년 기준)

2021년 기준으로 정부배당 대상 기업은 「국유재산법 시행령」 별표 1의 정부출자기업체 33개 기관[166]과 별표 2에서 추가로 규정하는 6개 기관을 포함한 다음의 총 39개 기관이다.

1. 「한국자산관리공사 설립 등에 관한 법률」[167]에 따른 한국자산관리공사
2. 「한국농수산식품유통공사법」에 따른 한국농수산식품유통공사
3. 「대한무역투자진흥공사법」에 따른 대한무역투자진흥공사
4. 「대한석탄공사법」에 따른 대한석탄공사
5. 「방송광고판매대행 등에 관한 법률」에 따른 한국방송광고진흥공사
6. 「방송법」에 따른 한국방송공사
7. 「인천국제공항공사법」에 따른 인천국제공항공사

8. 주식회사 서울신문사
9. 「한국부동산원법」에 따른 한국부동산원
10. 「중소기업은행법」에 따른 중소기업은행
11. 「한국가스공사법」에 따른 한국가스공사
12. 「한국공항공사법」에 따른 한국공항공사
13. 「한국관광공사법」에 따른 한국관광공사
14. 「한국광물자원공사법」에 따른 한국광물자원공사
15. 「한국교육방송공사법」에 따른 한국교육방송공사
16. 「한국농어촌공사 및 농지관리기금법」에 따른 한국농어촌공사
17. 「한국도로공사법」에 따른 한국도로공사
18. 「한국석유공사법」에 따른 한국석유공사
19. 「한국수자원공사법」에 따른 한국수자원공사
20. 「한국수출입은행법」에 따른 한국수출입은행
21. 「한국전력공사법」에 따른 한국전력공사
22. 「한국산업은행법」에 따른 한국산업은행
23. 「한국조폐공사법」에 따른 한국조폐공사
24. 「한국철도공사법」에 따른 한국철도공사
25. 「한국토지주택공사법」에 따른 한국토지주택공사
26. 「항만공사법」에 따른 부산항만공사
27. 「항만공사법」에 따른 인천항만공사
28. 「항만공사법」에 따른 울산항만공사
29. 「항만공사법」에 따른 여수광양항만공사
30. 「한국주택금융공사법」에 따른 한국주택금융공사
31. 「한국해양진흥공사법」에 따른 한국해양진흥공사
32. 「새만금사업 추진 및 지원에 관한 특별법」에 따른 새만금개발공사
33. 「해외건설 촉진법」에 따른 한국해외인프라·도시개발지원공사
34. 88관광개발주식회사
35. 주식회사 대한송유관공사
36. 「주택도시기금법」에 따른 주택도시보증공사
37. 「집단에너지사업법」에 따른 한국지역난방공사
38. 코레일공항철도주식회사
39. 「한국투자공사법」에 따른 한국투자공사

실제 정부배당을 위해서는 각 기업별 재무상태, 이익의 규모, 신규 투자 필요성 및 경영 환경 등을 두루 고려해야 하므로 상기 기업들이 모두 정부배당을 하는 것은 아니며 실제 정부배당을 하는 기업의 수는 매년 바뀐다. 참고로 2021년에는 39개 기관 중 22개 기관이 총 1조 4,396억원 규모의 정부배당을 실시하였고[168] 11개 기관은 당기순손실, 6개 기관은 이월결손 보전 등의 이유로 정부배당을 하지 못하였다.

Ⅲ. 정부배당 결정의 원칙

총괄청과 중앙관서의 장은 「상법」 또는 관계 법령에 따라 산정된 배당가능이익이 발생한 해당 정부배당 대상 기업에 대하여는 다음의 사항을 고려하여 적정하게 정부배당이 이루어지도록 하여야 한다(국유재산법 제65조의3).

〈표 5-45〉 정부배당 결정의 원칙(국유재산법 제65조의3, 국유재산법 시행령 제67조의3)

1. 배당대상이 되는 이익의 규모
2. 정부출자수입 예산 규모의 적정성 및 정부의 재정여건
3. 각 정부배당 대상 기업의 배당률 및 배당성향
4. 같거나 유사한 업종의 민간부문 배당률 및 배당성향
5. 해당 정부배당 대상 기업의 자본금 규모, 내부자금 적립 규모, 부채비율, 국제결제은행의 기준에 따른 자기자본비율, 과거 배당실적, 투자재원 소요의 적정성 등 경영여건
6. 정부배당 대상 기업에 대한 정부의 재정지원 여부 및 규모
7. 정부배당 대상 기업의 공공성 정도
8. 그 밖에 총괄청이 「국유재산법」 제65조의2에 따른 정부배당을 적정하게 하기 위하여 필요하다고 인정하는 사항

166) 「국유재산법 시행령」 별표 1에 직접 규정된 기관은 30개 기관이나, '「항만공사법」에 따른 항만공사'가 실제로는 1개 기관이 아니라 부산항만공사, 인천항만공사, 울산항만공사, 여수광양항만공사의 4개 기관이므로(항만공사법 제4조제2항, 항만공사법 시행령 제1조의2) 총 33개 기관이 된다.

167) 현행 「국유재산법 시행령」 별표 1에는 '「금융회사부실자산 등의 효율적 처리 및 한국자산관리공사의 설립에 관한 법률」'로 되어 있으나, 동 법률은 2019. 11. 「한국자산관리공사 설립 등에 관한 법률」로 그 제명이 개정되었다.

168) 기획재정부 소관 일반회계의 정부배당금이 약 9,194억원, 각 중앙관서 소관 특별회계·기금의 정부배당금이 약 5,203억원이다.

특히 '각 정부배당 대상 기업의 배당률 및 배상성향', '같거나 유사한 업종의 민간부문 배당률 및 배당성향' 등을 정부배당 결정의 원칙에 포함시킨 것은, 정부배당에 대한 일종의 기준선을 설정함으로써 보다 적극적인 배당결정을 유도하여 과도한 사내유보를 제한하고 국가의 재정수입 확충을 도모하기 위함이다.

Ⅳ. 정부배당의 절차

1. 정부배당의 예산안 계상

정부배당 대상 기업은 정부배당수입을 추정할 수 있는 다음의 자료를 총괄청이나 중앙관서의 장에게 제출하여야 한다(국유재산법 제65조의4제1항). 정부가 다음 연도의 정부배당 수입을 추정하여 이를 예산안에 반영하도록 하기 위함이다.

〈표 5-46〉 정부배당 대상 기업이 정부배당수입 추정을 위해 총괄청이나 중앙관서의 장에게 제출하는 자료(국유재산법 시행령 제67조의4)[169)]

1. 주요 사업계획 및 추정 당기순이익
2. 이익금 처리계획
3. 납입자본금 현황
4. 해당 회계연도의 상반기 당기순이익 실적 및 연간 추정 당기순이익
5. 그 밖에 총괄청이 정부배당수입을 추정하기 위하여 필요하다고 인정하는 자료

총괄청이나 중앙관서의 장은 제출받은 상기 자료를 기초로 다음 연도의 정부배당수입을 추정하여 소관 예산안의 세입예산 또는 기금운용계획안의 수입계획에 계상하여야 한다(국유재산법 제65조의4제2항).

2. 정부배당의 결정

정부배당 대상 기업은 정부배당결정과 관련한 다음의 자료를 매년 1월 31일까지 총괄청과 중앙관서의 장에게 각각 제출하여야 한다(국유재산법 제65조의5제1항,

169) 제4호를 제외한 나머지 자료는 매년 5월 31일까지, 제4호의 자료는 매년 7월 31일까지 제출한다. 제4호의 제출 시기가 다른 것은 '해당 회계연도의 상반기 당기순이익 실적'이 포함되어 있기 때문이다.

국유재산법 시행령 제67조의5).

〈표 5-47〉 정부배당 대상 기업이 정부배당결정과 관련하여 총괄청과 중앙관서의 장에게 제출하는 자료(국유재산법 시행령 제67조의5)

1. 이익잉여금의 사내유보 및 배당에 관한 계획
2. 회계감사 이전에 작성한 재무상태표 및 손익계산서
3. 납입자본금 현황
4. 그 밖에 총괄청이 정부배당수입을 결정하기 위하여 필요하다고 인정하는 자료

또한 정부배당 대상 기업은 정부배당을 결정하는 경우 이사회·주주총회 등 정부배당결정 관련 절차를 거치기 전에 총괄청과 중앙관서의 장과 각각 미리 협의하여야 한다(국유재산법 제65조의5제2항). 정부배당에 있어 국가의 의견이 사전에 충분히 반영될 수 있도록 하기 위함이다.

한편 총괄청은 정부배당 대상 기업의 정부배당에 관한 사항을 협의·조정하기 위하여 배당협의체를 구성·운영할 수 있는바,[170] 배당협의체가 협의·조정하는 사항은 다음과 같다(정부배당 업무처리에 관한 지침 제4조제1항, 제3항).

〈표 5-48〉 배당협의체의 협의·조정 사항(정부배당 업무처리에 관한 지침 제4조제3항)

1. 정부의 배당정책에 관한 사항
2. 일반회계 정부배당 대상 기업의 배당수준에 관한 사항
3. 「국유재산법」 제65조의5제2항에 따라 특별회계 및 기금의 중앙관서 소관 정부배당 대상 기업의 정부배당 협의에 관한 사항

배당협의체는 상기 사항에 대해 필요한 경우 해당 정부배당 대상 기업에 대한 관리·감독 권한이 있는 중앙관서의 장에게 정부배당에 대한 의견을 요청할 수 있고, 배당협의체에서 각 정부배당대상기업의 정부배당수준에 관한 사항을 정한 때에는 지체없이 해당 정부배당 대상 기업에 통보하여야 한다(정부배당 업무처리에 관한

170) 배당협의체는 기획재정부 제2차관, 재정관리관, 예산실장, 차관보와 특별회계·기금소관 중앙관서의 소속 고위공무원 및 외부전문가로 구성하며 의장은 기획재정부 제2차관, 간사는 기획재정부 국고국장으로 한다(정부배당 업무처리에 관한 지침 제4조제2항).

지침 제4조제4항, 제5조).

3. 배당금 수납

총괄청은 배당금 납부기한 7일 전까지 「국고금관리법」에 따라 납입고지서를 발행하여 정부배당 대상 기업에 송부하여야 한다(정부배당 업무처리에 관한 지침 제7조제1항). 정부배당 대상 기업은 「상법」 제464조의2에 따라 주주총회 결의 또는 관계법령에 따라 결산이 승인된 날로부터 30일 이내에 배당금을 현금으로 국고에 납입하여야 하되, 총괄청과 미리 협의하여 배당금의 납입 시기를 따로 정한 경우에는 그러하지 아니하다(정부배당 업무처리에 관한 지침 제7조제2항).

배당금을 현금이 아니라 주식발행 또는 현물로 납입할 수도 있는바, 다른 법령에 따라 주식·현물 배당이 가능한 정부배당 대상 기업이 주식·현물의 비율, 종류 및 평가, 발행·물납의 시기에 대하여 총괄청과 미리 협의를 거친 경우에는 배당금을 주식발행 또는 현물로 납입할 수 있다(정부배당 업무처리에 관한 지침 제7조제3항).

4. 배당실적의 국회보고 및 공표

총괄청과 중앙관서의 장은 정부배당 대상 기업의 배당이 완료된 때에는 정부배당 대상 기업의 배당내역을 국회 소관 상임위원회와 예산결산특별위원회에 보고하고 공표하여야 하는바(국유재산법 제65조의6), 구체적으로 총괄청은 배당금의 수납이 완료된 날로부터 1월 이내에 정부배당 대상 기업의 배당실적을 공표한다(정부배당 업무처리에 관한 지침 제8조).

국회 보고의무는 배당결정 과정에 대하여 국민의 대의기관인 국회가 예·결산안 제출 이전에 해당 내용을 파악할 수 있도록 함으로써 심의를 충실하게 진행할 수 있게 하기 위함이다. 이 때 '보고'란 사전적으로 일에 관한 내용이나 결과를 말이나 글로 알리는 것으로서 일정한 행위를 승낙하거나 시인하는 '동의'나 '승인'과는 구분되므로, 총괄청과 중앙관서의 장은 정부배당 대상 기업의 배당내역을 미리 국회에 알리면 될 뿐 국회의 동의나 별도 승인은 필요치 않다.

제10절 개척 · 매립 · 간척 · 조림을 위한 예약

일반재산은 개척 · 매립 · 간척 또는 조림 사업을 시행하기 위하여 그 사업의 완성을 조건으로 대부 · 매각 또는 양여를 예약할 수 있다(국유재산법 제45조제1항). 개척 · 매립 · 간척 · 조림 등은 국토의 효율적 활용 및 공공복리 증진에 기여하는 반면 사업 추진 과정에서 많은 비용이 소요되는바, 이러한 예약 제도를 통해 사업 추진 과정에서의 불확실성을 줄임으로써 사업을 장려하기 위함이다.

예약 상대방은 그 사업기간 중 예약된 재산 또는 사업의 기성부분(既成部分)을 무상으로 사용하거나 수익할 수 있고(국유재산법 제45조제2항), 사업이 완성된 이후에는 예약된 재산을 예약 내용대로 대부 · 매입하거나 양여받게 된다.

Ⅰ. 예약을 위한 협의

중앙관서의 장등이 그 재산의 매각이나 양여를 예약하려는 경우에는 총괄청과 협의하여야 한다(국유재산법 제45조제5항). 국유재산을 매각이나 양여하는 경우 소유권이 최종적으로 국가 이외의 자에게 이전되므로, 중앙관서의 장등이 관리 · 처분 권한을 가진 일반재산이라고 하더라도 총괄청이 일정 부분 통제할 수 있는 길을 열어둔 것이다.

중앙관서의 장등이 총괄청과 협의를 할 때에는 다음의 사항을 명백히 하여야 한다.

〈표 5-49〉 일반재산의 매각 · 양여 예약 시 중앙관서의 장등이 총괄청과 협의해야 할 사항(국유재산법 시행규칙 제33조)

1. 재산의 표시 2. 예약 목적 3. 예약 상대방의 성명 및 주소 4. 예약 조건 5. 사업계획

6. 완공 예정일
7. 예약계약서(안)

Ⅱ. 예약의 기간

개척 · 매립 · 간척 · 조림 사업을 위한 예약기간은 계약일부터 10년 이내로 정하여야 한다. 다만, 해당 중앙관서의 장은 천재지변이나 그 밖의 부득이한 사유가 있는 경우에만 총괄청과 협의하여 5년의 범위에서 예약기간을 연장할 수 있다(국유재산법 시행령 제48조제1항).

한편 개척 · 매립 · 간척 · 조림 사업의 예약을 한 자는 계약일부터 1년 이내에 그 사업을 시작하여야 한다(국유재산법 시행령 제48조제2항). 예약 이후에는 해당 재산에 대한 국가의 처분이 제한되는바, 만약 예약 후 실제 사업에 착수하지 않은 상태가 지속된다면 국유재산의 효율적 활용을 저해하게 될 것이므로 이를 방지하기 위한 것이다.

Ⅲ. 예약 재산의 매각대금

일반재산을 「국유재산법」 제45조에 따라 개척 · 매립 · 간척 · 조림하거나 그 밖에 다른 법률에 따라 국유재산의 매각을 예약한 경우로서, 해당 재산을 점유하고 개량한 자에게 매각하는 경우에는 매각 당시의 개량한 상태의 가격에서 개량비 상당액을 뺀 금액을 매각대금으로 한다[171](국유재산법 시행령 제42조제5항 본문, 국유재산법 시행규칙 제25조제1항). 예약 상대방이 해당 재산의 개량을 위해 투입한 노력과 비용을 인정해 주는 취지이다. 다만, 매각을 위한 평가일 현재 개량하지 아니한 상태의 가액이 개량비 상당액을 빼고 남은 금액을 초과하는 경우에는 그 가액 이상으로 매각대금을 결정하여야 한다(국유재산법 시행령 제42조제5항 단서). 예약 상대방이 투입한 개량비라고 하더라도 실제 해당 재산의 가치 상승에 기여한 부분만 인정되

171) 만약 이 경우 점유하고 개량한 일반재산을 토지보상법에 따른 공익사업의 사업시행자에게 매각하는 경우로서 해당 사업시행자가 해당 점유 · 개량자에게 개량비 상당액을 지급한 경우에 관하여는 물납증권의 처분 제한에 관한 「국유재산법」 제44조의2제1항을 준용한다(국유재산법 시행령 제42조제6항, 국유재산법 시행규칙 제25조제1항).

어야 할 것이므로, 개량하지 아니한 상태의 가액을 매각대금의 최저한도로 정해둔 것이다.

이 때 개량비의 범위는 중앙관서의 장등이 승인한 형질 변경, 조림, 부속시설 설치 등에 사용된 인건비, 시설비, 공과금, 그 밖에 해당 국유재산을 개량하기 위하여 지출한 비용으로 하되, 매수하려는 자의 신청을 받아 중앙관서의 장등이 심사·결정한다(국유재산법 시행규칙 제25조제2항, 제3항). 해당 재산을 직접적으로 개량한 것이 아니라 해당 사업구역 내 개발로 인한 반사이익을 얻어 지가가 상승한 경우라면, 개량으로 인해 가치가 증가된 것으로 볼 수 없을 것이다.

다만 이와 같이 매각대금에서 개량비 상당액을 제하는 것은 「국유재산법」 제45조 등에 따라 매각을 '예약'한 경우에 한한다. 따라서 「국유재산법」 제45조제1항 또는 다른 법률에 따른 매각의 예약[172] 없이 일반재산을 대부받아 공장용지로 조성한 자에게는 매각대금에서 개량비 상당액을 제할 수 없다.

〈해석례〉 법제처 15-0034, 매각을 '예약'하지 않고 국유지에 개척사업을 시행한 자에게 그 국유지를 매각할 경우, 개량비 상당액을 뺀 금액을 매각대금으로 할 수 있는지, 2015. 2. 17.

「국유재산법」 제45조제1항에서는 일반재산은 개척 · 매립 · 간척 또는 조림 사업을 시행하기 위하여 그 사업의 완성을 조건으로 대통령령으로 정하는 바에 따라 대부 · 매각 또는 양여를 예약할 수 있다고 규정하고 있고, 같은 법 시행령 제42조제5항 본문에서는 일반재산을 법 제45조에 따라 개척 · 매립 · 간척 또는 조림(이하 "개척등"이라 함)하거나 그 밖에 정당한 사유로 점유하고 개량한 자에게 해당 재산을 매각하는 경우에는 매각 당시의 개량한 상태의 가격에서 개량비 상당액을 뺀 금액을 매각대금으로 한다고 규정하고 있으며, 같은 법 시행규칙 제25조제1항에서는 영 제42조제5항 본문 및 같은 조 제6항에서

172) 「규제자유특구 및 지역특화발전특구에 관한 규제특례법」 제49조제2항(국가·지방자치단체는 특화사업을 위하여 필요하면 「국유재산법」, 「공유재산 및 물품 관리법」 또는 「폐교재산의 활용촉진을 위한 특별법」에도 불구하고 특화사업자에게 국유재산·공유재산 및 폐교재산을 수의계약에 의하여 사용·수익허가를 하거나 대부 또는 매각할 수 있다)이 포함된 지역특화발전특구계획의 승인을 받은 것만으로는 해당 지역특화발전특구 내의 국유재산인 일반재산에 대하여 국가와 특화사업자간에 그 매각을 예약한 것으로 볼 수 없다(법제처 11－0335 '「지역특화발전특구에 대한 규제특례법」 제11조제1항에 따라 승인된 지역특화발전특구계획에 같은 법 제36조의2제2항이 포함된 경우, 지역특화발전특구 내의 국유재산인 일반재산에 대하여 국가와 특화사업자간에 그 매각을 예약한 것으로 볼 수 있는지', 2011. 9. 22).

"정당한 사유"란 다른 법률에 따라 국유재산의 매각을 예약한 경우를 말한다고 규정하고 있는바, 이 사안은 「국유재산법」 제45조제1항에 따른 매각을 예약하지 않고 일반재산을 대부받아 공장용지로 조성한 자에게 그 일반재산을 매각할 경우에는 개량비 상당액을 뺀 금액을 매각대금으로 정할 수 있는지에 관한 것이라 하겠습니다.

먼저, 법령의 문언 자체가 비교적 명확한 개념으로 구성되어 있다면 원칙적으로 더 이상 다른 해석방법은 활용할 필요가 없거나 제한될 수밖에 없다고 할 것인바, 「국유재산법 시행령」 제42조제5항 본문에 따르면 매각 당시의 개량한 상태의 가격에서 개량비 상당액을 뺀 금액을 매각대금으로 하여 해당 재산을 매각받을 수 있는 자는 같은 법 제45조제1항에 따라 개척등의 사업을 시행하기 위해 그 사업의 완성을 조건으로 매각을 예약한 자이거나 그 밖에 "정당한 사유"로 점유하고 개량한 자이어야 할 것입니다. 그리고 여기에서 말하는 "정당한 사유"란 다른 법률에 따라 국유재산의 매각을 "예약"한 경우를 말합니다(같은 법 시행규칙 제25조제1항).

이처럼 같은 법 시행령 제42조제5항 본문에 따라 개량비 상당액을 뺀 금액을 매각대금으로 하여 해당 재산을 매각받을 수 있는 자는 「국유재산법」 또는 다른 법률에 따라 매각을 "예약"한 자로 한정된다고 할 것입니다.

따라서, 「국유재산법」 제45조제1항에 따른 매각을 예약하지 않고 일반재산을 대부받아 공장용지로 조성한 자에게 그 일반재산을 매각할 경우에는 같은 법 시행령 제42조제5항에 따라 개량비 상당액을 뺀 금액을 매각대금으로 정할 수 없습니다.

Ⅳ. 예약의 해제 · 해지

예약 상대방이 지정된 기한까지 사업을 시작하지 아니하거나 그 사업을 완성할 수 없다고 인정되면 그 예약을 해제하거나 해지할 수 있고[173](국유재산법 제45조제3항), 이 경우 사업의 일부가 이미 완성된 때에는 공익상 지장이 없다고 인정되는 경우에만 그 기성부분의 전부 또는 일부를 예약 상대방에게 내부 · 매각 또는 양여할 수 있다(국유재산법 제45조제4항).

상기 규정에 따라 양여하는 일반재산의 가액[174]은 해당 사업에 투자된 금액을

173) 예약을 할 경우에는 동 조항에 따라 예약 상대방이 지정된 기한까지 사업에 착수하지 아니하거나 그 사업을 완성할 수 없다고 인정되면 그 예약을 해제하거나 해지할 수 있다는 내용을 계약서에 명시하여야 한다(국유재산법 시행규칙 제34조).

174) 이 때 '일반재산의 가액'은 해당 사업의 전부가 완성된 경우에는 해당 공사의 준공 당시의 가격을 기준으로 하고, 일부가 완성된 경우에는 예약의 해제 또는 해지 당시의 가격을 기준으

초과하지 못한다(국유재산법 시행령 제49조제1항). 예약 상대방이 투자한 금액 이상을 양여하는 것은 합리적이지 않고, 국유재산의 보호 측면에서도 바람직하기 않기 때문이다.

로 한다(국유재산법 시행령 제49조제2항).

제6장 /

국유재산의 보호

제6장

국유재산의 보호

제1절 변상금

'변상금'이란 사용허가나 대부계약 없이 국유재산을 사용·수익하거나 점유한 자[1]에게 부과하는 금액을 말한다(국유재산법 제2조제9호). 변상금 부과는 법률상 원인 없이 국유재산을 사용·수익·점유한 자에게 그 사용료 또는 대부료에 해당하는 부당이득을 환수하고, 그에 덧붙여 징벌적으로 추가 금액을 징수하는 행정상 제재에 해당한다.

변상금은 중앙관서의 장 및 「국유재산법」 제42조제1항에 따라 일반재산의 관리·처분에 관한 사무를 위임·위탁받은 자가 부과할 수 있다. 따라서 사용허가를 받아 전대한 국유재산에서 무단점유가 발생한 경우의 전대인이나 「국유재산법」 제29조에 따라 행정재산의 관리를 위탁받은 자 등은 변상금 부과의 권한이 없다.

〈판례〉 대법원 2000. 11. 24. 선고 2000다28568 판결
중앙관서의 장인 관리청이 그 소관에 속하는 국유재산을 관리하게 되어 있으므로, 국유재

1) 사용허가나 대부계약 기간이 끝난 후 다시 사용허가나 대부계약 없이 국유재산을 계속 사용·수익하거나 점유한 자를 포함하며, 이하 "무단점유자"라고 한다.

산법 제51조 제1항[2]에 의한 변상금 부과처분권자도 그 관리청이다. 따라서 이 사건 무환 화물창고 건물의 관리청인 건설교통부장관으로부터 그 무상사용·수익 및 전대에 대한 허가와 승인을 받은 것에 불과한 원고(한국공항공단)에게는 그 건물에 관한 변상금 부과처분을 할 수 있는 권한이 있다고도 할 수 없다.

〈판례〉 서울고등법원 2014. 6. 24. 선고 2013누19082 판결
국유재산의 무단점유자에 대하여 변상금을 부과·징수할 수 있는 자(같은 법 제72조 제1항은 변상금을 '징수'할 수 있다고 규정하고 있으나, '징수'는 부과처분을 전제로 하는 것으로 징수권 없이 부과처분권만 가지는 자를 상정하기 어렵고 이를 따로 규정하지 않고 있는 이상 위 조항에 의하여 변상금을 '징수'할 수 있는 자가 변상금의 부과처분권자라고 해석함이 상당하다)는 관리청과 같은 법 제42조 제1항에 따라 잡종재산[3]의 관리·처분에 관한 사무를 위임·위탁받은 자에 한정되고, 같은 법 제29조 제1항에 따라 행정재산의 관리를 위임·위탁을 받은 자는 그 재산을 관리할 권한은 있지만, 그 재산의 무단점유자에 대하여 변상금을 부과·징수할 권한은 없는 것으로 해석된다.

Ⅰ. 변상금 제도의 위헌 여부

변상금 제도는 법령의 규정에 의해 국유재산 무단점유자에게 일방적으로 금전적 제재를 가하는 것으로서, 그 액수는 사용료나 대부료 상당액의 100분의 120에 상당한다. 따라서 이러한 제도가 헌법상의 재산권이나 평등권을 침해하고 과잉금지의 원칙에 위배된다는 주장이 일부에서 제기되어 왔으나, 판례는 변상금 제도가 헌법에 위배되지 않는다는 입장이다.

〈판례〉 대법원 2008. 5. 15. 선고 2005두11463 판결
국가가 잡종재산[4]의 대부·매각 등의 법률관계에 관하여 사경제 주체로서 사인과 대등한 지위에서 법률행위를 하고 이에 관하여 사법의 적용을 받는다고 하여 그 유지·보존 및 운용에 관한 모든 법적 규율이 획일적으로 사법의 영역이 되어야 한다고 볼 수는 없다.

---

2) 현재의 제72조제1항에 해당
3) 현재의 일반재산에 해당
4) 현재의 일반재산에 해당

특히, 국유의 잡종재산은 그 종류가 다양하고 그 위치도 전국적으로 광범위하게 분포되어 있는 반면에 관리청의 인적 · 물적 자원은 제한될 수밖에 없는 실정이므로, 관리청이 일상적으로 잡종재산의 현황과 무단 점유 여부 등을 점검하여 국유재산법 위반행위를 발견한 경우에는 반드시 민사법에 따른 권리구제수단으로 그 위반상태를 바로 잡아야 한다면 이는 행정목적 달성을 위한 효율적 수단이라고 보기 어려울 것이다.
그렇다면 이 사건 법률조항인 법 제51조 제1항[5]이 대부계약 등을 맺지 아니하고 국유 잡종재산을 무단 점유한 자에 대하여 통상의 대부료에 20%를 할증한 변상금을 부과 · 징수하도록 하고 있는 데에는 국유재산의 효율적인 보존 · 관리라는 합리적인 이유가 있다고 할 것이므로 헌법 제11조 제1항의 평등원칙에 반한다고 볼 수 없고, 이 사건 법률조항으로 인하여 잃게 되는 무단 점유자의 재산권이라는 사익보다 그로 인하여 얻게 되는 국유재산의 효율적인 관리 · 보존이라는 공익이 크다고 할 것이므로 헌법 제23조 제1항 및 제37조 제2항에 위반하여 재산권을 과도하게 침해하였다고 볼 수도 없다.

한편 현행 「국유재산법」과 「공유재산 및 물품관리법」에서는 국유재산 또는 공유재산의 무단점유자에 대하여 예외적으로 변상금을 부과하지 않는 사유를 규정하고 있는데,[6] 공익적 목적이나 용도로 무단점유한 경우는 이러한 예외 사유에 포함되지 않는다. 이에 대하여 학교법인의 운영과 같은 공익 목적의 점유에 대해서까지 일률적으로 변상금을 부과하는 것은 헌법상의 평등원칙에 반한다는 주장이 있으나, 헌법재판소는 공익 목적 내지 공적 용도로 무단점유한 경우와 사익추구의 목적으로 무단점유한 경우를 달리 취급하지 않았다 하더라도 평등원칙에 위반되지 않는다는 입장이다.

〈판례〉 헌법재판소 2017. 7. 27. 2016헌바374[7]
공유재산의 효용 및 공유재산을 점유하기 위한 절차 규정에 비추어 보면, 공유재산을 무단점유하는 자로부터 그 사용료 또는 대부료 상당의 부당이득을 환수하고 이에 덧붙여 추

5) 국유재산법를 의미하며 현재의 제72조제1항에 해당
6) '등기사항증명서나 그 밖의 공부(公簿)상의 명의인을 정당한 소유자로 믿고 적절한 대가를 지급하고 권리를 취득한 자(취득자의 상속인이나 승계인을 포함한다)의 재산이 취득 후에 국유재산으로 밝혀져 국가에 귀속된 경우' 또는 '국가나 지방자치단체가 재해대책 등 불가피한 사유로 일정 기간 국유재산을 점유하게 하거나 사용 · 수익하게 한 경우'가 이에 해당한다.
7) 「공유재산 및 물품관리법」에 대한 판례이기는 하나 변상금 부과의 예외사유가 「국유재산법」과 사실상 동일하므로 그 법리는 「국유재산법」에도 그대로 적용될 수 있다.

가로 일정한 금액을 징벌적으로 징수하는 것은, 그것이 과도한 금액의 책정이 아닌 한 점유의 목적이나 용도와 관계없이 공유재산을 점유하려는 자를 사전에 적법한 절차에 따라 공유재산에 대한 권원을 취득하도록 유도하여 지방자치단체가 정상적으로 사용료 또는 대부료를 징수하며 공유재산을 적절히 보호 · 관리하는 데 필요한 적합한 수단이다. 또한 헌법 제31조 제3항의 의무교육 무상의 원칙이 의무교육을 위탁받은 사립학교를 설치 · 운영하는 학교법인 등과의 관계에서 관련 법령에 의하여 이미 학교법인이 부담하도록 규정되어 있는 경비까지 종국적으로 국가나 지방자치단체의 부담으로 한다는 취지로 볼 수는 없다. 따라서 사립학교를 설치 · 경영하는 학교법인이 공유재산을 점유하는 목적이 의무교육 실시라는 공공 부문과 연결되어 있다는 점만으로 그 점유자를 변상금 부과대상에서 제외하여야 한다고 할 수 없고, 심판대상조항[8]이 공익 목적 내지 공적 용도로 무단점유한 경우와 사익추구의 목적으로 무단점유한 경우를 달리 취급하지 않았다 하더라도 평등원칙에 위반되지 아니한다.

심판대상조항은 변상금 부과의 예외 사유로, 공부상 명의인을 정당한 소유자로 믿고 상당한 대가를 지급하고 권리를 취득한 자의 재산이 취득 후에 공유재산으로 판명되어 지방자치단체에 귀속된 경우와 국가나 지방자치단체가 재해대책 등 불가피한 사유로 일정 기간 공유재산을 점유하거나 사용 · 수익하게 한 경우를 규정하고 있는데, 이는 공유재산을 점유한 자에게 무단점유의 책임을 묻기 곤란한 경우에 해당한다. 반면, 공익 목적 내지 공적 용도로 공유재산을 무단점유하는 경우는 점유자가 스스로의 선택에 의하여 자신에게 점유 권원이 없음을 알면서도 그에 관한 절차를 거치지 않고 점유한 것으로서 점유자에게 귀책사유가 있다고 봄이 상당하므로, 심판대상조항에서 정한 변상금 부과의 예외 사유와 본질적으로 같다고 보기 어렵다. 따라서 청구인이 주장하는 사유를 예외 사유로 추가하지 않았더라도 평등원칙에 위반되지 아니한다.

생각건대 국유재산 무단점유는 국가에 대한 불법행위이므로 국유재산 보호를 위해 이를 제재하는 것은 목적의 정당성이 인정되고, 변상금을 통해 금전적 불이익을 준다는 측면에서 그 수단도 적절하다. 합법적으로 국유재산을 사용허가 또는 대부받은 자에 비하여 20%를 할증한 금액을 변상금으로 징수하는 것이 침해의 최소성 원칙에 반한다고 보기도 어려우며, 국유재산 무단점유라는 불법행위를 저지른 자의 사익보다는 국유재산의 보호라는 공익적 가치가 훨씬 크고 중대함은 당연

8) 공유재산 무단점유자에 대한 변상금을 규정하고 있는「공유재산 및 물품관리법」제81조제1항을 의미한다. 참고로 동 조항의 내용은「국유재산법」제72조제1항과 사실상 동일하다.

하다.

또한 변상금 제도의 취지가 국유재산의 보호에 있는 만큼 공익 목적 내지 공적 용도의 점유라고 해도 그것이 무단점유인 이상 변상금 부과의 예외로 규정하는 것은 적절치 않고, 학교법인 등의 공익적 역할에 대한 보상은 보조금 지급 등 별도의 제도에 의할 것이지 국유재산 무단점유의 허용을 통해 접근할 것은 아니다. 이를 종합할 때 「국유재산법」의 변상금 제도는 헌법에 위배되지 않는다는 판례의 입장이 타당하다고 할 것이다.

한편 「도로법」[9]이나 「하천법」[10]등 개별 법률에서 별도로 변상금 규정을 두고 있는 경우가 있다. 이러한 경우에는 해당 법률이 「국유재산법」에 대하여 특별법적 지위를 갖게 되므로, 「국유재산법」이 아니라 해당 법률의 규정에 따라 변상금 부과가 이루어지게 된다.

Ⅱ. 변상금의 법적 성격

국유재산 변상금은 국유재산의 무단점유자에 대하여 징벌적 의미에서 부과하는 것으로서 「국유재산법」등에 그 요건 및 산정기준이 명시되어 있고, 만약 무단점유자가 변상금을 납부하지 않을 경우에는 「국세징수법」 제10조와 같은 법의 체납처분에 관한 규정을 준용하여 징수할 수도 있다. 따라서 변상금의 부과는 사법상의 법률행위로 볼 수 없고, 행정청이 공권력을 가진 우월적 지위에서 행하는 행정처분에 해당한다.

〈판례〉 대법원 1988. 2. 23. 선고 87누1046, 1047 판결
국유재산의 무단점유자에 대하여는 대부 또는 사용, 수익허가 등을 받은 경우에 납부하여야 할 대부료 또는 사용료 상당액 외에도 그 징벌적 의미에서 국가측이 일방적으로 그 2

---

9) 「도로법」 제72조(변상금의 징수) ① 도로관리청은 도로점용허가를 받지 아니하고 도로를 점용하였거나 도로점용허가의 내용을 초과하여 도로를 점용(이하 이 조에서 "초과점용등"이라 한다)한 자에 대하여는 초과점용등을 한 기간에 대하여 점용료의 100분의 120에 상당하는 금액을 변상금으로 징수할 수 있다.

10) 「하천법」 제37조(점용료등의 징수 및 감면) ③ 하천관리청은 하천점용허가를 받지 아니하고 하천을 점용 또는 사용한 자에 대하여는 그 점용료등의 100분의 120에 상당하는 금액을 변상금으로 징수할 수 있다.

할 상당액을 추가하여 변상금을 징수토록 하고 있으며 … 변상금의 체납시 국세징수법에 의하여 강제징수토록 하고 있는 점 등에 비추어 보면 국유재산의 관리청이 그 무단점유자에 대하여 하는 변상금부과처분은 순전히 사경제 주체로서 행하는 사법상의 법률행위라 할 수 없고 이는 관리청이 공권력을 가진 우월적 지위에서 행한 것으로서 행정소송의 대상이 되는 행정처분이라고 보아야 한다.

따라서 국유재산의 무단점유자가 변상금 부과를 다투려면 행정소송에 의하여야 하고, 행정청 역시 변상금을 민사소송의 방법으로 청구할 수는 없다. 다만 여기서 주의해야 할 점은 행정청이 변상금을 민사소송으로 청구할 수는 없으나, 국유재산 무단점유로 인한 손해 상당액을 민사상의 부당이득반환으로 청구[11]하는 것은 가능하다는 것이다. 즉, 행정청은 무단점유자를 상대로 변상금 부과·징수권의 행사와 별도로 국유재산의 소유자로서 민사상 부당이득반환청구의 소를 제기할 수 있는바, 이에 대해서는 후술하기로 한다.

〈판례〉 대법원 2000. 11. 24. 선고 2000다28568 판결
국유재산법 제51조 제1항[12]에 의한 변상금 부과처분은 국유재산을 무단으로 사용하는 자에 대하여 그 관리청이 부과하는 행정처분이고, … 국유재산의 무단사용자가 국유재산법 제51조에 의한 변상금을 체납한 경우에는 관리청은 관할 세무서장 또는 지방자치단체장에게 위임하여 국세징수법의 체납처분에 관한 규정에 의하여 징수할 수 있도록 되어 있

11) 부당이득반환의 경우 수익자가 반환하여야 할 이득의 범위는 손실자가 입은 손해의 범위에 한정되고, 손실자의 손해는 사회통념상 손실자가 당해 재산으로부터 통상 수익할 수 있을 것으로 예상되는 이익 상당액이다. 그런데 국가가 잡종재산(현재의 '일반재산'에 해당)으로부터 통상 수익할 수 있는 이익은 그에 관하여 대부계약이 체결되는 경우의 대부료이므로, 잡종재산의 무단점유자가 반환하여야 할 부당이득은 특별한 사정이 없는 한 국유재산 관련 법령에서 정한 대부료 상당액이다(대법원 2014. 7. 16. 선고 2011다76402 전원합의체 판결). 따라서 통상적인 경우 부당이득액(대부료 상당액)은 변상금(대부료의 100분의 120에 상당하는 금액)보다 작을 가능성이 높다.
다만 국유재산법에 따르면 대부료의 조정이 가능한바, 부당이득 산정의 기초가 되는 대부료는 이러한 조정대부료가 아니라 국유재산법 제47조 제1항, 제32조 제1항이 정한 방법에 따라 산출되는 대부료라고 보아야 한다. 무단점유자에 대하여도 조정된 대부료 기준을 적용하여 부당이득을 산정하는 것은 대부료 조정제도의 취지에 부합하지 아니하고, 적법한 대부계약자에 비해 무단점유자가 오히려 이익을 얻는 셈이어서 형평에 반하기 때문이다(대법원 2014. 10. 30. 선고 2014다44932 판결).
12) 현재의 제72조제1항에 해당

으므로, 국유재산법 제51조 제1항에 의한 변상금 부과처분을 근거로 한 변상금의 청구를 민사소송의 방법에 의할 수는 없다.

변상금 징수의 요건은 「국유재산법」에 명시되어 있으므로 이는 기속행위에 해당하고, 변상금 징수는 공법상의 권리채무를 내용으로 하는 것이므로[13] 제3자와의 사법상의 계약에 의하여 변상금징수권의 종국적 만족을 실현하는 것은 허용되지 않는다.

〈판례〉 대법원 1998. 9. 22. 선고 98두7602 판결

변상금 징수의 요건은 국유재산법 제51조 제1항[14]에 명백히 규정되어 있으므로 변상금을 징수할 것인가는 처분청의 재량을 허용하지 않는 기속행위이고, 여기에 재량권 일탈·남용의 문제는 생길 여지가 없다.

〈판례〉 대법원 1989. 11. 24. 선고 89누787 판결

국유재산의 무단점유로 인한 변상금징수권은 공법상의 권리채무를 내용으로 하는 것으로서 사법상의 채권과는 그 성질을 달리하는 것이므로 위 변상금징수권의 성립과 행사는 국유재산법의 규정에 의하여서만 가능한 것이고 제3자와의 사법상의 계약에 의하여 그로 하여금 변상금채무를 부담하게 하여 이로부터 변상금징수권의 종국적 만족을 실현하는 것은 허용될 수 없다.

한편 국가도 사인의 토지를 시효취득할 수 있고, 이 때 시효취득의 요건인 점유에는 직접점유뿐만 아니라 간접점유도 포함된다. 다만 간접점유가 성립하려면 간접점유자와 직접점유를 하는 자 사이에 점유매개관계가 필요한바, 국가가 변상금을 부과·징수한 것만으로는 점유매개관계가 존재한다고 할 수 없어 국가의 간접점유가 인정되지 않는다.

---

13) 변상금 징수권은 공법상의 권리이다(대법원 2014. 7. 16. 선고 2011다76402 전원합의체 판결).

14) 현재의 제72조제1항에 해당

〈판례〉 대법원 2006. 6. 2. 선고 2006다4649 판결
시효취득의 요건인 점유에는 직접점유뿐만 아니라 간접점유도 포함되는 것이기는 하나, 간접점유를 인정하기 위해서는 간접점유자와 직접점유를 하는 자 사이에 일정한 법률관계, 즉 점유매개관계가 필요한데 피고(대한민국)가 소외인에게 위와 같이 변상금을 부과·징수한 것만으로는 이들 사이에 점유매개관계가 존재한다고 할 수 없고, 달리 그와 같은 관계가 있다고 볼만한 자료가 없는 이 사건에서 피고에게 이 사건 임야에 대한 간접점유를 인정할 수도 없다.

Ⅲ. 변상금 부과 요건

변상금은 사용허가나 대부계약 없이 국유재산을 사용·수익하거나 점유한 자에게 부과된다. 즉, 변상금의 부과 요건은 적법한 권원 없이 무단으로 국유재산을 사용·수익·점유하는 것이다.

1. 사용허가 또는 대부계약의 부존재

사용허가나 대부계약과 같이 국유재산을 사용·수익 또는 점유할 수 있는 적법한 권원이 존재하지 않아야 한다. 적법한 권원이 있다면 '무단점유'가 아니라 '적법점유'이므로, 당연히 변상금이 부과될 수 없다.

사용허가 또는 대부계약의 존재와 관련하여 문제되는 몇 가지 경우를 살펴보면 다음과 같다.

가. 사용허가 또는 대부계약을 통해 적법하게 국유재산을 사용·점유하다가, 그 기간이 종료되었음에도 별도의 계약 없이 이를 계속 사용·점유하는 경우

1993년 이전의 「국유재산법」에는 이에 대한 별도의 규정이 없었는바, 당시의 판례는 점유개시가 적법하게 이루어졌다는 이유로 이러한 경우에는 변상금을 부과할 수 없다는 입장[15]이었다. 그러나 1994. 1. 「국유재산법」 개정을 통해 '대부 또는

15) 국유재산법 제51조 제1항이 국유재산의 무단점유자에 대하여 대부 등을 받은 경우에 납부하여야 할 대부료 상당액 이외에 2할을 가산하여 변상금을 징수토록 규정하고 있는 것은 무단점유에 대한 징벌적 의미가 있으므로 위 규정은 국유재산에 대한 점유개시가 법률상 권원 없이 이루어진 경우에 한하여 적용되고 당초 국유재산에 대한 대부 등을 받아 점유사용하다가 계약기간만료 후 새로운 계약을 체결하지 아니한 채 계속 점유사용한 경우에는 적용되지

사용·수익허가기간이 만료된 후 다시 대부 또는 사용·수익허가등을 받지 아니하고 국유재산을 계속 점유하거나 이를 사용·수익한 자'도 무단점유자에 포함되는 것으로 명시하였고, 이는 현재의 「국유재산법」에서도 동일하게 유지되고 있다.[16] 따라서 현재는 사용허가 또는 대부기간이 종료되었음에도 별도의 계약 없이 이를 계속 사용할 경우 변상금 부과의 대상이 된다.

〈판례〉 대법원 1998. 9. 22. 선고 98두7602 판결

국유재산법(1994. 1. 5. 법률 제4968호로 개정된 것) 제51조 제1항은 대부 또는 사용·수익허가기간이 만료된 후 다시 대부 또는 사용·수익허가 등을 받지 아니하고 국유재산을 계속 점유하거나 사용·수익한 자에 대하여도 변상금을 징수하게 하고 있으므로,[17] 피고(서울시 구로구청장)가 이 사건 토지를 다시 대부하여 달라는 원고들의 신청을 거부하고 그 반환을 요구하였음에도 원고들이 이를 계속 점유하여 왔다면, 원고들에 대한 변상금 징수는 적법하다.

나. 사용허가 또는 대부계약의 당사자가 변동된 경우

적법하게 사용허가 또는 대부계약을 받은 자가 사망하거나 그 밖의 사유로 포괄승계가 일어났다면 기존의 사용허가 또는 대부계약은 상속인이나 포괄승계인에게 그대로 이전된다. 상속이나 포괄승계의 경우 피상속인·피승계인의 법적 지위를 그대로 승계하기 때문이다. 동일인이 같은 행정재산을 사용허가기간 내에서 1년을 초과하여 사용하는 경우 사용료의 조정이 가능함을 명시하고 있는 「국유재산법」 제33조제1항에서 '상속인이나 그 밖의 포괄승계인은 피승계인과 동일인으로 본다'고 규정하고 있는 것도 같은 맥락이다. 따라서 이러한 경우에는 적법한 사용·점유권한이 인정되므로 변상금 부과 대상이 되지 않는다.

하지만 적법하게 사용허가 또는 대부계약을 받은 자로부터 매매 등을 통해 그 대상이 되는 재산을 양수한 자에게는 기존의 적법한 사용허가 또는 대부계약의 효력이 승계되지 않는다. 따라서 이러한 경우에는 별도의 사용허가를 받거나 대부계

아니한다(대법원 1993. 9. 10. 선고 93누13865 판결).

16) 1994. 1. 「국유재산법」 개정 당시에는 변상금에 대하여 규정하고 있던 제51조에 이러한 내용이 포함되었다가, 2009. 1. 「국유재산법」 전부개정을 통해 변상금의 정의 조항인 현재의 제2조제9호로 이동하였다.

17) 현재의 제2조제9호 내용에 해당

약을 체결해야 하며, 관리청의 승인 없이 점유를 양수할 경우에는 무단점유에 해당하여 변상금 부과 대상이 된다.

〈판례〉 대법원 2000. 3. 10. 선고 98두7831 판결
적법한 대부사용자로부터 국유 행정재산인 철도용지의 점유를 양수한 자는 그 토지의 사용허가를 받은 자가 아니라 관리청의 승인 없이 그 사용수익권자로부터 그 점유를 양수하였음에 불과한 이른바 무단점유사용자이므로 그 점유사용은 구 국유재산법(1994. 1. 5. 법률 제4698호로 개정되기 전의 것) 제51조 제1항[18)]의 변상금 부과대상이 된다.
원심이 소외 1이나 원고가 이 사건 토지의 사용허가를 받은 자가 아니라 관리청의 승인 없이 그 사용수익권자로부터 그 점유를 양수하였음에 불과한 이른바 무단점유사용자라고 인정하여[19)] … 국유재산법 제51조 제1항의 변상금 부과대상이라고 본 조치는 정당하고 거기에 국유재산법 제51조 제1항의 변상금 부과 대상에 관한 법리오해, 채증법칙 위배, 심리미진 등의 위법이 없다.

한편 기부를 받은 재산에 대하여 사용허가 또는 대부를 받은 자가 그 재산의 기부자이거나 그 상속인, 그 밖의 포괄승계인인 경우 등에는 중앙관서의 장의 승인을 얻어 전대가 가능한바(국유재산법 제30조제2항, 제47조제1항), 만약 중앙관서의 장이 전대를 승인하였다면 이는 적법하게 사용·점유자가 바뀐 것이므로 변상금 부과대상이 되지 않는다.

2. 국유재산의 사용 · 수익 또는 점유

변상금을 부과하려면 적법한 권원이 없는 자가 국유재산을 사용 · 수익 또는 점유 하여야 한다. 국유재산의 사용 · 수익 또는 점유 형태와 관련하여 주로 문제되는 경우는 다음과 같다.

---

18) 현재의 제72조제1항에 해당

19) 국유 행정재산인 철도용지에 대한 사용허가를 받아 그 위에 건물을 소유하고 있던 A가 해당 건물을 B에게 매도하였고, B가 관리청의 승인 없이 해당 건물을 인도받아 철도용지를 점유·사용하게 되었던 사안이다.

가. 사용 · 수익 또는 점유의 독점성 · 배타성 여부

국유재산의 사용·수익 또는 점유는 독점적·배타적으로 이루어지는 것이 보통이나 그렇지 않은 경우도 있는바, 점유 부분이 동시에 일반 공중의 이용에 제공되는 경우 등이 그것이다. 이렇게 국유재산의 사용·점유가 독점적·배타적으로 이루어지지 않는 경우에도 「국유재산법」에 따른 변상금 부과가 가능한지가 문제된다.

전술한 바와 같이 국유재산의 사용허가는 해당 행정재산을 독점적·배타적으로 사용하는 경우는 물론 일시적·단속적으로 사용하는 경우에도 가능하다. 따라서 국유재산 무단점유에 따른 변상금 부과에 있어서도 독점적·배타적 사용의 경우에만 한정할 필요는 없다고 판단되며, 판례 또한 같은 입장이다.

〈판례〉 대법원 2019. 9. 9. 선고 2018두48298 판결[20)]

공유재산 및 물품관리법 제1조, 제6조 제1항, 제20조, 제22조, 제81조 제1항 본문의 내용과 변상금 제도의 입법 취지에 비추어 보면, 사용 · 수익허가 없이 행정재산을 유형적 · 고정적으로 특정한 목적을 위하여 사용 · 수익하거나 점유하는 경우 공유재산 및 물품관리법 제81조 제1항에서 정한 변상금 부과대상인 '무단점유'에 해당하고, 반드시 그 사용이 독점적 · 배타적일 필요는 없으며, 점유 부분이 동시에 일반 공중의 이용에 제공되고 있다고 하여 점유가 아니라고 할 수는 없다.

나. 사용 · 수익 과정에 불법행위가 개입된 경우

국유재산의 사용·수익 과정에서 불법행위가 개입될 수도 있는바, 예를 들어 국유재산에 대한 사용권원이 없는 A가 B를 기망하여 해당 국유재산을 B에게 임대하여 사용하게 하는 경우가 그러하다. 이 경우에는 불법행위자와 국유재산을 실제 사용·수익하는 점유자가 다르게 되므로, 둘 중 누구에게 무단점유에 따른 변상금을 부과해야 하는지가 문제될 수 있다.

위와 같은 경우 불법행위자와 국유재산 직접점유자 사이에 임대 관계가 존재한다고 하더라도 이를 국가에 대해 유효하다고 주장할 수는 없다. 따라서 국유재산

20) 공유재산에 대한 판례이기는 하나 그 법리는 국유재산에도 적용 가능하다. 참고로 동 사안은 원고가 피고(서울특별시장)의 허가 없이 서울광장에 시위용품과 텐트 등을 설치하고 사용·점유한 건으로, 원고가 특정공간을 지속적으로 물리적으로 차지하여 사용하였기는 하나, 서울광장 이용자들이 원고의 시위용품이나 텐트 주변을 우회하여 통행할 수 있었고 다른 행사 등에 방해가 되는 경우에는 원고가 시위용품 등을 옮겨 주기도 한 사안이었다.

의 직접점유자에게 변상금 전액을 부과할 수 있다고 할 것이다.

〈판례〉 대법원 1994. 10. 25. 선고 94누4318 판결[21]
공유재산을 직접 점용하고 있는 자가 대부 또는 사용수익허가를 받지 아니하여 공유재산을 점용할 아무런 권한이 없는 제3자로부터 이를 임차하여 점용하였다 하더라도 이는 직접점유자와 제3자 사이에 효력이 있을 뿐이고, 공유재산의 관리청에 대하여는 아무런 효력이 없는 것이므로, 관리청으로서는 지방재정법 제87조 제1항[22]에 의하여 직접점유자에게 변상금 전액을 부과할 수 있다 할 것이다.

같은 맥락에서 국유재산을 대부한 자가 일부 또는 전부를 전대한 후 대부계약이 해지된 경우에는 해지일 이후부터 직접점유자인 전차인을 상대로 변상금을 부과해야 한다.[23]

Ⅳ. 변상금 부과 · 징수 대상

변상금은 앞서 살펴본 부과 요건을 충족하는 국유재산의 무단점유자에게 징수한다. 다만 다음의 어느 하나에 해당하는 경우에는 무단점유자에 해당하더라도 변상금을 징수하지 아니한다(국유재산법 제72조제1항).

1. 등기사항증명서나 그 밖의 공부(公簿)상의 명의인을 정당한 소유자로 믿고 적절한 대가를 지급하고 권리를 취득한 자[24]의 재산이 취득 후에 국유재산으로 밝혀져 국가에 귀속된 경우(국유재산법 제72조제1항제1호)

공부상의 명의인을 정당한 소유자로 믿고 적절한 대가 지급을 통해 권리를 취득한 자는 공부를 신뢰하여 법률행위를 했을 뿐 별도의 귀책이 있다고 보기 어려우

21) 공유재산에 대한 판례이기는 하나 그 법리는 국유재산에도 적용 가능하다. 참고로 동 판례의 원심에서는 월 임료 등의 직접적인 이익이 불법행위자에게 귀속되었다고 보아 불법행위자에게 변상금을 부과해야 한다고 판단하였으나, 대법원은 직접점유자에게 부과해야 한다고 보아 원심을 파기 환송하였다.
22) 당시에는 공유재산에 대한 변상금 규정을 지방재정법에 두고 있었는바, 이는 현재의 「공유재산 및 물품관리법」 제81조제1항에 해당한다.
23) 공유재산 업무편람, 행정안전부 회계제도과, 2018, p. 217.
24) 취득자의 상속인이나 승계인을 포함한다.

므로, 이후 해당 재산이 국유재산으로 밝혀져 국가에 귀속되더라도 변상금을 부과하지 아니한다. 다만 이는 적절한 대가를 지급하고 그 권리를 선의로 취득하였다가 후에 국유재산임이 밝혀진 경우를 말하는 것이고, 등기 또는 등록상의 권리를 취득함이 없이 단순히 국유재산을 국유재산 아닌 것으로 오인하고 점유를 개시한 경우는 해당하지 아니한다.

〈판례〉 대법원 2002. 4. 26. 선고 2002두1465 판결
지방재정법 제87조 제1항 제1호[25] 소정의 변상금 징수 예외사유는 등기부 또는 지적공부상에 지방자치단체 외의 자의 명의로 등기 또는 등록되어 있는 은닉된 공유재산으로서 지방자치단체에 속하여야 하는 재산에 관하여 그 등기 또는 등록 명의인을 정당한 소유자로 믿고 상당한 대가를 지급하고 그 권리를 선의로 취득하였다가 후에 공유재산임이 밝혀진 경우를 말하는 것이고, 등기 또는 등록상의 권리를 취득함이 없이 단순히 공유재산을 공유재산 아닌 것으로 오인하고 점유를 개시한 경우는 여기에 해당하지 아니한다.

2. 국가나 지방자치단체가 재해대책 등 불가피한 사유로 일정 기간 국유재산을 점유하게 하거나 사용 · 수익하게 한 경우(국유재산법 제72조 제1항제2호)

재해대책 등으로 인해 국가나 지방자치단체가 국유재산의 점유 · 사용 · 수익을 허락한 경우에는 변상금을 부과하지 않는다. 다만 이 경우는 국가나 지방자치단체로부터 직접 점유 또는 사용 · 수익을 인정받은 자에 한하며, 그 승계인에게는 적용되지 아니한다.

〈판례〉 대법원 1999. 12. 21. 선고 97누8021 판결
지방자치단체가 국유지를 무상대부받아 이재민이 자립할 때까지 그 곳에 무허가 건물을 지어 무상으로 거주하도록 하였고, 그 후 국유지 중 일부가 지방자치단체의 소유로 된 경

25) 「공유재산 및 물품관리법」 제정 이전 舊 지방재정법에 대한 판례이나, 현재의 국유재산에도 적용 가능하다고 할 것이다. 참고로 당시의 지방재정법 제87조제1항제1호는 '등기부 기타 공부상의 명의인을 정당한 소유자로 믿고 상당한 대가를 지급하고 권리를 취득한 자(취득자의 상속인 또는 승계인을 포함한다)의 재산이 취득후에 공유재산으로 판명되어 지방자치단체에 귀속된 경우'로서, 현재의 「국유재산법」 제72조제1항제1호와 그 내용이 거의 동일하다.

우, 지방자치단체가 이재민 등을 국유지에 이주정착시킨 것은 국유지를 무상으로 분배(증여)하거나 영구적으로 무상으로 사용하도록 하여 준 것이 아니라 이재민 등이 자립할 때까지 일정기간 무상으로 사용할 수 있도록 하여 준 것에 불과하고 그 후에도 이재민 등이 자립할 때까지 그들의 무허가 건물의 철거나 그 부지에 대한 인도집행을 유보하여 온 것이며, 이재민 등으로부터 그 무허가 건물 및 부지에 관한 권리를 양수한 사람들도 그러한 사정을 잘 알면서 이를 점유하여 온 것이어서 그 무허가 건물 및 부지에 관한 양도·양수는 소유자인 국가나 지방자치단체에 대한 관계에서 대항력을 가질 수 없으므로, 최초 이재민 등으로부터 무허가 건물 및 그 부지를 양수 또는 전전 양수한 사람들의 그 부지에 대한 점유는 국가 또는 지방자치단체가 재해대책 등 불가피한 사유로 국유재산 또는 공유재산을 일정한 기간 점유하게 하거나 사용·수익하게 한 것이 아니어서 … 법률상 권원이 없는 무단점유이므로, 그 관리청인 지방자치단체가 구 국유재산법 제51조 제1항[26] 및 구 지방재정법 제87조 제1항의 규정에 의하여 부과한 변상금부과처분은 적법하다.

3. 변상금 징수 예외에 관한 입법론

「국유재산법」 제72조제1항에서 규정하고 있는 변상금 징수의 예외 사유 두 가지는 그 점유자에게 무단점유의 책임을 묻기 어렵거나 재해 구호라는 공익적 목적을 위해 일정 기간 국유재산의 사용·점유가 불가피한 경우에 해당한다. 따라서 무단점유라는 위법적 상황에도 불구하고 특별히 변상금을 징수하지 않도록 정한 것이다.

기본적으로 위와 같은 경우에 변상금을 징수하지 않는 것에는 동의하나, 입법론 측면에서 추가로 검토해 볼 여지가 있다고 본다. 현재의 조문 구조로는 상기의 경우에도 일단 무단점유에는 해당하므로 그 위법성은 인정되기 때문이다. 즉 현행법은 「국유재산법」 제72조제1항제1호 및 제2호의 경우에도 무단점유에 해당하여 위법하지만, 특별히 예외적으로 변상금을 부과하지 않는 구조인 것이다.

이와 같이 일단 무단점유 자체를 인정하게 되면 몇 가지 법률적 쟁점이 제기될 수 있다. 예를 들어 '국가나 지방자치단체가 재해대책 등 불가피한 사유로 일정 기간 국유재산을 점유하게 하거나 사용·수익하게 한 경우' 사용료 또는 대부료의 100분의 120에 상당하는 변상금을 징수하지 않더라도, 사용료 또는 대부료 상당액을

26) 현재의 제72조제1항에 해당

민사상의 부당이득반환으로 청구하는 것이 가능한지 여부가 그렇다. 판례에 따르면 국가는 무단점유자를 상대로 변상금 부과·징수권의 행사와 별도로 민사상 부당이득반환청구의 소를 제기할 수 있기 때문이다.[27]

물론 스스로 일정 기간 국유재산을 점유 또는 사용·수익하게 한 국가가 그 점유자에 대해 부당이득반환청구를 제기한다는 것은 실현 가능성이 낮고, 설사 청구를 하더라도 금반언(禁反言)의 원칙[28]이나 권리남용에 해당하여 인용되지 않을 가능성이 높을 것이다. 하지만 이렇듯 불필요한 법률적 쟁점이 내재하도록 조문을 구성할 필요는 없으므로 법 개정을 검토할 여지는 충분하다고 본다. 구체적으로 현재 변상금 징수의 예외 사유를 규정하고 있는 「국유재산법」 제72조제1항제1호 및 제2호의 내용을 사용료 감면 조항인 「국유재산법」 제34조로 이동하는 방식 등이 가능할 수 있으며, 이렇게 되면 애초부터 무단점유에 해당하지 않게 되어 불필요한 법적 논란을 피할 수 있을 것이다.

〈참고 6-1〉「민법」 등 법령 및 판례에 의해 변상금 징수가 제한되는 경우

앞서 「국유재산법」 제72조제1항에 따라 변상금을 징수하지 않는 두 가지 경우를 살펴보았는데, 그 밖에 「민법」 등 법령 및 판례에 의해 변상금 징수가 제한되는 경우도 있다. 바로 점유자가 적법한 권원을 보유하였을 때가 그러한바, 사용허가나 대부계약이 없음에도 점유자에게 해당 국유재산을 사용·점유할 수 있는 법적 권리가 있는 경우이다. 주요한 몇 가지 사례를 살펴보면 다음과 같다.

가. 점유취득시효의 완성

20년간 소유의 의사로 평온, 공연하게 부동산을 점유하는 자는 등기함으로써 그 소유권을 취득하고(민법 제245조제1항), 이 경우 소유권취득의 효력은 점유를 개시한 때에 소급한다(민법 제247조제1항).

따라서 만약 20년간 소유의 의사로 평온, 공연하게 국유재산을 점유한 자가 있다면 그는 곧 국가를 상대로 소유권이전등기청구가 가능하고, 등기를 통해 소유권을 취득한다면 그 효력은 점유를 개시한 때로 소급하므로, 이러한 점유자를 상대로 무단점유에 따른 변상금을 징수할 수 없다.

27) 대법원 2014. 7. 16. 선고 2011다76402 전원합의체 판결
28) 권리자의 권리행사가 그의 종전의 행동과 모순되는 경우에 그러한 권리행사는 허용되지 않는다는 민사법의 원칙

한 가지 주의할 점은 점유취득시효는 국유재산 중 일반재산에만 적용된다는 것이다. 즉 행정재산은 「민법」 제245조에도 불구하고 시효취득의 대상이 되지 않으므로(국유재산법 제7조제2항), 행정재산을 20년간 소유의 의사로 평온, 공연하게 점유한 경우에는 변상금 부과의 대상이 된다.

나. 관습법상 법정지상권의 존재

관습상의 법정지상권은 동일인의 소유이던 토지와 그 지상건물이 매매 기타 원인[29]으로 인하여 각각 소유자를 달리하게 되었으나 그 건물을 철거한다는 등의 특약이 없는 경우, 건물 소유자로 하여금 토지를 계속 사용하게 하려는 것이 당사자의 의사라고 보아 인정되는 권리이다. 따라서 국유지 상의 건물에 관습법상의 법정지상권이 인정된다면 국유지의 사용은 적법하므로 변상금을 징수할 수 없다.

다만 관습법상의 법정지상권이 인정되더라도 적절한 지료는 지급해야 하므로 국가는 국유지 상의 건물 소유자에게 지료를 청구할 수 있고, 이 경우에는 「민법」 제366조[30]가 준용되어 토지 소유자인 국가는 법원에서 상당한 지료를 결정할 것을 전제로 하여 바로 그 급부를 청구할 수 있다.[31]

다. 공유지분권의 존재

국가와 사인이 하나의 토지를 공유하는 경우에 있어, 그 공유자가 자신의 지분비율을 초과하여 해당 토지를 사용·점유하더라도 그에 대하여 변상금을 징수할 수는 없다. 공유자는 공유물 전부를 지분의 비율로 사용·수익할 수 있으므로(민법 제263조), 설사 그가 자신의 지분비율을 넘어서는 부분을 사용·수익하더라도 그것은 공유지분권에 의한 섬유사용으로서 직법하기 때문이다.

다만 변상금 징수권과 민사상 부당이득반환청구권은 별개의 권리이므로, 이러한 경우 국가는 공유자가 사용·수익하는 면적 중 국가의 지분에 해당하는 부분에 대하여 민사상의 부당이득반환을 청구할 수 있다.[32]

---

29) 증여, 교환, 국세징수법에 의한 공매, 강제경매 등

30) 「민법」 제366조(법정지상권) 저당물의 경매로 인하여 토지와 그 지상건물이 다른 소유자에 속한 경우에는 토지소유자는 건물소유자에 대하여 지상권을 설정한 것으로 본다. 그러나 지료는 당사자의 청구에 의하여 법원이 이를 정한다.

31) 국유재산에 관하여 관습에 의한 법정지상권이 성립된 경우 그 지료에 관하여는 당사자의 청구에 의하여 법원이 이를 정한다고 규정한 민법 제366조를 준용하여야 할 것이고, 이 때 토지소유자는 법원에서 상당한 지료를 결정할 것을 전제로 하여 바로 그 급부를 청구할 수 있다(대법원 1996. 2. 13. 선고 95누11023 판결).

32) 민법 제263조 후단의 규정에 의하면, 공유자는 공유물 전부를 지분의 비율로 사용·수익할

라. 사용허가 · 대부계약의 간주

명시적으로 사용허가를 주거나 대부계약을 체결하지 않았음에도 판례 등에 의해 사용허가 또는 대부계약으로 간주되는 경우가 있는바, 주로 행정청이 개발행위 등을 허가하는 과정에서 이러한 사례가 많다.

그 예로, 행정청이 도시환경정비사업 시행자에게 '무상양도되지 않는 구역 내 국유지를 착공신고 전까지 매입'하도록 한 부관을 붙여 사업시행인가를 하였으나 시행자가 국유지를 매수하지 않고 점용한 사안에서, 그 부관은 국유지에 관해 사업시행인가의 효력을 저지하는 조건이 아니라 작위의무를 부과하는 부담이므로 사업시행인가를 받은 때에 국유지에 대해 사용 · 수익 허가를 받은 것이어서 변상금 부과처분은 위법하며,[33] 공유수면매립면허의 목적이 그 면허를 받은 자가 세우려는 건물의 부지조성에 있고, 그 면허조건에 건물의 부지로서 매립권자가 시공한 잔교식 구축물 자체는 국유로 하되 그 유지보수관리는 매립권자가 하기로 되어 있었다면, 그 잔교식 구축물에 대해서는 애초부터 매립권자 측의 무상사용이 허용된 것이어서 변상금을 부과할 수 없다.[34]

Ⅴ. 변상금의 산정

변상금은 무단점유한 재산에 대하여 「국유재산법 시행령」 제29조제1항부터 제3항까지의 규정에 따라 산출한 연간 사용료 또는 연간 대부료의 100분의 120에 상당하는 금액으로 한다(국유재산법 제72조제1항 본문, 국유재산법 시행령 제71조제1항 전단). 변상금은 국유재산의 무단점유자에 대한 일종의 징벌적 제재이므로, 그 사용

수 있다고 규정하고 있으므로, 국가와 사인이 공유하고 있는 토지를 공유자 1인인 사인이 공유토지의 사용 · 수익방법에 관하여 다른 공유자인 국가와 사이에 협의를 거치지 아니한 채 공유토지 중 자신의 지분비율을 넘어서는 부분을 사용 · 수익하고 있다고 하더라도 이는 공유지분권에 기한 점유사용이라고 봄이 상당하므로, 공유자 1인인 사인이 그 공유토지를 전혀 사용 · 수익하지 아니하고 있는 다른 공유자인 국가에 대하여 자신이 사용 · 수익하는 면적 중 국가의 지분에 해당하는 부분에 대하여 민법상의 부당이득을 반환하는 것은 별론으로 하고, 국유재산법 제51조 제1항의 규정(현재의 제72조제1항에 해당)에 의한 변상금 부과대상이 되는 무단 점유 내지 사용 · 수익이라고 볼 수는 없고, 따라서 국가가 공유자 1인인 사인에 대하여 그가 사용 · 수익하는 면적 중 국가의 지분비율에 해당하는 부분에 대하여 국유재산법 제51조 제1항의 규정에 의하여 변상금부과처분을 할 수는 없다(대법원 2000. 3. 24. 선고 98두7732 판결).

33) 대법원 2008. 11. 27. 선고 2007두24289 판결

34) 대법원 1989. 11. 28. 선고 88누7828 판결

료 또는 대부료에 해당하는 부당이득에 더해 20% 상당의 추가 금액을 징수하는 것이다.

변상금을 징수하는 경우에는 「국유재산법」 제33조 및 제47조에 따른 사용료·대부료의 조정을 하지 아니하고(국유재산법 제72조제3항), 무단점유한 기간이 1회계연도를 초과할 때에는 각 회계연도별로 산출한 변상금을 합산한 금액으로 한다(국유재산법 시행령 제71조제1항 후단).

한편 변상금 산정을 위해서는 먼저 무단점유된 국유재산의 가액을 평가해야 하는바, 특히 토지의 경우에는 공부상의 지목뿐만 아니라 용도지역, 사용수익기간의 현실적 이용상황 등도 함께 참작하여야 한다.[35] 2008년 이전의 「국유재산법 시행령」하에서는 기본적으로 국유재산 가액의 평가는 점유자가 점유를 개시할 당시의 상태를 기준으로 하여야 한다고 보았으나,[36] 2009년 「국유재산법 시행령」 전부개정·시행 이후에는 새로이 대부계약을 체결하거나 갱신할 당시의 현실적 이용상태를 기준으로 해당 재산가액을 산출하는 것으로 판례 입장이 변경되었다.

〈판례〉 대법원 2013. 1. 17. 선고 2011다83431 전원합의체 판결
국유 일반재산인 토지를 대부받은 점유자가 점유 개시 후에 자기의 비용과 노력으로 가치를 증가시켰다고 하더라도 2009년 개정 국유재산법 시행령의 시행일인 2009. 7. 31.부터는 점유자가 점유를 개시할 당시의 현실적 이용상태를 상정하여 이를 기준으로 해당 재산가액을 평가할 것이 아니라, 새로이 대부계약을 체결하거나 갱신할 당시의 현실적 이용상태를 기준으로 해당 재산가액을 산출하여야 한다. 그리고 이는 당초 국유재산의 점용 또는 사용·수익허가를 받아 점유를 개시한 후에 대부계약이 새로이 체결된 경우에도 마찬가지이다.

「국유재산법 시행령」 제29조제1항에서는 국유재산의 연간 사용료를 원칙적으로 해당 재산가액에 1천분의 50 이상의 요율을 곱한 금액으로 하되 경작용, 주거용

35) 대법원 1994. 3. 22. 선고 92누10234 판결
36) 국유재산의 무단점용에 대하여 부과하는 변상금 및 그 기준이 되는 대부료의 산정을 위한 국유재산 가액의 평가는 달리 특별한 사정이 없는 한 점유자가 점유를 개시할 당시의 상태를 기준으로 하여야 하고 점유개시 이후에 점유자가 원래의 토지용도와 다른 용도로 형질변경한 경우라 하더라도 변경된 상태를 기준으로 하여서는 아니 된다(대법원 2000. 1. 28. 선고 97누4098 판결).

등 그 사용 형태에 따라 보다 낮은 요율을 적용할 수 있도록 하고 있고, 이는 대부계약에도 동일하게 적용된다. 그런데 변상금 징수 대상인 국유재산이 서로 다른 복수의 사용 형태를 띄고 있을 수 있는바, 이러한 경우에는 각각의 용도에 따른 요율을 별도로 적용하여 변상금을 산정한다.

〈해석례〉 법제처 11-0503, 국유재산의 무단점유자에 대한 변상금 징수시 해당 국유재산 사용용도가 주거용과 비주거용으로 구분되는 경우 대부료 계산법, 2011. 9. 29.

「국유재산법」은 국유재산의 적정한 보호와 효율적인 관리 · 처분을 목적으로 하고 있는 점(제1조), 누구든지 이 법 또는 다른 법률에서 정하는 절차와 방법에 따르지 아니하고는 국유재산을 사용하거나 수익하지 못한다(제7조)고 하여 국유재산을 보호하고 있는 점과 국유재산에 대하여 대부계약을 체결하는 경우 원칙적으로 대부료율을 1천분의 50 이상으로 하고 있으나 예외적으로 주거용으로 대부계약을 체결하는 경우에는 대부료율을 1천분의 20 이상으로 인하하여 영세민의 부담을 덜어주도록 한 같은 법 시행령 제29조의 입법취지를 고려할 때, 국유재산이 주거용과 비주거용으로 그 사용용도가 구분되는 경우에는 주거용과 비주거용으로 나누어 대부료율을 달리 적용하는 것이 「국유재산법」의 입법목적과 주거용에 대해 대부료율을 인하한 취지에 부합하는 것으로 보이고, 그렇지 아니하고 주된 용도를 비주거용으로 결정하여 하나의 대부료율을 적용한다면 주거용으로 사용되는 부분에 대해서는 인하된 대부료율을 적용받을 수 없으므로 오히려 주거용에 대해 대부료율을 인하한 입법취지에 반한다 할 것입니다.

또한, 일반재산을 대부받으려는 자는 일반재산의 사용용도를 적은 대부신청서를 제출하여야 하고 중앙관서의 장 등이 일반재산을 대부하였을 때에는 대부재산의 사용목적 등을 포함한 대부계약서를 작성하여야 하는 점(「국유재산법 시행규칙」 제35조, 별지 제1호 및 별지 제7호)과 대부계약 체결시 해당 국유재산의 사용용도가 구분되는 경우에는 각각 대부료율을 달리 적용하여 계약을 체결하는 현황 등에 비추어 볼 때, 국유재산의 무단점유자에 대하여 「국유재산법」 제72조제1항 및 같은 법 시행령 제71조제1항에 따라 연간 대부료의 100분의 120에 상당하는 금액의 변상금을 징수함에 있어 대부계약 체결시와 달리 주된 용도를 정해 하나의 대부료율을 적용할 법적 근거는 없다 할 것입니다.

한편 국유재산의 사용허가나 대부는 일반경쟁을 통하는 것이 원칙인바(국유재산법 제31조제1항 본문, 제47조제1항), 이러한 일반경쟁입찰을 통해 사용허가 또는 대부를 받은 뒤 그 기간이 종료한 이후에도 별도의 계약 없이 이를 계속 사용·점유하는 경우가 있다. 전술하였듯이 이러한 경우에는 변상금을 징수해야 하는데, 변상금 산정을 위한 사용료 또는 대부료의 기준을 어떻게 정할지가 문제된다. 「국유재산법 시행령」 제29조 및 제51조에서 국유재산의 사용료율 및 대부료율을 정하고 있으나 이는 최저기준이므로, 실제 일반경쟁입찰을 통할 경우 대부분 「국유재산법 시행령」의 최저기준보다 높은 요율로 낙찰을 받게 되기 때문이다. 따라서 변상금의 액수를 결정하기 위한 사용료 또는 대부료의 산정에 있어 그 요율을 「국유재산법 시행령」의 최저기준으로 할지, 아니면 종전의 일반경쟁입찰에서 낙찰받았던 요율로 할지가 문제되는 것이다.

이에 대하여 기획재정부는 종전의 일반경쟁에서 낙찰받았던 요율을 적용해야 한다는 입장이며, 법제처 또한 공유재산에 대한 해석례에서 동일한 결론을 내린 바 있다.

〈해석례〉 기획재정부 국유재산과-1988, 2006. 5. 24.

국유재산법 제51조[37] 및 동법시행령 제56조[38]의 규정에 의한 변상금은 대부료에 해당하는 부당이득(100/100) 환수와 무단점유의 사전억제를 위한 징벌로서의 과태료(20/100) 징수를 위한 것이므로, 경쟁입찰에 의하여 대부를 받았으나 대부기간이 만료된 후 다시 대부를 받지 아니하고 국유재산을 계속 점유하거나 사용·수익한 경우, 당해 재산가액에 의한 대부료를 기준으로 변상금을 부과할 것이 아니라, 실제 낙찰받은 가격을 기준으로 하여 산정한 변상금을 부과하여야 할 것임

〈해석례〉 법제처 13-0265, 변상금의 산정기준, 2013. 11. 4.

공유재산법 시행령[39] 제81조에서는 변상금의 산정기준인 공유재산의 사용료를 같은 법 시행령 제14조에 따라 산정하도록 규정하고 있고, 같은 조 제3항에서는 입찰로 대부하는 경우 그 대부료 산정방법을 규정하고 있는 같은 법 시행령 제31조제3항을 준용하도록 규정하고 있는 점에 비추어 볼 때, 입찰에 따라 사용·수익허가된 공유재산을 그 기간이 끝난 후 다시 사용·수익허가를 받지 아니하고 무단점유하는 자에 대해서는 종전의 입찰에 따른 사용·수익허가기간 중에 납부한 사용료의 결정기준에 따라 변상금을 산정·부과하

37) 현재의 제72조에 해당
38) 현재의 제71조에 해당
39) 「공유재산 및 물품 관리법 시행령」을 의미한다.

여야 한다고 보는 것이 법 문언상 타당하다고 할 것이고, 이에 따라 그 변상금은 최고입찰가로 결정된 첫째 연도의 사용료에 입찰 당시와 무단점유 당시의 재산가격 비율을 반영한 사용료에 100분의 120을 곱하여 산정하여야 할 것입니다.
나아가, 행정재산에 대한 무단점유는 처음부터 권원없이 무단점유하는 경우와 허가기간이 끝난 후 다시 사용·수익허가를 받지 아니하고 무단점유하는 경우로 구분할 수 있는바, 허가기간이 끝난 후 다시 사용·수익허가를 받지 아니하고 무단점유하는 경우는 처음부터 권원없이 무단점유하는 경우와는 그 계기 및 형태가 다르다고 할 것이므로, 이 경우 변상금 산정의 기준이 되는 공유재산에 대한 사용료는 공유재산법 시행령 제14조제1항에 따라 재산 평정가격을 기준으로 할 것이 아니라 같은 법 시행령 제14조제3항 및 제31조제3항에 따라 종전에 허가기간 중에 실제 납부하던 경쟁입찰에 따른 사용료와 같은 수준으로 결정되어야 한다고 보는 것이 무단점유를 방지하려는 변상금제도의 입법취지에도 부합하는 합리적인 해석이라고 할 것입니다.

이에 대하여 살피건대, 일단 변상금 제도의 취지나 입법목적 등을 고려하면 위와 같은 해석이 타당하다고 본다. 변상금은 국유재산 무단점유라는 불법을 저지른 자에게 일종의 금전적인 제재를 가하는 것이고, 이를 위해 그 사용료 또는 대부료 상당액에 더해 20% 상당의 추가 금액을 징수하는 것이다. 그런데 만약 변상금 산정을 위한 사용료·대부료의 결정에 있어 「국유재산법 시행령」의 최저요율을 적용한다면, 설사 그것에 20%를 가중한다고 하더라도 본래 적법한 사용허가 또는 대부기간 중 부담하였던 사용료나 대부료에 미치지 못할 가능성이 있다. 이렇게 되면 결과적으로 변상금 제도의 취지에 부합하지 않음은 물론, 국유재산의 무단점유를 방지하려는 소기의 목적도 달성하기 어려울 것이다.

다만 이와 같은 당위성에도 불구하고 현행 법 조항의 문언해석 상으로는 반대의 견해도 충분히 가능하다. 경쟁입찰에 따른 사용료 및 대부료의 산출방법은 「국유재산법 시행령」 제29조제6항[40] 및 「공유재산 및 물품 관리법 시행령」 제31조제3항[41]에서 정하고 있고 두 조항의 내용은 사실상 동일한데, 변상금 산정을 위한 사

---

40) 「국유재산법 시행령」 제29조(사용료율과 사용료 산출방법) ⑥ 경쟁입찰로 사용허가를 하는 경우 첫해의 사용료는 최고입찰가로 결정하고, 2차 연도 이후 기간(사용허가를 갱신하지 아니한 사용허가기간 중으로 한정한다)의 사용료는 다음의 계산식에 따라 산출한다. (단서 생략) [(입찰로 결정된 첫해의 사용료) × (제2항에 따라 산출한 해당 연도의 재산가액) ÷ (입찰 당시의 재산가액)]

41) 「공유재산 및 물품 관리법 시행령」 제31조(대부료율과 대부재산의 평가) ③ 입찰로 대부하

용료·대부료의 결정에 있어 「공유재산 및 물품 관리법 시행령」 제81조에서는 동 시행령의 제31조 전체를 적용하는 반면,[42] 「국유재산법 시행령」 제71조에서는 동 시행령 제29조제1항부터 제3항까지에 따라 산출한다고 규정하여 제29조제6항을 명시적으로 제외하고 있기 때문이다[43]. 즉 국유재산 변상금을 규정하는 「국유재산법 시행령」 제71조에서는 경쟁입찰에 따른 사용료·대부료의 산출 시 최고입찰가로 결정한다는 내용을 명시적으로 배제하고 있는바, 이는 동 시행령 제29조제1항의 최저요율을 적용하여 사용료·대부료 및 변상금을 산정해야 한다는 입법자의 의도라고 볼 여지도 있는 것이다.

결국 현행 법 조항의 문언해석상으로는 후설(後說)이 결론으로 도출될 수도 있다. 특히 공유재산에 대한 상기 법제처의 해석례에서, 변상금 산정 시 「공유재산 및 물품 관리법 시행령」 제31조제3항의 적용 여부가 주요 판단 근거로 작용하였음을 생각하면 더욱 그렇다. 하지만 국유재산 변상금 제도의 취지, 형평의 원칙 등을 고려한다면 이는 적절치 않고 종전의 일반경쟁입찰에서 낙찰받았던 요율을 적용하는 것이 바람직한바, 관련 규정의 개정을 통해 이를 명확히 정리할 필요가 있다는 판단이다.[44]

Ⅵ. 변상금의 부과 · 징수 절차

중앙관서의 장등이 무단점유자에게 변상금을 고지할 때에는 변상금 사전통지

는 경우 첫째 연도의 대부료는 최고입찰가로 결정하고, 2차 연도 이후의 기간(대부계약을 갱신하지 아니한 대부계약기간 중으로 한정한다)의 대부료는 다음의 계산식에 따라 산정한다. (단서 생략)

[(입찰로 결정된 첫째 연도의 대부료) × (제2항에 따라 산출한 해당 연도의 재산가격) ÷ (제2항에 따라 산출한 입찰 당시의 재산가격)]

42) 「공유재산 및 물품 관리법 시행령」 제81조(변상금) ① 법 제81조에 따른 변상금은 그 재산 또는 물품을 무단으로 점유하거나 무단으로 사용·수익한 기간에 대하여 회계연도별로 제14조·제31조 및 제74조에 따라 산정한 사용료 또는 대부료(지식재산의 경우 제52조의4제1항에 따라 산출한 사용료등을 말한다) 합계액의 100분의 120에 해당하는 금액으로 한다. (단서 생략)

43) 「국유재산법 시행령」 제71조(변상금) ① 법 제72조에 따른 변상금은 제29조제1항부터 제3항까지의 규정에 따라 산출한 연간 사용료 또는 연간 대부료(지식재산의 경우 제67조의8제1항에 따라 산출한 사용료등을 말한다)의 100분의 120에 상당하는 금액으로 한다. (단서 생략)

44) 「국유재산법 시행령」 제71조제1항의 사용료·대부료 산출 시 적용 조항에 동 시행령 제29조제6항을 명시하는 방안 등이 가능할 것이다.

서를 미리 발송하여야 한다(국유재산법 시행규칙 제49조제1항). 변상금의 고지에 앞서 점유자에게 이를 알리고 사전에 이의를 제기할 기회를 주기 위함이다. 따라서 변상금 사전통지를 받은 점유자가 통지내용에 이의가 있을 경우에는 변상금 사전통지에 대한 의견서를 제출할 수 있다(국유재산법 시행규칙 제49조제2항).

이렇듯 사전통지서를 발송하는 행위는 변상금 액수의 정확한 확정을 위하여 변상금 납부의무자의 의견을 수렴하는 절차로서 독립적인 행정처분 절차는 아니며, 사전통지서 발송 및 무단점유자로부터 의견서를 받는 행위는 종국처분의 합법성·타당성을 담보하기 위하여 잠정적·예비적 결정에 대한 민원인의 의견을 조회하는 것에 해당한다.

〈해석례〉 법제처 07-0367, 「민원사무처리에 관한 법률」 제18조(거부처분에 대한 이의신청) 관련, 2007. 12. 7.

첫째, 행정기관이 「국유재산법 시행규칙」 제52조의2[45]에 따라 사전통지서를 발송하는 행위는 같은 법 제51조[46]에 따른 변상금 징수를 위한 절차의 진행 중에 변상금 액수의 정확한 확정을 위하여 행정객체인 변상금 납부의무자의 의견을 수렴하는 절차로서 독립적인 행정처분절차가 아니고, 둘째, 단위업무 진행 중 행정기관 내부에서 다른 행정기관과의 또는 민원인과의 상호 의견교환은 독립적인 업무단위로 인정되기 어려운데, 위와 같은 의견수렴은 종국적 행정처분인 변상금 부과처분을 위한 과정에서 종국처분의 합법성·타당성을 담보하기 위하여 잠정적·예비적 결정에 대한 민원인의 의견을 조회하는 것이며, 셋째, 「민원사무처리에 관한 법률」 제2조제2호의 민원사항은 행정기관의 어떠한 행위를 유도하기 위하여 민원인 측에서 그 발단이 되는 행위를 할 것이 전제되어 있는데, 「국유재산법 시행규칙」 제52조의2제2항의 이의신청서 제출은 반대로 행정기관의 사전통지가 민원인의 의견제시의 계기가 되는 것이므로, 이러한 의견서 제출행위는 「민원사무처리에 관한 법률」에서의 민원사항과는 그 성격이 다르다고 할 것입니다.

중앙관서의 장등이 변상금을 고지할 때에는 변상금 부과고지서를 발급해야 하고(국유재산법 시행규칙 제49조제3항 전단) 변상금의 금액, 납부기한, 납부장소와 변상금의 산출 근거를 명시하여 문서로 고지하여야 한다(국유재산법 시행령 제71조제5항,

45) 현재의 제49조에 해당
46) 현재의 제72조에 해당

제36조제3항). 변상금 고지 시 상기 사항들을 명시하도록 한 것은 강행규정이므로, 부과고지서에 산출 근거 등을 밝히지 않았다면 이는 위법하다. 변상금의 납부기한은 고지한 날부터 60일 이내로 한다(국유재산법 시행령 제71조제5항, 제36조제4항).

〈판례〉 대법원 2001. 12. 14. 선고 2000두86 판결
구 국유재산법시행령(2000. 7. 27. 대통령령 제16913호로 개정되기 전의 것) 제56조제4항[47]은 변상금부과 징수의 주체, 납부고지서에 명시하여야 할 사항, 납부기한 등의 절차적 규정에 관하여 가산금의 부과절차에 관한 위 시행령 제31조 제2항 내지 제4항[48]을 준용하고 있음이 분명한바, 국유재산 무단 점유자에 대하여 변상금을 부과함에 있어서 그 납부고지서에 일정한 사항을 명시하도록 요구한 위 시행령의 취지와 그 규정의 강행성 등에 비추어 볼 때, 처분청이 변상금 부과처분을 함에 있어서 그 납부고지서 또는 적어도 사전통지서에 그 산출근거를 밝히지 아니하였다면 위법한 것이고, 위 시행령 제26조, 제26조의2에 변상금 산정의 기초가 되는 사용료의 산정방법에 관한 규정이 마련되어 있다고 하여 산출근거를 명시할 필요가 없다거나, 부과통지서 등에 위 시행령 제56조를 명기함으로써 간접적으로 산출근거를 명시하였다고는 볼 수 없다.

한편 변상금 부과고지는 행정처분에 해당하므로 「행정절차법」에 따라 상대방에게 도달하여야 그 효력이 발생한다. 따라서 변상금 부과고지가 변상금 부과 대상자에게 도달되었음이 입증되지 않는다면 변상금 부과처분 및 그에 기인한 압류처분은 무효이다.

〈해석례〉 법제처 08-0214, 「공유재산 및 물품관리법」 제81조, 「지방세법」 제28조 및 「행정절차법」 제15조 관련, 2008. 9. 16.
변상금 부과처분의 효력에 대하여 살펴보면, 「행정절차법」 제14조제1항에 따르면 송달은 우편 · 교부 또는 정보통신망 이용 등의 방법에 의하되 송달받을 자의 주소 · 거소 · 영업소 · 사무소 또는 전자우편주소로 하도록 하고 있고, 「행정절차법」 제15조제1항에 따르면 송달은 다른 법령 등에 특별한 규정이 있는 경우를 제외하고는 송달받을 자에게 도달됨으로써 그 효력이 발생한다고 되어 있는바, 「우편법 시행규칙」 제25조제1항제1호 및 제4

47) 현재의 제71조제5항에 해당한다.
48) 당시의 제31조제3항 및 제4항은 각각 현재의 제36조제3항 및 제4항과 같다.

호에 따른 등기우편이나 내용증명우편과는 달리, 보통우편의 방법으로 처분서가 발송되었다는 사실만으로는 그 처분서가 도달하였다고 추정할 수는 없고 송달의 효력을 주장하는 측에서 증거에 의하여 도달사실을 입증하여야 할 것이나, 이 사안의 경우 지방자치단체의 장이 변상금 부과 사전통지서 및 부과처분서를 보통우편으로 발송하였는데 해당 납부의무자가 처분서를 받지 못하였다고 주장하고 지방자치단체의 장도 해당 도달사실을 입증하지 못한다면 적법한 송달의 효력이 발생한 것으로 볼 수 없으므로 해당 변상금의 부과처분은 무효라 할 것입니다.
따라서 변상금 부과처분이 무효인 이상 그 부과처분이 있었던 것을 전제로 하여 체납처분 절차로서 납부의무자의 재산을 압류하였다면 해당 압류처분 역시 무효라고 할 것이므로 해당 지방자치단체의 장은 압류처분을 해제하여야 할 것입니다.

Ⅶ. 변상금의 징수유예 및 분할납부

변상금은 무단점유를 하게 된 경위(經緯), 무단점유지의 용도 및 해당 무단점유자의 경제적 사정 등을 고려하여 5년의 범위에서 징수를 미루거나 나누어 내게 할 수 있다(국유재산법 제72조제2항).

1. 변상금의 징수유예

중앙관서의 장등은 무단점유자가 다음의 어느 하나에 해당하는 경우에는 변상금의 최초 납부기한부터 1년의 범위에서 그 징수를 미룰 수 있다(국유재산법 시행령 제71조제2항).

〈표 6-1〉 변상금 징수유예가 가능한 경우(국유재산법 시행령 제71조제2항)

1. 재해나 도난으로 재산에 심한 손실을 입은 경우
2. 무단점유자 또는 그 동거 가족의 질병이나 중상해로 장기 치료가 필요한 경우
3. 「국민기초생활 보장법」 제2조제2호에 따른 수급자인 경우
4. 그 밖에 제1호 및 제2호에 준하는 사유로 인정되는 경우

2. 변상금의 분할납부

중앙관서의 장등은 변상금이 100만원을 초과하는 경우에는 변상금 잔액에 고시이자율[49]을 적용하여 산출한 이자를 붙이는 조건으로 3년 이내의 기간에 걸쳐 나누어 내게 할 수 있고, 이 경우 나누어 낼 변상금의 납부일자와 납부금액을 함께 통지하여야 한다(국유재산법 시행령 제71조제3항).

3. 변상금 징수유예 · 분할납부의 신청

변상금을 미루어 내거나 나누어 내려는 자는 변상금의 납부기한 다음 날부터 기산해 1년이 되는 날까지 변상금 징수유예신청서 또는 분할납부신청서를 중앙관서의 장등에게 제출해야 한다(국유재산법 시행령 제71조제4항, 국유재산법 시행규칙 제49조제4항). 중앙관서의 장등은 점유자가 상기 신청서를 제출한 때에는 그 신청내용에 따라 징수유예 또는 분할납부에 관한 결정을 반영하여 변상금을 고지한다(국유재산법 시행규칙 제49조제3항 후단).

〈참고 6-2〉 변상금 부과 · 징수권과 민사상 부당이득반환청구권의 관계

앞서 살펴본 바와 같이 국유재산 변상금은 국유재산의 무단점유자에 대하여 징벌적 의미에서 부과하는 것으로서, 「국유재산법」 등에 그 요건 및 산정기준이 명시되어 있고 만약 무단점유자가 변상금을 납부하지 않을 경우에는 「국세징수법」 제10조와 같은 법의 체납처분에 관한 규정을 준용하여 징수할 수도 있는바, 변상금의 부과 · 징수는 행정청이 공권력을 가진 우월적 지위에서 행하는 행정처분에 해당한다. 그렇다면 국유재산 무단점유자에 대하여 이러한 행정처분 이외에 민사상의 부당이득반환청구가 가능한지가 문제될 수 있다.

이에 대해서는 과거부터 긍정설과 부정설이 대립하였고, 판례는 대체로 긍정설의 입장[50]을 보여 오다가 2014년 전원합의체 판결[51]을 통해 이를 명확히 하였다.

---

49) 이 때의 '고시이자율'은 분기별 변동 이자율의 형태로 하되, 직전 분기 중 전국은행연합회에서 가장 마지막으로 공시하는 '신규취급액기준 COFIX'로 한다(국유재산 사용료 등의 분할 납부 등에 적용할 이자율(기획재정부 고시) 제1조).

50) 대법원 1992. 4. 14. 선고 91다42197 판결

51) 대법원 2014. 7. 16. 선고 2011다76402 전원합의체 판결

상기 전원합의체 판결에서 다수 의견은 ① 국유재산의 무단점유자에 대한 변상금 부과는 공권력을 가진 우월적 지위에서 행하는 행정처분이고 그 부과처분에 의한 변상금 징수권은 공법상의 권리인 반면, 민사상 부당이득반환청구권은 국유재산의 소유자로서 가지는 사법상의 채권이어서 그 법적 성질이 다르고, ② 변상금은 국유재산의 사용·수익으로 인한 이익의 환수를 넘어 국유재산의 효율적인 보존·관리라는 공익을 실현하기 위한 것으로, 부당이득 산정의 기초가 되는 대부료나 사용료의 120%에 상당하는 금액으로서 부당이득금과 액수가 다르며, ③ 대부 또는 사용·수익허가 없이 국유재산을 점유하거나 사용·수익하였지만 변상금 부과처분은 할 수 없는 때에도 민사상 부당이득반환청구권은 성립하는 경우가 있으므로 변상금 부과·징수의 요건과 민사상 부당이득반환청구권의 성립 요건이 일치하지 않는다는 이유를 들어, '국가[52]는 무단점유자를 상대로 변상금 부과·징수권의 행사와 별도로 국유재산의 소유자로서 민사상 부당이득반환청구의 소를 제기할 수 있다'고 판단하였다.

반면 5명의 대법관은 소수의견을 통해 ① 「국유재산법」상 변상금 부과·징수 규정과 같이 특별한 구제절차를 마련해 놓은 경우에는 별도의 민사소송을 불허하는 것이 일반적이고, ② 일반재산은 사법 관계가 적용되는 것이 원칙임에도 일반재산을 대부한 무단점유자에게까지 변상금 부과 및 강제징수가 가능하도록 하고 있으며, ③ 변상금 부과·징수권과 민사상 부당이득반환청구권은 모두 국유재산의 무단점유자로부터 법률상 원인 없는 이익을 환수하는 것을 본질로 하므로 양자를 전혀 별개의 권리로 볼 수 없다고 보았다. 또한 ④ 다수의견과 같이 변상금 부과·징수권과 민사상 부당이득반환청구권을 별개의 권리로 본다고 하더라도 반드시 그 권리 전부의 선택적인 행사를 허용하여야 할 필연성이 있는 것은 아닌바, 「국유재산법」의 입법 취지는 국유재산의 무단점유자에 대한 변상금 부과·징수권의 행사를 민사상 부당이득반환청구권의 행사에 우선시키려는 것으로 해석되고, ⑤ 두 권리의 선택적 행사를 허용한다면 변상금 부과처분에 순순히 응하여 변상금을 납부한 사람은 부당이득금보다 무거운 변상금을 부담하게 되고 변상금 부과처분에 응하지 아니한 사람은 그보다 가벼운 부당이득금에 대하여만 강제집행의 부담을 지게 되어 형평에 반하며 궁극적으로는 행정처분에 대한 국민의 신뢰를 상실시킬 수 있다는 이유를 들어, '무단점유자를 상대로는 변상금 부과·징수권의 행사만 가능할 뿐, 별도의 민사상 부당이득반환청구는 불가하다'고 보았다.

이에 대하여 살피건대, 법리 면이나 유사 사례와의 통일적 해석 측면에서는 소수

52) '일반재산의 관리·처분에 관한 사무를 위임·위탁받은 자'도 가능하다.

의견이 타당하다고 볼 여지가 크다. 예를 들어 과오급된 산업재해보상보험급여의 징수는 「산업재해보상보험법」에 따른 행정처분이므로 민사소송의 방법으로 민법상의 부당이득반환청구를 할 수 없고,[53] 국유재산에 설치된 불법 시설물은 「국유재산법」에 따른 행정대집행의 방법으로 철거할 수 있을 뿐 별도 민사소송의 방법으로 철거를 구할 수 없는바,[54] 두 사례 모두 법령에 근거한 행정처분이 가능할 경우 별도 민사상의 청구를 부정하고 있다. 또한 변상금 부과·징수권과 민사상 부당이득반환청구권은 각각 공법과 사법의 영역에 속하여 그 법적 성질이 다르나 그것이 발생하게 된 원인은 '국유재산의 무단점유'로서 공통되며, 일반적으로 변상금보다 부당이득액이 작다는 점에서[55] 두 권리의 선택적 청구를 허용함으로써 행정청이 민사상의 부당이득반환청구를 통해 무단점유를 해결하도록 유도하는 것 역시 바람직하다고 보기는 어렵다.

다만 이러한 여러 사정에도 불구하고 다수 의견이 변상금 부과·징수권과 민사상 부당이득반환청구권의 선택적 행사를 허용한 것은 개별 사안에 있어 구체적 타당성을 확보하기 위해 불가피한 측면이 있다고 본다. 실제 현실에서는 국유재산에 대한 무단점유가 발생하였음에도 변상금 부과·징수가 불가한 경우가 있기 때문이다. 앞서 살펴본 국가와 사인 간 토지 공유의 사례가 대표적으로, 국가와 사인이 하나의 토지를 공유하는 경우에 있어 그 공유자가 자신의 지분비율을 초과하여 해당 토지를 사용·점유하더라도 국가는 그에 대하여 변상금을 징수할 수 없다. 공유자가 자신의

53) 산업재해보상보험법에 의하여 공단이 과오급된 보험급여를 징수하는 것은 공단의 우월적 지위에서 행하는 것으로서 행정처분이라고 보아야 하고, 공단의 과오급된 보험급여에 대한 징수권은 공법상의 권리로서 사법상의 채권과는 그 성질을 달리하므로, 공단으로서는 과오급된 보험급여를 받은 자에 대하여 민사소송의 방법으로 민법상의 부당이득반환청구를 할 수 없다 할 것이고, 단지 보험급여를 받은 자가 공단의 부당이득 징수에 대하여 행정(항고)소송 절차에 의하여 다툴 수 있을 뿐…(대법원 2005. 5. 13. 선고 2004다8630 판결)

54) 이 사건 토지는 잡종재산(현재의 일반재산에 해당)인 국유재산으로서, 국유재산법 제52조(현재의 제74조에 해당)는 "정당한 사유 없이 국유재산을 점유하거나 이에 시설물을 설치한 때에는 행정대집행법을 준용하여 철거 기타 필요한 조치를 할 수 있다"고 규정하고 있으므로, 관리권자인 보령시장으로서는 행정대집행의 방법으로 이 사건 시설물을 철거할 수 있고, 이러한 행정대집행의 절차가 인정되는 경우에는 따로 민사소송의 방법으로 피고들에 대하여 이 사건 시설물의 철거를 구하는 것은 허용되지 않는다고 할 것이다(대법원 2009. 6. 11. 선고 2009다1122 판결).

55) 국가가 일반재산으로부터 통상 수익할 수 있는 이익은 그에 관하여 대부계약이 체결되는 경우의 대부료이므로 일반재산의 무단점유자가 반환하여야 할 부당이득은 특별한 사정이 없는 한 국유재산 관련 법령에서 정한 대부료 상당액인 반면, 변상금은 대부료의 100분의 120에 상당하는 금액이다.

지분비율을 넘어서는 부분을 사용·수익하더라도 그것은 공유지분권에 의한 점유사용으로서 적법하기 때문인바, 만약 소수 의견에 따른다면 이러한 경우 국가는 공유자에 대해 아무런 조치도 취할 수 없을 것이다.

또한 「국유재산법」에서는 변상금을 강제징수할 수 있도록 하고 있으나 실제 실무에서는 이러한 강제징수 절차상의 어려움으로 인해 오히려 민사상 부당이득반환청구를 선호할 수도 있다.[56] 그렇다면 변상금 부과·징수와 별도로 민사상의 부당이득반환청구를 허용함으로써 국유재산의 무단점유로 인한 이익을 신속히 환수하는 것이 국가정책상 바람직하다는 결론이 도출될 수 있으며, 다수 의견 또한 이러한 입장을 따른 것으로 이해된다.

한편 위와 같이 변상금 부과·징수권이 민사상 부당이득반환청구권과 법적 성질을 달리하는 별개의 권리인 이상 변상금 부과·징수권을 행사하였다 하더라도 이로써 민사상 부당이득반환청구권의 소멸시효가 중단된다고는 할 수 없다.[57]

다만 이러한 변상금 부과·징수권과 민사상 부당이득반환청구권은 동일한 금액 범위 내에서 경합하여 병존하게 되므로, 민사상 부당이득반환청구권이 만족을 얻어 소멸하면 그 범위 내에서 변상금 부과·징수권도 소멸하게 된다.[58]

Ⅷ. 변상금 납부의무의 상속

변상금 납부의무는 국가에 대한 채무의 일종이므로 일반적인 채무와 마찬가지로 상속의 대상이 된다. 따라서 변상금을 부과받은 피상속인이 그것을 납부하지 않은 채 사망하였다면 해당 변상금 납부의무는 상속인에게 승계된다.

변상금 납부의무의 상속과 관련해서는 재산에 관한 권리의무의 승계를 규정한 「민법」의 일반규정이 적용되는바, 이 때 상속되는 변상금의 범위가 문제된다. 국세

56) 본 전원합의체 판결의 소수 의견에서도 이러한 예를 들고 있는데, 일반재산의 관리·처분에 관한 사무를 위탁받은 자의 경우가 그러하다. 즉 현행법에 따르면 중앙관서의 장 또는 일반재산의 관리·처분에 관한 사무를 위임받은 자는 「국세징수법」의 체납처분에 관한 규정을 준용하여 직접 변상금의 징수가 가능한 반면, 일반재산의 관리·처분에 관한 사무를 위탁받은 자는 관할 세무서장 등에게 징수하게 하는 것만 가능하다(국유재산법 제73조제2항). 그런데 일반재산의 관리·처분에 관한 사무를 위탁받은 자가 관할 세무서장의 협조를 받는 것은 현실적으로 쉽지 않기 때문에, 민사상의 부당이득반환청구를 통해 이를 해결하려는 경향이 나타나는 것이다.

57) 대법원 2014. 9. 4. 선고 2013다3576 판결

58) 대법원 2014. 9. 4. 선고 2012두5688 판결

나 지방세 상속의 경우에는 「국세기본법」등 관련 세법에서 '상속으로 받은 재산'을 한도로 하여 피상속인에게 부과된 세금을 납부하도록 규정하고 있으나[59] 「민법」이나 「국유재산법」에는 이에 대한 별도의 규정이 없기 때문이다.

결국 이 경우에는 「민법」의 일반 법리가 적용되어야 할 것이므로 상속을 단순승인한 경우에는 상속인이 피상속인이 납부해야 할 변상금 전액을 납부해야 하지만, 한정승인을 한 경우에는 상속으로 인하여 얻은 재산을 한도로 납부하면 된다. 본래 「민법」상 한정승인은 상속으로 인하여 취득할 재산의 한도에서 피상속인의 채무와 유증을 변제할 것을 조건으로 상속을 승인하는 제도이므로, 이는 한정승인의 법리에 따른 당연한 것이다.[60]

〈해석례〉 법제처 06-0007, 「공유재산 및 물품 관리법」 제81조 및 「도로법」 제80조의 2(변상금) 관련,[61] 2006. 3. 10.

국세 및 지방세의 경우에는 「국세기본법」 제24조제1항 및 「지방세법」 제16조제1항[62]에서 상속으로 인하여 얻은 재산을 한도로 하여 상속인이 피상속인에게 부과된 국세와 지방세를 납부할 의무를 지도록 규정하고 있으나, 변상금은 사용허가 등을 받지 아니하고 공유재산 등을 점유한 자 등에게 부과되는 것으로서 원칙적으로 민사상의 부당이득 반환 내지 손해배상의 법리를 전제로 한 것이므로, 국세 및 지방세 납부의무의 상속으로 인한 승계규정을 그대로 적용할 수는 없고 채권채무관계의 상속으로 인한 승계문제로 보아 재산에 관한 권리의무의 승계를 규정한 「민법」의 관련규정에 의하여 상속의 범위를 정하여야 할 것입니다.

「민법」제1005조(상속과 포괄적 권리의무의 승계)에서 상속인은 상속이 개시된 때로부터 피상속인의 재산에 관한 포괄적 권리의무를 승계하나 피상속인의 일신에 전속한 것은 그러하지 아니하다고 규정하고 있고, 동법 제1025조(단순승인의 효과)의 규정에 의하면 상

---

59) 「국세기본법」 제24조(상속으로 인한 납세의무의 승계) ① 상속이 개시된 때에 그 상속인[「민법」 제1000조, 제1001조, 제1003조 및 제1004조에 따른 상속인을 말하고, 「상속세 및 증여세법」 제2조제5호에 따른 수유자(受遺者)를 포함한다. 이하 이 조에서 같다] 또는 「민법」 제1053조에 규정된 상속재산관리인은 피상속인에게 부과되거나 그 피상속인이 납부할 국세 및 강제징수비를 상속으로 받은 재산의 한도에서 납부할 의무를 진다.

60) 한정승인의 경우에는 상속재산에 대하여만 강제집행이 가능하다.

61) 「공유재산 및 물품관리법」상의 변상금에 대한 해석례이나 그 법리는 「국유재산법」에 따른 변상금에도 그대로 적용될 수 있다.

62) 2010. 3. 「지방세기본법」이 제정되면서 동 조항의 내용은 「지방세기본법」으로 이동하였는바, 현재는 「지방세기본법」 제42조제1항에서 규정하고 있다.

속인이 단순승인을 한 때에는 제한없이 피상속인의 권리의무를 승계하며, 동법 제1028조(한정승인의 효과)에 의하면 상속인은 상속으로 인하여 취득할 재산의 한도에서 피상속인의 채무와 유증을 변제할 것을 조건으로 상속을 승인할 수 있으므로, 상속인이 단순승인을 한 경우에는 피상속인에게 부과되거나 피상속인이 납부할 변상금이 상속으로 인하여 얻은 재산을 초과하더라도 이를 납부할 의무가 있으나, 한정승인을 한 경우에는 상속으로 인하여 얻은 재산을 한도로 이를 납부할 의무가 있습니다.

〈참고 6-3〉 사유지에 대한 국가의 무단점유

전술하였듯이 국유재산을 무단점유한 자에게는 국가가 변상금을 부과·징수하게 되는바 그 반대의 경우, 즉 국가가 사인의 토지를 무단으로 점유하는 경우도 있다. 물론 국가가 의도적으로 사유지를 무단점유하는 것은 흔치 않고, 대부분 측량 오류 등으로 인해 국유지와 인접한 사유지를 일부 침범하거나 토지 소유자의 거소불명 등으로 인해 정당한 점유 권원을 획득하지 못한 경우가 많다.

국가의 사유지 무단점유는 당연히 위법하므로 토지 소유자는 국가에 대하여 손해배상이나 무단점유하고 있는 건물·공작물의 철거를 청구할 수 있다.

국가에 대한 손해배상청구의 경우에는 「국가배상법」의 절차에 따라 ① 국가배상심의회[63]에 배상신청을 하거나, ② 법원에 국가배상청구를 하여야 한다. 참고로 과거에는 법원에 국가배상청구를 하기 위해 반드시 먼저 국가배상심의회에 배상신청 절차를 거쳐야 했으나, 2000년에 「국가배상법」이 개정되며 임의적 전치주의를 채택함에 따라 지금은 국가배상심의회에 배상신청을 하지 않고 바로 법원에 소를 제기하는 것도 가능하게 되었다.

다만 국가에 대한 손해배상청구는 결국 국가에 대하여 금전의 급부를 목적으로 하는 권리를 행사하는 것이므로 「국가재정법」 제96조[64]에 따라 5년의 소멸시효가 적용된다. 따라서 국가의 무단점유 기간이 5년을 초과하였더라도 가장 최근 5년의 기간에 한해서만 손해배상청구가 인용될 수 있음을 유의하여야 한다.

---

63) 배상심의회는 기본적으로 법무부에 본부심의회를 두고 주요 지역별로 지구심의회를 둔다. 다만 군인이나 군무원이 타인에게 입힌 손해에 대한 배상사건은 국방부에 설치된 특별심의회에서 담당하며, 특별심의회 역시 주요 부대에 지구심의회를 두고 있다.

64) 「국가재정법」 제96조(금전채권·채무의 소멸시효) ① 금전의 급부를 목적으로 하는 국가의 권리로서 시효에 관하여 다른 법률에 규정이 없는 것은 5년 동안 행사하지 아니하면 시효로 인하여 소멸한다.
② 국가에 대한 권리로서 금전의 급부를 목적으로 하는 것도 또한 제1항과 같다.

제2절 연체료

중앙관서의 장등은 국유재산의 사용료, 관리소홀에 따른 가산금, 대부료, 매각대금, 교환자금 및 변상금[65]이 납부기한까지 납부되지 아니한 경우 연체료를 징수할 수 있다(국유재산법 제73조제1항 전단).

Ⅰ. 연체료의 법적 성격

연체료는 금전의 급부를 목적으로 하는 국가의 권리가 정해진 기한 내에 이행·충족되지 않았을 때 발생하는 것이다. 따라서 연체료는 독립적으로 존재할 수 없고 그 발생원인에 해당하는 행위에 종속되므로, 연체료의 법적 성격 또한 그 원인행위를 따른다.

예를 들어 사용료나 변상금의 부과는 행정처분이므로 이에 대한 연체료 부과 역시 행정처분으로서 기속행위에 해당하는 반면, 사법상의 계약에 해당하는 대부료에 대한 연체료의 약정은 일종의 지연손해금의 약정에 해당하여 이행지체의 책임이 발생할 때 비로소 그 지급의무가 발생한다.

〈판례〉 대법원 2014. 4. 10. 선고 2012두16787 판결
변상금 연체료 부과처분은 국유재산의 적정한 보호와 효율적인 관리·처분을 목적으로 하는 행정행위로서 국유재산 관리의 엄정성이 확보될 필요가 있으며, 변상금 납부의무를 지체한 데 따른 제재적 성격을 띠고 있는 침익적 행정행위이고, 연체료는 변상금의 납부기한이 경과하면 당연히 발생하는 것이어서 부과 여부를 임의로 결정할 수는 없으며, … 연체료 산정기준이 되는 연체료율을 연체기간별로 특정하고 있어서 처분청에 연체료 산정에 대한 재량의 여지가 없다고 보이므로, 변상금 연체료 부과처분은 처분청의 재량을 허용하지 않는 기속행위이다.

65) 징수를 미루거나 나누어 내는 경우 이자는 제외한다.

〈판례〉 대법원 2000. 2. 11. 선고 99다61675 판결
이 사건 대부계약이 사법상의 계약이고, 이 사건 대부료 납부고지가 사법상의 이행청구라고 할 때, 위 대부계약에서 정하고 있는 연체료 약정은 일종의 지연배상에 대한 예정으로 볼 것이므로 그 연체료는 이행지체의 책임이 발생할 때 비로소 그 지급의무가 발생한다고 할 것이고, 원심이 인정한 바와 같이 이 사건 대부료의 납부기한이 피고(대한민국)의 행정기관이 발행하는 납부고지서에 의하여 정해지고 그 기한 내에 대부료를 납부하지 아니할 때에는 국세징수법 제21조, 제22조의 규정에 의하여 연체료를 납부하도록 정하고 있다면, 피고 산하 행정기관이 위 대부계약에서 정한 바에 따라 납부기한을 정하여 대부료의 납부고지, 즉 이행청구를 하고, 나아가 그 납부고지서에서 정한 납부기한이 경과함으로써 소정의 연체료 납부책임이 발생한다고 할 것이다.

Ⅱ. 연체료 부과 절차

연체료는 다음의 구분에 따른 비율로 계산하여 15일 이내의 기한을 정하여 연체료 부과고지서를 통해 납부를 고지하여야 한다.[66] 만약 고지한 기한까지 전단의 금액과 연체료를 내지 아니한 때에는 두 번 이내의 범위에서 다시 납부를 고지하되, 마지막 고지에 의한 납부기한은 전단에 따른 납부고지일부터 3개월 이내가 되도록 하여야 하며, 이후 1년에 한 번 이상 독촉을 하여야 한다(국유재산법 시행령 제72조제1항, 국유재산법 시행규칙 제49조의2).

〈표 6-2〉 연체료의 비율(국유재산법 시행령 제72조제1항)

1. 연체기간이 1개월 미만인 경우: 연 7퍼센트
2. 연체기간이 1개월 이상 3개월 미만인 경우: 연 8퍼센트
3. 연체기간이 3개월 이상 6개월 미만인 경우: 연 9퍼센트
4. 연체기간이 6개월 이상인 경우: 연 10퍼센트

다만 천재지변이나 「재난 및 안전관리 안전법」 제3조제1호의 재난, 경기침체, 대량실업 등으로 인한 경영상의 부담을 완화하기 위해 총괄청이 대상과 기간을 정

66) 이 때 고지한 납부기한까지 고지한 금액을 내는 경우에는 고지한 날부터 낸 날까지의 연체료는 징수하지 아니한다(국유재산법 시행령 제72조제2항).

하여 고시하는 경우에는 해당 기간의 사용료 및 대부료의 연체료를 고시로 정하는 바에 따라 감경할 수 있다(국유재산법 시행령 제72조제3항). 코로나19 발생 이후 국유재산을 사용허가·대부받은 자의 경영상 부담을 덜어주기 위해 2020. 7. 신설된 조항이다.

한편 연체료 부과 시 연체료 부과대상이 되는 연체기간은 납기일부터 60개월을 초과할 수 없는바(국유재산법 제73조제1항 후단), 이 때 연체료 부과권은 60개월이 될 때까지 날짜의 경과에 따라 발생하는 것이므로 소멸시효도 각 발생일로부터 순차로 5년[67]이 경과하여야 완성된다.

〈판례〉 대법원 2014. 4. 10. 선고 2012두16787 판결
변상금 납부의무자가 변상금을 기한 내에 납부하지 아니하는 때에는 국유재산의 관리청은 변상금 납부기한을 경과한 날부터 60월을 초과하지 않는 범위 내에서 연체료를 부과할 수 있고, 연체료 부과권은 변상금 납부기한을 경과한 날부터 60월이 될 때까지 날짜의 경과에 따라 그때그때 발생하는 것이므로, 소멸시효도 각 발생일부터 순차로 5년이 경과하여야 완성된다.

만약 행정청이 대부계약이나 관계 법령의 규정에 따른 것보다 과다하게 대부료를 청구하였고 이에 대부계약의 상대방이 대부료를 납부하지 않은 경우라고 하더라도, 정당한 대부료 부분에 한해서는 연체료가 발생한다. 다만 법령의 규정에 의하지 않은 대부료 산정은 정당하다고 볼 수 없는바, 납부고지된 대부료가 정당하게 산정되었을 경우의 금액보다 현저히 과다한 경우에는 그 자체가 적법한 이행청구라고 할 수 없어 연체료가 발생하지 않는다.

〈판례〉 대법원 2000. 2. 11. 선고 99다61675 판결
피고(대한민국)의 행정기관이 납부고지한 대부료의 금액이 대부계약이나 그 계약에서 정한 관계 법령의 규정에 따라 산정된 정당한 대부료의 금액보다 많게 납부고지되었다 하더라도 그와 같은 사유만으로 바로 납부고지가 이행청구로서 부적법하다고 할 수는 없어, 원고로서도 이를 이유로 납부고지된 대부료 중 정당한 금액 부분에 대하여는 납부를 거부

67) 이 법에 따라 금전의 급부를 목적으로 하는 국가의 권리는 5년간 행사하지 아니하면 시효의 완성으로 소멸한다(국유재산법 제73조의3제1항).

할 수 없다고 할 것이므로, 대부료를 납부하지 아니한 채 납부고지서에서 정한 기간이 경과한 이상 납부고지된 대부료 중 정당한 금액 범위 내에서는 지체책임을 면할 수 없고, 그 후 그 대부료의 금액이 정당한 금액으로 감액되었다 하더라도 정당한 금액에 대하여 이미 발생한 대부료 지체의 효력에는 아무런 영향이 없다고 보아야 할 것이다.
그러나 국유림의 대부관계에 있어서 대부료의 산정은 대부계약에서 정한 바에 따라 객관적으로 산정되어야 하는 것이고, 대부계약에서 산림법시행령 제62조 제1항에 의하여 대부료를 산정하도록 하고 있다면 위 규정에서 정한 방법에 의하지 아니한 대부료의 산정은 정당하다고 할 수 없으며, 특히 납부고지된 대부료가 위와 같이 대부계약이나 그 계약에서 정한 관계 법령에 의하지 아니한 채 산정됨으로써 정당하게 산정되었을 경우의 금액보다 현저히 과다한 경우에는 그 대부료 납부고지는 적법한 이행청구라고 할 수 없어 연체료의 납부책임의 발생요건인 이행청구에 해당한다고 볼 수 없다고 할 것이다.

제3절 사용료 · 대부료 · 변상금 등의 강제징수

Ⅰ. 사용료 등의 강제징수

중앙관서의 장등은 국유재산의 사용료, 관리소홀에 따른 가산금, 대부료, 변상금 및 「국유재산법」 제73조제1항에 따른 연체료가 납부기한까지 납부되지 아니한 경우에는 「국세징수법」 제10조[68]와 같은 법의 체납처분에 관한 규정을 준용하여 징수할 수 있다(국유재산법 제73조제2항). 이처럼 간이하고 경제적인 권리구제절차를 특별히 마련해 놓은 이유는, 국유재산에 대한 권리를 쉽게 행사·확보할 수 있도록 하여 국유재산의 효율적인 보존·관리라는 공익을 실현하기 위함이다.

상기 강제징수에 있어, 중앙관서의 장 및 「국유재산법」 제42조제1항에 따라 일반재산의 관리·처분에 관한 사무를 위임받은 자는 직접 또는 관할 세무서장이나

68) 「국세징수법」 제10조(독촉) ① 관할 세무서장은 납세자가 국세를 지정납부기한까지 완납하지 아니한 경우 지정납부기한이 지난 후 10일 이내에 체납된 국세에 대한 독촉장을 발급하여야 한다. 다만, 제9조에 따라 국세를 납부기한 전에 징수하거나 체납된 국세가 일정한 금액 미만인 경우 등 대통령령으로 정하는 경우에는 독촉장을 발급하지 아니할 수 있다.
② 관할 세무서장은 제1항 본문에 따라 독촉장을 발급하는 경우 독촉을 하는 날부터 20일 이내의 범위에서 기한을 정하여 발급한다.

지방자치단체의 장에게 위임하여 징수할 수 있고,[69] 「국유재산법」 제42조제1항에 따라 일반재산의 관리·처분에 관한 사무를 위탁받은 자는 관할 세무서장이나 지방자치단체의 장에게 징수하게 할 수 있다.

다만 국유재산의 사용료·대부료·변상금 등은 국유재산의 효율적인 보존·관리라는 공익을 위한 것이기는 하나, 국가재정 수요의 충당을 위해 반대급부 없이 강제 징수되는 조세와는 그 성격을 달리하며 그 공익성이 조세에 준할 정도로 높다고 보기는 어렵다. 따라서 국유재산의 사용료·대부료·변상금 등의 징수에 있어 민사상 압류의 특칙[70]인 「국세징수법」 제46조제2항[71]은 준용되지 않는다.

〈판례〉 대법원 2015. 8. 27. 선고 2015두41371 판결

구 국세징수법 제47조 제2항[72]의 취지는, 한번 압류등기를 하고 나면 동일한 사람에 대한 압류등기 이후에 발생한 체납액에 대하여도 새로운 압류등기를 거칠 필요 없이 당연히 압류의 효력이 미친다는 것이고, 위 규정은 일반채권에 기초한 민사상 압류에 대하여 고도의 공익성을 갖는 국세 등 조세채권 징수의 실효성 보장을 위하여 마련된 특칙이다. 그런데 국유재산의 무단점유자에 대한 변상금 부과는 행정처분으로 그 목적이 국유재산의 사용·수익으로 인한 이익의 환수를 넘어 국유재산의 효율적인 보존·관리라는 공익을 실현하는 데 있지만, 다른 한편으로 민사상 부당이득반환청구권과 동일한 금액 범위 내에서 경합하여 병존하고, 부과처분의 상대방이 무단점유자로 제한되어 있는 점 등에 비추어, 국가재정 수요의 충당을 위해 반대급부 없이 강제 징수되는 조세와는 그 성격을 달리하며 그 공익성이 조세에 준할 정도로 높다고 보기 어렵다. (중략)

이상과 같은 여러 사정을 종합하여 보면, 이 사건 각 규정에서 구 국세징수법에서 정한 체납처분의 절차에 따라 변상금을 강제징수할 수 있다고 포괄적·일반적인 준용규정을 두고 있다 하더라도, 그러한 사정만으로 변상금에 관한 체납처분절차에서 민사상 압류의 특칙인 국세징수법 제47조 제2항까지 준용된다고 볼 수는 없다.

---

69) 이 경우 관할 세무서장이나 지방자치단체의 장은 그 사무를 집행할 때 위임한 중앙관서의 장의 감독을 받는다.

70) 한번 압류등기를 하고 나면 동일한 사람에 대한 압류등기 이후에 발생한 체납액에 대하여도 새로운 압류등기를 거칠 필요 없이 당연히 압류의 효력이 미친다는 내용

71) 「국세징수법」 제46조(부동산 등의 압류의 효력) ① 제45조에 따른 압류의 효력은 그 압류등기 또는 압류의 등록이 완료된 때에 발생한다.
② 제1항에 따른 압류의 효력은 해당 압류재산의 소유권이 이전되기 전에 「국세기본법」 제35조제2항에 따른 법정기일이 도래한 국세의 체납액에 대해서도 미친다.

72) 현재의 제46조제2항에 해당

상기 강제징수 규정에 대하여 판단컨대, 기본적으로 중앙관서의 장등에게 이와 같은 강제징수권을 부여하는 것은 타당하다고 본다. 이를 통해 보다 신속하고 경제적인 방법으로 '국유재산의 적정한 보호'라는 행정목적을 실현할 수 있기 때문이다.

다만 강제징수의 대상에 대부료 및 그에 따른 연체료를 포함하는 것이 적절한지는 생각해 볼 필요가 있다. 사용료나 변상금 등은 공법의 영역에 속하고 그것의 부과는 곧 행정처분에 해당하므로 이를 납부하지 않을 경우 「국세징수법」상 체납처분에 관한 규정을 준용하는 것에 이견이 없으나, 대부계약은 사법상의 계약이고 이에 따른 대부료의 부과 역시 사법상 채무이행을 구하는 것일 뿐 행정처분이 아니기 때문이다.[73] 물론 대부계약의 상대방이 대부료를 미납할 경우 국고 손실은 물론 '국유재산의 보호'라는 목적을 달성할 수 없으므로 대부료에 대해서도 강제징수를 허용할 필요성이 있는 것은 사실이다. 하지만 그렇다고 하더라도 사법의 영역에 「국세징수법」상 체납처분에 관한 규정을 준용하는 것이 법리상 타당한지, 행정편의를 위해 계약 상대방의 권리를 지나치게 제한하고 있는 것은 아닌지 등에 대한 심도 있는 논의가 필요하다는 판단이다.

Ⅱ. 과오납금의 반환

한편 국유재산의 사용료, 대부료, 매각대금 또는 변상금이 과오납되었다면 국가는 과오납된 금액을 반환해야 하는바, 이 경우에는 과오납된 날의 다음 날부터 반환하는 날까지의 기간에 대하여 고시이자율[74]을 적용하여 산출한 이자를 가산하여 반환한다(국유재산법 제75조, 국유재산법 시행령 제73조).

과오납된 국유재산의 사용료 등은 결국 국가가 법률상 원인 없이 수령하거나

73) 국유임야를 대부하거나 매각하는 행위는 사경제적 주체로서 상대방과 대등한 입장에서 하는 사법상 계약이지 행정청이 공권력의 주체로서 상대방의 의사 여하에 불구하고 일방적으로 행하는 행정처분이라고 볼 수 없으며 이 대부계약에 의한 대부료부과 조치 역시 사법상 채무이행을 구하는 것으로 보아야지 이를 행정처분이라고 할 수 없다(대법원 1993. 12. 7. 선고 91누11612 판결).

74) 이 때의 '고시이자율'은 분기별 변동 이자율의 형태로 하되, 직전 분기 중 전국은행연합회에서 가장 마지막으로 공시하는 '신규취급액기준 COFIX'로 한다(국유재산 사용료 등의 분할납부 등에 적용할 이자율(기획재정부 고시) 제1조).

보유하고 있는 부당이득에 해당하므로 부당이득반환의 법리가 적용된다. 즉「국유재산법」 제75조는「민법」 제748조[75]의 특례 규정인바, 반환 시 가산되는 이자는 부당이득에 대한 법정이자의 성질을 가진다. 이 때「민법」 제748조와는 달리「국유재산법」 제75조에서는 선의·악의에 대한 별도의 규정을 두고 있지 않으므로, 과오납된 국유재산 사용료 등의 이자 가산에 있어서는 수익자인 국가의 선의·악의를 불문한다.

〈판례〉 대법원 2019. 4. 11. 선고 2017다223156 판결
과오납된 국유재산의 매각대금 등은 국가가 법률상 원인 없이 수령하거나 보유하고 있는 부당이득에 해당하고, 반환 가산금은 부당이득에 대한 법정이자의 성질을 가진다. 반환 가산금에 관한 국유재산법 제75조는 부당이득의 반환범위에 관한 민법 제748조에 대한 특칙으로서 수익자인 국가의 선의·악의를 불문하고 적용된다.

한편 국유재산의 사용료 등을 과오납한 자가 그 반환을 청구하였다면, 부당이득반환 법리에 의해 수익자인 국가는 그 다음날부터 지연손해금 지급 의무를 진다. 이러한 지연손해금 청구권과「국유재산법」 제75조에 따른 과오납금 반환 가산금 청구권은 서로 경합 관계에 있으므로, 청구권자는 이를 선택적으로 행사할 수 있다.

〈판례〉 대법원 2019. 4. 11. 선고 2017다223156 판결
한편 부당이득반환의무는 일반적으로 기한의 정함이 없는 채무로서 수익자는 이행청구를 받은 다음 날부터 이행지체로 인한 지연손해금을 배상할 책임이 있다.
과오납된 국유재산 매각대금에 대하여 매수인이 반환을 청구한 이후에는 법정이자의 성질을 가지는 과오납금 반환 가산금 청구권과 이행지체로 인한 지연손해금 청구권이 경합적으로 발생하고, 청구권자는 자신의 선택에 따라 그중 하나의 청구권을 행사할 수 있다.

---

75)「민법」 제748조(수익자의 반환범위) ① 선의의 수익자는 그 받은 이익이 현존한 한도에서 전조의 책임이 있다.
② 악의의 수익자는 그 받은 이익에 이자를 붙여 반환하고 손해가 있으면 이를 배상하여야 한다.

제4절 국가 권리의 소멸시효

'소멸시효'란 권리자가 권리를 행사할 수 있음에도 불구하고 권리를 행사하지 않는 사실상태가 일정기간 계속된 경우에 그 권리의 소멸을 인정하는 제도로서 법적 안정성의 달성, 입증곤란의 구제, 권리행사의 태만에 대한 제재를 그 이념으로 한다.[76]

과거 국유재산법에서는 별도의 소멸시효 규정을 두고 있지 않았는바, 대체로 「국가재정법」에 따른 5년의 소멸시효를 적용하였다.[77] 이후 체납변상금·대부료 등 채권의 시효소멸로 인한 국고손실을 방지하고 시효중단을 위한 소송비용 등 절감을 위해 2016. 3. 「국유재산법」 제73조의3을 신설함으로써 별도의 소멸시효 조항을 마련하게 되었다.[78]

Ⅰ. 소멸시효 기간

「국유재산법」에 따라 금전의 급부를 목적으로 하는 국가의 권리는 5년간 행사하지 아니하면 시효의 완성으로 소멸한다(국유재산법 제73조의3제1항).

5년의 소멸시효는 동 조항이 신설되기 이전에 적용되던 「국가재정법」 제96조 제1항[79]과 동일하다. 따라서 이제는 국유재산의 소멸시효에 관하여 「국가재정법」이 아니라 동 조항이 적용된다는 의미는 있으나, 조문 신설에 따른 실질적인 차이는 크지 않다고 할 것이다.

---

76) 대법원 2013. 5. 16. 선고 2012다202819 전원합의체 판결

77) 구 국유재산법(2009. 1. 30. 법률 제9401호로 전부 개정되기 전의 것)에서는 변상금 및 연체료의 부과권과 징수권을 구별하여 제척기간이나 소멸시효의 적용 대상으로 규정하고 있지 않으므로, 변상금 부과권 및 연체료 부과권도 모두 국가재정법 제96조 제1항에 따라 5년의 소멸시효가 적용된다(대법원 2014. 4. 10. 선고 2012두16787 판결).

78) 참고로 신설된 「국유재산법」 제73조의3은 국가채권·채무의 소멸시효를 규정하고 있는 「국가재정법」 제96조 및 국세징수권의 소멸시효 중단·정지를 규정하고 있는 「국세기본법」 제28조와 그 내용이 거의 동일하다.

79) 「국가재정법」 제96조(금전채권·채무의 소멸시효) ① 금전의 급부를 목적으로 하는 국가의 권리로서 시효에 관하여 다른 법률에 규정이 없는 것은 5년 동안 행사하지 아니하면 시효로 인하여 소멸한다.

Ⅱ. 소멸시효의 중단 및 정지

소멸시효의 진행이 방해되는 경우가 있는데 바로 소멸시효의 중단과 정지가 그것이다. '소멸시효의 중단'이란 소멸시효가 진행하는 도중에 권리의 불행사라는 사실상태와 조화될 수 없는 사정이 발생한 경우에 이미 진행한 시효기간의 효력을 상실하게 하는 것이다. 소멸시효가 중단되면 그때까지 경과한 시효기간은 그 법적 의미를 상실하고 중단사유가 종료된 때부터 새로 시효가 진행된다.

반면 '소멸시효의 정지'란 권리자가 시효를 중단시키는 행위를 할 수 없거나 그 행위를 하는 것이 곤란한 경우에 그 사정이 소멸한 후 일정기간이 경과하는 시점까지 시효의 완성을 유예하는 것이다. 즉 소멸시효가 정지되면 시효의 완성이 유예된 기간이 지난 뒤 다시 시효가 진행될 뿐, 새로 시효가 시작되지는 않는다.

1. 소멸시효의 중단

「국유재산법」 제73조제2항에 따른 국유재산의 사용료·가산금·대부료·변상금·연체료 등의 징수에 관한 권리의 소멸시효는 ① 납부고지, ② 독촉, ③ 교부청구, ④ 압류의 사유로 인하여 중단된다(국유재산법 제73조의3제2항).

그런데 「국유재산법」 제73조제2항에서는 「국세징수법」의 체납처분에 관한 규정을 준용하도록 하고 있으므로, 국유재산 사용료 등의 징수와 관련한 소멸시효의 중단에 있어서도 원칙적으로 국세징수권의 소멸시효 중단 법리가 적용된다고 보는 것이 타당할 것이다.[80]

이에 따를 때 납부고지나 독촉은 각각 최초 1회에 한하여 소멸시효 중단사유로서의 효력이 있고, 그 후에 한 동일한 내용의 납부고지·독촉은 「민법」상의 단순한 최고에 불과하여 소멸시효 중단의 효력이 없다.[81]

---

80) 국세징수권의 소멸시효 중단·정지에 관한 내용은 「국세기본법」 제28조에 규정되어 있으며, 이는 「국유재산법」 제73조의3과 매우 유사하다.

81) 국세징수법은 징수절차의 첫 단계로 납세고지 절차를, 그 다음 단계로 독촉 절차를 상정하고 있다. 그런데 납세고지가 이미 이루어졌음에도 동일한 내용으로 이를 재차 반복하는 것은 아무 의미도 없으므로 반복되는 납세 고지에 시효중단의 효력을 인정하기는 어렵다. 또한 과세관청이 체납세액 또는 가산금의 납부를 독촉한 후 다시 동일한 내용의 독촉을 하는 경우 최초의 독촉만이 징수처분으로서 항고소송의 대상이 되는 행정처분이 되고 그 후에 한 동일한 내용의 독촉은 체납처분의 전제요건인 징수처분으로서 소멸시효 중단사유가 되는 독촉이 아니라 민법상의 단순한 최고에 불과하다. 이와 같이 납세고지와 독촉이 각각 1회에 한하여 소

또한 교부청구를 통한 소멸시효 중단에 있어 상대방에게의 통보 여부는 문제되지 않으며, 소멸시효 중단을 위한 압류는 압류 절차에 착수하는 것을 가리키는 것이므로 공무원이 장소를 수색하였으나 압류할 목적물을 찾아내지 못하여 압류를 실행하지 못하고 수색조서를 작성하는 데 그친 경우에도 소멸시효 중단의 효력이 있다.

〈판례〉 대법원 2010. 5. 27. 선고 2009다69951 판결
국세기본법 제28조에서 교부청구로 국세징수권의 소멸시효가 중단된다고 규정하고 있고, 국세징수법 등 관련법규에서 교부청구를 한 세무서장 등이 체납자에게 교부청구한 사실을 알릴 것을 요하지 아니하므로, 체납자에게 교부청구 사실을 알리지 아니하였다고 하여 소멸시효 중단의 효력에 영향을 미칠 수 없다.

〈판례〉 대법원 2001. 8. 21. 선고 2000다12419 판결
국세기본법 제28조 제1항은 국세징수권의 소멸시효의 중단사유로서 납세고지,[82] 독촉 또는 납부최고,[83] 교부청구 외에 '압류'를 규정하고 있는바, 여기서의 '압류'란 세무공무원이 국세징수법 제24조 이하의 규정에 따라 납세자의 재산에 대한 압류 절차에 착수하는 것을 가리키는 것이므로, 세무공무원이 국세징수법 제26조에 의하여 체납자의 가옥·선박·창고 기타의 장소를 수색하였으나 압류할 목적물을 찾아내지 못하여 압류를 실행하지 못하고 수색조서를 작성하는 데 그친 경우에도 소멸시효 중단의 효력이 있다.

한편 이미 발생한 소멸시효중단의 효력은 그 부과처분이 취소되었다 하여도 사라지지 않고 유효하다.

멸시효 중단사유로서의 효력을 가지는 이상, 납세고지와 독촉을 모두 거친 이후에 소멸시효를 중단시킬 필요가 있는 경우에는 재판상 청구 등에 의하여 조세채권의 소멸시효를 중단시킬 필요가 있다(서울고등법원 2017. 3. 28. 선고 2016누72596 판결).

82) 과거에는 '납세고지'로 규정되어 있었으나, 그 실질이 같음에도 법령에서 '납세고지'와 '납부통지'가 혼용된다는 지적에 따라 2020. 12.「국세징수법」및「국세기본법」개정을 통해 '납부고지'로 그 용어를 통일하였다. 참고로「국유재산법」은 2016. 3. 제73조의3 신설 시부터 '납부고지' 용어를 사용하였다.

83) 과거에는 '독촉 또는 납부최고'로 규정되어 있었으나, 그 실질이 같음에도 법령에서 '독촉'과 '최고'가 혼용된다는 지적에 따라 2020. 12.「국세징수법」및「국세기본법」개정을 통해 '독촉'으로 그 용어를 통일하였다. 참고로「국유재산법」은 2016. 3. 제73조의3 신설 시부터 '독촉' 용어를 사용하였다.

〈판례〉 대법원 1996. 3. 8. 선고 95누12804 판결
소멸시효의 중단은 소멸시효의 기초가 되는 권리의 불행사라는 사실상태와 맞지 않는 사실이 생긴 것을 이유로 소멸시효의 진행을 차단케 하는 제도인 만큼, 납입고지에 의한 변상금징수권자의 권리행사에 의하여 이미 발생한 소멸시효중단의 효력은 그 부과처분이 취소(쟁송취소에 의한 것이든 또는 직권취소에 의한 것이든 불문한다)되었다 하여 사라지지 아니한다.

상기 사유로 중단된 소멸시효는 ① 납부고지나 독촉에 따른 납입기간, ② 교부청구 중의 기간, ③ 압류해제까지의 기간 중 어느 하나의 기간이 지난 때부터 새로 진행한다(국유재산법 제73조의3제3항). 압류에 의한 시효중단의 효력은 압류가 해제되거나 집행절차가 종료될 때 중단사유가 종료하므로, 그 때부터 새로 소멸시효가 진행된다.

〈판례〉 대법원 2017. 4. 28. 선고 2016다239840 판결
시효가 중단된 때에는 중단까지에 경과한 시효기간은 이를 산입하지 아니하고 중단사유가 종료한 때로부터 새로이 진행하는데(국세기본법 제28조 제2항, 민법 제178조 제1항), 소멸시효의 중단사유 중 '압류'에 의한 시효중단의 효력은 압류가 해제되거나 집행절차가 종료될 때 중단사유가 종료한 것으로 볼 수 있다.

2. 소멸시효의 정지

전술하였듯이 금전의 급부를 목적으로 하는 국가의 권리는 5년의 소멸시효가 적용되나, ①「국유재산법」에 따른 분납기간, 징수유예기간, ②「국세징수법」에 따른 압류·매각의 유예기간, ③「국세징수법」 제25조에 따른 사해행위 취소소송이나 「민법」 제404조에 따른 채권자대위 소송을 제기하여 그 소송이 진행 중인 기간[84] 중 어느 하나에 해당하는 기간에는 소멸시효가 진행되지 아니한다(국유재산법 제73조의3제4항).

다만 변상금 부과처분에 대한 취소소송이 진행중인 것은 그 권리행사에 법률상의 장애사유가 있는 경우에 해당하지 않으므로, 취소소송 중에도 변상금 부과권

84) 다만 소송이 각하·기각 또는 취소된 경우에는 시효정지의 효력이 없다.

의 소멸시효는 진행된다.

〈판례〉 대법원 2006. 2. 10. 선고 2003두5686 판결
소멸시효는 객관적으로 권리가 발생하여 그 권리를 행사할 수 있는 때로부터 진행하고 그 권리를 행사할 수 없는 동안만은 진행하지 아니하는데, 여기서 권리를 행사할 수 없는 경우라 함은 그 권리행사에 법률상의 장애사유가 있는 경우를 말하는데, 변상금 부과처분에 대한 취소소송이 진행중이라도 그 부과권자로서는 위법한 처분을 스스로 취소하고 그 하자를 보완하여 다시 적법한 부과처분을 할 수도 있는 것이어서 그 권리행사에 법률상의 장애사유가 있는 경우에 해당한다고 할 수 없으므로, 그 처분에 대한 취소소송이 진행되는 동안에도 그 부과권의 소멸시효가 진행된다.

Ⅲ. 「민법」 및 「국가재정법」의 보충 적용

금전의 급부를 목적으로 하는 국가의 권리의 소멸시효에 관하여 「국유재산법」에 특별한 규정이 있는 것을 제외하고는 「민법」과 「국가재정법」에 따른다(국유재산법 제73조의3제5항). 즉, 「국유재산법」상의 소멸시효를 판단하는 데에 있어 소멸시효 관련 일반법에 해당하는 「민법」과 「국가재정법」이 보충적으로 적용된다.

여기서 특히 문제되는 것은 「민법」의 적용 여부인바, 「민법」에는 「국유재산법」에 포함되지 않은 소멸시효 관련 내용이 여럿 규정되어 있기 때문이다. 예를 들어 소멸시효의 중단 사유로서 청구(민법 제168조제1호), 승인(민법 제168조제3호), 재판상의 청구(민법 제170조) 등이 그렇다.

이에 대하여 판단컨대 법령해석에 있어서는 문언해석이 가장 기본이 되는바, 현행 법에서 「국유재산법」에 특별한 규정이 있는 것을 제외하고는 「민법」이 적용됨을 명시하고 있으므로 이를 배제할 이유는 없다고 본다. 따라서 「국유재산법」의 규정과 상충되는 일부 경우[85]를 제외하고는 「민법」의 소멸시효 규정도 국유재산에 적용된다고 할 것이다.

85) 예를 들어 독촉(최고)의 경우가 그러한바, 「국유재산법」 제73조의3제2항제2호에서는 독촉을 시효중단의 사유로 규정하는 반면 「민법」 제174조에서는 최고에 대해 '최고는 6월 내에 재판상의 청구, 파산절차참가, 화해를 위한 소환, 임의출석, 압류 또는 가압류, 가처분을 하지 아니하면 시효중단의 효력이 없다'고 하고 있다.

판례 또한 기본적으로 국가 권리의 소멸시효에 있어 「민법」의 적용을 긍정하는 입장이다.

〈판례〉 대법원 2020. 3. 2. 선고 2017두41771 판결[86)]
구 국세기본법(2013. 1. 1. 법률 제11604호로 개정되기 전의 것) 제27조 제2항은 국세징수권의 소멸시효에 관하여 국세기본법 또는 세법에 특별한 규정이 있는 것을 제외하고는 민법에 따른다고 규정하고 있고, 제28조 제1항은 납세고지(제1호), 독촉 또는 납부최고(제2호), 교부청구(제3호), 압류(제4호)를 국세징수권의 소멸시효 중단사유로 규정하고 있다.
위 납세고지, 독촉 또는 납부최고, 교부청구, 압류는 국세징수를 위해 국세징수법에 규정된 특유한 절차들로서 국세기본법이 규정한 특별한 국세징수권 소멸시효 중단사유이기는 하다. 그러나 구 국세기본법은 민법에 따른 국세징수권 소멸시효 중단사유의 준용을 배제한다는 규정을 두지 않고 있고, 조세채권도 민사상 채권과 비교하여 볼 때 성질상 민법에 정한 소멸시효 중단사유를 적용할 수 있는 경우라면 준용을 배제할 이유도 없다. 따라서 구 국세기본법 제28조 제1항 각호의 소멸시효 중단사유를 제한적 · 열거적 규정으로 보아 구 국세기본법 제28조 제1항 각호가 규정한 사유들만이 국세징수권의 소멸시효 중단사유가 된다고 볼 수는 없다. 이와 같은 관련 규정의 체계와 문언 내용 등에 비추어, 민법 제168조 제1호가 소멸시효의 중단사유로 규정하고 있는 '청구'도 그것이 허용될 수 있는 경우라면 구 국세기본법 제27조 제2항에 따라 국세징수권의 소멸시효 중단사유가 될 수 있다고 봄이 타당하다.

제5절 불법시설물의철거(행정대집행)

정당한 사유 없이 국유재산을 점유하거나 이에 시설물을 설치한 경우에는 중앙관서의 장등은 「행정대집행법」을 준용하여 철거하거나 그 밖에 필요한 조치를 할 수 있다(국유재산법 제74조). 즉 「국유재산법」은 불법시설물의 철거와 관련한 별

86) 「국세기본법」에 관한 판례이긴 하나, 「국세기본법」 제27조제2항에서 '제1항의 소멸시효에 관하여는 이 법 또는 세법에 특별한 규정이 있는 것을 제외하고는 「민법」에 따른다'고 하여 「국유재산법」 제73조의3제5항과 유사한 규정을 두고 있으므로, 동 법리는 「국유재산법」에도 적용될 수 있다고 할 것이다.

도의 세부 규정을 두는 대신 「행정대집행법」을 준용하는 형태를 취하고 있다.

대집행을 통한 철거 등의 조치는 '국유재산'의 무단점유 시에 적용되므로, 행정재산뿐만 아니라 일반재산의 무단점유 시에도 해당된다. 그런데 「행정대집행법」을 통한 대집행은 공법적 규율에 해당하는 반면, 일반재산에 관한 법률행위는 원칙적으로 국가가 사경제 주체로서 상대방과 대등한 위치에서 행하는 사법상의 계약인바, 이러한 일반재산에 대해서도 대집행을 허용하는 것이 타당한지가 문제될 수 있다.

이에 대하여 헌법재판소는 일반재산에 대한 대집행 허용이 상대방의 재산권을 침해하거나 평등의 원칙에 반하지 않는다는 입장이다. 생각건대 일반재산이라고 하더라도 그것의 무단점유는 국가에 직접적인 손해를 끼친다는 점에서 그 위법성이 작지 않고, 변상금 부과 등의 금전적 제재는 근본적인 해결책이 아니며, 일반재산에 대하여 대집행을 불허한다면 토지인도 및 건물철거 소송 등을 통해 해결할 수밖에 없는데 이 과정에서 행정력이 불필요하게 낭비될 수 있다는 점 등을 고려할 때 판례의 입장이 타당하다고 본다.

〈판례〉 헌법재판소 2010. 3. 25. 2008헌바148[87]

가. 평등의 원칙 위반 여부

정당한 사유 없이 공유의 잡종재산[88]을 점유하거나 이에 시설물을 설치한 때에는 행정대집행법 제3조 내지 제6조의 규정을 준용하여 철거 그 밖의 필요한 조치를 할 수 있도록 규정한 구 '공유재산 및 물품 관리법' 제83조는, 그 소유자가 사인이 아닌 지방자치단체라는 이유로 사경제 거래의 객체인 물건의 권리관계에 관하여 공법적 규율을 하는 것으로서, 본질적으로 동일한 것을 다르게 취급하고 있는 것에 해당하기는 한다.

그러나 공유의 잡종재산은, 행정재산이나 보존재산과 달리 공적 목적에 직접 제공된 것은 아니라 하더라도, 그 경제적 가치를 통하여 지방자치단체의 재정에 기여한다는 점에서 여전히 공유재산으로 보호할 필요가 있고, 현재의 상태에서는 당장 공적 목적에 사용되지

87) 동 판례는 舊 공유재산 및 물품관리법 제83조에 관한 것으로, 당시 해당 조항은 '제83조(불법시설물의 철거) 정당한 사유 없이 공유재산을 점유하거나 이에 시설물을 설치한 때에는 「행정대집행법」 제3조 내지 제6조의 규정을 준용하여 철거 그 밖의 필요한 조치를 할 수 있다'고 규정되어 있었다. 즉 그 내용이 現 「국유재산법」 제74조와 거의 유사하므로 동 법리는 現 「국유재산법」에도 적용 가능할 것이다.

88) 현재의 일반재산에 해당

않는다고 하더라도 행정 목적상 필요한 경우에는 언제든지 행정재산 등으로 전환될 수 있으므로, 그 유지 · 보호 및 운용의 적정이라는 공익상의 목적과 기능을 수행하기 위하여 필요한 경우에는 공법적 규율이 가능하다고 할 것이다.

또한 공유의 잡종재산은 그 종류가 다양하고 그 위치도 지역적으로 광범위하게 분포되어 있는 반면에 관리청의 인적 · 물적 자원은 제한될 수밖에 없는 실정이므로, 관리청이 일상적으로 공유의 잡종재산의 현황과 무단점유 여부 등을 점검하여 법 위반행위를 발견한 경우에는 단지 민사법에 따른 권리구제수단으로만 그 위반상태를 바로잡아야 한다면, 이는 공유의 잡종재산의 유지 · 보호 및 운용의 적정이라는 행정 목적 달성을 위한 신속하고도 효율적인 수단이라고 보기 어려울 것이다.

따라서 이 사건 법률조항들을 두게 된 데에는, 공유의 잡종재산의 효율적인 보존 · 관리라는 합리적인 이유가 있다고 할 것이므로 헌법상 평등의 원칙에 반한다고 할 수 없다.

나. 재산권의 침해 여부

구 '공유재산 및 물품 관리법' 제83조는 이 사건 토지 위에 있는 청구인들 소유의 시설물에 대하여 행정대집행법의 규정에 따라 철거 등의 조치가 취해질 수 있다는 측면에서 청구인들의 재산권을 제한하는 규정들이라고 할 것인바, 국민의 기본권을 제한하는 입법을 함에 있어서는 입법목적의 정당성과 그 목적달성을 위한 방법의 적정성, 피해의 최소성, 그리고 그 입법에 의해 보호하려는 공공의 필요와 침해되는 기본권 사이의 균형성을 모두 갖추어야 한다.

이 사건 법률조항들은, ① 공유의 잡종재산의 보존, 관리에 효율을 기하기 위하여 공유의 잡종재산을 무단점유한 사람에 대하여 무단점유행위로 인한 불법적인 이익을 박탈함과 동시에 일정한 금전적 제재를 가하는 한편, 공유의 잡종재산에 설치한 불법시설물에 대하여는 행정대집행법을 준용하여 강제철거 등의 조치를 취할 수 있게 하려는 것인바, 이러한 입법목적은 공공복리를 위하여 필요한 것으로서 그 정당성이 인정되고, ② 공유의 잡종재산의 무단점유를 억제하고 공유의 잡종재산을 신속하게 원상으로 회복시키는 효과가 있다고 할 것이므로 방법의 적정성도 인정되며, ③ 달리 다른 입법수단이 있음에도 불구하고 청구인들의 기본권을 더 제한하는 것이라고 단정할 수 없으며, 가능한 여러 가지 수단 가운데 무엇이 보다 덜 침해적이라고 보기 어려운 상황에서 어떠한 수단을 선택할 것인가는 입법자의 형성의 권한 내라 할 것이므로 피해의 최소성원칙에 어긋나지 아니하고, ④ 공유의 잡종재산의 효율적인 보존, 관리를 위한 제도로서 그 공익성이 인정되고, 이에 비하여 청구인들의 재산권이 제한되는 정도를 살펴보면, 정상적인 대부료 또는 사용료에 비하여 20%가 할증되는 정도에 불과하거나 불법시설물의 강제철거 등의 조치가 행정대집행법에 따라 이루어짐을 수인하여야 하는 정도에 불과하다는 점에 비추어 볼 때 청구인들이 입게 되는 재산상의 불이익이 현저하게 높다고 보기 어려우므로 공익에 비하여 사익이 과도하게 침해된다고 하는 법익형량상의 문제도 존재하지 않는다.
따라서 이 사건 법률조항들은 헌법상 과잉금지의 원칙에 위반되지 아니하므로 청구인들의 재산권을 침해한다고 할 수 없다.

이하에서는 「행정대집행법」을 중심으로 대집행에 대하여 좀 더 자세히 살펴보기로 한다.

Ⅰ. 대집행의 정의

'대집행(代執行)'이란 대체적 작위의무, 즉 타인이 대신하여 행할 수 있는 의무의 불이행이 있는 경우 당해 행정청이 불이행된 의무를 스스로 행하거나 제3자로 하여금 이행하게 하고 그 비용을 의무자로부터 징수하는 것을 말한다.

이는 행정청이 직접 의무자의 신체·재산에 실력을 가하여 의무자가 직접 의무를 이행한 것과 같은 상태를 실현하는 '직접강제'와는 구별된다. 직접강제는 행정청 자신이 하여야 하고 대체적 작위의무뿐 아니라 비대체적 작위의무, 부작위의무, 수인(受忍)의무에도 적용이 가능한 반면, 대집행은 행정청 자신은 물론 제3자에게도 이행을 시킬 수 있으나 대체적 작위의무에 한정된다.

참고로 행정상 강제집행의 방법으로는 대집행, 직접강제 이외에도 강제징수, 이행강제금 등이 있는바, 개별 사안에 있어 어떤 방법을 적용할 것인지는 불이행된 의무의 성질에 따라 판단해야 한다.

Ⅱ. 대집행의 주체

법률[89]에 의하여 직접명령되었거나 또는 법률에 의거한 행정청의 명령에 의한 행위로서 타인이 대신하여 행할 수 있는 행위를 의무자가 이행하지 아니하는 경우, 다른 수단으로써 그 이행을 확보하기 곤란하고 또한 그 불이행을 방치함이 심히 공

89) 법률의 위임에 의한 명령, 지방자치단체의 조례를 포함한다.

익을 해할 것으로 인정될 때에는, 당해 행정청은 스스로 의무자가 하여야 할 행위를 하거나 또는 제삼자로 하여금 이를 하게 하여 그 비용을 의무자로부터 징수할 수 있다(행정대집행법 제2조). 따라서 「행정대집행법」상 대집행의 주체는 의무를 부과한 '당해 행정청'이며, 당해 행정청은 대집행을 직접 수행할 수도 있고 제3자로 하여금 수행하게 할 수도 있다.

이에 따를 때 국유재산 무단점유에 따른 대집행에 있어서도 의무를 부과한 당해 행정청, 즉 중앙관서의 장이 그 주체가 될 수 있음은 자명하다. 그런데 실무에서는 국유재산 관리의 상당 부분을 위임 · 위탁하여 처리하고 있는바, 그렇다면 「국유재산법」 제42조제1항에 따라 일반재산의 관리 · 처분에 관한 사무를 위임 · 위탁받은 자도 대집행의 주체가 될 수 있는지가 문제 된다.

2015년 이전의 「국유재산법」 제74조[90]에서는 대집행의 주체에 대하여 명확히 규정하고 있지 않았는데, 당시 법제처는 「국유재산법」 제74조에 대집행 권한의 위탁 근거가 없다는 이유로 일반재산의 관리 · 처분에 관한 사무를 위탁받은 한국자산관리공사는 대집행의 주체가 될 수 없다고 판단하였다.[91]

이후 실무를 중심으로 한국자산관리공사 등 일반재산의 관리 · 처분에 관한 사무를 위임 · 위탁받은 자에게도 대집행 권한을 부여할 필요가 있다는 의견이 지속 제기되었고, 이에 2016. 3. 「국유재산법」 제74조를 개정하면서 '중앙관서의 장등'이 대집행의 주체가 됨을 명시하였다. 이 때 '중앙관서의 장등'은 중앙관서의 장과 「국유재산법」 제42조제1항에 따라 일반재산의 관리 · 처분에 관한 사무를 위임 · 위탁받은 자를 의미하므로,[92] 이제는 한국자산관리공사 등도 대집행의 주체가 가능하게

---

90) 당시의 「국유재산법」 제74조는 "제74조(불법시설물의 철거) 정당한 사유 없이 국유재산을 점유하거나 이에 시설물을 설치한 경우에는 「행정대집행법」을 준용하여 철거하거나 그 밖에 필요한 조치를 할 수 있다"고만 규정하고 있었다.

91) 「국유재산법」 제74조에 따른 대집행과 같이 개인의 자유 · 권리에 대한 침해적 성격이 강한 행위를 한국자산관리공사에 위탁하기 위해서는, 법률에서 직접 대집행 권한을 위탁하거나 법률의 위임에 따라 하위 시행령에 대집행 권한을 위탁하는 개별규정을 두는 방식으로 그 위탁의 근거를 법령에 구체적 · 명시적으로 마련하여야만 할 것이고, 구체적 · 명시적 근거가 없는 경우에는 같은 법 제42조제1항 및 같은 법 시행령 제38조제3항에 따라 한국자산관리공사에 위탁된 일반재산의 관리 · 처분에 관한 사무에 국민의 권리 · 의무에 직접적으로 관계되는 대집행까지 포함된다고 해석할 수는 없다(법제처 14－0418 '일반재산의 관리 · 처분에 관한 사무를 위탁받은 한국자산관리공사가 대집행의 주체가 될 수 있는지', 2014. 9. 23).

92) "중앙관서의 장등"이란 「국가재정법」 제6조에 따른 중앙관서의 장(이하 "중앙관서의 장"이라 한다)과 제42조제1항에 따라 일반재산의 관리 · 처분에 관한 사무를 위임 · 위탁받은 자를 말한다(국유재산법 제2조제11호).

된 것이다.

Ⅲ. 대집행의 요건

대집행의 기본적인 요건은 「행정대집행법」 제2조에서 정하고 있다. 다만 「행정대집행법」 제2조에서 '~할 수 있다'라고 규정하고 있는 것에서 보듯이 요건이 구비되었다고 해서 반드시 대집행을 하여야 하는 것은 아니며, 대집행 여부는 행정청의 재량행위에 해당한다.

〈해석례〉 법제처 15-0203, 행정대집행법 제2조 관련, 2015. 6. 29.
대집행은 행정의무의 이행확보를 위한 행정상 강제집행 수단의 하나로서, 그 요건을 모두 갖춘 경우에도 반드시 대집행을 하여야 하는 것은 아니므로 대집행 자체는 재량행위에 해당한다고 할 수 있고 …

1. 공법상 의무의 불이행

대집행은 공법상 의무의 불이행을 대상으로 하는바, 「국유재산법」 제74조의 '정당한 사유 없이 국유재산을 점유하거나 이에 시설물을 설치한 경우'가 이에 해당한다. 누구든지 정당한 사유 없이 국유재산을 점유하거나 이에 시설물을 설치하지 말아야 할 공법상 의무가 있는데, 이러한 행위를 하였다면 이는 공법상 의무를 이행하지 않은 것이기 때문이다.

공법상 의무는 법령에서 직접 명해지는 경우도 있고, 법령에 근거한 행정행위에 의해 명해지는 경우도 있다. 만약 대집행 절차의 개시 이후 공법상 의무의 이행이 있었다면 대집행의 요건을 결여하게 되므로 대집행은 중지되어야 한다.

2. 대체적 작위의무

공법상의 의무는 타인이 대신하여 행할 수 있는 의무, 즉 대체적 작위의무이어야 한다. 비대체적 작위의무나 부작위의무, 수인(受忍)의무는 원칙적으로 대집행이 적용될 수 없다.

직접적인 실력행사가 필요한 토지·건물 등의 인도의무는 대체적 작위의무가 아니므로 대집행이 불가하다.[93] 점유자의 퇴거 의무 또한 원칙적으로는 대집행의 대상이 될 수 없으나,[94] 건물철거 대집행 과정에서 부수적으로 건물의 점유자들에 대한 퇴거 조치를 하는 것은 가능하다는 것이 판례의 입장이다.

〈판례〉 대법원 2017. 4. 28. 선고 2016다213916 판결
한편 건물의 점유자가 철거의무자일 때에는 건물철거의무에 퇴거의무도 포함되어 있는 것이어서 별도로 퇴거를 명하는 집행권원이 필요하지 않다.
따라서 행정청이 행정대집행의 방법으로 건물철거의무의 이행을 실현할 수 있는 경우에는 건물철거 대집행 과정에서 부수적으로 그 건물의 점유자들에 대한 퇴거 조치를 할 수 있는 것이고, 그 점유자들이 적법한 행정대집행을 위력을 행사하여 방해하는 경우 형법상 공무집행방해죄가 성립하므로, 필요한 경우에는 「경찰관 직무집행법」에 근거한 위험발생 방지조치 또는 형법상 공무집행방해죄의 범행방지 내지 현행범체포의 차원에서 경찰의 도움을 받을 수도 있다.

부작위의무의 경우에는 철거명령 등을 통해 이를 작위의무로 전환시킨다면 대집행의 대상이 될 수 있다. 「국유재산법」 제74조의 '정당한 사유 없이 국유재산을 점유하거나 이에 시설물을 설치하지 말아야 할 의무' 역시 부작위의무이지만, 철거명령 등을 통해 작위의무 전환이 가능하므로 대집행이 가능하게 된다.

---

93) 피수용자 등이 기업자에 대하여 부담하는 수용대상 토지의 인도의무에 관한 … '인도'에는 명도도 포함되는 것으로 보아야 하고, 이러한 명도의무는 그것을 강제적으로 실현하면서 직접적인 실력행사가 필요한 것이지 대체적 작위의무라고 볼 수 없으므로 특별한 사정이 없는 한 행정대집행법에 의한 대집행의 대상이 될 수 있는 것이 아니다(대법원 2005. 8. 19. 선고 2004다2809 판결).

94) 도시공원시설인 매점의 관리청이 그 공동점유자 중의 1인에 대하여 소정의 기간 내에 위 매점으로부터 퇴거하고 이에 부수하여 그 판매 시설물 및 상품을 반출하지 아니할 때에는 이를 대집행하겠다는 내용의 계고처분은 그 주된 목적이 매점의 원형을 보존하기 위하여 점유자가 설치한 불법 시설물을 철거하고자 하는 것이 아니라, 매점에 대한 점유자의 점유를 배제하고 그 점유이전을 받는 데 있다고 할 것인데, 이러한 의무는 그것을 강제적으로 실현함에 있어 직접적인 실력행사가 필요한 것이지 대체적 작위의무에 해당하는 것은 아니어서 직접강제의 방법에 의하는 것은 별론으로 하고 행정대집행법에 의한 대집행의 대상이 되는 것은 아니다(대법원 1998. 10. 23. 선고 97누157 판결).

3. 보충성 및 공익상의 필요

대집행이 인정되기 위해서는 불이행된 의무를 다른 수단으로는 이행을 확보하기가 곤란하여야 한다. 이 때의 다른 수단이란 비례의 원칙상 의무자에 대한 침해가 대집행보다 경미한 경우에 한할 것이다.

다만 이러한 보충성 요건은 선언적·상징적 의미를 가질 뿐, 실제 대집행의 적법 여부를 평가하는 데 있어 실질적 역할은 하지 않는다는 견해도 있다. 판례나 실무에 있어 보충성 요건의 결여로 인해 대집행을 위법하다고 본 사례가 거의 없기 때문이다.

또한 대집행은 그 과정에 있어 상대방의 재산권 등 권리를 침해하게 되는바, 이러한 침해를 정당화할 만한 중대한 공익상의 필요가 있어야 한다. 즉 개별 사안에 있어 사인의 권리와 공익간의 비교형량을 통해 공익적 목적이 사익보다 우월함이 확인되어야 하는 것이다.

보충성 및 공익상의 필요 요건에 대한 주장 및 입증책임은 처분 행정청에 있다.

〈판례〉 대법원 1996. 10. 11. 선고 96누8086 판결
건축법에 위반하여 건축한 것이어서 철거의무가 있는 건물이라 하더라도 그 철거의무를 대집행하기 위한 계고처분을 하려면 다른 방법으로는 이행의 확보가 어렵고 불이행을 방치함이 심히 공익을 해하는 것으로 인정될 때에 한하여 허용되고 이러한 요건의 주장·입증책임은 처분 행정청에 있다.

Ⅳ. 대집행의 절차

대집행의 기본적인 절차는 「행정대집행법」 제3조 이하에서 정하고 있다.

1. 계고

대집행을 하기 위해서는 상당한 이행기한을 정하여 그 기한까지 이행되지 아니할 때에는 대집행을 한다는 뜻을 미리 문서로써 계고하여야 하고, 이 경우 행정청은 상당한 이행기한을 정함에 있어 의무의 성질·내용 등을 고려하여 사회통념상

해당 의무를 이행하는 데 필요한 기간이 확보되도록 하여야 한다(행정대집행법 제3조제1항).

가. 계고의 법적 성격

일반적으로 계고는 준법률행위적 행정행위로서 통지행위에 해당한다고 보며, 판례는 계고가 독립된 처분으로서 행정소송의 대상이라는 입장이다. 다만 계고가 반복되었을 경우에는 1차 계고만이 처분성을 갖는바, 2차 이후의 계고는 처분성이 없어 행정처분에 해당하지 않는다.

〈판례〉 대법원 1962. 10. 18. 선고 62누117 판결
행정대집행법 제3조 제1항의 계고처분은 그 계고처분 자체만으로서는 행정적 법률효과를 발생하는 것은 아니나 같은 법 제3조 제2항의 대집행명령장을 발급하고 대 집행을 하는데 전제가 되는 것이므로 행정처분이라 할 수 있고 따라서 행정소송의 대상이 될 수 있다 할 것 …

〈판례〉 대법원 1994. 10. 28. 선고 94누5144 판결
건물의 소유자에게 위법건축물을 일정기간까지 철거할 것을 명함과 아울러 불이행할 때에는 대집행한다는 내용의 철거대집행 계고처분을 고지한 후 이에 불응하자 다시 제2차, 제3차 계고서를 발송하여 일정기간까지의 자진철거를 촉구하고 불이행하면 대집행을 한다는 뜻을 고지하였다면 행정대집행법상의 건물철거의무는 제1차 철거명령 및 계고처분으로서 발생하였고 제2차, 제3차의 계고처분은 새로운 철거의무를 부과한 것이 아니고 다만 대집행기한의 연기통지에 불과하므로 행정처분이 아니다.

나. 계고의 요건

계고는 문서로서 하여야 하고 대집행할 행위의 내용 및 범위가 구체적으로 특정되어야 한다. 문서로 하지 않은 계고는 무효이나, 대집행할 행위의 내용 및 범위는 반드시 대집행계고서에 의하여서만 특정되어야 하는 것은 아니고 계고처분 전후에 송달된 문서나 기타 사정을 종합하여 특정하는 것도 허용된다.

〈판례〉 대법원 1997. 2. 14. 선고 96누15428 판결
행정청이 행정대집행법 제3조 제1항에 의한 대집행계고를 함에 있어서는 의무자가 스스로 이행하지 아니하는 경우에 대집행할 행위의 내용 및 범위가 구체적으로 특정되어야 하지만, 그 행위의 내용 및 범위는 반드시 대집행계고서에 의하여서만 특정되어야 하는 것이 아니고 계고처분 전후에 송달된 문서나 기타 사정을 종합하여 행위의 내용이 특정되거나 대집행 의무자가 그 이행의무의 범위를 알 수 있으면 족하다.

계고 시에는 '상당한 이행기간'을 정하여야 하는데 그동안 「행정대집행법」에서는 이에 대한 명확한 기준을 두지 않았는바, 판례는 이행기간이 상당한지 여부에 대하여 개별 사안의 구체적 사실 관계에 따라 판단하여 왔다. 이러한 이유로 상당한 이행기간에 관한 기준 마련 필요성이 제기 됨에 따라 2015. 5. 「행정대집행법」 개정 시에 제3조제1항 후단을 신설하여 '행정청은 상당한 이행기한을 정함에 있어 의무의 성질·내용 등을 고려하여 사회통념상 해당 의무를 이행하는 데 필요한 기간이 확보되도록 하여야 한다'는 내용을 추가하게 되었다.

계고는 대집행의 상대방별로 각각 이루어져야 하므로, 위법한 건물의 공유자 1인에 대한 계고처분은 다른 공유자에 대하여는 그 효력이 없다.[95]

다. 긴급한 상황 시 계고의 생략

비상시 또는 위험이 절박한 경우에 있어서 당해 행위의 급속한 실시를 요하여 계고의 수속을 취할 여유가 없을 때에는 그 수속을 거치지 아니하고 대집행을 할 수 있다(행정대집행법 제3조제3항). 긴급한 상황에 있어서는 예외적으로 계고를 생략할 수 있도록 허용하는 것이다.

2. 대집행영장의 통지

의무자가 계고를 받고 지정기한까지 그 의무를 이행하지 아니할 때에는 당해 행정청은 대집행영장으로써 대집행을 할 시기, 대집행을 시키기 위하여 파견하는 집행책임자의 성명과 대집행에 요하는 비용의 개산에 의한 견적액을 의무자에게 통지하여야 한다(행정대집행법 제3조제2항).

95) 대법원 1994. 10. 28. 선고 94누5144 판결

「행정대집행법」에 명문의 규정은 없으나 대집행영장의 통지 시점과 실제 대집행 시점 사이에는 상당한 기간이 주어져야 할 것이며, 그 기간에 대한 판단은 행정청의 재량에 속한다.

비상시 또는 위험이 절박한 경우에 있어서 당해 행위의 급속한 실시를 요하여 대집행영장의 통지를 취할 여유가 없을 때에는 그 수속을 거치지 아니하고 대집행을 할 수 있다(행정대집행법 제3조제3항). 긴급한 상황에 있어서는 예외적으로 대집행영장의 통지를 생략할 수 있도록 허용하는 것으로서, 계고의 경우와 동일하다.

3. 대집행의 실행

의무자가 그 의무를 이행하지 아니한 채 대집행영장을 통해 통지한 대집행 시기가 도래하면 대집행을 실행하게 된다.

이 때 행정청 또는 대집행을 실행하는 제3자는 해가 뜨기 전이나 해가 진 후에는 대집행을 하여서는 아니 된다(행정대집행법 제4조제1항 본문). 심야·새벽시간대의 행정대집행 제한을 통해 의무자의 인권을 보호하고, 불필요한 피해 발생을 방지하기 위해 2015. 5. 새로 도입된 조항이다. 다만 ① 의무자가 동의한 경우, ② 해가 지기 전에 대집행을 착수한 경우, ③ 해가 뜬 후부터 해가 지기 전까지 대집행을 하는 경우에는 대집행의 목적 달성이 불가능한 경우, ④ 그 밖에 비상시 또는 위험이 절박한 경우 중 어느 하나에 해당하는 경우에는 해가 뜨기 전이나 해가 진 후에도 대집행을 할 수 있다(행정대집행법 제4조제1항 단서).

또한 행정청은 대집행을 할 때 대집행 과정에서의 안전 확보를 위하여 필요하다고 인정하는 경우 현장에 긴급 의료장비나 시설을 갖추는 등 필요한 조치를 하여야 한다(행정대집행법 제4조제2항). 행정대집행 과정에서 이에 반대하는 주민들과의 물리적 충돌이 발생하는 경우가 있는바, 이를 대비하여 안전 조치를 하는 한편 필요 시 신속한 의료 지원이 가능하도록 2015. 5. 신설된 조항이다.

한편 대집행을 하기 위하여 현장에 파견되는 집행책임자는 그가 집행책임자라는 것을 표시한 증표를 휴대하여 대집행시에 이해관계인에게 제시하여야 한다(행정대집행법 제4조제3항). 집행책임자가 증표를 제시하면 이해관계자는 강제집행에 대해 수인할 의무를 부담하게 된다.

4. 대집행 비용의 징수

대집행을 실행한 경우 반드시 그 비용을 징수해야 하는지, 아니면 비용 징수는 행정청의 재량인지가 문제된다. 「행정대집행법」 제2조는 '~당해 행정청은 스스로 의무자가 하여야 할 행위를 하거나 또는 제삼자로 하여금 이를 하게 하여 그 비용을 의무자로부터 징수할 수 있다'고 하여 마치 비용 징수가 행정청의 재량인 듯이 표현하고 있고, 실무에서도 대집행 비용을 징수하지 않는 경우가 적지 않기 때문이다.[96]

생각건대 대집행의 법적 성격 및 그 목적 등을 고려할 때 「행정대집행법」 제2조의 문언은 대집행 비용의 징수가 아니라 대집행 자체가 재량행위라는 취지로 보는 것이 타당하다. 즉 대집행을 할 것인지 여부는 행정청의 재량이지만, 일단 대집행을 실행하였다면 그 의무자로부터 비용을 징수하는 것은 대집행 과정에서의 일련의 절차로서 반드시 필요하다고 할 것이다.

법제처 또한 「행정대집행법」에 따라 행정청이 대집행을 실행한 경우 특별한 사정이 없는 한 그 비용을 의무자로부터 징수하여야 하되, ① 대집행비용을 징수하는 비용이 대집행비용을 초과하는 경우나 ② 상대방이 자력(資力)이 없는 것이 명백한 경우와 같이 비용을 징수하는 것이 구체적인 타당성에 현저히 어긋나는 특별한 사정이 있는 경우에는 예외적으로 비용을 징수하지 않을 수 있다는 입장이다.

〈해석례〉 법제처 15-0203, 행정대집행법 제2조 관련, 2015. 6. 29.
대집행은 행정의무의 이행확보를 위한 행정상 강제집행 수단의 하나로서, 그 요건을 모두 갖춘 경우에도 반드시 대집행을 하여야 하는 것은 아니므로 대집행 자체는 재량행위에 해당한다고 할 수 있고, 대집행에 따른 비용징수는 대집행에 따라 부수적으로 행해지는 행위인 점에 비추어 볼 때, 「행정대집행법」 제2조에서 "당해 행정청은 스스로 의무자가 하여야 할 행위를 하거나 또는 제삼자로 하여금 이를 하게 하여 그 비용을 의무자로부터 징수할 수 있다" 중 "~할 수 있다"라는 표현은 대집행비용징수 여부에 재량을 인정하는 규정이라기보다는, 대집행이 재량행위임을 표현하는 것으로 보아야 합니다.
또한, 대집행은 의무자가 대체적 작위의무를 불이행할 경우, 해당 행정청이 불이행된 의

96) 예를 들어 대집행을 통한 불법 노점상 철거 등의 경우에는 행정청이 대집행 비용 징수를 하지 않는 경우가 많다.

무를 스스로 행하거나 제3자로 하여금 이행하게 하고, 그 비용을 의무자로부터 징수하는 제도로서, 「행정대집행법」상 대집행은 대집행의 계고(제3조제1항), 대집행영장의 통지(제3조제2항), 대집행의 실행(제4조), 대집행 비용의 납부명령(제5조) 등의 단계적 절차에 따라 행해집니다. 이처럼 대집행은 타인이 대신하여 행할 수 있는 행정의무의 이행을 의무자의 비용부담 하에 확보하기 위하여 단계적인 일련의 절차로 연속하여 행하여지는 것이므로(대법원 1993. 11. 9. 선고 93누14271 판결례, 대법원 1996. 2. 9. 선고 95누12507 판결례 참조), 비용부담은 대집행의 필수적인 부분이라 보는 것이 대집행 제도의 취지에 부합한다고 할 것입니다.

나아가, 「행정대집행법」 제3조제1항 및 같은 법 시행령 별지 제1호서식에서는 행정대집행 계고서에 대집행 비용징수에 관한 내용을 기재하도록 규정하고 있고, 「행정대집행법」 제3조제2항 및 같은 법 시행령 별지 제2호서식에서는 대집행을 할 때 의무자에게 통지하는 대집행 영장에 "대집행에 요하는 비용의 개산에 의한 견적액"을 기재하도록 규정하고 있으며, 대집행을 한 후에는 그 비용을 징수할 때에 「행정대집행법」 제5조에 따라 의무자에게 문서로써 그 납부를 명하여야 하는 것으로 규정하고 있는데, 이러한 규정들은 대집행이 의무자의 비용부담을 전제로 하고 있어서 대집행이 실행되는 경우에는 의무자에 대한 비용징수가 필연적으로 따르게 되므로 그 절차의 처음부터 끝까지 의무자가 비용을 부담한다는 사실을 명확하게 하고, 마지막 비용징수 단계에서는 행정청으로 하여금 문서로 그 납부명령을 하도록 규정하여 대집행제도가 충실하게 집행될 수 있도록 하려는 취지라고 할 것입니다.

다만, 대집행은 그 발생 원인이나 경과가 다양한 점을 고려할 때, 어떤 경우에라도 반드시 비용을 징수해야만 할 것은 아니라고 할 것입니다. 예컨대, 대집행비용을 징수하는 비용이 대집행비용을 초과하는 경우나 상대방이 자력(資力)이 없는 것이 명백한 경우와 같이 비용을 징수하는 것이 구체적인 타당성에 현저히 어긋나는 특별한 사정이 있는 경우에는 예외적으로 행정청이 그 비용을 징수하지 않을 수 있는 여지는 있다고 할 것입니다.

이상과 같은 점을 종합해 볼 때, 「행정대집행법」에 따라 행정청이 대집행 계고 및 대집행영장 통지를 거쳐 대집행을 실행한 경우, 특별한 사정이 없는 한 같은 법 제2조에 따라 그 비용을 의무자로부터 징수하여야 할 것입니다.

대집행에 요한 비용의 징수에 있어서는 실제에 요한 비용액과 그 납기일을 정하여 의무자에게 문서로써 그 납부를 명하여야 하고(행정대집행법 제5조), 대집행에 요한 비용은 「국세징수법」의 예에 의하여 징수할 수 있다(행정대집행법 제6조제1항). 따라서 대집행 비용을 「국세징수법」의 예에 의하여 징수하지 않고 민사소송절차에 의하여 그 비용의 상환을 청구하는 것은 부적법하다.

〈판례〉 대법원 2011. 9. 8. 선고 2010다48240 판결
대한주택공사의 법인격 및 대집행권한 수탁에 따른 지위, 행정대집행의 목적, 내용 및 비용징수 등에 관한 각 규정 취지 등을 종합하면, 대한주택공사가 법 및 시행령에 의하여 대집행권한을 위탁받아 공무인 대집행을 실시하기 위하여 지출한 비용은 행정대집행법의 절차에 따라 국세징수법의 예에 의하여 징수할 수 있다고 봄이 상당하다. … 행정대집행법이 대집행비용의 징수에 관하여 민사소송절차에 의한 소송이 아닌 간이하고 경제적인 특별구제절차를 마련해 놓고 있으므로 민법 제750조에 기한 손해배상으로서 대집행비용의 상환을 구하는 원고(한국토지주택공사, 舊 대한주택공사)의 이 사건 청구는 소의 이익이 없어 부적법하다 …

Ⅴ. 대집행에 대한 구제

대집행에 대하여는 행정심판을 제기할 수 있는바(행정대집행법 제7조), 대집행에 이의가 있는 자는 행정심판을 통해 이를 다툴 수 있다.

또한 법원에 행정소송을 제기할 수도 있는데, 이 때 행정소송의 대상이 되는 처분성이 인정되는 행위로는 계고, 대집행영장의 통지, 대집행의 실행 등이 있다. 다만 대집행이 완료되면 통상 권리보호의 필요가 없게 되므로 소의 이익이 인정되기 어렵다. 따라서 이러한 경우에는 「행정소송법」상의 집행정지 제도를 활용하여 일단 대집행의 집행을 정지시킨 뒤 행정소송을 수행하는 것이 바람직하다.

만약 위법한 대집행으로 인하여 손해가 발생하였다면 국가를 상대로 손해배상을 청구할 수 있다. 이는 민사소송에 해당하므로 행정소송의 제기 여부와 무관하게 진행할 수 있는바, 특히 대집행이 완료되어 대집행에 대한 취소소송 등 행정소송의 제기가 불가한 경우에 유효하다.

Ⅵ. 대집행과 민사소송과의 관계

「국유재산법」 제74조에 따른 대집행이 가능한 경우에도 이와는 별도의 민사소송을 통해 불법시설물의 철거를 구할 수 있는지가 문제된다. 이는 행정처분에 해당

하는 대집행이 민사상의 권리인 건물철거 청구에 우선하는지, 아니면 두 권리가 병존할 수 있는지에 대한 것이다.[97)]

이에 대하여 판례는 행정대집행의 절차가 인정되는 경우에는 따로 민사소송의 방법으로 불법시설물의 철거를 구하는 것이 허용되지 않는다는 입장이다.

〈판례〉 대법원 2009. 6. 11. 선고 2009다1122 판결
이 사건 토지는 잡종재산인 국유재산으로서, 국유재산법 제52조[98)]는 "정당한 사유 없이 국유재산을 점유하거나 이에 시설물을 설치한 때에는 행정대집행법을 준용하여 철거 기타 필요한 조치를 할 수 있다"고 규정하고 있으므로, 관리권자인 보령시장으로서는 행정대집행의 방법으로 이 사건 시설물을 철거할 수 있고, 이러한 행정대집행의 절차가 인정되는 경우에는 따로 민사소송의 방법으로 피고들에 대하여 이 사건 시설물의 철거를 구하는 것은 허용되지 않는다고 할 것이다.[99)]

생각건대 「국유재산법」 제74조에서 대집행이라는 특별하고 간이한 절차를 마련해 놓은 것은 이를 민사상의 권리에 우선시키려는 것으로 해석되는바, 상기 판례의 입장이 타당하다고 할 것이다.

제6절 변상책임

「국유재산법」 제28조에 따라 국유재산의 관리에 관한 사무를 위임받은 자가

97) 이와 유사한 경우인 변상금 부과·징수권과 민사상 부당이득반환청구권에 있어, 판례가 두 권리의 병존이 가능하다고 본 것은 앞서 살펴본 바 있다(대법원 2014. 7. 16. 선고 2011다76402 전원합의체 판결).

98) 현재의 제74조에 해당

99) 다만 동 판례에서는 "관리권자인 보령시장이 행정대집행을 실시하지 아니하는 경우 국가에 대하여 이 사건 토지 사용청구권을 가지는 원고로서는 위 청구권을 보전하기 위하여 국가를 대위하여 피고들을 상대로 민사소송의 방법으로 이 사건 시설물의 철거를 구하는 이외에는 이를 실현할 수 있는 다른 절차와 방법이 없어 그 보전의 필요성이 인정되므로, 원고는 국가를 대위하여 피고들을 상대로 민사소송의 방법으로 이 사건 시설물의 철거를 구할 수 있다"고 하여, 행정대집행의 권한을 가진 행정청(보령시장)이 대집행을 실행하지 않는 경우 국가에 대하여 토지 사용청구권을 가진 원고(보령수산업협동조합)가 위 청구권을 보전하기 위해 국가를 대위하여 민사소송의 방법으로 시설물의 철거를 구하는 것을 인정하였다.

고의나 중대한 과실로 그 임무를 위반한 행위를 함으로써 그 재산에 대하여 손해를 끼친 경우에는 변상의 책임이 있다(국유재산법 제79조제1항).

이러한 변상제도는 국유재산 관리자의 업무 수행에 있어 제반 법령의 준수를 유도하는 한편, 국가의 손해 발생 시 이러한 손해의 전보를 통해 궁극적으로 국유재산의 적정한 보호를 꾀하기 위한 것이다.

상기 변상책임에 관하여는 「회계관계직원 등의 책임에 관한 법률」 제4조제3항·제4항 및 제6조부터 제8조까지의 규정이 준용된다(국유재산법 제79조제2항).

Ⅰ. 변상책임의 법적 성격

변상책임은 국유재산 관리 사무를 담당하는 직원이 고의나 중대한 과실로 그 임무를 위반하였을 경우 행정청에 대하여 금전적 책임을 지는 것으로, 국유재산 관리 사무의 중요성을 고려하여 특별히 그 책임을 엄중히 하기 위한 것이다.

국가가 소속 공무원에게 금전적 책임을 묻는다는 면에서 「국가배상법」에 따른 공무원의 구상책임과 그 형태가 유사하지만, 변상책임은 공법 관계가 적용된다는 점에서 사법 관계가 적용되는 「국가배상법」과는 차이가 있다. 실제 소송을 통해 이를 다투고자 할 경우 변상책임은 행정소송을, 「국가배상법」에 따른 공무원의 구상책임은 민사소송을 각각 제기하여야 한다.

〈판례〉 대법원 2002. 10. 11. 선고 2001두3297 판결
회계관계직원 등의 책임에 관한 법률에 의한 공무원의 변상책임은 회계사무를 집행하는 회계관계직원에 대하여는 다른 공무원과는 달리 그 책임을 엄중히 하기 위한 것으로서 국가배상법에 의한 공무원의 구상책임과는 그 성립의 기초를 달리하므로 그 제한에 관한 원리를 유추적용하여 변상금액을 감액할 수는 없고 …

Ⅱ. 변상책임의 요건

변상책임이 성립하기 위해서는 「국유재산법」 제28조에 따라 국유재산의 관리에 관한 사무를 위임받은 자가 고의나 중대한 과실로 그 임무를 위반한 행위를 함

으로써 그 재산에 대하여 손해를 끼쳐야 한다.

이 중 실무에서는 주로 '중대한 과실'과 '손해'의 존부가 문제되는 경우가 많은 바 이에 대하여 간단히 살펴보기로 한다.

1. 중대한 과실

일반적으로 공무원의 중과실이란 공무원에게 통상 요구되는 정도의 상당한 주의를 하지 않더라도 약간의 주의를 한다면 손쉽게 위법·유해한 결과를 예견할 수 있는 경우임에도 만연히 이를 간과함과 같은 거의 고의에 가까운 현저한 주의를 결여한 상태를 의미한다.[100)]

판례는 「회계관계직원 등의 책임에 관한 법률」상의 '중대한 과실'에 대하여 '그 업무를 수행함에 있어 따라야 할 법령 기타 관계규정 및 예산에 정해진 바에 따르지 않음으로써 성실의무에 위배한 정도가 그 업무내용에 비추어 중대한 것으로 평가될 수 있는지의 여부에 의해 결정되어야 할 것'이라는 입장인바, 국유재산 관리자의 변상책임에 있어서도 동일한 법리가 적용될 수 있을 것이다.

〈판례〉 대법원 1994. 12. 13. 선고 93누98 판결

회계관계직원등의 책임을 물음에 있어서 그 전제되는 요건의 하나로 회계관계직원등의책임에관한법률 제4조 제1항에서 규정하고 있는 '중대한 과실'을 범한 경우에 해당되는지 여부는 동법 제1조에 규정된 동법의 목적 및 동법 제3조에서 회계관계직원의 성실의무를 규정하고 있는 점등에 비추어 볼 때 회계관계직원이 그 업무를 수행함에 있어 따라야 할 법령 기타 관계규정 및 예산에 정해진 바에 따르지 않음으로써 성실의무에 위배한 정도가 그 업무내용에 비추어 중대한 것으로 평가될 수 있는지의 여부에 의해 결정되어야 할 것이지 단순히 그 업무내용이 고도의 기능적, 관리적 성격을 가지느냐 아니면 기계적, 사실적 성격을 가지느냐에 의해 결정될 것은 아니다.

---

100) 주로 공무원이 직무 수행 중 불법행위로 타인에게 손해를 입힌 경우 공무원 개인의 손해배상책임 성립 여부를 판단할 때 적용되는 법리이다. 이러한 경우 공무원에게 경과실만 있다면 공무원 개인은 불법행위로 인한 손해배상책임을 지지 않으나, 고의나 중과실이 있는 경우에는 손해를 입은 타인에 대하여 손해배상책임이 인정되기 때문이다.

2. 손해의 발생

판례는 「회계관계직원 등의 책임에 관한 법률」상의 '손해'는 현실적으로 발생한 손해를 의미하고 그에 관한 증명책임은 변상책임을 부과하려는 행정청이 부담한다고 보는바, 동 법리는 「국유재산법」의 변상책임에도 동일하게 적용된다.

〈판례〉 대법원 2013. 9. 13. 선고 2011두16995 판결
회계관계직원에 대하여 변상책임을 부과하기 위해서는 회계관계직원이 국가 등의 재산에 대하여 손해를 끼친 사실이 인정되어야 하는데, 여기서 '손해'라 함은 현실적으로 발생한 손해를 의미하고, 그에 관한 증명책임은 회계관계직원에 대하여 변상책임을 부과하려는 행정청이 부담한다.

Ⅲ. 변상책임의 성립 절차

「국유재산법」에서는 변상책임의 성립 절차에 대하여 별도의 규정을 두는 대신 「회계관계직원 등의 책임에 관한 법률」 제6조부터 제8조까지를 준용하고 있다. 따라서 이하에서는 「회계관계직원 등의 책임에 관한 법률」상의 변상책임 절차를 중심으로 살펴보기로 한다.

1. 변상책임 사실 발생의 통지

중앙관서의 장은 「국유재산법」 제79조제1항과 「회계관계직원 등의 책임에 관한 법률」 제4조제3항 및 제4항[101]에 해당하는 사실이 발생하였을 때에는 지체 없

101) 「회계관계직원 등의 책임에 관한 법률」 제4조(회계관계직원의 변상책임) ① 회계관계직원은 고의 또는 중대한 과실로 법령이나 그 밖의 관계 규정 및 예산에 정하여진 바를 위반하여 국가, 지방자치단체, 그 밖에 감사원의 감사를 받는 단체 등의 재산에 손해를 끼친 경우에는 변상할 책임이 있다.
② 현금 또는 물품을 출납·보관하는 회계관계직원은 선량한 관리자로서의 주의를 게을리하여 그가 보관하는 현금 또는 물품이 망실(亡失)되거나 훼손(毁損)된 경우에는 변상할 책임이 있다.
③ 제2항의 경우 현금 또는 물품을 출납·보관하는 회계관계직원은 스스로 사무를 집행하지 아니한 것을 이유로 그 책임을 면할 수 없다.
④ 제1항 및 제2항의 경우 그 손해가 2명 이상의 회계관계직원의 행위로 인하여 발생한 경우에는 각자의 행위가 손해발생에 미친 정도에 따라 각각 변상책임을 진다. 이 경우 손해발

이 그 내용을 「감사원사무처리규칙」 제16조에 따른 망실·훼손통지서의 예에 따라 총괄청과 감사원에 통지하여야 한다(국유재산법 시행령 제78조, 국유재산법 시행규칙 제57조). 특별히 이 두 기관에 통지하는 이유는 총괄청이 국유재산에 관한 사무를 총괄하고 국유재산 현황을 관리하며, 감사원은 행정기관 등의 사무와 그 소속 직원의 직무에 관한 감찰 및 변상책임 판정 권한을 가지고 있기 때문이다.

2. 중앙관서의 장의 변상명령

중앙관서의 장은 국유재산의 관리에 관한 사무를 위임받은 자에게 「국유재산법」 제79조제1항에 따른 변상책임이 있다고 인정되는 경우에는 감사원이 판정하기 전이라도 해당 직원에 대하여 변상을 명할 수 있다(국유재산법 제79조제2항, 회계관계직원 등의 책임에 관한 법률 제6조제1항).

본래 변상책임의 존부는 감사원이 판정하는 것이 원칙이나, 당사자 간에 변상책임의 존부에 대하여 다툼이 없는 경우 등에 있어 신속한 해결이 가능하도록 간이하고 경제적인 절차를 마련해 둔 것이다.

3. 감사원의 변상책임 판정

변상명령을 받은 국유재산 관리자는 이의가 있으면 감사원장이 정하는 판정청구서에 의하여 감사원에 판정을 청구할 수 있다(국유재산법 제79조제2항, 회계관계직원 등의 책임에 관한 법률 제6조제3항). 즉 국유재산 관리에 관한 변상책임 결정에 있어 감사원의 판정이 필요적 절차는 아니다.

감사원은 감사위원회의를 통해 변상책임 판정을 하며 변상책임이 인정될 경우에는 변상책임자, 변상액 및 변상의 이유를 분명히 밝힌 변상판정서를 중앙관서의 장에게 송부한다(감사원법 제12조제1항제3호, 제31조제2항). 참고로 판례는 감사원의 변상판정은 기속행위이므로, 그 판정에 대한 재량권의 일탈·남용 문제는 생기지 않는다는 입장이다.[102]

생에 미친 정도가 분명하지 아니하면 그 정도가 같은 것으로 본다.

102) 감사원의 변상판정은 그 요건이 회계관계직원등의책임에관한법률 제4조등에 명백히 규정되어 있고, 이는 처분청의 재량을 허용하지 않는 기속행위라고 하여야 할 것이므로 그 판정에 대한 재량권 일탈, 남용의 문제는 생길 여지가 없다고 할 것이다(대법원 1994. 12. 13. 선고 93누98 판결).

감사원의 변상판정서를 받은 중앙관서의 장은 송부를 받은 날부터 20일 이내에 변상판정서를 해당 변상책임자에게 교부하여 감사원이 정한 날까지 변상하게 하여야 하고, 만약 감사원이 정한 날까지 변상의 책임을 이행하지 아니하였을 때에는 관계 세무서장에게 위탁하여 「국세징수법」 중 체납처분의 규정을 준용하여 이를 집행한다(감사원법 제31조제3항, 제5항).

중앙관서의 장으로부터 변상명령을 받은 국유재산 관리자가 일단 변상금을 납부한 후 감사원에 판정을 청구하였는데, 감사원이 해당 국유재산 관리자가 변상의 책임이 없다고 보거나 변상금 액수를 줄여 판정할 수도 있다. 이러한 경우에는 해당 국유재산 관리자가 이미 낸 변상금의 전부 또는 그 차액을 지체 없이 반환하여야 한다(국유재산법 제79조제2항, 회계관계직원 등의 책임에 관한 법률 제6조제4항).

Ⅳ. 변상책임의 인적 범위

국유재산의 관리에 관한 사무를 위임받은 자는 스스로 사무를 집행하지 아니한 것을 이유로 그 책임을 면할 수 없고(국유재산법 제79조제2항, 회계관계직원 등의 책임에 관한 법률 제4조제3항), 그 손해가 2명 이상의 행위로 인하여 발생한 경우에는 각자의 행위가 손해발생에 미친 정도에 따라 각각 변상책임을 지되, 이 경우 손해발생에 미친 정도가 분명하지 아니하면 그 정도가 같은 것으로 본다(국유재산법 제79조제2항, 회계관계직원 등의 책임에 관한 법률 제4조제4항).

국유재산 관리 임무 위반 과정에서 상급자가 법령이나 그 밖의 관계 규정 및 예산에 정하여진 바를 위반하는 행위를 지시하거나 요구하였다면, 임무를 위반한 해당 국유재산 관리자와 상급자가 연대하여 변상책임을 진다(국유재산법 제79조제2항, 회계관계직원 등의 책임에 관한 법률 제8조제1항). 그런데 상급자로부터 이와 같이 위법한 지시 또는 요구를 받은 경우에는 서면이나 이에 상당하는 방법으로 이유를 명시하여 그 행위를 할 수 없다는 뜻을 소속 기관의 장에게 표시하여야 하는바, 국유재산 관리자가 이러한 의사표시를 하였음에도 상급자가 다시 위법한 지시 또는 요구를 하여 손해가 발생한 경우에는 그 상급자가 변상책임을 진다. 다만 해당 국유재산 관리자가 상급자를 속인 경우에는 그 국유재산 관리자가 변상책임을 진다(국유재산법 제79조제2항, 회계관계직원 등의 책임에 관한 법률 제8조제2항, 제3항).

Ⅴ. 변상액의 결정

변상액은 중앙관서의 장의 변상명령 또는 감사원의 변상책임 판정을 통해 결정되는데, 그 금액은 국유재산 관리자의 임무 위반으로 인해 '현실적으로 발생한 손해' 상당액이 된다.

한편 변상금 결정 시에 「회계관계직원 등의 책임에 관한 법률」의 규정에 따른 감면이 가능하다는 견해가 있다. 변상책임은 사법상의 원리가 적용되지 아니하여 민사법상의 손해배상책임 또는 사용자의 구상권 등에서 볼 수 있는 '책임자의 책임 정도에 따른 변상액의 산정'이라는 측면이 고려되지 않아 변상책임자에게 가혹할 수 있으므로, 「회계관계직원 등의 책임에 관한 법률」 제5조[103]에 따라 감면할 수 있다는 것이다.[104]

물론 변상책임의 결정에 있어 과도한 제재를 피하고 형평성을 제고할 수 있다는 측면에서는 이러한 견해도 충분히 가능하다. 하지만 그러한 감면의 필요성이나 당위성은 별론으로 하고, 현행법의 해석상 「회계관계직원 등의 책임에 관한 법률」 제5조에 따른 감면은 불가하다고 본다. 「국유재산법」 제79조제2항에서는 국유재산의 변상책임에 준용되는 「회계관계직원 등의 책임에 관한 법률」 조항을 '제4조 제3항·제4항 및 제6조부터 제8조까지'라고 규정하여 제5조는 명시적으로 제외하고 있기 때문이다.

사실 「국유재산법」 제79조제2항에서 「회계관계직원 등의 책임에 관한 법률」 제5조를 제외하고 있는 것이 국유재산 변상책임에 있어서는 감면 규정을 적용하지 않겠다는 입법자의 의도인지는 다소 애매한 측면이 있다. 「국유재산법」의 변상책임

103) 「회계관계직원 등의 책임에 관한 법률」 제5조(변상금액의 감면) 감사원은 「감사원법」 제31조에 따라 변상금액을 정할 때 다음 각 호의 어느 하나에 해당하는 사유가 있는 경우에는 그 금액의 전부 또는 일부를 감면할 수 있다. 다만, 그 손해가 고의에 의하여 발생한 경우에는 감면하지 아니한다.
1. 국가, 지방자치단체, 그 밖에 감사원의 감사를 받는 단체 등이 손해의 발생 및 확대를 방지하지 못한 데에 일부 책임이 있다고 인정되는 경우
2. 회계관계직원의 회계사무의 집행 내용, 손해발생의 원인, 회계관계직원의 과실이 손해발생에 미친 정도, 손해의 확대를 방지하기 위하여 한 노력 등 모든 정황으로 미루어 보아 해당 회계관계직원에게 손해액 전부를 변상하게 하는 것이 적절하지 아니하다고 인정되는 경우
3. 회계관계직원이 평소 예산의 절약이나 회계질서의 확립에 기여한 사실이 있는 경우

104) 김백진, 국유재산법(제2판), 한국학술정보, 2013, p.380

규정은 1976. 12. 전부개정을 통해 신설되었는데, 당시 「회계관계직원 등의 책임에 관한 법률」에는 변상금액 감면 규정이 없다가 2001. 4. 전부개정을 통해 제5조로서 신설된 것이기 때문이다. 즉 현행 「국유재산법」 제79조제2항은 1976. 12. 신설 이후 사실상 내용의 변화가 없는바, 2001. 4. 신설된 「회계관계직원 등의 책임에 관한 법률」 제5조가 아직 반영되지 않고 있는 것이다.

2001. 4. 「회계관계직원 등의 책임에 관한 법률」 전부개정 시 제5조의 신설 이유는 '회계관계직원의 과실로 인하여 손해가 발생한 경우 당해 과실이 손해발생에 미친 정도, 회계관계직원이 평소 회계질서의 확립에 기여한 정도, 손해의 발생 및 확대를 방지하지 못한 데 대한 국가 등의 책임의 정도 등을 감안하여 변상금액을 감면할 수 있도록 함으로써 변상책임에 있어서의 형평을 도모'하기 위함인바, 이는 국유재산 관리자의 변상책임에 있어서도 달리 볼 이유가 없다고 본다. 따라서 가능한 신속하게 「국유재산법」 제79조제2항을 개정하여 「회계관계직원 등의 책임에 관한 법률」 제5조를 준용 규정으로 추가할 필요가 있다. 다만 이러한 법 개정 이전에는 현행법을 기준으로 해석할 수밖에 없으므로, 현재로서는 국유재산의 변상책임에 있어 「회계관계직원 등의 책임에 관한 법률」 제5조에 따른 감면은 불가하다는 견해가 불가피할 것이다.

제7절 형사처벌

국유재산을 적법한 절차와 방법에 따르지 않고 사용하거나 수익할 경우 형사처벌의 대상이 될 수 있다. 형사처벌을 하려면 죄형법정주의[105]에 따라 반드시 법률에 그 근거를 두어야 하는바 「국유재산법」 이외에 개별 법률에서도 형사처벌 관련 규정을 두는 경우가 있다.

Ⅰ. 「국유재산법」에 따른 형사처벌

「국유재산법」 제7조제1항은 '누구든지 이 법 또는 다른 법률에서 정하는 절차

105) 죄형법정주의의 원칙은 범죄와 형벌이 법률로 정하여져야 함을 의미한다.

와 방법에 따르지 아니하고는 국유재산을 사용하거나 수익하지 못한다'고 규정하고 있는바, 이를 위반하여 행정재산을 사용하거나 수익한 자는 2년 이하의 징역 또는 2천만원 이하[106]의 벌금에 처한다(국유재산법 제82조).

「국유재산법」 제7조제1항에서는 법률에서 정하는 절차와 방법을 따르지 않는 '국유재산'의 사용·수익을 금지하는 반면, 「국유재산법」 제82조에서 형사처벌의 대상으로 삼는 것은 법률에서 정하는 절차와 방법을 따르지 않는 '행정재산'의 사용·수익이다. 즉 '일반재산'을 위법하게 사용·수익할 경우에는 변상금 부과 등의 제재를 받을 뿐 형사처벌의 대상이 되지는 않는다. 행정재산은 국가의 행정목적을 수행하는 데에 있어 직접적으로 필요한 반면 일반재산은 그렇지 않은바, 보다 가벌성이 큰 행정재산의 위법한 사용·수익에 한해 형사처벌 규정을 둠으로써 형벌을 최소화하려는 것이다.

〈판례〉 대법원 1993. 10. 12. 선고 93도1888 판결

국유재산법 제58조[107]는 "제5조 제1항[108]의 규정에 위반하여 행정재산 또는 보존재산을 사용하거나 수익한 자"를 처벌하도록 규정하고 있는바, … 이 사건 국유재산은 피고인 1에게 대부될 당시 이미 도로로서의 용도가 폐지되었다고 진술하고 있음을 알 수 있으므로 … 원심으로서는 위 피고인이 위 국유재산에 관하여 대부계약을 체결할 당시 위 국유재산이 도로로서의 용도가 폐지되어 잡종재산[109]으로 되었는지의 여부까지 심리하여 보았어야 할 것이다.

그럼에도 불구하고 원심은 위 피고인이 국유지상에 건물을 신축한 사실에만 집착하여 이 점 공소사실을 유죄로 인정하였으니, 원심판결에는 국유재산법 제5조 제1항이나 제58조에 관한 법리를 오해하거나 심리를 제대로 하지 아니한 위법이 있다.

한편 모든 형벌법규는 죄형법정주의에 따른 명확성의 원칙을 충족해야 하는데, '명확성의 원칙'은 법률이 처벌하고자 하는 행위가 무엇이며 그에 대한 형벌이 어떠한 것인지를 누구나 예견할 수 있고, 그에 따라 자신의 행위를 결정할 수 있도록

---

106) 2019년 이전까지만 해도 벌금 상한액은 '1천만원'이었으나, 벌금 상한액을 징역 1년당 1천만원으로 하는 법정형 정비가 이루어짐에 따라 2020. 3. '2천만원'으로 개정되었다.

107) 현재의 제82조에 해당

108) 현재의 제7조제1항에 해당

109) 현재의 일반재산에 해당

구성요건을 명확하게 규정하는 것을 의미한다.[110] 그런데 「국유재산법」 제7조제1항 및 제82조에서는 특정 법률명칭이나 조문번호를 명시하지 않은 채 '이 법 또는 다른 법률에서 정하는 절차'라고만 규정하고 있는바, 이것이 명확성의 원칙에 부합하는지 여부가 문제된다.

이에 대하여 헌법재판소는 「공유재산 및 물품관리법」의 유사 조항[111]에 대해서 명확성의 원칙에 반하지 않는다고 보아 합헌 결정을 한 바 있다.

〈판례〉 헌법재판소 2013. 6. 27. 2012헌바17

1. 심판대상조항의 문언상 '이 법에서 정하는 절차와 방법'은 행정재산의 '사용 · 수익'과 관련된 절차와 방법을 규정한 공유재산법[112] 제20조 내지 제27조에 따라 사용 · 수익허가 또는 관리위탁을 받는 것을 의미하고, '다른 법률에서 정하는 절차와 방법'도 행정재산의 사용 · 수익에 관하여 규정한 도로법(제38조), '도시공원 및 녹지 등에 관한 법률'(제24조) 등의 관련규정에 규정된 것을 의미함을 알 수 있다. 또한 공유재산법 제20조 제5항이 허가기간이 끝나거나 허가가 취소된 경우에는 그 행정재산을 원상대로 반환하도록 규정하고 있으므로, 적법하게 사용 · 수익 허가를 받아 점유를 개시한 경우라도 허가기간이 끝나거나 허가가 취소된 후 이를 계속 사용 · 수익하는 것은 '이 법에서 정하는 절차와 방법'에 따르지 아니하고 행정재산을 사용 · 수익하는 것으로서 심판대상조항에 의해 처벌받는 행위임을 예측할 수 있으므로[113] 심판대상조항은 죄형법정주의 명확성원칙에 위반되지 아니한다.
2. 심판대상조항은 정당한 권원 없이 행정재산을 사용 · 수익하는 행위를 예방 및 근절함으로써 행정재산의 적정한 보호와 관리를 꾀하는 등의 목적을 가지고 있으므로 그 목적의 정당성과 수단의 적절성이 인정된다. 정당한 권원 없이 행정재산을 사용 · 수익하는 경우

110) 대법원 2006. 5. 11. 선고 2006도920 판결

111) 「공유재산 및 물품관리법」 제6조(공유재산의 보호) ① 누구든지 이 법 또는 다른 법률에서 정하는 절차와 방법에 따르지 아니하고는 공유재산을 사용하거나 수익하지 못한다.
제99조(벌칙) 제6조제1항을 위반하여 행정재산을 사용하거나 수익한 자는 2년 이하의 징역 또는 2천만원 이하의 벌금에 처한다.

112) 「공유재산 및 물품 관리법」을 의미한다.

113) 「국유재산법」에서는 제2조제9호에서 '사용허가나 대부계약 기간이 끝난 후 다시 사용허가나 대부계약 없이 국유재산을 계속 사용 · 수익하거나 점유한 자'를 '무단점유자'로 명시하고 있으므로 보다 쉽게 동일한 결론을 도출할 수 있다. 참고로 「공유재산 및 물품관리법」도 2021. 4. 개정 시 제2조제9호를 신설하면서 '사용허가나 대부계약 기간이 끝난 후 다시 사용허가나 대부계약 없이 공유재산 또는 물품을 계속 사용 · 수익하거나 점유한 자'를 '무단점유자'로 명시하였다.

에 대해 공유재산법은 행정적 제재수단들을 두고 있으나, 행정재산의 사용 · 수익을 통해 얻는 수익의 규모가 큰 경우 이러한 제재수단에도 불구하고 행정재산을 계속 사용 · 수익하려는 동기가 발생할 수 있는 점 등에 비추어 이러한 제재수단이 행정재산의 보호, 관리 및 행정목적 달성에 충분히 실효적이라고 단정할 수 없으므로, 심판대상조항이 그 제재수단으로 형사처벌을 규정한 것은 침해의 최소성에도 어긋나지 아니한다. 또한 2년 이하의 징역 또는 700만원 이하의 벌금[114]이 책임의 정도를 넘어선 과도한 형벌로서 달성하려는 공익과 침해되는 기본권 사이의 균형을 상실하였다고도 보이지 않으므로 과잉금지원칙에 반하지 아니한다.

3. 사유재산의 적절한 관리, 활용은 기본적으로 소유자인 사인의 이익에 기여할 뿐이지만, 행정재산의 적절한 관리, 활용은 지방자치단체와 주민 전체의 이익에 귀속되고 특히 지방자치단체를 위한 재원 확보의 수단이라는 점에서, 행정재산을 정당한 권원 없이 사용 · 수익하는 경우 사유재산과 달리 형사적 제재를 가하는 것은 합리적인 이유가 있으므로 평등원칙에 위배되지 않는다.

생각건대 국유재산과 공유재산은 공공의 이익을 위해 사용·수익된다는 측면에서 그 보호의 필요성이 다르지 않고, 형사처벌과 관련한 「국유재산법」과 「공유재산 및 물품관리법」 규정의 내용이 사실상 동일하다는 점에서 상기 법리는 「국유재산법」에도 그대로 적용된다고 할 것이다.

Ⅱ. 기타 개별 법률에 따른 형사처벌

「국유재산법」 이외에도 국유재산의 위법한 사용·수익에 대하여 형사처벌 규정을 두고 있는 법률이 있다. 대표적인 예를 몇 가지 살펴보면 다음과 같다.

1. 「공유수면 관리 및 매립에 관한 법률」에 따른 형사처벌

누구든지 공유수면[115]에서 정당한 사유 없이 ① 폐기물, 폐유, 폐수, 오수, 분

114) 현행 「공유재산 및 물품관리법」 제99조의 법정형은 '2년 이하의 징역 또는 2천만원 이하의 벌금'으로 「국유재산법」 제82조와 동일한바, 이는 벌금 상한액을 징역 1년당 1천만원으로 하는 법정형 정비가 일괄적으로 이루어진 영향이다.

115) 이 때의 '공유수면'이란 ① 바다(「해양조사와 해양정보 활용에 관한 법률」 제8조제1항제3호에 따른 해안선으로부터 「배타적 경제수역 및 대륙붕에 관한 법률」에 따른 배타적 경제수역 외측 한계까지의 사이), ② 바닷가(「해양조사와 해양정보 활용에 관한 법률」 제8조제1항제3

뇨, 가축분뇨, 오염토양, 유독물, 동물의 사체, 그 밖에 해양수산부령으로 정하는 오염물질을 버리거나 흘러가게 하는 행위, ② 수문(水門) 또는 그 밖에 공유수면의 관리를 위한 시설물을 개폐(開閉)하거나 훼손하는 행위, ③ 선박을 버리거나 방치하는 행위 중 어느 하나에 해당하는 행위를 하여서는 안되는바, 이를 위반하여 금지된 행위를 한 자는 3년 이하의 징역 또는 3천만원 이하의 벌금에 처한다(공유수면 관리 및 매립에 관한 법률 제5조, 제62조제1호).

그 외 공유수면 점용·사용허가를 받지 아니하고 공유수면을 점용·사용하거나 공유수면 점용·사용허가를 거짓이나 그 밖의 부정한 방법으로 받은 자(공유수면 관리 및 매립에 관한 법률 제8조제1항, 제62조제2호 및 제3호), 공유수면 매립면허를 받지 아니하고 공유수면을 매립하거나 공유수면 매립면허를 거짓이나 그 밖의 부정한 방법으로 받은 자(공유수면 관리 및 매립에 관한 법률 제28조, 제62조제4호 및 제5호) 또한 3년 이하의 징역 또는 3천만원 이하의 벌금형에 해당한다.

2. 「국유림의 경영 및 관리에 관한 법률」에 따른 형사처벌

국유림은 '보전국유림'[116]과 '준보전국유림'[117]으로 구분되는바, 보전국유림은 「국유재산법」상 행정재산으로 보고 준보전국유림은 「국유재산법」상 일반재산으로 본다(국유림의 경영 및 관리에 관한 법률 제16조제1항, 제3항).[118]

국유림에는 원칙적으로 건물 그 밖에 영구시설물을 설치하지 못하는바 이를

호에 따른 해안선으로부터 지적공부(地籍公簿)에 등록된 지역까지의 사이), ③ 하천·호소(湖沼)·구거(溝渠), 그 밖에 공공용으로 사용되는 수면 또는 수류(水流)로서 국유인 것을 의미한다(공유수면 관리 및 매립에 관한 법률 제2조제1호). 이 중 '바다'와 '바닷가'는 「국유재산법」 상의 국유재산으로 보기 어려우나 '하천·호소(湖沼)·구거(溝渠), 그 밖에 공공용으로 사용되는 수면 또는 수류(水流)로서 국유인 것'은 「국유재산법」상의 국유재산에 해당한다.

116) ① 산림경영임지의 확보, 임업기술개발 및 학술연구를 위하여 보존할 필요가 있는 국유림, ② 사적(史蹟)·성지(城趾)·기념물·유형문화재 보호, 생태계보전 및 상수원보호 등 공익상 보존할 필요가 있는 국유림, ③ 그 밖에 국유림으로 보존할 필요가 있는 것으로서 대통령령으로 정하는 국유림

117) 보전국유림 외의 국유림

118) 참고로 국유림의 관리에 관하여는 「국유림의 경영 및 관리에 관한 법률」의 규정이 「국유재산법」보다 우선하여 적용된다. 따라서 보전국유림을 준보전국유림으로 전환하는 경우에는 「국유재산법」의 용도폐지가 아니라 「국유림의 경영 및 관리에 관한 법률」 제16조제4항에 따른 재구분 절차를 거쳐야 한다(법제처 18-0450 '「국유림의 경영 및 관리에 관한 법률」 제16조제4항 각 호에 해당하지 않는 경우에도 보전국유림을 준보전국유림으로 재구분할 수 있는지 여부', 2018. 11. 8).

위반하여 건물 그 밖에 영구시설물을 설치하거나(국유림의 경영 및 관리에 관한 법률 제22조제1항, 제33조제1호), 대부계약서 또는 허가조건에 명시된 산물 외의 산물을 취득한 자(국유림의 경영 및 관리에 관한 법률 제24조제1항, 제33조제2호)는 3년 이하의 징역 또는 3천만원 이하의 벌금에 처한다.

3. 「방위사업법」에 따른 형사처벌

정부는 방위사업의 수행을 위하여 필요한 행정재산을 무상으로 사용허가하거나, 일반재산을 수의계약의 방법으로 방산업체에 매각하거나 유상 또는 무상으로 대부할 수 있다(방위사업법 제45조제1항). 그리고 방산업체 또는 전문연구기관은 유상 또는 무상으로 대부 또는 사용허가를 받은 국유재산을 그 용도 외로 사용하여서는 아니된다(방위사업법 제45조제3항).

이 때 「방위사업법」 제45조제3항의 규정을 위반하여 국유재산을 용도 외에 사용한 자는 1년 이하의 징역 또는 1천만원 이하의 벌금에 처하게 된다(방위사업법 제62조제5항제2호).

제7장 /

지식재산 관리 · 처분의 특례

제 7 장

지식재산 관리 · 처분의 특례

제1절 지식재산 관리 · 처분 특례의 도입 배경

2011년 이전의 「국유재산법」에서도 특허권, 저작권, 상표권, 디자인권, 실용신안권 등을 국유재산에 포함하고 있었으나, 「국유재산법」의 전반적인 체계가 부동산 중심으로 기술되어 있는 까닭에 이러한 지식재산의 효율적 · 체계적 관리에 한계가 있었다. 이러한 상황에서 국가자산관리의 중요성이 부각되면서, 국유재산관리정책에 있어서도 부동산뿐만 아니라 지식재산권 등 무체재산 관리의 필요성이 점차 커지게 되었다.

이에 2012. 12. 「국유재산법」 개정을 통해 제5조제1항제6호에 '지식재산'의 개념을 새로이 도입하여 지식재산의 활용을 통한 국민편익 제고 및 관련 산업의 발전을 도모하는 한편, 지식재산의 자유로운 이용을 촉진하기 위해 제4장의2 '지식재산 관리 · 처분의 특례'를 신설하여 지식재산의 특성을 반영한 관리 · 처분기준을 마련하게 되었다.

제2절 지식재산의 사용허가 및 대부

지식재산 관리·처분 특례의 대부분은 지식재산의 사용허가 및 대부에 관한 것이다. 이는 특히 사용허가·대부에 있어 부동산과는 다른 지식재산의 특성이 잘 드러나기 때문으로, 지식재산의 자유로운 이용을 촉진하기 위해 특별한 규정을 두는 것이다.

Ⅰ. 지식재산 사용허가·대부의 범위

일반적인 국유재산의 경우, 사용허가 또는 대부를 받은 자는 원칙적으로 그 재산을 다른 사람에게 사용·수익하게 할 수 없다. 즉 전대는 원칙적으로 금지되고 예외적인 경우에 한해서만 허용된다(국유재산법 제30조제2항, 제47조제1항).

반면 지식재산의 사용허가·대부를 받은 자[1)]는 상기 규정에도 불구하고 해당 중앙관서의 장등의 승인을 받아 그 지식재산을 다른 사람에게 사용·수익하게 할 수 있고, 저작권등의 사용허가·대부를 받은 자는 해당 지식재산을 관리하는 중앙관서의 장등의 승인를 받아 그 저작물의 변형, 변경 또는 개작을 할 수 있다(국유재산법 제65조의7제1항, 제2항). 「국유재산법」에서 일반적인 국유재산에 대해 전대를 금지하는 것은 무분별한 국유재산의 사용으로부터 국유재산을 보호하려는 취지이나, 지식재산에 동일한 규제를 적용할 경우 민간에서 국유저작물을 가공하여 서비스를 제공하는 데에 제약이 발생한다. 특히 지식재산의 경우 그것이 확산된다고 하더라도 본질적인 재산 가치가 훼손된다고 보기 어려우므로, 전대를 허용하는 한편 일부 변형을 하여 사용할 수 있도록 한 것이다.

1. 지식재산 전대의 절차

지식재산의 사용허가·대부를 받은 자가 그 지식재산을 다른 사람에게 사용·

1) 지식재산을 사용허가 또는 대부를 받으려는 자는 소관 중앙관서의 장등에 「국유재산법 시행규칙」 별지 제1호의3서식의 신청서를 제출하여야 하고, 중앙관서의 장이 지식재산의 사용허가 또는 대부를 하였을 때에는 동 규칙 별지 제3호의2서식의 사용허가서 또는 별지 제7호의2서식의 대부계약서를 발급하여야 한다(국유재산법 시행규칙 제46조의2).

수익하게 하려는 경우에는 다음의 사항을 적은 승인신청서를 해당 중앙관서의 장등에게 제출하여야 한다(국유재산법 시행령 제67조의6제2항).

〈표 7-1〉 지식재산 전대를 위한 승인신청서에 기재할 사항(국유재산법 시행령 제67조의6제2항)

1. 해당 지식재산의 표시
2. 해당 지식재산의 사용목적, 수익방법 및 사용·수익기간
3. 사용허가·대부를 받은 자가 사용·수익자로부터 받을 사용대가에 관한 사항
4. 그 밖에 필요한 사항

중앙관서의 장등은 제출받은 승인신청서를 검토하여 전대 승인 여부를 결정하며, 사용허가·대부를 받은 자가 사용·수익자로부터 받을 사용대가가 해당 지식재산의 사용료 또는 대부료를 초과할 때에는 승인을 하지 아니할 수 있다(국유재산법 시행령 제67조의6제3항). 만약 이를 승인하게 되면 사용허가·대부를 받은 자는 국유재산인 지식재산을 전대함으로써 부당한 차익을 얻게 되는바, 이를 방지하기 위한 것이다.

한편 지식재산의 사용허가·대부를 받은 자가 다른 사람에게 사용·수익하게 하는 경우, 해당 사용·수익기간은 사용허가·대부를 받은 자의 사용허가·대부기간의 남은 기간을 초과할 수 없다(국유재산법 시행령 제67조의6제1항).[2] 만약 전대에 의해 기존 사용허가·대부기간이 달라진다면 법적 안정성을 해치고, 이는 지식재산의 사용허가·대부기간을 명시하고 있는 「국유재산법」의 취지에도 반하기 때문이다.

2. 저작물의 변형, 변경 또는 개작의 절차

지식재산의 사용허가·대부를 받은 자가 저작물의 변형, 변경 또는 개작을 하려는 경우에는 ① 해당 지식재산의 표시, ② 저작물의 변형, 변경 또는 개작의 목적 및 내용, ③ 그 밖에 필요한 사항을 적은 승인신청서를 해당 중앙관서의 장등에게 제출하여야 한다(국유재산법 시행령 제67조의6제4항).

중앙관서의 장등은 저작물의 변형, 변경 또는 개작이 저작물의 본질적 가치를

2) 사용허가 받은 행정재산의 전대에 관하여 규정하고 있는 「국유재산법 시행령」 제26조제2항도 같은 취지이다.

침해하거나 본래의 용도·목적에 장애가 되는지 검토하여 승인 여부를 결정한다.

Ⅱ. 지식재산 사용허가·대부의 방법

1. 원칙 - 수의계약, 다수 대상

일반적인 국유재산의 사용허가·대부 시에는 일반경쟁에 부치는 것이 원칙이고, 사용허가·대부의 목적·성질·규모 등을 고려하여 필요하다고 인정되는 경우에 한해 지명경쟁이나 수의계약이 가능하다(국유재산법 제31조제1항, 제47조제1항).

반면 지식재산의 사용허가·대부의 경우, 중앙관서의 장등은 사용허가·대부를 수의(隨意)의 방법으로 하되 다수에게 일시에 또는 여러 차례에 걸쳐 할 수 있다(국유재산법 제65조의8제1항). 지식재산은 비독점적으로 다수가 이용할 수 있으므로 일반경쟁을 통해 다수의 이용을 배제하는 것은 지식재산의 활용을 어렵게 할 수 있고, 단순 저작물까지 일반경쟁에 부칠 경우 불필요한 거래 비용이 발생할 수 있다는 점을 고려한 것이다.

「국유재산법」 제65조의8제1항에 따라 지식재산의 사용허가·대부를 받은 자는 다른 사람의 이용을 방해하여서는 아니되고, 중앙관서의 장등은 이를 위반하여 다른 사람의 이용을 방해한 자에 대하여 사용허가·대부를 철회할 수 있다(국유재산법 제65조의8제2항, 제3항).

2. 예외 - 일반경쟁입찰, 특정인 대상

예외적으로 중앙관서의 장등은 「국유재산법」 제65조의11제1항에 따른 사용허가·대부의 기간 동안 신청자 외에 사용허가·대부를 받으려는 자가 없거나 지식재산의 효율적인 관리를 위하여 특히 필요하다고 인정하는 경우에는 특정인에 대하여만 사용허가·대부를 할 수 있다(국유재산법 제65조의8제4항 전단).

비독점적으로 다수가 이용할 수 있는 지식재산의 특성을 고려하더라도, 사용허가·대부의 추가 신청자가 없거나 특정인에 대하여만 사용허가·대부를 허용할 필요가 있을 수 있으므로 예외 조항을 둔 것이다.

다만 수의계약을 통해 지식재산의 독점적 사용을 허용하게 되면 특정인에게 과도한 권한이 부여될 수 있다는 문제가 있다. 따라서 특정인에 대하여 지식재산의 사용허가 · 대부를 할 때에는 일반경쟁에 부쳐야 하고(국유재산법 제65조의8제4항 후단), 일반경쟁입찰을 두 번 실시하여도 낙찰자가 없는 재산에 대해서는 수의의 방법으로 사용허가 · 대부를 할 수 있다(국유재산법 시행령 제67조의7).

Ⅲ. 지식재산의 사용료 · 대부료

1. 사용료 · 대부료의 산출

일반적인 국유재산의 사용료 · 대부료는 재산가액에 일정한 요율을 곱하여 산출하고, 이 때 재산가액은 「부동산 가격공시에 관한 법률」에 따른 개별공시지가 · 개별주택가격 · 공동주택가격, 「지방세법」에 따른 시가표준액 등을 활용한다.

그런데 지식재산의 경우 이러한 방법으로 재산가액을 산출하는 것이 불가능하므로, 지식재산의 사용료 · 대부료는 해당 지식재산으로부터의 매출액 등을 고려하여 정한다(국유재산법 제65조의9제1항). 재산가액 산출의 어려움과 더불어 비독점적 사용이 가능하다는 지식재산의 특성을 고려한 것이다. 구체적인 산정 기준은 다음과 같으며, 사용료 · 대부료는 다음의 산정 기준에 따라 산출한 금액 이상으로 한다.

〈표 7-2〉 지식재산의 사용료 · 대부료 산정 기준(국유재산법 시행령 제67조의8제1항)

구 분	산 정 기 준
1. 「특허법」 · 「실용신안법」 · 「디자인보호법」 및 「상표법」에 따라 등록된 특허권, 실용신안권, 디자인권 및 상표권	지식재산을 이용한 제품의 총판매예정수량 × 제품의 판매단가 × 점유율 × 기본율[3]
2. 「저작권법」에 따른 저작권, 저작인접권 및 데이터베이스제작자의 권리 및 그 밖에 같은 법에서 보호되는 권리로서 같은 법 제53조 및 제112조제1항에 따라 한국저작권위원회에 등록된 권리	총괄청이 지식재산을 이용한 제품의 매출액 또는 지식재산의 이용횟수 등을 고려하여 문화체육관광부장관과 협의하여 정한 기준
3. 「식물신품종 보호법」 제2조제4호에 따른 품종보호권	품종보호권을 이용한 종자의 총판매수량 또는 총판매예정수량(사용허가 · 대부 기간 중 최초 증식기간 중의 수량은 제외한다) × 종자의 판매예정단가 × 기본율[4]

4. 위 1.~3.에 따른 지식재산 외에 「지식재산 기본법」 제3조제3호에 따른 지식재산권(다만, 「저작권법」에 따라 등록되지 아니한 권리는 제외)	위 1.~3.의 기준 중 해당 지식재산과 가장 유사한 지식재산에 적용되는 기준

다만 「국유재산법」 제65조의8제4항 후단에 따라 특정인에게 일반경쟁입찰로 사용허가·대부를 하는 경우에는 사용료·대부료를 최고입찰가로 결정하고, 이 경우에는 일반적인 국유재산의 경쟁입찰에 있어 사용료·대부료를 규정하고 있는 「국유재산법 시행령」 제29조제6항은 적용하지 아니한다(국유재산법 시행령 제67조의8제2항).

지식재산에 대한 사용허가·대부를 갱신하는 경우에 있어 갱신된 사용허가·대부기간의 사용료·대부료 또한 상기 기준[5]을 따르되, 「국유재산법」 제65조의8제4항에 따른 특정인에 대한 사용허가·대부를 갱신하는 경우에는 다음의 계산식에 따라 갱신 시의 사용료·대부료를 산출한다(국유재산법 시행령 제67조의8제3항).

$$\text{갱신하기 직전의 사용료·대부료} \times \frac{\text{국유재산법 시행령 제67조의8제1항에 따라 산정한 갱신되는 기간의 사용료·대부료}}{\text{국유재산법 시행령 제67조의8제1항에 따라 산정한 갱신되기 이전기간의 사용료·대부료}}$$

한편 일반적인 국유재산의 사용허가·대부에 있어서는 사용료·대부료의 조정이 가능하나 지식재산의 경우에는 그렇지 않다. 즉, 동일인[6]이 같은 지식재산을 계

3) 본 산정기준에서 사용하는 용어의 의미는 다음과 같으며, 그 외 세부 내용은 「국유재산법 시행령」 별표 2의2에 따른다.
   1. 총판매예정수량: 사용허가·대부 기간 중 매 연도별 판매예정수량을 합한 것
   2. 제품의 판매단가: 사용허가·대부 기간 중 매 연도별 공장도가격의 평균가격
   3. 점유율: 단위 제품을 생산하는 데에 해당 지식재산이 이용되는 비율
   4. 기본율: 3퍼센트. 다만, 중앙관서의 장등은 해당 지식재산의 실용적 가치, 산업적 이용가능성 등을 고려하여 2퍼센트 이상 4퍼센트 이하로 할 수 있다.

4) '총판매예정수량'을 예측할 수 없는 경우에는 총판매예정수량을 계약신청자가 생산·판매하려는 약정수량으로 대체할 수 있으며, 약정수량을 초과하여 생산·판매하였을 때에는 그 초과분에 대한 수량을 추가한다. 또한 '기본율'은 3퍼센트로 하되, 중앙관서의 장등은 해당 지식재산의 실용적 가치, 산업적 이용가능성 등을 고려하여 2퍼센트 이상 4퍼센트 이하로 할 수 있다. 그 외 세부 내용은 「국유재산법 시행령」 별표 2의3에 따른다.

5) 「국유재산법 시행령」 제67조의8제1항 및 제2항을 의미한다.

6) 상속인이나 그 밖의 포괄승계인은 피승계인과 동일인으로 본다.

속 사용·수익하는 경우에는 「국유재산법」상의 사용료·대부료의 조정 관련 규정을 적용하지 아니한다(국유재산법 제65조의9제2항).

2. 사용료 · 대부료의 감면

「국유재산법」 제34조제1항[7] 및 제47조제1항은 일반적인 국유재산에 있어 사용료·대부료의 면제에 대하여 규정하고 있는바, 동 규정은 지식재산의 경우에도 동일하게 적용된다. 다만 지식재산의 경우에는 저작권 등 지식재산의 활용을 통한 산업발전 도모를 위해 사용료·대부료의 감면 대상을 보다 확대하고 있다.

〈표 7-3〉 지식재산 사용료 · 대부료의 감면 대상(국유재산법 제65조의10, 국유재산법 시행령 제67조의9제2항)

구 분	사용료 · 대부료
1. 「농업·농촌 및 식품산업 기본법」 제3조제2호에 따른 농업인과 「수산업·어촌 발전 기본법」 제3조제3호에 따른 어업인의 소득 증대, 「중소기업기본법」 제2조에 따른 중소기업의 수출 증진, 「중소기업창업 지원법」 제2조제2호 및 제2호의2에 따른 창업자·재창업자에 대한 지원 및 「벤처기업육성에 관한 특별조치법」 제2조제1항에 따른 벤처기업의 창업 촉진, 그 밖에 이에 준하는 국가시책을 추진하기 위하여 중앙관서의 장등이 필요하다고 인정하는 경우	면제
2. 지식재산을 공익적 목적으로 활용하기 위하여 중앙관서의 장등이 필요하다고 인정하는 경우로서 지방자치단체에 사용허가·대부하는 경우	면제
3. 지식재산을 공익적 목적으로 활용하기 위하여 중앙관서의 장등이 필요하다고 인정하는 경우로서 지방자치단체 이외의 자에게 사용허가·대부하는 경우	사용료·대부료의 100분의 50 감면

7) 「국유재산법」 제34조(사용료의 감면) ① 중앙관서의 장은 다음 각 호의 어느 하나에 해당하면 대통령령으로 정하는 바에 따라 그 사용료를 면제할 수 있다.
1. 행정재산으로 할 목적으로 기부를 받은 재산에 대하여 기부자나 그 상속인, 그 밖의 포괄승계인에게 사용허가하는 경우
1의2. 건물 등을 신축하여 기부채납을 하려는 자가 신축기간에 그 부지를 사용하는 경우
2. 행정재산을 직접 공용·공공용 또는 비영리 공익사업용으로 사용하려는 지방자치단체에 사용허가하는 경우
3. 행정재산을 직접 비영리 공익사업용으로 사용하려는 대통령령으로 정하는 공공단체에 사용허가하는 경우

지식재산에 적용되는 사용료·대부료의 감면 대상은 <표 7-3>과 같다(국유재산법 제65조의10).

중앙관서의 장등이 위 규정에 따라 사용료·대부료를 감면하려는 경우에는 사용허가서 또는 대부계약서에 그 이용 방법 및 조건의 범위를 명시하여야 한다(국유재산법 시행령 제67조의9제1항).

Ⅳ. 지식재산 사용허가·대부의 기간

일반적인 국유재산의 사용허가·대부기간은 「국유재산법」 제35조 및 제46조에서 정하고 있는데, 사용허가기간은 원칙적으로 5년 이내이고 대부기간은 그 형태와 목적에 따라 1년부터 20년 이내까지 다양하다.

반면 지식재산의 사용허가·대부기간은 5년 이내에서 대통령령으로 정하도록 하는바, 현행 「국유재산법 시행령」에서는 상표권을 제외한 지식재산은 3년 이내, 상표권은 5년 이내로 사용허가·대부기간을 정하고 있다(국유재산법 제65조의11제1항, 국유재산법 시행령 제67조의10제1항, 제3항).

1. 사용허가·대부기간의 연장

상표권을 제외한 지식재산의 사용허가·대부기간은 원칙적으로 3년 이내이나, <표 7-4>의 어느 하나에 해당하는 경우에는 그 기간을 연장할 수 있다. 다만 이 경우에도 최초의 사용허가·대부기간과 연장된 사용허가·대부기간을 합산한 기간은 5년을 초과하지 못한다(국유재산법 시행령 제67조의10제2항).

〈표 7-4〉 상표권을 제외한 지식재산의 사용허가·대부기간 연장(국유재산법 시행령 제67조의10제2항)

구 분	연장되는 기간
1. 해당 지식재산을 실시하는 데에 필요한 준비기간이 1년 이상 걸리는 경우	그 준비기간
2. 해당 지식재산의 존속기간이 계약일부터 4년 이내에 만료되는 경우	그 존속기간 만료 시까지의 남은 기간

2. 사용허가 · 대부기간의 갱신

사용허가·대부기간이 끝난 지식재산[8]에 대하여는 「국유재산법」 제65조의11 제1항의 사용허가·대부기간을 초과하지 아니하는 범위에서 종전의 사용허가·대부를 갱신할 수 있다(국유재산법 제65조의11제2항 본문). 다만 「국유재산법」 제65조의8 제4항에 따른 특정인에 대한 사용허가·대부의 경우에는 이를 한 번만 갱신할 수 있는바(국유재산법 제65조의11제2항 단서), 이는 특정인이 장기간 국가의 지식재산을 독점적으로 사용하는 것을 방지하기 위함이다.

갱신된 사용허가·대부기간의 사용료·대부료에 대해서는 「국유재산법 시행령」 제67조의8제3항에 따르는바, 'Ⅲ. 지식재산의 사용료·대부료 1. 사용료·대부료의 산출'에서 전술한 바와 같다.

제3절 저작권의 귀속

Ⅰ. 저작물 제작을 위한 계약

중앙관서의 장등은 국가 외의 자와 저작물 제작을 위한 계약을 체결하는 경우 그 결과물에 대한 저작권 귀속에 관한 사항을 계약내용에 포함하여야 하며, 이 때 그 결과물에 대한 저작권의 전부를 국가 외의 자에게 귀속시키는 내용의 계약을 체결하여서는 아니 된다(국유재산법 제65조의12제1항, 제3항).

Ⅱ. 공동으로 창작하기 위한 계약

중앙관서의 장등이 국가 외의 자와 공동으로 창작하기 위한 계약을 체결하는 경우 그 결과물에 대한 저작권은 「국유재산법」 제11조제1항의 사권 설정 제한 규

---

8) 「국유재산법 시행령」 제34조제1항에 따라 사용허가의 갱신이 불가한 경우 및 「국유재산법 시행령」 제50조제2항에 따라 대부계약의 갱신이 불가한 경우에 해당하는 지식재산은 제외한다.

정에도 불구하고 공동으로 소유하며, 별도의 정함이 없으면 그 지분은 균등한 것으로 한다. 다만, 그 결과물에 대한 기여도 및 국가안전보장, 국방, 외교관계 등 계약목적물의 특수성을 고려하여 협의를 통하여 저작권의 귀속주체 또는 지분율 등을 달리 정할 수 있다(국유재산법 제65조의12제2항).

한편 국가 외의 자에게 저작권 전부를 귀속시킬 수는 없는바, 중앙관서의 장등은 상기 계약 체결 시 그 결과물에 대한 저작권의 전부를 국가 외의 자에게 귀속시키는 내용의 계약을 체결하여서는 아니 된다(국유재산법 제65조의12제3항).

제 8 장 /

대장과 보고

제8장 대장과 보고

제1절 일반론

국유재산은 국가의 행정목적 수행을 위해 사용하거나 국고 수입 증대 등을 위해 활용되므로, 그 관리의 중요성은 아무리 강조해도 지나치지 않는다. 따라서 국유재산에 대한 주기적 실태조사를 통해 그 현황을 최신화하여 관리하고, 국유재산 현황에 대하여 총괄청 등에 보고할 필요가 있다. 또한 국유재산은 국민의 세금을 통해 취득·운영되는 것인 만큼 국민의 대의기관인 국회의 통제도 필요하다.

이에 「국유재산법」에서는 '대장(臺帳)과 보고'라는 별도의 장을 두어 국유재산 대장, 국유재산 실태조사, 국유재산관리운용보고서 등의 내용 및 그 보고절차를 규정하고 있다.

국유재산대장 등의 작성에 있어, 국유재산의 가격평가 등 회계처리는 「국가회계법」 제11조에 따른 국가회계기준에서 정하는 바에 따른다(국유재산법 제68조).[1)]

1) 다만 국방부장관이 관리하는 선박, 부표(浮標), 부잔교(浮栈橋), 부선거(浮船渠) 및 항공기와 그들의 종물과 그 밖에 중앙관서의 장이 총괄청과 협의하여 정하는 재산은 「국유재산법」 제68조부터 제70조까지의 규정을 적용하지 아니한다(국유재산법 제71조). 국방부장관이 관리하는 선박 등은 「군수품관리법」에 따라 관리·통제되고 있는 점을 고려한 것이다.

제2절 국유재산대장, 국유재산 총괄부 및 실태조사

Ⅰ. 국유재산대장

중앙관서의 장등은 국유재산의 구분과 종류에 따라 그 소관에 속하는 국유재산의 대장·등기사항증명서와 도면을 갖추어 두어야 하고, 이 경우 국유재산의 대장은 전산자료로 대신할 수 있다(국유재산법 제66조제1항). 국유재산의 현황을 정확히 파악하고 관리하기 위한 것이다.

국유재산대장은 국유재산의 구분과 종류에 따라 총괄청이 정하는 서식으로 작성하며(국유재산법 시행령 제68조제1항), 중앙관서의 장등은 국유재산의 취득, 관리전환, 처분 및 그 밖의 사유로 증감·이동이 있을 때에는 지체 없이 그 내용을 대장에 적고 부속도면을 정리하여야 한다(국유재산법 시행령 제69조제1항). 국유재산대장은 일반적으로 진정한 공문서로 추정되므로, 진실에 반한다는 등의 특별한 사정이 없는 한 그 내용의 증명력을 쉽게 배척할 수 없다.

〈판례〉 대법원 2006. 6. 15. 선고 2006다16055 판결
공문서는 그 진정성립이 추정됨과 아울러 그 기재 내용의 증명력 역시 진실에 반한다는 등의 특별한 사정이 없는 한 함부로 배척할 수 없다 할 것인바, … 행정재산으로 등재하고 주거부지 용도로 사용하고 있다는 내용이 기재된 을 제1호증의 1(국유재산대장)은 그 작성방식과 취지에 의하여 공무원이 직무상 작성한 것으로 인정되므로 진정한 공문서로 추정되는 것…

한편 「국유재산법」 제28조에 따라 관리에 관한 사무가 위임되거나 제42조제1항 및 제2항에 따라 일반재산의 관리·처분에 관한 사무가 위임 또는 위탁된 경우가 있다. 이러한 경우에는 위임이나 위탁받은 자가 소관 국유재산에 대한 대장을 작성하여 갖추어 두고, 중앙관서의 장은 이에 관한 총괄대장을 작성하여 갖추어 두어야 한다(국유재산법 시행령 제68조제2항).

또한 「공간정보의 구축 및 관리 등에 관한 법률」에 따르면 지적소관청[2]은 지

2) 「공간정보의 구축 및 관리 등에 관한 법률」 제2조(정의) 이 법에서 사용하는 용어의 뜻은 다

적공부에 등록하거나 지적공부를 복구 또는 말소하는 등의 지적 정리를 하게 되는 바, 이렇듯 특별자치시장·특별자치도지사·시장·군수 또는 구청장[3]이 국유인 토지 및 임야에 대한 지적 정리를 하였을 때에는 다음의 사항을 지체 없이 해당 중앙관서의 장등에 통지하여야 한다(국유재산법 시행령 제69조제2항).[4] 국유재산 현황의 변동이 있을 경우 이를 신속하게 국유재산대장 등에 반영함으로써 정확한 국유재산 관리가 가능하도록 하기 위함이다.[5]

〈표 8-1〉 특별자치시장 등이 지적 정리 후 해당 중앙관서의 장등에 통지할 사항(국유재산법 시행규칙 제47조)

1. 재산의 표시
2. 지적 정리의 내용
3. 지적 정리의 사유
4. 지적정리 전후의 지적도

Ⅱ. 국유재산 총괄부

총괄청은 국유재산의 관리·처분을 포함하여 국유재산에 관한 사무를 총괄하므로, 각 중앙관서별 국유재산의 현황을 정확히 파악하고 있어야 한다. 따라서 총괄청은 국유재산에 관한 총괄부(總括簿)를 갖추어 두어 그 상황을 명백히 하여야 하

음과 같다.

18. "지적소관청"이란 지적공부를 관리하는 특별자치시장, 시장(「제주특별자치도 설치 및 국제자유도시 조성을 위한 특별법」 제10조제2항에 따른 행정시의 시장을 포함하며, 「지방자치법」 제3조제3항에 따라 자치구가 아닌 구를 두는 시의 시장은 제외한다)·군수 또는 구청장(자치구가 아닌 구의 구청장을 포함한다)을 말한다.

3) 자치구의 구청장을 말한다.

4) 「공간정보의 구축 및 관리 등에 관한 법률」 제90조에도 같은 취지의 규정이 있다.
제90조(지적정리 등의 통지) 제64조제2항 단서, 제66조제2항, 제74조, 제82조제2항, 제84조제2항, 제85조제2항, 제86조제2항, 제87조 또는 제89조에 따라 지적소관청이 지적공부에 등록하거나 지적공부를 복구 또는 말소하거나 등기촉탁을 하였으면 대통령령으로 정하는 바에 따라 해당 토지소유자에게 통지하여야 한다. (단서 생략)

5) 총괄청, 중앙관서의 장 또는 국유재산 관리사무를 위임받은 공무원이나 위탁받은 자가 국유재산의 관리·처분을 위하여 필요하면 등기소, 그 밖의 관계 행정기관의 장에게 무료로 필요한 서류의 열람과 등사 또는 그 등본, 초본 또는 등기사항증명서의 교부를 청구할 수 있도록 하는 것(국유재산법 제66조제5항) 또한 같은 맥락이라고 할 것이다.

고, 이 경우 총괄부는 전산자료로 대신할 수 있다(국유재산법 제66조제4항).

한편 국유재산의 효율적 관리를 위해 총괄부를 구분하여 둘 필요가 있는바, 총괄청은 중앙관서의 장, 「국유재산법」 제42조제1항에 따라 일반재산의 관리·처분에 관한 사무를 위임이나 위탁받은 자 및 총괄청의 보유재산별로 총괄부를 갖추어 두어야 한다(국유재산법 시행령 제68조제3항).

Ⅲ. 실태조사

국유재산대장의 현황을 최신화하고 변경된 사항을 즉각 반영하기 위해서는 정기적인 실태조사가 필요한바, 중앙관서의 장등은 매년 그 소관에 속하는 국유재산의 실태를 조사하여 국유재산대장을 정비하여야 한다(국유재산법 제66조제2항).

구체적으로 중앙관서의 장등은 국유재산의 특성 및 이용 상태 등을 고려하여 실태조사 대상재산을 선정하고, 해당 국유재산에 대해서는 1년에 한 번 이상 실태조사를 하여야 한다. 이 때 실태조사할 내용은 ① 재산 등기 및 지적 현황, ② 주위환경, ③ 이용 현황, ④ 그 밖에 재산의 보존·관리 등에 필요한 사항이다(국유재산법 시행령 제68조제4항).

한편 실태조사를 위해서는 다른 사람의 토지 등에 출입이 필요한 경우가 있을 수 있는데, 이러한 경우 타인의 재산권을 일부 제한하는 결과가 된다. 따라서 법률상의 근거가 필요한바 「국유재산법」에서 관련 규정을 두고 있다.

즉 중앙관서의 장등 또는 「국유재산법」 제25조에 따라 총괄사무를 위임·위탁받은 자의 직원은 그 위임·위탁 사무의 수행이나 국유재산 실태조사를 위하여 필요한 경우 다른 사람의 토지 등에 출입할 수 있고(국유재산법 제67조제1항), 이 때 해당 토지의 소유자·점유자 또는 관리인은 정당한 사유 없이 출입을 거부하거나 방해하지 못한다(국유재산법 제67조제3항).

다만 다른 사람의 토지 등에 출입하는 것을 아무런 제약 없이 허용하게 되면 행정의 예측가능성을 낮추어 상대방에게 예상치 못한 피해를 줄 수 있다. 따라서 국유재산 실태조사 등을 위해 다른 사람의 토지 등에 출입하려는 사람은 해당 토지의 소유자·점유자 또는 관리인에게 미리 알려야 하고(국유재산법 제67조제2항),[6] 신

6) 다만 해당 토지의 소유자·점유자 또는 관리인을 알 수 없는 때에는 그러하지 아니하다.

분을 표시하는 증표를 지니고 이를 내보여야 한다(국유재산법 제67조제4항).

만약 해당 토지의 소유자·점유자 또는 관리인에게 미리 알리지 않고 출입하였을 경우, 실태조사 및 이에 근거한 국유재산대장의 효력이 문제될 수 있다. 이 경우 실태조사의 과정에 위법이 있었으므로 실태조사 및 국유재산대장에 하자가 있다는 견해도 있을 수 있으나, 타인 토지에의 출입이 실태조사에 있어 반드시 필요한 절차가 아니고 실태조사 과정에서 필요에 따라 이루어지는 하나의 과정에 불과하다는 점을 고려할 때, 실태조사 및 국유재산대장 자체의 효력에는 영향이 없다고 보아야 할 것이다.[7] 판례 또한 과거 「도로법」에 대한 유사 사안에서 타인의 토지에 출입하는 것을 별개의 공용수용으로 판단한 바 있다.

〈판례〉 대법원 2001. 4. 27. 선고 2000두1157 판결

도로법 제48조 제1항, 제2항[8]은, 도로관리청 등이 도로에 관한 공사, 조사, 측량 또는 도로의 유지를 위하여 필요한 경우에는 타인의 토지에 출입할 수 있고, 위와 같이 타인의 토지에 출입하기 위하여는 미리 당해 토지의 점유자에게 이를 통지하도록 규정하고 있는바, 도로구역결정에 앞서 측량 등을 위하여 타인의 토지에 출입하는 것은 그 성질상 도로구역결정 절차의 일부를 이루는 것이 아니라 이와 독립한 별개의 공용수용이라 할 것이고, 도로관리청이 도로구역결정에 앞서 측량 등을 위하여 타인의 토지를 출입함에 있어 미리 그 토지의 점유자에게 이를 통지하지 않았다 하여 도로구역결정이 위법하다고 할 수 없으며 …

〈참고 8-1〉 '국유재산 실태조사를 위한 타인 토지에의 출입'의 실효성 확보 방안

전술한 바와 같이 중앙관서의 장등은 국유재산 실태조사를 위하여 필요한 경우 다른 사람의 토지 등에 출입할 수 있고, 이러한 경우 해당 토지의 소유자·점유자 또는 관리인은 정당한 사유 없이 출입을 거부하거나 방해하지 못한다(국유재산법 제67조제1항, 제3항). 이러한 '타인 토지에의 출입' 및 '정당한 사유 없는 출입 거부·방해 금지' 규정은 유사 입법례가 상당히 많은바, 주로 공익적 목적의 실태조사, 현황조사, 검사, 측량 등이 필요한 경우에 많이 활용하고 있다.

7) 물론 이러한 무단출입으로 인해 손해가 발생하였다면, 이는 공무원 등이 직무 집행 과정에서 고의 또는 과실로 법령을 위반한 것이므로 「국가배상법」에 따른 국가배상청구가 가능할 것이다.

8) 현행 「도로법」 제81조제1항 및 제2항에 해당한다.

그런데 만약 해당 토지의 소유자 · 점유자 또는 관리인이 정당한 사유 없이 출입을 거부하거나 방해한다면 실태조사 등의 본래 목적을 달성할 수 없게 되고, 이는 결국 국가의 행정활동을 제약하여 공익에 반하는 결과를 가져오게 된다. 따라서 상기 입법례를 두고 있는 대다수 법률에서는 별도의 과태료 또는 형사처벌 조항을 두는 등의 방법으로 관련 규정의 실효성을 확보하고 있다.

이와 관련한 몇 가지 예를 들어보면 다음과 같다.

가. 과태료 규정을 두고 있는 경우

관련 규정	과태료
국토계획법 제144조제1항제2호: 정당한 사유 없이 제130조제1항[9]에 따른 행위를 방해하거나 거부한 자	1천만원 이하의 과태료
「공간정보의 구축 및 관리 등에 관한 법률」 제111조제1항제18호: 정당한 사유 없이 제101조제7항[10]을 위반하여 토지등에의 출입 등을 방해하거나 거부한 자	300만원 이하의 과태료
「수도법」 제87조제3항제7호: 제61조제1항[11]에 따른 수도사업의 시행 또는 급수설비의 검사에 필요한 토지 출입 등의 행위를 정당한 이유 없이 방해하거나 거부한 자	300만원 이하의 과태료
「자연환경보전법」 제66조제2항제3호: 제33조제4항[12]의 규정을 위반하여 정당한 사유없이 조사행위를 거부 · 방해 또는 기피한 사람	200만원 이하의 과태료

9) 국토계획법 제130조(토지에의 출입 등) ① 국토교통부장관, 시 · 도지사, 시장 또는 군수나 도시 · 군계획시설사업의 시행자는 다음 각 호의 행위를 하기 위하여 필요하면 타인의 토지에 출입하거나 타인의 토지를 재료 적치장 또는 임시통로로 일시 사용할 수 있으며, 특히 필요한 경우에는 나무, 흙, 돌, 그 밖의 장애물을 변경하거나 제거할 수 있다. (후략)

10) 「공간정보의 구축 및 관리 등에 관한 법률」 제101조(토지등에의 출입 등) ① 이 법에 따라 측량을 하거나, 측량기준점을 설치하거나, 토지의 이동을 조사하는 자는 그 측량 또는 조사 등에 필요한 경우에는 타인의 토지 · 건물 · 공유수면 등(이하 "토지등"이라 한다)에 출입하거나 일시 사용할 수 있으며, 특히 필요한 경우에는 나무, 흙, 돌, 그 밖의 장애물(이하 "장애물"이라 한다)을 변경하거나 제거할 수 있다.
⑦ 토지등의 점유자는 정당한 사유 없이 제1항에 따른 행위를 방해하거나 거부하지 못한다.

11) 「수도법」 제61조(타인 토지에의 출입 등) ① 수도사업자는 수도사업의 시행 또는 급수설비의 검사를 위하여 필요하면 타인의 토지에 출입하거나 타인의 토지를 일시 사용할 수 있으며 특히 필요한 경우에는 입목 및 대나무, 토석, 그 밖의 장애물을 변경하거나 제거할 수 있다.

12) 「자연환경보전법」 제33조(타인토지에의 출입 등) ① 환경부장관 또는 지방자치단체의 장은 제30조의 자연환경조사 또는 제31조에 따른 정밀 · 보완조사를 위하여 필요한 경우에는 소속공무원 또는 조사원으로 하여금 타인의 토지에 출입하여 조사하거나 그 토지의 나무 · 흙 · 돌 그 밖의 장애물을 변경 또는 제거하게 할 수 있다.
④ 토지의 소유자 · 점유자 또는 관리인은 정당한 사유없이 제1항에 따른 조사행위를 거부 · 방해 또는 기피하지 못한다.

「공공폐자원관리시설의 설치·운영 및 주민지원 등에 관한 특별법」 제43조: 제19조제5항[13])을 위반하여 출입·조사를 방해 또는 거부한 자	100만원 이하의 과태료

나. 형사처벌 규정을 두고 있는 경우

관련 규정	형사처벌
「도로법」 제115조제7호: 정당한 사유 없이 제81조[14])에 따른 도로관리청의 처분 또는 행위에 항거하거나 이를 방해한 자	1년 이하의 징역이나 1천만원 이하의 벌금
「가축분뇨의 관리 및 이용에 관한 법률」 제51조제1호: 제7조의2 제4항[15])을 위반하여 토지에의 출입 또는 사용을 거부·방해한 자	300만원 이하의 벌금
「공익사업을 위한 토지 등의 취득 및 보상에 관한 법률」 제97조 제2호: 제11조[16])를 위반하여 사업시행자 또는 감정평가법인등의 행위를 방해한 토지점유자	200만원 이하의 벌금

13) 「공공폐자원관리시설의 설치·운영 및 주민지원 등에 관한 특별법」 제19조(타인 토지의 출입 등) ① 환경부장관 또는 환경부장관 외의 설치·운영기관은 제7조에 따른 공공폐자원관리시설 입지후보지 선정을 위한 조사, 제14조 또는 제15조에 따른 설치계획의 수립, 제18조에 따른 토지 등의 수용·사용에 대한 조사를 위하여 필요한 경우 소속 공무원 또는 소속 직원, 전문연구기관 관계자로 하여금 타인의 토지에 출입하거나 관련 자료를 조사하게 할 수 있다.
⑤ 토지의 소유자 또는 점유자는 정당한 사유 없이 제1항에 따른 소속 공무원 또는 소속 직원, 전문연구기관 관계자의 출입 및 조사 행위를 방해하거나 거부하여서는 아니 된다.

14) 「도로법」 제81조(토지의 출입과 사용 등) ① 도로관리청 또는 도로관리청으로부터 명령이나 위임을 받은 자는 도로공사, 도로에 대한 조사·측량 또는 도로의 유지·관리를 위하여 필요하면 타인의 토지에 출입하거나 타인의 토지를 재료적치장, 통로 또는 임시도로로 일시 사용할 수 있고, 특히 필요하면 입목·죽이나 그 밖의 장애물을 변경 또는 제거할 수 있다.
④ 토지의 소유자 및 점유자는 정당한 사유 없이 제1항에 따른 행위를 방해하거나 거부하지 못한다.

15) 「가축분뇨의 관리 및 이용에 관한 법률」 제7조의2(타인 토지에의 출입 등) ① 농림축산식품부장관, 환경부장관, 시·도지사, 특별자치시장 또는 특별자치도지사는 가축분뇨실태조사를 위하여 필요하면 관계 공무원에게 해당 지역 또는 그 지역에 인접한 타인의 토지에 출입하게 하거나 조사에 필요한 최소량의 시료(試料)를 채취하게 할 수 있으며, 특히 필요한 경우에는 수목, 그 밖의 장애물(이하 "장애물등"이라 한다)을 제거하거나 변경할 수 있다.
④ 토지의 점유자는 정당한 사유 없이 제1항에 따른 출입 또는 사용을 거부 또는 방해하여서는 아니 된다.

16) 「공익사업을 위한 토지 등의 취득 및 보상에 관한 법률」 제9조(사업 준비를 위한 출입의 허가 등) ① 사업시행자는 공익사업을 준비하기 위하여 타인이 점유하는 토지에 출입하여 측량하거나 조사할 수 있다.
② 사업시행자(특별자치도, 시·군 또는 자치구가 사업시행자인 경우는 제외한다)는 제1항에 따라 측량이나 조사를 하려면 사업의 종류와 출입할 토지의 구역 및 기간을 정하여 특별자치도지사, 시장·군수 또는 구청장(자치구의 구청장을 말한다. 이하 같다)의 허가를 받아야

상기 입법례와 비교할 때 현행 「국유재산법」 제67조는 두 가지 측면에서 보완이 필요하다고 본다.

첫째, '타인 토지에의 출입' 규정을 두고 있는 대다수의 법률에서는 '필요한 경우 나무·흙·돌 또는 그 밖의 장애물을 변경하거나 제거하는 행위'가 가능하도록 하고 있는 반면 「국유재산법」에는 이러한 내용이 없다. 대다수의 법률에서 장애물의 변경·제거를 허용하는 것은 타인의 토지에 출입하는 과정에서 그 장애물을 변경하거나 제거하지 않으면 실태조사 등 본래의 목적을 달성할 수 없는 경우가 있기 때문으로, 결국 실태조사 등의 실효성을 최대한 확보하기 위한 것이다. 국유재산 실태조사 또한 상기 입법례와 근본적인 차이가 없으므로 「국유재산법」에도 이러한 내용을 추가할 필요가 있다고 본다.

둘째, 「국유재산법」에는 해당 토지의 소유자·점유자 또는 관리인이 정당한 사유 없이 출입을 거부하거나 방해하더라도 이를 제재할 방법이 없는바, 상기 입법례를 참조하여 과태료 규정을 신설할 필요가 있다.[17] 위에서 살펴본 입법례의 현황조사, 검사, 측량 등과 비교하여 국유재산 실태조사의 중요도가 결코 낮지 않은 만큼, 그 이행을 강제할 수 있는 수단을 확보하는 것이 바람직할 것이다.[18]

한다. 다만, 사업시행자가 국가일 때에는 그 사업을 시행할 관계 중앙행정기관의 장이 특별자치도지사, 시장·군수 또는 구청장에게 통지하고, 사업시행자가 특별시·광역시 또는 도일 때에는 특별시장·광역시장 또는 도지사가 시장·군수 또는 구청장에게 통지하여야 한다.

제10조(출입의 통지) ① 제9조제2항에 따라 타인이 점유하는 토지에 출입하려는 자는 출입하려는 날의 5일 전까지 그 일시 및 장소를 특별자치도지사, 시장·군수 또는 구청장에게 통지하여야 한다.

제11조(토지점유자의 인용의무) 토지점유자는 정당한 사유 없이 사업시행자가 제10조에 따라 통지하고 출입·측량 또는 조사하는 행위를 방해하지 못한다.

17) 어떤 행정법규 위반행위에 대하여 이를 단지 간접적으로 행정상의 질서에 장애를 줄 위험성이 있음에 불과한 경우로 보아 행정질서벌인 과태료를 과할 것인지 아니면 직접적으로 행정목적과 공익을 침해한 행위로 보아 행정형벌을 과할 것인지는 기본적으로 입법권자가 제반 사정을 고려하여 결정할 문제인바(헌재 2013. 6. 27. 2012헌바17), 비례의 원칙 등을 고려할 때 본 사안은 과태료 규정이 적절하다고 본다.

18) 대부분의 법률은 실태조사의 조사자 등이 '나무·흙·돌 또는 그 밖의 장애물을 변경하거나 제거하는 행위'를 허용하면서 토지 소유자 등이 토지 출입을 거부·방해할 경우 과태료·형사처벌의 규정을 두고 있다. 즉 조사자 등에게 보다 많은 권한을 부여한 만큼 이를 거부·방해한 토지 소유자 등의 가벌성 또한 크다고 보는 것이다. 이러한 관점에 따르면 장애물의 변경·제거 허용 규정과 과태료·형사처벌의 규정이 필요불가결의 관계에 있다고 볼 수도 있으나 반드시 그러한 것은 아닌바, 예를 들어 「공공폐자원관리시설의 설치·운영 및 주민지원 등에 관한 특별법」은 장애물의 변경·제거 허용 규정이 없음에도 100만원 이하의 과태료 부과 규정을 두고 있다.

제3절 국유재산관리운용보고서, 국유재산관리운용총보고서

국유재산을 효율적으로 운용·관리하기 위해서는 국유재산의 증감 및 보유 현황, 국유재산의 운용·집행실적 등을 정확히 파악해야 하고 이에 대한 검증도 필요하다. 이를 위해 「국유재산법」에서는 국유재산관리운용보고서 및 국유재산관리운용총보고서를 작성하여 감사원·국회 등에 보고하도록 정하고 있다.[19]

Ⅰ. 국유재산관리운용보고서

중앙관서의 장은 그 소관에 속하는 국유재산에 관하여 국유재산관리운용보고서를 작성하여 다음 연도 2월 말일까지 총괄청에 제출하여야 하고, 이 경우 국유재산관리운용보고서에 포함되어야 할 사항은 다음과 같다(국유재산법 제69조제1항).

〈표 8-2〉 국유재산관리운용보고서에 포함되어야 할 사항(국유재산법 시행령 제70조)

1. 국유재산종합계획에 대한 집행 실적 및 평가 결과
2. 연도 말 국유재산의 증감 및 보유 현황
3. 「국유재산특례제한법」 제9조[20]에 따른 운용실적
4. 그 밖에 국유재산의 관리·처분 업무와 관련하여 중앙관서의 장이 중요하다고 인정하는 사항

Ⅱ. 국유재산관리운용총보고서

총괄청은 각 중앙관서의 장이 제출한 국유재산관리운용보고서를 통합하여 국

19) 다만 국방부장관이 관리하는 선박, 부표(浮標), 부잔교(浮栈橋), 부선거(浮船渠) 및 항공기와 그들의 종물과 그 밖에 중앙관서의 장이 총괄청과 협의하여 정하는 재산은 이에 포함되지 아니한다(국유재산법 제71조). 국방부장관이 관리하는 선박 등은 「군수품관리법」에 따라 관리·통제되며, 군사기밀에 해당하여 공개가 제한될 수 있음을 고려한 것이다.

20) 「국유재산특례제한법」 제9조(운용실적의 보고) ① 중앙관서의 장은 국유재산특례 종합계획에 따른 운용실적을 「국유재산법」 제69조제1항에 따른 국유재산관리운용보고서에 포함하여 다음 연도 2월 말일까지 기획재정부장관에게 제출하여야 한다.

유재산관리운용총보고서를 작성하여야 한다(국유재산법 제69조제2항). 이를 통해 국가 전체의 국유재산 증감 및 보유 현황, 국유재산 운용에 대한 집행 실적 등을 정확히 파악하고 관리하기 위함이다.

국유재산은 국민의 세금을 통해 취득·운영되는 것인 만큼 사후 통제도 중요하다. 따라서 총괄청은 국유재산관리운용총보고서를 다음 연도 4월 10일까지 감사원에 제출하여 검사를 받아야 하고(국유재산법 제69조제3항), 감사원의 검사를 받은 국유재산관리운용총보고서와 감사원의 검사보고서를 다음 연도 5월 31일까지 국회에 제출하여야 한다(국유재산법 제69조제4항).

제4절 국유재산의 멸실 · 철거 보고

중앙관서의 장등은 그 소관에 속하는 국유재산이 멸실되거나 철거된 경우에는 지체 없이 그 사실을 총괄청과 감사원에 보고하여야 한다(국유재산법 제70조).[21] 이는 국유재산의 현황을 정확히 파악하는 한편 필요 시 국유재산의 멸실 등에 따른 책임 소재를 가리기 위함이다.

중앙관서의 장등이 그 소관에 속하는 국유재산의 멸실이나 철거 시 총괄청과 감사원에 보고할 사항은 ① 재산의 표시, ② 멸실 또는 철거의 사유, ③ 재산의 추정액, ④ 책임의 소재,[22] ⑤ 조치계획 등이다(국유재산법 시행규칙 제48조).

21) 국방부장관이 관리하는 선박, 부표(浮標), 부잔교(浮栈橋), 부선거(浮船渠) 및 항공기와 그들의 종물과 그 밖에 중앙관서의 장이 총괄청과 협의하여 정하는 재산은 이에 해당되지 아니한다(국유재산법 제71조). 국방부장관이 관리하는 선박 등은 「군수품관리법」에 따라 관리·통제되고 있는 점을 고려한 것이다.

22) 멸실된 경우에만 해당한다.

제9장

기타 보칙

제9장 / 기타 보칙

제1절 도시관리계획의 협의

국토계획법에 따른 도시관리계획의 결정·변경 등에 있어 그 계획에 국유재산이 포함된다면 미리 해당 국유재산을 소관하는 총괄청·중앙관서의 장과 협의할 필요가 있다. 도시관리계획의 결정·변경 등으로 인해 해당 국유재산의 활용이 제한되거나 향후 처분계획 등에 영향을 줄 수 있기 때문이다. 이에 2011. 3.「국유재산법」 개정을 통해 관련 규정이 신설되었다.

중앙관서의 장이나 지방자치단체의 장은 국유재산에 대하여 국토계획법에 따라 도시관리계획을 결정·변경하거나 다른 법률에 따라 이용 및 보전에 관한 제한을 하는 경우 미리 해당 국유재산을 소관하는 총괄청이나 중앙관서의 장과 협의하여야 한다(국유재산법 제73조의2제1항). 이 때 협의의 대상은 총괄청 소관 일반재산인 경우에는 총괄청,[1] 그 이외의 국유재산인 경우에는 해당 국유재산을 소관하는 중앙관서의 장이며(국유재산법 시행령 제72조의2제1항), 협의 시에는「국유재산법 시행규

1) 실제 동 업무는「국유재산법 시행령」 제16조제2항제2호에 의해 한국자산관리공사에 위탁되어 있다.

칙」 제17호의2서식의 도시관리계획 등 협의요청서에 다음의 서류를 첨부하여 제출하여야 한다(국유재산법 시행규칙 제49조의3제1항)[2].

〈표 9-1〉 중앙관서의 장 · 지방자치단체의 장이 국유재산에 대한 도시관리계획 협의 시 제출해야 할 서류(국유재산법 시행규칙 제49조의3제1항)

1. 도시관리계획 결정안 또는 변경안(또는 지역 · 지구 · 구역 · 권역 · 단지 등 지정안 또는 변경안) 개요서
2. 사업계획서
3. 지적도 등본 또는 임야도 등본 및 지형도
4. 그 밖에 협의에 필요한 사항을 적은 서류

또한 중앙관서의 장등[3]은 국토계획법 제65조제3항[4] 또는 그 밖의 법률에 따라 국유재산인 공공시설의 귀속에 관한 사항이 포함된 개발행위에 관한 인·허가 등을 하려는 자에게 의견을 제출하려는 경우에는 총괄청과 미리 협의하여야 한다

2) 현행「국유재산법 시행규칙」제49조의3제1항에서는 협의의 주체에 대해 '영 제16조제1항제4호에 따라 총괄청 소관 일반재산에 대한 도시·군관리계획의 협의에 관한 사무를 위임받은 조달청장 또는 중앙관서의 장'으로 기술하고 있는바, 이 중 조달청장 부분은 개정되어야 한다. 과거에는「국유재산법 시행령」제16조제1항제4호를 통해 동 업무를 조달청장에게 위임하였으나 2017. 3. 개정을 통해 동 호의 내용은 삭제되었고, 새로「국유재산법 시행령」제16조제2항제2호를 통해 동 업무를 한국자산관리공사로 위탁하였기 때문이다.

3) 다른 법령에 따라 국유재산의 관리·처분에 관한 사무를 위임 또는 위탁받은 자를 포함한다.

4) 국토계획법 제65조(개발행위에 따른 공공시설 등의 귀속) ① 개발행위허가(다른 법률에 따라 개발행위허가가 의제되는 협의를 거친 인가·허가·승인 등을 포함한다. 이하 이 조에서 같다)를 받은 자가 행정청인 경우 개발행위허가를 받은 자가 새로 공공시설을 설치하거나 기존의 공공시설에 대체되는 공공시설을 설치한 경우에는「국유재산법」과「공유재산 및 물품 관리법」에도 불구하고 새로 설치된 공공시설은 그 시설을 관리할 관리청에 무상으로 귀속되고, 종래의 공공시설은 개발행위허가를 받은 자에게 무상으로 귀속된다.
② 개발행위허가를 받은 자가 행정청이 아닌 경우 개발행위허가를 받은 자가 새로 설치한 공공시설은 그 시설을 관리할 관리청에 무상으로 귀속되고, 개발행위로 용도가 폐지되는 공공시설은「국유재산법」과「공유재산 및 물품 관리법」에도 불구하고 새로 설치한 공공시설의 설치비용에 상당하는 범위에서 개발행위허가를 받은 자에게 무상으로 양도할 수 있다.
③ 특별시장·광역시장·특별자치시장·특별자치도지사·시장 또는 군수는 제1항과 제2항에 따른 공공시설의 귀속에 관한 사항이 포함된 개발행위허가를 하려면 미리 해당 공공시설이 속한 관리청의 의견을 들어야 한다. 다만, 관리청이 지정되지 아니한 경우에는 관리청이 지정된 후 준공되기 전에 관리청의 의견을 들어야 하며, 관리청이 불분명한 경우에는 도로·하천 등에 대하여는 국토교통부장관을 관리청으로 보고, 그 외의 재산에 대하여는 기획재정부장관을 관리청으로 본다.

(국유재산법 제73조의2제2항). 과거 무상귀속 대상이 아닌 국유재산이 소관 중앙관서의 장등의 잘못된 판단으로 사업시행자에게 무상귀속 되는 사례가 있었는바, 총괄청이 사전 협의를 통해 이를 통제할 수 있도록 2017. 12.「국유재산법」 개정을 통해 신설된 규정이다. 사전 협의 시 중앙관서의 장등은 사전검토 의견과 함께 다음의 서류를 첨부하여 조달청장[5]에게 제출하여야 한다(국유재산법 시행령 제72조의2제2항, 국유재산법 시행규칙 제49조의3제2항).

〈표 9-2〉 중앙관서의 장등이 무상귀속 등의 사전협의 시 제출해야 할 서류(국유재산법 시행규칙 제49조의3제2항)

1. 무상귀속 협의요청서
2. 사업계획서
3.「국유재산법 시행령」 제72조의2제2항에 따른 사전검토의견을 적은 서류
4. 기존의 공공시설임을 입증하는 현황조서 및 현황사진
5. 그 밖에 협의에 필요한 서류

이외에도 총괄청이나 중앙관서의 장등은 국유재산을 효율적으로 관리하고 그 활용도를 높이기 위하여 필요하다고 인정하는 경우, 국토계획법에 따른 도시관리계획의 입안권자에게 해당 도시관리계획의 변경을 요청할 수 있다(국유재산법 제73조의2제3항).

제2절 정보공개

국유재산은 국민이 납부한 세금을 통해 취득·관리되며 공공의 목적을 위해 사용되므로 그 현황 등의 정보가 투명하게 공개될 필요가 있다. 이에 「국유재산법」에서는 정보 공개 관련 규정을 별도로 두고 있다.

이에 따르면 총괄청은 국유재산의 효율적인 관리와 처분을 위하여 보유·관리

5) 실제 동 '무상귀속 사전협의에 관한 사무'는 「국유재산법 시행령」 제16조제1항제7호에 의해 조달청장에게 위임되어 있다.

하고 있는 정보를 정보통신망을 활용한 정보공개시스템을 통하여 공표하여야 하며(국유재산법 제76조제1항), 이 때 공개 대상 정보는 ① 국유재산의 취득, 처분 및 보유 규모, ② 사용허가, 대부 및 매각이 가능한 국유재산 현황, ③ 그 밖에 국유재산의 중요 정책 등에 관한 현황 등이다(국유재산법 시행령 제74조).

현재 국유재산 관련 정보는 정보공개포털(www.open.go.kr), e나라재산 국유재산포털(www.k-pis.go.kr) 등을 통해 공개하고 있으며, 이를 통해 다음과 같은 효과를 기대할 수 있다.

- 국유재산 관련 주요 통계, 국유 부동산 등 정보의 제공을 통한 국민의 알 권리 보장
- 국유재산 관련 시스템의 연계·통합 및 전산화를 통한 업무 효율성 제고 및 그에 따른 국유재산 관리 효율화
- 국유재산 정보의 공유를 통한 국유지 개발 촉진 및 관련 산업 활성화
- 국민제안 접수·활용, 각종 민원 처리 등을 통한 국민과의 소통 강화
- 유휴재산 관련 정보 공개에 따른 매각·대부 활성화 및 이를 통한 국가 재정 수입 증대

제3절 청산절차의 특례

일반적인 회사의 청산절차에 대해서는 「상법」에서 정하고 있으나, 국가가 일정 지분 이상을 보유하는 회사의 청산절차에 대해서는 「국유재산법」에서 별도로 규정하고 있다.

Ⅰ. 국가가 지분증권의 2분의 1 이상을 보유하는 회사의 청산절차

국가가 지분증권의 2분의 1 이상을 보유하는 회사 중 법률이나 기부채납 등에 따라 그 지분증권이 국가에 귀속된 기업체로서 총괄청이 지정하는 회사[6]의 청산에

6) 이하 '청산법인'이라 한다.

관하여는 「상법」 중 주주총회나 사원총회의 권한과 소집·결의방법 등에 관한 규정에도 불구하고 대통령령으로 정하는 바에 따른다(국유재산법 제80조, 국유재산법 시행령 제79조제1항).

이에 따르면 총괄청이 청산법인을 지정하였을 때에는 지체 없이 공고하여야 하는바(국유재산법 시행령 제79조제2항), 기획재정부령인 「국유재산법 제80조에 따른 청산절차의 특례에 관한 규칙」에서 청산법인을 구체적으로 규정하고 있다.[7)]

청산법인이 「국유재산법」 제80조에 따라 「상법」을 적용받지 아니하는 범위는 다음의 사항에 관한 것으로 한다(국유재산법 시행령 제80조제1항).

〈표 9-3〉 청산법인이 「상법」을 적용받지 아니하는 범위(국유재산법 시행령 제80조제1항)

1. 청산인 및 감사의 임명
2. 「상법」 제533조에 따른 재산목록 및 대차대조표의 승인
3. 영업의 양도·양수, 자본의 감소와 정관의 변경
4. 청산경비·결산 및 청산종결의 승인
5. 잔여재산의 분배 및 분배방법의 결정
6. 주주총회 또는 사원총회의 소집
7. 서류 보존인의 임명 및 보존방법의 결정

총괄청은 관계기관, 법인의 청산업무에 관한 학식과 경험이 풍부한 사람 등의 의견을 들어 상기의 사항을 결정하고, 청산법인의 청산에 관한 대통령령·부령의 규정 중 「국유재산법 시행령」에 저촉되는 사항은 「국유재산법 시행령」에서 정하는 바에 따른다(국유재산법 시행령 제80조제2항, 제3항).

Ⅱ. 군사분계선 이북지역에 있는 회사의 청산절차

「국유재산법」 제80조에 따른 회사 중 그 본점이나 주사무소가 군사분계선 이북지역에 있는 회사의 청산에 관하여는 「상법」과 「국유재산법」 제80조를 준용하되, 「상법」 중 ① 회사의 해산등기, ② 청산인의 신고 및 등기, ③ 「상법」 제533조에 따

7) 2021. 10. 기준, 총 109개 법인이 규정되어 있다.

른 재산목록 및 대차대조표의 제출, ④ 청산종결의 등기에 해당하는 규정은 준용하지 아니한다(국유재산법 제81조제1항).

상기 규정에 따라 회사를 청산하려면 ① 해당 회사의 회사명 및 재산명세, ② 공고 후 6개월이 지날 때까지 신고를 하지 아니하는 주주, 채권자, 그 밖의 권리자는 청산에서 제외된다는 뜻을 관보에 공고하고, 전국을 보급지역으로 하여 발행되는 일간신문이나 인터넷 홈페이지, 방송 등을 통해서도 이를 공고하여야 한다(국유재산법 제81조제3항, 국유재산법 시행령 제81조제1항).

한편 상기 규정에 따라 청산절차가 진행 중인 회사가 소유하고 있는 부동산의 소유권이 「민법」 제245조에 따라 그 부동산을 무단점유하고 있는 자에게 이전될 우려가 있으면 청산절차의 종결 전에도 총괄청이 그 부동산을 국가로 귀속시킬 수 있고, 이 경우 청산종결 후 남은 재산의 분배에서 주주나 그 밖의 지분권자의 권리는 영향을 받지 아니한다(국유재산법 제81조제2항).

또한 「국유재산법」 제81조제2항이나 청산절차종결에 의하여 남은 재산의 분배에 따라 국가가 해당 회사의 부동산에 대한 소유권이전등기를 촉탁하는 경우에는 「부동산등기법」 제98조제1항[8]에 따른 등기의무자의 승낙서를 첨부하지 아니하며, 「부동산등기법」에 따른 등기원인을 증명하는 서면[9]은 총괄청이 관계기관, 법인의 청산업무에 관한 학식과 경험이 풍부한 사람 등의 의견을 들어 정한 서면으로 갈음한다(국유재산법 제81조제4항, 국유재산법 시행령 제81조제2항).

---

8) 현행 「국유재산법 시행령」 제81조제2항에서는 '「부동산등기법」 제36조제1항'으로 규정하고 있으나 이는 舊 부동산등기법의 조문번호로서 맞지 않다. 관공서의 촉탁에 따른 등기 시 등기의무자의 승낙에 관한 내용은 2011. 4. 「부동산등기법」 전부개정을 통해 제98조제1항으로 이동하였다.

9) 현행 「국유재산법 시행령」 제81조제2항에서는 '같은 법('부동산등기법'을 의미) 제40조제1항제2호에 따른 등기원인을 증명하는 서면'으로 규정하고 있으나 이 역시 舊 부동산등기법의 조문번호로서 맞지 않다. 舊 부동산등기법은 제40조에서 '등기신청에 필요한 서면'을 별도로 규정하고 있었으나 2011. 4. 「부동산등기법」 전부개정 시 이는 삭제되었고, 전부개정 당시 부칙을 통해 다른 법률에 규정된 '「부동산등기법」 제40조제1항제2호에 따른 등기원인을 증명하는 서면'을 '「부동산등기법」에 따른 등기원인을 증명하는 서면'으로 일괄개정한 바 있다. 참고로 당시 일괄개정에서 「국유재산법 시행령」 제81조제2항이 제외된 이유는 부칙을 통한 일괄개정은 동일한 법령에서만 가능하기 때문으로, 법률인 「부동산등기법」의 부칙을 통해 대통령령인 「국유재산법 시행령」을 개정하는 것은 불가하다.

제4절 그 외의 보칙

Ⅰ. 보험 가입

중앙관서의 장은 국유재산 중 연면적이 1천제곱미터 이상인 건물, 선박·항공기 및 그 종물과 「국유재산법」 제5조제1항제3호의 기계와 기구 중 중요한 것에 대해서는 손해보험에 가입하여야 한다(국유재산법 시행령 제82조제1항). 예상치 못한 사고로 인해 국유재산이 손실·손상될 경우를 대비하여 손해를 보전할 수 있도록 하기 위함이다.

이 때 부분 준공되어 사용중이나 전체 준공이 되지 않아 국유재산으로 등재되지 않은 재산이라고 하더라도 그것이 보험가입 대상에 해당된다면 상기 규정에 따라 보험에 가입하여야 한다. 이러한 재산도 전체 준공 후에는 국유재산으로 등재될 것인바, 불측의 재해 등으로부터 국유재산의 망실에 따른 손해를 보전할 필요가 있기 때문이다.

〈해석례〉 기획재정부 국유재산과-1414, 2004. 7. 1.
국유재산법 시행령 제64조[10]에서 규정하고 있는 보험가입규정의 취지는 자연재해 등 불측의 재해로부터 국유재산의 망실에 따른 손해를 보전하기 위한 것입니다.
… 부분 준공되어 사용중이나 전체 준공이 되지 않아 국유재산으로 등재되지 않은 재산중 보험가입 대상에 해당되는 재산의 보험가입 여부는 전체 준공후 국유재산으로 등재될 재산으로 사실상 국유재산에 해당한다는 점과 동 규정의 취지가 불측의 재해 등으로부터 국유재산의 망실에 따른 손해를 보전하기 위한 것이라는 점 등을 감안할 때 동시행령 동조의 규정에 따라 보험에 가입하여야 하는 것임 …

만약 상기 건물, 선박·항공기 및 기계·기구를 사용허가하거나 대부하는 경우에는 유상·무상 여부와 관계없이 해당 사용허가 또는 대부를 받는 자에게 미리 손해보험에 가입하게 하거나 중앙관서의 장이 부담한 보험료를 내게 할 수 있다(국유

10) 현재의 제82조에 해당

재산법 시행령 제82조제2항).

Ⅱ. 예산성과금 및 포상금의 지급

「국가재정법」 제49조[11]에서는 예산의 집행방법 또는 제도의 개선 등을 통해 수입이 증대되거나 지출이 절약된 때에는 성과금을 시급할 수 있도록 하고 있는바, 「국유재산법」에서도 관련 제도를 도입하고 있다. 즉, 총괄청 및 중앙관서의 장은 「국유재산법」 제28조 및 제42조에 따라 국유재산의 관리에 관한 사무를 위임받거나 그 사무의 일부를 분장하고 있는 공무원이 제도의 개선 등으로 인하여 수입을 늘리거나 지출을 절약하는 데 기여하였을 때에는 「국가재정법」 제49조에 따라 예산성과금을 지급할 수 있다(국유재산법 시행령 제83조제1항).

또한 총괄청은 국유재산 관리에 관한 사무를 성실히 수행하거나 우수한 업무성과를 낸 공무원 또는 기관에 포상금을 지급할 수 있다(국유재산법 시행령 제83조제2항). 국유재산 관련 업무를 수행하는 공무원 등의 사기를 진작하고 업무 효율을 향상시키기 위해 예산성과금과는 별도의 포상금 제도를 두는 것으로 2020. 9. 「국유재산법 시행령」 개정을 통해 신설된 규정이다.

Ⅲ. 토지 등의 합필 및 분필

중앙관서의 장등은 그 소관에 속하는 국유재산 중 합필(合筆)이 가능한 토지 또는 임야가 있을 때에는 지체 없이 해당 특별자치시장·특별자치도지사·시장·군수·구청장에게 그 합필을 신청하여야 한다(국유재산법 시행규칙 제58조). 토지 등의 필지가 지나치게 나뉘어 있다면 그 관리에 있어 불필요한 행정 소요가 발생할 수 있으므로 이를 방지하기 위한 것이다.

한편 국가와 국가외의 자가 지분을 공유하는 토지도 있는바, 중앙관서의 장등은 그 소관에 속하는 국유재산 중 소유지분에 따라 분필(分筆)이 가능한 공유토지가 있을 때에는 해당 토지의 형상 및 이용도 등을 고려하여 분필할 수 있다(국유재산법

11) 「국가재정법」 제49조(예산성과금의 지급 등) ① 각 중앙관서의 장은 예산의 집행방법 또는 제도의 개선 등으로 인하여 수입이 증대되거나 지출이 절약된 때에는 이에 기여한 자에게 성과금을 지급할 수 있으며, 절약된 예산을 다른 사업에 사용할 수 있다.

시행규칙 제59조전단). 공유토지는 그 지분을 처분하거나 지분의 비율로 사용·수익할 수 있을 뿐 다른 공유자의 동의 없이는 처분이나 변경이 제한되므로,[12] 분필을 통해 이러한 공유 관계를 해소하려는 것이다. 분필 시에는 분필한 후의 각 토지가액의 비율이 원래의 소유지분 비율과 같도록 하며, 이를 위한 평가는 감정평가업자에 의뢰한다(국유재산법 시행규칙 제59조 후단).

---

12) 「민법」 제263조(공유지분의 처분과 공유물의 사용, 수익) 공유자는 그 지분을 처분할 수 있고 공유물 전부를 지분의 비율로 사용, 수익할 수 있다.
제264조(공유물의 처분, 변경) 공유자는 다른 공유자의 동의없이 공유물을 처분하거나 변경하지 못한다.

제 10 장

국유재산특례제한법

제10장

국유재산특례제한법

제1절 국유재산특례제한법 제정 배경

과거에는 「국유재산법」에도 불구하고 여러 법률에서 국유재산의 이용에 대한 특례를 개별적으로 규정하는 경우가 많았다.[1] 그렇다 보니 국유재산에 대한 무분별한 특례의 신설로 인하여 국유재산 관리·처분정책의 일관성 및 유상사용원칙을 훼손하는 사례가 많이 발생하였고, 개별법상 특례 수준의 차이에 따라 수익기관 간의 형평성 문제도 제기되었다. 국유재산의 사용료 감면 등 국유재산특례는 국가재정에 많은 영향을 미치므로 필요최소한으로 허용되어야 함에도 불구하고, 개별법상 국유재산특례가 과다하게 규정되는 등 방만하게 운용되어 온 것이다.

이에 국유재산의 유상 사용원칙 확립 및 통일적이고 체계적인 국유재산관리를 위해 2011. 3. 「국유재산특례제한법」을 제정하여 개별법상의 특례를 통합 관리함으로써, 국유재산의 효율적인 활용을 도모하는 한편 국가재정의 건전한 운영에도 기여하게 되었다.

---

1) 「국유재산특례제한법」 제정 즈음인 2010. 9. 당시 기준으로, 국유재산에 대한 특례를 규정하고 있는 법률은 163개에 달하였다.

제2절 국유재산특례제한법의 주요 내용

Ⅰ. 국유재산특례의 정의

「국유재산특례제한법」에서 규정하는 '국유재산특례'란 다음의 어느 하나에 해당하는 것을 말한다(국유재산특례제한법 제2조).

〈표 10-1〉 '국유재산특례'의 정의(국유재산특례제한법 제2조)

1. 「국유재산법」 제32조제1항, 제34조제1항 또는 제47조제1항에 따르지 아니한 국유재산의 사용료, 대부료, 그 밖의 사용 또는 수익에 대한 대가[2]의 감면
2. 「국유재산법」 제35조제1항 또는 제46조제1항에서 정하는 기간을 초과하는 국유재산의 사용허가 또는 대부[3]
3. 「국유재산법」 제55조제1항에 따르지 아니한 국유재산의 양여

즉 국유재산특례는 「국유재산법」에 근거하지 않은 국유재산 사용료·대부료 등의 감면, 사용허가·대부기간의 확대, 국유재산의 양여를 뜻하는바, 이러한 특례가 많아지면 국유재산의 유상 사용원칙이 훼손될 수 있다. 따라서 「국유재산특례제한법」을 통해 이를 제한함으로써 국유재산 관리·처분의 유상 사용원칙을 확립하고, 효율적인 재정운용을 도모하려는 것이다.

Ⅱ. 국유재산특례의 적용 범위

원칙적으로 모든 국유재산특례는 「국유재산특례제한법」의 적용을 받는다. 다만 예외적으로 다음의 어느 하나에 해당하는 경우에는 「국유재산특례제한법」을 적용하지 아니한다(국유재산특례제한법 제3조).

2) 이하 "사용료등"이라 한다.
3) 이하 "장기 사용허가등"이라 한다.

〈표 10-2〉「국유재산특례제한법」을 적용하지 않는 경우(국유재산특례제한법 제3조)

1. 법률에 따라 국가에 대한 기부 또는 대체시설의 제공(이에 준하는 경우를 포함한다)에 따른 대가로서 국유재산의 사용료등을 감면하거나, 장기 사용허가등을 하거나, 국유재산을 양여하는 경우 2. 「도로법」, 「하천법」, 「소하천정비법」, 「공유수면 관리 및 매립에 관한 법률」, 「어촌·어항법」, 「항만법」 또는 「항만 재개발 및 주변지역 발전에 관한 법률」에 따라 국유재산을 점용허가, 사용허가, 대부 또는 양여하는 경우

이 중 국가에 대한 기부 또는 대체시설의 제공은 결국 대가성이 있는 경우인바, 국가에 기부재산 또는 대체시설 상당의 이익이 발생하게 되므로 그 상대방에게 「국유재산특례제한법」을 적용하지 않고 국유재산특례를 폭넓게 허용한다.

또한 도로, 하천, 소하천, 공유수면, 어항, 항만 등을 관리하는 법률은 국유재산뿐만 아니라 공유재산 등에 대해서도 동일한 방식으로 사용료의 기준 및 감면대상을 규정하고 있으므로, 「국유재산특례제한법」으로 제한하기보다는 개별 법령에 따라 통일된 체계로 운영하는 것이 적절하다는 판단에 따라 「국유재산특례제한법」의 적용을 배제하고 있다.

Ⅲ. 국유재산특례의 제한

「국유재산특례제한법」은 그 법적 성격이 국유재산특례에 대한 특별법에 해당하므로, 이 법에 따르지 않고 국유재산특례를 정할 수 없다. 현행 「국유재산특례제한법」에서는 국유재산특례 대상 법률을 별표에 규정하고 있으므로,[4] 결국 이 별표에 규정된 법률에 따르지 아니하고는 국유재산특례를 정할 수 없는 것이다(국유재산특례제한법 제4조제1항). 참고로 이러한 입법례는 특례제한을 목적으로 하는 법률에서 공통적으로 찾아볼 수 있는 것으로서,[5] 결국 국유재산특례를 위해서는 「국유재산특례제한법」을 개정하여 그 별표에 특례가 규정된 개별 법률을 명시해야 한다.

한편 법령 개정 방식 중에서는 '타법 개정'이라고 하여, 다른 법령의 부칙을 통

4) 2021. 9. 기준, 총 218개의 특례가 규정되어 있다.
5) 「조세특례제한법」 제3조(조세특례의 제한), 「지방세특례제한법」 제3조(지방세 특례의 제한) 등이 그 예이다.

해 개정하고자 하는 법령의 조문을 개정하는 방식이 있다. 즉 A법령을 개정하면서 A법령의 부칙에 'B법령의 ○○조를 개정한다'는 내용을 넣음으로써 B법령의 해당 조항을 개정하는 것이다. 보통 A법령과 B법령에 공통적으로 적용되는 법령 용어나 인용 조문 등이 변경될 경우 사용하는 방식이나, 만약 이러한 방식을 통해 「국유재산특례제한법」의 별표를 개정하게 된다면 이른바 우회 입법이 가능하게 되어 '국유재산의 통일적이고 체계적인 관리'라는 「국유재산특례제한법」의 목적에 어긋나게 된다. 따라서 「국유재산특례제한법」의 별표는 「국유재산특례제한법」이 아닌 다른 법률로 개정할 수 없도록 명시함으로써(국유재산특례제한법 제4조제2항), 국유재산에 대한 무분별한 특례 신설을 방지하고 국유재산의 효율적인 활용을 도모하고 있다.

Ⅳ. 국유재산특례의 요건

국유재산특례의 근거가 되는 법률에는 국유재산특례의 목적과 적용대상 등이 구체적이고 명확하게 규정되어야 한다(국유재산특례제한법 제5조). 과거 국유재산특례를 규정한 개별 법률 중에서는 그 적용요건을 제대로 특정하지 않는 경우도 적지 않았는바, 국유재산특례의 설치 목적을 구체적으로 규정하고 특례의 대상이 되는 기관 등을 명시하도록 한 것이다. 참고로 「국유재산특례제한법」 제정 당시에는 '국유재산특례의 목적과 적용대상' 이외에도 '사용료등의 산정기준, 사용허가 또는 대부의 기간'까지 규정하도록 하였으나, 후자의 경우 특례의 요건으로 관리할 필요성이 낮다는 의견에 따라 2014. 12. 「국유재산특례제한법」 개정 시 삭제되었다.

한편 국유재산특례를 신설하는 경우에는 그 근거가 되는 법률 규정의 존속기간을 해당 법률에 명시하여야 하고, 이 때의 존속기간은 국유재산특례의 목적을 달성하기 위하여 필요한 최소한의 기간으로 설정하여야 하며 그 기간은 장기 사용허가등의 경우를 제외하고는 10년을 초과할 수 없다(국유재산특례제한법 제5조의2제1항, 제2항). 국유재산특례 필요성이 없어졌음에도 기존 법률 규정을 개정하지 않고 그대로 둠으로써 특례를 사실상 무기한 존치하는 사례를 예방하기 위해 2014. 12. 신설된 조항이다.

Ⅴ. 국유재산특례에 대한 심사 및 평가

1. 국유재산특례의 신설 · 변경에 대한 심사

중앙관서의 장은 법령을 제정하거나 개정하여 국유재산특례를 신설 또는 변경할 필요가 있는 경우에는 해당 법령안을 입법예고하기 전에 총괄청에 국유재산특례 신설·변경의 타당성에 관한 심사를 요청하여야 한다(국유재산특례제한법 제6조제1항). 「국유재산특례제한법」은 국유재산의 유상 사용원칙 확립 및 통일적이고 체계적인 국유재산관리를 위한 것이므로, 국유재산특례의 무분별한 양산을 방지하기 위해 국유재산특례의 신설·변경 등에 있어 총괄청의 관리 및 통제를 받도록 한 것이다.

중앙관서의 장은 심사 요청 시 국유재산특례 신설·변경에 관한 계획서를 제출하여야 하며, 이 때 계획서에 포함되어야 할 사항은 다음과 같다(국유재산특례제한법 제6조제2항, 국유재산특례제한법 시행령 제2조제1항).[6]

〈표 10-3〉 국유재산특례 신설 · 변경에 관한 계획서에 포함되어야 할 사항(국유재산특례제한법 시행령 제2조제1항)

1. 신설 또는 변경하려는 국유재산특례의 유형
2. 국유재산특례의 신설 또는 변경의 목적과 그 필요성
3. 사용료 또는 대부료 등의 산출방법과 그 요율(料率), 사용허가 또는 대부의 기간, 적용대상 등 국유재산특례의 내용
4. 국유재산특례의 존속기간
5. 국유재산특례의 근거가 되는 법령의 제정안 또는 개정안
6. 국유재산특례에 따른 연간 재정지원 추정금액
7. 국유재산특례의 신설 또는 변경에 따른 기대효과

심사를 요청받은 총괄청은 국유재산특례의 신설·변경이 다음의 기준에 부합하는지를 심사하며, 이 경우 국유재산정책심의위원회의 심의를 거쳐야 한다(국유재산특례제한법 제6조제3항, 제4항). 만약 심사 결과 국유재산특례의 신설·변경이 다음

6) 중앙관서의 장은 동 계획서의 내용이 「국유재산특례제한법」 제6조제3항 각 호의 기준에 부합하는지를 검토하고 그 결과를 계획서에 첨부하여야 한다(국유재산특례제한법 시행령 제2조제2항).

의 기준에 부합하지 아니하다고 인정된다면, 총괄청은 계획서를 제출한 중앙관서의 장에게 그 계획서의 재검토 또는 수정을 요청할 수 있다(국유재산특례제한법 제6조제5항).

〈표 10-4〉 국유재산특례의 신설 · 변경에 대한 심사 기준[7](국유재산특례제한법 제6조제3항)

1. 국유재산특례의 목적이 공익에 부합할 것
2. 국유재산특례의 요건이 구체적이고 명확하게 규정되어 있을 것
3. 국유재산특례가 예산 지원, 현물출자, 그 밖의 다른 방법보다 적절할 것
4. 국유재산특례의 존속기간이 그 목적에 비추어 적절할 것

2. 국유재산 특례에 대한 점검 · 평가

총괄청은 국유재산특례를 효율적으로 관리·운용하기 위하여 국유재산정책심의위원회의 심의를 거쳐 국유재산특례의 목적, 경제적 비용, 운용성과 및 운용절차 등을 지속적으로 점검·평가하여야 한다(국유재산특례제한법 제7조제1항). 과거 개별법률에 규정된 특례의 상당수가 그 필요성에 대한 심사 없이 법률이 폐지되기 전까지 존속하는 문제가 나타남에 따라, 그 목적이 달성되거나 존치 필요성이 낮은 특례의 경우 심사를 통해 이를 축소·폐지할 수 있도록 절차를 마련한 것이다.

총괄청은 상기 점검·평가를 위하여 필요하다고 인정하는 경우에는 소관 중앙관서의 장에게 필요한 자료를 요청할 수 있고, 점검·평가의 결과 국유재산특례의 운용이 적정하지 아니하거나 국유재산특례를 존치할 필요성이 없다고 인정하는 경우에는 소관 중앙관서의 장에게 해당 국유재산특례의 폐지 등을 위한 법령의 개정 등 제도개선을 요청할 수 있다(국유재산특례제한법 제7조제2항, 제4항). 이 경우 제도개선을 요청받은 소관 중앙관서의 장은 특별한 사유가 없으면 해당 국유재산특례의 폐지 등을 위한 법령의 개정방안, 국유재산특례를 대체할 수 있는 제도의 신설 등의 대책을 마련하여 총괄청과 협의하여야 한다(국유재산특례제한법 제7조제3항).

총괄청의 점검 및 평가 결과는 기획재정부의 인터넷 홈페이지를 통하여 공개한다(국유재산특례제한법 제7조제5항, 국유재산특례제한법 시행령 제3조).

---

7) 국유재산특례 변경의 경우에는 제2호부터 제4호까지의 기준을 적용한다.

Ⅵ. 국유재산특례종합계획 및 운용실적 보고 등

1. 국유재산특례종합계획의 수립

최근 들어 사회가 다원화되고 이익단체 등의 활동이 증가함에 따라 다방면에서 국유재산특례 도입에 대한 요구가 커지고 있다. 이러한 상황에서 국유재산특례에 대한 체계적인 관리가 되지 않을 경우 국유재산특례가 무계획적으로 수시·방만하게 운용될 여지가 있는바, 이를 지양하고 계획적으로 국유재산특례를 운용하기 위해 국유재산특례종합계획을 수립하도록 하고 있다.

이에 따라 중앙관서의 장은 다음 연도의 국유재산특례에 관한 계획을 수립하고 이를 「국유재산법」 제9조제2항에 따른 국유재산의 관리·처분에 관한 다음 연도의 계획에 포함하여 매년 6월 30일까지 총괄청에 제출하고, 총괄청은 중앙관서의 장이 제출한 다음 연도의 국유재산특례에 관한 계획을 종합조정하여 국유재산특례종합계획을 수립하고 이를 「국유재산법」 제9조제3항에 따른 국유재산종합계획에 포함하여야 한다(국유재산특례제한법 제8조제1항, 제2항).

국유재산특례종합계획에는 다음의 사항이 포함되어야 한다(국유재산특례제한법 제8조제3항).

〈표 10-5〉 국유재산특례종합계획에 포함되어야 할 사항(국유재산특례제한법 제8조제3항)

1. 국유재산특례의 기본 운용 방향[8]
2. 국유재산특례의 유형별 운용실적 및 전망
3. 다음 연도에 사용허가, 대부 또는 양여할 국유재산의 종류와 규모 및 산출 근거
4. 제1호부터 제3호까지의 규정에 따른 사항 외에 대통령령[9]으로 정하는 사항

8) 참고로 2021년도 국유재산특례종합계획 상의 '국유재산특례의 기본 운용 방향'은 다음과 같다.
1. 경제활력 제고·포용사회 지원을 위한 특례 운용
   - (경제활력 제고) 코로나19로 인한 경기침체 상황을 고려하여 경제활력 제고 및 일자리 창출에 기여하도록 특례 운용
   - (포용사회 지원) 교육, 사회복지, 보건 분야에 대한 특례 운용으로 포용성 제고에 기여
2. 국유재산특례 사전·사후 관리 강화
   - 국유재산특례 운영의 원칙 확립 및 일몰제 도입
   - 미운용 국유재산특례 정비

2. 국유재산특례 운용실적의 보고

중앙관서의 장은 국유재산특례종합계획에 따른 운용실적을 「국유재산법」 제69조제1항에 따른 국유재산관리운용보고서에 포함하여 다음 연도 2월 말일까지 총괄청에 제출하여야 하며, 이 때의 운용실적에는 다음의 사항이 포함되어야 한다(국유재산특례제한법 제9조제1항, 국유재산특례제한법 시행령 제4조). 이처럼 국유재산특례 운용실적을 제출하도록 하는 것은 특례 운용현황에 대한 총괄 관리를 강화하고, 특례의 투명한 운용을 담보하기 위한 것이다.

〈표 10-6〉 국유재산특례종합계획 운용실적에 포함되어야 할 사항(국유재산특례제한법 시행령 제4조)

1. 국유재산특례의 유형별 운용실적
2. 국유재산특례별 세부 운용실적
3. 국유재산특례에 따른 재정지원 규모
4. 국유재산특례의 신설, 변경 및 폐지 현황
5. 제1호부터 제4호까지에서 규정한 사항 외에 국유재산특례의 운용실적과 관련된 사항

총괄청은 중앙관서의 장이 제출한 상기 운용실적을 종합하여 이를 「국유재산법」 제69조제2항에 따른 국유재산관리운용총보고서에 포함하여야 한다(국유재산특례제한법 제9조제2항). 국유재산관리운용총보고서는 감사원 및 국회에 제출되므로, 이를 통해 국유재산특례종합계획 운용실적 또한 감사원 및 국회의 통제를 받게 된다.

3. 국유재산특례지출예산서

국유재산의 사용료 감면 등 국유재산특례는 조세감면과 마찬가지로 국가재정수입의 감소를 수반하는 사실상의 지출에 해당하는바, 조세특례에 있어 '조세지출예산제도'[10]와 같이 국유재산특례에 대하여도 '국유재산특례지출예산제도'를 두고

9) 다만 2021. 10. 현재, 이와 관련한 대통령령 규정은 마련되어 있지 않다.
10) 조세지출의 세부내역과 규모를 기능별·세목별로 분류하여 공표하는 제도

있다. 국유재산특례지출예산제도는 국유재산의 체계적 관리를 강화하고 국가의 재정건전성을 제고하는 데 의의가 있으며, 국가의 재원배분 의사결정 과정에서 재정 범주에 일반예산과 함께 국유재산특례지출을 포함함으로써 재정 효율성을 제고하려는 목적이다.

이에 따라 총괄청은 사용료등의 감면, 양여 등 국유재산특례에 따른 재정 지원의 직전 회계연도 실적과 해당 회계연도 및 다음 회계연도 추정금액을 국유재산특례의 유형별로 분석한 보고서, 즉 '국유재산특례지출예산서'를 작성하여야 하고 이때 포함되어야 할 사항은 다음과 같다(국유재산특례제한법 제10조제1항, 국유재산특례제한법 시행령 제4조의2).

〈표 10-7〉 국유재산특례지출예산서에 포함되어야 할 사항(국유재산특례제한법 시행령 제4조의2)

1. 국유재산의 사용료 등의 감면, 국유재산의 양여 등 국유재산특례의 유형별로 집계한 유형별 분석
2. 세출예산 분야별로 집계한 기능별 분석
3. 공공부문과 민간부문으로 분류하여 집계한 국유재산특례 적용 대상자별 분석
4. 국유재산특례 소관 중앙관서별로 집계한 소관별 분석

총괄청은 국유재산특례지출예산서를 작성하기 위하여 필요한 때에는 중앙관서의 장에게 자료제출을 요청할 수 있고(국유재산특례제한법 제10조제1항), 작성된 국유재산특례지출예산서는 예산안에 첨부하여 국회에 제출하여야 한다(국가재정법 제34조제14호).[11]

11) 기획재정부가 2021. 9. 국회에 제출한 '2022년 국유재산특례지출예산서'에 따르면 2022년 국유재산특례지출 예산규모는 총 8,941억원으로, 이 중 사용료 등의 감면 금액이 약 8,222억원, 양여 등에 따른 지출이 약 719억원이다. 또한 이를 세출분야별로 살펴보면 교통물류, 교육, 산업·중기, 국토·지역개발 등 상위 4개 분야 특례지출 규모의 합이 약 7,104억원으로 전체의 80%가량을 차지한다.

Ⅶ. 국유재산의 양여 시 제한

1. 총괄청과의 협의

국유재산의 양여는 반대 급부 없이 국유재산의 소유권을 국가 외의 자에게 이전하는 것이므로 국유재산 총량의 감소를 가져오게 된다. 따라서 엄격히 제한·관리될 필요가 있는바, 「국유재산법」에서는 국유재산의 양여 시 총괄청과의 협의를 의무화하고 있다(국유재산법 제27조제3항, 제55조제3항).[12)]

그런데 「국유재산법」 외의 법률에서는 국유재산의 양여 시 총괄청과의 협의를 규정하지 않는 경우가 상당수인바, 결국 「국유재산법」의 양여와 비교하여 총괄청의 통제·관리가 제대로 되지 않는다는 문제가 있었다. 이에 2014. 12. 「국유재산특례제한법」을 개정하여 국유재산의 양여 시 총괄청과의 협의 규정을 신설하게 되었다.

이에 따라 중앙관서의 장등은 「국유재산법」 외의 법률에 따라 국유재산을 양여하려는 경우에 미리 총괄청과 협의하여야 한다(국유재산특례제한법 제11조). 국유재산의 총량을 감소시키는 무상 처분행위를 제한하기 위한 총괄청의 관리기능을 강화하는 한편, 국유재산의 무분별한 무상 양여를 방지하기 위한 것이다.

2. 양여의 용도 제한

법률에 따라 국유재산을 양여받은 자는 그 재산을 양여받은 날부터 10년 이상 지정된 용도로 사용하여야 한다(국유재산특례제한법 제12조제1항).

국유재산의 양여는 무상으로 소유권을 이전하는 것이므로 상대방에게 매우 큰 혜택이 되는바, 양여한 재산이 당초 목적대로 사용되도록 하는 것이 중요하다. 이에 「국유재산법」에서는 지방자치단체에 대한 양여 시 10년 이상 양여 목적대로 사용하도록 규정하고 있으나,[13)] 「국유재산법」 이외의 개별 법률에서는 이러한 제한을

---

12) 다만 500억원 이하의 일반재산을 「국유재산법」 제55조제1항제3호에 따른 '기부 대 양여' 방식으로 양여하는 경우에는 총괄청과의 협의를 요하지 않는다(국유재산법 제55조제3항 단서, 국유재산법 시행령 제58조제7항).

13) 「국유재산법」 제55조(양여) ① 일반재산은 다음 각 호의 어느 하나에 해당하는 경우에는 양여할 수 있다.

1. 대통령령으로 정하는 일반재산을 직접 공용이나 공공용으로 사용하려는 지방자치단체에 양여하는 경우 (후략)

② 제1항제1호에 따라 양여한 재산이 10년 내에 양여목적과 달리 사용된 때에는 그 양여를

두고 있지 않은 경우가 많다. 따라서 「국유재산특례제한법」에 상기 규정을 둠으로써 양여된 국유재산이 목적 외로 전용되거나 양도되어 투기수단으로 이용되는 것을 방지하려는 것이다.

한편 중앙관서의 장은 국유재산을 양여하는 경우에는 양여받은 재산이 10년 이내에 양여목적과 다르게 사용되면 양여계약을 해제한다는 내용의 특약등기를 하여야 한다(국유재산특례제한법 제12조제2항). 특약등기를 통해 10년 이상 양여 목적의 사용을 담보하려는 취지로서 「국유재산법 시행령」 제59조[14]와 동일한 내용이다.

취소할 수 있다.

14) 「국유재산법 시행령」 제59조(양여 시의 특약등기) 법 제55조제1항제1호에 따라 양여하는 경우에는 법 제55조제2항의 사유가 발생하면 그 양여계약을 해제한다는 내용의 특약등기를 하여야 한다.

판례 색인

대법원 1962. 10. 18. 선고 62누117 판결 ········· 398

대법원 1987. 9. 22. 선고 87다190 판결 ········· 131

대법원 1988. 2. 23. 선고 87누1046, 1047 판결 ········· 351

대법원 1989. 11. 24. 선고 89누787 판결 ········· 353

대법원 1991. 7. 9. 선고 91다12486 판결 ········· 137

대법원 1992. 12. 8. 선고 92다4031 판결 ········· 108

대법원 1993. 10. 12. 선고 93도1888 판결 ········· 412

대법원 1994. 2. 8. 선고 93다54040 판결 ········· 329

대법원 1994. 10. 25. 선고 94누4318 판결 ········· 358

대법원 1994. 10. 28. 선고 94누5144 판결 ········· 398

대법원 1994. 12. 13. 선고 93누98 판결 ········· 406

대법원 1995. 5. 12. 선고 94누5281 판결 ········· 14

대법원 1995. 11. 14. 선고 94다50922 판결 ········· 152

대법원 1996. 2. 13. 선고 95누11023 판결 ········· 175

대법원 1996. 3. 22. 선고 95다49318 판결 ········· 25

대법원 1996. 3. 8. 선고 95누12804 판결 ········· 388

대법원 1996. 5. 28. 선고 95다52383 판결 ········· 152

대법원 1996. 10. 11. 선고 96누8086 판결 ········· 397

대법원 1996. 11. 8. 선고 96다20581 판결 ········· 107

대법원 1996. 12. 10. 선고 95다37681 판결 ········· 40

대법원 1997. 3. 11. 선고 96다49650 판결 ········· 108

대법원 1997. 4. 11. 선고 96누17325 판결 ········· 164

대법원 1997. 7. 8. 선고 96다36517 판결 ········· 21

대법원 1997. 10. 10. 선고 97다3750 판결 ········· 22

대법원 1997. 12. 26. 선고 97다34129 판결 ········· 131

대법원 1997. 12. 26. 선고 97다34129 판결 ········· 136

대법원 1998. 9. 22. 선고 98두7602 판결 ········· 353, 355

대법원 1998. 11. 10. 선고 98다42974 판결 ········· 40

대법원 1999. 3. 9. 선고 98다41759 판결 ········· 126

대법원 1999. 7. 9. 선고 97누20724 판결 ······ 201
대법원 1999. 9. 7. 선고 99다14877 판결 ······ 67
대법원 1999. 12. 21. 선고 97누8021 판결 ······ 359
대법원 2000. 2. 11. 선고 99다61675 판결 ······ 249, 257, 379, 380
대법원 2000. 3. 10. 선고 98두7831 판결 ······ 356
대법원 2000. 11. 24. 선고 2000다28568 판결 ······ 347, 352
대법원 2001. 1. 16. 선고 2000다51872 판결 ······ 21
대법원 2001. 4. 27. 선고 2000두1157 판결 ······ 435
대법원 2001. 8. 21. 선고 2000다12419 판결 ······ 387
대법원 2001. 12. 14. 선고 2000두86 판결 ······ 370
대법원 2002. 4. 26. 선고 2002두1465 판결 ······ 359
대법원 2002. 7. 12. 선고 2001다16913 판결 ······ 64
대법원 2002. 10. 11. 선고 2001두3297 판결 ······ 405
대법원 2003. 10. 24. 선고 2001다82514, 82521 판결 ······ 168
대법원 2004. 7. 22. 선고 2004다18323 판결 ······ 132
대법원 2005. 3. 25. 선고 2003다35659 판결 ······ 26
대법원 2006. 2. 10. 선고 2003두5686 판결 ······ 389
대법원 2006. 3. 9. 선고 2004다31074 판결 ······ 13, 163
대법원 2006. 6. 2. 선고 2006다4649 판결 ······ 354
대법원 2006. 6. 15. 선고 2006다16055 판결 ······ 432
대법원 2007. 4. 13. 선고 2006두11149 판결 ······ 311
대법원 2007. 7. 12. 선고 2007두6663 판결 ······ 312
대법원 2008. 5. 15. 선고 2005두11463 판결 ······ 348
대법원 2009. 6. 11. 선고 2009다1122 판결 ······ 404
대법원 2009. 10. 15. 선고 2009두9383 판결 ······ 172
대법원 2009. 12. 10. 선고 2006다19528 판결 ······ 46
대법원 2009. 12. 10. 선고 2006다87538 판결 ······ 40
대법원 2010. 5. 27. 선고 2009다69951 판결 ······ 387
대법원 2011. 9. 8. 선고 2010다48240 판결 ······ 403
대법원 2011. 12. 27. 선고 2009다56993 판결 ······ 141
대법원 2012. 2. 23. 선고 2010다91206 판결 ······ 88
대법원 2012. 7. 26. 선고 2010다60479 판결 ······ 134
대법원 2013. 1. 17. 선고 2011다83431 전원합의체 판결 ······ 177, 259

대법원 2013. 1. 17. 선고 2011다83431 전원합의체 판결 ········· 364
대법원 2013. 2. 28. 선고 2012다99549 판결 ········· 147
대법원 2013. 9. 13. 선고 2011두16995 판결 ········· 407
대법원 2014. 1. 23. 선고 2011다18017 판결 ········· 278
대법원 2014. 2. 21. 선고 2011두20871 판결 ········· 313
대법원 2014. 2. 21. 선고 2012다82466 판결 ········· 141
대법원 2014. 4. 10. 선고 2012두16787 판결 ········· 378
대법원 2014. 4. 10. 선고 2012두16787 판결 ········· 380
대법원 2014. 7. 10. 선고 2012두26791 판결 ········· 179, 181
대법원 2014. 9. 4. 선고 2014다203588 판결 ········· 257
대법원 2014. 11. 13. 선고 2011두30212 판결 ········· 66
대법원 2014. 11. 13. 선고 2011두30212 판결 ········· 79
대법원 2014. 11. 27. 선고 2014두10769 판결 ········· 35
대법원 2015. 8. 27. 선고 2015두41371 판결 ········· 382
대법원 2015. 11. 26. 선고 2015다212343 판결 ········· 146
대법원 2017. 4. 27. 선고 2017두31248 판결 ········· 175
대법원 2017. 4. 28. 선고 2016다213916 판결 ········· 396
대법원 2017. 4. 28. 선고 2016다239840 판결 ········· 388
대법원 2017. 6. 15. 선고 2017다204230 판결 ········· 283
대법원 2017. 12. 22. 선고 2015다205086 판결 ········· 47
대법원 2018. 11. 29. 선고 2018두51904 판결 ········· 295
대법원 2018. 12. 13. 선고 2016두51719 판결 ········· 98
대법원 2019. 4. 11. 선고 2017다223156 판결 ········· 384
대법원 2019. 9. 9. 선고 2018두48298 판결 ········· 357
대법원 2020. 3. 2. 선고 2017두41771 판결 ········· 390

서울고등법원 2014. 6. 24. 선고 2013누19082 판결 ········· 348
서울고등법원 2017. 2. 3. 선고 2015누36326 판결 ········· 168

헌법재판소 2010. 3. 25. 2008헌바148 ········· 391
헌법재판소 2013. 6. 27. 2012헌바17 ········· 413
헌법재판소 2015. 2. 26. 2014헌바177 ········· 140
헌법재판소 2017. 7. 27. 2016헌바374 ········· 349

해석례 색인

<해석례> 행정안전부 회계제도과－1738, 2017. 6. 1. ／ 27

<해석례> 행정안전부 회계제도과－373, 2017. 3. 21. ／ 48

<해석례> 법제처 13－0494, 분묘기지권이 설정된 토지를 국유재산으로 취득할 수 있는지 여부, 2013. 11. 4. ／ 49

<해석례> 법제처 05－0051, 「지방재정법 시행령」 제89조(영구시설물) 관련, 2005. 11. 4. ／ 52

<해석례> 법제처 19－0549, 「신에너지 및 재생에너지 개발·이용·보급 촉진법」 제26조제2항에 따른 영구시설물 축조의 조건, 2020. 1. 23. ／ 61

<해석례> 법제처 10－0399, 국·공유지에 설치된 무허가건축물에 대한 보상여부 등, 2010. 12. 3. ／ 104

<해석례> 법제처 09－0140, 국유재산의 교환이 손실보상의 수단이 될 수 있는지 여부, 2009. 5. 29. ／ 105

<해석례> 법제처 15－0424, 기부채납된 재산을 무상으로 사용·수익하는 과정에서 협약상의 의무위반이 있는 경우 지방자치단체가 손실금을 지급하도록 하는 것이 「공유재산 및 물품 관리법」 제7조제2항에 따라 금지되는지, 2015. 8. 12. ／ 110

<해석례> 행정안전부 회계제도과－2093, 2015. 4. 29. ／ 110

<해석례> 행정안전부 회계제도과－1969, 2016. 4. 25. ／ 111

<해석례> 행정안전부 회계제도과－1884, 2015. 8. 18. ／ 120

<해석례> 법제처 11－0708, 토지등기부는 존재하지 않으나, 토지대장에는 국가 외의 자 소유로 등록되어 있는 토지가 「국유재산법」 제77조 및 같은 법 시행령 제75조제2항에 따른 소유자 없는 부동산에 해당되는지, 2012. 3. 22. ／ 124

<해석례> 법제처 09－0406, 공유수면을 무단으로 매립하여 조성된 토지 중 토지대장에는 등록되어 있으나 등기 절차를 밟지 않은 토지가 소유자 없는 부동산에 해당하는지 여부, 2010. 3. 5. ／ 125

<해석례> 법제처 11－0708, 토지등기부는 존재하지 않으나, 토지대장에는 국가 외의 자 소유로 등록되어 있는 토지가 「국유재산법」 제77조 및 같은 법 시행령 제75조제2항에 따른 소유자 없는 부동산에 해당되는지, 2012. 3. 22. ／ 127

<해석례> 법제처 11－0534, 「귀속재산처리법」 제2조에 따른 귀속재산이 「국유재산법」 제78조에 따른 은닉된 국유재산에 포함될 수 있는지, 2011. 10. 13. ／ 137

<해석례> 법제처 18－0102, 「국유재산법」 제78조에 따른 "국가에 반환한 자"의 의미, 2018. 4. 24. ／ 138

<해석례> 법제처 19－0740, 공용개시 절차를 거친 도로만 무상귀속의 대상이 되는 종래의 공공시설에 해당하는지 여부, 2020. 3. 12. ／ 144

<해석례> 법제처 11－0158, 새로 설치한 공공시설에 의해 대체되는 기존의 공공시설이 없는 경우 「국토의 계획 및 이용에 관한 법률」 제65조가 적용되는지 여부, 2011. 5. 12. ／ 145

<해석례> 법제처 13－0637, 수 개의 지방자치단체가 공유하는 행정재산의 지분율을 협약에 따라 조정하는 것이 가능한지 여부, 2014. 2. 12. ／ 153

<해석례> 조달청 국유재산과－1861, 2004. 8. 20. ／ 156

<해석례> 법제처 19－0672, 행정재산을 전대(轉貸) 받은 자가 이를 다른 자에게 다시 전대할 수 있는지 여부, 2020. 2. 20. ／ 159

<해석례> 법제처 09－0269, 대한민국이 미합중국에 공여한 재산에 대하여 그 반환을 조건으로 사인에 대하여 「국유재산법」의 일부 내용을 배제하는 사용허가를 할 수 있는지 여부 등, 2009. 8. 21. ／ 163

<해석례> 기획재정부 국재 41301－296, 1999. 4. 23. ／ 164

<해석례> 법제처 19－0056, 토지인 행정재산에 무선설비를 설치하고 그 무선설비를 다른 사람에게 임대하여 사용하게 하는 것이 「국유재산법」 제30조제2항에서 금지하고 있는 행위에 해당하는지 여부, 2019. 10. 31. ／ 166

<해석례> 기획재정부 국유재산과－2288, 2004. 10. 2. ／ 167

<해석례> 법제처 20－0269, 행정재산의 사용료율, 2020. 6. 22. ／ 179

<해석례> 법제처 11－0056, 기부한 행정재산을 허가받아 공장으로 사용하는 경우, 무상사용허가 기간에 필요한 사용료율의 산정 기준, 2011. 3. 3. ／ 182

<해석례> 기획재정부 국재 22400－3033, 1991. 12. 7. ／ 183

<해석례> 법제처 11－0047, 무상 사용허가를 한 기부채납 시설(행정재산)의 대체시설에 대한 무상 사용허가 유지 여부, 2011. 3. 3. ／ 195

<해석례> 법제처 06－0242, 「국유재산법 시행령」 제30조제1호(미경과 허가기간에 해당하는 시설비의 의미), 2006. 10. 10. ／ 196

<해석례> 법제처 10－0027, 행정 목적을 위하여 항만시설을 사용한 것으로 볼 수 있는 경우에 해당하는지 여부, 2010. 4. 9. ／ 197

<해석례> 법제처 16－0387, 행정재산의 사용허가 갱신 시 개정 법령의 부칙 적용 여부, 2016. 11. 2. ／ 198

<해석례> 법제처 20－0118, 무상으로 사용·수익할 수 있는 국유재산 및 공유재산의 범

위, 2020. 3. 20. / 202
<해석례> 기획재정부 국재 41321-1030, 2000. 10. 1. / 208
<해석례> 법제처 10-0033, 국유재산으로서 주한미군에 공여되는 토지를 관리전환함에 있어서 조건의 부가 가능 여부, 2010. 4. 2. / 215
<해석례> 법제처 13-0185, "행정재산이 사실상 행정 목적으로 사용되지 않게 된 경우"의 범위, 2013. 6. 4. / 217
<해석례> 법제처 10-0072, 국유새산중 일반재산에 해당하는 농경지의 경우에도 「국유재산법 시행령」 제40조제2항제1호를 적용할 수 있는지 여부 등, 2010. 5. 31. / 229
<해석례> 법제처 18-0275, 민주화운동기념사업회에 행정재산을 무상으로 사용허가할 수 있는지 여부, 2018. 7. 26. / 273
<해석례> 법제처 11-0451, 지방자치단체로부터 부동산인 일반재산을 매수하면서 매각대금을 「공유재산 및 물품 관리법」 제37조제1항 단서에 따라 분할하여 납부하기로 한 경우, 매수인은 일반재산의 소유권이전등기 또는 인도 여부와 관계없이 잔금에 대한 이자를 납부하여야 하는지, 2011. 9. 1. / 287
<해석례> 법제처 13-0306, 국유재산 매각대금을 분할납부 하도록 한 이후에 변경계약을 체결하는 경우, 분할납부의 기간을 변경계약의 체결일로 변경하는 것이 허용되는지, 2013. 9. 30. / 289
<해석례> 기획재정부 국재 45501-573, 2004. 7. 3. / 293
<해석례> 법제처 12-0623, 개발사업지구 내 폐교되는 기존 학교용지·시설을 「국유재산법」 및 「공유재산 및 물품 관리법」에 따라 사업시행자에게 양여할 수 있는지, 2013. 1. 14. / 300
<해석례> 기획재정부 국재 41301-663, 1998. 9. 29. / 302
<해석례> 법제처 11-0015, 「국유재산법」 제55조제1항제3호에서 정하는 용도폐지된 재산의 양여를 위한 '대체시설의 제공'의 의미, 2011. 3. 31. / 303
<해석례> 법제처 12-0623, 개발사업지구 내 폐교되는 기존 학교용지·시설을 「국유재산법」 및 「공유재산 및 물품 관리법」에 따라 사업시행자에게 양여할 수 있는지, 2013. 1. 14. / 304
<해석례> 법제처 11-0677, 개발행위허가지 안의 용도가 폐지되는 공공시설(도로)을 국토계획법 제65조제2항에 따라 무상으로 양도할 수 있는지 여부, 2012. 3. 15. / 309
<해석례> 법제처 18-0683, 산업단지개발사업의 시행으로 인하여 무상 양도를 받고자 하는 재산이 공부와 실제 이용 상황이 불일치하는 경우 해당 재산이 무상 양도의

대상이 되는지 여부, 2019. 3. 26. ／ 310
<해석례> 법제처 15－0034, 매각을 '예약'하지 않고 국유지에 개척사업을 시행한 자에게 그 국유지를 매각할 경우, 개량비 상당액을 뺀 금액을 매각대금으로 할 수 있는지, 2015. 2. 17. ／ 341
<해석례> 법제처 11－0503, 국유재산의 무단점유자에 대한 변상금 징수시 해당 국유재산 사용용도가 주거용과 비주거용으로 구분되는 경우 대부료 계산법, 2011. 9. 29. ／ 365
<해석례> 기획재정부 국유재산과－1988, 2006. 5. 24. ／ 366
<해석례> 법제처 13－0265, 변상금의 산정기준, 2013. 11. 4. ／ 366
<해석례> 법제처 07－0367, 「민원사무처리에 관한 법률」 제18조(거부처분에 대한 이의신청) 관련, 2007. 12. 7. ／ 369
<해석례> 법제처 08－0214, 「공유재산 및 물품관리법」 제81조, 「지방세법」 제28조 및 「행정절차법」 제15조 관련, 2008. 9. 16. ／ 370
<해석례> 법제처 06－0007, 「공유재산 및 물품 관리법」 제81조 및 「도로법」 제80조의2(변상금) 관련, 2006. 3. 10. ／ 376
<해석례> 법제처 15－0203, 행정대집행법 제2조 관련, 2015. 6. 29. ／ 395
<해석례> 법제처 15－0203, 행정대집행법 제2조 관련, 2015. 6. 29. ／ 401
<해석례> 기획재정부 국유재산과－1414, 2004. 7. 1. ／ 449

표목차

<표 2-1> 국유재산 매각 시 그 매각대금을 나누어 내고 있는 일반재산에 있어 영구시설물 축조 가능 기준(국유재산법 시행령 제13조의2) / 55

<표 2-2> 「국유재산법」제18조제1항세3호에 따른 영구시설물 설치 가능 시설(국유재산법 시행규칙 제8조의2제1항) / 57

<표 2-3> 국유재산 종합계획에 포함되어야 할 사항(국유재산법 제9조제4항, 국유재산법 시행령 제5조) / 69

<표 2-4> 국유재산정책심의위원회의 위원 구성(국유재산법 시행령 제17조제1항) / 72

<표 2-5> 국유재산정책심의위원회의 심의 사항(국유재산법 제26조제1항) / 73

<표 2-6> 국유재산정책심의 분과위원회의 구성(국유재산법 시행령 제18조제3항) / 74

<표 2-7> 국유재산정책심의 분과위원회의 심의 사항(국유재산법 시행령 제18조제2항) / 75

<표 2-8> 총괄청이 조달청장에게 위임하는 국유재산 총괄 사무(국유재산법 시행령 제16조제1항) / 76

<표 2-9> 총괄청이 한국자산관리공사에 위탁하는 국유재산 총괄 사무(국유재산법 시행령 제16조제2항) / 77

<표 2-10> 총괄청이 중앙관서의 장에게 위임하는 행정재산 관리·처분 사무(국유재산법 시행령 제4조의3) / 78

<표 2-11> 총괄청이 한국자산관리공사에 관리·처분에 관한 사무(관리·처분과 관련된 소송업무 포함)를 위탁하는 일반재산(국유재산법 시행령 제38조제3항) / 78

<표 2-12> 총괄청이 한국자산관리공사 또는 한국토지주택공사에 위탁하는 일반재산 관리·처분 사무(국유재산법 시행령 제38조제5항) / 79

<표 2-13> 국유재산 관리기금의 조성 재원(국유재산법 제26조의3) / 81

<표 2-14> 국유재산 관리기금의 용도(국유재산법 제26조의5) / 81

<표 2-15> 총괄청이 한국자산관리공사에 위탁하는 국유재산 관리기금의 관리·운용에 관한 사무(국유재산법 시행령 제18조의2제1항) / 82

<표 3-1> 토지 수용을 위한 사업인정신청서에 첨부하는 서류 및 도면(토지보상법 시행령 제10조제2항) / 95

<표 3-2> 수용재결 신청서에 기재해야 하는 사항(토지보상법 시행령 제12조제1항) / 99

<표 3-3> 일반재산의 교환이 가능한 경우(국유재산법 제54조제1항, 국유재산법 시행령

제57조제4항) ／ 117
<표 3－4> 교환이 가능한 '서로 유사한 재산'(국유재산법 시행령 제57조제2항) ／ 118
<표 3－5> 일반재산의 교환이 불가한 경우(국유재산법 시행령 제57조제3항) ／ 118
<표 3－6> 중앙관서의 장등이 일반재산 교환 시 확인해야 할 사항(국유재산법 시행규칙 제37조제2항) ／ 121
<표 3－7> 보상금 지급 대상 소유자 없는 부동산(국유재산법 시행규칙 제56조제2항) ／ 128
<표 3－8> 보상금 지급 대상 은닉재산(국유재산법 시행규칙 제56조제1항) ／ 134
<표 3－9> 은닉재산의 매각대금 분할납부 시 분할납부기간과 일시납부 시 매각대금(국유재산법 시행령 제77조제2항, 별표3)／ 136
<표 4－1> 양여가 가능한 행정재산(국유재산법 시행령 제19조제2항, 제58조제1항) ／ 154
<표 4－2> 행정재산 양여 시 총괄청에 제출해야 할 사항(국유재산법 시행규칙 제40조제1항) ／ 154
<표 4－3> 관리위탁 계약서에 명시할 사항(국유재산법 시행규칙 제13조제1항) ／ 157
<표 4－4> 관리위탁의 갱신이 불가한 경우(국유재산법 시행령 제22조제1항) ／ 157
<표 4－5> 국유재산책임관의 업무(국유재산법 제27조의2제2항) ／ 161
<표 4－6> 사용허가 받은 행정재산의 전대가 가능한 경우(국유재산법 제30조제2항, 국유재산법 시행령 제26조제3항) ／ 165
<표 4－7> 제한경쟁이나 지명경쟁의 방법으로 사용허가가 가능한 경우(국유재산법 시행령 제27조제2항) ／ 170
<표 4－8> 수의의 방법으로 사용허가가 가능한 경우(국유재산법 시행령 제27조제3항) ／ 170
<표 4－9> 사용허가 갱신이 불가한 경우(국유재산법 시행령 제34조제1항) ／ 173
<표 4－10> 재산가액 산출 방법(국유재산법 시행령 제29조제2항) ／ 176
<표 4－11> 공중·지하 부분 입체이용저해율(국유재산 입체공간 사용허가 지침 별표 1)／ 189
<표 4－12> 사용료 조정이 가능한 경우 및 조정 사용료(국유재산법 시행령 제31조)／ 192
<표 4－13> 사용료 감면이 가능한 경우 및 감면액(국유재산법 시행령 제32조제7항)／ 203
<표 4－14> 사용허가를 받은 자의 귀책에 의해 사용허가 취소·철회가 가능한 경우(국유재산법 제36조제1항) ／ 207
<표 4－15> 국가·지방자치단체의 필요에 따른 사용허가 철회로 인해 사용허가를 받은 자에게 손실이 발생한 경우의 보상액(국유재산법 시행령 제35조) ／ 208

<표 4-16> 일반회계, 특별회계 및 기금의 비교 / 210
<표 4-17> 무상 관리전환이 가능한 경우(국유재산법 제17조제1호, 제2호) / 211
<표 4-18> 관리전환 협의 불성립 시 총괄청으로부터 이를 결정받기 위한 제출 서류(국유재산법 시행규칙 제6조제1항) / 213
<표 4-19> 행정재산을 용도폐지해야 하는 경우(국유재산법 제40조제1항) / 217
<표 4-20> 용도폐지 재산을 총괄청에 인계하지 않는 경우(국유재산법 제40조제2항)/ 219
<표 5-1> 일반재산인 건물·시설물 등의 철거가 가능한 경우(국유재산법 제41조제2항)/ 226
<표 5-2> 경쟁입찰공고 시 포함되어야 하는 사항(국유재산법 시행규칙 제23조)/ 228
<표 5-3> 제한경쟁이나 지명경쟁의 방법으로 일반재산 처분이 가능한 경우(국유재산법 시행령 제40조제2항) / 228
<표 5-4> 수의계약으로 일반재산 처분이 가능한 경우(국유재산법 시행령 제40조제3항) / 230
<표 5-5> 증권의 매각방법(국유재산법 시행령 제41조) / 236
<표 5-6> 상장증권의 예정가격(국유재산법 시행령 제43조제1항) / 241
<표 5-7> 총괄청이 한국자산관리공사에 관리·처분에 관한 사무(관리·처분과 관련된 소송업무 포함)를 위탁하는 일반재산(국유재산법 시행령 제38조제3항) / 244
<표 5-8> 총괄청이 한국자산관리공사 또는 한국토지주택공사에 위탁하는 일반재산 관리·처분 사무(국유재산법 시행령 제38조제5항) / 244
<표 5-9> 총괄청이 증권의 처분을 위탁할 수 있는 대상(국유재산법 시행령 제38조제1항) / 245
<표 5-10> 제한경쟁이나 지명경쟁의 방법으로 대부가 가능한 경우(국유재산법 시행령 제27조제2항) / 252
<표 5-11> 수의의 방법으로 대부가 가능한 경우(국유재산법 시행령 제27조제3항) / 252
<표 5-12> 대부계약의 갱신이 불가한 경우(국유재산법 시행령 제50조제2항) / 255
<표 5-13> 재산가액 산출 방법(국유재산법 시행령 제29조제2항, 제51조)/ 259
<표 5-14> 공중지하 부분 입체이용저해율(국유재산 입체공간 사용허가 지침 별표 1)/ 268
<표 5-15> 대부료 조정이 가능한 경우 및 조정 대부료(국유재산법 시행령 제31조, 제51조)/ 269
<표 5-16> 대부료 감면이 가능한 경우 및 감면액(국유재산법 시행령 제32조제7항, 제51

조) / 273
<표 5-17> 대부받은 자의 귀책에 의해 대부의 해제·해지가 가능한 경우(국유재산법 제36조제1항, 제47조제1항) / 276
<표 5-18> 국가·지방자치단체의 필요에 따른 대부 해지로 인해 대부를 받은 자에게 손실이 발생한 경우의 보상액(국유재산법 시행령 제35조, 제51조) / 277
<표 5-19> 일반재산의 매각이 불가한 경우(국유재산법 제48조제1항, 국유재산법 시행령 제52조제1항) / 280
<표 5-20> 매각대금을 5년 이내의 기간에 걸쳐 나누어 낼 수 있는 경우(국유재산법 시행령 제55조제2항) / 284
<표 5-21> 매각대금을 10년 이내의 기간에 걸쳐 나누어 낼 수 있는 경우(국유재산법 시행령 제55조제3항) / 286
<표 5-22> 매각대금을 20년 이내의 기간에 걸쳐 나누어 낼 수 있는 경우(국유재산법 시행령 제55조제4항) / 287
<표 5-23> 매각대금 완납 이전에 소유권 이전이 가능한 경우(국유재산법 시행령 제56조) / 292
<표 5-24> 일반재산 매각계약의 해제가 가능한 경우(국유재산법 제52조) / 294
<표 5-25> 일반재산의 교환이 가능한 경우(국유재산법 제54조제1항, 국유재산법 시행령 제57조제4항) / 296
<표 5-26> 교환이 가능한 '서로 유사한 재산'(국유재산법 시행령 제57조제2항) / 296
<표 5-27> 일반재산의 교환이 불가한 경우(국유재산법 시행령 제57조제3항) / 297
<표 5-28> 중앙관서의 장등이 일반재산 교환 시 확인해야 할 사항(국유재산법 시행규칙 제37조제2항) / 299
<표 5-29> 직접 공용이나 공공용으로 사용하려는 지방자치단체에 양여가 가능한 일반재산(국유재산법 시행령 제58조제1항) / 301
<표 5-30> 기부 대 양여에 있어 양여가 가능한 재산(국유재산법 시행령 제58조제3항)/ 303
<표 5-31> 대체시설을 기부받기 전에 양여가 가능한 경우(국유재산법 시행규칙 제42조제2항) / 306
<표 5-32> 국가가 보존·활용할 필요가 없고 대부·매각이나 교환이 곤란하여 양여가 가능한 재산(국유재산법 시행령 제58조제5항) / 307
<표 5-33> 일반재산 양여 시 총괄청에 제출해야 할 사항(국유재산법 시행규칙 제40조)/ 307
<표 5-34> 위탁개발·신탁개발 및 민간참여개발의 비교/ 315

<표 5-35> 일반재산 개발 시 고려사항(국유재산법 제57조제4항) / 316
<표 5-36> 위탁개발 대상 재산의 선정 기준(국유재산 위탁개발사업 운용지침 제6조) / 320
<표 5-37> 위탁개발사업계획에 포함되어야 하는 사항(국유재산법 시행규칙 제45조) / 321
<표 5-38> 민간참여개발제도의 장·단점/ 324
<표 5-39> 국유지개발목적회사가 총사업비의 100분의 30을 초과하여 사업비를 조달할 수 없는 기관(국유재산법 제59조의2제3항, 국유재산법 시행령 제64조의4) / 325
<표 5-40> 민간참여개발 기본계획에 포함되어야 할 사항(국유재산법 제59조의3제1항)/ 326
<표 5-41> 국유재산정책심의위원회 심의가 필요한 민간참여개발 기본계획 중요 사항의 변경(국유재산법 시행령 제64조의5)/ 326
<표 5-42> 민간사업자의 사업제안서에 포함되어야 할 사항(국유재산법 시행령 제64조의6)/ 327
<표 5-43> 민간참여개발사업평가단의 구성(국유재산법 시행령 제64조의7제1항)/ 328
<표 5-44> 지분증권의 취득가액을 액면가로 할 수 있는 경우(국유재산법 시행령 제66조) / 331
<표 5-45> 정부배당 결정의 원칙(국유재산법 제65조의3, 국유재산법 시행령 제67조의3) / 335
<표 5-46> 정부배당 대상 기업이 정부배당수입 추정을 위해 총괄청이나 중앙관서의 장에게 제출하는 자료(국유재산법 시행령 제67조의4) / 336
<표5-47> 정부배당 대상 기업이 정부배당결정과 관련하여 총괄청과 중앙관서의 장에게 제출하는 자료(국유재산법 시행령 제67조의5) / 337
<표 5-48> 배당협의체의 협의·조정 사항(정부배당 업무처리에 관한 지침 제4조제3항)/ 337
<표 5-49> 일반재산의 매각·양여 예약 시 중앙관서의 장등이 총괄청과 협의해야 할 사항(국유재산법 시행규칙 제33조) / 339
<표 6-1> 변상금 징수유예가 가능한 경우(국유재산법 시행령 제71조제2항)/ 371
<표 6-2> 연체료의 비율(국유재산법 시행령 제72조제1항)/ 379
<표 7-1> 지식재산 전대를 위한 승인신청서에 기재할 사항(국유재산법 시행령 제67조의6제2항)/ 421
<표 7-2> 지식재산의 사용료·대부료 산정 기준(국유재산법 시행령 제67조의8제1항) /

423
<표 7−3> 지식재산 사용료·대부료의 감면 대상(국유재산법 제65조의10, 국유재산법 시행령 제67조의9제2항)／ 425
<표 7−4> 상표권을 제외한 지식재산의 사용허가·대부기간 연장(국유재산법 시행령 제67조의10제2항)／ 426
<표 8−1> 특별자치시장 등이 지적 정리 후 해당 중앙관서의 장등에 통지할 사항(국유재산법 시행규칙 제47조) ／ 433
<표 8−2> 국유재산관리운용보고서에 포함되어야 할 사항(국유재산법 시행령 제70조)／ 439
<표 9−1> 중앙관서의 장·지방자치단체의 장이 국유재산에 대한 도시관리계획 협의 시 제출해야 할 서류(국유재산법 시행규칙 제49조의3제1항) ／ 444
<표 9−2> 중앙관서의 장등이 무상귀속 등의 사전협의 시 제출해야 할 서류(국유재산법 시행규칙 제49조의3제2항) ／ 445
<표 9−3> 청산법인이 「상법」을 적용받지 아니하는 범위(국유재산법 시행령 제80조제1항) ／ 447
<표 10−1> '국유재산특례'의 정의(국유재산특례제한법 제2조) ／ 456
<표 10−2> 「국유재산특례제한법」을 적용하지 않는 경우(국유재산특례제한법 제3조)／ 457
<표 10−3> 국유재산특례 신설·변경에 관한 계획서에 포함되어야 할 사항(국유재산특례제한법 시행령 제2조제1항) ／ 459
<표 10−4> 국유재산특례의 신설·변경에 대한 심사 기준(국유재산특례제한법 제6조제3항) ／ 460
<표 10−5> 국유재산특례종합계획에 포함되어야 할 사항(국유재산특례제한법 제8조제3항) ／ 461
<표 10−6> 국유재산특례종합계획 운용실적에 포함되어야 할 사항(국유재산특례제한법 시행령 제4조) ／ 462
<표 10−7> 국유재산특례지출예산서에 포함되어야 할 사항(국유재산특례제한법 시행령 제4조의2) ／ 463

참고문헌

김백진, 「국유재산법」, 한국학술정보, 2013년
김장래 · 장희순, 「국유지관리 일원화의 영향 분석」, 주거환경 13권 1호, 2015년
김지혁, 「우리나라 국유재산 관리방안에 관한 연구」, 고려대학교, 2017년
김희무, 「국유지의 민간참여개발 활성화방안에 관한 연구」, 동의대학교, 2020년
남은정, 「국유재산관리제도의 문제점과 개선방안 분석」, 서강대학교, 2011년
박건도, 「국유재산특례의 총괄관리 강화방안에 관한 연구」, 부동산분석 6권 1호, 2020년
박병대, 「자연공물과 취득시효」, 법원공보, 1996년
법제처, 「법령 입안 심사 기준」, 법제처, 2012년
사법연수원, 「행정구제법」, 사법연수원 출판부, 2012년
석종현, 「국유재산 기부채납제도에 관한 법적 검토」, 토지공법연구 72집, 2015년
송영식 · 이상정 · 김병일, 「지적재산법」, 세창출판사, 2021년
신은진, 「국유재산 활용의 다양성과 효율성 제고를 위한 활성화 방안」, 명지대학교, 2018년
윤정란 · 김홍주 · 여옥경, 「사례분석을 통한 국유지 기부대양여사업의 개선방안 연구」, 국토지리학회지 51권 1호, 2017년
이귀택 · 이운수, 「국유재산론」, 부연사, 2021년
이시윤, 「新 민사소송법」, 박영사, 2021년
이영주 · 손재선 · 황명화, 「국유재산 관리 혁신을 위한 의사결정지원체계 구축 전략 연구」, 국토연구원, 2019년
이이영, 「국유재산법상 변상금 부과 · 징수권과 민사상 부당이득반환청구권의 관계」, 법조 65권 2호, 2016년
이준용 · 손재영, 「국유부동산 운용 · 관리 효율화를 위한 실증 연구: 국유지 활용도 및 매각수익성을 중심으로」, 부동산연구 24권 3호, 2014년
임형택 · 장교식, 「국유재산의 상시관리체계에 관한 연구」, 토지공법연구 72집, 2015년
지원림, 「민법강의」, 홍문사, 2021년
행정안전부, 「공유재산 업무편람」, 행정안전부, 2018년
홍정선, 「新 행정법특강」, 박영사, 2021년

저자약력

김민호
서울대학교 공과대학 졸업(공학사)
성균관대학교 법학전문대학원 졸업(법학전문석사)
제1회 변호사시험 합격
국방부 법무관리관실 규제개혁법제과 기획조정법제 / 전력자원법제 담당
국방부 군사시설기획관실 국유재산과 재산관리 / 취득처분 담당
(現) 변호사, 국방부 행정사무관

국유재산법

초판발행 2022년 2월 15일

지은이 김민호
펴낸이 안종만 · 안상준

편 집 심성보
기획/마케팅 이후근
표지디자인 벤스토리
제 작 우인도 · 고철민 · 조영환

펴낸곳 (주) 박영사
서울특별시 금천구 가산디지털2로 53, 210호(가산동, 한라시그마밸리)
등록 1959. 3. 11. 제300-1959-1호(倫)
전 화 02)733-6771
f a x 02)736-4818
e-mail pys@pybook.co.kr
homepage www.pybook.co.kr
ISBN 979-11-303-4084-5 93360

정 가 29,000원